엑셀 &
파워포인트
& 워드 2013
기본+실무

엑셀, 파워포인트, 워드를
쉽고 빠르게 배우는 최고의 입문서

박현수 지음

BM 성안당

엑셀&파워포인트&워드
2013 기본+실무

2015. 7. 1. 1판 1쇄 인쇄
2015. 7. 10. 1판 1쇄 발행

저자와의
협의하에
인지생략

지은이 | 박현수
펴낸이 | 이종춘
펴낸곳 | BM 성안당

주소 | 121-838 서울시 마포구 양화로 127 첨단빌딩 5층(출판기획 R&D 센터)
       413-120 경기도 파주시 문발로 112(제작 및 물류)
전화 | 02) 3142-0036
       031) 950-6300
팩스 | 031) 955-0510
등록 | 1973.2.1 제13-12호
출판사 홈페이지 | www.cyber.co.kr
ISBN | 978-89-315-5380-2 (13000)
정가 | 16,000원

이 책을 만든 사람들
책임 | 최옥현
기획 · 진행 | 염병문
교정 · 교열 | 안종군
본문 · 표지 디자인 | 디박스
홍보 | 전지혜
국제부 | 이선민, 조혜란, 신미성, 김필호
마케팅 | 구본철, 차정욱, 나진호, 이동후, 강호묵
제작 | 김유석

이 책의 어느 부분도 저작권자나 BM 성안당 발행인의 승인 문서 없이 일부 또는 전부를 사진 복사나 디스크 복사 및 기타 정보 재생 시스템을 비롯하여 현재 알려지거나 향후 발명될 어떤 전기적, 기계적 또는 다른 수단을 통해 복사하거나 재생하거나 이용할 수 없음.

※ 잘못된 책은 바꾸어 드립니다.

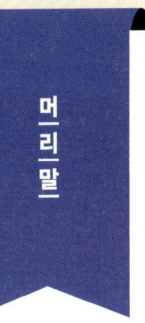

머리말

오피스 95부터 20여 년 동안 엑셀 및 파워포인트 책을 집필하고 강의하면서 오피스 환경이 예전과 크게 달라진 것을 느낍니다. 예전에는 오피스 프로그램 각각의 기능을 익히는 것이 중요했지만, 오늘날의 오피스 환경은 엑셀이나 파워포인트 등의 문서 작업을 하는 것에서 그치지 않고, 메일과 온라인 저장소 등 협업하는 일이 주요 업무입니다.

오피스 2013은 기본적인 오피스 문서 작성 외에 오피스 온라인을 통해 메일, 일정, 문서 관리, 공유, 온라인 회의 등의 스마트워크 환경을 구축하였으며, '오피스 365'라는 이름의 클라우드 서비스로 발전해왔습니다. [엑셀 & 파워포인트 & 워드 2013 기본+실무]는 하루가 다르게 변화하는 비즈니스 환경에서 자신의 가치를 높일 수 있도록 엑셀 2013과 파워포인트 2013, 그리고 워드 2013을 한 권에 담았습니다.

이 책은 초보자도 쉽게 따라하면서 기본을 다질 수 있도록 다양한 구성을 체계적으로 엮었습니다. 엑셀과 파워포인트, 워드의 핵심 기능을 쉽게 파악하도록 구성했으며, 학습을 위한 예제가 아니라 실무 문서를 직접 따라하며 익히기 때문에 회사에서 바로 적용할 수 있습니다. 또한 본문을 학습한 이후 '실무 따라잡기'에서 직접 문서를 만들어보면서 학습한 내용을 복습하고, 자신의 실력을 점검할 수 있습니다. 아무쪼록 이 책이 오피스 스마트워크에 도움이 되었으면 합니다.

이 책이 완성되기까지 많은 분들이 도와주셨습니다. 우선 오랜 시간 동안 집필하면서 끝까지 마감할 수 있도록 독려해주신 성안당 관계자 여러분께 깊은 감사를 드립니다. 또한 최적의 오피스 환경으로 지원을 아끼지 않으신 아이티스톤의 이진철 대표님과 이경렬 전무님, 최정열 이사님, 최천우 부장님, 이강혁 부장님, 배윤석 과장님, 김철균 과장님, 그리고 지면 관계상 일일이 열거하지 못한 동료 직원 및 친구들에게도 고마움을 전합니다. 무엇보다 제 걱정에 저보다 더 많은 밤샘을 하신 사랑하는 가족에게 감사의 절을 올립니다.

박현수

이 책의 구성

이 책에는 초보자도 쉽게 따라하면서 기본을 다질 수 있는 다양한 구성 요소가 포함되어 있습니다.

Warming Up
엑셀, 파워포인트, 워드를 학습하기 전에 미리 살펴보면서 기본적인 개념을 이해합니다.

Lesson
한 번에 학습할 내용을 주제별, 기능별로 묶어서 구성했습니다.

예제
실습에 필요한 예제 파일명으로, 성안당 출판사의 홈페이지 (www.cyber.co.kr)에서 다운로드할 수 있습니다.

따라하기
각 장은 예제를 활용한 따라하기 방식으로 구성되어 있습니다. 주제에 딱 맞는 예제를 선별하고 체계적으로 단계를 구성해 누구나 쉽게 배울 수 있습니다.

참고
따라하기에서 설명하지 못한 내용이지만, 알아두면 유용한 내용들을 정리했습니다.

주의
예제를 따라하면서 부딪히는 문제나 실수하기 쉬운 부분을 미리 짚어줍니다.

EXCEL & POWERPOINT & WORD 2013

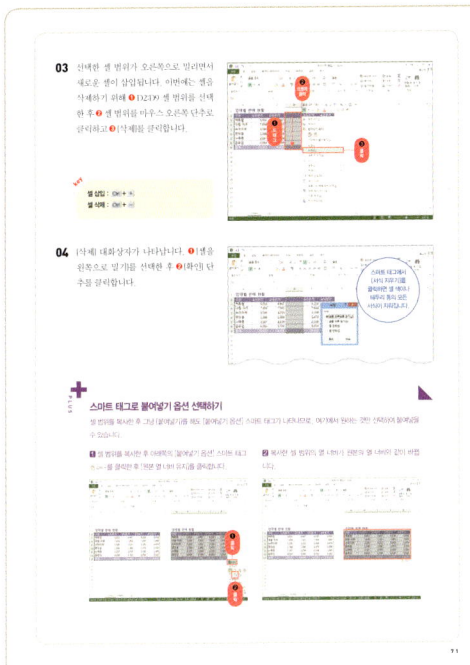

Key
문서를 빠르게 작성할 수 있는 단축키를 정리했습니다.

풍선 도움말
예제를 따라하다가 놓치기 쉬운 부분을 꼭 집어 설명합니다.

Plus
따라하기를 하면서 추가로 알아야 할 사항이나 새로운 기능을 소개합니다.

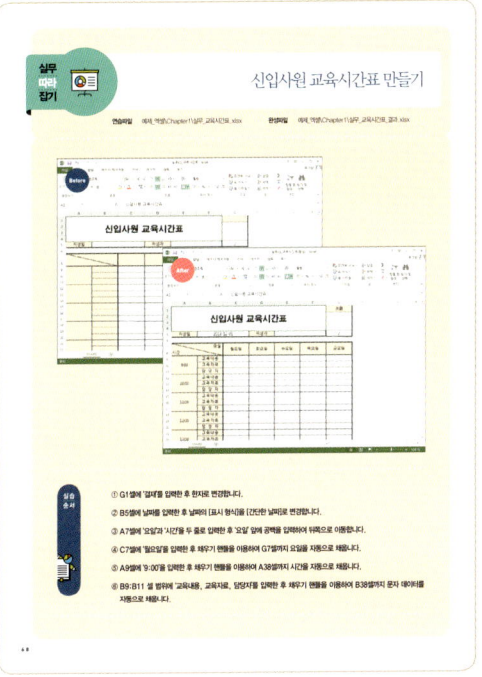

실무 따라잡기
실무 서식을 만들어 보면서 이번 장에서 학습한 내용을 복습합니다.

예제파일 다운로드 방법

성안당 홈페이지(http://www.cyber.co.kr)에 접속한 후 오른쪽 윗부분의 '회원가입'을 클릭하여 회원 가입을 하고 로그인합니다. 그런 다음, 메인 화면의 왼쪽 위에 있는 〈자료실〉을 클릭하고, [자료실] 탭을 선택합니다. 검색 창에서 도서명을 입력하고 [검색] 버튼을 클릭하면 해당 자료가 검색됩니다.
검색된 목록을 클릭한 후 '파일 받기'를 클릭하여 파일을 다운로드하고, 찾기 쉬운 위치에 압축을 풀어 사용하세요.

목차

PART 0 | 오피스 2013과 오피스 365 — 22

| STEP 1 | 오피스 온라인에 계정 등록하기 … 24
| STEP 2 | 오피스 온라인에 로그인하기 … 25
| STEP 3 | 오피스 배경과 테마 변경하기 … 26
| STEP 4 | 오피스 온라인에 파일 저장하고 열기 … 27
| STEP 5 | 오피스 온라인에서 파일 편집하기 … 29
| STEP 6 | 오피스 온라인에서 파일 공유하기 … 31

PART 1 | 엑셀 2013 — 32

Warming Up | 엑셀 학습을 위한 준비 운동 … 34

CHAPTER 1
엑셀의 첫걸음! 데이터 입력하기 … 37

Lesson 1 | 새롭게 향상된 엑셀 2013 시작하기 … 38
| STEP 1 | 엑셀 2013 실행하기 … 38
| STEP 2 | 엑셀 2013의 화면 구성 살펴보기 … 39

Lesson 2 | 셀 선택과 행 높이 및 열 너비 조절하기 … 40
| STEP 1 | 여러 개의 셀 선택하기 … 40
| STEP 2 | 행과 열, 워크시트 선택하기 … 41
| STEP 3 | 행 높이와 열 너비 조절하기 … 42

Lesson 3 | 통합 문서 열기와 저장하기 … 43
| STEP 1 | 통합 문서 열기 … 43
▶ PLUS ◀ 자주 사용하는 문서 및 폴더 고정하기 … 44
| Step 2 | 통합 문서 저장하기 … 45
▶ PLUS ◀ 엑셀 2013의 파일 확장자 살펴보기 … 45
| Step 3 | 이전 버전과 호환하도록 저장하기 … 46

Lesson 4 | 워크시트의 다양한 보기 방법 살펴보기 … 47

| STEP 1 | 상태 표시줄에서 계산 미리 보기 | 47
| STEP 2 | 워크시트의 보기 방법 살펴보기 | 48

Lesson 5 | 문자 데이터를 쉽고 빠르게 입력하기 | 49
| STEP 1 | 데이터 입력과 수정, 삭제하기 | 49
| STEP 2 | 여러 셀에 같은 데이터 입력하기 | 51
▶ PLUS ◀ 한/영이 자동으로 바뀌는 자동 고침 옵션 설정하기 | 51
| STEP 3 | 한 셀에 두 줄 이상의 데이터 입력하기 | 52
▶ PLUS ◀ 실행 취소와 다시 실행 이용하기 | 52

Lesson 6 | 다양한 형식의 숫자 데이터 입력하기 | 53
| STEP 1 | 쉼표 스타일로 숫자 입력하기 | 53
| STEP 2 | 회계와 통화 표시 형식으로 입력하기 | 54
| STEP 3 | 소수와 백분율 표시 형식으로 입력하기 | 55
| STEP 4 | 수식으로 계산한 값 입력하기 | 56

Lesson 7 | 날짜와 시간 형식의 데이터 입력하기 | 57
| STEP 1 | 날짜 표시 형식으로 입력하기 | 57
| STEP 2 | 날짜와 시간 표시 형식으로 입력하기 | 57
▶ PLUS ◀ 001, 3-1처럼 숫자를 문자 형식으로 입력하기 | 58

Lesson 8 | 한자와 특수 문자 입력하기 | 59
| STEP 1 | 한글을 한자로 변환하기 | 59
| STEP 2 | 기호와 특수 문자 입력하기 | 60
▶ PLUS ◀ 한글 자음에 포함되어 있는 특수 문자 살펴보기 | 60

Lesson 9 | 보충 설명을 표시하는 메모 입력하기 | 61
| STEP 1 | 메모 삽입하기 | 61
| STEP 2 | 메모의 색이나 글꼴 변경하기 | 62

Lesson 10 | 채우기 핸들로 데이터 입력하기 | 63
| STEP 1 | 셀 복사와 연속 데이터로 채우기 | 63
| STEP 2 | 일정하게 증감하는 숫자로 채우기 | 64
| STEP 3 | 날짜와 문자 데이터 채우기 | 65
| STEP 4 | 사용자 지정 목록에 추가하기 | 66

실무 따라잡기 | 신입사원 교육시간표 만들기 | 68

CHAPTER 2
문서 편집의 기본, 워크시트 편집하기 | 69

Lesson 1 | 셀과 행/열 삽입하고 삭제하기 | 70
| STEP 1 | 셀 삽입하고 삭제하기 | 70
| STEP 2 | 행 삽입하고 삭제하기 | 72
| STEP 3 | 열 삽입하고 삭제하기 | 73

Lesson 2 | 셀과 행/열 복사하고 이동하기 | 74

| STEP 1 | 셀 복사하고 복사하기   74
| STEP 2 | 복사한 셀 삽입하기   76
| STEP 3 | 잘라낸 셀 삽입하기   77

Lesson 3 | 필요한 것만 선택하여 복사하기   78
| STEP 1 | 열 너비만 선택하여 붙여넣기   78
▶ PLUS ◀ 스마트 태그로 붙여넣기 옵션 선택하기   79
| STEP 2 | 값만 선택하여 붙여넣기   80
| STEP 3 | 너비가 다른 셀 붙여넣기   81

Lesson 4 | 서식 복사하기와 서식 지우기   82
| STEP 1 | 서식 복사하기   82
| STEP 2 | 서식 지우기와 모두 지우기   83

Lesson 5 | 워크시트 이동하고 복사하기   84
| STEP 1 | 새 워크시트 삽입과 삭제하기   84
| STEP 2 | 시트 탭의 이름과 색 바꾸기   85
| STEP 3 | 워크시트 이동하고 복사하기   86
| STEP 4 | 다른 문서로 워크시트 이동 및 복사하기   87

Lesson 6 | 불필요한 행/열과 워크시트 숨기기   88
| STEP 1 | 행/열 숨기기   88
| STEP 2 | 워크시트 숨기기   89

실무 따라잡기 | 급여명세서 만들기   90

CHAPTER 3
워크시트를 돋보이게! 셀 서식 설정하기   91

Lesson 1 | 글꼴과 셀, 맞춤 서식 설정하기   92
| STEP 1 | 셀 병합하고 가운데 맞춤하기   92
| STEP 2 | 셀의 텍스트 맞춤 설정하기   94
▶ PLUS ◀ [셀 서식] 대화상자의 맞춤 방법 살펴보기   95
| STEP 3 | 글꼴과 크기, 속성, 색 바꾸기   96
▶ PLUS ◀ 마우스 오른쪽 단추의 미니 도구 모음 살펴보기   97

Lesson 2 | 테두리 설정하여 문서의 틀 만들기   98
| STEP 1 | 테두리 설정하기   98

Lesson 3 | 데이터를 원하는 표시 형식으로 설정하기   100
| STEP 1 | 백분율과 소수 자릿수의 표시 형식 바꾸기   100
| STEP 2 | 회계와 통화의 표시 형식 바꾸기   101
| STEP 3 | 1,000을 '1'처럼 천 단위 생략하기   102
▶ PLUS ◀ 사용자 지정 표시 형식의 숫자 서식 기호 살펴보기   102
| STEP 4 | '1,000원'처럼 숫자 뒤에 한글 표시하기   103
▶ PLUS ◀ 사용자 지정 표시 형식의 문자 서식 기호 살펴보기   103
| STEP 5 | '001'처럼 유효하지 않은 0 표시하기   104

▶ PLUS ◀ 텍스트로 서식이 지정된 숫자의 오류 표시 지우기 … 104
| STEP 6 | ▲, ▼처럼 증감 기호 표시하기 … 105
▶ PLUS ◀ 사용자 지정 표시 형식의 세미콜론과 조건 구분하기 … 105

Lesson 4 | 날짜와 시간의 표시 형식 설정하기 … 106
| STEP 1 | 날짜 표시 형식 바꾸기 … 106
| STEP 2 | 시간 표시 형식 바꾸기 … 107
▶ PLUS ◀ 사용자 지정 표시 형식의 날짜와 시간 서식 기호 살펴보기 … 107

Lesson 5 | 다양한 테마 색상의 표 서식 설정하기 … 108
| STEP 1 | 데이터 범위를 표 서식으로 변환하기 … 108
▶ PLUS ◀ 테마와 색, 글꼴, 효과 바꾸기 … 109
| STEP 2 | 셀 스타일 바꾸기 … 110
| STEP 3 | 필터 단추와 표 자동 확장 이용하기 … 111

Lesson 6 | 조건부 서식으로 데이터 시각화하기 … 112
| STEP 1 | 셀 강조와 상위/하위 규칙의 조건부 서식 이용하기 … 112
▶ PLUS ◀ 조건부 서식의 규칙 지우기 … 113
| STEP 2 | 막대와 색조, 아이콘으로 조건부 서식 만들기 … 114
| STEP 3 | 수식으로 조건부 서식 만들기 … 115
▶ PLUS ◀ 조건부 서식 편집하기 … 116
| STEP 4 | 조건부 서식의 규칙 관리하기 … 117

Lesson 7 | 워드아트와 그림, 클립아트, 스마트아트 삽입하기 … 118
| STEP 1 | 워드아트로 제목 꾸미기 … 118
| STEP 2 | 내용과 어울리는 그림 삽입하기 … 119
| STEP 3 | 클립아트 삽입하기 … 120
| STEP 4 | 스마트아트 삽입하기 … 121

Lesson 8 | 다양한 방법으로 통합 문서 인쇄하기 … 122
| STEP 1 | 인쇄 미리 보기와 페이지 설정하기 … 122
| STEP 2 | 페이지 설정하기 … 123
| STEP 3 | 페이지마다 같은 행을 반복 인쇄하기 … 124
| STEP 4 | 페이지 나누기 미리 보기 … 125
| STEP 5 | 머리글과 바닥글 삽입하기 … 126

Lesson 9 | 틀 고정과 두 개의 워크시트 나란히 보기 … 128
| STEP 1 | 틀 고정으로 첫 행 고정하기 … 128
| STEP 2 | 두 개의 워크시트를 나란히 보기 … 129

실무 따라잡기 | 표시 형식과 표 서식, 조건부 서식 지정하기 … 130

CHAPTER 4
복잡한 계산을 자동으로! 수식과 함수 작성하기 … 131

Lesson 1 | 셀 주소로 수식 입력하고 수정하기 … 132
| STEP 1 | 셀 주소로 수식 입력하기 … 132

| STEP 2 | 입력한 수식 확인하고 수정하기   133
▶ PLUS ◀ 셀 복사와 수식 복사하기   133

Lesson 2 | 다양한 셀 참조 형식 살펴보기   134
| STEP 1 | 상대 참조로 수식 복사하기   134
| STEP 2 | 절대 참조로 셀 주소 고정시키기   135
| STEP 3 | 혼합 참조로 셀 주소의 일부만 고정시키기   136
| STEP 4 | 다른 워크시트의 셀 참조하기   137

Lesson 3 | 셀에 이름을 정의하여 계산하기   138
| STEP 1 | 셀 주소를 이름으로 정의하기   138
| STEP 2 | 정의한 이름으로 수식 작성하기   139
| STEP 3 | 정의한 이름 편집하고 삭제하기   140
| STEP 4 | 구조적 참조로 수식 작성하기   141

Lesson 4 | 자동 합계 단추로 계산하기   142
| STEP 1 | 자동 합계 단추로 합계 구하기   142
| STEP 2 | 자동 합계 단추로 평균 구하기   143

Lesson 5 | SUM으로 함수의 네 가지 사용 방법 익히기   144
| STEP 1 | 함수의 사용 방법   144

Lesson 6 | SUM 계열 함수로 직원 급여의 합계 구하기   146
| STEP 1 | SUMPRODUCT 함수로 대응하는 값끼리 곱한 후 합계 구하기   147
| STEP 2 | SUMIF 함수로 조건에 맞는 데이터의 합계 구하기   148
| STEP 3 | SUMIFS 함수로 여러 조건에 맞는 데이터의 합계 구하기   149

Lesson 7 | AVERAGE 계열 함수로 직원 급여 평균 구하기   150
| STEP 1 | AVERAGE 함수로 지정한 셀들의 평균 구하기   151
| STEP 2 | AVERAGEIF 함수로 조건에 맞는 데이터의 평균 구하기   152
| STEP 3 | AVERAGEIFS 함수로 조건에 맞는 데이터의 평균 구하기   153

Lesson 8 | COUNT 계열 함수로 거래처 개수 구하기   154
| STEP 1 | COUNTA 함수로 비어있지 않은 셀의 개수 구하기   155
| STEP 2 | COUNT 함수로 숫자가 포함된 셀의 개수 구하기   156
| STEP 3 | COUNTBLANK 함수로 비어 있는 셀의 개수 구하기   157
| STEP 4 | COUNTIF 함수로 한 개의 조건에 맞는 셀의 개수 구하기   158
| STEP 5 | COUNTIFS 함수로 여러 개의 조건에 맞는 셀의 개수 구하기   159

Lesson 9 | 다양한 통계 함수로 순위와 최대/최소값 구하기   160
| STEP 1 | RANK 함수로 지정한 값의 순위 구하기   161
| STEP 2 | MAX와 MIN 함수로 최대값과 최소값 구하기   162
| STEP 3 | LARGE와 SMALL 함수로 k번째의 크거나 작은 값 구하기   163

Lesson 10 | ROUND 계열 함수로 환산가의 반올림값 구하기   164
| STEP 1 | Round 함수로 반올림한 값 구하기   165
| STEP 2 | ROUNDUP 함수로 올림한 값 구하기   166
| STEP 3 | ROUNDDOWN 함수로 내림한 값 구하기   167

EXCEL & POWERPOINT & WORD 2013

Lesson 11 | 논리 함수로 매출 실적의 달성 여부 평가하기 — 168
- STEP 1 | IF 함수로 조건에 따라 참과 거짓 값 표시하기 — 169
- STEP 2 | IF 함수를 중첩하여 여러 조건에 따라 참과 거짓을 표시하기 — 170
- STEP 3 | AND 함수로 모든 조건을 만족하면 참(TRUE)을 표시하기 — 171
- STEP 4 | OR 함수로 한 개의 조건만 만족해도 참(TRUE)을 표시하기 — 173

Lesson 12 | LOOKUP 계열 함수로 견적서 작성하기 — 174
- STEP 1 | VLOOKUP(false) 함수로 첫 열에서 정확한 값 찾기 — 175
- STEP 2 | VLOOKUP(true) 함수로 첫 열에서 비슷한 값 찾기 — 176
- STEP 3 | HLOOKUP(true) 함수로 첫 행에서 비슷한 값 찾기 — 177

Lesson 13 | 정보 함수로 계산의 오류값 표시 감추기 — 178
- STEP 1 | ISBLANK/ISERROR/IFERROR 함수로 오류값 감추기 — 179

Lesson 14 | 텍스트 함수로 직원 명부의 직책과 성별 구하기 — 181
- STEP 1 | LEFT, RIGHT 함수로 왼쪽과 오른쪽부터 문자 추출하기 — 182
- STEP 2 | MID 함수로 중간부터 문자 추출하기 — 183
- ▶ PLUS ◀ REPLACE 함수로 주민등록번호를 * 표시로 대체하기 — 184

Lesson 15 | 날짜 함수로 생년월일과 요일, 나이 구하기 — 185
- STEP 1 | DATE, YEAR, MONTH, DAY 함수로 날짜 구하기 — 186
- STEP 2 | WEEKDAY 함수로 지정한 날짜의 요일 구하기 — 187
- STEP 3 | DATEDIF, TODAY 함수로 오늘 기준의 나이 구하기 — 189

Lesson 16 | 시간 함수로 출근기록부의 출근 시간 구하기 — 190
- STEP 1 | TIME 함수로 지정한 숫자의 시간 구하기 — 191

실무 따라잡기 | 다양한 함수로 주문원장 만들기 — 192

CHAPTER 5
객관적인 분석! 데이터 분석하기 — 193

Lesson 1 | 다양한 기준으로 데이터 정렬하기 — 194
- STEP 1 | 오름차순과 내림차순으로 정렬하기 — 194
- STEP 2 | 여러 기준으로 정렬하기 — 195
- STEP 3 | 사용자 지정 목록으로 정렬하기 — 196
- STEP 4 | 셀 색, 글꼴 색을 기준으로 정렬하기 — 197

Lesson 2 | 조건에 맞는 데이터만 추출하는 필터 이용하기 — 198
- STEP 1 | 자동 필터로 필터링하기 — 198
- STEP 2 | 숫자나 날짜 데이터로 필터링하기 — 199
- STEP 3 | 사용자 지정으로 필터링하기 — 200
- STEP 4 | 셀 색, 글꼴 색, 아이콘으로 필터링하기 — 201
- STEP 5 | 여러 조건의 고급 필터 이용하기 — 202

Lesson 3 | 데이터를 그룹으로 묶는 부분합 작성하기 — 203
- STEP 1 | 그룹을 이용한 부분합 작성하기 — 203
- ▶ PLUS ◀ 데이터만 그룹으로 묶기 — 204

| STEP 2 | 여러 그룹의 중복 부분합 작성하기   205
| STEP 3 | 부분합 결과를 다른 곳에 복사하기   206

Lesson 4 | 필드를 마음대로 배치하는 피벗 테이블 이용하기   207
| STEP 1 | 원하는 필드만으로 피벗 테이블 작성하기   207
| STEP 2 | 필드를 그룹으로 묶어서 보기   209
| STEP 3 | 데이터 요약 기준과 표시 형식 바꾸기   210
| STEP 4 | 피벗 테이블 보고서와 차트 만들기   211

Lesson 5 | 다양한 데이터 도구로 데이터베이스 만들기   212
| STEP 1 | 하나의 셀에 있는 텍스트 나누기   212
▶ PLUS ◀ 열 너비를 기준으로 텍스트 나누기   213
| STEP 2 | 중복된 항목 제거하기   214
| STEP 3 | 입력 오류를 줄이는 유효성 검사   215
| STEP 4 | 데이터 통합으로 흩어진 데이터 모으기   216
| STEP 5 | 가상 분석을 이용한 목표값 찾기   218

Lesson 6 | 절대 참조와 상대 참조 매크로 기록하기   219
| STEP 1 | 리본 메뉴에 개발 도구 표시하기   219
| STEP 2 | 절대 참조 매크로 기록하기   220
| STEP 3 | 상대 참조 매크로 기록하기   222

Lesson 7 | 매크로가 포함된 파일을 저장하고 삭제하기   223
| STEP 1 | 매크로가 포함된 파일 저장하기   223
| STEP 2 | 매크로가 포함된 파일 열기와 매크로 삭제하기   224

Lesson 8 | 매크로 실행 단추 만들기   225
| STEP 1 | 매크로 실행 단추 만들기   225

Lesson 9 | 비주얼 베이직 편집기로 매크로 편집하기   227
| STEP 1 | 비주얼 베이직 편집기 실행하기   227
| STEP 2 | 비주얼 베이직 편집기에서 수정하기   228

실무 따라잡기 | 고급 필터 매크로 작성하기   229

PART 2 파워포인트 2013

Warming Up | 파워포인트 학습을 위한 준비운동   232

CHAPTER 1
파워포인트의 시작! 새 프레젠테이션 만들기   233

Lesson 1 | 새롭게 향상된 파워포인트 2013 시작하기   234
| STEP 1 | 시작 화면에서 파워포인트 2013 시작하기   234
| STEP 2 | 파워포인트 2013의 화면 구성 살펴보기   235
| STEP 3 | 파워포인트 2013의 새 기능 살펴보기   236

Lesson 2 | 다양한 방법으로 새 프레젠테이션 만들기   238
| STEP 1 | 서식이 적용된 새 프레젠테이션 만들기   238

▶ PLUS ◀ 디자인 테마 변경하기	239

Lesson 3 | 프레젠테이션 문서 열기와 저장하기 — 240
STEP 1	프레젠테이션 문서 열기	240
▶ PLUS ◀ 자주 사용하는 문서 및 폴더 고정하기	241
STEP 2	프레젠테이션 문서 저장하기	242
▶ PLUS ◀ 파워포인트 2013의 파일 확장자 살펴보기	242
STEP 3	이전 버전과 호환하도록 저장하기	243

Lesson 4 | 프레젠테이션의 다양한 보기 방법 살펴보기 — 244
| STEP 1 | 프레젠테이션 보기 방법 선택하기 | 244 |

Lesson 5 | 다양한 레이아웃의 새 슬라이드 삽입하기 — 246
STEP 1	새 슬라이드 삽입하기	246
STEP 2	슬라이드의 레이아웃 삽입하기	247
STEP 3	슬라이드의 레이아웃 변경하기	248
STEP 4	슬라이드의 레이아웃 원래대로	249

Lesson 6 | 슬라이드의 이동과 복사, 복제, 삭제하기 — 250
STEP 1	슬라이드 이동하기	250
STEP 2	슬라이드 복사하기	251
STEP 3	슬라이드 복제하기	252
STEP 4	다른 파일의 슬라이드 복사하기	253

실무 따라잡기 | 레이아웃 바꾸기와 슬라이드 복사하기 — 254

CHAPTER 2
내용을 깔끔하게! 텍스트 슬라이드 만들기 — 255

Lesson 1 | 슬라이드와 도형에 텍스트 입력하기 — 256
STEP 1	개체 틀에 텍스트 입력하기	256
STEP 2	텍스트 상자에 텍스트 입력하기	257
STEP 3	도형에 텍스트 입력하기	258
STEP 4	텍스트 아래의 빨간색 밑줄 지우기	259

Lesson 2 | 텍스트 서식과 줄/단락/문자 간격 설정하기 — 260
STEP 1	글꼴과 크기, 색 변경하기	260
STEP 2	텍스트 맞춤과 문자 간격 조절하기	261
STEP 3	줄 간격과 단락 간격 조절하기	262
STEP 4	균등 분할 이용하기	263

Lesson 3 | 목록 수준 늘림/줄임과 글머리 기호 삽입하기 — 264
STEP 1	목록 수준 늘림과 줄임 이용하기	264
▶ PLUS ◀ 눈금자에서 들여쓰기 위치 조절하기	265
STEP 2	글머리 기호의 모양과 서식 바꾸기	266
STEP 3	글머리 기호로 번호 매기기	267

Lesson 4 | 워드아트 삽입과 다양한 텍스트 효과 주기 — 268
- STEP 1 | 워드아트 삽입하기 — 268
- STEP 2 | 텍스트를 워드아트로 변경하기 — 270
- STEP 3 | 워드아트 텍스트의 효과 지정하기 — 271

실무 따라잡기 | 워드아트와 글머리 기호 지정하기 — 272

CHAPTER 3
내용 전달을 시각적으로! 도형 삽입하기 — 273

Lesson 1 | 도형 삽입과 점 편집으로 도형 바꾸기 — 274
- STEP 1 | 도형 삽입과 크기 조절하기 — 274
- STEP 2 | 도형의 방향과 세부 모양 조절하기 — 276
- STEP 3 | 도형을 마음대로 바꾸는 점 편집하기 — 278

Lesson 2 | 도형을 복제하여 삽입하기 — 280
- STEP 1 | 도형 복제하기 — 280

Lesson 3 | 그라데이션과 3차원 입체 효과 지정하기 — 282
- STEP 1 | 도형의 빠른 스타일 적용하기 — 282
- STEP 2 | 3차원 서식으로 입체 바 만들기 — 283
- STEP 3 | 도형에 투명 그라데이션 지정하기 — 285
- STEP 4 | 3차원 서식으로 컬러볼 만들기 — 286

Lesson 4 | 도형을 그룹으로 묶고 맞춤 정렬하기 — 289
- STEP 1 | 그룹으로 묶기 — 289
- STEP 2 | 도형의 개체 배치하기 — 290
- STEP 3 | 도형의 개체 정렬하기 — 291
- STEP 4 | 도형 결합하여 사용자 도형 만들기 — 292
- STEP 5 | 도형의 개체 순서 바꾸기 — 293

실무 따라잡기 | 도형의 3차원 서식 지정과 정렬하기 — 294

CHAPTER 4
효과적인 내용 전달! 개체 삽입하기 — 295

Lesson 1 | 그림 삽입과 다양한 효과 적용하기 — 296
- STEP 1 | 그림 삽입과 크기 조절 및 자르기 — 296
- STEP 2 | 그림 테두리와 효과 지정하기 — 298

Lesson 2 | 클립아트와 스크린샷, 배경 그림 삽입하기 — 300
- STEP 1 | 클립아트 삽입하기 — 300
- STEP 2 | 스크린샷 삽입하기 — 302
- STEP 3 | 슬라이드의 배경 그림 삽입하기 — 303

Lesson 3 | 데이터를 깔끔하게 보여주는 표 삽입하기 — 304
- STEP 1 | 표 삽입하고 텍스트 입력하기 — 304

| STEP 2 | 행 및 열과 셀 편집하기 305
| STEP 3 | 표 스타일 선택하기 306
| STEP 4 | 3차원 입체 효과 주기 307

Lesson 4 | 데이터를 한눈에 파악하는 차트 삽입하기 309
| STEP 1 | 차트 삽입하고 데이터 입력하기 309
| STEP 2 | 차트의 종류와 레이아웃 변경하기 310

Lesson 5 | 파워포인트에 엑셀의 표와 차트 삽입하기 312
| STEP 1 | 엑셀 표를 복사하여 붙여넣기 312
| STEP 2 | 엑셀 차트를 복사하여 붙여넣기 313

Lesson 6 | 소리 파일 삽입과 재생하기 314
| STEP 1 | 소리 파일 삽입하기 314

Lesson 7 | 동영상 파일 삽입과 재생하기 316
| STEP 1 | 동영상 파일 삽입하기 316

Lesson 8 | 플래시 파일 삽입과 재생하기 318
| STEP 1 | 플래시 파일 삽입하기 318

Lesson 9 | 하이퍼링크로 연결하여 이동하기 320
| STEP 1 | 다른 슬라이드로 연결하기 320
| STEP 2 | 실행 설정으로 다른 슬라이드 연결하기 322
| STEP 3 | 인터넷 사이트로 연결하기 323

실무 따라잡기 | 차트 삽입하기 324

CHAPTER 5
프레젠테이션의 꽃! 슬라이드 쇼 진행하기 325

Lesson 1 | 슬라이드에 화면 전환 효과 적용하기 326
| STEP 1 | 화면 전환하기 326
| STEP 2 | 화면을 자동 전환하기 328

Lesson 2 | 다양한 사용자 지정 애니메이션 적용하기 329
| STEP 1 | 여러 개체에 애니메이션 적용하기 329
| STEP 2 | 텍스트에 애니메이션 적용하기 331
| STEP 3 | 애니메이션의 속도와 시작 변경하기 332
| STEP 4 | 차트에 애니메이션 적용하기 333
| STEP 5 | 표에 애니메이션 적용하기 334

Lesson 3 | 멋진 발표를 위한 슬라이드 쇼 진행하기 335
| STEP 1 | 슬라이드 쇼와 발표자 도구 이용하기 335
| STEP 2 | 슬라이드 쇼에 레이저 포인터와 펜 이용하기 337
| STEP 3 | 슬라이드 쇼 재구성하기 338
| STEP 4 | 슬라이드 숨기기 340
| STEP 5 | 예행 연습하기 341

EXCEL & POWERPOINT & WORD 2013

Lesson 4 | 슬라이드를 다양한 형식으로 저장하기 — 342
- STEP 1 | 파워포인트 문서를 PDF/XPS 파일로 저장하기 — 342
- STEP 2 | 파워포인트 문서를 비디오 파일로 저장하기 — 344
- STEP 3 | 파워포인트 문서를 CD용 패키지로 저장하기 — 346
- STEP 4 | 파워포인트 문서를 슬라이드 쇼로 저장하기 — 348
- STEP 5 | 파워포인트 문서를 슬라이드 쇼로 저장하기 — 349

Lesson 5 | 슬라이드와 유인물, 슬라이드 노트 인쇄하기 — 350
- STEP 1 | 인쇄 미리 보기와 슬라이드 인쇄하기 — 350
- STEP 2 | 여러 슬라이드의 회색조 유인물 인쇄하기 — 351
- STEP 3 | 흑백의 슬라이드 노트 인쇄하기 — 352
- STEP 4 | 워드의 슬라이드 유인물로 내보내기 — 353

Lesson 6 | 문서 통일을 위한 슬라이드 마스터 만들기 — 354
- STEP 1 | 슬라이드 마스터의 배경 지정하기 — 354
- STEP 2 | 제목 슬라이드 레이아웃의 배경 지정하기 — 356
- STEP 3 | 슬라이드 마스터의 서식 지정하기 — 357

실무 따라잡기 | 목차가 순서대로 나오는 애니메이션 지정하기 — 359

PART 3 워드 2013

Warming Up | 워드 학습을 위한 준비 운동 — 362

CHAPTER 1
워드의 시작! 새 문서 만들기 — 363

Lesson 1 | 새롭게 향상된 워드 2013 시작하기 — 364
- STEP 1 | 시작 화면에서 워드 2013 시작하기 — 364
- STEP 2 | 워드 2013의 화면 구성 살펴보기 — 365
- STEP 3 | 워드 2013의 새 기능 살펴보기 — 366

Lesson 2 | 다양한 방법으로 새 문서 만들기 — 368
- STEP 1 | 새 문서 만들기 — 368
- STEP 2 | 워드 문서 열기 — 369
- ▶ PLUS ◀ 자주 사용하는 문서 및 폴더 고정하기 — 369
- ▶ PLUS ◀ 읽기 다시 시작하기 — 370
- STEP 3 | 새 문서 저장하기 — 371
- ▶ PLUS ◀ 워드 2013의 파일 확장자 살펴보기 — 371
- STEP 4 | 이전 버전과 호환하도록 저장하기 — 372
- STEP 5 | PDF 문서로 저장하기 — 373
- STEP 6 | PDF 문서 열고 편집하기 — 374

Lesson 3 | 워드의 다양한 보기 방법 살펴보기 — 375
- STEP 1 | 문서 보기 방법 선택하기 — 375
- STEP 2 | 문서의 확대/축소 보기 방법 선택하기 — 377

Lesson 4 | 다양한 형식의 텍스트 입력하기   **378**
| STEP 1 | 한자 입력하기   378
| STEP 2 | 특수 기호 삽입하기   379
▶ PLUS ◀ 상용구 입력하기   379
| STEP 3 | 글머리 기호 삽입하기   380
| STEP 4 | 번호 매기기   381

Lesson 5 | 텍스트 범위 선택과 서식 바꾸기   **382**
| STEP 1 | 텍스트 범위 선택하기   382
| STEP 2 | 텍스트 서식 변경하기   384
| STEP 3 | 텍스트 서식 복사하여 적용하기   385

Lesson 6 | 스타일 적용하여 서식 통일하기   **386**
| STEP 1 | 새 스타일 저장하기   386
| STEP 2 | 스타일 수정하기   388
| STEP 3 | 스타일 업데이트하기   389

실무 따라잡기 | 텍스트 스타일 변경하기   **390**

CHAPTER 2
문서에 다양한 개체 삽입하기   391

Lesson 1 | 표 삽입하고 스타일 변경하기   **392**
| STEP 1 | 표 삽입하고 행/열 추가하기   392
| STEP 2 | 셀 합계 필드 삽입하기   394
| STEP 3 | 셀 병합하고 데이터 맞추기   396
| STEP 4 | 여러 셀 값의 서식 변경하기   397
| STEP 5 | 표 스타일과 음영 색, 테두리 변경하기   398

Lesson 2 | 차트 삽입하고 차트 요소 변경하기   **400**
| STEP 1 | 차트 삽입하고 행/열 전환하기   400
| STEP 2 | 묶은 세로 막대형과 꺾은선형의 콤보 차트 만들기   402
| STEP 3 | 차트 요소 변경하기   403

Lesson 3 | 온라인 그림과 비디오 삽입하기   **404**
| STEP 1 | 온라인 그림 삽입하기   404
| STEP 2 | 온라인 비디오 삽입하기   406
▶ PLUS ◀ 읽기 모드에서 개체 확대하여 보기   407

Lesson 4 | 엑셀 데이터로 편지 병합하기   **408**
| STEP 1 | 병합 필드 데이터 선택하기   408
| STEP 2 | 병합 필드를 삽입하여 개별 문서 만들기   410

실무 따라잡기 | 표와 차트 삽입하기   **412**

찾아보기   **413**

예제 갤러리

엑셀 &
파워포인트 &
워드 2013

거래처별 수금 일계표

코드	거래처	구분	수금액	순위
21001	가나무역	현금	3,950,000	
21015	경진상사	현금	2,370,000	
21020	대강무역			
21026	동원물산	어음	5,020,000	
21034	라라산업			
21050	명성종합	어음	6,430,000	
21055	반석종합	어음	7,085,000	
22015	삼원물류	현금	4,842,500	
22022	삼진씨티	현금	3,510,000	
22025	에스엠이	어음	4,300,000	
22031	이오무역	현금	2,900,000	
22040	이지산업			
22047	제원종합	어음	5,275,000	
22068	티씨케이	현금	2,820,000	
22075	한솔물산	현금	4,160,000	
22080	헤브론사	어음	4,250,000	
22090	협신상사	현금	3,450,000	

휴대전화 번호이동 통계

통신사	이동 구분	2010년도	2011년도	2012년도	2013년도	2014년도	합계
A통신	A통신→A통신	-	-	9,623	511,142	1,958,870	2,479,635
	B통신→A통신	567,413	1,487,395	2,047,481	2,310,945	2,504,398	8,917,632
	C통신→A통신	-	684,036	790,755	1,085,890	620,905	3,181,586
	소 계	567,413	2,171,431	2,847,859	3,907,977	5,084,173	14,578,853
B통신	A통신→B통신	1,271,072	1,486,698	2,076,644	2,291,249	2,486,239	9,611,902
	B통신→B통신			2,545	876,402	1,413,687	2,292,634
	C통신→B통신		592,752	760,201	907,587	1,024,246	3,284,786
	소 계	1,271,072	2,079,450	2,839,390	4,075,238	4,924,172	15,189,322
C통신	A통신→C통신	857,077	676,200	826,715	1,076,813	620,797	4,057,602
	B통신→C통신	242,499	645,609	814,118	1,129,751	1,103,305	3,935,282
		1,099,576	1,321,809	1,640,833	2,206,564	1,724,102	7,992,884
		2,938,061	5,572,690	7,328,082	10,189,779	11,732,447	37,761,059

직원 급여 현황

성명	부서	직책	기본급	상여율	상여금	급여
강민수	총무부	부장	3,200,000	9%	288,000	3,488,000
김용대	생산부	부장	3,150,000	9%	283,500	3,433,500
이재기	관리부	부장	3,050,000	9%	274,500	3,324,500
박지명	영업부	부장	3,100,000	9%	279,000	3,379,000
이태훈	총무부	과장	2,800,000	6%	168,000	2,968,000
김지엽	생산부	과장	2,600,000	6%	156,000	2,756,000
노성경	관리부	과장	2,450,000	6%	147,000	2,597,000
송인범	영업부	과장	2,750,000	6%	165,000	2,915,000
정명훈	총무부	대리	2,200,000	5%	110,000	2,310,000
손길재	생산부	대리	2,160,000	5%	108,000	2,268,000
하덕곤	관리부	대리	2,180,000	5%	109,000	
변지영	총무부	사원	2,000,000	4%	80,000	
곽창완	영업부	사원	1,900,000	4%	76,000	
주호재	생산부	사원	1,880,000	4%	75,200	
김기형	생산부	사원	1,950,000	4%	78,000	
공동환	영업부	사원	2,100,000	4%	84,000	
강호윤	총무부	사원	2,050,000	4%	82,000	
					합계	2,563,200

수입 상품 환산 가격표

환율 계산 : 1089.43

품목	단가(USD)	환산(KRW)	0 단위 반올림	소수 1자리 올림	100 단위 내림
에어 런어웨이	$ 143.00	155,788.49	155,788	155,788.5	155,700
에어 삭스터보	$ 147.00	160,146.21	160,146	160,146.3	160,100
에어 스위프트	$ 149.00	162,325.07	162,325	162,325.1	162,300
에어 스트럭처	$ 136.00	148,162.48	148,162	148,162.5	148,100
에어 엔도르핀	$ 135.00	147,073.05	147,073	147,073.1	147,000
에어 와이드런	$ 152.00	165,593.36	165,593	165,593.4	165,500
에어 인사이트	$ 141.00	153,609.63	153,610	153,609.7	153,600
에어 트레이너	$ 158.00	172,129.94	172,130	172,130.0	172,100
에어 페가수스	$ 139.00	151,430.77	151,431	151,430.8	151,400
에어 헤이워드	$ 150.00	163,414.50	163,415	163,414.5	163,400
에어줌 보메로	$ 127.00	138,357.61	138,358	138,357.7	138,300
에어줌 빅토리	$ 125.00	136,178.75	136,179	136,178.8	136,100
에어줌 스파이	$ 134.00	145,983.62	145,984	145,983.7	145,900
에어줌 스피드	$ 128.00	139,447.04	139,447	139,447.1	139,400
		,536.47	140,536	140,536.5	140,500
		,268.18	137,268	137,268.2	137,200
		,341.34	150,341	150,341.4	150,300

매출 실적 평가표

이름	상반기	하반기	실적 합계	실적 달성	실적 등급	특별 수당	영업 수당
김대규	49	62	111	달성	A		지급
김형철	45	54	99	미달	B		지급
조동현	38	47	85	미달	C		
이수진	57	51	108	달성	A	지급	지급
홍순호	49	53	102	달성	A		지급
장국영	34	46	80	미달	C		
정용문	51	48	99	미달	B		지급
이규선	36	47	83	미달	C		
황현희	50	52	102	달성	A	지급	지급
심한준	44	49	93	미달	B		
박창현	56	50	106	달성	A	지급	지급
오재균	47	53	100	달성	A		지급

<평가 기준>
실적 달성 : 실적 합계가 100개 이상이면 "달성", 아니면 "미달"
실적 등급 : 실적 합계가 100개 이상이면 "A", 90개 이상이면 "B", 90개 미만이면 "C"
특별 수당 : 상반기, 하반기 실적이 모두 50개 이상이면 "지급"
영업 수당 : 상반기, 하반기 실적 중 하나라도 50개 이상이면 "지급"

엑셀 &

파워포인트 &

워드 2013

직원 명부

직원 명부	성명	직책	주민등록번호	주민등록번호보호	성별
박진우 부장	박진우	부장	750102-1057891	750102-1******	남
문상우 부장	문상우	부장	750621-1084756	750621-1******	남
이해영 과장	이해영	과장	771221-2054685	771221-2******	여
김민수 과장	김민수	과장	780808-1047568	780808-1******	남
임아영 과장	임아영	과장	790921-2145734	790921-2******	여
최성훈 과장	최성훈	과장	801119-1078962	801119-1******	남
서아현 대리	서아현	대리	810304-2247541	810304-2******	여
이동원 대리	이동원	대리	820428-1174854	820428-1******	남
한지혜 대리	한지혜	대리	830828-2045771	830828-2******	
정지철 대리	정지철	대리	831010-1785432	831010-1******	
남보윤 사원	남보윤	사원	840207-2641419	840207-2	
정대우 사원	정대우	사원	840721-1457561	840721	
남제우 사원	남제우	사원	850330-1047852	8503	
홍나라 사원	홍나라	사원	850525-2541233	8505	
이재덕 사원	이재덕	사원	860617-1112458	8606	
김형근 사원	김형근	사원	870707-1247853	8707	
서동현 사원	서동현	사원	880105-1065214	8801	

생년월일 기록부

성명	주민등록번호	생년월일	연도	월	일	요일	나이
박진우 부장	680102-1057891	1968-01-02	1968	1	2	화	47세
문상우 부장	690621-1084756	1969-06-21	1969	6	21	토	45세
이해영 과장	721221-2054685	1972-12-21	1972	12	21	목	42세
김민수 과장	730808-1047568	1973-08-08	1973	8	8	수	41세
임아영 과장	740921-2145734	1974-09-21	1974	9	21	토	40세
최성훈 과장	751119-1078962	1975-11-19	1975	11	19	수	39세
서아현 대리	780304-2247541	1978-03-04	1978	3	4	토	37세
이동원 대리	790428-1174854	1979-04-28	1979	4	28	토	36세
한지혜 대리	760828-2045771	1976-08-28	1976	8	28	토	38세
정지철 대리	771010-1785432	1977-10-10	1977	10	10	월	37세
남보윤 사원	800207-2641419	1980-02-07	1980	2	7	목	35세
	840721-1457561	1981-07-21	1981	7	21	화	33세
52		1982-03-30	1982	3	30	화	33세
33		1983-05-25	1983	5	25	수	32세
58		1984-06-17	1984	6	17	일	30세
53		1984-07-07	1984	7	7	토	30세
14		1985-01-05	1985	1	5	토	30세

출근 시간 기록부

성명	출근 기록	출근 시간	시	분	초
박진우 부장	071256	7:12:56 AM	7	12	56
문상우 부장	080624	8:06:24 AM	8	6	24
이해영 과장	073524	7:35:24 AM	7	35	24
김민수 과장	080255	8:02:55 AM	8	2	55
임아영 과장	083501	8:35:01 AM	8	35	1
최성훈 과장	082745	8:27:45 AM	8	27	45
서아현 대리	083112	8:31:12 AM	8	31	12
이동원 대리	085023	8:50:23 AM	8	50	23
한지혜 대리	082244	8:22:44 AM	8	22	44
정지철 대리	080125	8:01:25 AM	8	1	25
남보윤 사원	083524	8:35:24 AM	8	35	24
정대우 사원	083856	8:38:56 AM	8	38	56
남제우 사원	082421	8:24:21 AM	8	24	21
홍나라 사원	081520	8:15:20 AM	8	15	20
이재덕 사원	081435	8:14:35 AM	8	14	35
김형근 사원	080525	8:05:25 AM	8	5	25
서동현 사원	084939	8:49:39 AM	8	49	39

거래처 (모두)

일자	합계 : 출고	합계 : 샘플	합계 : 반품	합계 : 출고계
1월	1077	55	18	1114
2월	876	8	13	871
3월	737	5	13	729
4월	692	7	8	691
5월	920	49	12	957
6월	861	35	11	885
총합계	5163	159	75	5247

엑 셀 &

파 워 포 인 트 &

워 드 2013

EXCEL · POWERPOINT · WORD 2013

PART

0

오피스 2013과 오피스 365

오피스 365는 오피스 2013 프로그램에 일정, 문서 관리, 협업, 온라인 회의 서비스 등을 제공하는 클라우드 형태의 오피스입니다. 여기에서는 오피스 2013 및 오피스 365가 공통으로 제공하는 협업 환경에 대해 살펴보겠습니다.

Step 1 | 오피스 온라인에 계정 등록하기
Step 2 | 오피스 온라인에 로그인하기
Step 3 | 오피스 배경과 테마 변경하기
Step 4 | 오피스 온라인에 파일 저장하고 열기
Step 5 | 오피스 온라인에서 파일 편집하기
Step 6 | 오피스 온라인에서 파일 공유하기

오피스 온라인에 계정 등록하기

오피스 온라인은 Microsoft 계정을 이용하여 로그인할 수 있습니다. 만약 사용 중인 Microsoft 계정이 없으면 오피스에서 등록하여 사용할 수 있습니다.

01 오피스 프로그램을 실행한 후 ❶ 오른쪽 위의 [로그인]을 클릭하면 [로그인] 창이 나타납니다. ❷ Office 계정으로 사용할 메일 주소를 입력한 후 ❸ [다음]을 클릭합니다. Microsoft 계정으로 등록된 이메일 주소가 아닌 경우 ❹ [등록]을 클릭합니다.

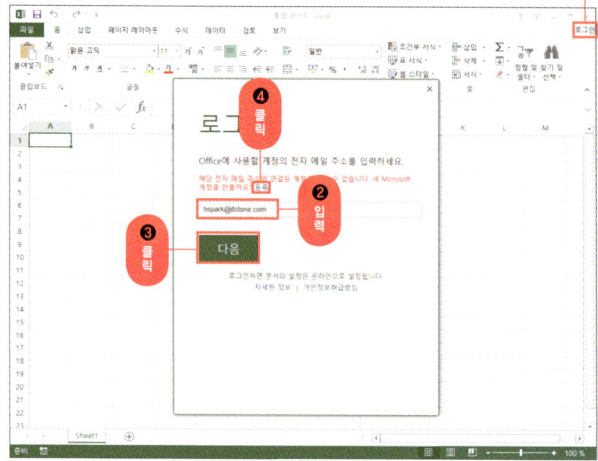

02 [계정 만들기] 창이 나타나면 이메일 주소와 암호를 입력한 후 [다음]을 클릭합니다.

03 [메일 확인] 창이 나타나면 이메일 주소에서 확인한 코드를 입력한 후 [다음]을 클릭하여 Microsoft 계정 설정을 완료합니다.

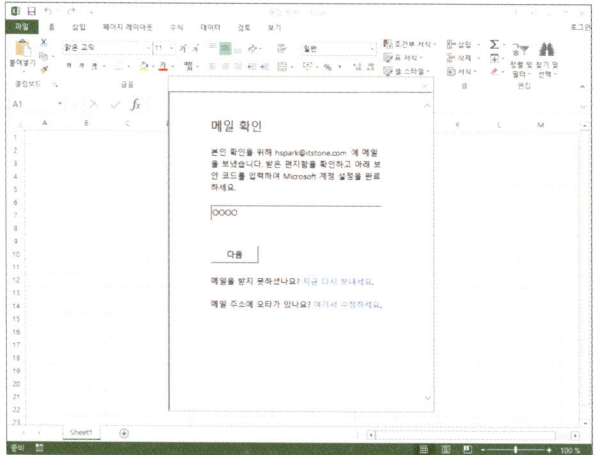

오피스 온라인에 로그인하기

오피스 2013 및 오피스 365의 가장 큰 특징은 오피스 온라인에 로그인하여 작업 파일을 인터넷에 저장할 수 있으며, 다른 사용자와 공유하고 동시에 작업할 수 있습니다.

01 오피스 프로그램을 실행한 후 ❶ 오른쪽 위의 [로그인]을 클릭하면 [로그인] 창이 나타납니다. ❷ Office 계정으로 사용할 메일 주소를 입력한 후 ❸ [다음]을 클릭합니다.

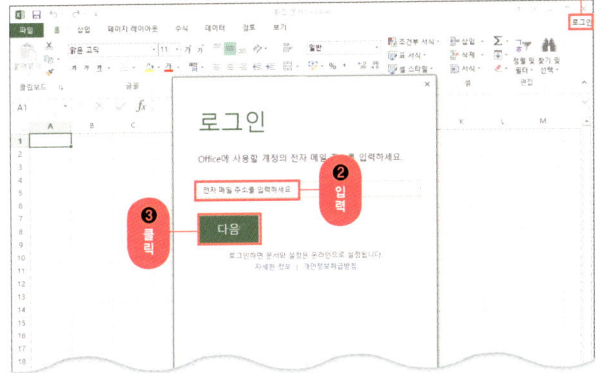

02 Microsoft 계정인 경우, 암호를 입력하고 [로그인]을 클릭합니다.

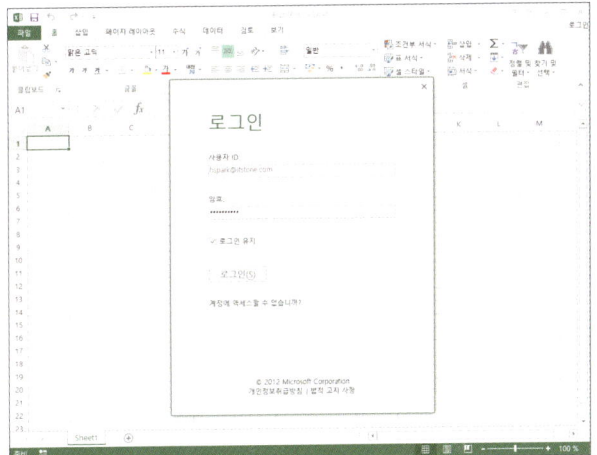

03 로그인한 계정이 나타납니다. 계정을 클릭하면 계정을 설정하거나 전환할 수 있습니다.

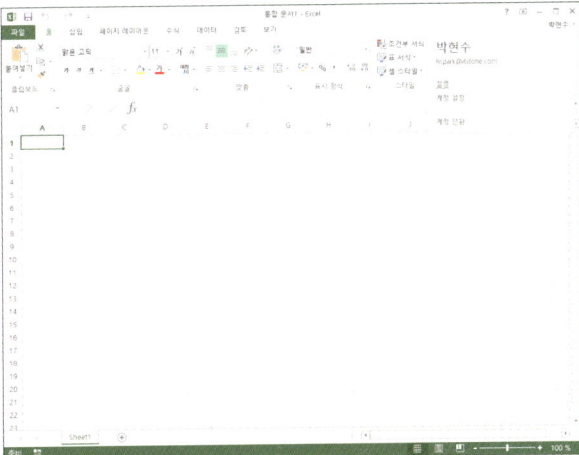

오피스 배경과 테마 변경하기

오피스의 오른쪽 위에는 로그인한 계정과 함께 설정한 배경과 테마가 표시되는데, 취향에 맞게 설정할 수 있습니다.

01 [파일] 탭을 클릭합니다.

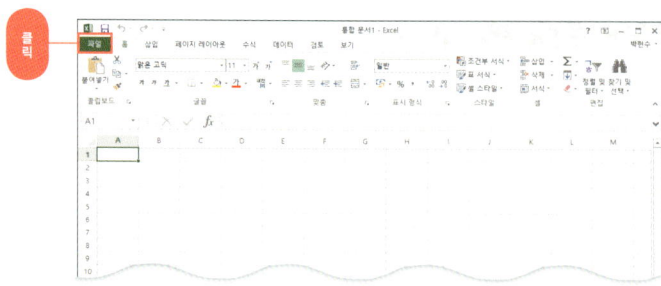

02 백스테이지(backstage)가 나타나면 ❶[계정]을 클릭하고, ❷[Office 배경]의 드롭다운 단추를 클릭한 후 원하는 배경을 선택합니다. ❸[Office 테마]의 드롭다운 단추를 클릭하고, ❹원하는 테마 색상을 선택한 후 ❺[뒤로]를 클릭합니다.

03 선택한 오피스의 배경과 테마가 설정된 것을 확인할 수 있습니다.

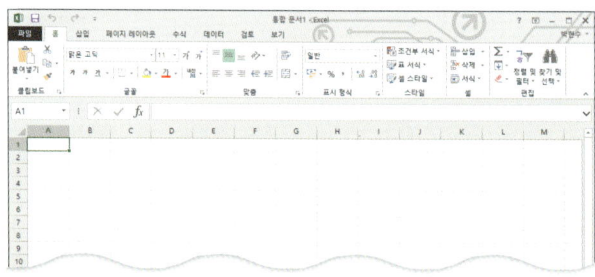

04 파워포인트나 워드 등 다른 오피스 프로그램을 실행하면 배경과 테마가 동일하게 설정된 것을 확인할 수 있습니다.

 참고

[파일] 탭의 [옵션]을 클릭한 후 [옵션] 대화상자의 [일반] 탭에서 [Office 로그인 여부에 상관없이 항상 이 값 사용]에 체크 표시를 하면 계정과 상관없이 오피스의 배경과 테마가 나타납니다.

오피스 온라인에 파일 저장하고 열기

오피스 온라인 계정의 클라우드 저장 공간을 이용하면 문서를 온라인에 저장하고 열어볼 수 있습니다.

01 [파일] 탭을 클릭합니다.

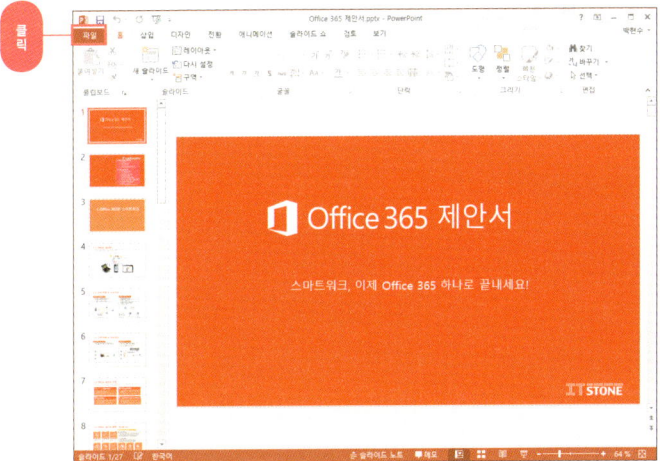

02 ❶ [다른 이름으로 저장]을 클릭한 후 ❷ [OneDrive-계정]의 ❸ [찾아보기]를 클릭합니다.

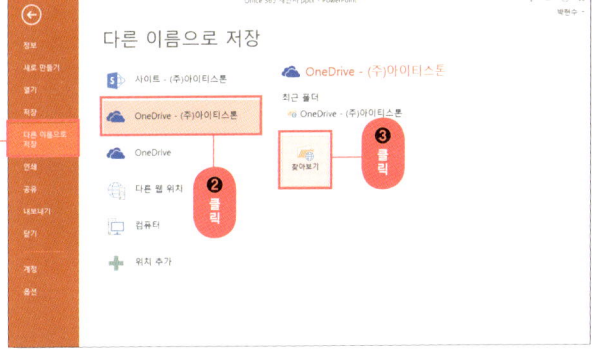

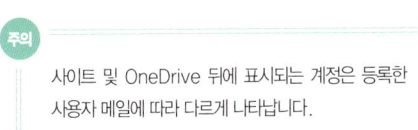

사이트 및 OneDrive 뒤에 표시되는 계정은 등록한 사용자 메일에 따라 다르게 나타납니다.

03 [다른 이름으로 저장] 대화상자가 나타나면 오피스 온라인 계정의 위치가 나타납니다. ❶ [파일 이름]을 입력한 후 ❷ [저장] 단추를 클릭합니다.

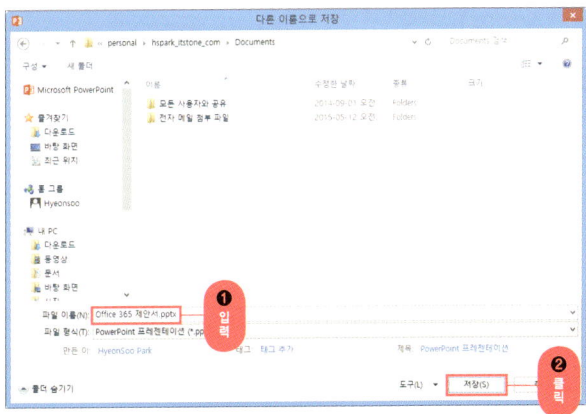

04 문서가 오피스 온라인에 저장됩니다. 다시 문서를 열기 위해 [파일] 탭을 클릭합니다.

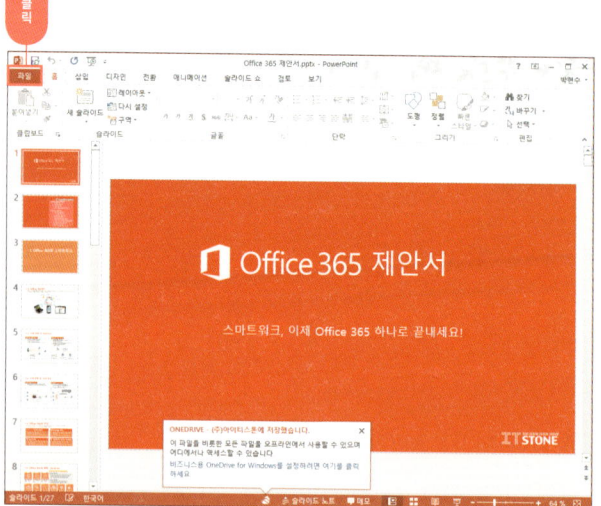

05 백스테이지가 나타나면 ❶ [열기]를 클릭한 후 ❷ [OneDrive - 계정]의 ❸ [찾아보기]를 클릭합니다.

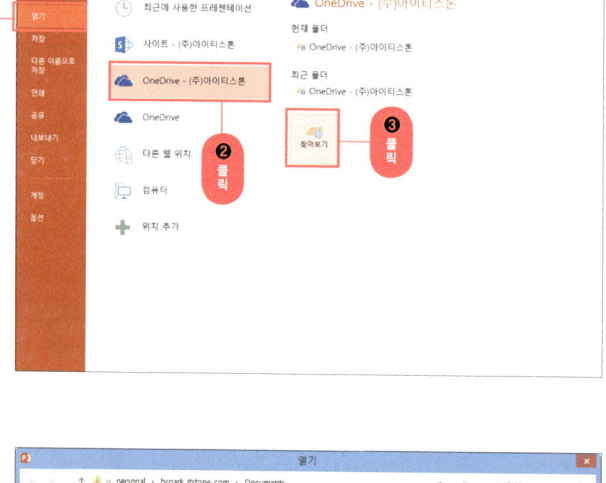

> **주의**
> 사이트 및 OneDrive 뒤에 표시되는 계정은 등록한 사용자 메일에 따라 다르게 나타납니다.

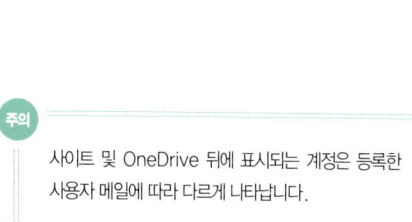

06 [열기] 대화상자가 나타나면 불러오려는 ❶ [파일 이름]을 선택한 후 ❷ [열기] 단추를 클릭합니다.

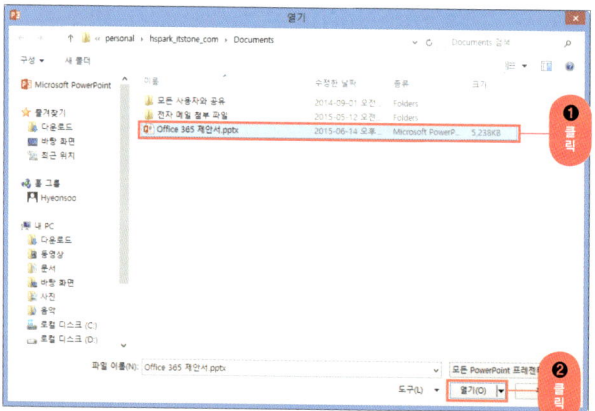

오피스 온라인에서 파일 편집하기

오피스 온라인에 파일을 저장하면 컴퓨터에 설치된 오피스 프로그램이 아닌 오피스 온라인 프로그램을 이용하여 문서를 편집할 수 있습니다.

01 ❶ 웹 브라우저에서 오피스 온라인(office.live.com)에 연결한 후 ❷ [로그인]을 클릭합니다.

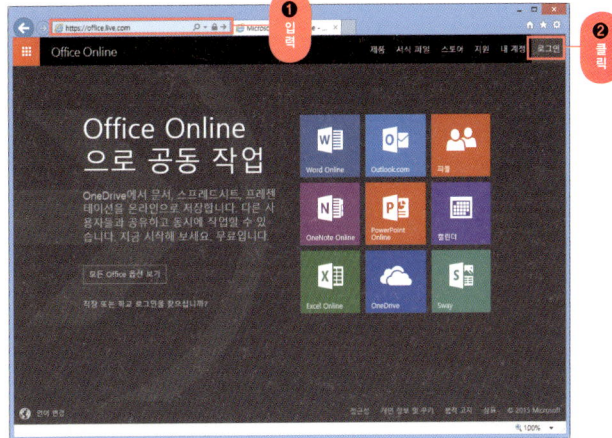

02 연결된 오피스 365 사이트로 이동되면 ❶ 계정 암호를 입력한 후 ❷ [로그인]을 클릭합니다.

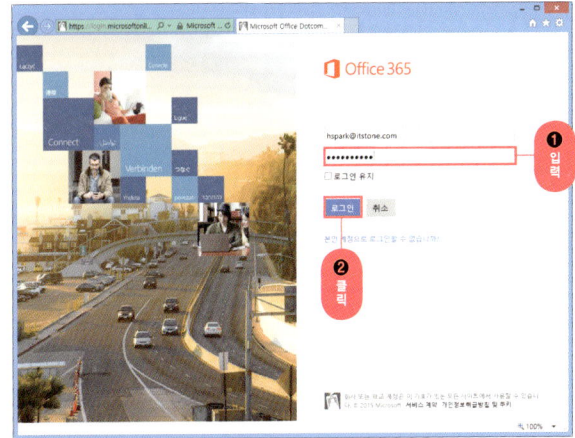

03 오피스 온라인 페이지가 나타나면 워드나 엑셀 등 오피스 온라인 프로그램을 실행할 수 있습니다. 여기에서는 [파워포인트]를 클릭합니다.

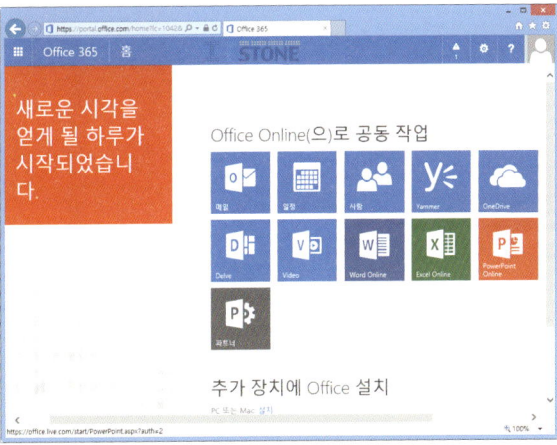

04 파워포인트 온라인 화면이 나타납니다. [비즈니스용 OneDrive에서 열기]를 클릭합니다.

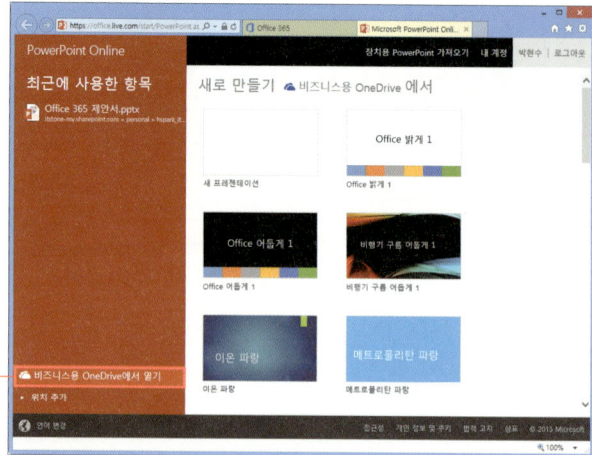

05 비즈니스용 OneDrive 페이지가 나타납니다. 불러오려는 파일을 클릭합니다.

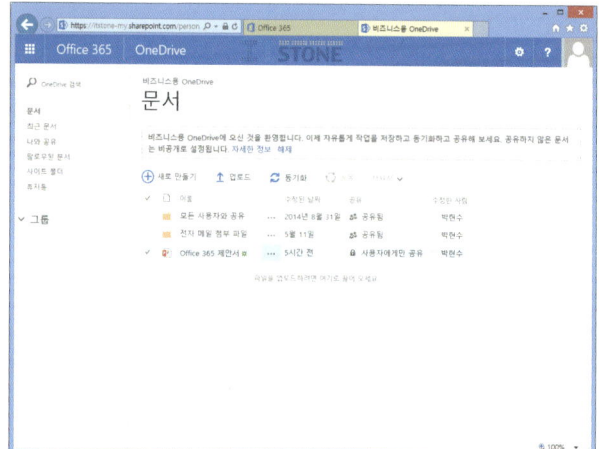

06 선택한 문서가 웹 페이지에 나타납니다. 오피스 온라인에서 문서를 편집하려면 ❶ [프레젠테이션 편집]을 클릭한 후 ❷ [PowerPoint Online에서 편집]을 클릭합니다.

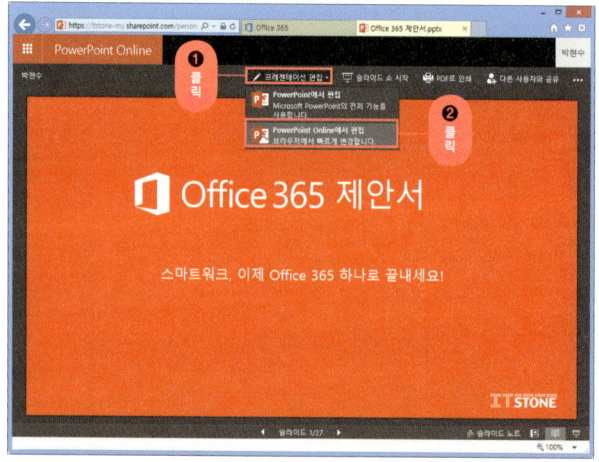

> 참고
>
> [PowerPoint에서 편집]을 클릭하면 컴퓨터에 설치된 Office 프로그램에서 파일을 편집할 수 있습니다.

오피스 온라인에서 파일 공유하기

오피스 온라인에 저장한 파일은 다른 사람과 공유할 수 있습니다.

01 [파일] 탭을 클릭하고, ❶[공유]를 클릭한 후 ❷[초대]를 클릭합니다. ❸ 초대할 이메일 주소와 메시지를 작성한 후 ❹[공유]를 클릭합니다.

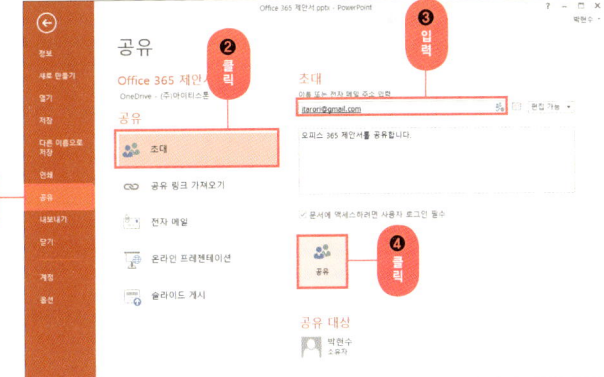

02 공유 초대 메일을 받은 다른 사용자는 메시지에 포함된 파일명을 클릭합니다.

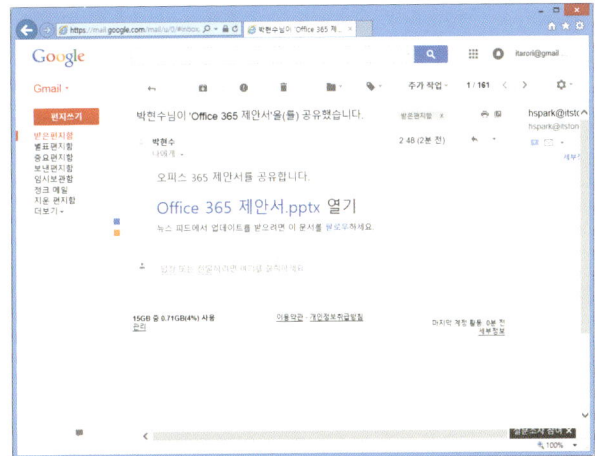

03 다른 사용자도 오피스 온라인을 통해 파일을 확인 및 편집할 수 있으며, [다운로드]를 클릭하여 파일을 저장할 수 있습니다.

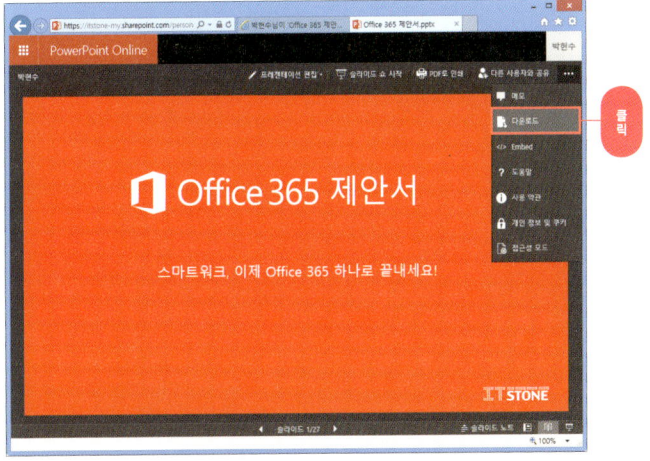

PART 1

엑셀 2013

Chapter 1 | 엑셀의 첫걸음! 데이터 입력하기
Chapter 2 | 문서 편집의 기본, 워크시트 편집하기
Chapter 3 | 워크시트를 돋보이게! 셀 서식 설정하기
Chapter 4 | 복잡한 계산을 자동으로! 수식과 함수 작성하기
Chapter 5 | 객관적인 분석! 데이터 분석하기

엑셀 학습을 위한 준비 운동

엑셀을 사용하는 가장 큰 이유는 함수를 이용하여 복잡한 계산을 간단하게 해결해준다는 데 있습니다. 사용자는 계산에 사용될 함수가 무엇인지만 알면 되죠. 엑셀에는 300개가 넘는 함수가 있는데, 우선 가장 많이 사용하는 기본 함수와 업무 처리 속도를 빠르게 해주는 실무 함수에 대해 알아봅시다.

1 수식에 사용되는 연산자

엑셀의 수식은 일반적인 사칙연산 외에 다양한 연산자를 이용하여 데이터를 계산합니다. 연산자는 다음과 같은데, 우선 셀 주소에 사용되는 '참조 연산자'와 수식에서 사용되는 '산술 연산자'만 알아두세요.

구분	연산자	기능	구분	연산자	기능
참조 연산자	:	연속된 셀 범위 참조(A1:B2)	문자 연산자	&	문자 연결("엑셀"&"2013")
	,	떨어진 셀 범위 참조(A1, B1)		=	같다
산술 연산자	−	음수(−1)	비교 연산자	〈	작다
	%	백분율(1%)		〈=	작거나 같다
	^	지수(2^10)		〉	크다
	*, /	곱셈, 나눗셈(1*2/3)		〉=	크거나 같다
	+, −	덧셈, 뺄셈(1+2−3)		〈〉	같지 않다

2 셀 참조 유형의 순환 관계

다른 셀에 입력된 값을 참조하여 수식을 작성하는 것을 '셀 참조'라고 하는데, 셀 참조에는 상대 참조, 절대 참조, 혼합 참조 등이 있습니다. 일반적으로 그냥 셀 주소를 참조하는 것이 '상대 참조'이고, 행과 열 번호를 모두 고정시키는 것이 '절대 참조', 행과 열 번호 중 하나만 고정시키는 것이 '혼합 참조'입니다. 이때 고정시키는 행이나 열 번호 앞에 달러($) 표시를 붙이면 되는데, 달러 표시는 직접 입력하거나 아래와 같이 F4 를 눌러서 순차적으로 변환할 수 있습니다.

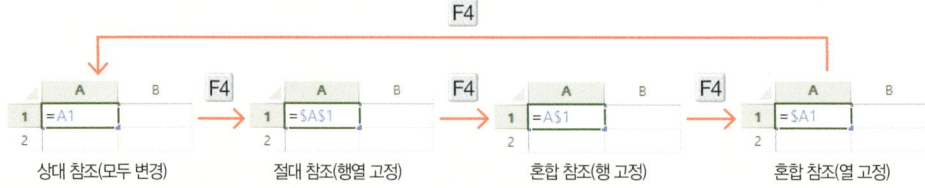

상대 참조(모두 변경) → 절대 참조(행열 고정) → 혼합 참조(행 고정) → 혼합 참조(열 고정)

3 수식의 오류

열심히 함수식을 작성했는데 오류가 발생했다면 어느 곳에서 수식이 잘못되었는지 잘 살펴보세요. 핑계 없는 무덤이 없듯이 엑셀이 표시하는 오류의 의미를 잘 파악하면, 어디에서 잘못되었는지 찾을 수 있습니다.

오류 표시	설명
######	셀의 너비보다 데이터의 길이가 길 때 나타납니다. 열 너비를 조절하면 값이 모두 표시되므로, 엄밀한 의미에서 오류는 아닙니다.
#NAME?	이름이 잘못되었을 때 나타납니다. 함수의 이름을 잘못 입력했는지 확인하세요.
#REF!	수식에 참조된 셀이 없어졌을 때 나타납니다. 참조된 셀 주소를 확인하세요.
#VALUE!	값이 잘못되었을 때 나타납니다. 함수 인수로 사용된 값이 잘못되었는지 확인하세요.
#N/A	사용할 수 없는 값을 참조했을 때 나타납니다. 수식에서 참조된 값이 있는지 확인하세요.
#DIV/0!	나눗셈에서 어떤 값을 0으로 나눌 때 나타납니다. 나누는 값이 0이 아닌 값으로 바꾸세요.
#NUM!	숫자를 잘못 사용했을 때 나타납니다. 인수에 사용된 숫자가 올바른 값인지 확인하세요.
#NULL!	존재하지 않는 값을 사용할 때 나타납니다. 값이 제대로 있는지 확인하세요.

4 함수의 기본 형식

'함수'란 복잡한 계산을 간단하게 해결하기 위해 미리 만들어 놓은 수식을 말합니다. 함수도 수식이기 때문에 등호(=)로 시작되는데, 등호 뒤에 함수 이름과 인수를 입력하면 됩니다. 예를 들어 A1셀부터 A100셀까지의 합계를 구하려면 아래와 같이 함수식을 입력하면 됩니다.

■ **함수 형식 : =SUM(number1,number2,…)**

❶ 등호 : 함수식의 시작을 의미합니다.
❷ 함수 이름 : 계산하려는 함수 이름을 입력합니다.
❸ 여는괄호 : 함수의 인수 시작을 의미합니다.
❹ 인수 : 함수 계산에 필요한 숫자나 셀 주소 등을 입력합니다.
❺ 닫는 괄호 : 함수의 인수 끝을 의미합니다.

위의 예에서 SUM 함수는 합계를 구하기 위해 숫자나 숫자가 입력된 셀 주소 등의 인수가 필요합니다. 이번에는 SUM 함수의 인수로 '(A1:A10)'이라는 셀 범위를 입력했는데, 만약 A1셀과 A10셀의 두 셀만 합계를 구하려면 '(A1,A10)'과 같이 쉼표로 인수를 구분하면 됩니다.

이 밖에도 함수에 사용되는 인수는 아래와 같은 종류가 있습니다.

인수	설명
숫자	양수, 음수, 0 등의 숫자나 숫자를 참조하는 셀 주소를 입력합니다.
문자	큰따옴표(")와 함께 입력하면 문자로 인식합니다.
셀 주소	참조할 셀 주소나 셀 범위를 입력합니다.
논리값	조건식을 입력하여 참(TRUE)이나 거짓(FALSE)을 판정합니다.

5 함수의 중첩 형식

함수의 인수로 숫자나 셀 주소 외에 다른 함수를 입력할 수도 있는데, 이처럼 함수 안에 다른 함수를 사용하는 것을 '중첩'이라고 합니다. 이때 각각의 함수마다 여는 괄호와 닫는 괄호를 확실히 구분해야 수식의 오류 없이 제대로 된 값을 구할 수 있습니다. 예를 들어 IF 함수로 A1셀부터 A10셀의 합계가 80보다 크면 '○'를, 80보다 작지만 60보다 크면 '△'를, 그렇지 않으면 'X'를 표시하려면 아래와 같이 함수식을 입력하면 됩니다.

■ 함수 형식 : =IF(logical_text,value_if_true,value_if_false)

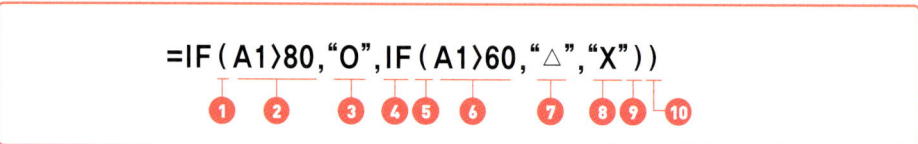

❶ 첫번째 IF 함수의 인수 시작을 의미합니다.
❷ 첫번째 IF 함수의 첫 번째 인수로, 'A1셀이 80보다 크다'라는 조건식을 입력합니다.
❸ 첫번째 IF 함수의 두 번째 인수로, 조건이 참일 경우 "O"를 표시합니다.
❹ 첫번째 IF 함수의 세 번째 인수로, 조건이 거짓일 경우 다시 IF 함수로 조건을 묻습니다.
❺ 두 번째 IF 함수의 인수 시작을 의미합니다.
❻ 두 번째 IF 함수의 첫 번째 인수로, 'A1셀이 60보다 크다'라는 조건식을 입력합니다.
❼ 두 번째 IF 함수의 두 번째 인수로, 조건이 참일 경우 "△"를 표시합니다.
❽ 두 번째 IF 함수의 세 번째 인수로, 조건이 거짓일 경우 "X"를 표시합니다.
❾ 두 번째 IF 함수의 인수 끝을 의미합니다.
❿ 첫 번째 IF 함수의 인수 끝을 의미합니다.

CHAPTER 1

엑셀의 첫걸음! 데이터 입력하기

Lesson 01 ǀ 새롭게 향상된 엑셀 2013 시작하기	Lesson 06 ǀ 다양한 형식의 숫자 데이터 입력하기
Lesson 02 ǀ 셀 선택과 행 높이 및 열 너비 조절하기	Lesson 07 ǀ 날짜와 시간 형식의 데이터 입력하기
Lesson 03 ǀ 통합 문서 열기와 저장하기	Lesson 08 ǀ 한자와 특수 문자 입력하기
Lesson 04 ǀ 워크시트의 다양한 보기 방법 살펴보기	Lesson 09 ǀ 보충 설명을 표시하는 메모 입력하기
Lesson 05 ǀ 문자 데이터를 쉽고 빠르게 입력하기	Lesson 10 ǀ 채우기 핸들로 데이터 입력하기
	실무 따라잡기 ǀ 신입사원 교육시간표 만들기

EXCEL & POWERPOINT & WORD 2013

새롭게 향상된 엑셀 2013 시작하기

Lesson 1

엑셀을 처음 실행하면 화면을 가득 채우고 있는 셀 때문에 복잡하게 보일 것입니다. 하지만 엑셀을 조금만 사용해보면 이러한 셀 때문에 엑셀이 뛰어나다는 것을 느끼게 될 것입니다. 이번에는 엑셀 2013을 실행하여 워크시트를 구성하고 있는 다양한 요소들에 대해 간단히 살펴보겠습니다.

STEP 01 엑셀 2013 실행하기

엑셀 2013을 실행하면 최근에 사용한 문서를 열거나 새 워크시트 또는 서식 파일로 통합 문서를 만들 수 있는 [시작 화면]이 나타납니다. 우선 시작 화면에서 새 통합 문서를 만들고, 워크시트 편집 화면부터 살펴보겠습니다.

01 윈도우 8인 경우 [시작 화면]에 등록된 [Excel 2013] 아이콘을 클릭합니다.

> **key**
> 열기 : Ctrl + O

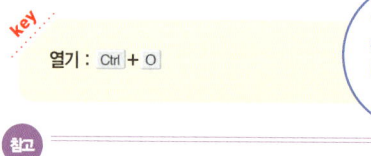

> 윈도우 8.1인 경우 아래쪽의 [앱 목록]으로 이동합니다.

> **참고**
> 윈도우 7인 경우 [시작 메뉴]에 등록된 [Excel 2013]을 클릭합니다.

02 엑셀 2013을 실행하면 기본적으로 시작 화면이 나타납니다. 우선 [새 통합 문서]를 클릭합니다.

> 최근에 사용한 문서 목록을 클릭하여 바로 열 수 있습니다.

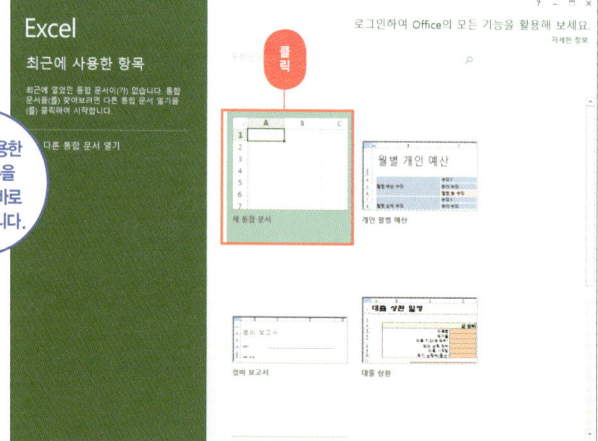

> **참고**
> [Excel 옵션]의 [일반] 범주의 [시작 옵션]에서 [이 응용 프로그램을 시작할 때 시작 화면 표시]의 체크 표시를 해제하면 [시작 화면]이 나타나지 않습니다.

STEP 02 엑셀 2013의 화면 구성 살펴보기

엑셀은 표 형태의 문서를 쉽게 만들 수 있도록 가로와 세로의 눈금선으로 구분되어 있습니다. 우선 엑셀 2013의 화면과 워크시트의 구성 요소들에 대해 살펴봅시다.

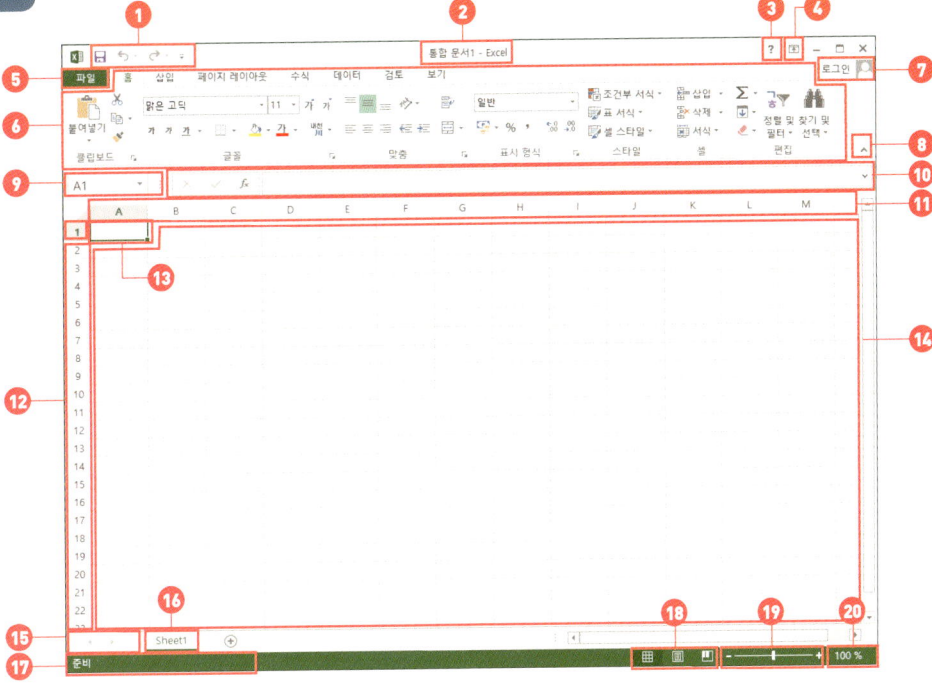

❶ **빠른 실행 도구 모음** : 자주 사용하는 명령을 등록하여 사용합니다.

❷ **제목 표시줄** : 엑셀 문서의 제목이 표시됩니다.

❸ **[도움말] 단추** : 엑셀 2013의 도움말을 표시합니다.

❹ **리본 메뉴 표시 옵션** : 리본 메뉴를 자동으로 숨기거나 탭만 표시 또는 탭 및 명령 표시 등을 설정합니다.

❺ **[파일] 탭** : 문서를 새로 만들거나 열기, 저장, 인쇄, 공유, 내보내기 등을 할 수 있으며, 사용자 계정과 엑셀 옵션 등을 설정할 수 있습니다.

❻ **리본 메뉴** : 작업의 종류에 따라 탭과 그룹, 명령들을 모아놓은 곳입니다.

❼ **사용자 계정** : 마이크로소프트 계정으로 로그온합니다.

❽ **리본 메뉴 축소** : ⌃ 단추를 클릭하면 리본 메뉴를 숨기고 탭 이름만 표시합니다.

❾ **이름 상자** : 현재 선택한 셀 주소나 삽입한 그림, 도형, 차트 등의 개체 이름을 표시합니다.

❿ **수식 입력줄** : 데이터 값이나 수식을 표시합니다. [수식 입력줄 확장] ⌄ 단추를 클릭하면 여러 줄로 입력된 수식을 확인할 수 있습니다.

⓫ **열 머리글** : 세로 줄을 '열(列)'이라고 하는데, 열 번호를 알파벳으로 표시합니다.

⓬ **행 머리글** : 가로 줄을 '행(行)'이라고 하는데, 행 번호를 숫자로 표시합니다.

⓭ **셀** : 데이터를 입력하는 한 개의 입력 공간입니다. 가로 방향의 열 번호(알파벳)과 세로 방향의 행 번호(숫자)를 붙여서 셀 주소를 나타냅니다. 현재 선택된 셀은 A1셀입니다.

⓮ **워크시트** : 실제 문서가 작성되는 한 장의 문서입니다. 기본적으로 'Sheet1, Sheet2, Sheet3, ……'과 같은 이름이 붙습니다.

⓯ **시트 이동 단추** : 워크시트의 개수가 많은 경우, 처음이나 이전, 다음, 마지막 시트로 이동합니다.

⓰ **시트 탭** : 워크시트의 이름을 표시합니다. [새 시트] ⊕를 클릭하면 새로운 워크시트가 추가됩니다.

⓱ **상태 표시줄** : 현재 작업의 상태와 선택한 셀 범위의 키보드의 상태, 계산 결과 등을 표시합니다.

⓲ **화면 보기** : 워크시트의 [기본] 과 [페이지 레이아웃], [페이지 나누기 미리 보기] 를 선택합니다.

⓳ **확대/축소 슬라이더** : 슬라이더를 드래그하여 확대/축소합니다.

⓴ **확대/축소 비율** : 확대/축소 비율을 설정합니다.

셀 선택과 행 높이 및 열 너비 조절하기

Lesson 2

엑셀 문서를 작성하거나 편집하려면 우선 워크시트의 셀을 선택해야 합니다. 하나의 셀 선택은 간단히 클릭하면 되지만, 여러 셀을 한꺼번에 선택하여 입력하거나 편집하는 일도 많습니다. 이번에는 셀 선택과 행 높이 및 열 너비를 조절하는 방법에 대해 알아보겠습니다.

STEP 01 여러 개의 셀 선택하기

워크시트의 셀을 드래그하면 여러 개의 셀이 선택됩니다. 이때 다른 곳에 떨어져 있는 셀도 함께 선택하려면 Ctrl 을 누른 상태에서 드래그하면 됩니다.

01 ❶ B1셀부터 B5셀까지 드래그하면 다섯 개의 셀이 선택됩니다. 다른 곳의 셀도 함께 선택하기 위해 ❷ Ctrl 을 누른 상태에서 D3셀부터 F8셀까지 드래그합니다.

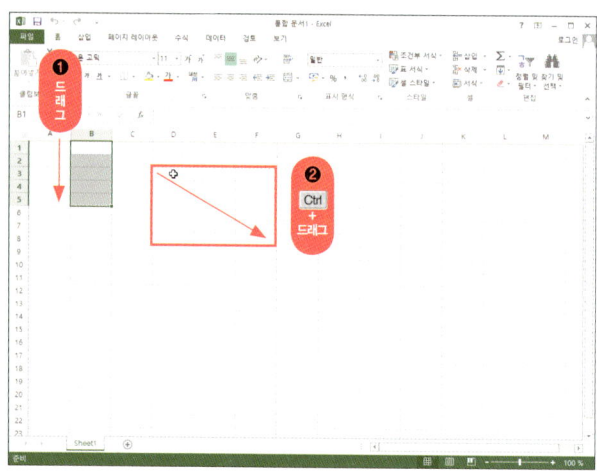

> **참고**
> Shift 를 누른 상태에서 다른 셀을 클릭하면 첫 번째 셀부터 클릭한 셀까지 중간에 포함되어 있는 셀이 모두 선택됩니다.

02 B1:B5 셀 범위와 함께 D3:F8 셀 범위도 함께 선택됩니다. 선택을 해제하려면 다른 셀을 클릭하세요.

> **참고**
> 두 개 이상의 셀이 선택된 것을 '범위'라고 하는데, 여러 개의 셀이 붙어 있는 범위를 표시할 때에는 셀 주소와 셀 주소 사이에 콜론(:)을 붙입니다. 예를 들어 'B1:B5'는 5개의 셀 범위를, 'D3:F8'은 16개의 셀 범위를 말합니다.

STEP 02 행과 열, 워크시트 선택하기

셀이 아니라 행이나 열, 또는 워크시트 전체를 선택한 후 편집할 때가 있습니다. 이러한 경우 행 머리글이나 열 머리글을 클릭하세요.

01 행 머리글을 클릭하면 한 개의 행이 선택됩니다. 여러 개의 행을 선택하려면 행 머리글을 드래그합니다.

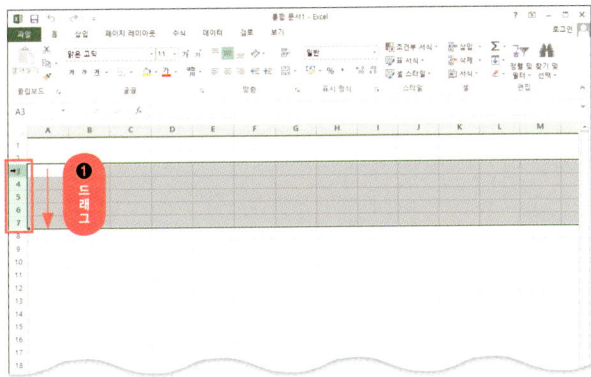

02 열 선택도 이와 마찬가지로 열 머리글을 클릭하거나 드래그하면 됩니다. 또 Ctrl 을 누른 상태에서 선택하면 떨어져 있는 열이나 행도 함께 선택됩니다.

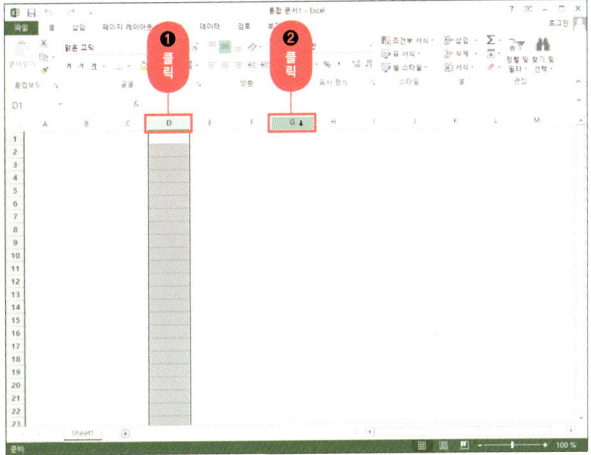

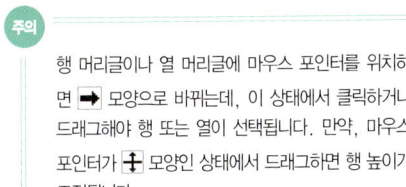

행 머리글이나 열 머리글에 마우스 포인터를 위치하면 ➡ 모양으로 바뀌는데, 이 상태에서 클릭하거나 드래그해야 행 또는 열이 선택됩니다. 만약, 마우스 포인터가 ✚ 모양인 상태에서 드래그하면 행 높이가 조절됩니다.

03 워크시트 전체를 선택할 때는 행 머리글과 열 머리글이 만나는 왼쪽 모서리 ◢ 를 클릭하면 됩니다.

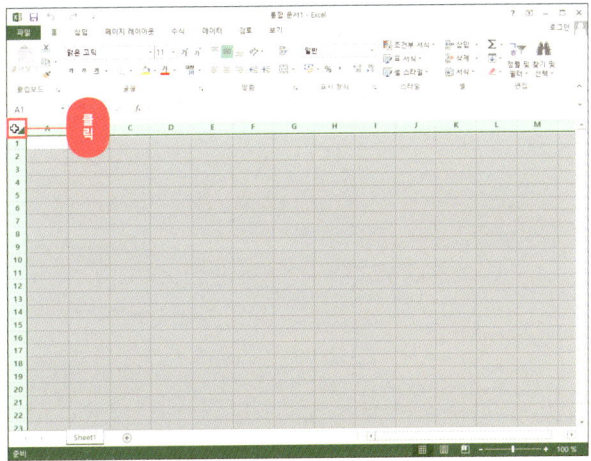

행 높이와 열 너비 조절하기

셀의 세로 길이를 '행 높이', 가로 길이를 '열 너비'라고 합니다. 만약 행 높이보다 큰 글자를 입력하거나 열 너비보다 많은 글자를 입력할 때는 행 머리글과 열 머리글의 경계선을 드래그하여 조절할 수 있습니다.

01 행 머리글에서 3행과 4행의 경계선에 마우스 포인터를 위치하면 ✥ 모양으로 바뀌는데, 이 상태에서 적당한 높이만큼 드래그하면 행 높이가 바뀝니다.

> **참고**
> 열 머리글의 경계선을 더블클릭하면 입력한 데이터 길이만큼 자동으로 열 너비가 조절됩니다. 자세한 내용은 50쪽을 참고하세요.

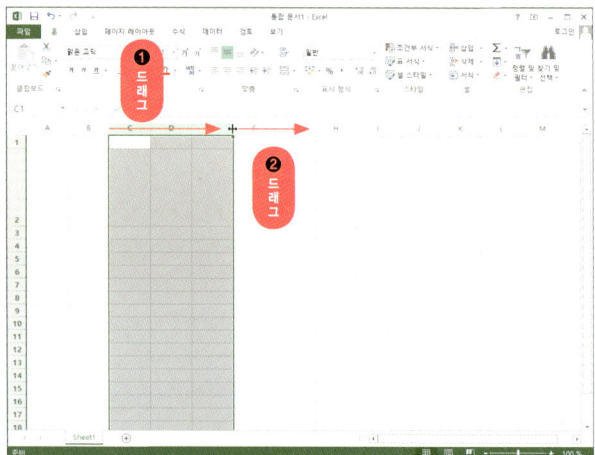

02 한꺼번에 여러 행 높이나 열 너비를 조절할 수도 있습니다. ❶ 먼저 열 머리글에서 C열부터 E열까지 드래그하여 선택한 후 ❷ 열 머리글의 경계선을 적당한 너비만큼 드래그합니다.

> **참고**
> 열 머리글이나 행 머리글을 마우스 오른쪽 단추로 클릭한 후 [열 너비] 또는 [행 높이]를 클릭하여 조절할 수 있습니다. 이때 열 너비를 표시하는 숫자 값은 기본 글꼴로 셀에 표시할 수 있는 문자 수(영문 8글자 정도)이고, 행 높이의 숫자 값은 글꼴 크기의 단위인 포인트(1포인트는 약 3.5mm)입니다.

03 선택한 열 너비가 한꺼번에 바뀝니다. 같은 방법으로 행 높이도 한꺼번에 바꿔 보세요.

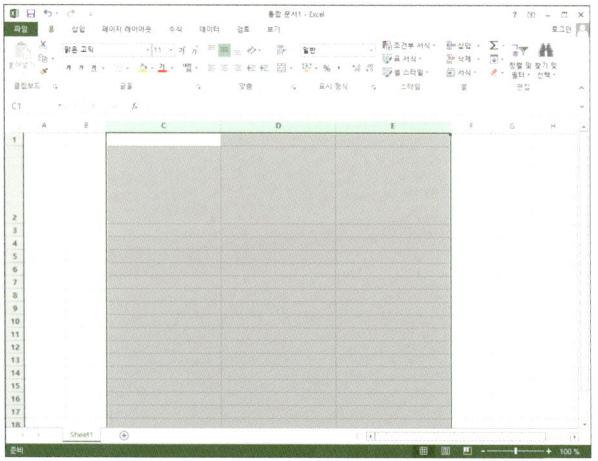

예제_엑셀\Chapter1\통합문서.xlsx

통합 문서 열기와 저장하기

Lesson 3

엑셀 2003 버전 이하까지는 *.xls 파일 확장자로 저장됐지만, 엑셀 2007부터는 XML(eXtensible Markup Language) 파일 포맷으로 바뀌어 *.xlsx 파일 확장자로 저장됩니다. 이번에는 엑셀 2013 파일을 열거나 저장하는 방법과 하위 버전과 호환되도록 저장하는 방법에 대해 알아보겠습니다.

STEP 01 통합 문서 열기

엑셀이 실행된 상태에서 새로운 문서를 열거나 저장하려면 [파일] 탭을 클릭하여 백스테이지(backstage)에서 선택해야 합니다.

01 [파일] 탭을 클릭하면 백스테이지가 나타나는데, ❶[열기]를 클릭하면 ❷ 최근에 사용한 엑셀 문서를 선택하여 열 수 있습니다.

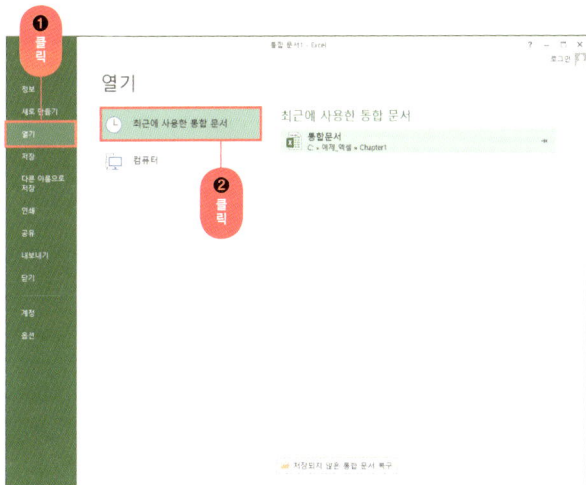

> **key**
> 열기 : Ctrl + O
> [열기] 대화상자 : Ctrl + F12

02 ❶[컴퓨터]를 클릭하면 현재 폴더 및 최근 폴더 목록이 나타납니다. 만약 다른 폴더를 찾으려면 ❷[찾아보기]를 클릭합니다.

문서가 있는 폴더가 나타나면 바로 폴더를 선택하세요.

03 [열기] 대화상자가 나타나면 ❶ 문서가 있는 폴더로 이동한 후 ❷ 파일을 선택하고 ❸ [열기] 단추를 클릭합니다.

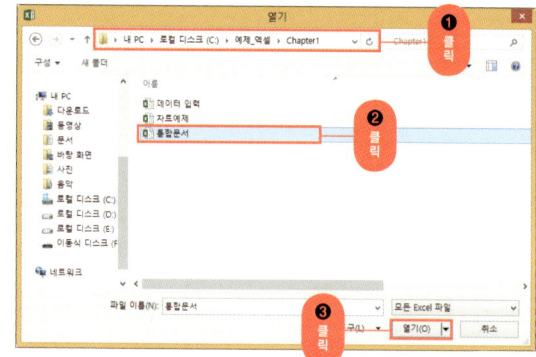

04 선택한 문서가 열립니다.

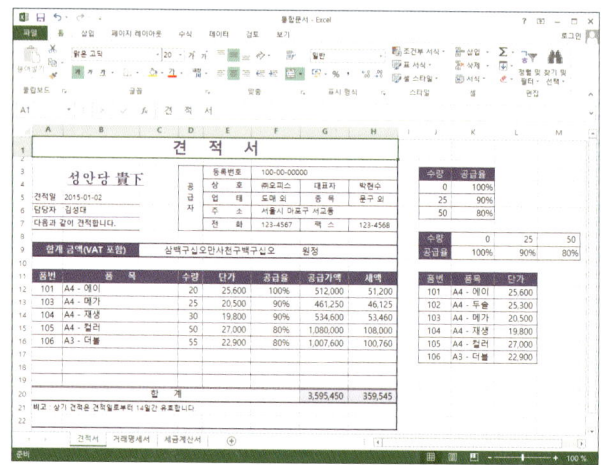

자주 사용하는 문서 및 폴더 고정하기

최근에 사용한 프레젠테이션 문서나 자주 여는 폴더 위치 등은 해당 항목을 목록에 고정하여 사용할 수 있습니다.

❶ 백스테이지의 [열기]에서 [최근에 사용한 통합 문서]에 표시된 문서 목록 오른쪽 끝의 [이 항목을 목록에 고정]을 클릭합니다.

❷ 백스테이지의 [열기]에서 [컴퓨터]에 표시된 폴더 목록 오른쪽 끝의 [이 항목을 목록에 고정]을 클릭합니다.

통합 문서 저장하기

새 문서에서 내용을 작성한 후 처음 저장하거나 이전 문서를 불러와서 수정한 후 원본 이름 그대로 저장하려면 [저장]을 이용합니다.

01 [파일] 탭을 클릭하면 백스테이지가 나오는데, ❶[다른 이름으로 저장]을 클릭한 후 ❷[컴퓨터]를 클릭하면 현재 폴더 및 최근 폴더 목록이 나타납니다. ❸[현재 폴더]를 클릭합니다.

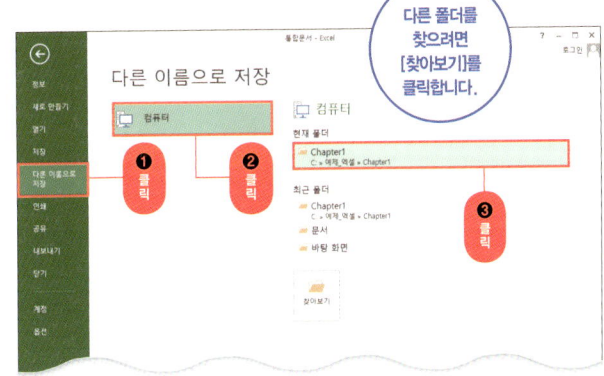

> **key**
> 저장 : Ctrl + S
> 다른 이름으로 저장 : F12

02 [다른 이름으로 저장] 대화상자가 나타나면 ❶문서가 있는 폴더로 이동한 후 ❷파일을 선택하고 ❸[저장] 단추를 클릭합니다.

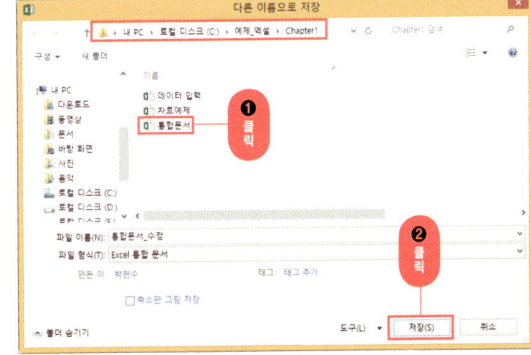

 주의
이번에는 새 문서에서 [저장]을 클릭했으므로 [다른 이름으로 저장] 대화상자가 나타납니다. 만약, 이미 저장한 문서를 불러온 후 [저장]을 클릭하면, [다른 이름으로 저장] 대화상자가 나타나지 않고 원본과 같은 이름으로 저장됩니다.

 **PLUS**

엑셀 2013의 파일 확장자 살펴보기

[다른 이름으로 저장] 대화상자의 [파일 형식]에서 저장 방법을 선택할 수 있는데, 자주 사용하는 파일 형식과 확장자는 다음과 같습니다.

파일 형식	파일 확장자	설명
Excel 통합 문서	*.xlsx	엑셀 2013 문서의 기본 저장 형식입니다(x=xml).
Excel 매크로 사용 통합 문서	*.xlsm	매크로를 포함한 문서로 저장합니다(m=macro).
Excel 서식 파일	*.xltx	서식 파일을 저장합니다(t=templet).
Excel 매크로 사용 서식 파일	*.xltm	매크로를 사용한 서식 파일을 저장합니다.
Excel 바이너리 통합 문서	*.xlsb	바이너리(이진) 파일 형식으로 저장합니다(b=binary).
Excel 추가 기능	*.xlam	엑셀 2013의 추가 기능을 저장합니다(a=add-in).
Excel 97-2003 통합 문서	*.xls	엑셀 97~2003 버전의 형식으로 저장합니다.
Excel 97-2003 서식 파일	*.xlt	엑셀 97~2003 버전의 서식 파일을 저장합니다.
Excle 97-2003 추가 기능	*.xla	엑셀 97~2003 버전의 추가 기능을 저장합니다.

이전 버전과 호환하도록 저장하기

엑셀 2013에서 저장한 *.xlsx 파일 형식의 문서는 엑셀 2003 이하 버전에서는 열리지 않습니다. 이러한 경우 [다른 이름으로 저장]을 이용하여 이전 버전의 문서로 저장해야 합니다.

01 [파일] 탭을 클릭하면 백스테이지가 나타나는데, ❶ [내보내기]를 클릭한 후 ❷ [파일 형식 변경]을 클릭하면 파일 형식 변경 목록이 나타납니다. ❸ [Excel 97-2003 통합 문서(*.xls)]를 클릭한 후 ❹ [다른 파일 형식으로 저장] 단추를 클릭합니다.

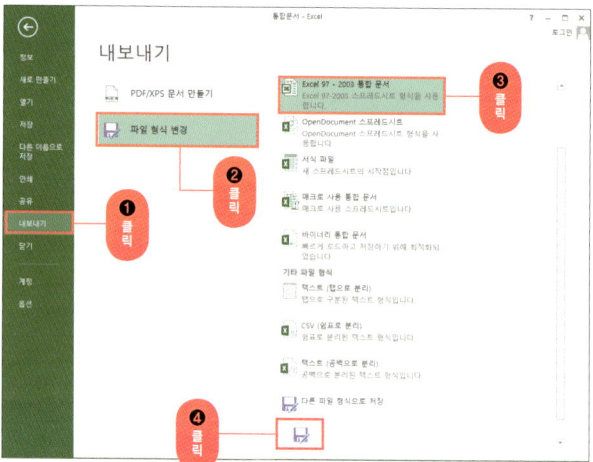

02 [다른 이름으로 저장] 대화상자가 나타나면 문서를 저장하려는 폴더로 이동한 후 [파일 이름]을 입력하고 [저장] 단추를 클릭합니다.

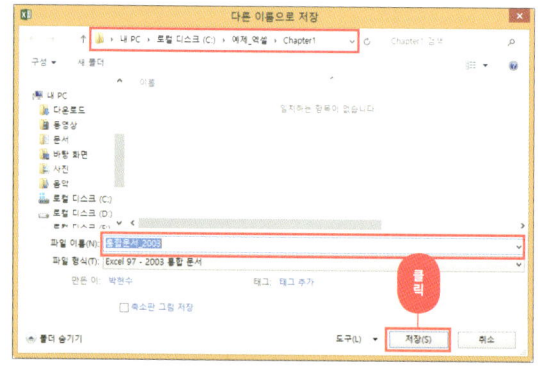

03 이전 버전에서 지원하지 않는 기능이 포함된 경우에는 [호환성 검사] 대화상자가 나타납니다. [계속] 단추를 클릭하면 이전 버전에서 호환되도록 해당 기능을 제외하고 저장됩니다.

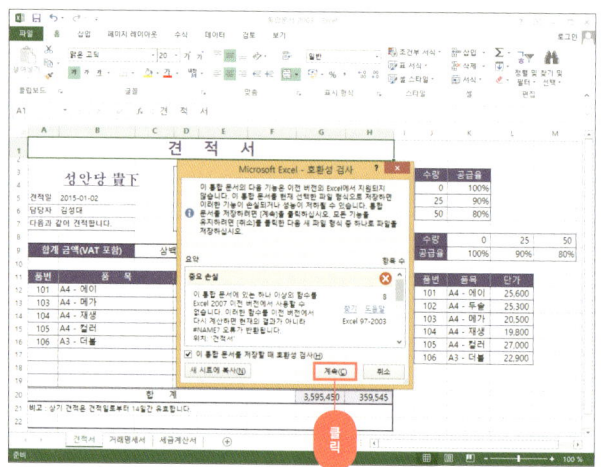

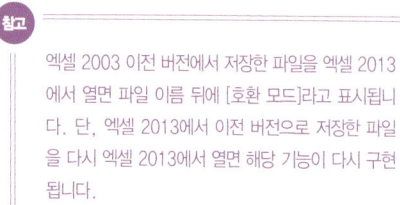

엑셀 2003 이전 버전에서 저장한 파일을 엑셀 2013에서 열면 파일 이름 뒤에 [호환 모드]라고 표시됩니다. 단, 엑셀 2013에서 이전 버전으로 저장한 파일을 다시 엑셀 2013에서 열면 해당 기능이 다시 구현됩니다.

예제 _엑셀\Chapter1\통합문서.xlsx

워크시트의 다양한 보기 방법 살펴보기

Lesson 4

워크시트의 셀에 입력된 데이터는 따로 수식이나 함수를 사용하지 않고 선택만으로도 상태 표시줄에서 합계나 평균, 개수 등을 파악할 수 있습니다. 그리고 워크시트의 가로, 세로 경계가 없기 때문에 어느 정도의 분량이 한 장의 문서에 인쇄되는지 가늠하기 어려운데, 이러한 경우 [페이지 레이아웃]이나 [페이지 나누기 미리 보기]를 이용하면 문서의 여백을 확인할 수 있습니다.

STEP 01 상태 표시줄에서 계산 미리 보기

워크시트에 입력된 데이터의 합계와 평균, 개수는 간단히 셀을 선택하는 것만으로도 파악할 수 있으며, 다른 계산이 필요한 경우 사용자 지정 설정으로 추가할 수도 있습니다.

01 숫자가 입력된 셀 범위를 선택하면 상태 표시줄에서 [평균], [개수], [합계]를 확인할 수 있습니다.

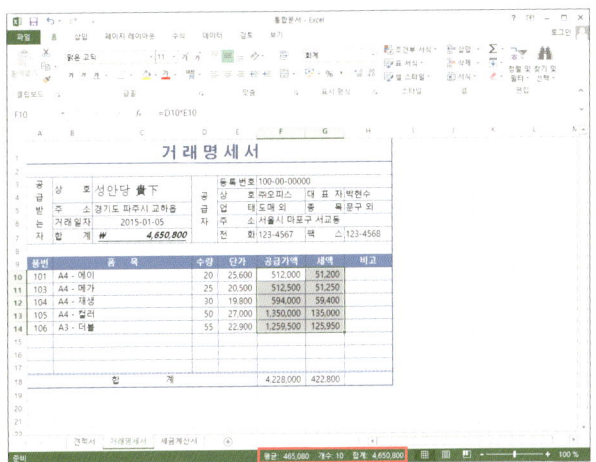

02 상태 표시줄을 마우스 오른쪽 단추로 클릭하면 셀 범위의 키보드의 상태, 계산 결과 등의 [상태 표시줄 사용자 지정]을 설정할 수 있습니다.

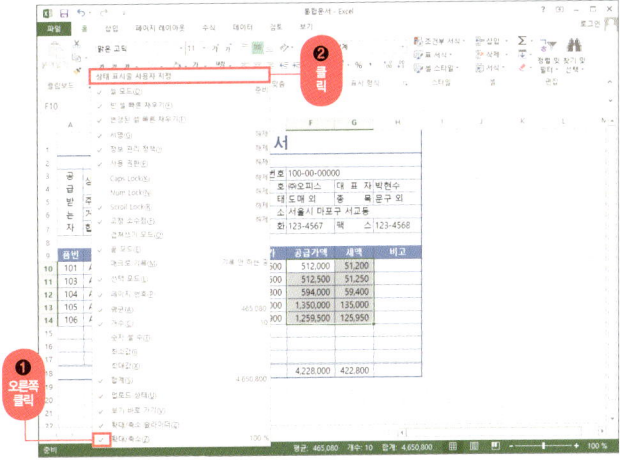

워크시트의 보기 방법 살펴보기

엑셀의 [기본] 보기 상태에서는 문서의 여백이 표시되지 않기 때문에 몇 행과 몇 열까지 인쇄되는지 확인하기 어려우므로, 페이지를 확인하면서 워크시트를 작성하려면 [페이지 레이아웃]이나 [페이지 나누기 미리 보기]로 보기 방법을 변경하여 편집하는 것이 좋습니다.

01 상태 표시줄에서 [기본] 보기는 페이지의 구분 또는 행과 열의 구분 없이 연속해서 데이터를 입력하고 분석합니다.

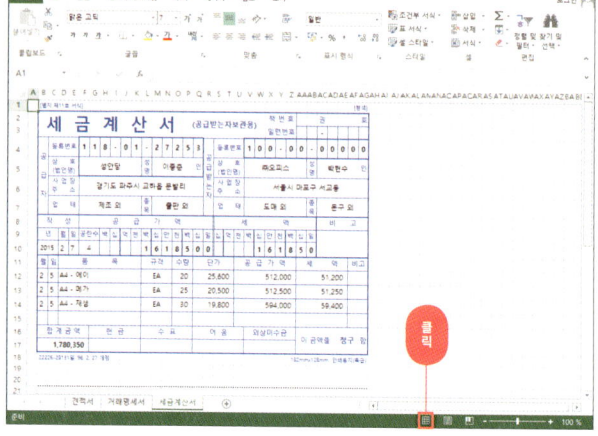

> 참고
> [보기] 탭의 [통합 문서 보기] 그룹에서 보기 방법을 선택해도 됩니다.

02 상태 표시줄에서 [페이지 레이아웃]을 선택하면 문서의 여백이 표시되므로, 한 페이지의 문서를 여백에 맞게 편집할 수 있습니다.

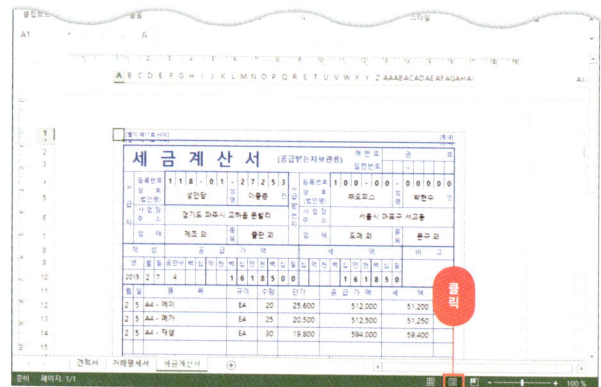

03 상태 표시줄에서 [페이지 나누기 미리 보기]를 선택하면 여러 페이지의 구분선이 표시되므로, 여러 페이지의 인쇄 영역을 조절할 수 있습니다.

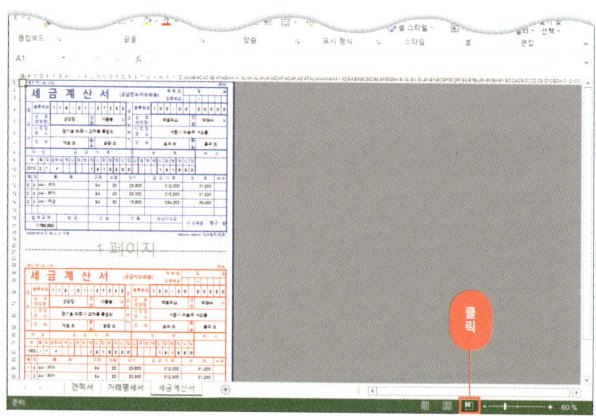

예제_엑셀\Chapter2\공급내역서_1.xlsx

문자 데이터를 쉽고 빠르게 입력하기

Lesson 5

엑셀에 입력하는 데이터는 문자와 숫자로 구분할 수 있는데, 먼저 문자 데이터의 입력 방법부터 살펴봅시다. 엑셀은 일반적으로 열마다 데이터를 구분하여 입력하는데, 이번에는 소프트웨어 공급 내역서를 이용하여 데이터를 입력하는 방법을 알아보겠습니다.

STEP 01 데이터 입력과 수정, 삭제하기

문자 데이터는 기본적으로 셀의 왼쪽 맞춤으로 정렬되며, 문자의 길이가 셀 너비보다 긴 경우, 오른쪽 셀에 내용이 없으면 모두 표시됩니다.

01 ❶ A6셀에 '엑셀 2013'이라고 입력한 후 Enter 를 누릅니다. ❷ A7셀에 '엑'이라고만 입력하면 같은 문자가 자동으로 완성되는데, 이 문자를 그대로 입력하려면 Enter 를 누릅니다.

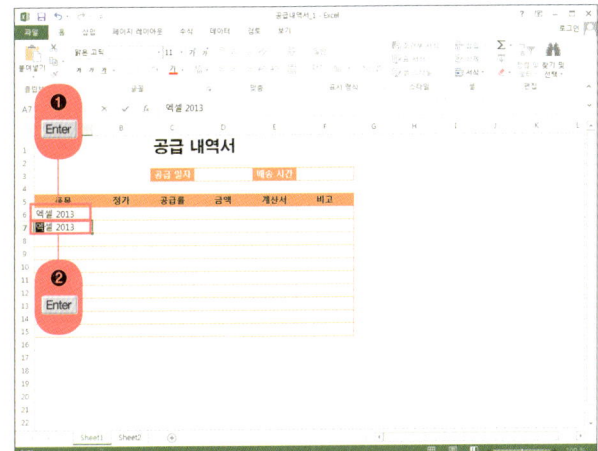

> **참고**
> 데이터를 입력한 후 Enter 를 누르면 아래쪽 셀로, Tab 을 누르면 오른쪽 셀로 이동합니다.

02 입력한 데이터를 수정하려면 셀을 더블클릭하거나 F2 를 누릅니다. A7셀을 더블클릭한 후 커서를 이동하여 '파워포인트 2013'이라고 입력한 후 Tab 을 누릅니다.

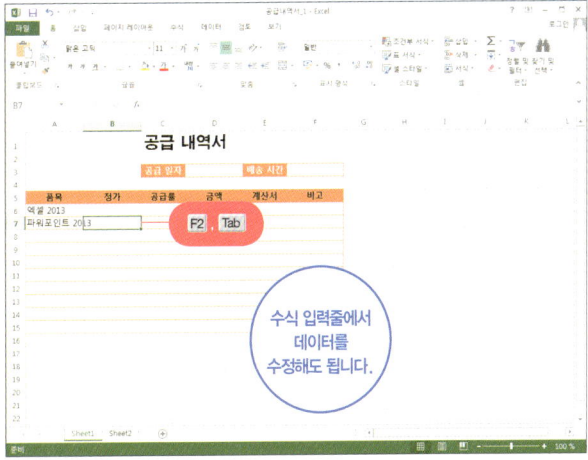

수식 입력줄에서 데이터를 수정해도 됩니다.

key 셀 편집 : F2

03 A7셀처럼 문자의 길이가 셀 너비보다 긴 경우 오른쪽 셀에 걸쳐서 표시됩니다. B7셀에 '123500'이라고 입력한 후 Enter 를 누릅니다.

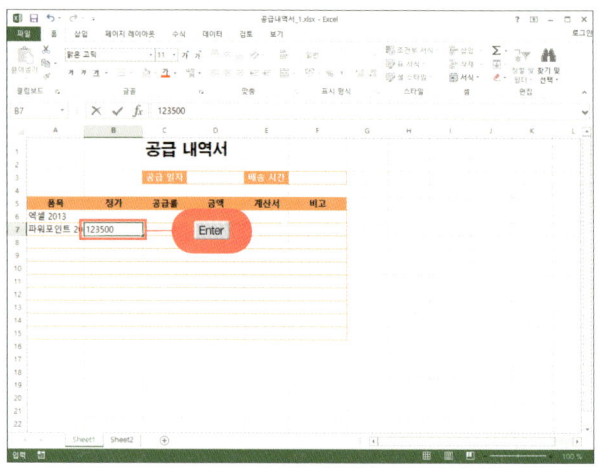

04 오른쪽 셀에 데이터가 있으면 A7셀처럼 너비보다 넘친 글자는 표시되지 않습니다. 이러한 경우 셀 너비를 늘려야 하는데, A열과 B열의 경계선을 더블클릭합니다.

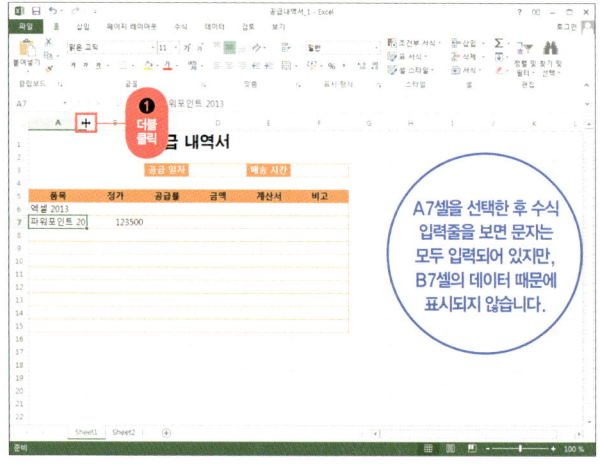

> Page
> 여러 개의 열 너비나 행 높이를 조절하는 방법은 42쪽을 참고하세요.

05 A열에 입력된 문자 길이에 맞게 열 너비가 늘어나면서 모든 글자가 표시됩니다. 입력한 데이터를 삭제할 때는 셀을 선택한 후 Delete 를 누릅니다.

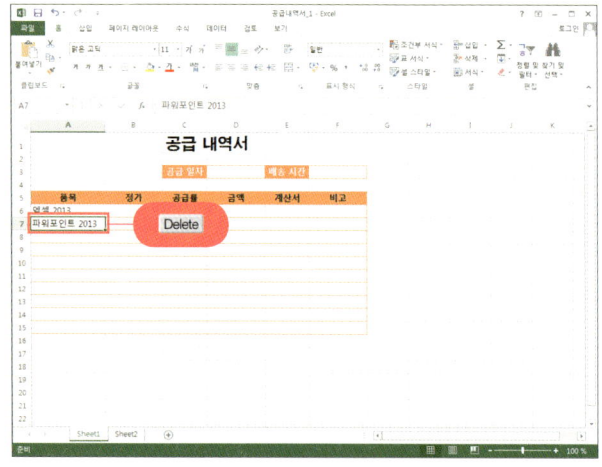

> key
> 셀 내용 삭제 : Delete

여러 셀에 같은 데이터 입력하기

위쪽이나 아래쪽 셀에 입력된 내용과 같은 문자를 입력하면 문자가 자동으로 표시되므로, Enter 만 눌러서 바로 입력할 수 있습니다. 만약 여러 셀에 같은 데이터를 입력하려면 먼저 셀을 선택한 후 Ctrl + Enter 를 누릅니다.

01 ❶ A8셀부터 A10셀까지 선택한 후 ❷ A8셀에 '엑셀 2013'을 입력하고 Ctrl + Enter 를 누릅니다.

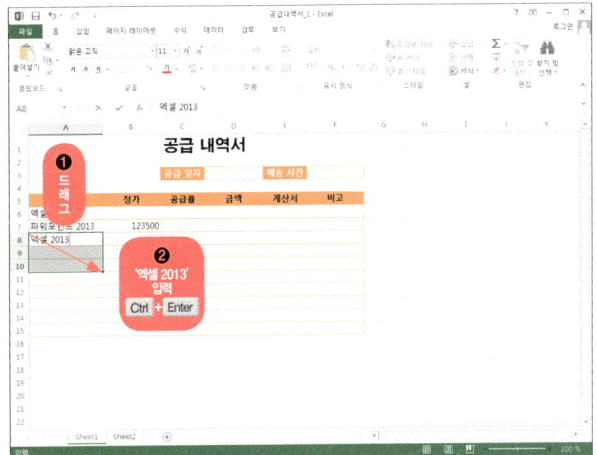

> **참고**
> 데이터를 입력한 아래 셀에서 Alt + ↓ 를 누르면 입력한 문자 목록이 나타나는데, 여기에서 입력할 단어를 선택할 수 있습니다.
>
>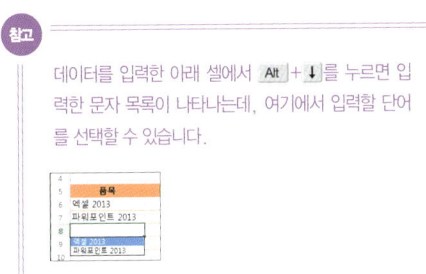

02 A8셀부터 A10셀까지 같은 내용이 입력됩니다.

PLUS

한/영이 자동으로 바뀌는 자동 고침 옵션 설정하기

'dprtpf'라고 입력한 후 Enter 를 누르면 '엑셀'이라고 한/영이 자동으로 변환되어 글자가 고쳐지는데, 이를 해제하려면 [파일] – [옵션]을 클릭한 후 [Excel 옵션] 대화상자의 [언어 교정] 범주에서 [자동 고침 옵션] 단추를 클릭합니다. 그런 다음, [자동 고침] 대화상자의 [한/영 자동 고침]의 체크 표시를 지운 후 [확인] 단추를 클릭합니다.
또 [자동 고침] 대화상자에서 자주 사용하는 사용구를 등록하여 사용할 수 있습니다.

[입력]과 [결과]에 상용구를 입력하여 자동으로 변경되도록 추가할 수 있습니다.

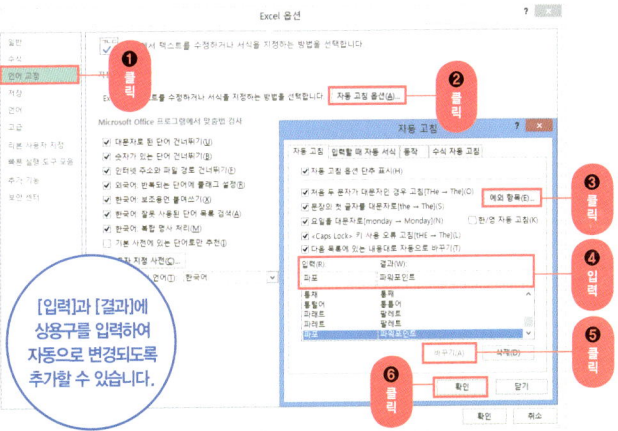

51

한 셀에 두 줄 이상의 데이터 입력하기

데이터를 입력한 후 Alt + Enter 를 누르면 셀 안에서 다음 줄로 바뀌므로 여러 줄의 데이터를 입력할 수 있습니다.

01 A11셀에 데이터를 입력한 후 Alt + Enter 를 누릅니다.

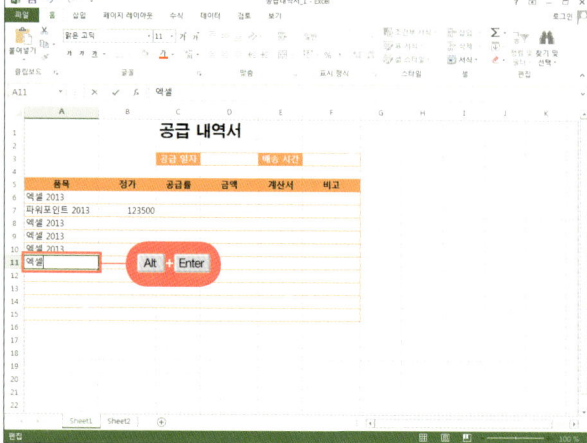

> **key**
> 같은 단어 입력 : Ctrl + Enter
> 다음 줄에 입력 : Alt + Enter
> 역방향 셀 이동 : Shift + Enter

02 A11셀 안에서 줄이 바뀝니다. 이 상태에서 데이터를 입력한 후 Enter 를 누르면 두 줄의 데이터가 입력됩니다.

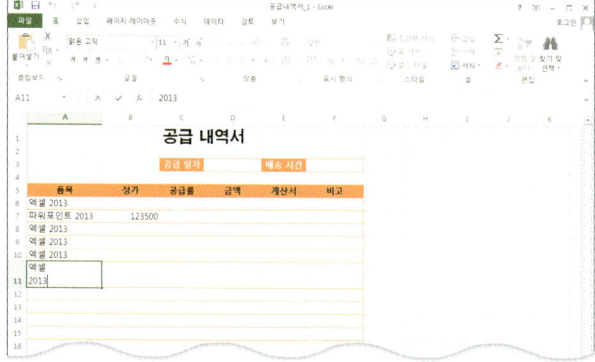

 참고

수식 입력줄에는 윗줄의 데이터만 보이지만, [수식 입력줄 확장] 단추 ˅ 를 클릭하면 두 줄 이상으로 입력된 데이터를 볼 수 있습니다.

＋PLUS 실행 취소와 다시 실행 이용하기

문서를 작성하다가 잘못 입력한 경우에는 삭제하지 않고 [실행 취소]를 이용하여 이전 작업으로 되돌아갈 수 있습니다. 또 [다시 실행]을 이용하면 실행 취소한 부분을 다시 실행할 수 있습니다. 이때 해당 단추의 드롭다운 단추를 클릭하면 실행 취소나 다시 실행할 목록을 선택할 수 있습니다.

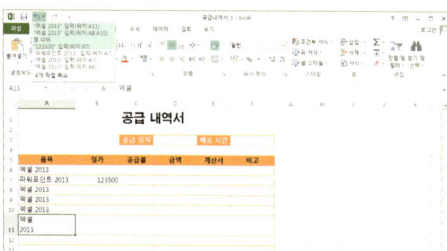

예제_엑셀\Chapter1\공급내역서_2.xlsx

다양한 형식의 숫자 데이터 입력하기

Lesson 6

숫자 데이터에는 쉼표 스타일(1,000)과 통화 및 회계(₩1,000), 백분율(50%) 등이 있습니다. 숫자 데이터는 계산에 사용되기 때문에 형식에 맞게 입력하는 것이 중요한데, 직접 입력하는 것보다 숫자만 입력한 후 표시 형식을 바꾸는 것이 계산의 오류를 줄일 수 있습니다.

STEP 01 쉼표 스타일로 숫자 입력하기

1,000,000과 같이 천 단위마다 쉼표를 찍으면서 숫자를 입력해도 되지만, 숫자만 입력한 후 나중에 쉼표 스타일로 바꾸는 것이 편합니다.

01 ❶ B6셀에 '125,000'과 같이 천 단위마다 쉼표가 찍힌 숫자를 입력합니다. 이번에는 이미 입력된 숫자를 바꿔봅시다. ❷ B7셀을 선택한 후 [홈] 탭의 [표시 형식] 그룹에서 ❸ [쉼표 스타일] 을 클릭합니다.

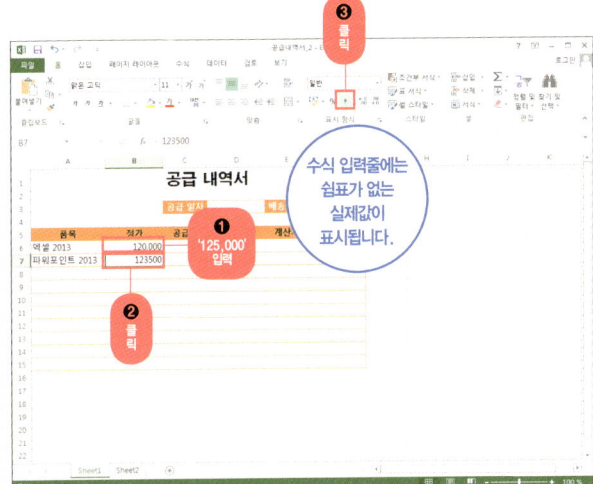

> **주의**
> 셀에 아무런 표시 형식이 없는 경우 12글자 이상을 입력하면 지수 표시 형식으로 표시되지만, 숫자가 열 너비보다 길거나 표시 형식이 설정되어 있으면 '######'로 표시됩니다. 이러한 경우 숫자 길이에 맞게 열의 경계선을 늘리세요.

02 천 단위마다 쉼표가 찍히고, 오른쪽 셀에 한 칸의 공백이 생깁니다.

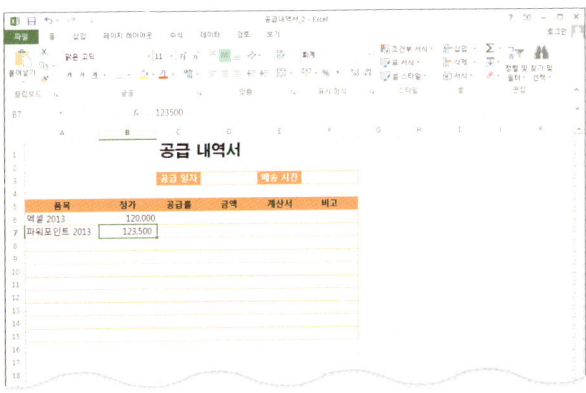

> **참고**
> B6셀과 B7셀은 같은 값이지만 B6셀은 [통화] 표시 형식이고, B7셀은 [회계] 표시 형식입니다.

회계와 통화 표시 형식으로 입력하기

숫자와 함께 원화(₩) 기호를 입력하면 통화 표시 형식으로 입력됩니다. 만약 이미 입력된 숫자인 경우 간단하게 [회계]나 [통화] 표시 형식으로 바꾸기만 하면 됩니다.

01 ❶ B6셀을 선택한 후 [홈] 탭의 [표시 형식] 그룹에서 ❷ [회계 표시 형식] 을 클릭합니다.

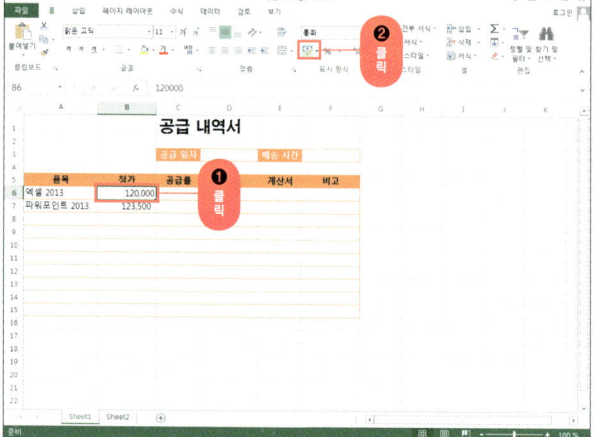

주의
통화 표시 형식으로 입력할 때는 '₩1000'과 같이 입력해야 합니다. 만약 '1000₩'이라고 입력하면 통화 표시 형식이 아니라 그냥 문자로 인식합니다.

02 천 단위마다 쉼표가 찍히면서 셀 왼쪽에 통화 기호(₩)가 붙습니다. ❶ B7셀을 선택한 후 ❷ [표시 형식]의 드롭다운 단추를 클릭하고 ❸ [통화]를 클릭합니다.

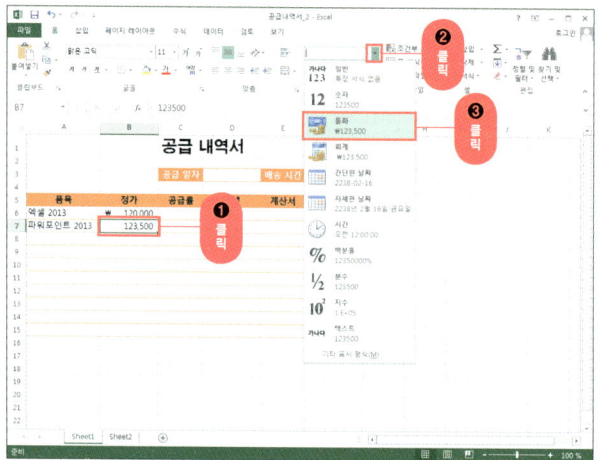

참고

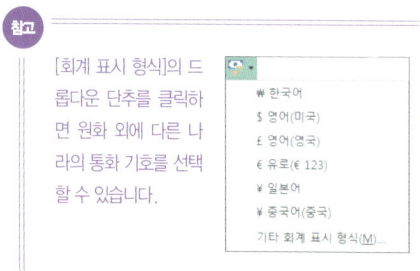

[회계 표시 형식]의 드롭다운 단추를 클릭하면 원화 외에 다른 나라의 통화 기호를 선택할 수 있습니다.

03 B6셀의 [회계] 표시 형식은 통화 기호가 셀 왼쪽에 붙었지만, B7셀의 [통화] 표시 형식은 통화 기호가 숫자 앞에 붙습니다.

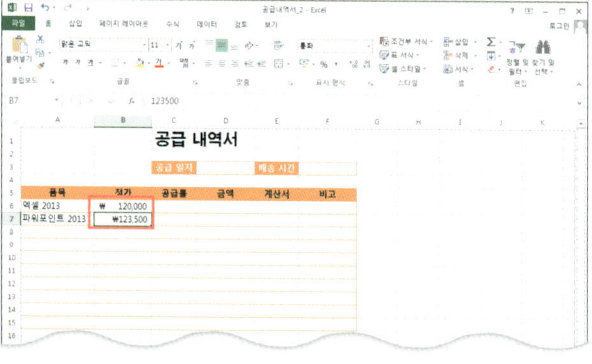

[통화] 표시 형식과 [회계] 표시 형식에 대해서는 101쪽을 참고하세요.

소수와 백분율 표시 형식으로 입력하기

숫자와 함께 백분율(%) 기호를 입력하면 백분율 표시 형식으로 입력됩니다. 만약 이미 입력된 소수인 경우 간단하게 [백분율] 표시 형식으로 바꾸기만 하면 됩니다.

01 백분율도 직접 입력할 수 있습니다. C6 셀에 '90%'라고 입력한 후 Enter 를 누릅니다.

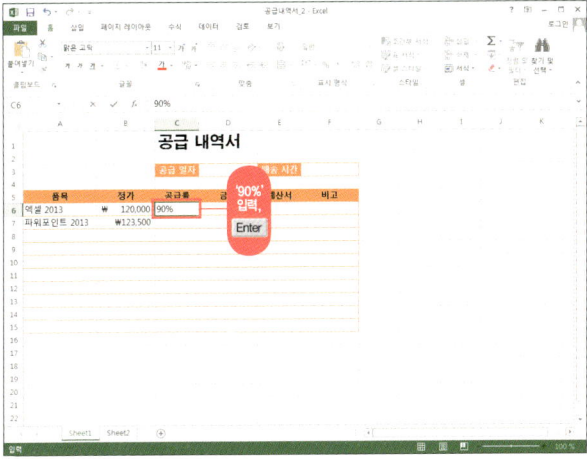

02 이번에는 소수를 백분율로 바꿔봅시다. C7셀에 0.9라고 입력한 후 [표시 형식] 그룹에서 [백분율 스타일] % 을 클릭합니다.

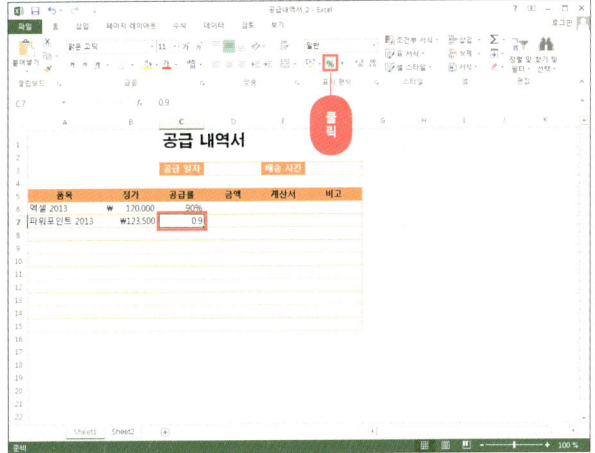

> **참고**
>
> [홈] 탭의 [표시 형식] 그룹에서 [자릿수 늘림] 을 클릭하면 0.90처럼 소수점 자릿수가 늘어나고, [자릿수 줄임] 을 클릭하면 소수점 자릿수가 한 자리 줄어들면서 다시 '0.9'로 표시됩니다.

03 0.9의 백분율 값인 '90%'로 표시됩니다. 즉, 90%나 0.9는 표시 형식만 다를 뿐 계산에 사용되는 실제 값은 같습니다.

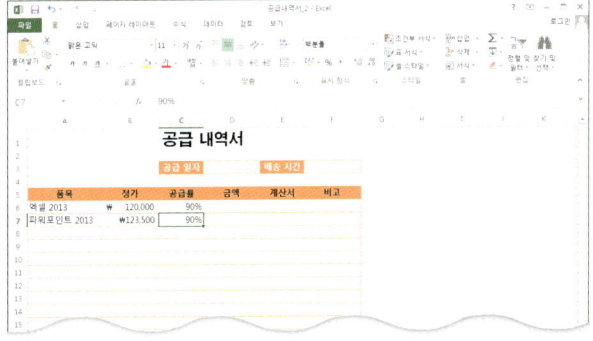

> **Page**
>
> 소수와 백분율의 표시 형식에 대해서는 100쪽을 참고하세요.

수식으로 계산한 값 입력하기

숫자 데이터를 형식에 맞게 입력하는 것이 조금 까다롭다고요? 이것은 엑셀의 묘미인 수식을 자동으로 계산하기 위해서입니다. 수식은 132쪽에서 자세히 공부할 것이므로, 이번에는 간단히 수식 입력에 대해서만 살펴보겠습니다.

01 D6셀의 값은 120,000원의 90%이므로, 셀에 '=120000*90%'이라고 입력한 후 Enter 를 누릅니다.

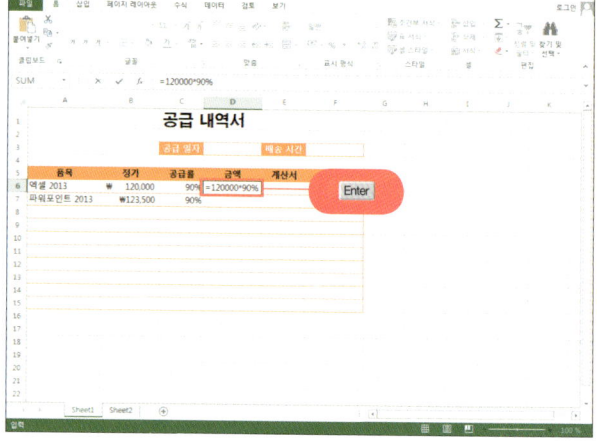

> **주의**
> '=120,000*90%'와 같이 숫자를 천 단위 구분 쉼표와 함께 입력하면 수식의 오류가 생기므로, 쉼표는 입력하지 말아야 합니다.

02 '=120000*90%'의 결과값인 '108000'이 표시됩니다. 숫자가 입력된 셀 주소를 입력해도 됩니다. D7셀에 '=B7*C7'이라고 입력한 후 Enter 를 누릅니다.

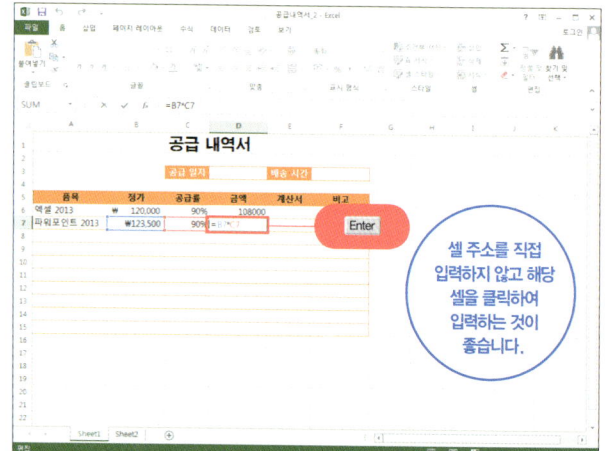

> 셀 주소를 직접 입력하지 않고 해당 셀을 클릭하여 입력하는 것이 좋습니다.

> **참고**
> D6셀에는 '108000'이 표시되지만, B4셀을 선택한 후 수식 입력줄을 보면 '=120000*90%'의 수식이 그대로 입력되어 있는 것을 알 수 있습니다.

03 D7셀에 B7셀과 C7셀을 곱한 값, 즉 '=123500*90%'의 결과값이 표시됩니다. ❶D6셀과 D7셀을 드래그하여 선택한 후 [홈] 탭의 [표시 형식] 그룹에서 ❷[통화]를 클릭하세요.

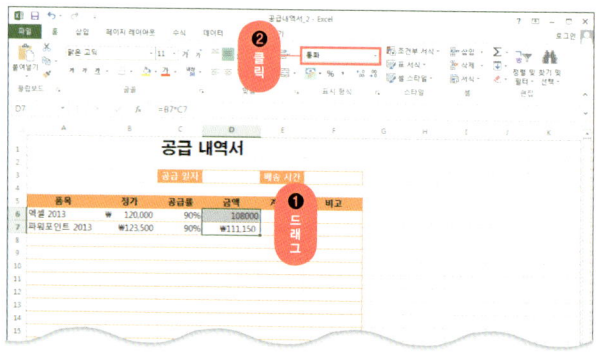

예제 _엑셀\Chapter1\공급내역서_3.xlsx

날짜와 시간 형식의 데이터 입력하기

Lesson 7

엑셀에서 날짜는 1900년 1월 1일을 숫자 '1'이라고 인식하여 하루마다 '1'씩 더하고, 시간은 24시간을 '0'부터 '1' 사이의 소수로 인식합니다. 그래서 엑셀에서는 날짜와 시간도 계산에 사용할 수 있는 것이죠. 이번에는 간단한 날짜와 시간 표시 형식의 입력 방법에 대해 살펴보겠습니다.

STEP 01 날짜 표시 형식으로 입력하기

날짜 데이터는 '년/월/일'이나 '년-월-일'과 같이 슬래시(/)나 하이픈(-)으로 구분하여 입력합니다.

01 D3셀에 '12/25'이라고 입력한 후 Enter 를 누릅니다.

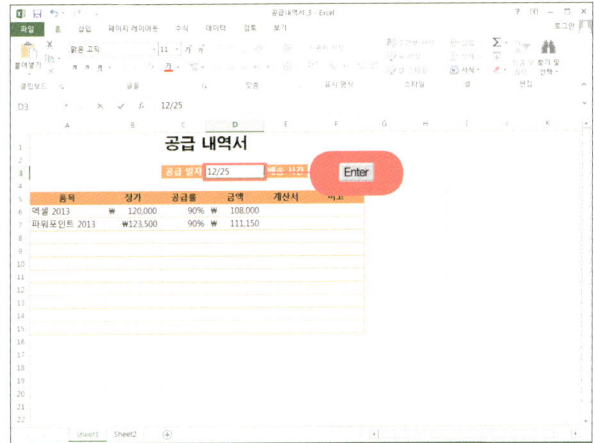

참고
연도를 입력하지 않으면 입력한 시점의 연도가 표시됩니다. 만약 올해 연도가 아닌 다른 연도를 입력할 때에는 '2013/12/25'처럼 연도도 입력해야 합니다.

02 D3셀에 '12월 25일'이라는 날짜 형식으로 입력됩니다. [홈] 탭의 [표시 형식] 그룹에서 ❶ [표시 형식]의 드롭다운 단추를 클릭하면, ❷ [간단한 날짜]나 [자세한 날짜]의 표시 형식을 선택할 수 있습니다.

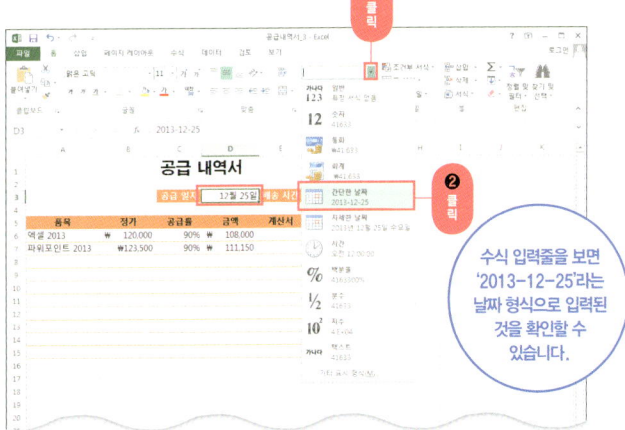

수식 입력줄을 보면 '2013-12-25'라는 날짜 형식으로 입력된 것을 확인할 수 있습니다.

key
현재 날짜 입력 : Ctrl + ;
현재 시간 입력 : Ctrl + Shift + ;

날짜와 시간 표시 형식으로 입력하기

시간 데이터는 '시:분:초'와 같이 콜론(:)으로 구분하여 입력합니다.

01 이번에는 시간을 입력하기 위해 F3셀에 '12:30'이라고 입력한 후 Enter 를 누릅니다.

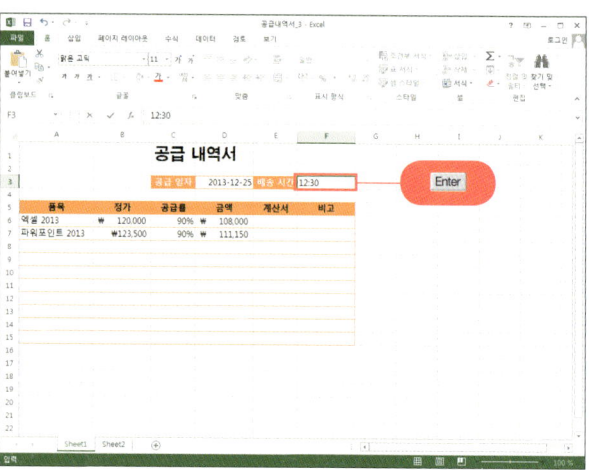

> **참고**
> 초를 입력하지 않으면 0초로 인식합니다. 그리고 오전 또는 오후를 입력하려면 시간 뒤에 한 칸을 띄고 'am'이나 'pm'을 입력하세요.

02 F3셀에 '12:30'이라는 시간 형식으로 입력됩니다. [표시 형식] 그룹에서 ❶ [표시 형식]의 드롭다운 단추를 클릭한 후 ❷ [시간]을 클릭하면 오전/오후까지 표시할 수 있습니다.

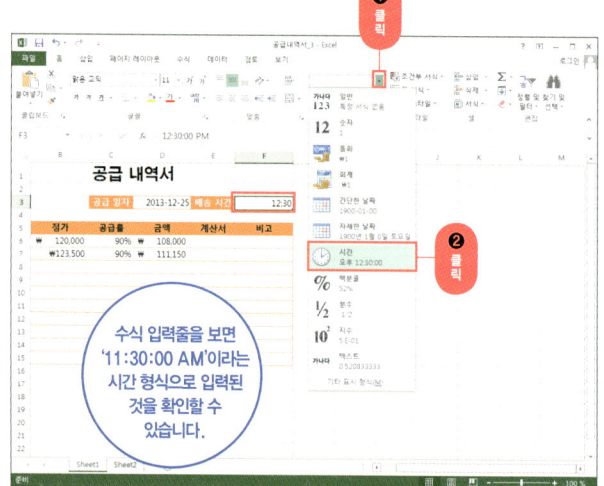

날짜와 시간 표시 형식에 대해서는 106쪽을 참고하세요.

001, 3-1처럼 숫자를 문자 형식으로 입력하기

숫자 앞에 아포스트로피(')를 찍고 숫자를 입력하면 숫자가 문자(텍스트) 형식으로 저장됩니다. 문자 형식으로 저장된 숫자는 셀의 왼쪽 모서리에 녹색 표식과 [오류 검사] 단추 가 생기는데, 이 단추를 클릭한 후 [오류 무시]를 클릭하면 녹색 표식이 사라집니다. 그리고 [숫자로 변환]을 클릭하면 문자 형식으로 저장된 숫자가 숫자로 변환됩니다.

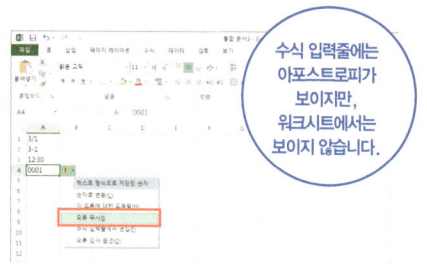

예제 _엑셀\Chapter1\공급내역서_4.xlsx

한자와 특수 문자 입력하기

Lesson 8

문자 데이터에는 한글과 영문 외에도 한자와 기호 및 특수 문자가 있습니다. 한자와 기호는 리본 메뉴를 이용해도 되지만, 문자를 입력하는 도중에 삽입할 경우가 많으므로 키보드의 한자 를 이용하여 입력하는 것이 편합니다.

STEP 01 한글을 한자로 변환하기

한글을 입력한 후 한자 를 누르면 해당 한글의 한자 목록이 나타나므로 쉽게 변환할 수 있습니다. 그리고 단어를 입력한 후 한자 를 누르면 단어 목록에서 선택하여 변환할 수도 있습니다.

01 ❶ 한글을 입력한 후 한자 를 누르면 바로 앞 글자에 해당하는 한자 목록이 나타납니다. ❷ 여기에서 입력하려는 한자를 클릭합니다.

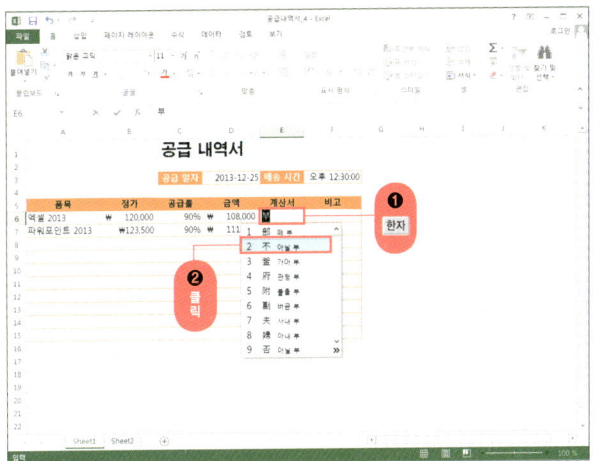

> **주의**
> 한글을 입력하는 도중에 한자 를 누르면 따라하기 01번의 한자 목록이 나타나고, 한글을 모두 입력한 후 편집 상태에서 한자 를 누르면 따라하기 02번의 [한글/한자 변환] 대화상자가 나타납니다.

02 단어를 입력한 편집 상태에서 한자 를 누르면 [한글/한자 변환] 대화상자가 나타납니다. ❶ 한자를 선택한 후 ❷ [변환] 단추를 클릭하면 해당 한자로 한글이 변환됩니다.

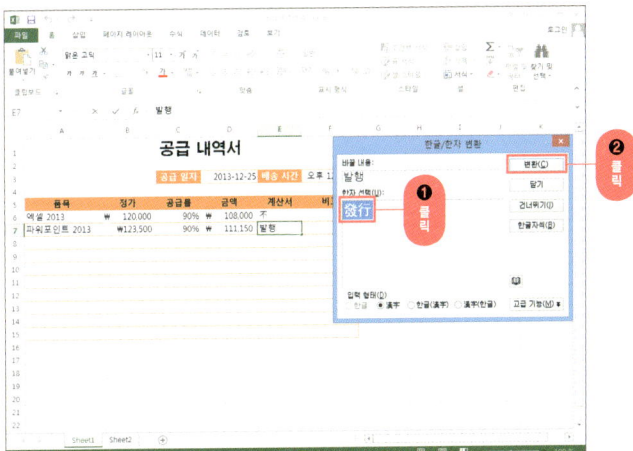

> **참고**
> 한자가 입력된 셀에서 F2 를 눌러 편집 상태로 바꾼 후 한자 를 누르면 한자가 한글로 바뀝니다.

기호와 특수 문자 입력하기

기호는 한글 자음을 입력한 후 키보드의 한자 를 누르거나, 리본 메뉴의 [기호]를 이용하여 삽입할 수 있습니다.

01 ❶ 'ㅁ'을 입력한 후 한자 를 누르면 자음에 해당하는 특수 문자 목록이 나타나는데, ❷ 여기에서 삽입할 특수 문자를 클릭하면 기호가 삽입됩니다.

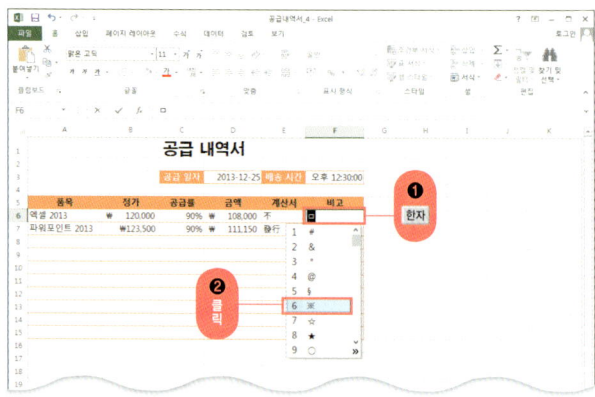

02 ❶ 기호를 삽입할 셀을 선택한 후 ❷ [삽입] 탭의 [텍스트] 그룹에서 ❸ [기호]-[기호]를 클릭하면 [기호] 대화상자가 나타납니다. ❹ 원하는 기호를 선택한 후 ❺ [삽입] 단추를 클릭합니다.

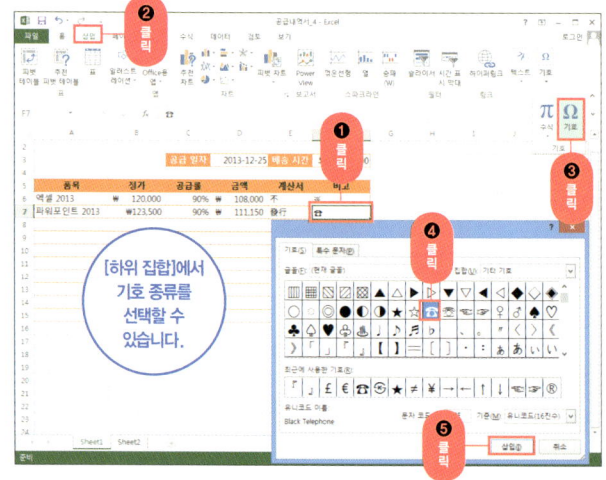

한글 자음에 포함되어 있는 특수 문자 살펴보기

자음에 따라 나타나는 기호가 다르므로 다음의 그림을 보고 삽입할 기호가 있는 자음을 입력하세요. 일반적으로 일반 기호는 'ㅁ', 원문자와 괄호 문자는 'ㅇ'처럼 기억하는 것이 좋습니다.

예제_엑셀\Chapter1\공급내역서_5.xlsx

보충 설명을 표시하는 메모 입력하기

Lesson 9

문서의 내용이 아니라 셀에 대한 보충 설명이 필요한 경우에는 메모를 삽입할 수 있습니다. 셀에 메모를 삽입하면 평소에는 숨겨져 있으므로 전체 문서의 틀을 해치지 않고, 필요할 때만 볼 수 있으므로 깔끔한 문서를 만들 수 있습니다.

STEP 01 메모 삽입하기

메모를 삽입하면 셀의 왼쪽 위 모서리에 빨간색의 표식만 나타나고, 셀 위에 마우스 포인터를 위치하면 메모가 나타납니다.

01 ❶ 메모를 삽입하려는 셀을 마우스 오른쪽 단추를 클릭한 후 ❷ [메모 삽입]을 클릭합니다.

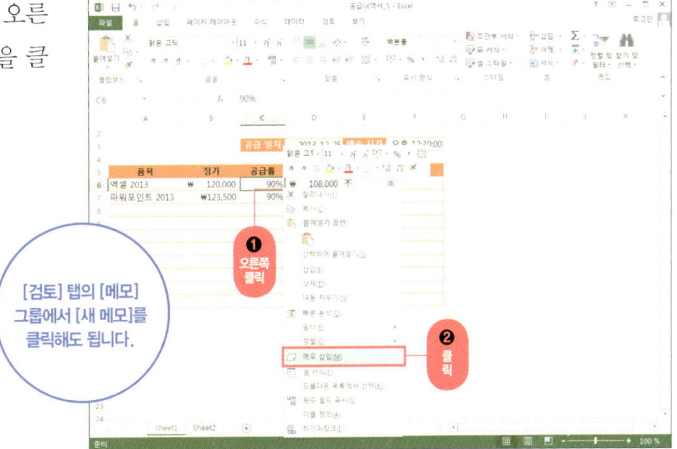

[검토] 탭의 [메모] 그룹에서 [새 메모]를 클릭해도 됩니다.

02 노란색 메모지가 나타납니다. ❶ 메모를 입력한 후 ❷ 다른 셀을 클릭합니다.

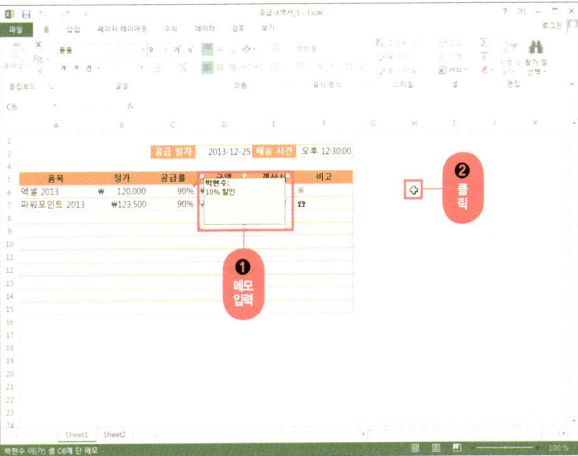

참고

메모에 자동으로 입력되는 이름은 [Excel 옵션] – [일반] 범주의 [사용자 이름] 항목에 입력된 내용이 표시됩니다.

03 메모가 사라지고 메모가 삽입된 셀의 왼쪽 위 모서리에 빨간 표식이 나타납니다. 메모 표식이 있는 셀 위에 마우스 포인터를 올려놓으면 숨어 있던 메모가 다시 나타납니다.

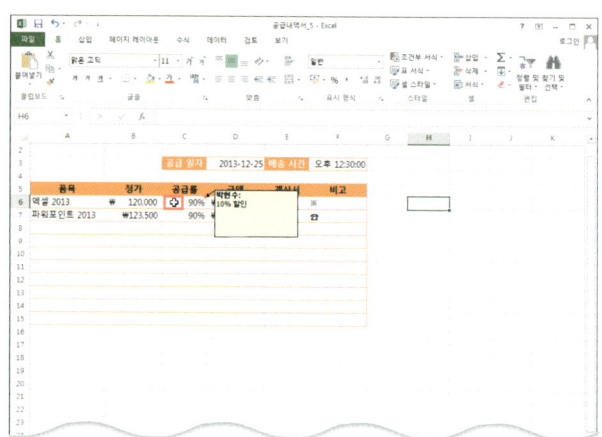

> 참고
> 입력한 메모를 수정할 때는 아래 따라하기 01번처럼 메모가 삽입된 셀을 마우스 오른쪽 단추로 클릭한 후 [메모 편집]을 클릭하세요.

STEP 02 메모의 색이나 글꼴 변경하기

[메모 서식]을 이용하면 메모의 색이나 글꼴 등을 바꿀 수 있습니다.

01 ❶메모가 삽입된 셀을 선택한 후 ❷[검토] 탭의 ❸[메모 편집]을 클릭합니다. 그런 다음 ❹메모의 테두리를 마우스 오른쪽 단추로 클릭하고 ❺[메모 서식]을 클릭합니다.

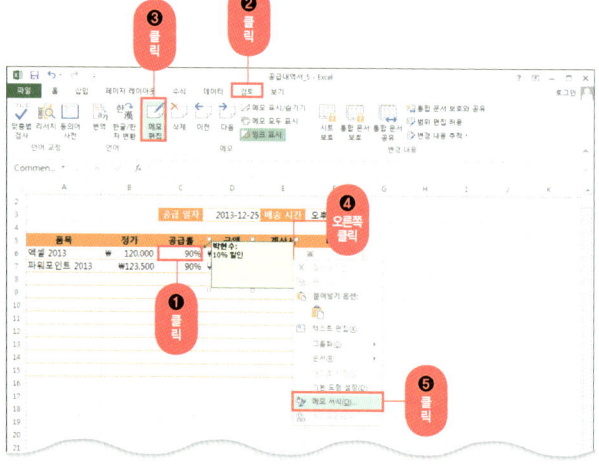

> 주의
> 메모 안쪽이 아니라 테두리를 마우스 오른쪽 단추를 클릭해야 합니다. 메모 안쪽을 마우스 오른쪽 단추로 클릭하면 [글꼴] 탭만 나타납니다.

02 [메모 서식] 대화상자가 나타납니다. ❶[색 및 선] 탭에서 ❷[색]을 설정한 후 ❸[확인] 단추를 클릭하면 메모의 색이 바뀝니다.

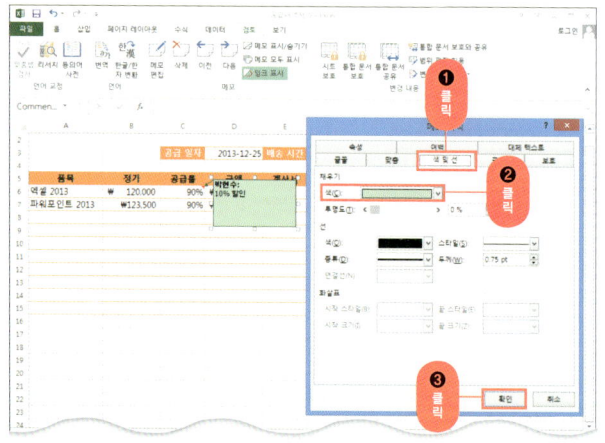

예제 _엑셀\Chapter1\공급내역서_6.xlsx

채우기 핸들로 데이터 입력하기

Lesson 10

같은 내용의 문자 데이터나 연속된 숫자 데이터 등을 하나씩 입력하려면 시간이 많이 걸립니다. 이러한 경우 '채우기 핸들'을 간단히 드래그하기만 하면 일정한 규칙에 의해 데이터를 자동으로 입력할 수 있습니다.

STEP 01 셀 복사와 연속 데이터로 채우기

셀을 선택하면 오른쪽 아래 모서리에 '채우기 핸들'이 생기는데, 이 채우기 핸들을 드래그하면 연속된 데이터로 채울 수 있습니다. 또 [자동 채우기 옵션]을 이용하여 셀 복사나 연속 데이터를 선택할 수 있습니다.

01 A6셀을 선택한 후 오른쪽 아래 모서리의 채우기 핸들을 A15셀까지 드래그합니다.

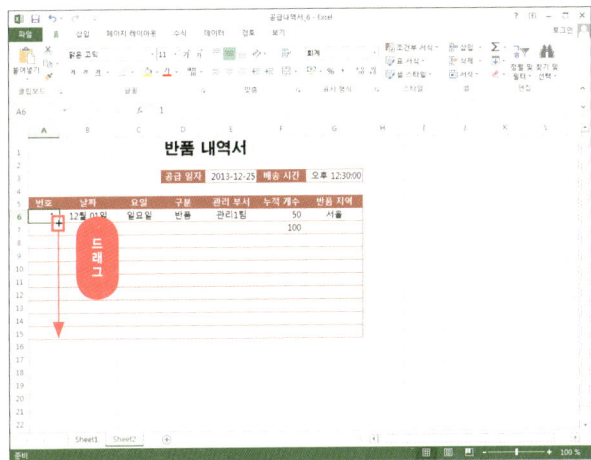

> 참고
> Ctrl 을 누른 상태에서 채우기 핸들을 드래그하면 1씩 증가하는 숫자 데이터로 채워집니다.

02 숫자 데이터가 복사됩니다. ❶[자동 채우기 옵션]을 클릭한 후 ❷[연속 데이터 채우기]를 클릭하면 1씩 증가된 데이터로 바뀝니다.

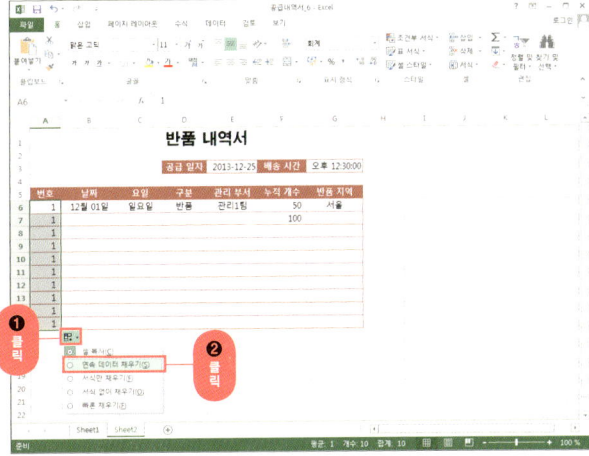

일정하게 증감하는 숫자로 채우기

미리 두 개의 값을 입력한 후 두 셀의 채우기 핸들을 드래그하면, 두 셀 값의 차이만큼 증감하는 숫자 데이터로 채울 수 있습니다.

01 F4셀과 F5셀에 각각 '50'과 '100'을 입력한 후 ❶ F6셀과 F7셀을 선택한 후 ❷ F7셀의 채우기 핸들을 F15셀까지 드래그합니다.

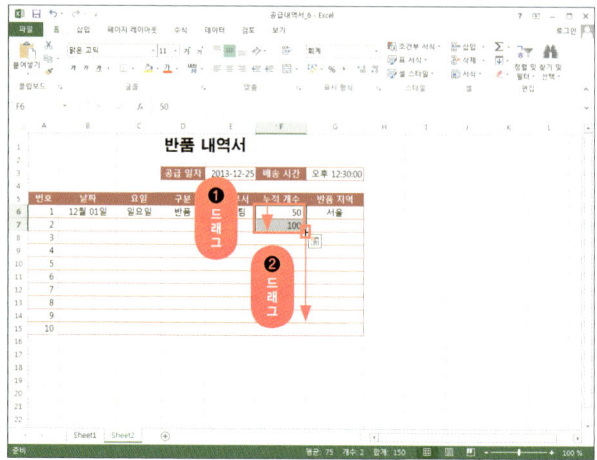

> **참고**
> [홈] 탭의 [편집] 그룹에서 [채우기] 의 [계열]을 클릭하면 일정한 유형으로 연속해서 채울 수 있습니다. 이때 일정한 값만큼 더해서 채우려면 [선형]을, 일정한 값만큼 곱해서 채울 때는 [급수]를 선택합니다.

02 두 셀 값의 차이인 50씩 증가하는 숫자 데이터로 채워집니다.

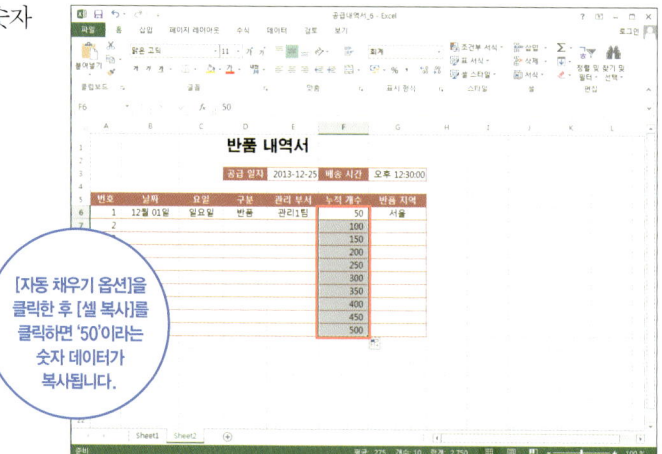

[자동 채우기 옵션]을 클릭한 후 [셀 복사]를 클릭하면 '50'이라는 숫자 데이터가 복사됩니다.

날짜와 문자 데이터 채우기

문자 데이터를 채우기 핸들로 드래그하면 기본적으로 셀 내용이 복사되지만, 숫자와 함께 입력된 문자 데이터는 숫자가 증가되면서 채워집니다. 또 날짜와 요일 등은 숫자로 인식하기 때문에 연속 데이터로 채울 수 있습니다.

01 ❶ B6셀부터 E6셀까지 드래그하여 선택한 후 ❷ E6셀의 채우기 핸들을 E15셀까지 드래그합니다.

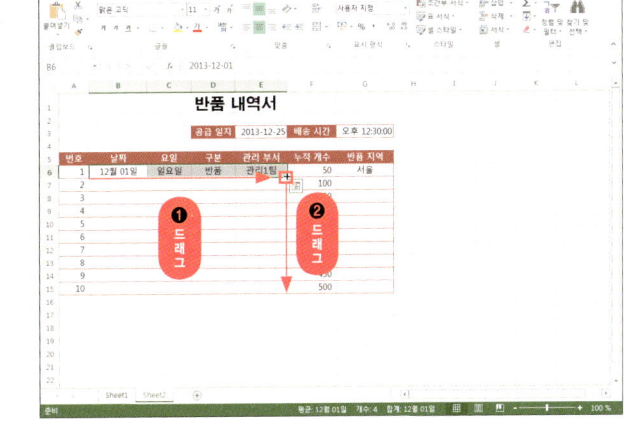

> 분기와 10간, 12지 등의 문자 데이터도 [사용자 지정 목록]에 등록되어 있기 때문에 채우기 핸들로 드래그하면 연속 데이터로 채워집니다. [사용자 지정 목록]에 대한 내용은 66쪽을 참고하세요.

02 B열과 C열의 날짜와 요일은 연속 데이터로 채워지고, D열의 문자는 그냥 복사되어 채워집니다. 그리고 E열의 문자는 숫자만 1씩 증가하여 채워집니다.

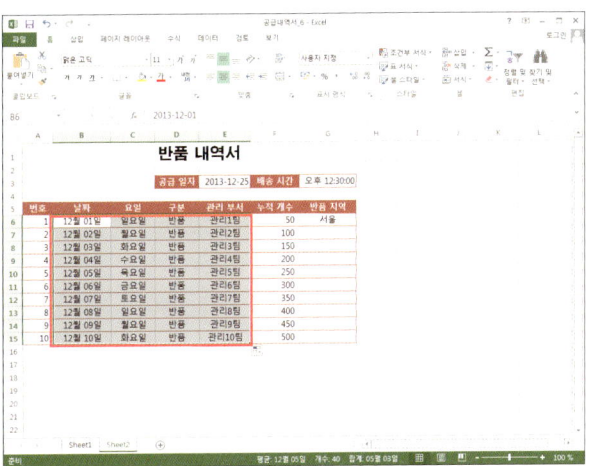

> 날짜 데이터의 경우 [자동 채우기 옵션]을 클릭하면 일이나 평일, 월, 연 등의 단위로 선택하여 채울 수 있습니다.

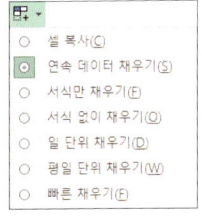

사용자 지정 목록에 추가하기

부서명이나 지점명 등 자주 입력하는 문자를 [사용자 지정 목록]에 추가하면 드래그만으로도 쉽게 데이터를 채울 수 있습니다.

01 [파일] 탭을 클릭합니다.

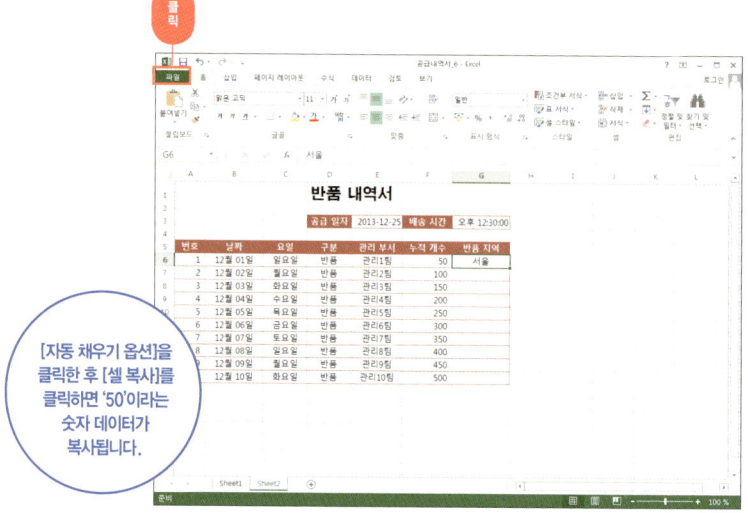

[자동 채우기 옵션]을 클릭한 후 [셀 복사]를 클릭하면 '50'이라는 숫자 데이터가 복사됩니다.

02 ❶ [옵션]을 클릭하면 [Excel 옵션] 대화상자가 나타납니다. ❷ [고급]에서 ❸ [사용자 지정 목록 편집] 단추를 클릭합니다.

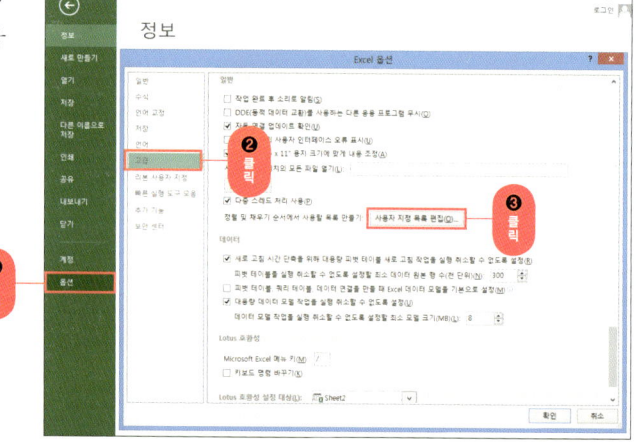

03 [사용자 지정 목록] 대화상자가 나타납니다. [목록 항목]에 '서울, 경인, 강원, 충청, 경상, 전라, 제주'라고 입력한 후 ❶ [추가] 단추를 클릭합니다. [사용자 지정 목록]에 입력한 문자 목록이 추가되면 ❷ [확인] 단추를 클릭합니다.

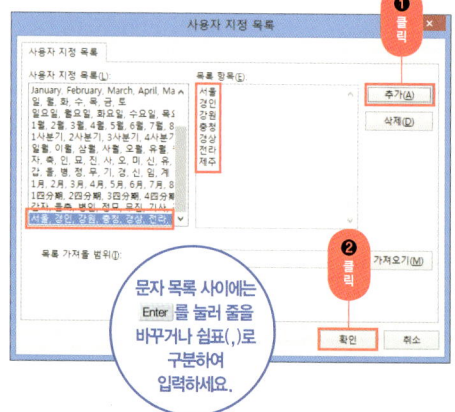

문자 목록 사이에는 Enter 를 눌러 줄을 바꾸거나 쉼표(,)로 구분하여 입력하세요.

> **참고**
> 이미 문자 목록이 입력된 경우에는 [목록 가져올 범위]의 [가져오기] 단추를 클릭한 후 해당 셀을 선택하세요.

04 다시 [Excel 옵션] 대화상자가 나타나면 [확인] 단추를 클릭합니다.

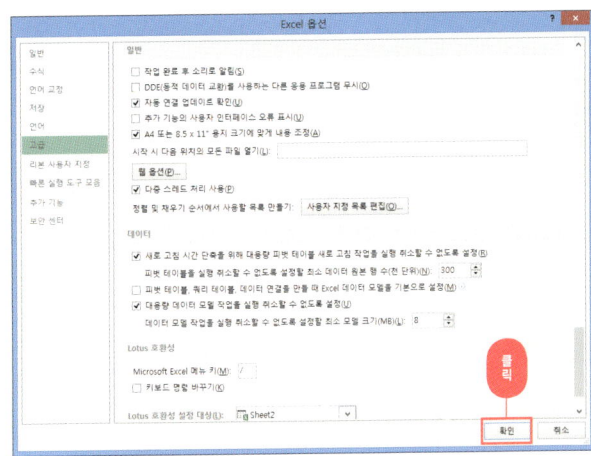

05 이제 추가한 문자 목록을 확인해봅시다. G6셀에 '서울'이라고 입력한 후 채우기 핸들을 G15셀까지 드래그합니다.

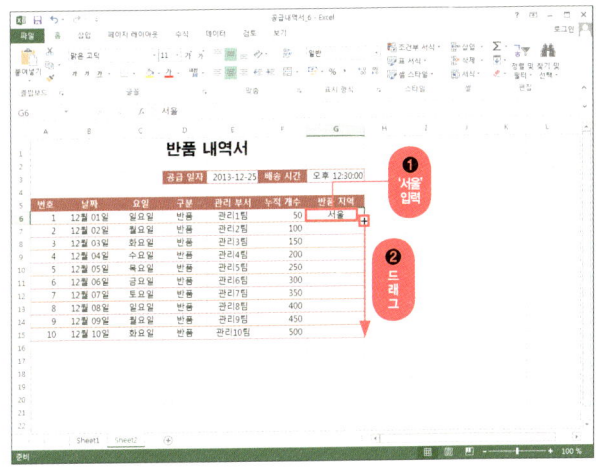

06 따라하기 03번에서 추가한 목록 순서대로 문자 데이터가 자동으로 채워집니다.

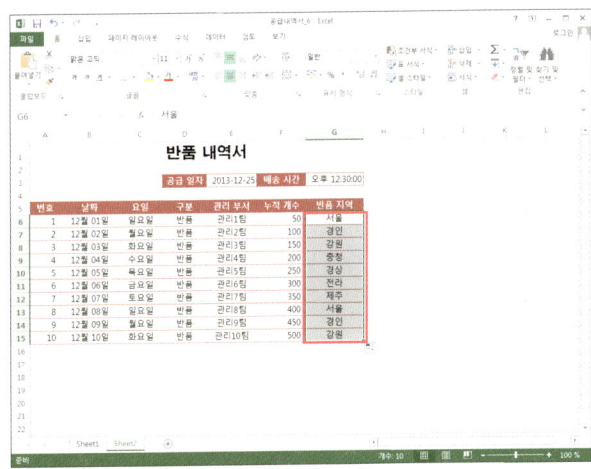

> **주의**
> [사용자 지정 목록]에 문자 목록을 추가하지 않은 상태에서 드래그하면 '서울'이라는 문자만 반복되어 채워집니다.

신입사원 교육시간표 만들기

연습파일 예제_엑셀\Chapter1\실무_교육시간표.xlsx   **완성파일** 예제_엑셀\Chapter1\실무_교육시간표_결과.xlsx

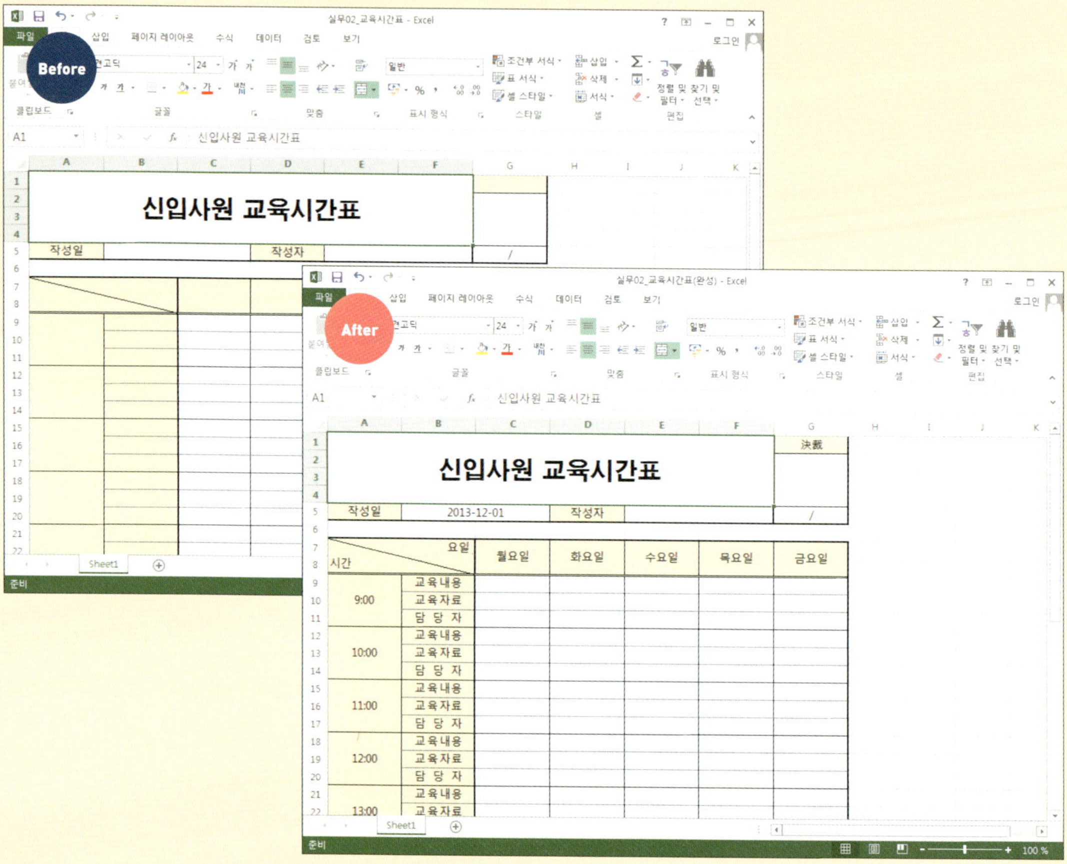

① G1셀에 '결재'를 입력한 후 한자로 변경합니다.

② B5셀에 날짜를 입력한 후 날짜의 [표시 형식]을 [간단한 날짜]로 변경합니다.

③ A7셀에 '요일'과 '시간'을 두 줄로 입력한 후 '요일' 앞에 공백을 입력하여 뒤쪽으로 이동합니다.

④ C7셀에 '월요일'을 입력한 후 채우기 핸들을 이용하여 G7셀까지 요일을 자동으로 채웁니다.

⑤ A9셀에 '9:00'을 입력한 후 채우기 핸들을 이용하여 A38셀까지 시간을 자동으로 채웁니다.

⑥ B9:B11 셀 범위에 '교육내용, 교육자료, 담당자'를 입력한 후 채우기 핸들을 이용하여 B38셀까지 문자 데이터를 자동으로 채웁니다.

CHAPTER 2
문서 편집의 기본, 워크시트 편집하기

Lesson 01 | 셀과 행/열 삽입하고 삭제하기

Lesson 02 | 셀과 행/열 복사하고 이동하기

Lesson 03 | 필요한 것만 선택하여 복사하기

Lesson 04 | 서식 복사하기와 서식 지우기

Lesson 05 | 워크시트 이동하고 복사하기

Lesson 06 | 불필요한 행/열과 워크시트 숨기기

실무 따라잡기 | 급여명세서 만들기

EXCEL & POWERPOINT & WORD 2013

예제_엑셀\Chapter2\워크시트 편집_1.xlsx

셀과 행/열 삽입하고 삭제하기

Lesson 1

엑셀 데이터는 셀을 기준으로 입력되어 있으므로 데이터를 추가하거나 삭제하려면 해당 셀을 선택한 후 삽입하거나 삭제하면 됩니다. 그리고 셀 대신에 행이나 열을 선택한 후 삽입 및 삭제를 하면 데이터 중간에 한 줄을 넣거나 뺄 수 있습니다.

STEP 01 셀 삽입하고 삭제하기

새로운 셀을 삽입하면 기존 셀을 오른쪽이나 아래쪽으로 밀어내고, 삭제하면 기존 셀 자리에 왼쪽이나 아래쪽 셀이 당겨진다는 규칙만 이해하면 쉽습니다.

01 ❶ D2:D9 셀 범위를 선택한 후 ❷ 셀 범위를 마우스 오른쪽 단추로 클릭하고 ❸ [삽입]을 클릭합니다.

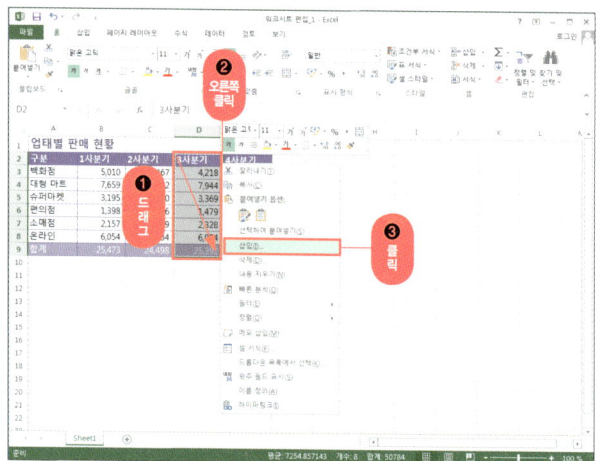

리본

리본 메뉴의 [홈] 탭의 [셀] 그룹에서 [삽입]의 [셀 삽입]을 클릭해도 됩니다.

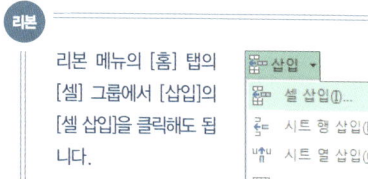

02 [삽입] 대화상자가 나타납니다. ❶ [셀을 오른쪽으로 밀기]를 선택한 후 ❷ [확인] 단추를 클릭합니다.

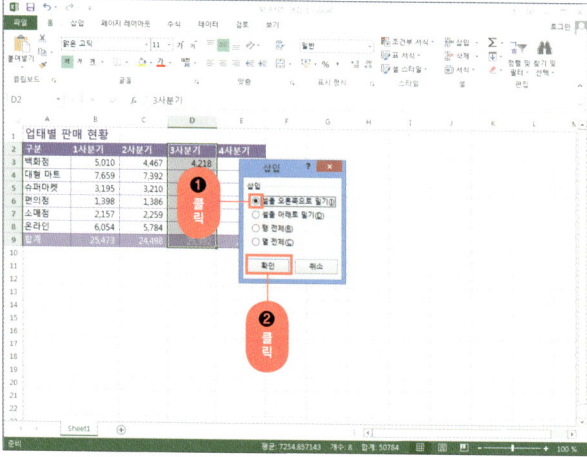

주의

일반적으로 새로운 레코드(데이터)를 삽입할 때는 72쪽처럼 행과 열 전체를 삽입합니다. 하지만 주위의 다른 표가 있으면 따라하기 01번처럼 원하는 셀 범위만 지정한 후에 삽입해야만 다른 표가 지장을 받지 않습니다.

03 선택한 셀 범위가 오른쪽으로 밀리면서 새로운 셀이 삽입됩니다. 이번에는 셀을 삭제하기 위해 ❶ D2:D9 셀 범위를 선택한 후 ❷ 셀 범위를 마우스 오른쪽 단추로 클릭하고 ❸ [삭제]를 클릭합니다.

> **참고**
>
> 셀이나 행/열을 삽입하면 [삽입 옵션] 스마트 태그가 나타나는데, 이 단추를 클릭하면 삽입한 셀의 서식을 선택하거나 지울 수 있습니다.
>
>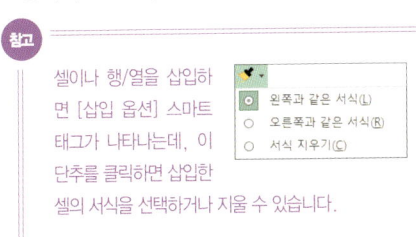

04 [삭제] 대화상자가 나타납니다. ❶ [셀을 왼쪽으로 밀기]를 선택한 후 ❷ [확인] 단추를 클릭합니다.

> **리본**
>
> 리본 메뉴의 [홈] 탭 → [셀] 그룹에서 [삽입]의 [셀 삭제]를 클릭해도 됩니다.
>
>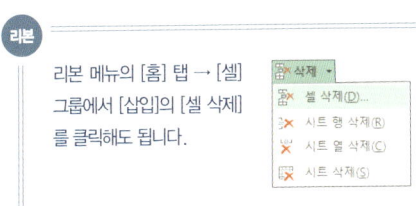

05 오른쪽의 셀이 왼쪽으로 당겨지면서 선택한 셀이 삭제됩니다. 삽입은 오른쪽이나 아래쪽, 삭제는 왼쪽이나 위쪽이라는 규칙을 잊지 마세요.

> **key**
>
> 셀 삽입 : Ctrl + +
> 셀 삭제 : Ctrl + −

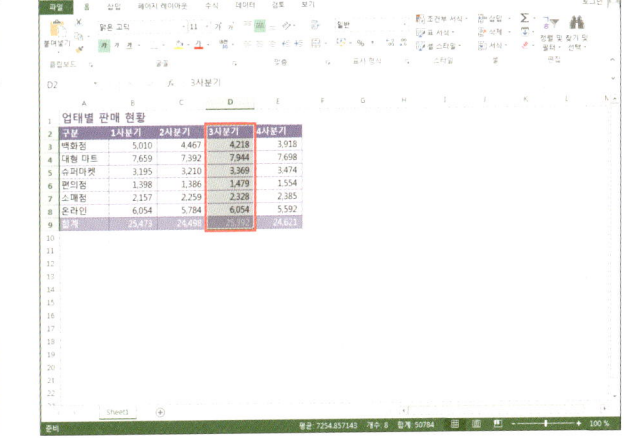

행 삽입하고 삭제하기

행을 삽입하면 기존 행은 아래쪽으로 밀어내고, 삭제하면 다시 위쪽으로 당겨집니다. 이때 여러 개의 행을 선택한 후 삽입하면 선택한 행의 개수만큼 새로운 행을 삽입할 수 있습니다. 또 위쪽과 아래쪽의 셀 서식이 다른 경우 스마트 태그를 이용하여 서식을 선택할 수 있습니다.

01 2행과 3행 사이에 다섯 개의 행을 삽입해 봅시다. ❶ 3행부터 7행까지 선택한 후 ❷ 행 머리글을 마우스 오른쪽 단추로 클릭하고 ❸ [삽입]을 클릭합니다.

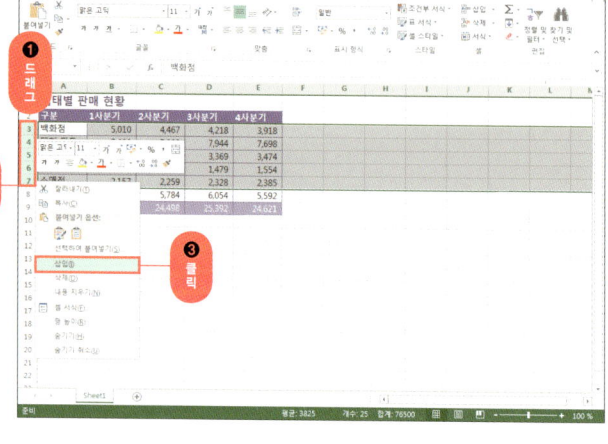

삽입하려는 행의 개수만큼 열 머리글을 선택하세요. 물론 하나의 행만 삽입하려면 그냥 3행의 열 머리글을 마우스 오른쪽 단추로 클릭한 후 [삽입]을 클릭하면 됩니다.

02 3행 위에 다섯 개의 새로운 행이 삽입됩니다. 그런데 위쪽의 서식이 적용되었네요. ❶ [삽입 옵션] 스마트 태그 를 클릭한 후 ❷ [아래와 같은 서식]을 클릭합니다.

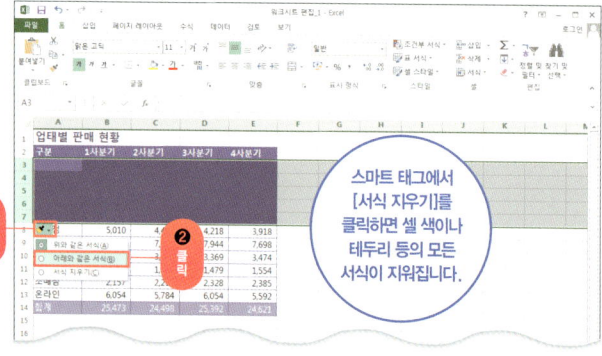

스마트 태그에서 [서식 지우기]를 클릭하면 셀 색이나 테두리 등의 모든 서식이 지워집니다.

03 아래쪽 서식이 적용됩니다. ❶ 3행부터 7행까지 선택한 후 ❷ 행 머리글을 마우스 오른쪽 단추로 클릭하고 ❸ [삭제]를 클릭하면 선택한 행이 삭제됩니다.

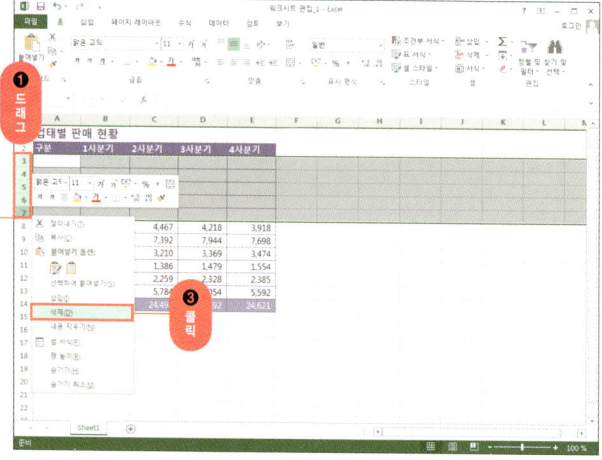

열 삽입하고 삭제하기

열을 삽입하면 기존 열은 오른쪽으로 밀어내고, 삭제하면 왼쪽으로 당겨집니다. 물론 열도 72쪽처럼 여러 개를 선택한 후 삽입할 수 있죠. 앞에서는 붙어 있는 행을 선택하여 삽입했으므로, 이번에는 따로 떨어져 있는 열을 삽입하겠습니다.

01 B열과 D열 앞에 각각 새로운 열을 삽입해 봅시다. ❶ Ctrl 을 이용하여 B열과 D열을 선택한 후 ❷ 열 머리글을 마우스 오른쪽 단추로 클릭하고 ❸ [삽입]을 클릭합니다.

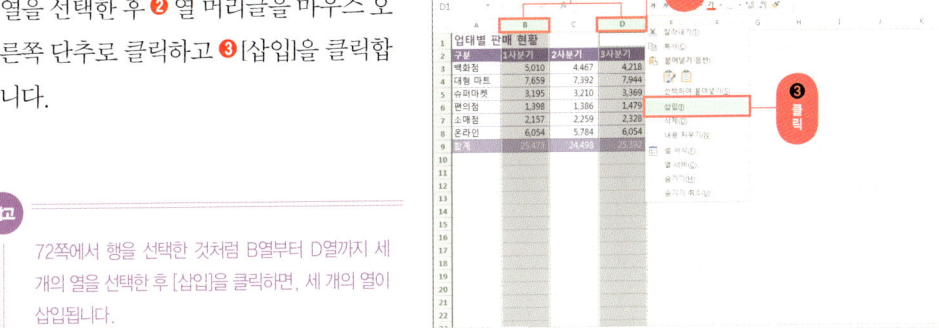

> 참고
> 72쪽에서 행을 선택한 것처럼 B열부터 D열까지 세 개의 열을 선택한 후 [삽입]을 클릭하면, 세 개의 열이 삽입됩니다.

02 B열과 D열 앞에 새로운 열이 삽입됩니다. 다시 삭제하기 위해 ❶ Ctrl 을 이용하여 B열과 E열을 선택한 후 ❷ 열 머리글을 마우스 오른쪽 단추로 클릭하고 ❸ [삭제]를 클릭합니다.

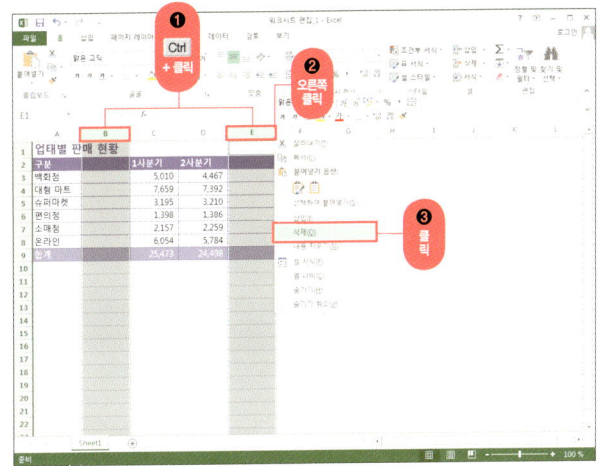

03 선택한 두 개의 열이 삭제됩니다. 72쪽처럼 붙어 있는 열도 삽입하고 삭제해보세요.

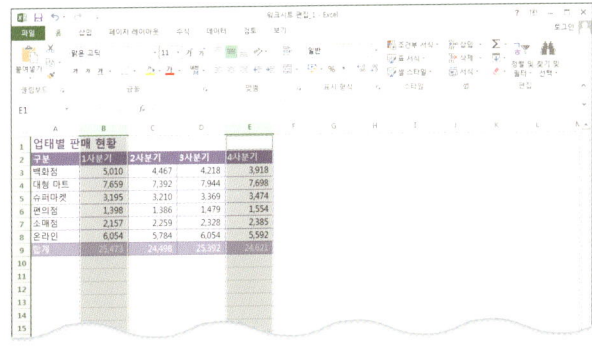

> Page
> 셀과 행/열을 삭제하지 않고 내용만 지우는 방법은 83쪽을 참고하세요.

예제_엑셀\Chapter2\워크시트 편집_2.xlsx

셀과 행/열 복사하고 이동하기

Lesson 2

데이터를 원하는 곳으로 복사와 이동만 빨리 해도 문서 편집 시간은 많이 줄어들 것입니다. 복사와 이동은 리본 메뉴나 마우스, 단축키 등을 이용하면 되는데, [복사]와 [잘라내기], [붙여넣기]의 기본 원리는 같으므로 여러분에게 가장 익숙한 방법으로 따라하세요.

STEP 01 셀 복사하고 복사하기

셀 범위를 선택하고 [복사]를 한 후 [붙여넣기]를 하면 원본 데이터와 똑같은 데이터가 다른 곳에 하나 더 복사되고, [잘라내기]를 한 후 [붙여넣기]를 하면 원본 데이터가 다른 곳으로 이동됩니다.

01 ❶ A1:E9 셀 범위를 선택한 후 ❷ 마우스 오른쪽 단추로 클릭하고 ❸ [복사]를 클릭합니다.

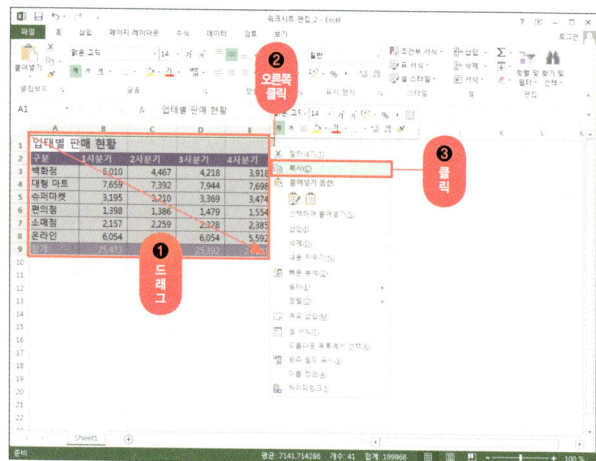

리본
리본 메뉴의 [홈] 탭 → [클립보드] 그룹에서 [복사] 와 [붙여넣기] 를 클릭해도 됩니다.

02 선택한 셀 범위가 점선으로 깜빡거립니다. ❶ G1셀을 마우스 오른쪽 단추로 클릭한 후 ❷ [붙여넣기]를 클릭합니다.

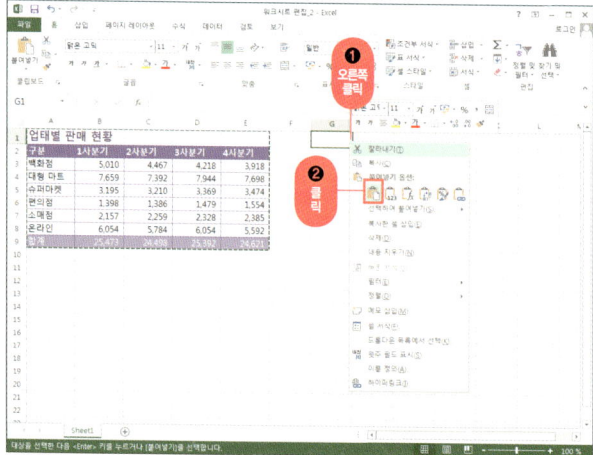

key
복사 : Ctrl + C
붙여넣기 : Ctrl + V

03 원본 데이터는 그대로 있으면서, 선택한 위치에 같은 내용이 복사되어 나타납니다. 이번에는 ❶ G1:K9 셀 범위를 선택한 후 ❷ 마우스 오른쪽 단추로 클릭하고 ❸ [잘라내기]를 클릭합니다.

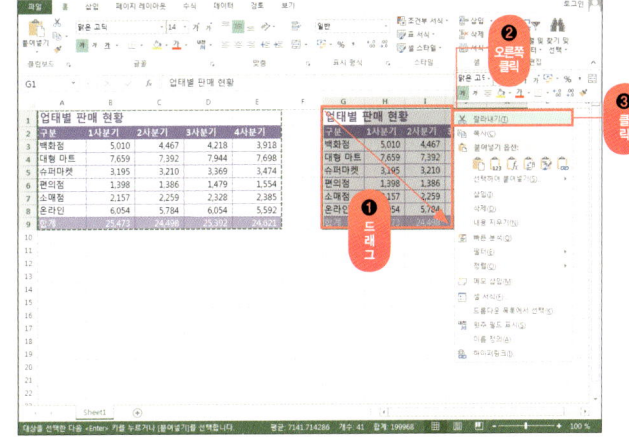

> **리본**
> 리본 메뉴의 [홈] 탭 → [클립보드] 그룹에서 [잘라내기] ✂와 [붙여넣기] 📋를 클릭해도 됩니다.

04 선택한 셀 범위가 점선으로 깜빡거립니다. ❶ A11셀을 마우스 오른쪽 단추로 클릭한 후 ❷ [붙여넣기]를 클릭합니다.

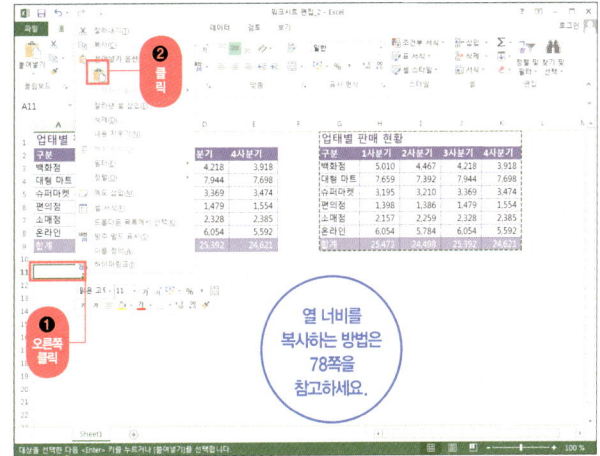

> **key**
> 잘라내기 : Ctrl + X
> 붙여넣기 : Ctrl + V

열 너비를 복사하는 방법은 78쪽을 참고하세요.

05 G1:K9 셀 범위의 데이터가 선택한 위치로 이동되어 나타납니다.

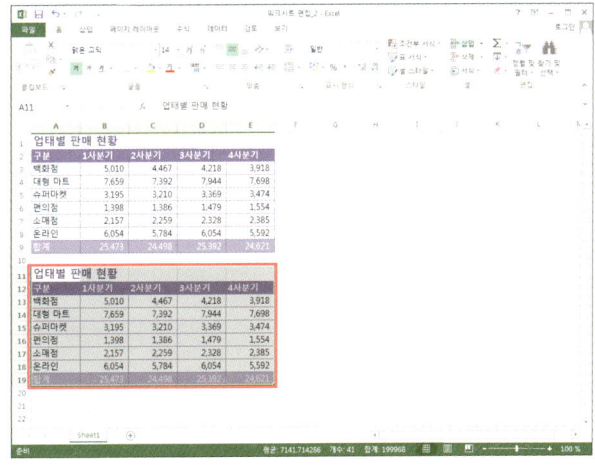

> **참고**
> 선택한 셀 범위의 테두리 위에 마우스 포인터를 올려놓으면 🔯 모양으로 바뀌는데, 이 상태에서 드래그하면 셀 범위가 이동됩니다. 그리고 Ctrl 을 누른 상태에서 셀 범위의 테두리에 마우스 포인터를 올려놓으면 🔯 모양으로 바뀌는데, 이 상태에서 드래그하면 셀 범위가 복사됩니다.

복사한 셀 삽입하기

셀 범위를 [복사]한 후 데이터가 있는 셀에서 [붙여넣기]를 하면, 원래 있던 데이터는 지워지고 복사한 데이터가 표시됩니다. 그러므로 원래 있던 데이터를 다른 곳으로 옮기면서 복사하려면 [복사한 셀 삽입하기]를 이용해야 합니다.

01 3행의 '백화점' 데이터를 복사해서 6행의 '편의점' 데이터 위에 삽입해 봅시다.
❶ 3행을 마우스 오른쪽 단추로 클릭한 후 ❷ [복사]를 클릭합니다.

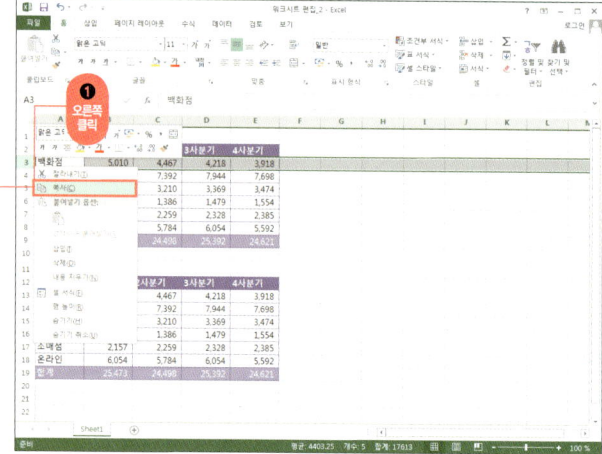

02 ❶ 6행을 마우스 오른쪽 단추로 클릭한 후 ❷ [복사한 셀 삽입]을 클릭합니다.

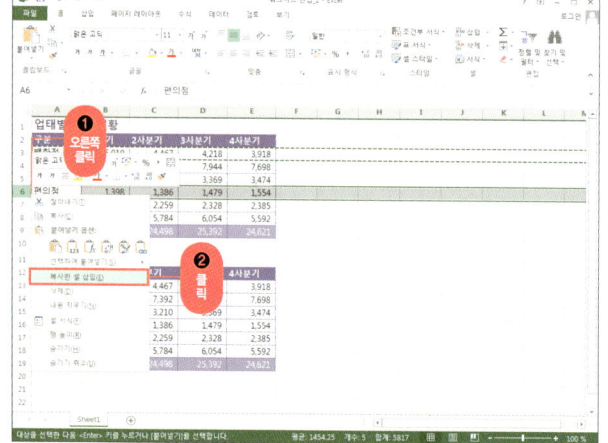

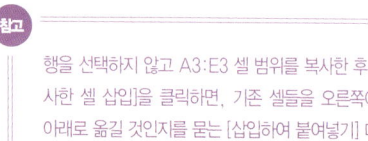

행을 선택하지 않고 A3:E3 셀 범위를 복사한 후 [복사한 셀 삽입]을 클릭하면, 기존 셀들을 오른쪽이나 아래로 옮길 것인지를 묻는 [삽입하여 붙여넣기] 대화 상자가 나타납니다.

03 3행의 '백화점' 데이터가 그대로 있고, 같은 내용의 '백화점' 데이터가 6행에 복사되어 삽입됩니다.

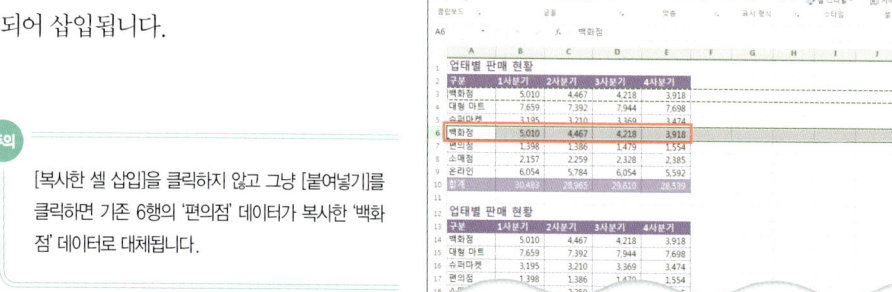

[복사한 셀 삽입]을 클릭하지 않고 그냥 [붙여넣기]를 클릭하면 기존 6행의 '편의점' 데이터가 복사한 '백화점' 데이터로 대체됩니다.

STEP 03 잘라낸 셀 삽입하기

셀 영역을 이동하면 원래 위치는 빈 영역으로 남는데, 앞으로 빈 영역이 필요 없다면 삭제해야 합니다. 이러한 경우 '잘라낸 셀 삽입하기'를 이용하면 셀 영역의 순서를 한 번에 바꿀 수 있습니다.

01 이번에는 14행의 '백화점' 데이터를 16행의 '슈퍼마켓' 데이터 아래로 이동해 볼까요? ❶ 14행을 마우스 오른쪽 단추로 클릭한 후 ❷ [잘라내기]를 클릭합니다.

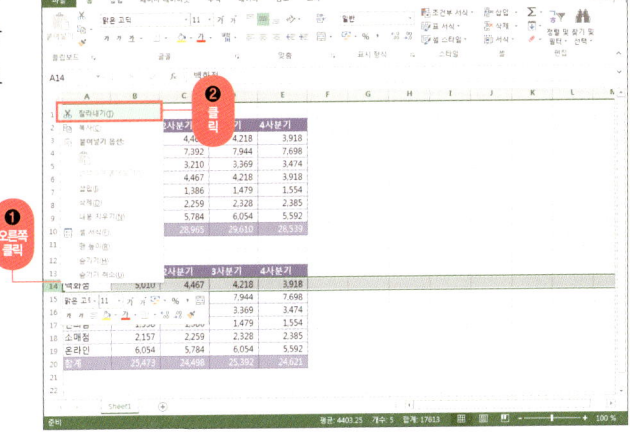

02 16행의 '슈퍼마켓' 데이터 아래에 붙여넣을 것이므로 ❶ 17행을 마우스 오른쪽 단추로 클릭한 후 ❷ [잘라낸 셀 삽입]을 클릭합니다.

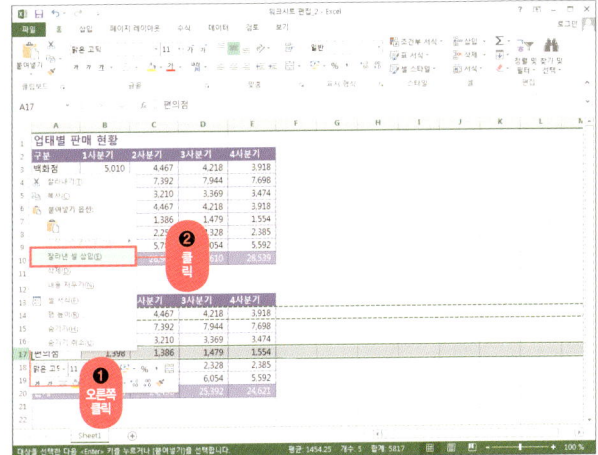

> **참고**
> 잘라내기를 하면 단축 메뉴에 [잘라낸 셀 삽입]이 나타나고, 복사를 하면 단축 메뉴에 [복사한 셀 삽입]이 나타납니다.

03 14행의 '백화점' 데이터가 삭제되고 16행에 삽입되면서 데이터의 순서가 바뀝니다.

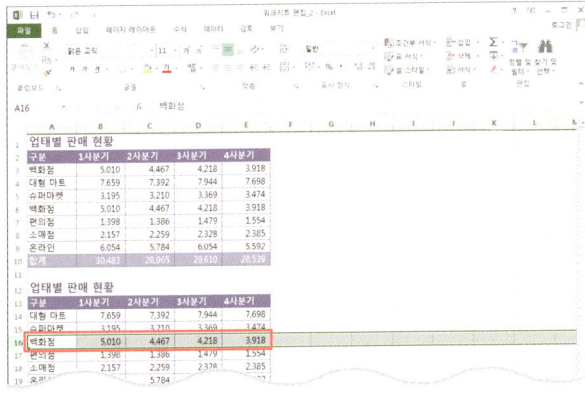

> **주의**
> [잘라낸 셀 삽입]을 클릭하지 않고 그냥 [붙여넣기]를 클릭하면 14행은 빈 셀로 남고, 16행의 '슈퍼마켓' 데이터가 잘라낸 14행의 '백화점' 데이터로 대체됩니다.

예제 _엑셀\Chapter2\워크시트 편집_3.xlsx

필요한 것만 선택하여 복사하기

Lesson 3

표를 다른 곳으로 복사하거나 이동하면 열 너비는 복사되지 않는데, 열 너비만 따로 [선택하여 붙여넣기]를 하면 원본 표의 열 너비와 똑같이 만들 수 있습니다. 또 열 너비가 서로 다른 표를 나란히 배치할 때는 [연결하여 그림 붙여넣기]로 열 너비를 똑같이 만들 수 있습니다.

STEP 01 열 너비만 선택하여 붙여넣기

[선택하여 붙여넣기]는 선택한 셀 범위에서 원하는 것만 복사하여 붙여넣는 것입니다. 이번에는 [선택하여 붙여넣기] 대화상자의 다양한 항목 중에서 [열 너비]를 선택하여 붙여넣겠습니다.

01 ❶ A6:E13 셀 범위를 선택한 후 ❷ 선택 영역을 마우스 오른쪽 단추로 클릭하고 ❸ [복사]를 클릭합니다.

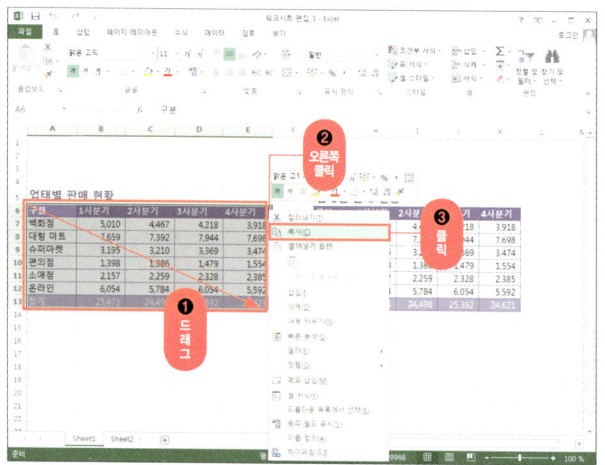

02 ❶ G6셀을 마우스 오른쪽 단추로 클릭하고 ❷ [선택하여 붙여넣기]의 ❸ [선택하여 붙여넣기]를 클릭합니다.

> 참고
> [홈] 탭의 [클립보드] 그룹에서 [붙여넣기]의 아래쪽 단추를 클릭한 후 [선택하여 붙여넣기]를 클릭해도 됩니다.

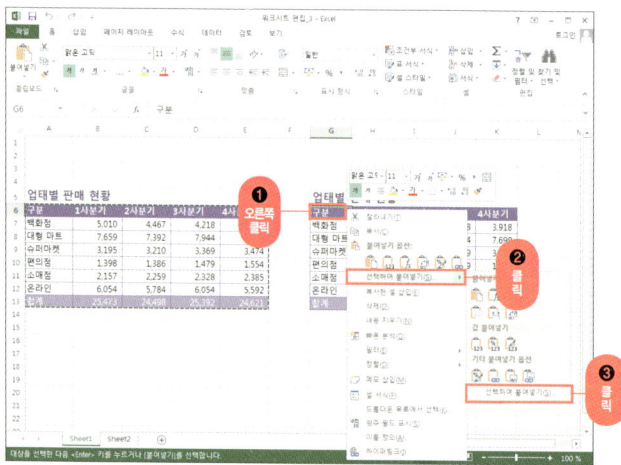

03 [선택하여 붙여넣기] 대화상자가 나타납니다. ❶ [열 너비]를 선택한 후 ❷ [확인] 단추를 클릭합니다.

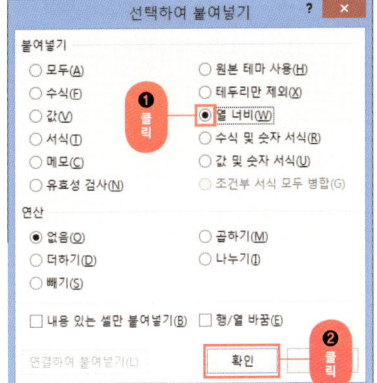

> **참고**
> [수식]은 데이터와 계산식이 복사되는 것이고, [값]은 데이터와 계산된 값만 복사되는 것입니다. 그리고 [서식]은 색이나 글꼴, 숫자 서식 등의 셀 서식이 복사됩니다.

04 G6:K13 셀 범위의 열 너비가 A6:E13 셀 범위의 열 너비와 똑같이 복사됩니다.

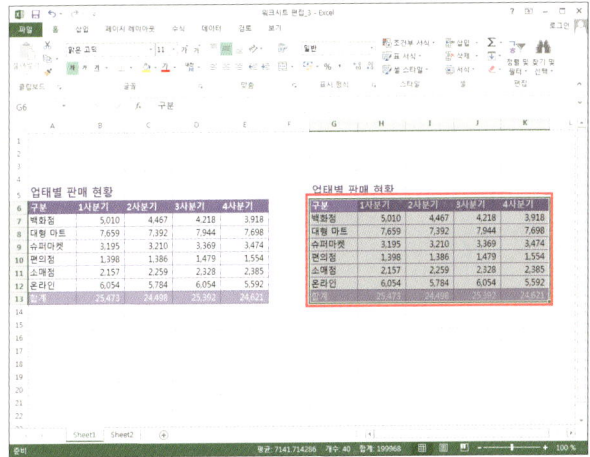

스마트 태그로 붙여넣기 옵션 선택하기

셀 범위를 복사한 후 그냥 [붙여넣기]를 해도 [붙여넣기 옵션] 스마트 태그가 나타나므로, 여기에서 원하는 것만 선택하여 붙여넣을 수 있습니다.

1 셀 범위를 복사한 후 아래쪽의 [붙여넣기 옵션] 스마트 태그 를 클릭한 후 [원본 열 너비 유지]를 클릭합니다.

2 복사한 셀 범위의 열 너비가 원본의 열 너비와 같이 바뀝니다.

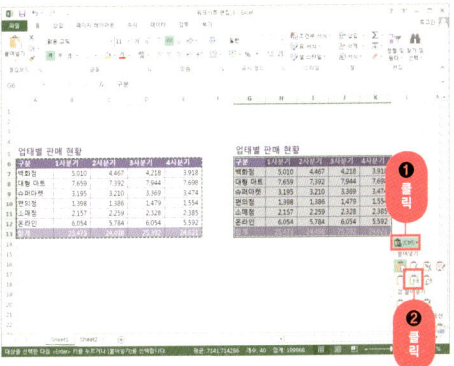
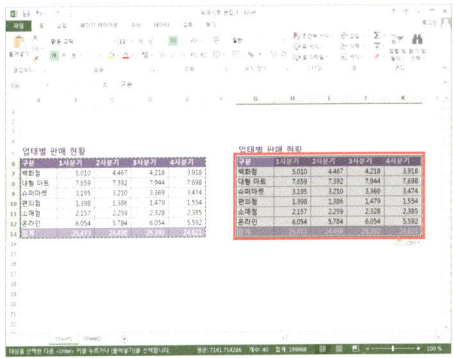

STEP 02 값만 선택하여 붙여넣기

계산에 사용된 수식이나 셀 색 등의 서식은 필요 없고 결과값만 필요한 경우에는 [선택하여 붙여넣기]의 [값 붙여넣기]를 클릭하면 됩니다.

01 ❶ A6:E13 셀 범위를 선택한 후 ❷ 선택 범위를 마우스 오른쪽 단추로 클릭하고 ❸[복사]를 클릭합니다.

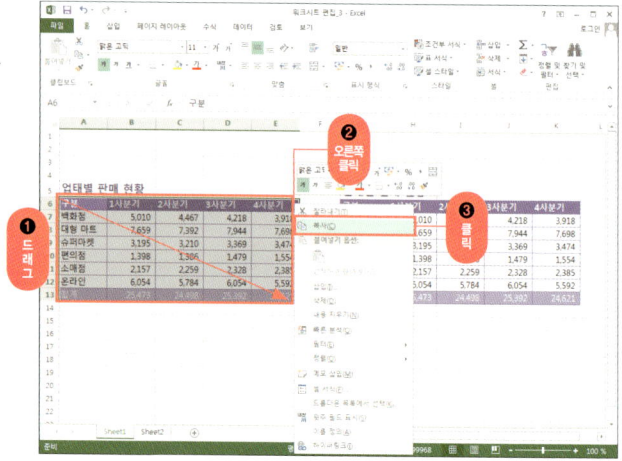

02 ❶ A15셀을 마우스 오른쪽 단추으로 클릭하고 [붙여넣기 옵션]의 ❷[값]을 클릭합니다.

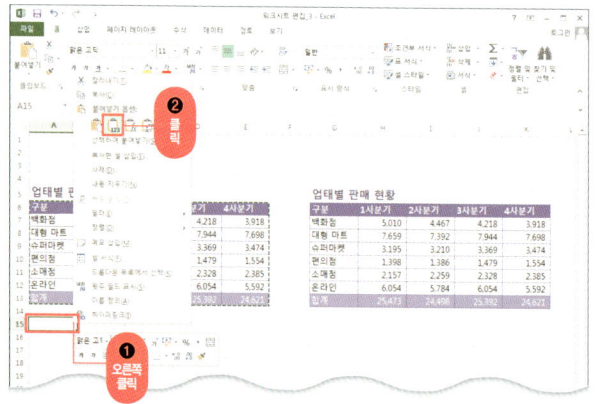

03 셀 색이나 표시 형식, 수식 등은 복사되지 않고, 계산된 결과값만 복사되어 표시됩니다.

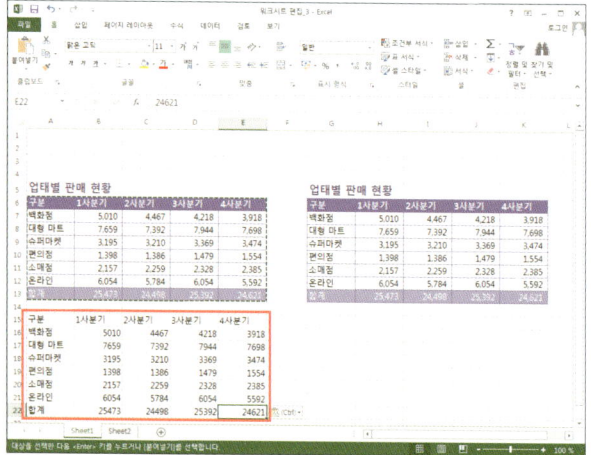

> **참고**
>
> [붙여넣기 옵션] 스마트 태그 (Ctrl)▼를 클릭하면 [값] 외에 [값 및 숫자 서식]과 [값 및 원본 서식]을 선택할 수 있습니다.

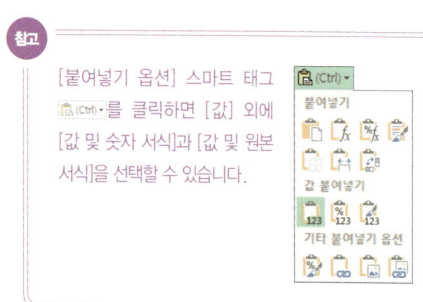

너비가 다른 셀 붙여넣기

엑셀은 행과 열을 맞춰서 배치해야 하지만, 문서를 작성하다 보면 열 너비나 행 높이가 다른 표를 함께 배치해야 할 때가 있습니다. 이러한 경우 셀 범위를 그림으로 복사하여 붙여넣기를 하면 됩니다.

01 [Sheet2] 워크시트에 미리 만들어 놓은 결재란이 있습니다. ❶ B2:E3 셀 영역을 선택한 후 ❷ 마우스 오른쪽 단추를 클릭하고 ❸ [복사]를 클릭합니다.

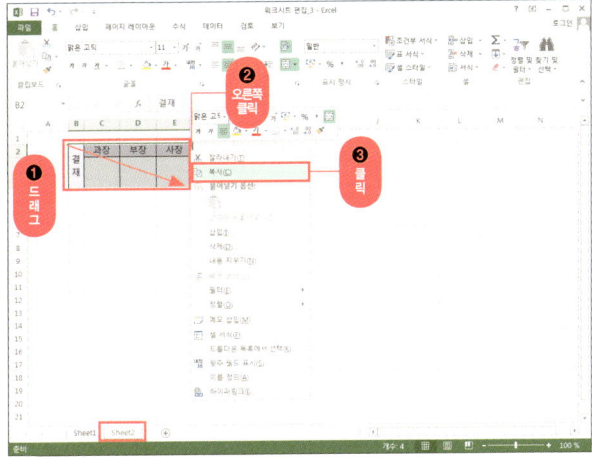

02 ❶ [Sheet1] 시트 탭을 클릭합니다. 그런 다음 ❷ C1셀을 마우스 오른쪽 단추로 클릭한 후 ❸ [선택하여 붙여넣기]에서 ❹ [연결된 그림]을 클릭합니다.

> **참고**
>
> [기타 붙여넣기 옵션]에서 [그림] 으로 붙여넣으면 복사된 셀 내용을 수정할 수 없고, [연결된 그림] 으로 붙여넣으면 복사된 이후에도 셀 내용을 변경할 수 있습니다.

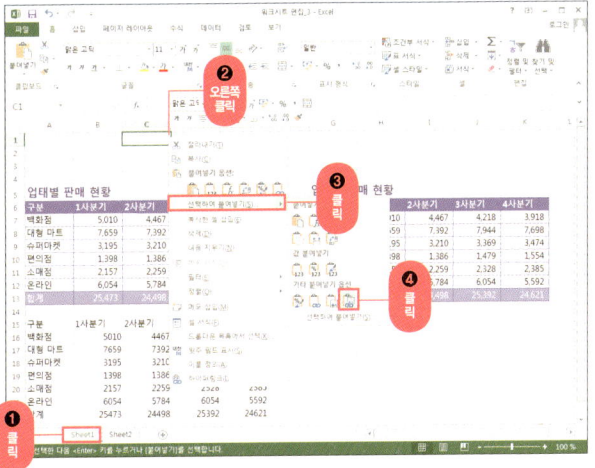

03 복사된 결재란 그림 형식으로 삽입됩니다. 이 결재란은 그림 형식이기 때문에 크기나 위치를 마음대로 움직일 수 있습니다.

> **참고**
>
> [리본 메뉴에 없는 명령]에서 [카메라] 단추 를 추가한 후 해당 단추를 클릭하면, 선택한 셀 범위를 그림 형식으로 붙일 수 있습니다.

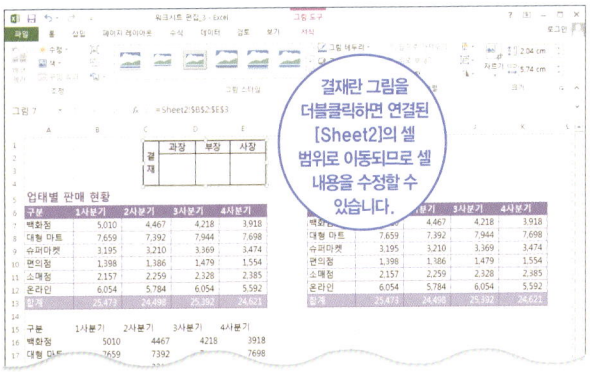

결재란 그림을 더블클릭하면 연결된 [Sheet2]의 셀 범위로 이동되므로 셀 내용을 수정할 수 있습니다.

예제_엑셀\Chapter2\워크시트 편집_4.xlsx

서식 복사하기와 서식 지우기

Lesson 4

78쪽의 [선택하여 붙여넣기]에서 [서식]을 선택해도 되지만, 간단히 리본 메뉴의 [서식 복사]만 클릭해도 선택한 셀 범위의 글꼴과 색, 숫자 서식 등을 복사할 수 있습니다. 또 셀 내용이나 서식을 지울 때도 70쪽의 셀 삭제보다 리본 메뉴의 [지우기]를 이용하는 것이 편리합니다.

STEP 01 서식 복사하기

리본 메뉴의 [서식 복사]를 클릭한 후 대상 셀을 클릭하면 선택한 셀 범위의 서식이 복사됩니다. 또 [서식 복사]를 더블클릭하면 복사한 셀 서식을 여러 곳에 계속해서 복사할 수 있습니다.

01 ❶ A1:E9 셀 범위를 선택한 후 [홈] 탭의 [클립보드] 그룹에서 ❷ [서식 복사] 를 클릭하면 마우스 포인터가 모양으로 바뀝니다. 복사한 서식을 붙여넣기 위해 ❸ A12셀을 클릭합니다.

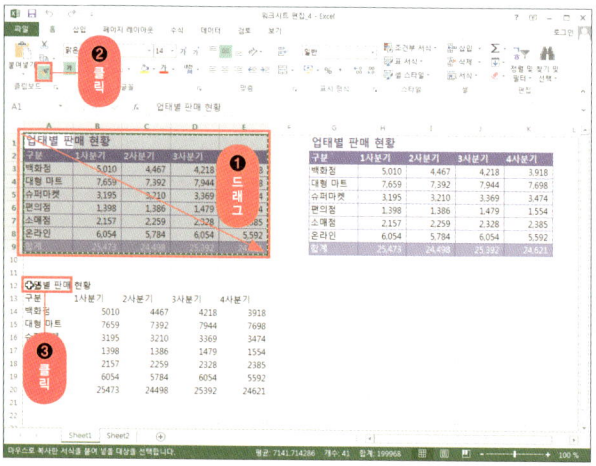

> **참고**
> 서식을 한 곳에만 적용하려면 [서식 복사]를 한 번만 클릭하고, 여러 곳에 적용하려면 [서식 복사]를 더블클릭합니다.

02 값이나 수식은 제외되고 서식만 복사됩니다. 따라하기 **01**번에는 서식이 없던 셀과 값에 서식이 적용되었습니다.

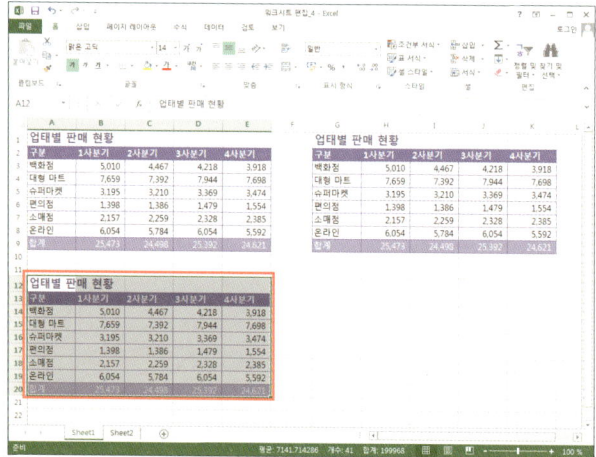

서식 지우기와 모두 지우기

셀 범위에서 Delete 를 누르면 데이터만 지워지고 서식은 지워지지 않습니다. 만약 서식만 지우려면 [서식 지우기]를, 서식과 데이터를 모두 지우려면 [모두 지우기]를 이용하면 됩니다.

01 ❶ G1:K9 셀 범위를 선택한 후 [홈] 탭의 [편집] 그룹에서 ❷ [지우기]의 ❸ [서식 지우기]를 클릭합니다.

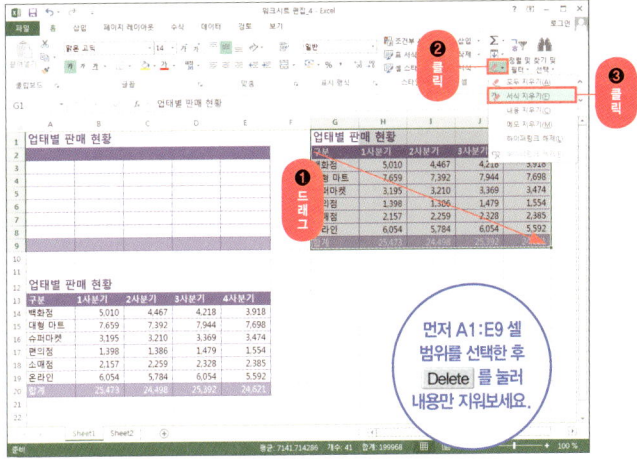

먼저 A1:E9 셀 범위를 선택한 후 Delete 를 눌러 내용만 지워보세요.

02 G1:K9 셀 범위의 데이터만 남고 서식은 지워집니다. 이번에는 ❶ A12:E20 셀 범위를 선택한 후 ❷ [지우기]의 ❸ [모두 지우기]를 클릭합니다.

참고
모두 지우기는 다른 셀을 이동하지 않고 선택한 셀만 지울 때에 이용합니다. 만약 오른쪽이나 아래쪽 셀을 이동해도 된다면 70쪽처럼 삭제를 이용해도 됩니다.

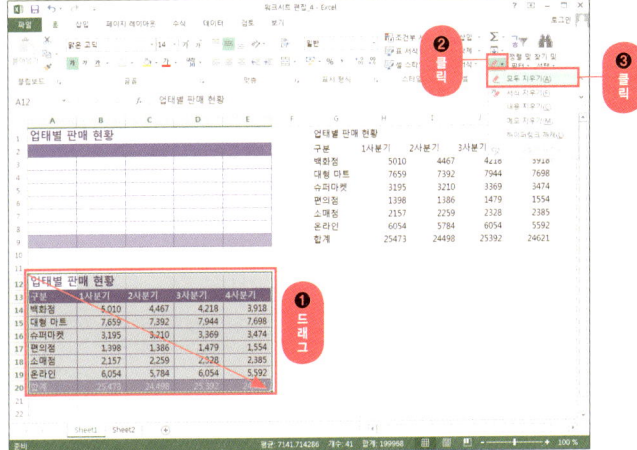

03 A12:E20 셀 범위의 셀 내용과 서식이 모두 지워집니다.

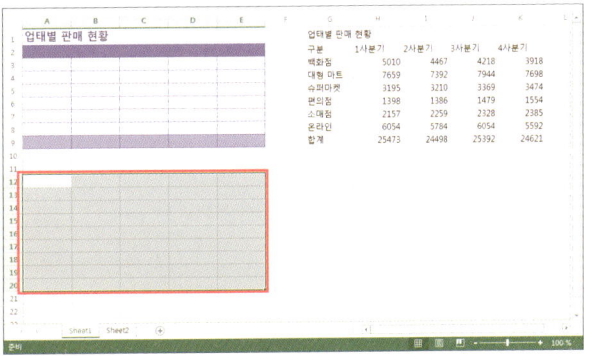

예제 _엑셀\Chapter2\워크시트 편집_5.xlsx

워크시트 이동하고 복사하기

Lesson 5

간단한 문서는 하나의 워크시트에서 데이터를 집계하거나 계산할 수도 있지만, 실무에서는 대부분 데이터를 집계하는 워크시트와 계산하여 정리 및 보고하는 워크시트를 분리하여 작성합니다. 이번에는 워크시트를 다른 곳으로 이동하거나 복사하는 방법에 대해 알아보겠습니다.

STEP 01 새 워크시트 삽입과 삭제하기

엑셀은 여러 워크시트를 통합 문서로 관리하므로, 세 개의 워크시트로는 부족할 때가 많습니다. 이러한 경우 얼마든지 워크시트를 추가할 수도 있고, 필요 없는 워크시트를 삭제할 수도 있습니다.

01 시트 탭의 가장 오른쪽에 있는 [새 시트] ⊕를 클릭합니다.

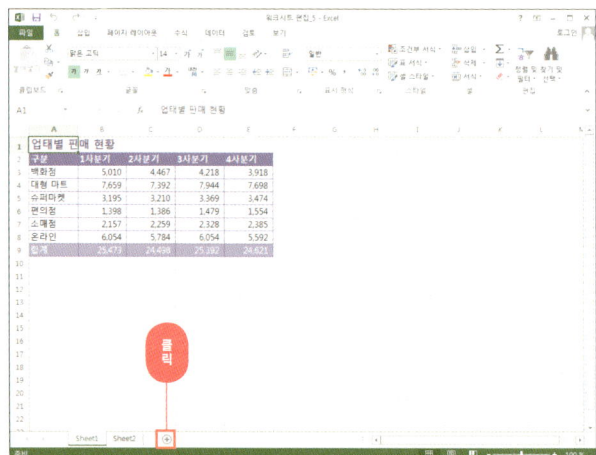

> **리본**
> [홈] 탭의 [셀] 그룹에서 [삽입]의 [시트 삽입]을 클릭해도 됩니다.

02 'Sheet3'이라는 이름의 새 워크시트가 추가됩니다. ❶ 워크시트를 삭제하려면 시트 탭을 마우스 오른쪽 단추로 클릭한 후 ❷ [삭제]를 클릭합니다.

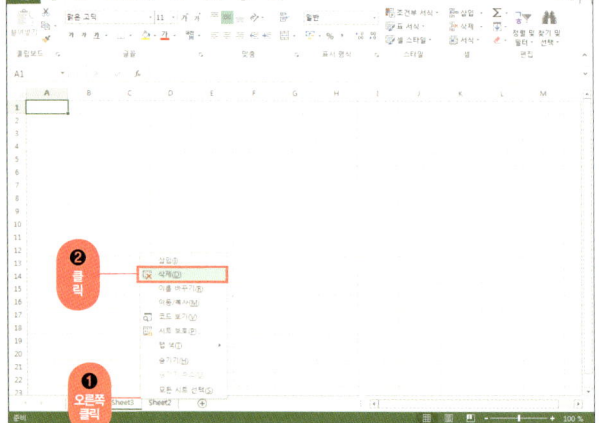

> **주의**
> 워크시트에 데이터가 있으면 데이터도 영구히 삭제된다는 대화상자가 나타납니다. 삭제해도 괜찮은 워크시트인지 확인한 후 [삭제] 단추를 클릭하세요.

STEP 02 시트 탭의 이름과 색 바꾸기

시트 탭은 기본적으로 Sheet1, Sheet2, Sheet3 등으로 되어 있는데, 워크시트의 내용에 맞게 이름을 바꿀 수 있습니다. 또 중요한 워크시트가 있다면 시트 탭의 색을 바꿔 눈에 띄게 할 수 있습니다.

01 시트 탭을 더블클릭하면 [Sheet1]이라는 이름이 회색으로 바뀝니다. 새 이름을 입력한 후 Enter 를 누릅니다.

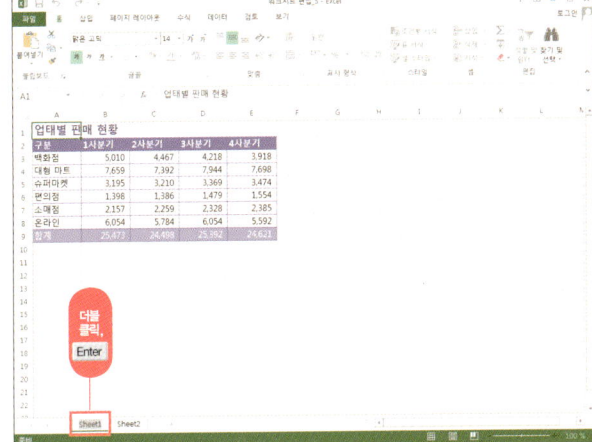

> **주의**
> 워크시트의 이름에 :, /, ?, *, [,] 문자는 사용할 수 없습니다.

02 시트 탭의 이름이 바뀝니다. 이번에는 탭 색을 바꿔봅시다. ❶ 시트 탭을 마우스 오른쪽 단추로 클릭한 후 ❷ [탭 색]에서 ❸ 바꾸려는 [색]을 클릭합니다.

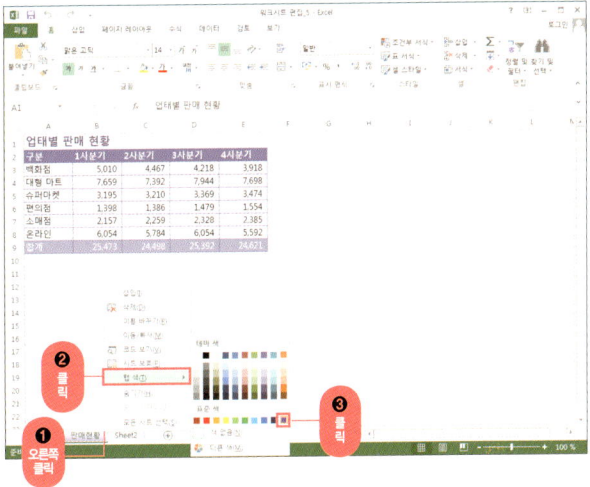

03 시트 탭의 색이 바뀝니다. 단, 현재 선택된 시트 탭은 흰색으로 표시되므로, 바뀐 색을 확인하려면 다른 시트 탭을 클릭하세요.

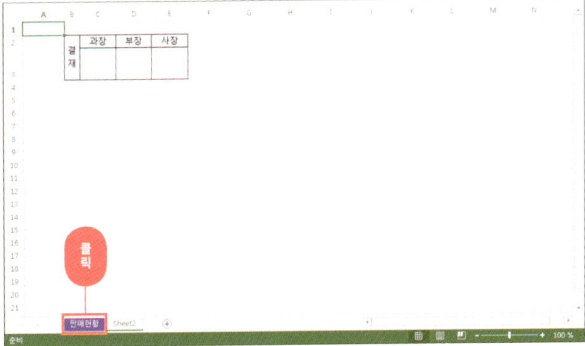

워크시트 이동하고 복사하기

시트 탭을 드래그하면 워크시트의 순서를 마음대로 바꿀 수 있습니다. 그리고 Ctrl 을 누른 상태에서 시트 탭을 드래그하면 똑같은 워크시트를 하나 더 만들 수 있습니다.

01 [판매현황] 시트 탭을 [Sheet2] 시트 탭의 오른쪽으로 드래그합니다.

> 참고
> Ctrl 을 누른 상태에서 시트 탭을 클릭하면 떨어져 있는 시트 탭이 선택되고, Shift 를 누른 상태에서 클릭하면 연속적으로 붙어 있는 시트 탭이 선택됩니다. 이렇게 여러 개의 워크시트를 선택한 후 이동이나 복사를 할 수 있습니다.

02 [판매 현황] 워크시트가 [Sheet2] 워크시트의 오른쪽으로 이동됩니다. 이번에는 [판매 현황] 워크시트를 복사해 봅시다. [판매 현황] 시트 탭을 Ctrl 을 누른 상태에서 [Sheet2] 시트 탭 왼쪽으로 드래그합니다.

> 참고
> 한 개의 워크시트를 이동할 때는 마우스 포인터가 모양으로, 복사할 때는 문서에 '+' 표시가 붙은 모양으로 표시됩니다.

03 [판매 현황] 워크시트는 그대로 있고, 복사된 워크시트가 삽입됩니다. 이때 복사된 워크시트는 원본과 구분하기 위해 이름 뒤에 '(2)'가 붙습니다.

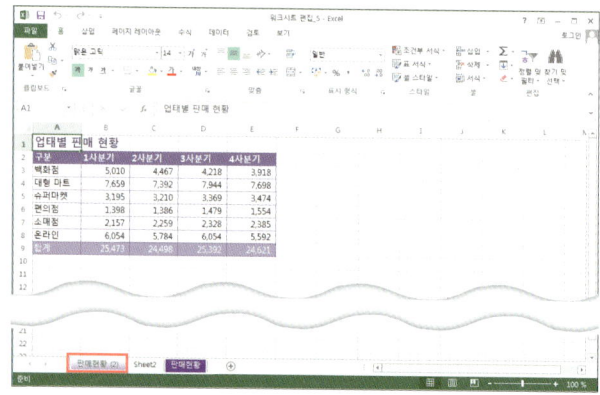

다른 문서로 워크시트 이동 및 복사하기

워크시트는 하나의 문서뿐만 아니라 다른 문서로도 이동하거나 복사할 수 있습니다. 단, 이동이나 복사를 하기 전에 대상이 되는 문서는 미리 열어두어야 합니다.

01 이번에는 새 문서인 '통합 문서1' 문서를 만든 후 복사하겠습니다. ❶ [판매 현황] 시트 탭을 마우스 오른쪽 단추로 클릭한 후 ❷ [이동/복사]를 클릭합니다.

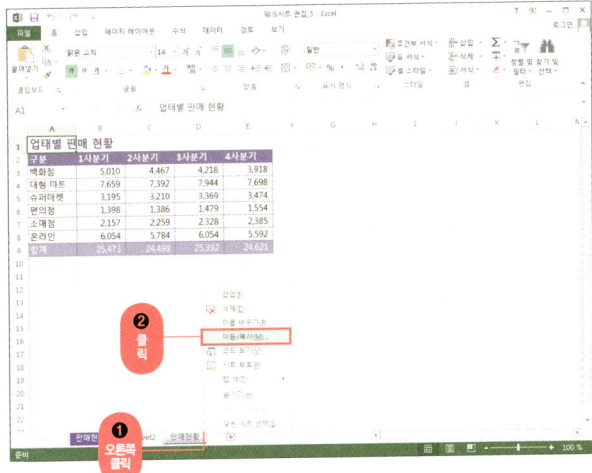

02 [이동/복사] 대화상자가 나타납니다. ❶ [대상 통합 문서]의 드롭다운 단추를 클릭하여 대상 문서를 선택한 후 ❷ [복사본 만들기]에 체크 표시를 하고 ❸ [확인] 단추를 클릭합니다.

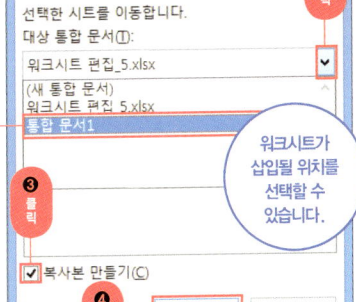

> **주의**
> [대상 통합 문서]의 드롭다운 목록에는 현재 열어둔 문서 목록만 나타납니다. 만일 워크시트를 열어두지 않았다면 현재 문서 이름만 나타납니다.

03 '통합 문서1' 문서에 '판매 현황' 워크시트가 복사되어 삽입됩니다.

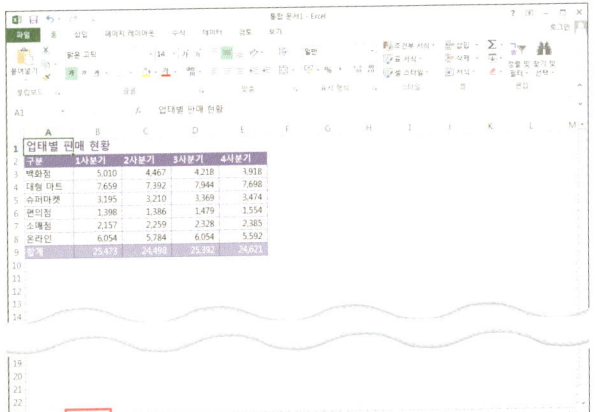

> **주의**
> 워크시트의 테마 색이 다른 경우, 색상이 바뀔 수 있습니다. 이번에는 [페이지 레이아웃] 탭의 [테마] 그룹에서 [색] - [Office 2007-2010]의 테마 색을 적용했습니다.

예제 _엑셀\Chapter2\워크시트 편집_6.xlsx

불필요한 행/열과 워크시트 숨기기

Lesson 6

중간 계산에 필요하지만 최종 보고서에서는 보여줄 필요는 없는 행이나 열은 숨겨놓을 수 있습니다. 그리고 워크시트가 너무 많아서 주된 문서를 찾기가 어려운 경우에는 주된 워크시트만 남기고 다른 워크시트는 숨겨서 깔끔하게 만드는 것이 좋습니다.

STEP 01 행/열 숨기기

숨기기 기능을 이용하면 평소에 필요하지 않은 행/열은 숨겨놓았다가 필요할 때만 표시할 수 있습니다.

01 먼저 숨기려는 행이나 열을 선택합니다. 이번에는 ❶ B열부터 C열까지 선택한 후 ❷ 마우스 오른쪽 단추로 클릭하고 ❸ [숨기기]를 클릭합니다.

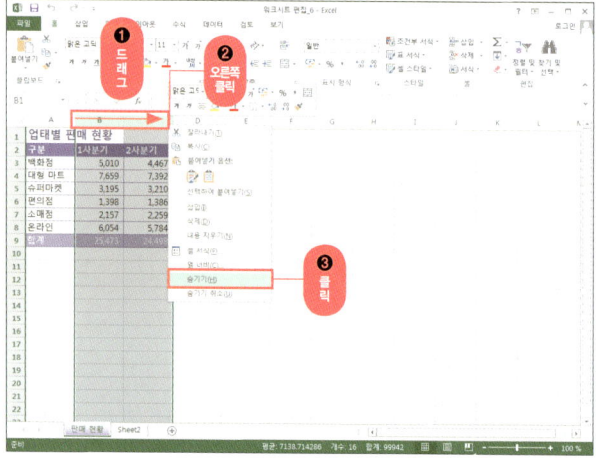

> 참고
> 이번에는 열을 숨기고 있지만, 행을 숨길 수도 있습니다.

02 선택한 열이 숨겨집니다. 숨기기를 취소할 때는 먼저 숨겨진 열을 포함하여 선택해야 합니다. ❶ A열부터 D열까지 선택한 후 ❷ 마우스 오른쪽 단추로 클릭하고 ❸ [숨기기 취소]를 클릭합니다.

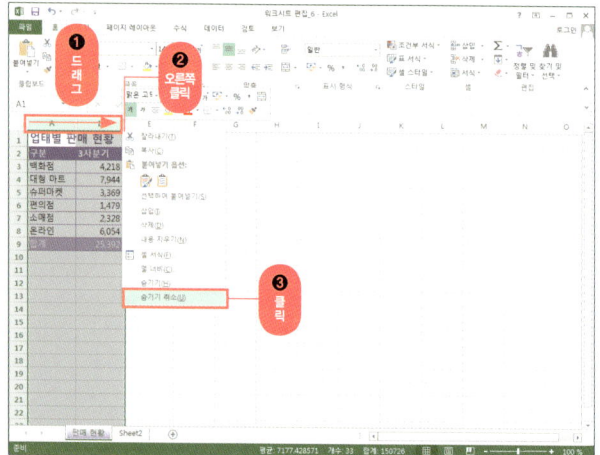

> Page
> 그룹 기능을 이용하여 복잡한 행이나 열을 숨겨놓을 수 있습니다.

워크시트 숨기기

행/열과 마찬가지로 워크시트도 숨겨놓았다가 필요할 때만 표시할 수 있습니다.

01 ❶ 숨기려는 워크시트의 시트 탭을 마우스 오른쪽 단추로 클릭한 후 ❷ [숨기기]를 클릭합니다.

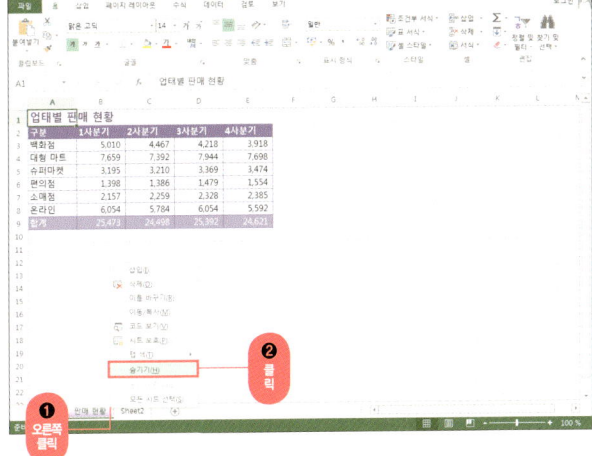

> **리본**
>
> [홈] 탭의 [셀] 그룹에서 [서식]을 클릭한 후 [숨기기 및 숨기기 취소]의 [시트 숨기기]를 클릭해도 됩니다.

02 선택한 워크시트가 숨겨집니다. ❶ 시트 탭을 마우스 오른쪽 단추로 클릭한 후 ❷ [숨기기 취소]를 클릭합니다.

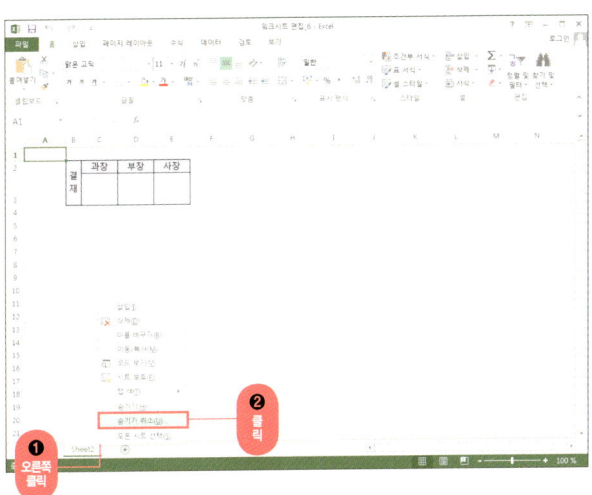

03 [숨기기 취소] 대화상자가 나타납니다. ❶ 숨기기를 취소할 워크시트를 선택한 후 ❷ [확인] 단추를 클릭합니다.

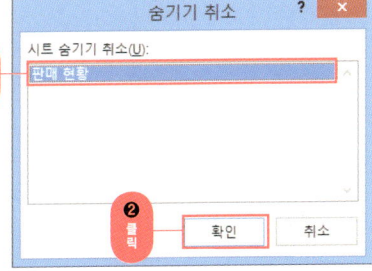

급여명세서 만들기

연습파일 예제_엑셀\Chapter2\실무_급여명세서.xlsx   **완성파일** 예제_엑셀\Chapter2\실무_급여명세서_결과.xlsx

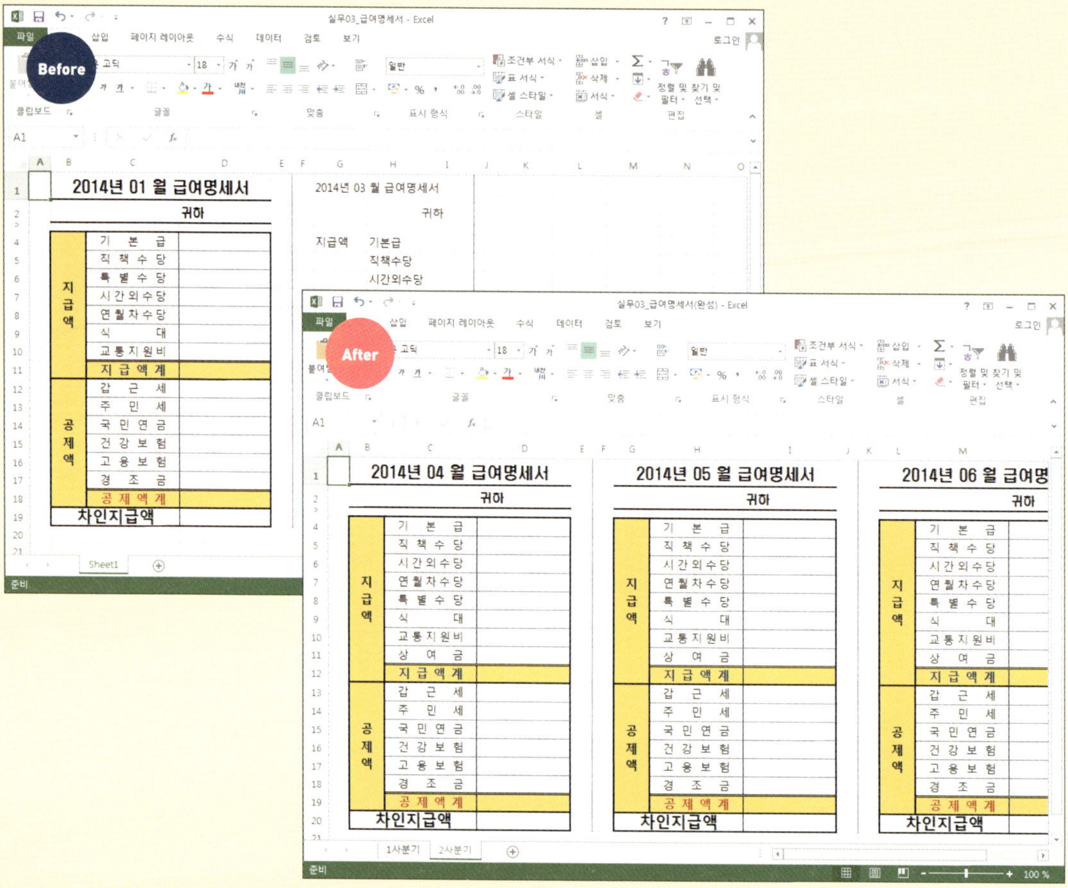

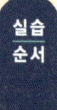

① 10행과 11행의 사이에 행을 삽입한 후 C11셀과 H11셀에 '상여금' 항목을 추가합니다.

② 6셀의 '특별수당'을 잘라낸 후 C9셀의 '식대' 위쪽에 삽입합니다.

③ B1:D20 셀 범위의 서식을 G1:I20 셀 범위에 복사합니다.

④ B1:D20 셀 범위의 열 너비를 G1:I20 셀 범위에 복사합니다.

⑤ A열부터 E열까지 복사한 후 F열에서 복사한 셀을 삽입하고 '02월 급여명세서'로 수정합니다.

⑥ 'Sheet1'의 시트 탭 이름을 '1사분기'로 수정한 후 시트 탭을 복사하여 '2사분기' 워크시트를 작성합니다.

CHAPTER 3
워크시트를 돋보이게! 셀 서식 설정하기

Lesson 01 | 글꼴과 셀, 맞춤 서식 설정하기
Lesson 02 | 테두리 설정하여 문서의 틀 만들기
Lesson 03 | 데이터를 원하는 표시 형식으로 설정하기
Lesson 04 | 날짜와 시간의 표시 형식 설정하기
Lesson 05 | 다양한 테마 색상의 표 서식 설정하기
Lesson 06 | 조건부 서식으로 데이터 시각화하기
Lesson 07 | 워드아트와 그림, 클립아트, 스마트아트 삽입하기
Lesson 08 | 다양한 방법으로 통합 문서 인쇄하기
Lesson 09 | 틀 고정과 두 개의 워크시트 나란히 보기
실무 따라잡기 | 표시 형식과 표 서식, 조건부 서식 지정하기

EXCEL & POWERPOINT & WORD 2013

글꼴과 셀, 맞춤 서식 설정하기

Lesson 1

예제_엑셀\Chapter3\거래명세표_1.xlsx

엑셀의 서식은 셀 안의 글자만 따로 선택하여 바꿀 수도 있지만, 일반적으로 셀 단위로 글꼴과 글꼴 크기, 색, 텍스트 맞춤 등을 한꺼번에 설정합니다. 이번에는 리본 메뉴와 [셀 서식] 대화상자를 이용하여 거래명세표의 서식을 바꾸겠습니다.

STEP 01 셀 병합하고 가운데 맞춤하기

여러 개의 셀을 하나로 합치는 것을 '병합'이라고 하는데, 제목처럼 셀을 병합한 후 가운데로 맞추는 일이 많으므로 [병합하고 가운데 맞춤]이 함께 적용됩니다.

01 ❶ A1:H1셀을 선택한 후 [홈] 탭의 [맞춤] 그룹에서 ❷ [병합하고 가운데 맞춤]을 클릭합니다.

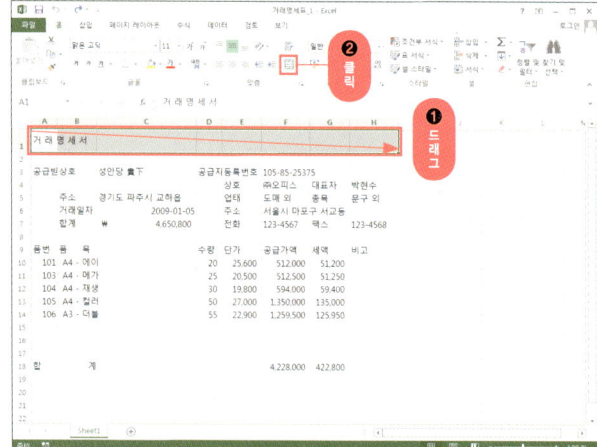

> **주의**
> 병합하려는 셀 범위에는 한 셀에만 데이터가 있어야 합니다. 만약 여러 데이터가 있는 경우 맨 윗 행의 왼쪽 데이터만 남고 나머지는 지워집니다.

02 선택한 셀들이 하나로 병합됩니다. 여러 셀을 함께 선택해볼까요? ❶ A3:A7, B3:B4, C3:C4, D3:D7, A18:E18 셀 범위를 선택한 후 ❷ [병합하고 가운데 맞춤]을 클릭합니다.

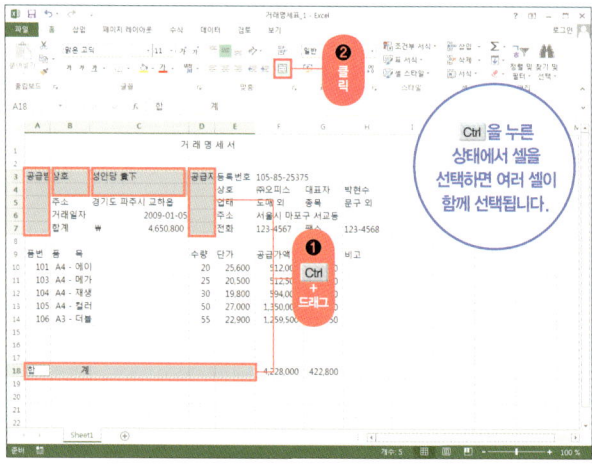

Ctrl 을 누른 상태에서 셀을 선택하면 여러 셀이 함께 선택됩니다.

> **참고**
> 병합된 셀을 다시 나누려면 병합된 셀 범위를 선택한 후 [병합하고 가운데 맞춤]을 클릭하거나, [병합하고 가운데 맞춤]의 드롭다운 단추를 클릭한 후 [셀 분할]을 클릭하세요.

03 선택한 다섯 개의 셀 범위가 각각 병합됩니다.

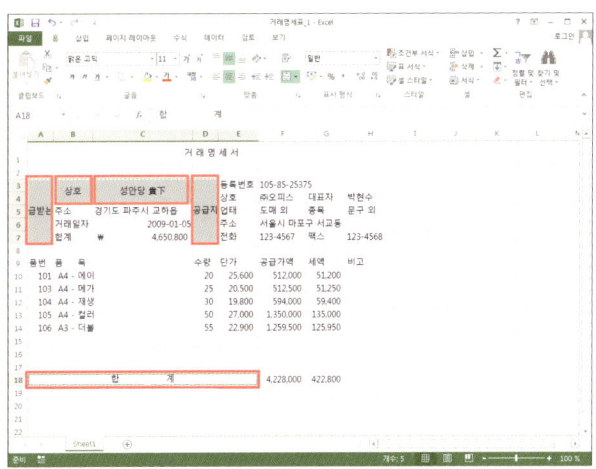

04 ❶ B9:C17, F3:H3, F6:H6 셀 범위를 선택한 후 ❷ [병합하고 가운데 맞춤]의 드롭다운 단추를 클릭하고 ❸ [전체 병합]을 클릭합니다.

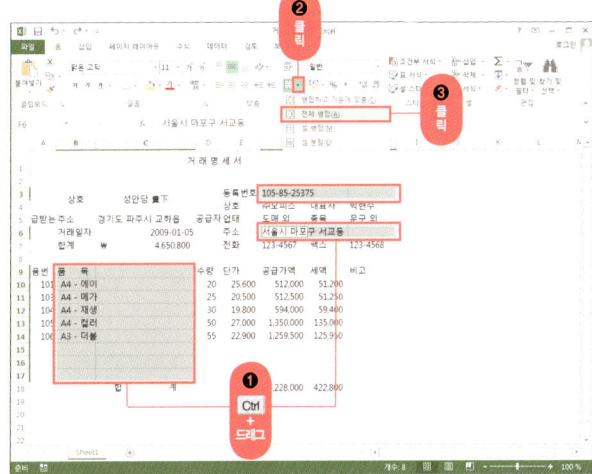

> **참고**
> [병합하고 가운데 맞춤]의 드롭다운 단추는 엑셀 2007 버전부터 추가된 기능입니다.

05 오른쪽 방향으로 셀만 병합되고 텍스트의 맞춤 방법은 바뀌지 않습니다.

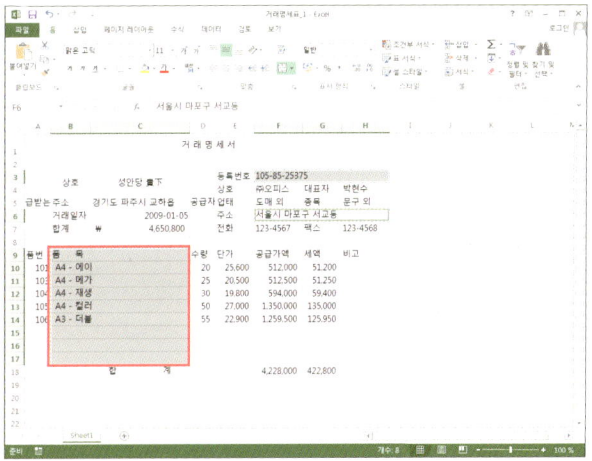

> **참고**
> [병합하고 가운데 맞춤]은 B9:C17 셀 범위가 하나의 셀로 병합되지만, [전체 병합]은 9개의 행으로 구분되어 병합됩니다.

셀의 텍스트 맞춤 설정하기

문자 데이터는 셀의 왼쪽에, 숫자 데이터는 셀의 오른쪽에 맞춰지는데, 리본 메뉴를 이용하면 셀의 오른쪽이나 왼쪽, 가운데 등을 선택할 수 있습니다.

01 ❶ C6셀과 A9:H9, A10:A17 셀 범위를 선택한 후 ❷ [가운데 정렬] ≡ 을 클릭합니다.

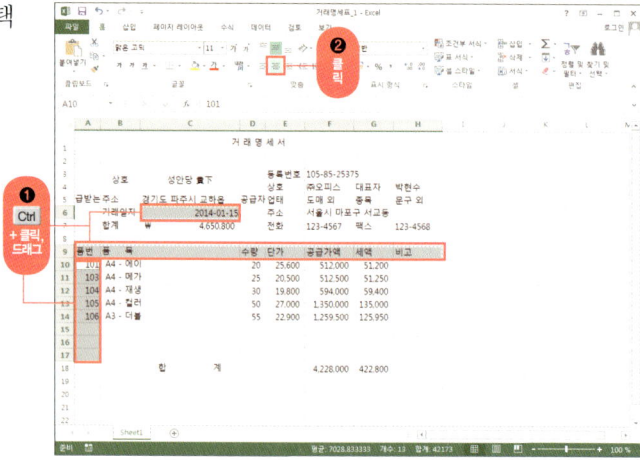

02 선택한 셀의 텍스트가 가운데로 맞춰집니다. ❶ A3과 D3 셀을 선택한 후 ❷ [텍스트 줄 바꿈] 을 클릭합니다.

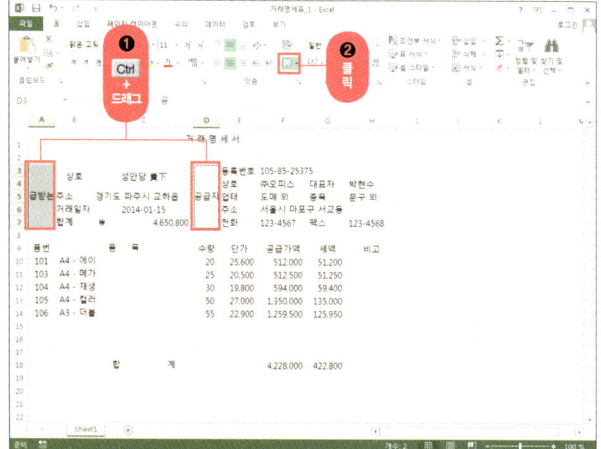

> **참고**
> Alt + Enter 를 이용하면 한 셀에 두 줄 이상으로 입력할 수 있습니다.

03 셀 너비에 맞게 텍스트의 줄이 바뀝니다. ❶ B3:B7, E3:E7, G3:G4 셀 범위와 G7 셀을 선택한 후 ❷ [맞춤 설정] 단추를 클릭합니다.

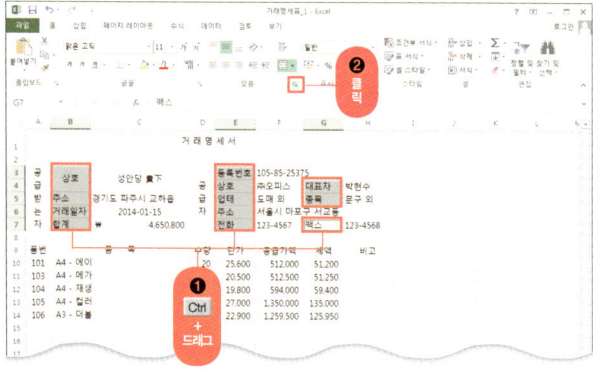

04 [셀 서식] 대화상자의 [맞춤] 탭이 나타납니다. [텍스트 맞춤]의 [가로]에서 ❶ [균등 분할(들여쓰기)]을 선택한 후 ❷ [확인] 단추를 클릭합니다.

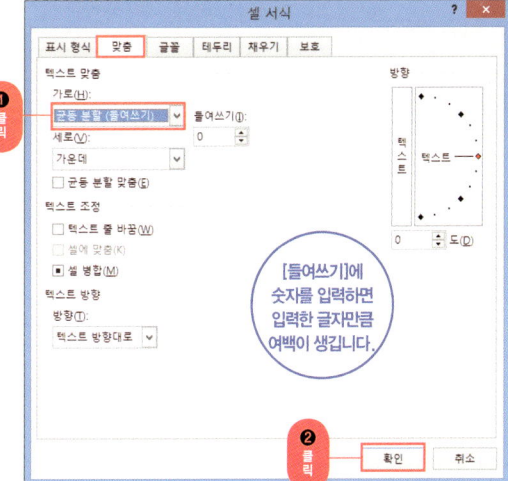

> [들여쓰기]에 숫자를 입력하면 입력한 글자만큼 여백이 생깁니다.

key 셀 서식 : Ctrl + 1

05 텍스트가 셀 너비에 균등하게 맞춰집니다.

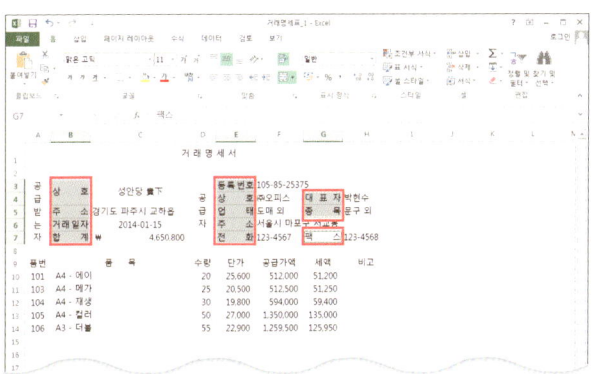

 PLUS

[셀 서식] 대화상자의 맞춤 방법 살펴보기

[셀 서식] 대화상자의 [맞춤] 탭에서 텍스트의 가로나 세로 맞춤 방법과 방향 등을 선택할 수 있습니다.

1 [맞춤] 탭의 [텍스트 맞춤]에서 [가로]나 [세로]의 맞춤 형식을 선택합니다.

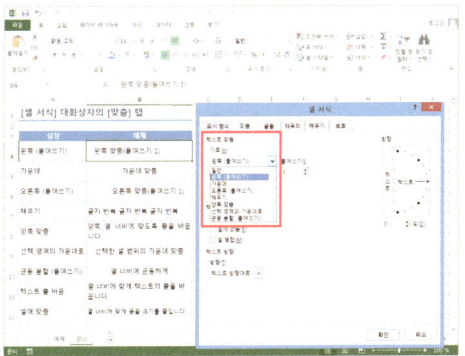

2 리본 메뉴의 [방향]이나 [맞춤] 탭의 [방향]에서 텍스트를 시계나 반시계 방향으로 기울일 수 있습니다.

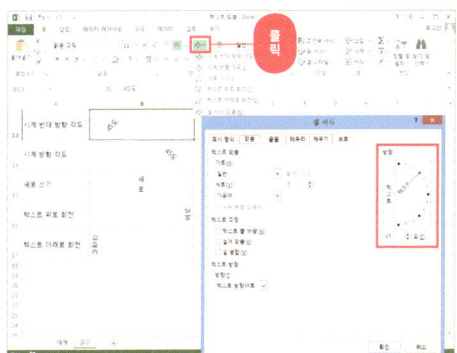

글꼴과 크기, 속성, 색 바꾸기

리본 메뉴에서 글꼴이나 글꼴 크기, 속성, 글꼴 색, 채우기 색 등을 선택하면, 클릭하지 않아도 적용될 모양을 미리 보여주므로 간단하게 설정할 수 있습니다.

01 ❶ A1셀을 선택한 후 ❷ [글꼴]은 [HY견고딕], ❸ [글꼴 크기]는 [20], ❹ [글꼴 색]은 [파랑, 강조1]로 설정합니다.

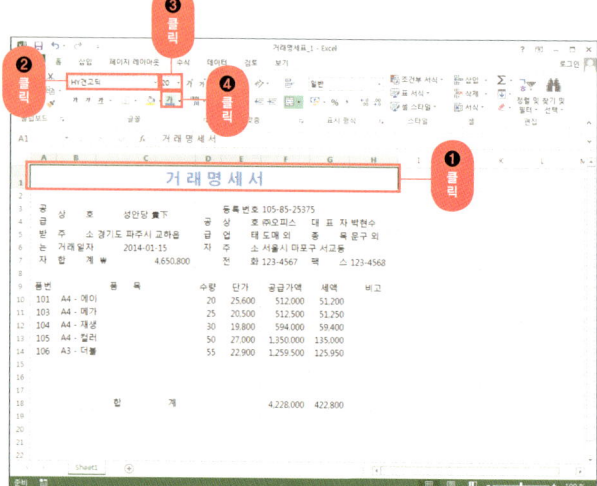

> 참고
> [글꼴 크기 크게] 가˘ 와 [글꼴 크기 작게] 가˘ 를 클릭하면 글꼴 크기가 한 단계씩 커지거나 작아집니다.

02 이번에는 [셀 서식] 대화상자를 이용해 봅시다. ❶ C3셀을 선택한 후 ❷ [글꼴 설정] ⌐ 을 클릭합니다.

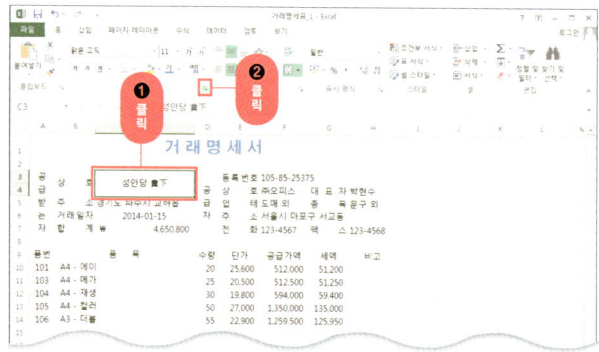

> key
> 글꼴 설정 : Ctrl + Shift + F

03 [셀 서식] 대화상자의 [글꼴] 탭에서 ❶ [글꼴]은 [HY궁서], ❷ [글꼴 크기]는 [16]으로 설정한 후 ❸ [확인] 단추를 클릭합니다.

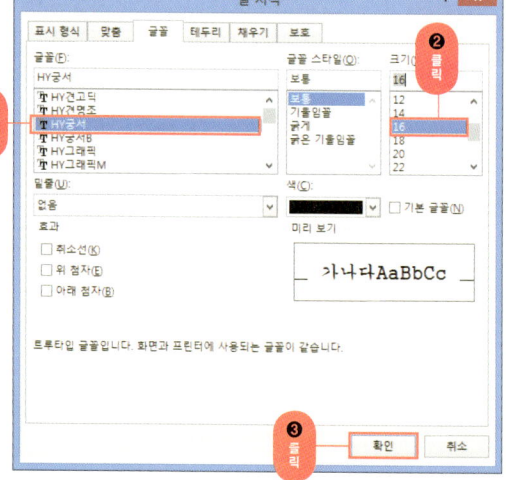

> 참고
> [셀 서식] 대화상자는 마우스 오른쪽 단추를 클릭한 후 [셀 서식]을 클릭해도 되지만, 자주 사용하는 만큼 단축키인 Ctrl + 1 를 외워 두는 것이 좋습니다.

04 C3셀에 설정한 [글꼴] 서식이 적용됩니다. ❶ C7셀을 선택한 후 ❷ [굵게]와 [기울임꼴], [밑줄]로 설정합니다.

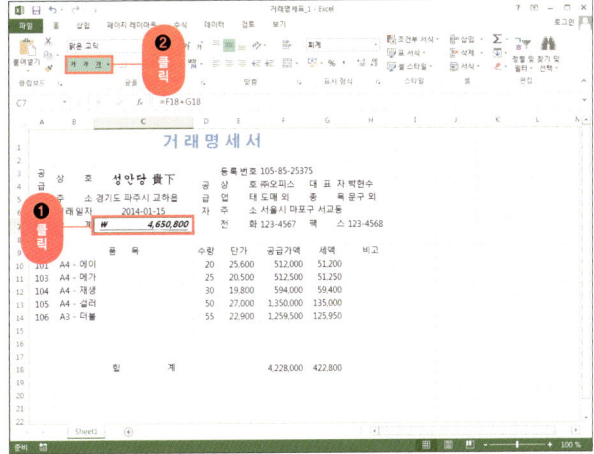

> **참고**
>
> [밑줄]의 드롭다운 단추를 클릭하면 일반 밑줄과 이중 밑줄을 선택할 수 있습니다.

05 ❶ A9:H9 셀 범위를 선택한 후 ❷ [굵게]와 ❸ [채우기 색]은 파랑, [글꼴 색]은 흰색으로 설정합니다.

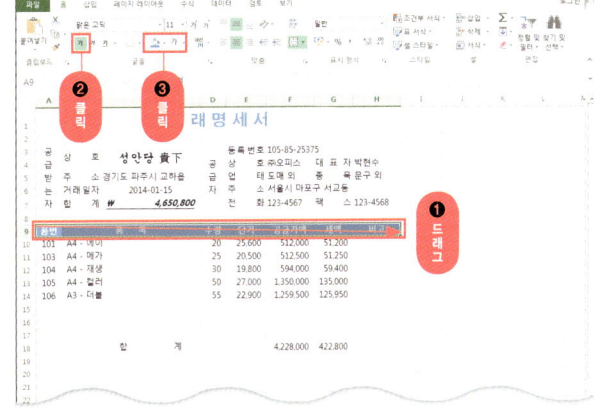

굵게 : Ctrl + B
기울임꼴 : Ctrl + I
밑줄 : Ctrl + U

마우스 오른쪽 단추의 미니 도구 모음 살펴보기

엑셀 2007 버전부터 추가된 미니 도구 모음에서도 글꼴이나 글꼴 크기 등을 바꿀 수 있습니다.

1 셀을 마우스 오른쪽 단추로 클릭한 후 미니 도구 모음에서 글꼴이나 크기, 색 등의 서식을 선택합니다.

2 셀 안의 글자를 선택한 경우, 글자 위에 미니 도구 모음이 나타나는데, 여기에서 글꼴 등을 선택합니다.

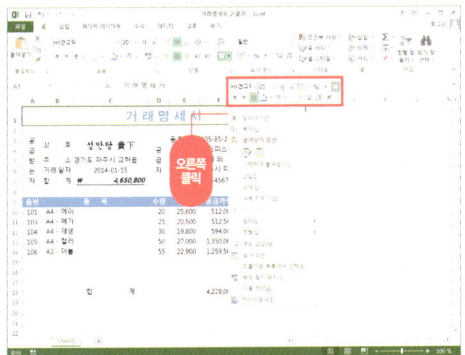

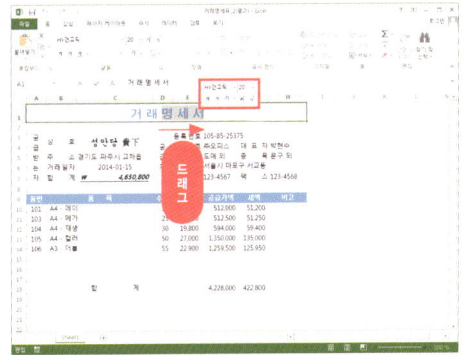

예제_엑셀\Chapter3\거래명세서_2.xlsx

테두리 설정하여 문서의 틀 만들기

Lesson 2

워크시트에 표시된 회색의 눈금선은 데이터의 입력을 도와줄 뿐 실제로는 인쇄되지 않습니다. 그러므로 표를 작성한 후에는 테두리를 설정해야 각 항목이 명확하게 구분됩니다. 테두리는 선택한 셀 범위를 기준으로 그려지기 때문에 셀 범위를 선택한 후에 외곽선이나 안쪽을 선택해야 합니다.

STEP 01 테두리 설정하기

테두리는 리본 메뉴에서 이미 설정된 스타일을 선택하거나 [셀 서식] 대화상자에서 색이나 위치 등을 선택하여 설정할 수 있습니다.

01 ❶ A3:H7 셀 범위와 A9:H18 셀 범위를 선택한 후 [글꼴] 그룹에서 ❷ [테두리]의 드롭다운 단추를 클릭하고 ❸ [다른 테두리]를 클릭합니다.

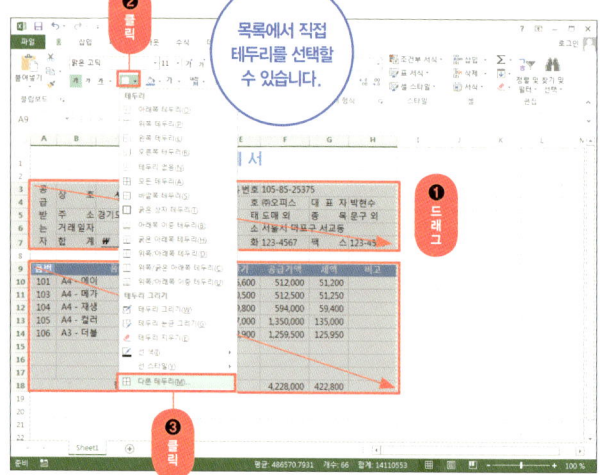

목록에서 직접 테두리를 선택할 수 있습니다.

> 참고
> [글꼴 설정]이나 [맞춤 설정] 단추 ▣ 를 클릭한 후 [테두리] 탭을 선택해도 됩니다.

02 [셀 서식] 대화상자의 [테두리] 탭에서 ❶ [색]을 선택한 후 ❷ [스타일]에서 실선을 선택합니다. 그런 다음, [미리 설정]에서 ❸ [윤곽선]과 [안쪽]을 클릭하고 ❹ [확인] 단추를 클릭합니다.

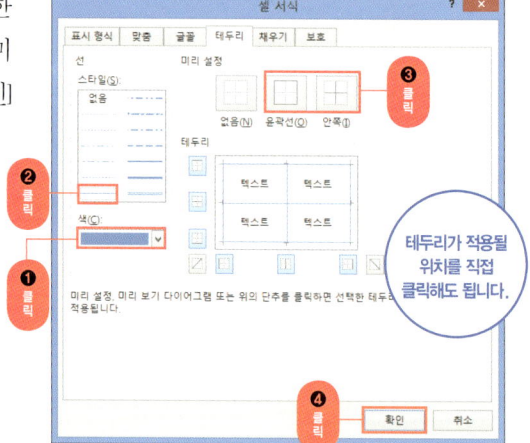

테두리가 적용될 위치를 직접 클릭해도 됩니다.

03 ❶ A2:H17 셀 범위를 선택한 후 ❷[다른 테두리]를 클릭합니다. [셀 서식] 대화상자의 [테두리] 탭에서 위쪽은 ❸[굵은 선], 아래쪽은 ❹[이중 실선]으로 설정한 후 ❺[확인] 단추를 클릭합니다.

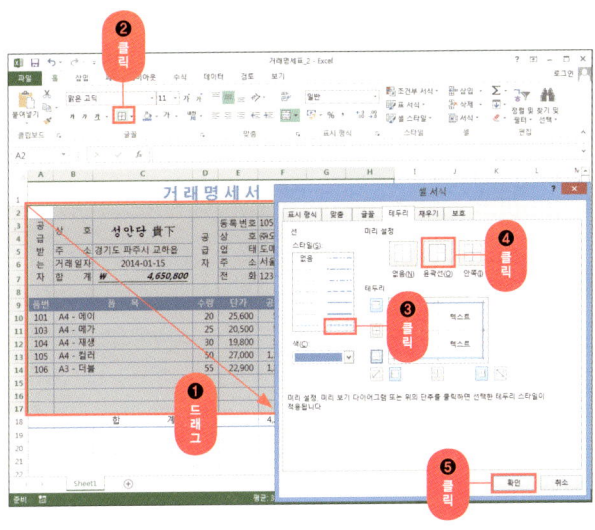

> **참고**
>
> 따라하기 01번에서 이미 [모든 테두리]를 클릭했으므로, 따라하기 03번에서 드롭다운 단추를 클릭하지 않고 그냥 리본 메뉴의 [모든 테두리]를 클릭해도 됩니다.

04 ❶ A1:H18 셀 범위를 선택한 후 ❷[다른 테두리]를 클릭합니다. [셀 서식] 대화상자의 [테두리] 탭에서 ❸[이중 실선]과 ❹[윤곽선]을 클릭한 후 ❺[확인] 단추를 클릭합니다.

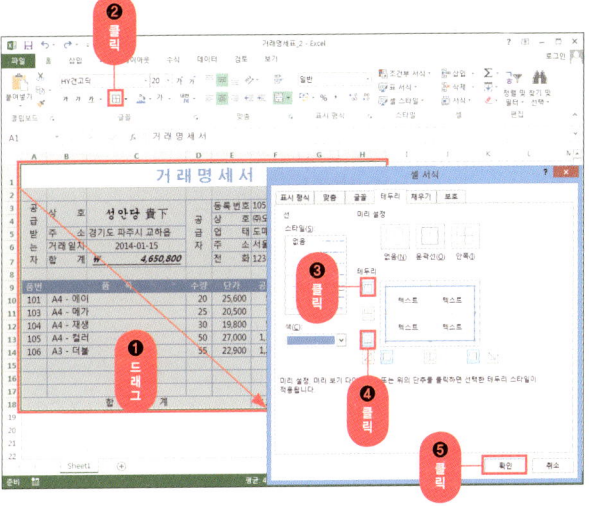

05 셀 범위 밖의 빈 셀을 선택하여 셀 범위를 해제한 후 지금까지 적용한 테두리를 확인합니다.

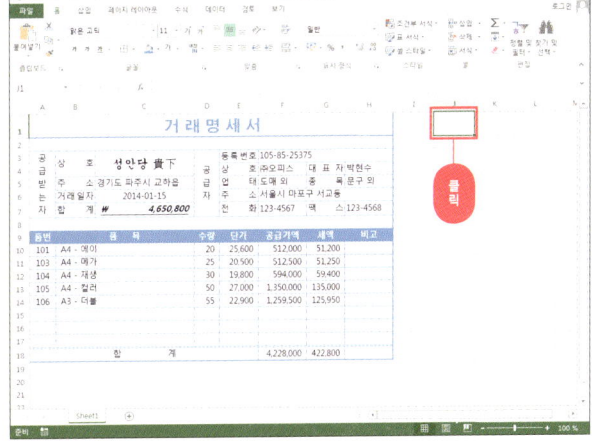

> **Page**
>
> 문서를 미리 보거나 인쇄하는 내용에 대해서는 122쪽을 참고하세요.

예제_엑셀\Chapter3\매출실적_1.xlsx

데이터를 원하는 표시 형식으로 설정하기

Lesson 3

엑셀의 데이터는 회계와 통화, 백분율 등 데이터의 종류에 맞게 표시 형식을 바꿀 수 있습니다. 간단한 표시 형식은 53쪽처럼 입력하거나 리본 메뉴를 이용하면 되며, 원하는 표시 형식이 없는 경우에는 사용자 지정의 서식 코드를 직접 작성하여 다양하게 활용할 수 있습니다.

STEP 01 백분율과 소수 자릿수의 표시 형식 바꾸기

숫자와 함께 백분율(%) 기호를 입력하면 백분율 표시 형식으로 입력됩니다. 만약 수식으로 계산한 소수인 경우 간단하게 리본 메뉴에서 [백분율] 표시 형식으로 바꾸면 됩니다.

01 ❶ F3:F19 셀 범위를 선택한 후 [홈] 탭의 [표시 형식] 그룹에서 ❷ [백분율 스타일] % 을 클릭합니다.

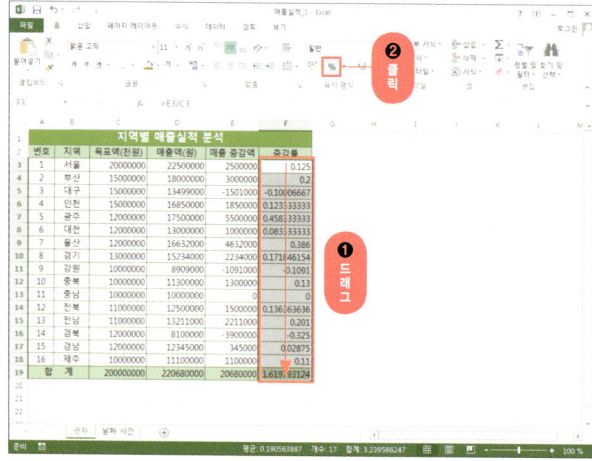

> 참고
> 백분율은 [셀 서식] 대화상자의 [표시 형식] 탭에서 [백분율] 범주를 선택한 후에 설정할 수 있습니다.

02 소수를 백분율 값으로 바꾸었습니다. [홈] 탭의 [표시 형식] 그룹에서 [자릿수 늘림] 을 클릭하면 소수의 자릿수가 한 자리씩 늘어나고, [자릿수 줄임] 을 클릭하면 소수의 자릿수가 한 자리씩 줄어듭니다.

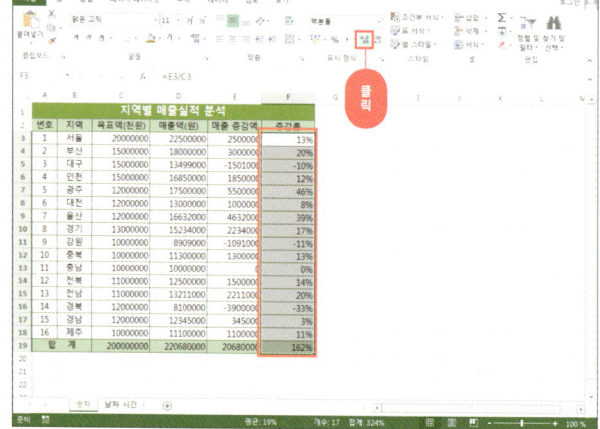

> 참고
> 소수 자릿수는 [셀 서식] 대화상자의 [표시 형식] 탭에서 [숫자] 범주를 선택한 후에 설정할 수도 있습니다.

회계와 통화의 표시 형식 바꾸기

[쉼표 스타일]을 이용하면 숫자를 회계 표시 형식으로 나타낼 수 있고, [회계 표시 형식]을 이용하면 원화나 달러 등의 통화 기호를 붙일 수도 있습니다. 만약 음수를 괄호나 빨간색으로 표시하려면, [셀 서식] 대화상자의 [표시 형식] 탭에서 [숫자]나 [통화]의 표시 형식을 선택하세요.

01 ❶ C3:D19 셀 범위를 선택한 후 [홈] 탭의 [표시 형식] 그룹에서 ❷ [쉼표 스타일] 을 클릭하면, 천 단위마다 쉼표가 표시됩니다.

> 참고
> [회계 표시 형식]의 드롭다운 단추를 클릭하면 원화 외에 다른 나라의 통화 기호를 선택할 수 있습니다.

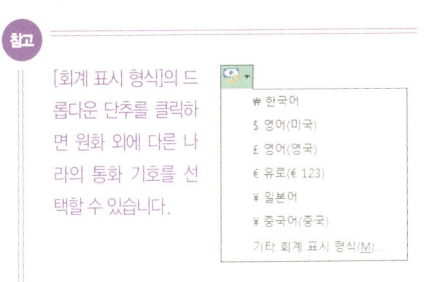

02 ❶ E3:E19 셀 범위를 선택한 후 [홈] 탭의 [표시 형식] 그룹에서 ❷ [표시 형식] 단추 를 클릭합니다. [셀 서식] 대화상자의 [표시 형식] 탭이 나타나면, ❸ [통화] 범주의 ❹ [음수]에서 '-₩1,234'를 선택한 후 ❺ [확인] 단추를 클릭합니다.

> 참고
> [회계] 표시 형식의 음수는 음수(-) 기호가 셀의 왼쪽에 검은색으로만 표시합니다. 반면 [통화] 표시 형식의 음수는 음수 기호를 숫자 앞에 표시하며, 빨간색이나 괄호 등의 표시 형식을 선택할 수 있습니다.

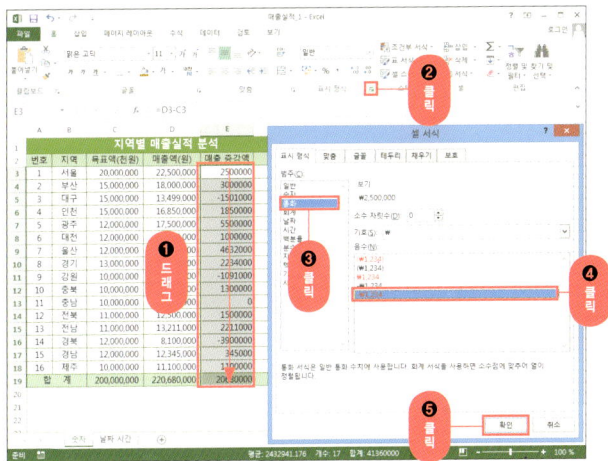

03 숫자 앞에 통화(₩) 기호가 표시되고, 음수의 경우 빨간색으로 표시됩니다.

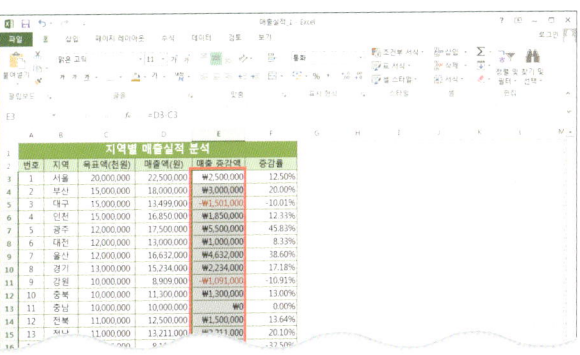

1,000을 '1'처럼 천 단위 생략하기

숫자 뒤에 일률적으로 0이 많이 붙어 있는 경우, 천 단위의 0을 생략하여 표시할 때가 있습니다. 이러한 경우 [사용자 지정] 표시 형식에서 '#,##0' 기호 뒤에 쉼표(,)를 붙이면 천 단위의 0이 생략됩니다.

01 ❶ C3:C19 셀 범위를 선택한 후 [홈] 탭의 [표시 형식] 그룹에서 ❷ [표시 형식] 단추 를 클릭합니다. [셀 서식] 대화상자의 [표시 형식] 탭에서 ❸ [사용자 지정] 범주의 [형식]에 '#,##0,'이라고 입력한 후 ❹ [확인] 단추를 클릭합니다.

> 참고
> '#,##0' 뒤의 쉼표 기호를 붙이면 한 개당 세 자리의 0(000)이 생략됩니다. 그러므로 '#,##0,,'처럼 쉼표를 두 개 입력하면 여섯 자리의 0(000,000)이 숨겨집니다.

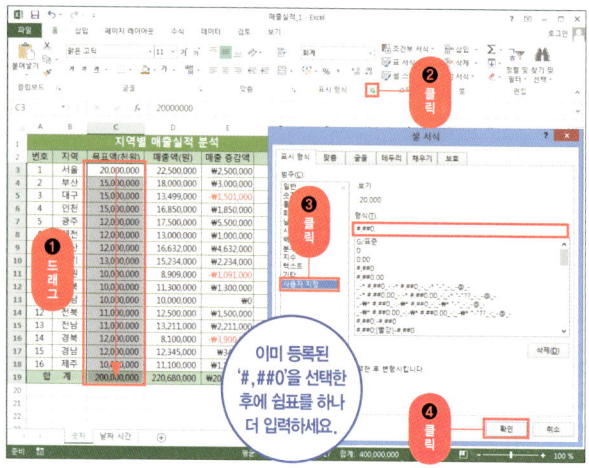

02 숫자 뒤 세 자리의 0이 생략됩니다. 물론 셀의 표시만 바뀌었을 뿐, 수식 입력줄을 보면 입력된 값은 그대로인 것을 확인할 수 있습니다.

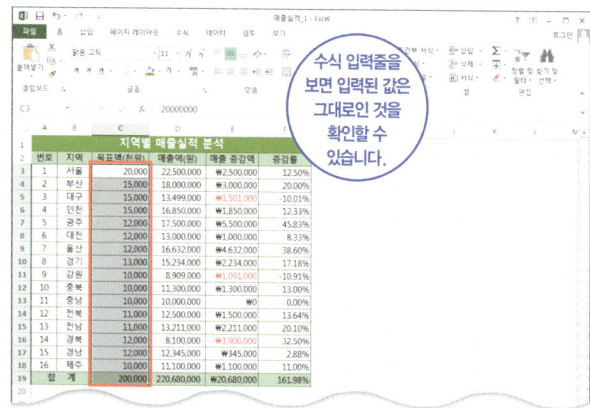

사용자 지정 표시 형식의 숫자 서식 기호 살펴보기

[사용자 지정] 범주에서 다음과 같은 서식 기호를 이용하여 숫자를 표시할 수 있습니다.

서식 기호	설명
#	숫자를 표시하는 기호로, 유효하지 않은(값이 없는) 0은 표시하지 않습니다.
0	숫자를 표시하는 기호로, 유효하지 않은 0도 입력한 자릿수만큼 표시합니다.
?	숫자를 표시하는 기호로, 유효하지 않은 0은 공백으로 표시하여 자릿수를 맞춥니다.
,	1000 단위마다 쉼표(,)로 구분하거나 1000 단위의 배수를 생략하여 표시합니다.
.	마침표(.)로 소수점을 표시합니다.

'1,000원'처럼 숫자 뒤에 한글 표시하기

숫자 뒤에 '원'이나 '개' 등의 문자를 직접 입력하면 수식을 계산할 수 없습니다. 이러한 경우 [사용자 지정]에서 표시 형식을 등록하면 숫자 뒤에 문자를 표시하여 수식을 계산할 수 있습니다.

01 ❶ D3:D19 셀 범위를 선택한 후 [홈] 탭의 [표시 형식] 그룹에서 ❷ [표시 형식] 단추 를 클릭합니다. [셀 서식] 대화상자의 [표시 형식] 탭에서 ❸ [사용자 지정] 범주의 [형식]에 '#,##0"원"'이라고 입력한 후 ❹ [확인] 단추를 클릭합니다.

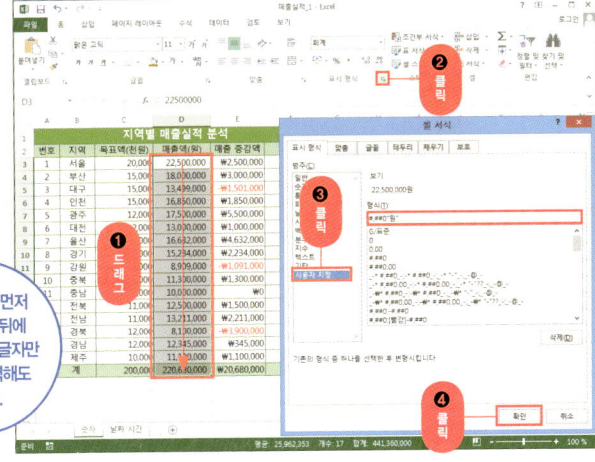

'#,##0'을 먼저 선택한 후에 '"원"'이라는 글자만 추가로 입력해도 됩니다.

02 숫자 뒤에 '원'이라는 문자가 함께 표시됩니다. 물론 셀의 표시만 바뀌었을 뿐 수식 입력줄을 보면 입력된 값은 그대로 인 것을 확인할 수 있습니다.

 주의

D3:D19 셀 범위에 문자가 포함되어 있지만, E3:F19 셀 범위의 수식도 오류 없이 정상적으로 계산된 값이 나타납니다. 만약 직접 문자를 입력했다면 수식이 계산되지 않기 때문에 E3:F19 셀 범위에 '#VALUE!'라는 오류가 발생합니다.

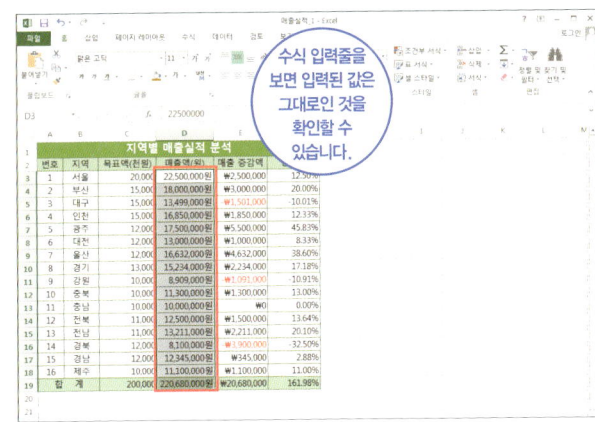

수식 입력줄을 보면 입력된 값은 그대로인 것을 확인할 수 있습니다.

사용자 지정 표시 형식의 문자 서식 기호 살펴보기

[사용자 지정] 범주에서 다음과 같은 서식 기호를 이용하여 문자나 공백 등을 표시할 수 있습니다.

서식 기호	설명
"	문자를 표시하는 코드로, 큰따옴표(") 사이의 문자를 숫자 데이터와 함께 표시합니다.
@	문자를 표시하는 코드로, 앳(@) 다음에 입력한 문자를 셀에 입력된 문자 뒤에 표시합니다.
_	언더바(_) 다음에 오는 기호의 너비만큼 공백을 지정하여 자릿수를 맞춥니다.
*	별표(*) 다음에 입력한 데이터를 셀의 마지막까지 반복합니다.
;	세미콜론(;)으로 [양수;음수;0;문자]를 구분하여 표시 형식을 지정합니다.

'001'처럼 유효하지 않은 0 표시하기

'001, 002, 003, ……' 등으로 입력하면 앞의 0은 유효한 값이 아니므로 그냥 '1, 2, 3, ……'으로만 표시됩니다. 이러한 경우 [사용자 지정] 표시 형식을 등록하여 원하는 자리만큼 0을 표시할 수 있습니다.

01 ❶ A3:A18 셀 범위를 선택한 후 [홈] 탭의 [표시 형식] 그룹에서 ❷ [표시 형식] 단추 를 클릭합니다. [셀 서식] 대화상자의 [표시 형식] 탭에서 ❸ [사용자 지정] 범주의 [형식]에 '000'이라고 입력한 후 ❹ [확인] 단추를 클릭합니다.

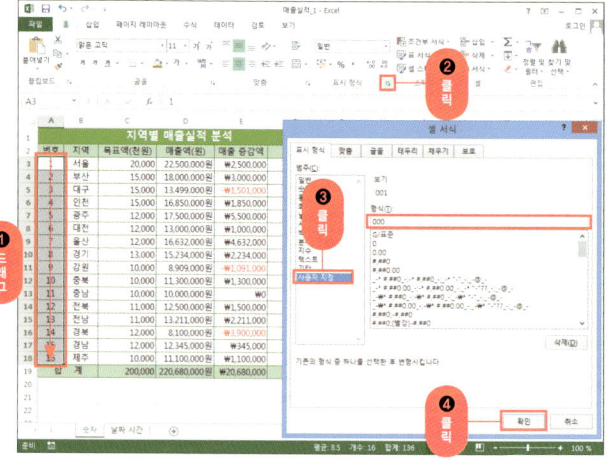

02 '1, 2, 3, ……'으로 표시되었던 숫자가 '001, 002, 003, ……'으로 표시됩니다.

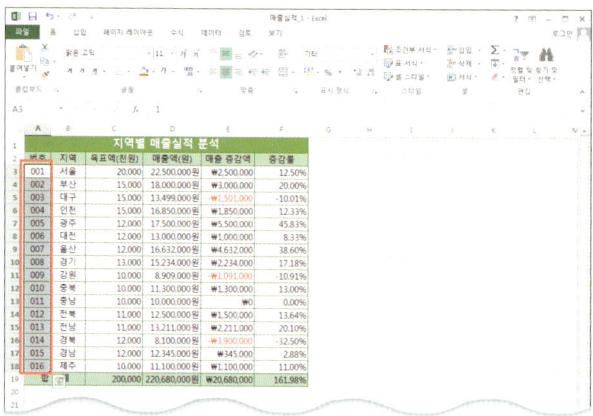

텍스트로 서식이 지정된 숫자의 오류 표시 지우기

셀 앞에 작은따옴표(아포스트로피)를 붙여서 문자처럼 입력할 수 있습니다. 이때 [Excel 옵션] 대화상자의 [수식] 범주에 있는 [오류 검사 규칙]에서 [앞에 아포스트로피가 있거나 텍스트로 서식이 지정된 숫자]의 체크 표시를 지운 후 [확인] 단추를 클릭하면 오류 표시가 사라집니다.

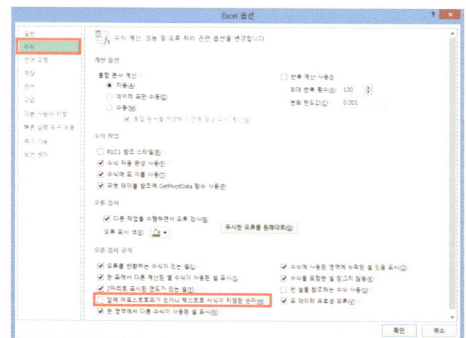

▲, ▼처럼 증감 기호 표시하기

[사용자 지정] 표시 형식에 세미콜론(;)을 이용하면 양수와 음수, 0, 문자의 값을 구분하여 표시할 수 있습니다. 이때 대괄호로 색을 지정하거나 ▲나 ▼ 등의 문자도 표시할 수 있습니다.

01 ❶ F3:F19 셀 범위를 선택한 후 [홈] 탭의 [표시 형식] 그룹에서 ❷ [표시 형식] 단추 를 클릭합니다. [셀 서식] 대화상자의 [표시 형식] 탭에서 ❸ [사용자 지정] 범주의 [형식]에 '[파랑]▲0.00%;[빨강]▼0.00%;"-"'이라고 입력한 후 ❹ [확인] 단추를 클릭합니다.

> 참고
>
> ▲와 ▼ 기호는 한글 자음 'ㅁ'을 입력한 후 한자 를 눌러 입력할 수 있습니다. 기호를 입력하는 방법에 대해서는 60쪽을 참고하세요.

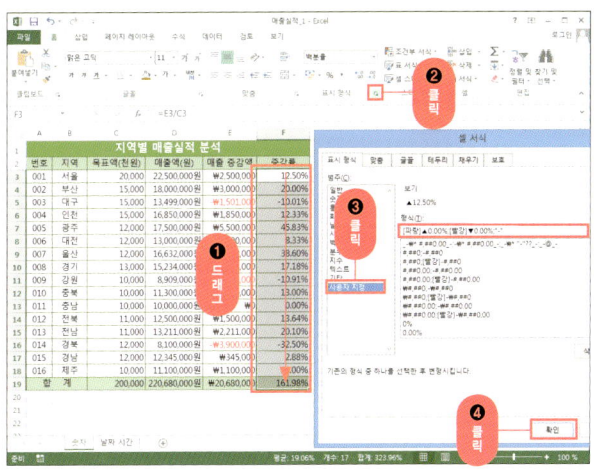

02 양수는 ▲와 함께 파랑으로, 음수는 ▼와 함께 빨강으로, '0'은 '-'로 표시됩니다.

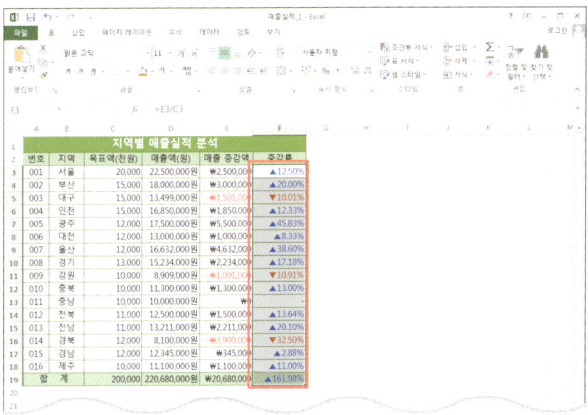

사용자 지정 표시 형식의 세미콜론과 조건 구분하기

[사용자 지정] 범주에서 다음과 같은 서식 기호를 이용하여 조건과 색 등을 표시할 수 있습니다.

서식 기호	설명
; 1개	양수와 0 ; 음수의 두 가지로 구분합니다.
; 2개	양수 ; 음수 ; 0의 세 가지로 구분합니다.
; 3개	양수 ; 음수 ; 0 ; 문자의 네 가지로 구분합니다.
[조건]	[>90], [<=80]처럼 비교 연산자를 이용하여 조건을 지정합니다.
[색]	[빨강, 파랑, 노랑, 녹색, 녹청, 자홍, 검정, 흰색]의 색을 지정합니다.

105

예제_엑셀\Chapter3\매출실적_2.xlsx

날짜와 시간의 표시 형식 설정하기

Lesson 4

엑셀에서 날짜는 1900년 1월 1일을 숫자 '1'이라고 인식하여 하루마다 '1'씩 더하고, 시간은 24시간을 '0'부터 '1' 사이의 소수로 인식합니다. 그래서 엑셀에서는 날짜와 시간도 계산에 사용할 수 있는 것이죠. [사용자 지정] 표시 형식을 이용하면 날짜와 시간도 원하는 대로 표시할 수 있습니다.

STEP 01 날짜 표시 형식 바꾸기

날짜 표시 형식의 서식 기호는 연(year)과 월(month), 일(day)로 쉽게 유추할 수 있습니다. 단, 요일의 경우 영문은 'ddd(3글자)'와 'dddd(전체)'로, 한글은 'aaa(1글자)'와 'aaaa(3글자)'로 표시합니다.

01 ❶ A3:A18 셀 범위를 선택한 후 [홈] 탭의 [표시 형식] 그룹에서 ❷ [표시 형식] 단추 를 클릭합니다. [셀 서식] 대화상자의 [표시 형식] 탭에서 ❸ [사용자 지정] 범주의 [형식]에 'mm"월"dd"일("aaa")"' 이라고 입력한 후 ❹ [확인] 단추를 클릭합니다.

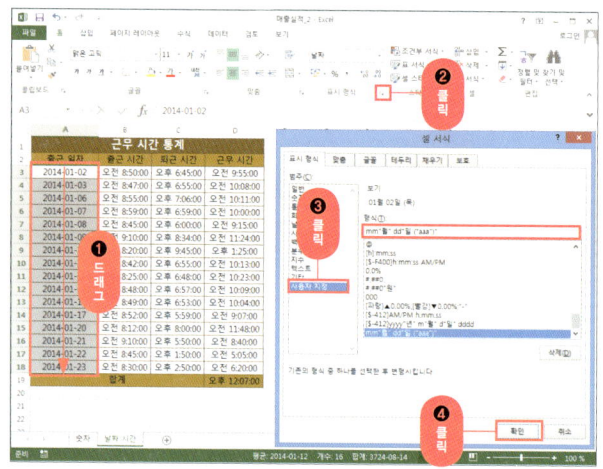

> 참고
> [셀 서식] 대화상자의 [표시 형식] 탭 – [날짜] 범주에서 다양한 날짜 표시 형식을 선택할 수 있습니다.

02 날짜가 '01월 02일(목)'과 같이 표시됩니다.

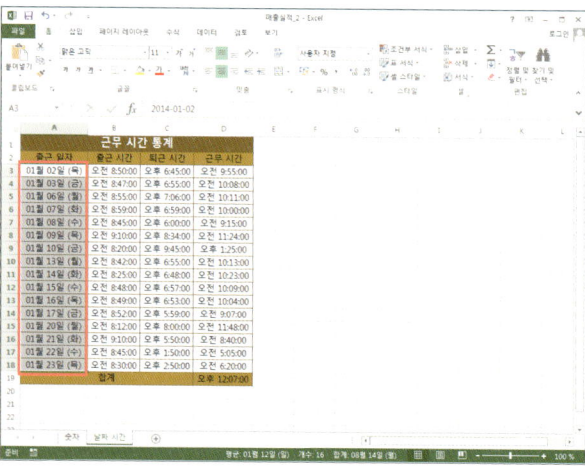

> 참고
> 'aaa' 대신에 'aaaa'를 입력하면 '월요일, 화요일, 수요일, ……'과 같이 요일을 한글 3글자로 표시합니다.

시간 표시 형식 바꾸기

시간 표시 형식의 서식 기호도 시(hour)와 분(minute), 초(second)로 쉽게 유추할 수 있습니다. 단, 24시간이 넘는 시의 표시는 [h]와 같이 대괄호로 묶어줘야 합니다.

01 ❶ D3:D19 셀 범위를 선택한 후 [홈] 탭의 [표시 형식] 그룹에서 ❷ [표시 형식] 단추 를 클릭합니다. [셀 서식] 대화상자의 [표시 형식] 탭에서 ❸ [사용자 지정] 범주의 [형식]에 '[hh]"시간"mm"분"'이라고 입력한 후 ❹ [확인] 단추를 클릭합니다.

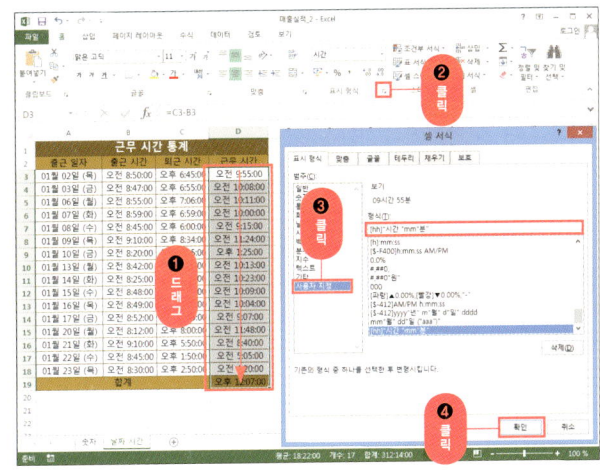

> **참고**
>
> [셀 서식] 대화상자의 [표시 형식] 탭 – [시간] 범주에서 다양한 시간 표시 형식을 선택할 수 있습니다.

02 시간이 '09시간 55분'과 같이 표시됩니다. 특히 D19셀은 24시간이 넘은 시간이 그대로 합산되어 표시되는 것을 확인할 수 있습니다.

> **주의**
>
> 시간 표시 형식을 그냥 'hh:mm'이라고 지정하면 D19셀의 시간 합계는 24시간 범위 안에서 표시되므로 '12시간 07분'이라고 표시됩니다.

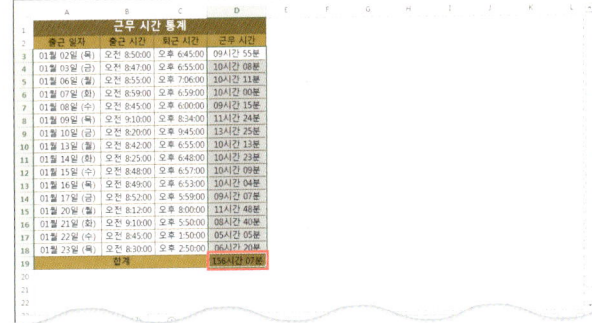

사용자 지정 표시 형식의 날짜와 시간 서식 기호 살펴보기

[사용자 지정] 범주에서 다음과 같은 서식 기호를 조합하여 날짜와 시간 등을 표시할 수 있습니다.

서식 기호	설명
yy, yyyy	날짜 표시 형식에서 연도를 두 자리 또는 네 자리로 표시합니다.
m, mm	날짜 표시 형식에서 월을 한 자리 또는 두 자리로 표시합니다.
mmm, mmmm	날짜 표시 형식에서 월을 영문 세 글자 또는 전체 글자로 표시합니다.
d, dd	날짜 표시 형식에서 일을 한 자리 또는 두 자리로 표시합니다.
ddd, dddd	날짜 표시 형식에서 요일을 영문 세 글자 또는 전체 글자로 표시합니다.
aaa, aaaa	날짜 표시 형식에서 요일을 한글 한 글자 또는 세 글자로 표시합니다.
h, hh	시간 표시 형식에서 시를 한 자리 또는 두 자리로 표시합니다.
m, mm	시간 표시 형식에서 분을 한 자리 또는 두 자리로 표시합니다.
s, ss	시간 표시 형식에서 초를 한 자리 또는 두 자리로 표시합니다.

예제_엑셀\Chapter3\상품군거래액_1.xlsx

다양한 테마 색상의 표 서식 설정하기

Lesson 5

각각의 셀마다 글꼴이나 채우기 색, 테두리 등을 따로 설정할 수 있지만, 하나씩 설정하면 시간이 오래 걸릴 뿐만 아니라 전체적으로 조화롭지 않을 때가 많습니다. 하지만 엑셀 2013에는 다양한 테마로 꾸며진 표 서식이 있어서 클릭 한 번으로 전문가처럼 멋진 표를 만들 수 있습니다.

STEP 01 데이터 범위를 표 서식으로 변환하기

엑셀 2013은 다양한 색의 표 서식을 갤러리 형태로 보여주므로, 적용될 표 서식을 미리 확인하면서 선택할 수 있습니다.

01 ❶ A3:G13 셀 범위를 선택한 후 [홈] 탭의 [스타일] 그룹에서 ❷ [표 서식]을 클릭하면 다양한 표 스타일 갤러리가 나타납니다. 여기에서 마음에 드는 ❸ [표 스타일]을 클릭합니다.

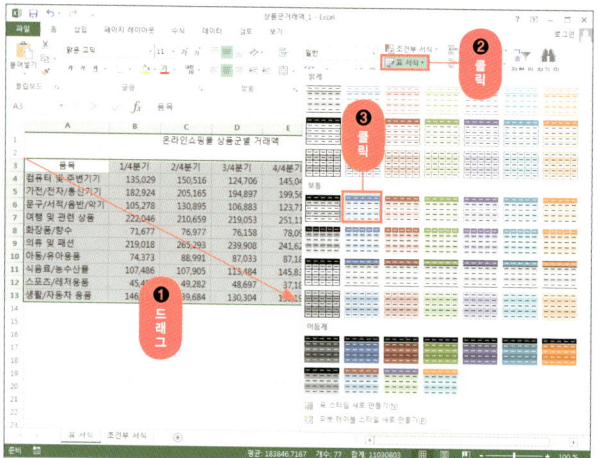

리본

[삽입] 메뉴의 [표] 그룹에서 [표]를 클릭해도 됩니다.

02 [표 서식] 대화상자가 나타납니다. 표로 사용할 셀 범위를 확인한 후 [확인] 단추를 클릭합니다.

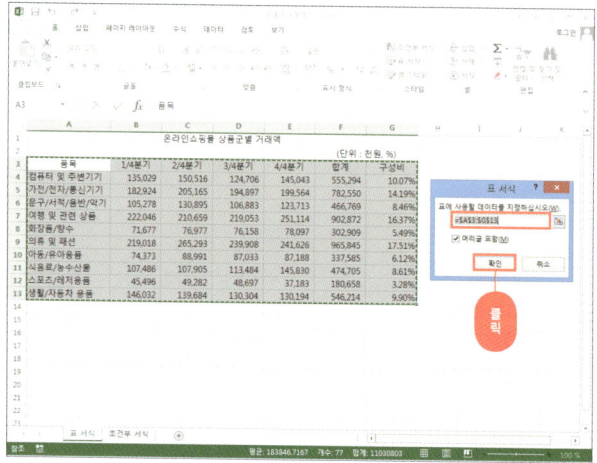

03 자동으로 표 서식이 적용됩니다. 표 서식의 스타일을 바꾸려면 [표 도구] - [디자인] 탭의 [표 스타일] 그룹에서 ❶ [자세히] 단추 을 클릭한 후 다른 ❷ [표 스타일]을 선택하세요.

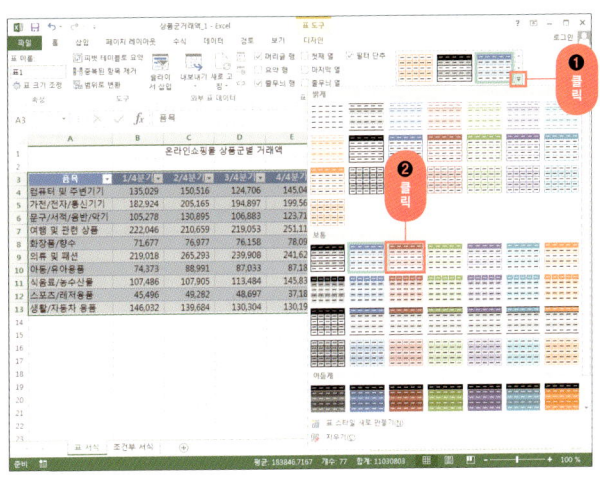

> **주의**
>
> [표 도구]와 [디자인] 탭의 상황별 도구는 해당 작업을 할 때만 표시됩니다. 그러므로 현재 표로 지정된 A3:G13 셀 범위 외의 다른 셀을 클릭하면 [표 도구]와 [디자인] 탭이 나타나지 않습니다.

04 선택한 표 서식으로 바뀝니다. [표 도구]의 [디자인] 탭에서 다양한 표 서식 옵션을 선택할 수 있습니다. [첫째 열]에 체크 표시를 하여 첫째 열의 글꼴을 굵게 바꾸세요.

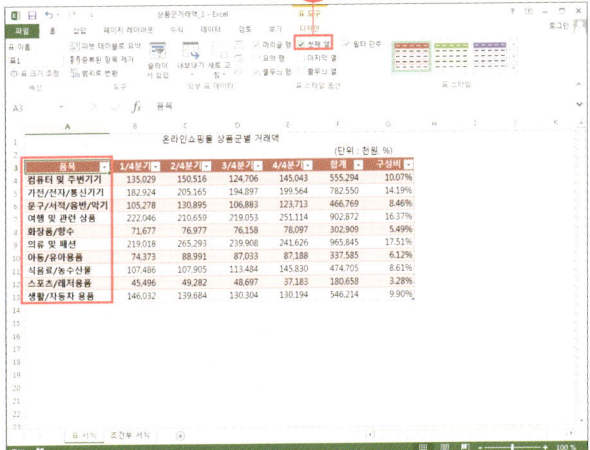

> **참고**
>
> 엑셀 2007 버전부터 추가된 '실시간 미리 보기(Live Preview)' 기능이 있어서, 적용할 스타일을 클릭하지 않고 마우스 포인터만 올려놓아도 서식의 결과를 미리 볼 수 있습니다.

테마와 색, 글꼴, 효과 바꾸기

워크시트의 기본 테마로 [Office]가 선택되어 있는데, [페이지 레이아웃] 탭의 [테마] 그룹에서 다른 테마를 선택할 수 있습니다. 테마는 [색]과 [글꼴], [효과]로 구성되어 있으며, 개별적으로도 설정할 수 있습니다.

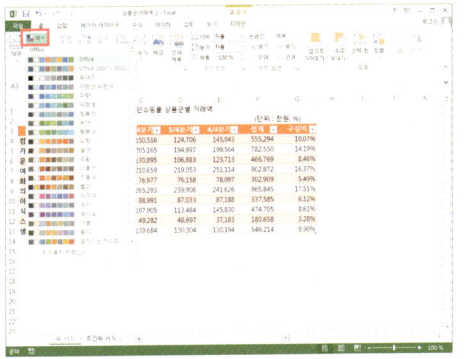

STEP 02 셀 스타일 바꾸기

[셀 스타일]을 이용하면 선택한 셀의 글꼴이나 표시 형식, 채우기 색 등의 서식을 바꿀 수 있습니다. [셀 스타일]은 표 서식의 범위와 별도로 떨어져 있지만, 선택한 테마에 따라 색의 구성이 바뀝니다.

01 제목을 꾸미기 위해 ❶ A1셀을 선택한 후 [홈] 탭의 [스타일] 그룹에서 ❷ [셀 스타일]을 클릭하고 ❸ [제목 1]을 클릭합니다.

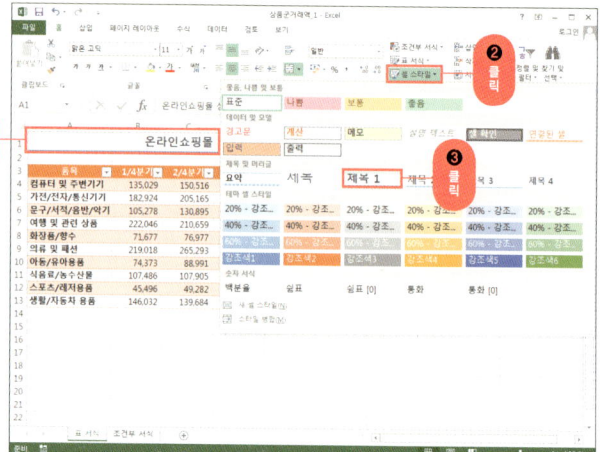

02 선택한 셀 스타일로 바뀝니다. ❶ F2셀도 선택한 후 ❷ [셀 스타일]을 클릭하여 [제목 4]의 스타일로 바꾸세요.

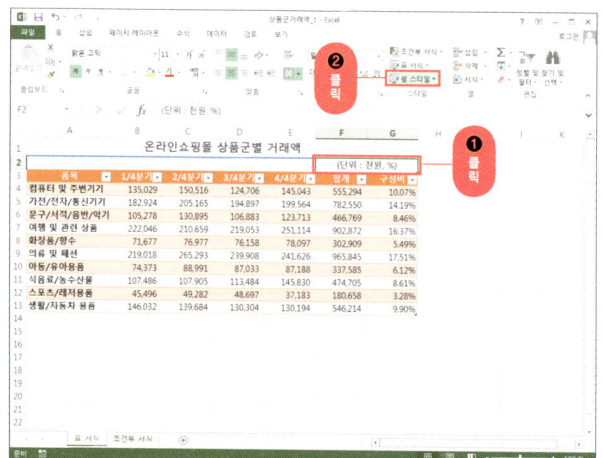

03 ❶ [페이지 레이아웃] 탭의 [테마] 그룹에서 ❷ [테마]를 클릭한 후 마음에 드는 ❸ [테마]를 클릭합니다.

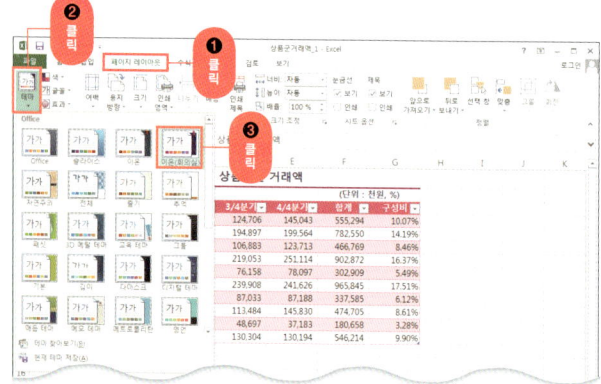

필터 단추와 표 자동 확장 이용하기

표 서식은 채우기 색과 테두리 등을 바꾸는 기능뿐만 아니라 제목 행에 추가된 필터 단추로 데이터를 정렬하거나 추출할 수 있습니다. 그리고 표의 아래에 데이터를 추가하면 표 서식의 범위가 자동으로 확장되므로 서식을 따로 설정하지 않아도 됩니다.

01 ❶ A3셀의 필터 단추 ▼를 클릭한 후 ❷[텍스트 오름차순으로 정렬]을 클릭합니다.

필터 단추로 데이터를 추출하는 방법은 198쪽을 참고하세요.

02 품목의 데이터가 ㄱㄴㄷ 순서대로 정렬됩니다. 이번에는 A14셀에 '기타'라고 입력한 후 Tab 을 누릅니다.

데이터를 입력한 후 오른쪽 셀로 이동하기 위해 Tab 을 누릅니다.

 오름차순 정렬이 되면 필터 단추 ▼가 ↑ 모양으로 바뀌고, 내림차순 정렬이 되면 ↓ 모양으로 바뀝니다.

03 A14:G14 셀 범위도 자동으로 표 서식이 확장되어 적용됩니다. 계속해서 데이터를 입력하여 표를 완성해 보세요.

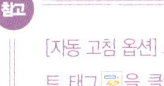 [자동 고침 옵션] 스마트 태그 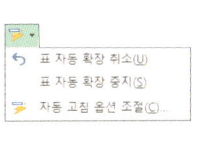을 클릭하면 표 자동 확장을 취소하거나 중지할 수 있습니다.

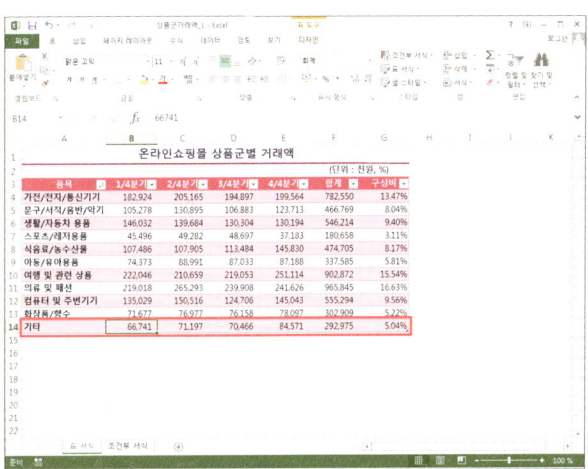

예제_엑셀\Chapter3\상품군거래액_2.xlsx

조건부 서식으로 데이터 시각화하기

Lesson 6

[조건부 서식]을 이용하면 주어진 조건에 맞는 데이터의 글꼴이나 채우기 색 등의 서식을 바꿔서 강조할 수 있습니다. 특히 엑셀 2013에서는 데이터 막대와 색조, 아이콘 그룹 등이 추가되어 셀 서식뿐만 아니라 데이터의 값을 시각적으로 표시할 수 있습니다.

STEP 01 셀 강조와 상위/하위 규칙의 조건부 서식 이용하기

[셀 강조]는 지정한 조건에 맞는 셀만 서식을 적용하며, [상위/하위 규칙]은 셀 범위에서 백분율, 평균 등의 기준으로 셀 서식을 적용할 수 있습니다.

01 ❶ B4:B14 셀 범위를 선택한 후 [홈] 탭의 [스타일] 그룹에서 ❷ [조건부 서식]을 클릭하고 ❸ [셀 강조 규칙]의 ❹ [보다 큼]을 클릭합니다.

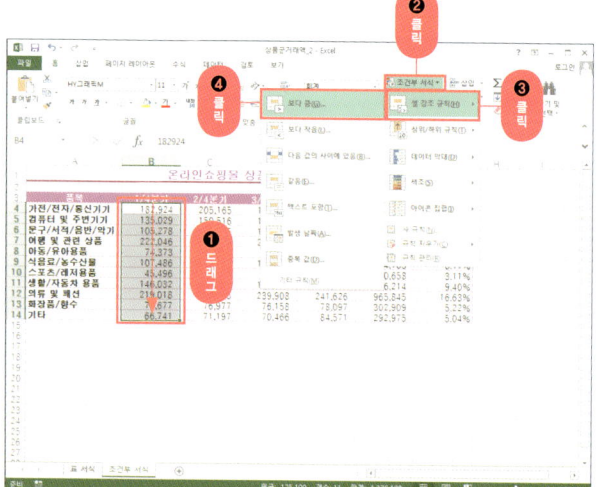

02 [보다 큼] 대화상자가 나타납니다. ❶ [값]과 [적용할 서식]을 설정한 후 ❷ [확인] 단추를 클릭하면, 150,000보다 큰 값의 셀 서식이 바뀝니다.

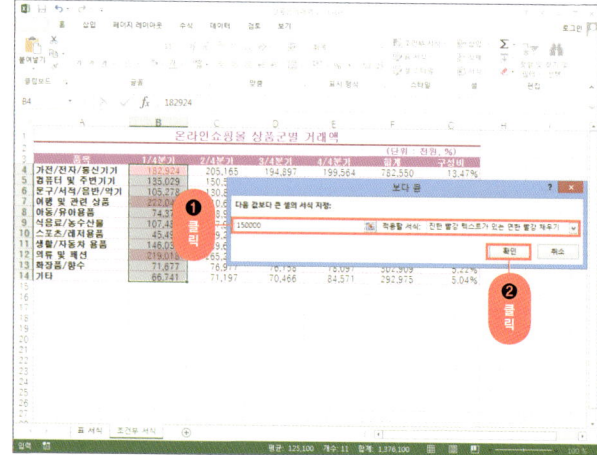

> **참고**
> [적용할 서식]의 드롭다운 단추를 클릭하면 빨강이나 노랑, 녹색 등의 서식을 선택할 수 있습니다.

03 이번에는 ❶ C4:C14 셀 범위를 선택한 후 ❷ [조건부 서식]을 클릭하고 ❸ [상위/하위 규칙]의 ❹ [평균 초과를 클릭합니다.

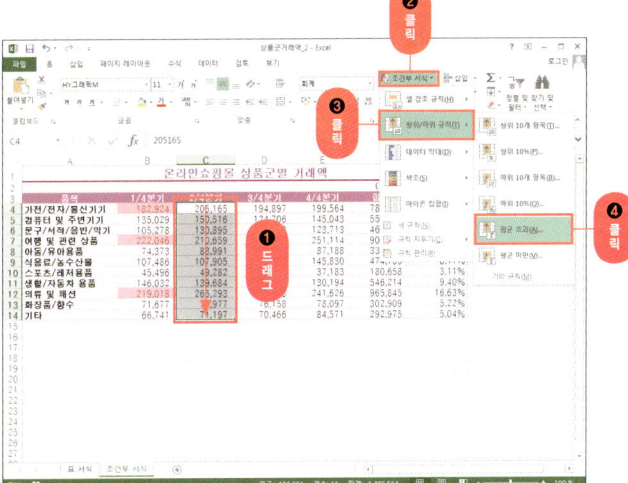

> 참고
> [기타 규칙]을 클릭하면 상위 및 하위의 백분율을 직접 지정하여 조건부 서식을 만들 수 있습니다.

04 [평균 초과] 대화상자가 나타납니다. ❶ [적용할 서식]을 선택한 후 ❷ [확인] 단추를 클릭하면 평균보다 값이 큰 셀의 서식이 바뀝니다.

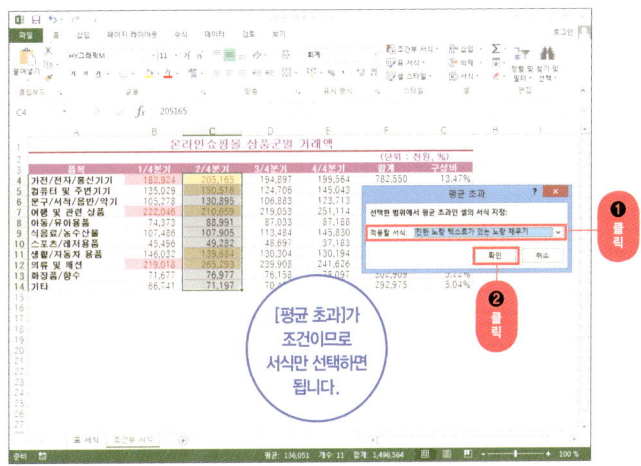

조건부 서식의 규칙 지우기

조건부 서식이 너무 많으면 오히려 데이터를 구분하기가 힘듭니다. 이러한 경우 [조건부 서식]의 [규칙 지우기]에서 선택한 셀 범위나 워크시트 전체의 조건부 서식을 삭제할 수 있습니다.

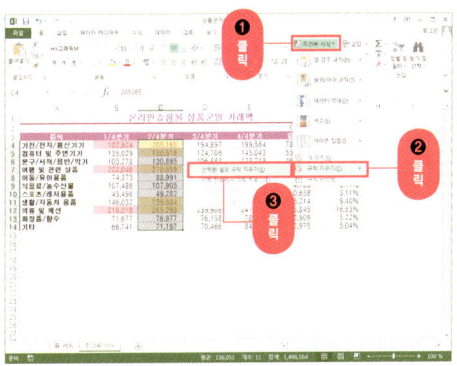

STEP 02 막대와 색조, 아이콘으로 조건부 서식 만들기

조건부 서식의 [데이터 막대]나 [색조], [아이콘 집합]을 이용하면, 데이터 값을 시각적으로 표시하므로 값의 크기나 범위를 쉽게 파악할 수 있습니다.

01 ❶ D4:D14 셀 범위를 선택한 후 ❷ [조건부 서식]을 클릭하고 ❸ [데이터 막대]에서 원하는 색상의 ❹ [막대]를 선택합니다.

> 참고
> [데이터 막대]와 [색조], [아이콘 집합]에서 [기타 규칙]을 클릭하면 각각의 색이나 모양 등을 편집할 수 있습니다. 자세한 내용은 116쪽을 참고하세요.

02 값의 크기가 막대의 길이로 표시됩니다. 이번에는 ❶ E4:E14 셀 범위를 선택한 후 ❷ [조건부 서식]을 클릭하고 ❸ [색조]에서 원하는 색상의 ❹ [색조]를 선택합니다.

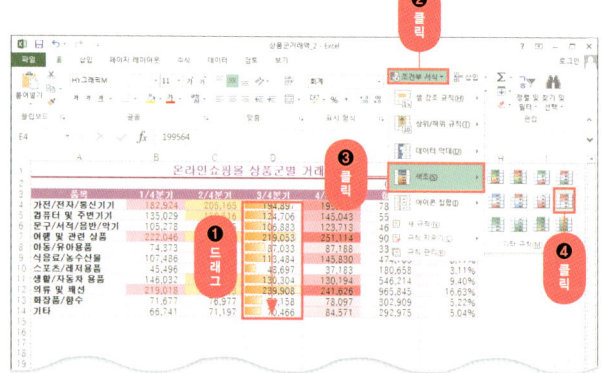

03 값의 크기에 따라 셀 범위의 색조가 달라집니다. 이번에는 ❶ F4:F14 셀 범위를 선택한 후 ❷ [조건부 서식]을 클릭하고 ❸ [아이콘 집합]에서 원하는 모양의 ❹ [아이콘]을 선택합니다. 데이터의 범위에 따라 아이콘으로 표시됩니다.

> 참고
> [3가지 기호]를 선택하면 선택한 셀 범위의 값을 67% 이상, 67~33%, 33% 이하로 구분하여 표시됩니다.

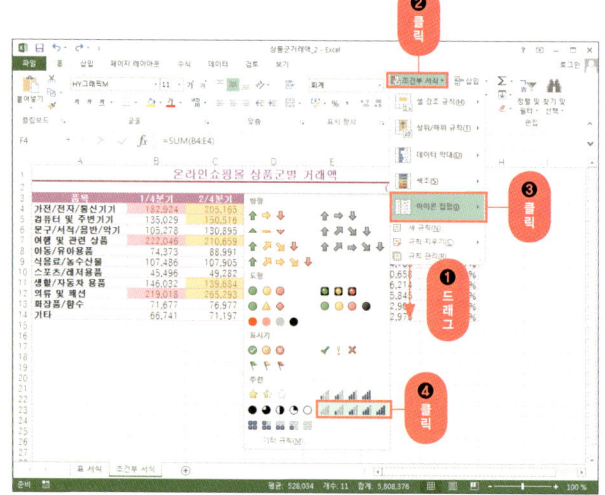

수식으로 조건부 서식 만들기

[새 규칙]을 이용하면 특정한 값이나 조건으로 규칙을 만들어서 서식을 적용할 수 있습니다. 이번에는 수식을 이용하여 조건에 맞는 값이 있는 행 전체의 서식을 바꾸겠습니다.

01 ❶ A4:G14 셀 범위를 선택한 후 ❷[조건부 서식]의 ❸[새 규칙]을 클릭합니다.

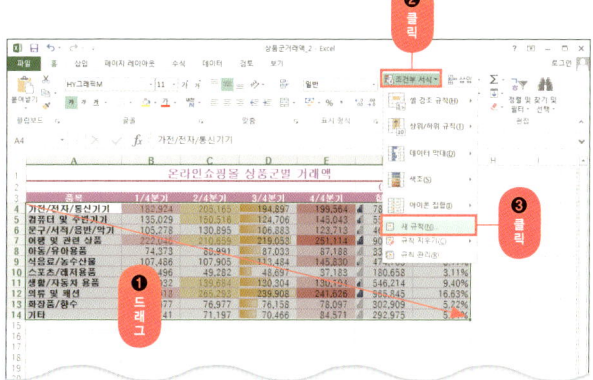

02 [새 서식 규칙] 대화상자가 나타납니다. ❶[수식을 사용하여 서식을 지정할 셀 결정]을 선택한 후 ❷'=$G4>15%'라는 수식을 입력하고 ❸[서식] 단추를 클릭합니다.

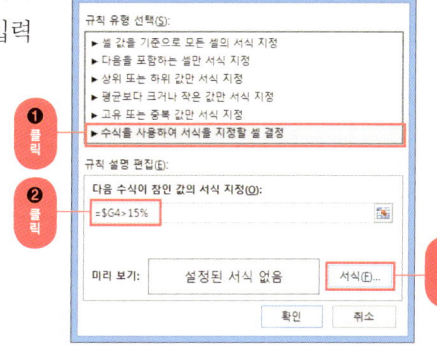

03 [셀 서식] 대화상자가 나타납니다. ❶[글꼴] 탭에서 글꼴을 [굵게]로 설정한 후 ❷[채우기] 탭에서 서식으로 지정할 ❸[채우기 색]을 선택하고 ❹[확인] 단추를 클릭합니다.

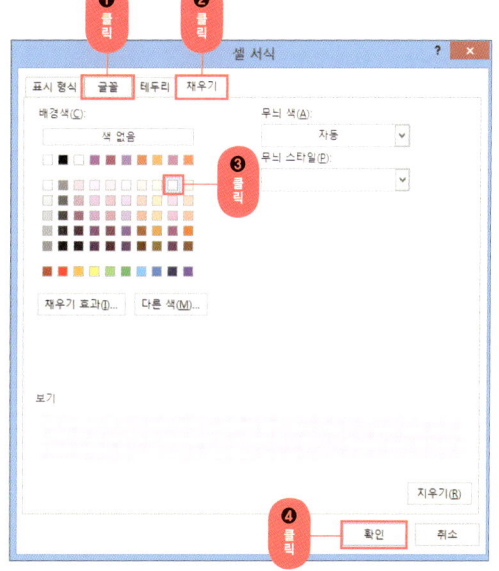

04 다시 [새 서식 규칙] 대화상자가 나타나면 [확인] 단추를 클릭합니다. 그러면 G4:G14 셀 범위에서 15%보다 큰 값이 있는 행 전체의 서식이 바뀝니다.

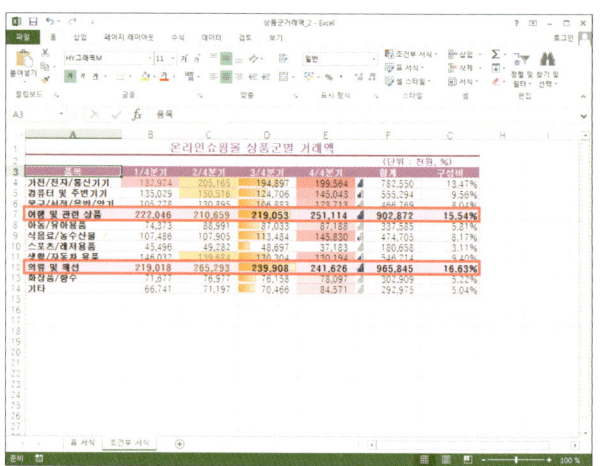

이번에는 수식으로 작성한 조건부 서식이 우선 순위로 적용되기 때문에 다른 조건부 서식보다 위에 표시됩니다. 조건부 서식의 순서를 바꾸는 방법은 117쪽을 참고하세요.

조건부 서식 편집하기

[조건부 서식 규칙 관리자] 대화상자를 이용하여 이미 지정한 서식을 편집하거나 삭제할 수 있습니다. 이번에는 데이터 막대와 색조, 아이콘 집합의 규칙 편집을 살펴보겠습니다.

1 [조건부 서식]의 [규칙 관리]를 클릭하면 [조건부 서식 규칙 관리자] 대화상자가 나타나는데, 여기에서 규칙을 선택한 후 [규칙 편집] 단추를 클릭합니다.

2 [데이터 막대]를 선택한 경우 막대 색과 서식 등을 편집할 수 있습니다.

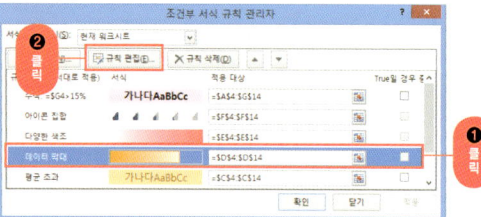

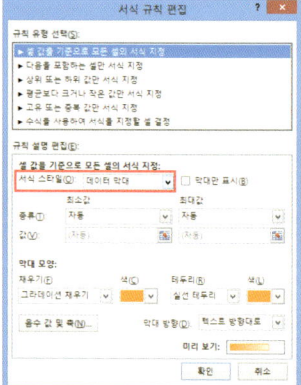

3 [색조]를 선택한 경우 색의 개수와 색을 선택할 수 있습니다.

4 [아이콘 집합]을 선택한 경우 값의 범위와 종류, 아이콘 스타일 등을 편집할 수 있습니다.

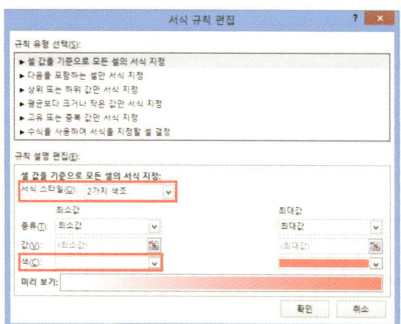

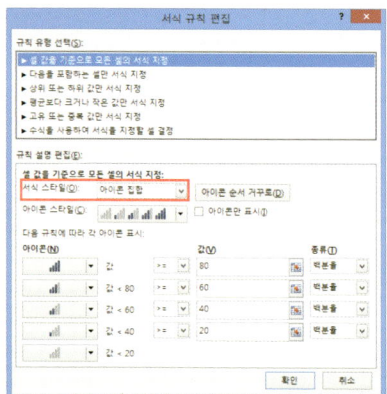

STEP 04 조건부 서식의 규칙 관리하기

[조건부 서식]의 [규칙 관리]를 클릭하면 추가한 조건부 서식의 규칙을 편집하거나 삭제할 수 있습니다. 또 하나의 셀 범위에 여러 개의 조건부 서식이 적용되어 있는 경우 순서를 정할 수 있습니다.

01 ❶ A4:G14 셀 범위를 선택한 후 ❷ [조건부 서식]의 ❸ [규칙 관리]를 클릭합니다.

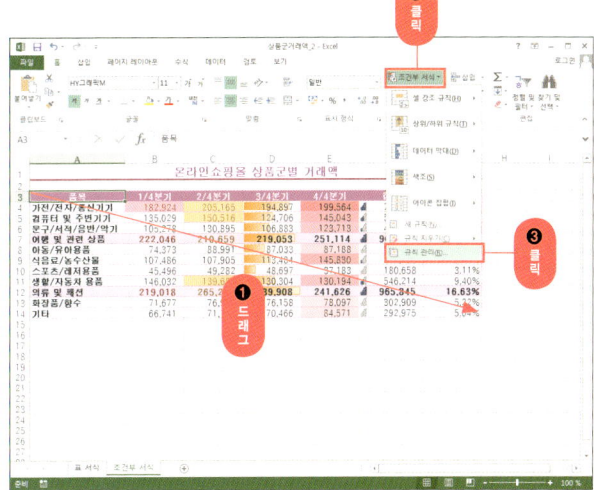

02 [조건부 서식 규칙 관리자] 대화상자가 나타납니다. ❶ 115쪽에서 수식으로 작성한 규칙을 선택한 후 ❷ [아래로 이동] 단추를 클릭하여 제일 아래로 이동하고 ❸ [확인] 단추를 클릭합니다.

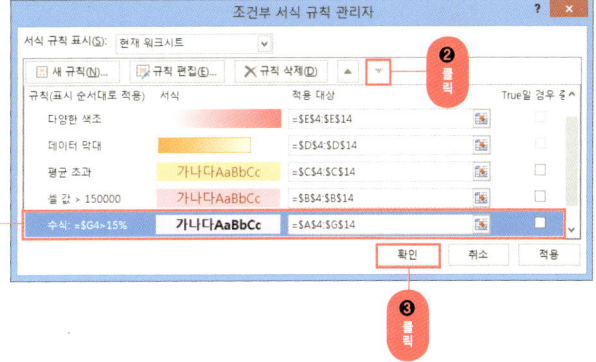

> **주의**
> [서식 규칙 표시]에서 [현재 워크시트]를 선택해야 지정된 모든 조건부 서식이 표시됩니다.

03 수식으로 작성한 규칙이 제일 마지막에 적용되므로 다른 조건부 서식의 아래에 위치합니다.

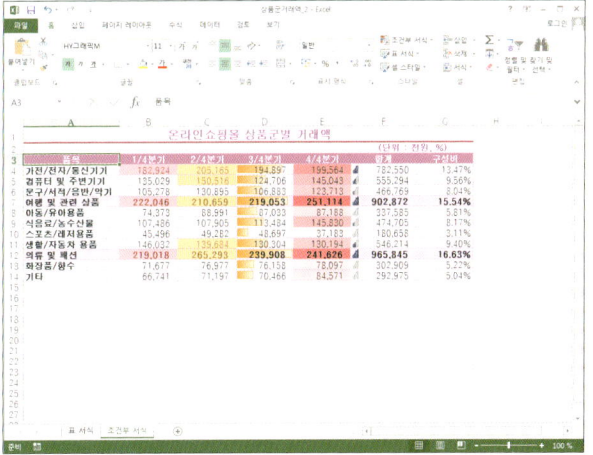

> **참고**
> [True일 경우 중지]에 체크 표시를 하면, 차례대로 조건부 서식을 적용하다가 선택한 조건부 서식에서 중지되고, 아래의 조건부 서식은 적용되지 않습니다.

예제_엑셀\Chapter3\개체 삽입.xlsx

워드아트와 그림, 클립아트, 스마트아트 삽입하기

Lesson 7

워드아트는 텍스트를 개체 형식으로 삽입하기 때문에 그림자나 반사, 네온, 입체 효과, 3차원 효과 등으로 멋진 제목을 만들 수 있습니다. 그리고 내용과 관련 있는 그림이나 클립아트, 관계형 도형인 스마트아트를 삽입하면 딱딱한 문서에 활기를 불어넣을 수 있습니다.

STEP 01 워드아트로 제목 꾸미기

워드아트(WordArt)는 텍스트에 화려한 효과를 줄 수 있기 때문에 제목에 주로 사용됩니다.

01 [삽입] 탭의 [텍스트] 그룹에서 ❶[WordArt]를 클릭한 후 마음에 드는 ❷[워드아트]를 선택합니다.

> 참고
> 워드아트를 삽입한 후에도 [WordArt 스타일] 그룹에서 [빠른 스타일] 단추 ▼ 를 클릭하면 다른 모양으로 바꿀 수 있습니다.

02 워드아트가 삽입되면 ❶텍스트 상자에 제목을 입력하고, 글자를 원하는 위치로 드래그하여 선택합니다. 그런 다음 [서식] 탭의 [WordArt 스타일] 그룹에서 ❸[텍스트 효과] 를 클릭하고 ❹[그림자]의 ❺[오프셋 대각선 오른쪽 아래]를 클릭합니다.

> 참고
> [WordArt 스타일] 그룹에서 [텍스트 채우기] 를 클릭하면 글꼴 색을, [텍스트 윤곽선] 를 클릭하면 글꼴의 테두리 윤곽선 색을 바꿀 수 있습니다.

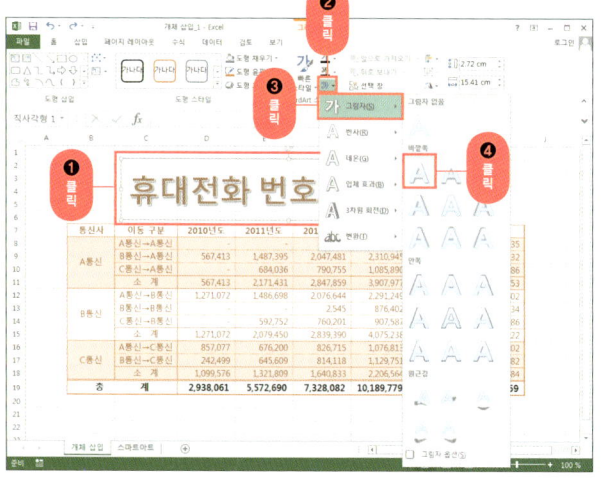

내용과 어울리는 그림 삽입하기

워크시트에 그림을 삽입한 후 [그림 도구]를 이용하면 그림에 다양한 효과를 추가할 수 있습니다.

01 [삽입] 탭의 [일러스트레이션] 그룹에서 ❶[그림]을 클릭하면 [그림 삽입] 대화상자가 나타납니다. 그림이 있는 폴더로 이동하여 ❷그림을 선택한 후 ❸[삽입] 단추를 클릭합니다.

> 참고
>
> [삽입]의 드롭다운 단추를 클릭하면 파일에 연결할 것인지, 삽입 및 연결할 것인지 선택할 수 있습니다.

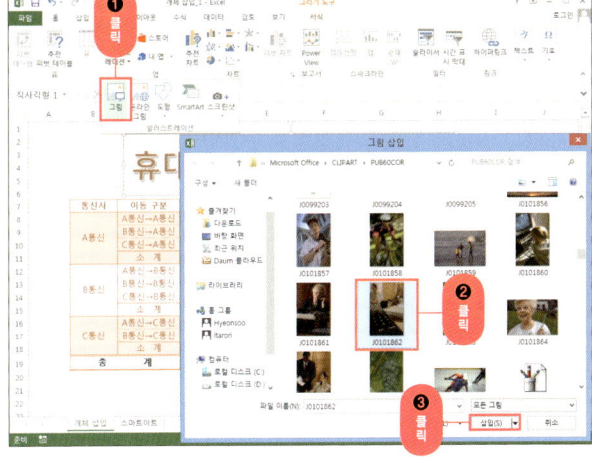

02 그림이 삽입됩니다. ❶그림의 테두리를 드래그하여 적당한 크기로 조절한 후 ❷원하는 위치로 드래그하고 [그림 스타일] 그룹의 ❸[자세히] 단추를 클릭합니다.

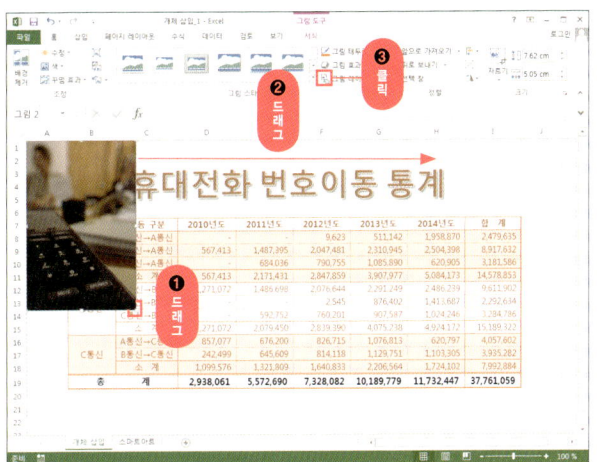

03 그림 스타일 갤러리가 나타납니다. 다양한 그림의 효과를 선택해 보면 실시간 미리 보기를 통해 적용될 그림을 확인할 수 있습니다.

> 참고
>
> [그림 스타일]에서 [그림 도형]이나 [그림 테두리], [그림 효과]를 클릭하여 세부적인 효과를 추가할 수 있습니다. 그림에 대한 내용은 [파워포인트] 편의 296쪽을 참고하세요.

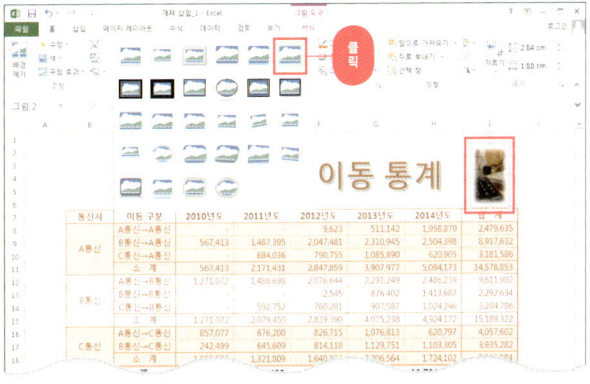

클립아트 삽입하기

'클립아트'는 작은 조각 그림을 말하는데, 마이크로소프트 온라인을 검색하여 원하는 클립아트를 삽입할 수 있습니다.

01 [삽입] 탭의 [일러스트레이션] 그룹에서 ❶[온라인 그림]을 클릭하면 워크시트 오른쪽에 [그림 삽입] 대화상자가 나타납니다. [Office.com 클립아트]에 '휴대전화'라고 입력한 후 ❷ Enter 를 누릅니다.

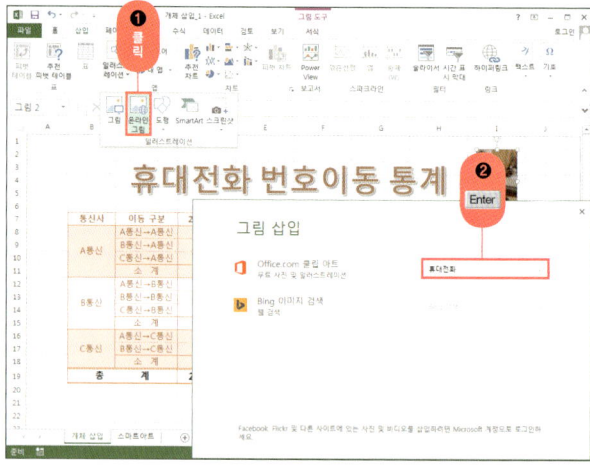

02 검색된 클립아트 결과에서 ❶[클립아트]를 선택한 후 ❷[삽입] 단추를 클릭합니다.

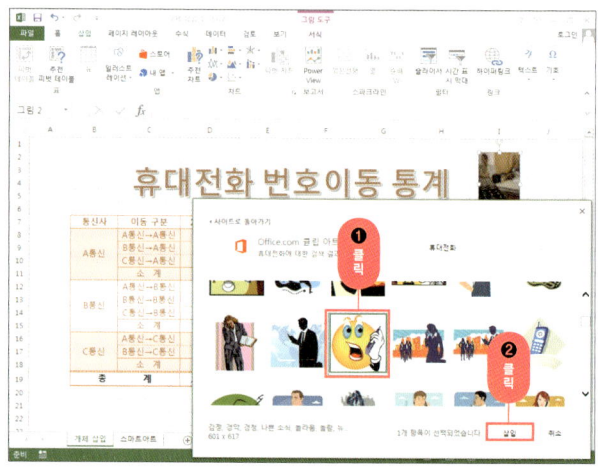

03 클립아트의 테두리를 드래그하여 크기를 조절합니다.

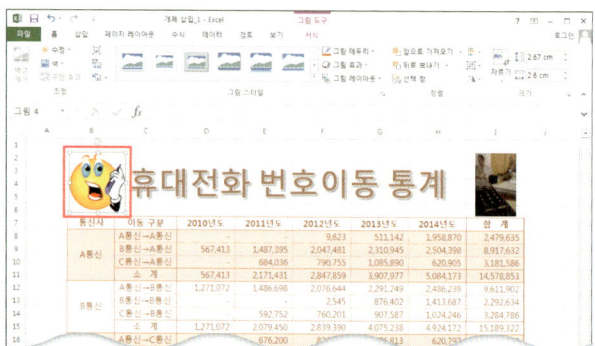

스마트아트 삽입하기

단순히 문서를 꾸미는 사진이나 그림 외에 다양한 관계를 도형으로 표현할 때가 있습니다. 스마트아트를 이용하면 목록형이나 프로세스형, 주기형, 계층 구조형, 관계형, 행렬형, 피라미드형 등 다양한 관계를 깔끔하게 표현할 수 있습니다.

01 [삽입] 탭의 [일러스트레이션] 그룹에서 ❶[SmartArt]를 클릭하면 [SmartArt 그래픽 선택] 대화상자가 나타납니다. ❷[관계형] 범주에서 ❸[깔때기형]을 선택한 후 ❹[확인] 단추를 클릭합니다.

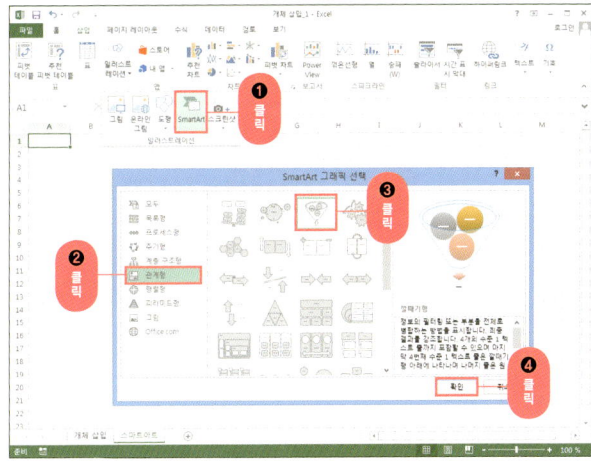

02 [다이어그램]과 [텍스트] 창이 나타납니다. [텍스트] 창에 글자를 입력한 후 [다이어그램] 창의 조절점을 드래그하여 크기와 위치를 조절합니다.

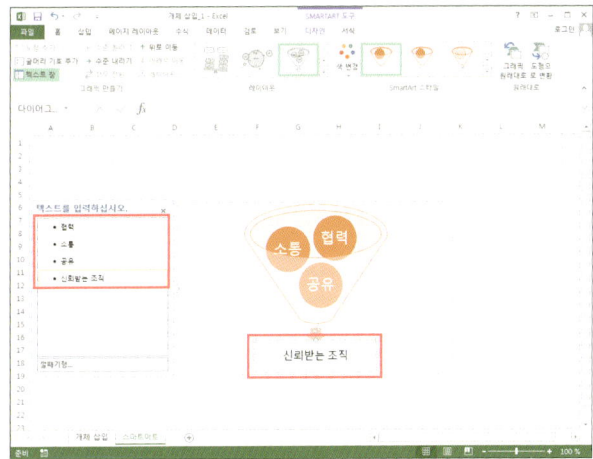

> **주의**
> [텍스트] 창이 나타나지 않으면 [디자인] 탭의 [그래픽 만들기] 그룹에서 [텍스트 창]을 클릭하세요.

03 ❶[디자인] 탭의 [SmartArt 스타일] 그룹에서 ❷[색 변경]을 클릭한 후 원하는 ❸[색]을 선택합니다.

> **참고**
> 스마트아트의 색 갤러리는 테마 색에 적용을 받으므로, 테마 색을 변경하면 다른 색의 갤러리를 선택할 수 있습니다.

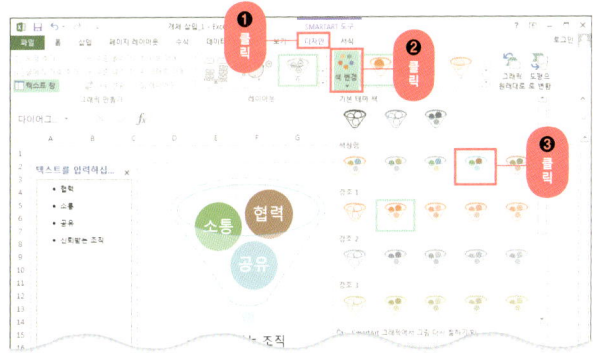

예제_엑셀\Chapter3\판매원장_1.xlsx

다양한 방법으로 통합 문서 인쇄하기

Lesson 8

워크시트 영역은 매우 넓기 때문에 인쇄하기 전에 [페이지 설정]에서 여백이나 용지 방향 등 여러 가지 인쇄 옵션을 설정해야 합니다. 그리고 [페이지 레이아웃 미리 보기]에서 인쇄 영역을 설정하거나 [페이지 레이아웃] 보기에서 간단히 머리글과 바닥글을 입력할 수 있습니다.

STEP 01 인쇄 미리 보기와 페이지 설정하기

워크시트를 인쇄하기 전에 [인쇄 미리 보기]를 통해 어느 열과 행까지 인쇄되는지 확인하는 것이 좋습니다.

01 [파일] 탭을 클릭한 후 ❶[인쇄]를 클릭하고 ❷[여백 표시]를 클릭하면 여백 눈금선이 표시됩니다. H열이 표시되도록 ❸양쪽의 여백 눈금선을 드래그합니다.

참고

빠른 실행 도구 모음의 드롭다운 단추를 클릭한 후 [인쇄 미리 보기/인쇄]를 클릭하면 인쇄 미리 보기 아이콘이 빠른 실행 도구 모음에 추가됩니다.

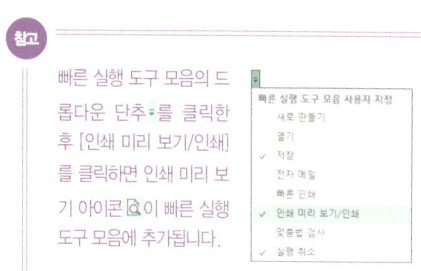

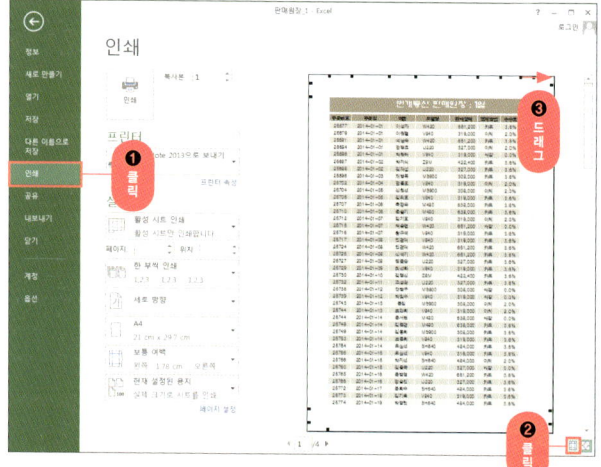

02 여백이 늘어나면서 H열이 표시됩니다. ❶[복사본]에 인쇄 매수를 설정한 후 ❷[프린터]를 확인하고 ❸[인쇄]를 클릭합니다.

참고

[페이지 레이아웃] 보기 상태에서 문서의 여백을 확인할 수 있습니다. [페이지 레이아웃] 보기에 대해서는 48쪽을 참고하세요.

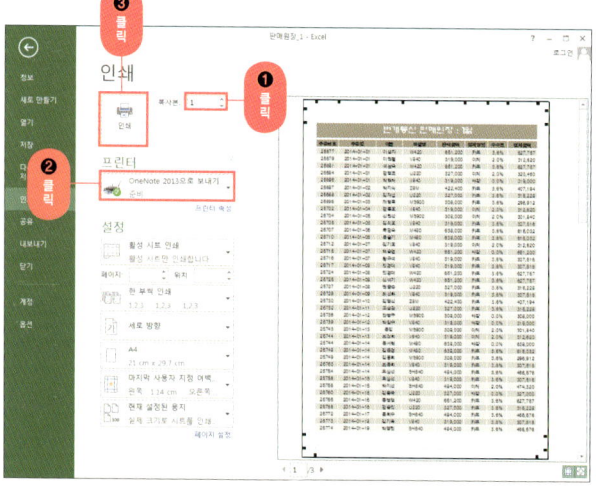

STEP 02 페이지 설정하기

[페이지 설정] 대화상자에서 용지 방향과 여백 등을 설정할 수 있습니다.

01 ❶[페이지 레이아웃] 탭의 [인쇄] 그룹에서 ❷[여백]을 클릭하면 문서의 여백을 설정할 수 있습니다. 이번에는 ❸[좁게]를 클릭합니다.

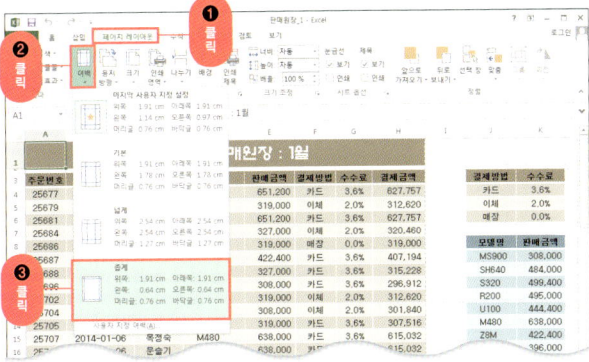

02 [페이지 설정] 그룹에서 ❶[페이지 설정]을 클릭하면 [페이지 설정] 대화상자가 나타납니다. 여기에서 ❷[용지 방향]과 [배율] 등을 확인할 수 있습니다.

> 참고
> [배율]의 [자동 맞춤]에서 [용지 너비]에 '1'을 입력한 후 인쇄하면 작성한 표가 1쪽에 맞게 축소되어 인쇄됩니다. 이때 표의 세로 길이가 1쪽을 넘어가도 된다면 [용지 높이]는 비워둡니다.

03 ❶[여백] 탭에서 여백의 숫자를 입력하여 조절할 수 있습니다. 표가 페이지의 가운데에 인쇄되도록 [페이지 가운데 맞춤]의 ❷[가로]에 체크 표시를 한 후 ❸[확인] 단추를 클릭합니다.

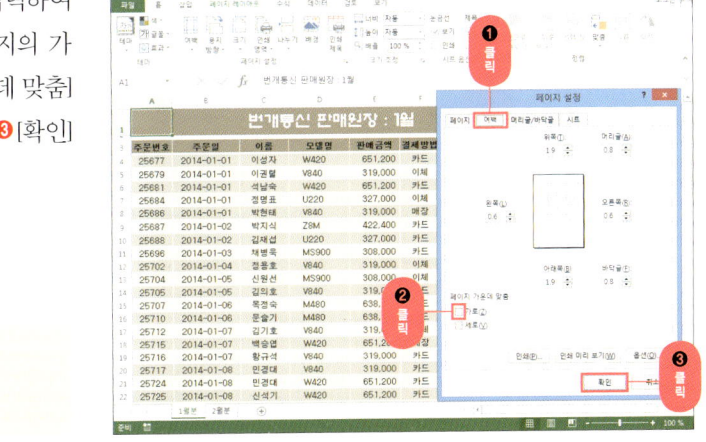

key
인쇄하기 : Ctrl + P
인쇄 미리 보기 : Ctrl + F2

페이지마다 같은 행을 반복 인쇄하기

엑셀의 문서는 세로 방향으로 긴 경우가 많은데, 이때 표의 윗부분에 있는 제목이나 필드명이 다음 쪽에서도 인쇄되도록 할 수 있습니다.

01 [페이지 설정] 그룹에서 ❶[인쇄 제목]을 클릭하면 [페이지 설정] 대화상자의 ❷[시트] 탭이 나타납니다. ❸[반복할 행]을 클릭한 후 제목으로 사용할 ❹ 행 머리글을 드래그합니다.

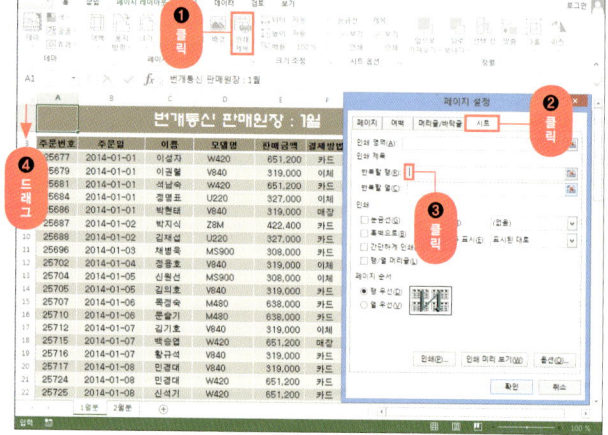

> 참고
>
> 이번에는 1~3행만 반복할 것이므로 1행부터 3행까지 드래그합니다.

02 ❶[반복할 행]에 '$1:$3'과 같이 반복해서 인쇄될 행 주소가 입력됩니다. 인쇄될 문서를 미리 보기 위해 ❷[인쇄 미리 보기] 단추를 클릭합니다.

> 참고
>
> [페이지 순서]에서 [행 우선]은 워크시트의 아래쪽으로 먼저 인쇄한 후 오른쪽으로 넘친 부분을 인쇄하는 것입니다. 만약 1페이지를 인쇄한 후 아래쪽이 아니라 오른쪽으로 넘친 부분을 인쇄하려면 [열 우선]을 선택하세요.

03 [인쇄 미리 보기] 화면이 나타납니다. [다음 페이지]를 클릭해 보면 지정한 행이 반복해서 인쇄되는 것을 확인할 수 있습니다.

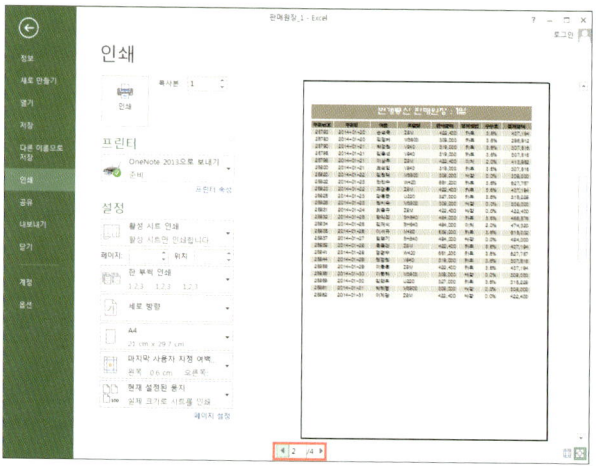

페이지 나누기 미리 보기

[페이지 나누기 미리 보기]에서 인쇄될 페이지를 구분하거나 인쇄 영역을 설정할 수 있습니다.

01 ❶ [보기] 탭의 [통합 문서 보기] 그룹에서 ❷ [페이지 나누기 미리 보기]를 클릭합니다.

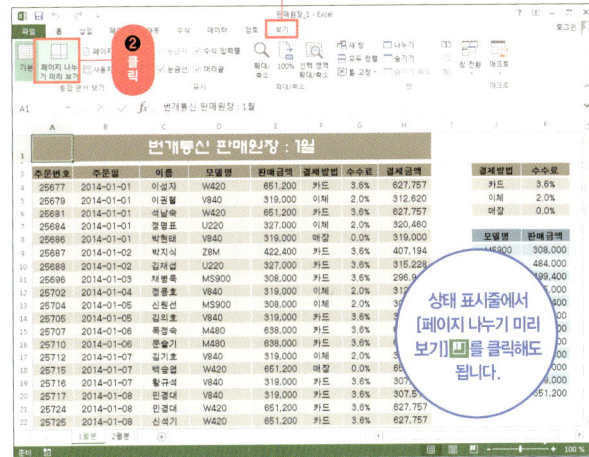

> **주의**
> [페이지 나누어 미리 보기] 대화상자가 나타나면 [이 대화 상자를 다시 표시 안 함]에 체크 표시를 한 후 [확인] 단추를 클릭하세요.

02 인쇄 영역과 페이지 구분선이 표시됩니다. I:K열은 인쇄하지 않을 것이므로 인쇄 영역의 파란 실선을 H열까지 드래그합니다.

> **참고**
> 점선은 인쇄될 페이지의 구분선이고, 실선은 인쇄될 영역입니다. 점선과 실선을 드래그하면 페이지 구분선과 인쇄 영역을 바꿀 수 있습니다.

03 I:K열의 표는 인쇄되지 않는 영역이 회색으로 바뀝니다. 인쇄 영역을 해제하려면 ❶ [페이지 레이아웃] 탭의 [페이지 설정] 그룹에서 ❷ [인쇄 영역]을 클릭한 후 ❸ [인쇄 영역 해제]를 클릭하세요.

> **주의**
> 페이지 나누기를 취소하려면 [페이지 레이아웃] 탭의 [페이지 설정] 그룹에서 [나누기]의 [페이지 나누기 모두 원래대로]를 클릭하세요.

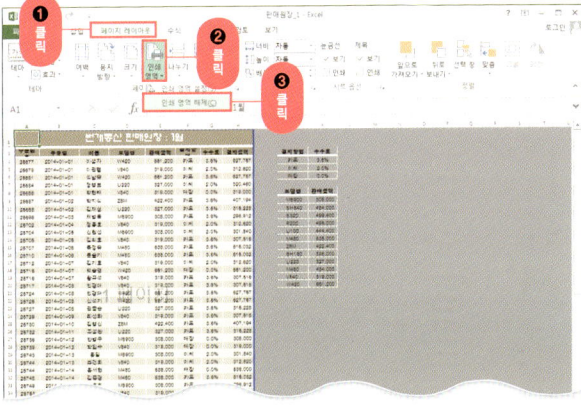

머리글과 바닥글 삽입하기

[페이지 레이아웃] 보기에서 [머리글]과 [바닥글] 영역을 클릭하면 문서의 정보나 페이지 등을 입력할 수 있습니다.

01 [보기] 탭의 [통합 문서 보기] 그룹에서 [페이지 레이아웃]을 클릭합니다.

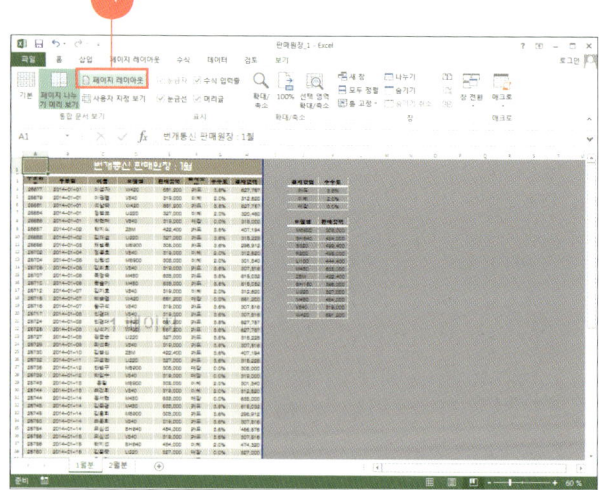

> 참고
> 상태 표시줄에서 [페이지 레이아웃] 📖을 클릭해도 됩니다.

02 워드프로세서처럼 편집 용지와 여백이 표시됩니다. 세 곳으로 구분된 머리글 영역에서 오른쪽의 머리글 영역을 클릭합니다.

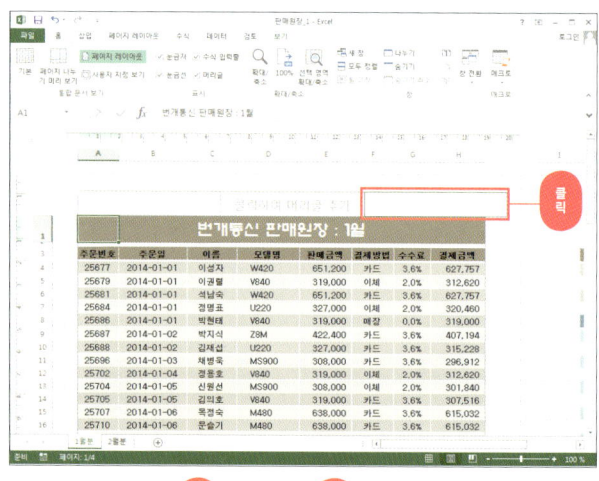

> 참고
> [페이지 레이아웃] 보기에서 페이지와 페이지 사이의 공백을 클릭하면 여백이 없는 워크시트 영역만 볼 수 있습니다.

03 [디자인] 탭의 [머리글/바닥글 요소] 그룹에서 ❶[파일 이름]을 클릭하면 '&[파일]'이라고 자동으로 입력됩니다. ❷[바닥글로 이동]을 클릭합니다.

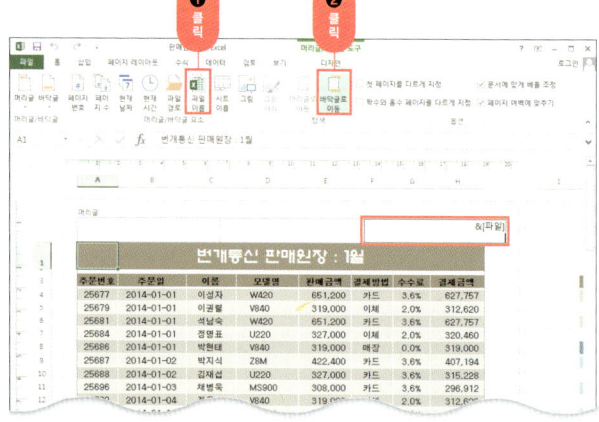

> 참고
> [디자인] 탭의 [머리글/바닥글] 그룹에서 [머리글]이나 [바닥글]을 클릭하면 미리 지정된 머리글 및 바닥글 양식을 선택할 수 있습니다.

04 ❶ 오른쪽 바닥글 영역을 클릭한 후 [머리글/바닥글 요소]에서 ❷ [페이지 번호]를 클릭하면 '&[페이지 번호]'가 입력됩니다. 계속해서 '/'를 입력합니다.

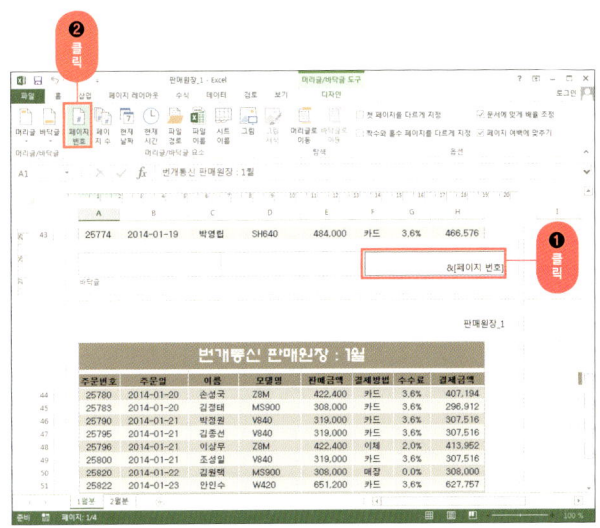

> **주의**
> 머리글과 바닥글 영역에는 삽입될 구성 요소를 나타내는 기호로 표시됩니다. 실제 표시는 [기본] 보기나 [인쇄 미리 보기] 등을 이용하세요.

05 [머리글/바닥글 요소]에서 [페이지 수]를 클릭하면 '&[페이지 번호]/&[페이지 수]'라는 바닥글이 완성됩니다.

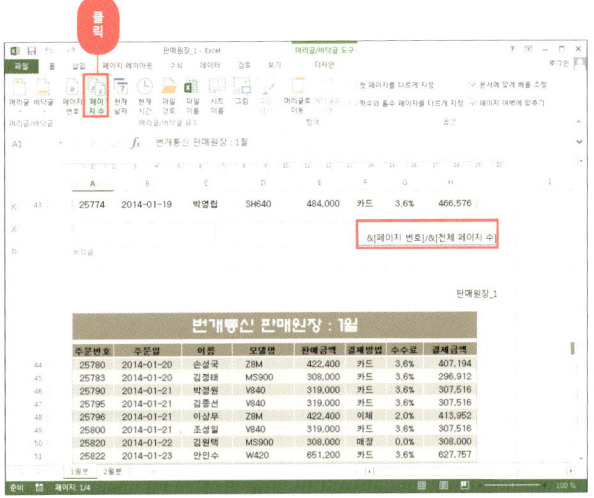

06 워크시트 영역을 클릭하면 기호로 입력한 [머리글]과 [바닥글]을 확인할 수 있습니다.

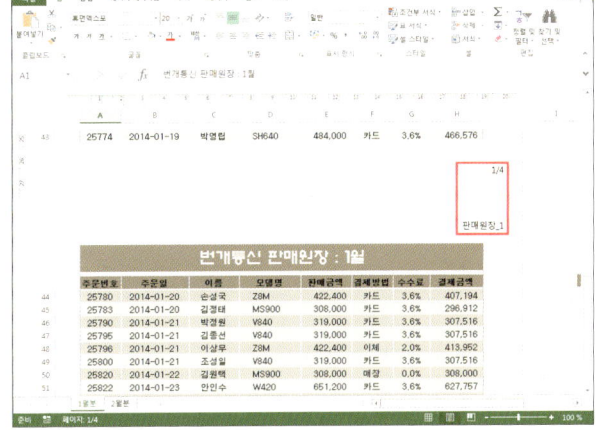

> **참고**
> 추가한 머리글과 바닥글을 삭제하려면 머리글과 바닥글 영역을 클릭한 후 입력한 구성 요소 기호를 지우세요.

틀 고정과 두 개의 워크시트 나란히 보기

Lesson 9

예제_엑셀\Chapter3\판매원장_2.xlsx

대부분의 문서는 첫 행에 각 항목을 구분하는 제목이 있는데, 화면을 아래로 내리면 문서의 윗부분이 보이지 않아 필드가 헷갈릴 때가 있습니다. 이러한 경우 [틀 고정]을 이용하여 문서 윗부분이 계속 보이도록 고정할 수 있습니다. 또 [새 창]을 이용하여 같은 통합문서에 있는 2개의 워크시트를 나란히 볼 수도 있습니다.

STEP 01 틀 고정으로 첫 행 고정하기

[틀 고정]을 이용하면 첫 행이나 첫 열, 또는 원하는 위치의 셀이 계속 보이도록 고정할 수 있습니다.

01 ❶ 틀을 고정시킬 행의 아래 행을 선택한 후 [보기] 탭의 [창] 그룹에서 ❷ [틀 고정]의 ❸ [틀 고정]을 클릭합니다. 이번에는 1~3행을 고정시킬 것이므로 4행을 선택합니다.

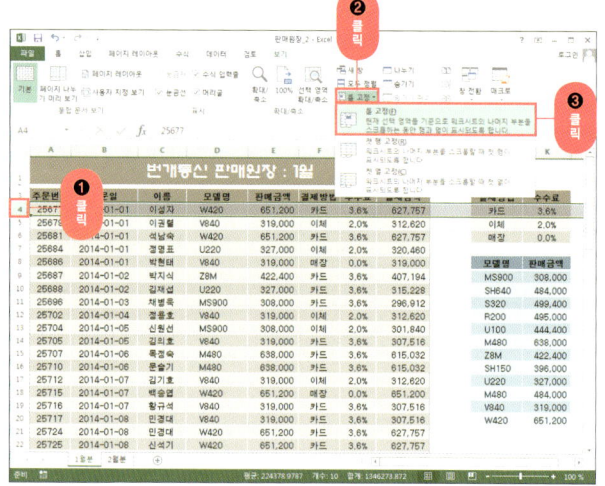

> **참고**
> 첫 행이나 첫 열을 고정할 때에는 행이나 열을 선택하지 않고 [첫 행 고정]이나 [첫 열 고정]을 클릭하면 됩니다.

02 틀이 고정된 위치에 실선이 표시됩니다. 스크롤 막대를 아래쪽으로 드래그해도 1~2행은 고정됩니다. 틀 고정을 취소하려면 [보기] 탭의 [창] 그룹에서 ❶ [틀 고정]의 ❷ [틀 고정 취소]를 클릭합니다.

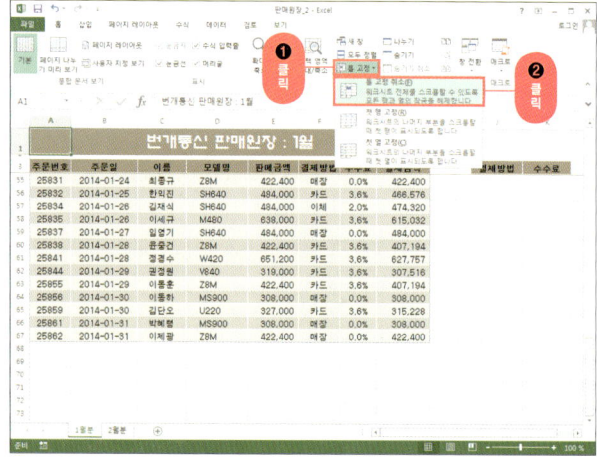

> **참고**
> 셀을 선택한 후 [틀 고정]을 클릭하면 선택한 셀의 위쪽 행과 왼쪽 열을 동시에 고정할 수 있습니다. 예를 들어 B2셀을 선택한 후 [틀 고정]을 클릭하면 A열과 1행이 동시에 고정됩니다.

두 개의 워크시트를 나란히 보기

[새 창]을 이용하면 같은 통합 문서에 있는 두 개의 워크시트를 한 화면에서 나란히 볼 수 있습니다.

01 ❶ [보기] 탭의 [창] 그룹에서 ❷ [새 창]을 클릭합니다.

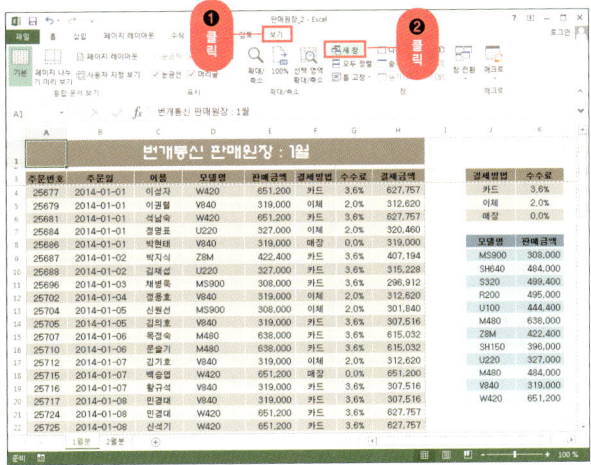

02 [판매원장_2] 파일이 두 개로 나뉘면서 [판매원장_2:2]라는 창이 나타납니다. 두 개의 창을 나란히 보기 위해 [나란히 보기]를 클릭합니다.

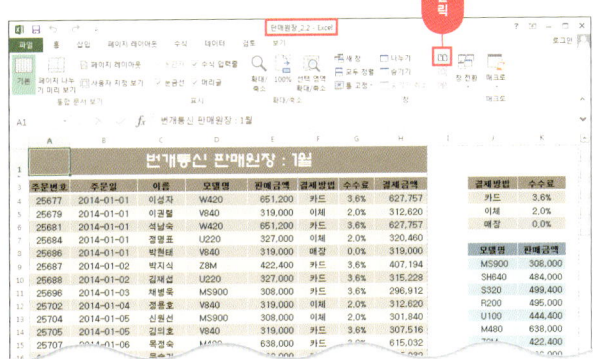

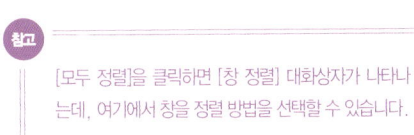

[모두 정렬]을 클릭하면 [창 정렬] 대화상자가 나타나는데, 여기에서 창을 정렬 방법을 선택할 수 있습니다.

03 두 개로 나눈 [판매원장_2:1]과 [판매원장_2:2] 창이 세로로 정렬됩니다. 이제 각각의 시트 탭을 클릭하여 두 개의 워크시트를 비교하며 볼 수 있습니다.

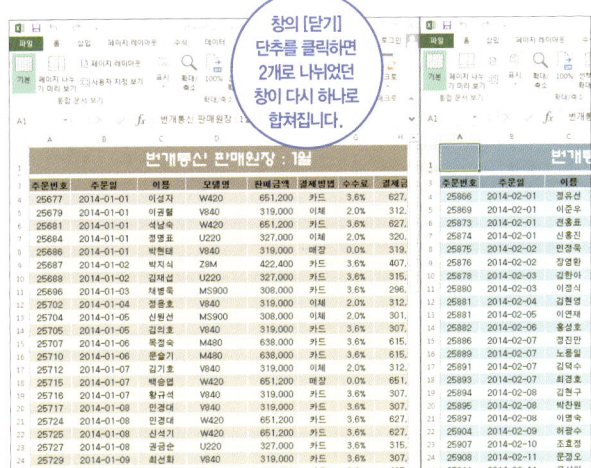

창의 [닫기] 단추를 클릭하면 2개로 나뉘었던 창이 다시 하나로 합쳐집니다.

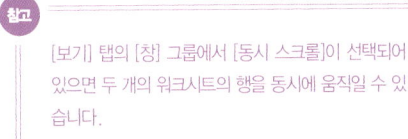

[보기] 탭의 [창] 그룹에서 [동시 스크롤]이 선택되어 있으면 두 개의 워크시트의 행을 동시에 움직일 수 있습니다.

표시 형식과 표 서식, 조건부 서식 지정하기

연습파일 예제_엑셀\Chapter3\실무_매출증감표.xlsx **완성파일** 예제_엑셀\Chapter3\실무_매출증감표_결과.xlsx

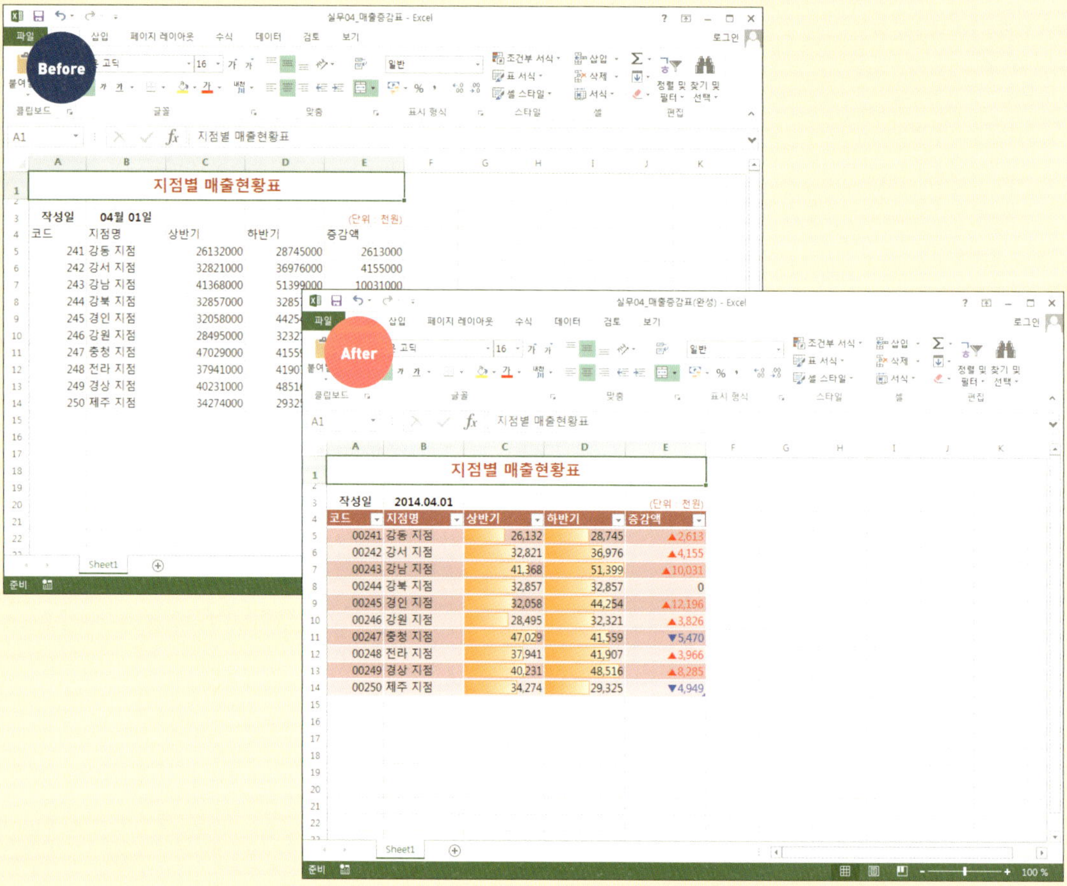

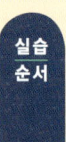

① B3셀의 날짜 표시 형식을 '2014.04.01.'처럼 연월일이 마침표로 구분되도록 변경합니다.

② A5:A14 셀 범위의 숫자를 '00001'처럼 앞에 '0'이 표시되도록 변경합니다.

③ C5:E14 셀 범위의 숫자를 '26,132'처럼 천 단위의 '000'이 생략되도록 변경합니다.

④ E5:E14 셀 범위의 숫자를 '▲2,613'과 '▼5,470', '0'처럼 표시되도록 변경합니다.

⑤ A4:E14 셀 범위를 [표 서식]을 이용하여 '표 스타일 보통 10'으로 변경합니다.

⑥ C5:D14 셀 범위의 숫자를 [조건부 서식]을 이용하여 '주황 데이터 막대'로 표시합니다.

CHAPTER 4

복잡한 계산을 자동으로! 수식과 함수 작성하기

Lesson 01 | 셀 주소로 수식 입력하고 수정하기
Lesson 02 | 다양한 셀 참조 형식 살펴보기
Lesson 03 | 셀에 이름을 정의하여 계산하기
Lesson 04 | 자동 합계 단추로 계산하기
Lesson 05 | SUM으로 함수의 네 가지 사용 방법 익히기
Lesson 06 | SUM 계열 함수로 직원 급여 합계 구하기
Lesson 07 | AVERAGE 계열 함수로 직원 급여 평균 구하기
Lesson 08 | COUNT 계열 함수로 거래처의 개수 구하기
Lesson 09 | 다양한 통계 함수로 순위와 최대/최소값 구하기
Lesson 10 | ROUND 계열 함수로 환산가의 반올림값 구하기
Lesson 11 | 논리 함수로 매출 실적의 달성 여부 평가하기
Lesson 12 | LOOKUP 계열 함수로 견적서 작성하기
Lesson 13 | 정보 함수로 계산의 오류값 표시 감추기
Lesson 14 | 텍스트 함수로 직원 명부의 직책과 성별 구하기
Lesson 15 | 날짜 함수로 생년월일과 요일, 나이 구하기
Lesson 16 | 시간 함수로 출근기록부의 출근 시간 구하기
실무 따라잡기 | 다양한 함수로 주문원장 만들기

EXCEL & POWERPOINT & WORD 2013

예제_엑셀\Chapter4\판매실적_1.xlsx

셀 주소로 수식 입력하고 수정하기

Lesson 1

계산에 사용되는 값을 직접 입력하여 수식을 작성할 수도 있지만, 셀 주소로 수식을 작성하면 입력 오류를 줄일 수 있습니다. 이러한 경우 셀 주소에 입력한 값이 바뀌면 계산 결과도 자동으로 바뀌기 때문에 수식을 다시 작성할 필요가 없어서 편리합니다.

STEP 01 셀 주소로 수식 입력하기

수식을 입력하는 도중에 해당 셀을 클릭하면 자동으로 셀 주소가 입력됩니다. 수식에 셀 주소를 직접 입력하는 것보다 더욱 정확하게 입력할 수 있습니다.

01 ❶ D5셀에 '=(등호)'를 입력한 후 ❷ '단가'의 값이 있는 B5셀을 클릭하면, B5셀이 반짝거리면서 셀 주소가 입력됩니다.

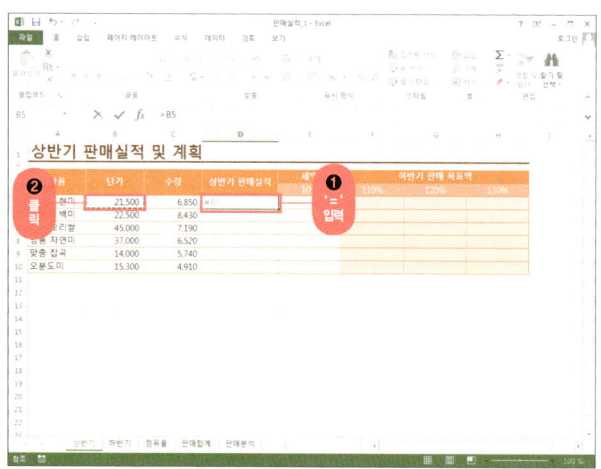

> **참고**
> 셀 주소는 대소문자를 구분하지 않습니다. 만약 '=b5+c5'라고 입력한 후 Enter 를 누르면, 자동으로 '=B5+C5'라고 대문자로 변환하여 입력되면서 계산 결과값이 표시됩니다.

02 계속해서 '*' 연산자를 입력한 후 ❶ '수량'의 값이 있는 C5셀을 클릭하면, C5셀이 반짝거리면서 셀 주소가 입력됩니다. ❷ 수식 입력이 끝나면 Enter 를 누릅니다.

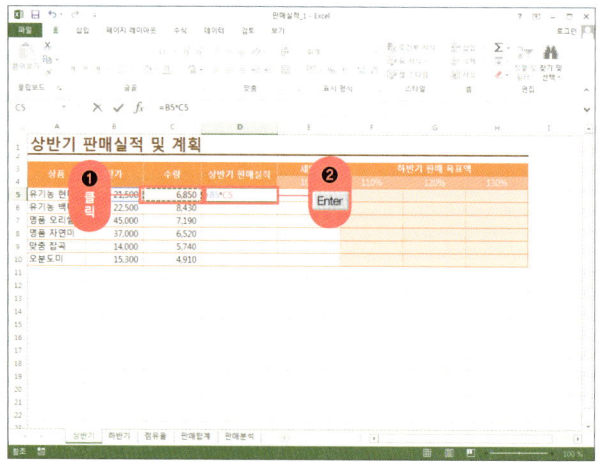

132

입력한 수식 확인하고 수정하기

수식도 문자의 수식과 마찬가지로 F2를 누르면 수정할 수 있습니다. 수식 편집 상태에서는 참조된 셀이 색으로 표시되기 때문에 수식을 확인할 목적으로도 F2를 많이 누릅니다.

01 D5셀을 선택하면 워크시트에는 계산 결과가 표시되지만, 수식 입력줄에는 입력한 수식이 표시됩니다. 참조된 셀을 확인하기 위해 F2를 누릅니다.

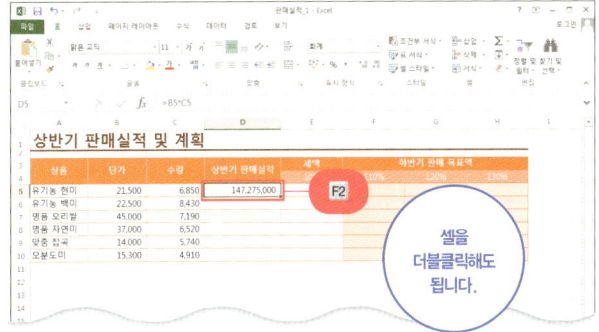

셀을 더블클릭해도 됩니다.

02 편집 상태가 되면 입력한 수식이 표시됩니다. 입력한 수식과 참조된 셀 주소는 같은 색으로 표시되므로, 수식을 쉽게 확인할 수 있습니다. 수식 확인이 끝나면 Enter 를 누르세요.

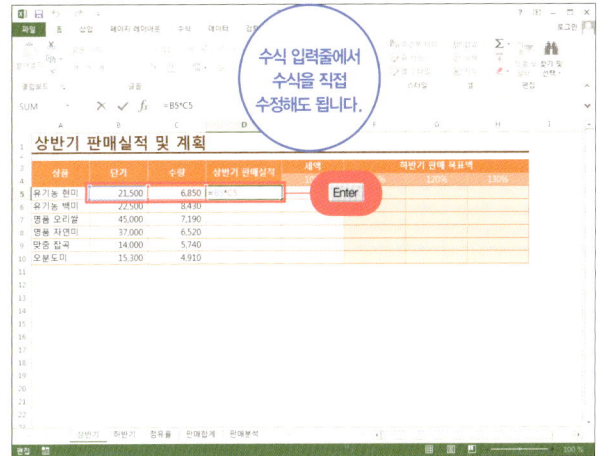

수식 입력줄에서 수식을 직접 수정해도 됩니다.

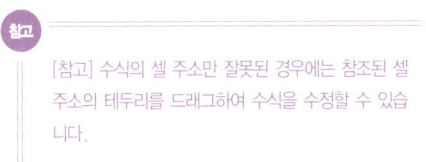

[참고] 수식의 셀 주소만 잘못된 경우에는 참조된 셀 주소의 테두리를 드래그하여 수식을 수정할 수 있습니다.

셀 복사와 수식 복사하기

셀 주소로 수식을 작성하면 다른 셀에서 같은 수식을 복사하여 사용할 수 있기 때문에 편리합니다.

1 D5셀에서 Ctrl + C 를 눌러 복사한 후 D8셀에서 Ctrl + V 를 눌러 붙여넣기를 하면, D5셀의 '=B5*C5'의 수식이 '=B8*C8'로 상대 참조로 바뀌면서 복사됩니다.

2 셀에서 수식만 복사하려면 [붙여넣기]의 아래쪽 단추를 클릭한 후 [수식]을 클릭하거나, [선택하여 붙여넣기]를 클릭한 후 [수식]을 선택합니다.

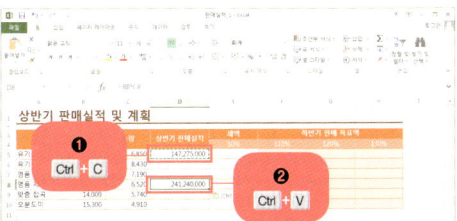

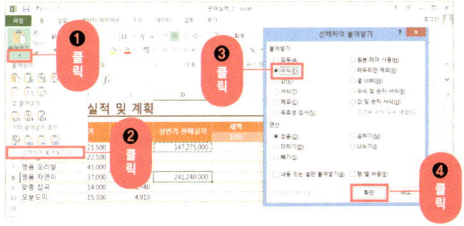

예제_엑셀\Chapter4\판매실적_2.xlsx

다양한 셀 참조 형식 살펴보기

Lesson 2

수식을 복사하여 다른 셀에서 붙여넣기를 하면, 해당 셀의 위치만큼 상대적으로 이동한 셀 주소로 바뀝니다. 하지만 경우에 따라 셀 주소를 고정해야 하거나 다른 워크시트나 파일의 셀 주소를 참조하여 수식을 작성할 수도 있습니다. 이번에는 다양한 셀 참조 형식에 대해 살펴보겠습니다.

STEP 01 상대 참조로 수식 복사하기

'상대 참조'는 원래 위치의 셀 주소로부터 이동한 상대적인 위치의 셀 주소로 바뀌는 참조 형식입니다. 채우기 핸들을 이용하여 셀 주소를 복사하면 상대 참조 형식으로 셀 주소가 바뀝니다.

01 D6:D10 셀 범위의 수식도 D5셀처럼 단가와 수량의 곱한 값이므로, D5셀의 채우기 핸들을 D10셀까지 드래그합니다.

> 참고
> D5셀의 수식은 =B5+C5인데, 이것을 한 셀 아래로 드래그하면 셀 주소도 '=B6+C6, =B7+C7, =B8+C8, ……'처럼 한 셀만큼 이동한 셀 주소로 바뀝니다.

02 D6:D10 셀 범위의 수식이 자동으로 복사되어 계산됩니다. D10셀을 선택하면 D5셀의 셀 주소가 상대 참조 형식으로 바뀌어 복사된 것을 확인할 수 있습니다.

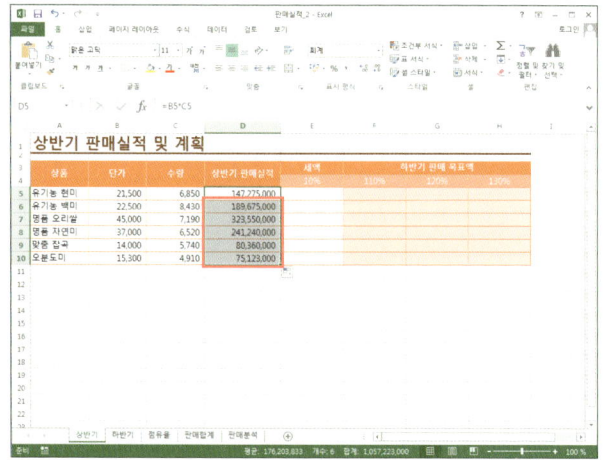

STEP 02 절대 참조로 셀 주소 고정시키기

셀 위치와 상관 없이 참조된 셀 주소를 고정시켜서 복사할 때가 있습니다. '절대 참조'는 수식을 복사해도 셀 주소가 고정되는 참조 형식입니다.

01 E5셀의 세액은 D5셀의 값에 E4셀의 '10%'를 곱한 값입니다. E5셀에 '=D5*E4'라고 입력하고, 수식의 'E4' 부분으로 커서를 이동한 후 를 누릅니다.

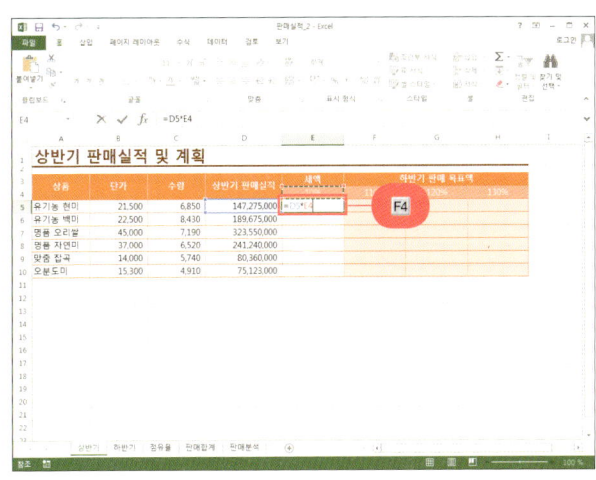

> F4를 누르지 않고 고정시킬 열 또는 행 번호 앞에 달러($) 표시를 직접 입력해도 됩니다. F4와 참조 형식의 순환 관계에 대해서는 34쪽을 참고하세요.

02 수식에 참조된 'E4'가 '$E$4'로 바뀝니다. 수식을 완성하기 위해 ❶ Enter 를 누른 후 ❷ E5셀의 채우기 핸들을 E10셀까지 드래그합니다.

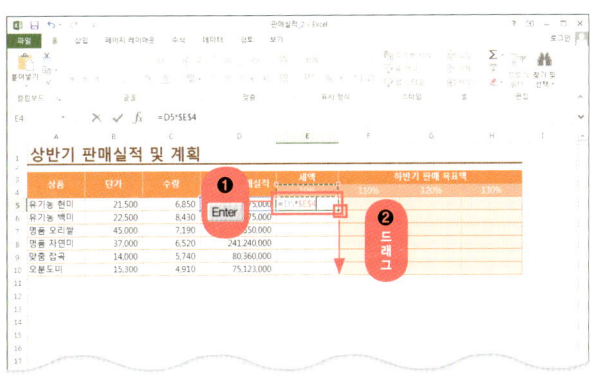

03 수식에 참조된 E4셀은 '$E$4'로 고정되어 복사됩니다.

> E6:E10 셀 범위의 수식은 각각 D5:E10 셀 범위의 값에 E4셀의 값을 곱해야 합니다. 이때 E4셀의 '10%'는 고정되어 복사되어야 하므로 절대 참조 형식으로 바꾼 후 수식을 복사한 것입니다.

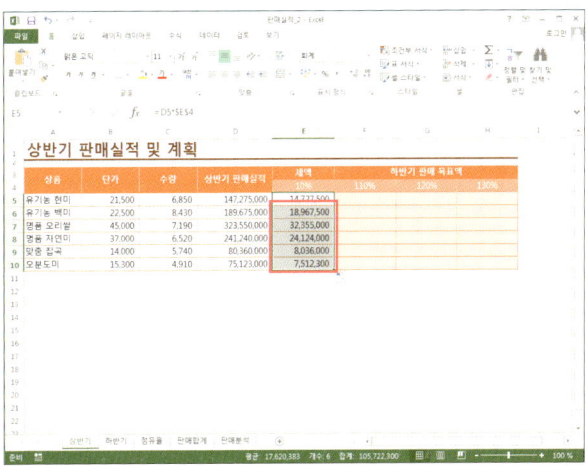

STEP 03 혼합 참조로 셀 주소의 일부만 고정시키기

'혼합 참조'란 셀 주소의 열 번호나 행 번호의 하나만 고정시키고, 다른 하나는 상대 참조로 바꾸는 참조 형식입니다. 이번에는 목표액이 110%, 120%, 130%일 때의 판매실적을 구하겠습니다.

01 F5셀에 '=D5*F4'라 입력하고, ❶ 수식의 'D5' 위치에서는 F4 를 세 번, ❷ 'F4' 위치에서는 F4 를 두 번 누릅니다.

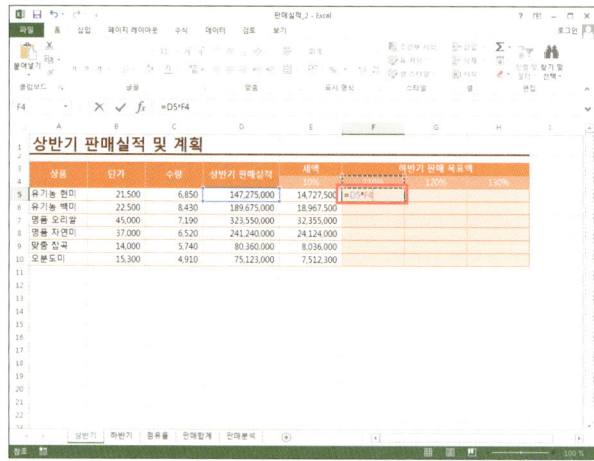

> **참고**
> 수식의 'D5' 위치에서 F4 를 한 번 누르면 '$D$5'로 바뀌고, 두 번 누르면 'D$5'로, 세 번 누르면 '$D5'로 바뀝니다. 마찬가지로 'F4' 위치에서 F4 를 한 번 누르면 '$F$4'로 바뀌고, 두 번 누르면 'F$4'로 바뀝니다.

02 '=D5*F4'의 수식이 '=$D5*F$4'로 바뀝니다. ❶ F5셀의 채우기 핸들을 H5셀까지 드래그한 후 ❷ H10셀까지 드래그합니다.

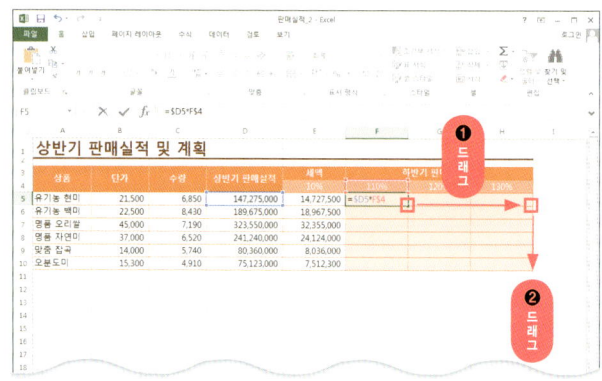

03 F5:H10 셀 범위의 하반기 판매 목표액이 모두 계산됩니다.

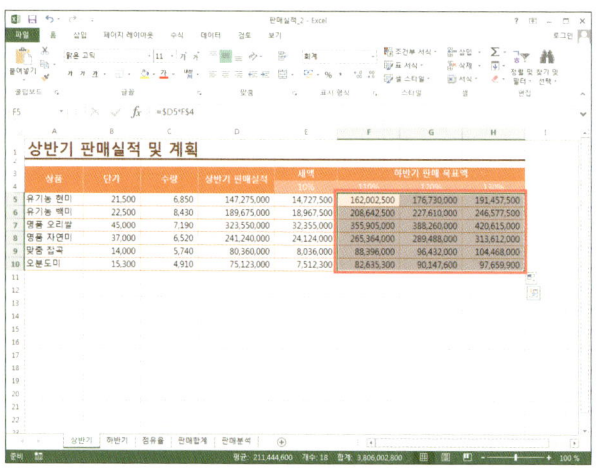

> **참고**
> F5셀의 '=$D5*F$4' 수식을 오른쪽(열 방향)으로 복사하면 $D5셀의 D열이 고정되면서 F$4셀의 F열만 상대 참조로 바뀝니다. 그리고 다시 아래쪽(행 방향)으로 복사하면 $D5셀의 5행은 상대 참조로 바뀌고, F$4셀의 4행은 고정됩니다.

다른 워크시트의 셀 참조하기

수식을 입력하는 도중에 다른 워크시트의 셀을 클릭하여 참조할 수 있습니다. 이번에는 상반기 대비 하반기의 판매 증가액을 구하겠습니다.

01 ❶ [하반기] 시트 탭을 클릭하고, ❷ E4셀에 '=D4-'를 입력한 후 ❸ [상반기] 시트 탭을 클릭합니다.

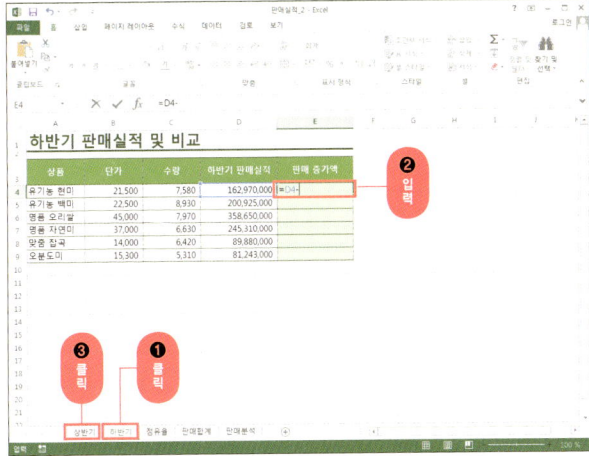

02 [상반기] 워크시트에서 D5셀을 클릭한 후 Enter 를 누릅니다.

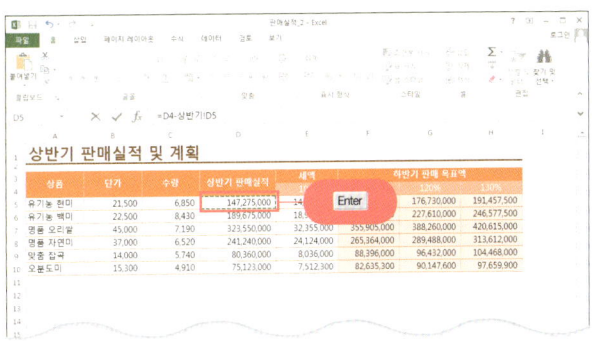

03 E4셀에 현재 워크시트의 D4셀에서 [상반기] 워크시트의 D5셀의 값을 뺀 증가액이 나타납니다. E4셀의 채우기 핸들을 E10셀까지 드래그하여 나머지 셀의 증가액도 구하세요.

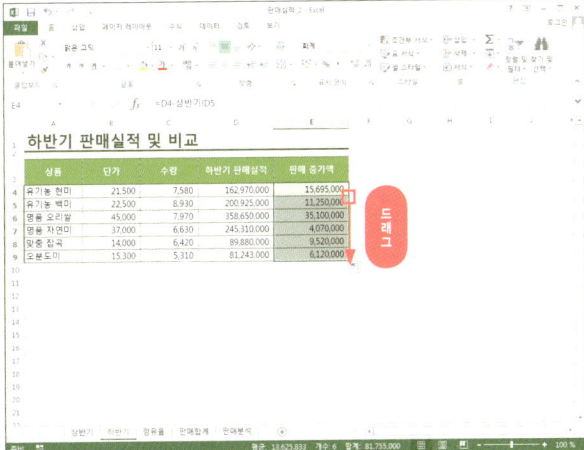

수식 입력줄을 보면 '=D4-상반기!D5'라고 나타나는데, 여기에서 '상반기!D5'는 [상반기] 워크시트의 D5셀을 뜻합니다. 즉, 다른 워크시트의 셀을 참조하면 워크시트 이름과 셀 주소 사이에 느낌표(!)가 붙습니다.

예제_엑셀\Chapter4\판매실적_3.xlsx

셀에 이름을 정의하여 계산하기

Lesson 3

셀 주소로 작성한 수식을 검토하다 보면 참조한 셀 주소를 찾기 어려울 때가 있습니다. 특히 $S$8과 같은 절대 참조 형식의 셀 주소가 있으면 어렵게만 느껴집니다. 이러한 경우 셀 주소나 셀 범위를 이름으로 정의한 후 사용하면 좀 더 직관적인 수식을 작성할 수 있습니다.

STEP 01 셀 주소를 이름으로 정의하기

셀 주소에 이름을 정의하면, 해당 셀 주소 대신에 이름을 사용하여 셀을 선택하거나 수식에 사용할 수 있습니다.

01 ❶ D5:D10 셀 범위를 선택한 후 ❷ [이름 상자]에 '판매실적'이라고 입력하고 Enter 를 누릅니다.

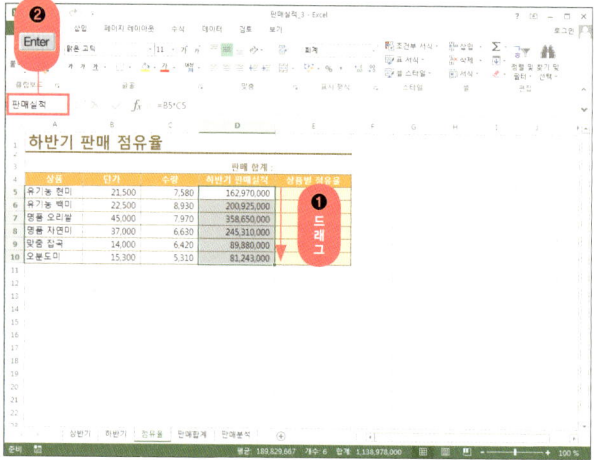

> **참고**
> [수식] 탭의 [정의된 이름] 그룹에서 [이름 정의]를 클릭해도 됩니다.

02 ❶ 위와 같은 방법으로 E3셀을 선택한 후 ❷ [이름 상자]에 '판매합계'라고 입력하고 Enter 를 누릅니다.

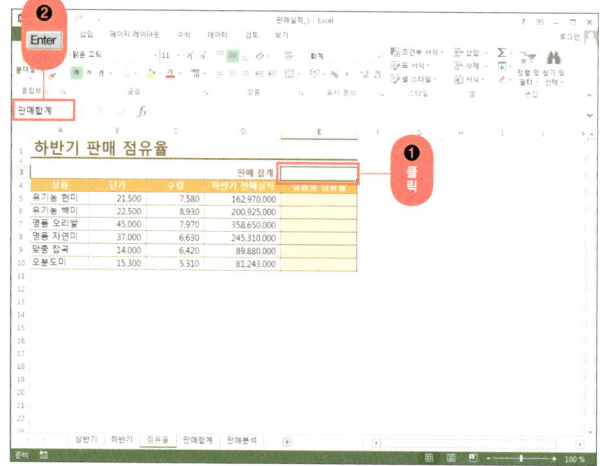

> **주의**
> 이름의 첫 글자는 반드시 한글이나 영문 등의 문자로 시작해야 하며, 공백 및 특수 문자는 사용할 수 없습니다.

STEP 02 정의한 이름으로 수식 작성하기

정의한 이름을 사용하여 수식을 작성하면, 절대 참조 형식의 셀 주소로 계산됩니다. 이번에는 D5:D10 셀 범위의 '판매실적'과 E3셀의 '판매합계'를 이용하여 상품별 점유율을 계산하겠습니다.

01 E3셀에 '=SUM(판매실적)'이라고 입력한 후 Enter 를 누르면 합계가 계산됩니다.

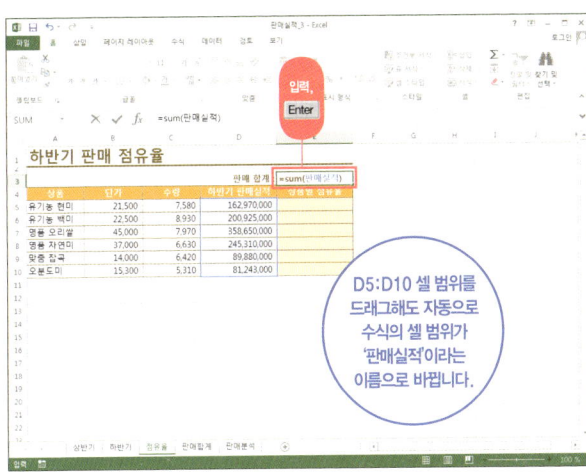

> **참고**
> '판매실적'이라는 이름을 정의하지 않은 경우에는 '=SUM(D5:D10)'과 같이 합계를 구할 셀 범위를 입력해야 합니다.

02 E5셀에 '=D5/판매합계'라고 입력한 후 Enter 를 누르면 점유율이 계산됩니다. E5셀의 채우기 핸들을 E10셀까지 드래그합니다.

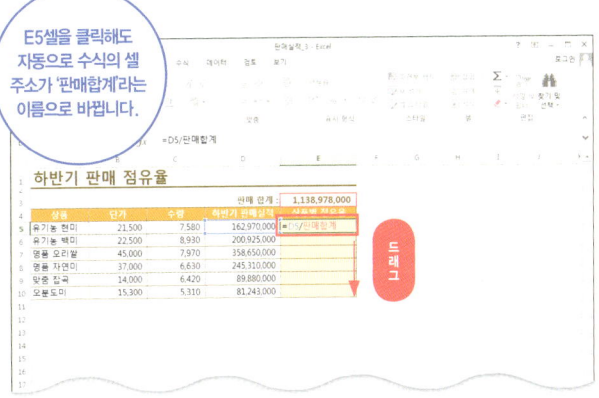

03 '판매합계'라는 이름은 절대 참조 형식이므로 '=D6/판매합계, =D7/판매합계, D8/판매합계, ……'와 같이 수식이 바뀌면서 나머지 점유율도 계산됩니다.

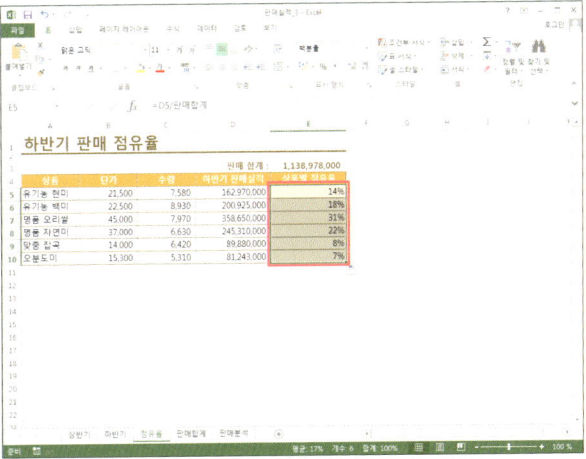

> **참고**
> '판매합계'라는 이름을 정의하지 않은 경우에는 '=D5/$E$3'과 같이 E3셀을 절대 참조 형식으로 입력해야 합니다.

정의한 이름 편집하고 삭제하기

[이름 관리자]에서 정의한 이름의 셀 범위를 편집하거나 사용하지 않는 이름을 삭제할 수 있습니다.

01 ❶ [수식] 탭의 [정의된 이름] 그룹에서 ❷ [이름 관리자]를 클릭합니다.

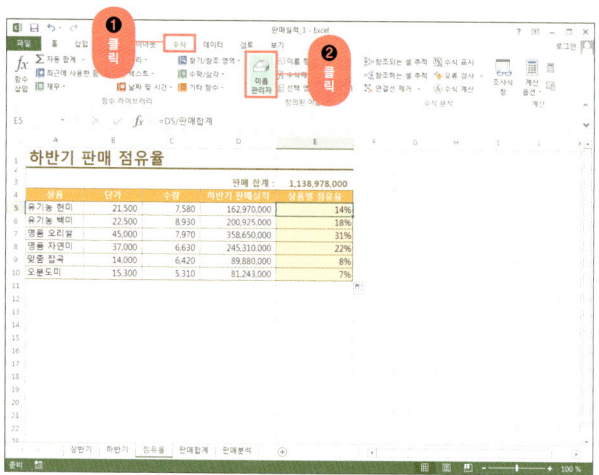

> **key**
> 이름 관리자 : Ctrl + F3

> **참고**
> [이름 상자]의 드롭다운 단추 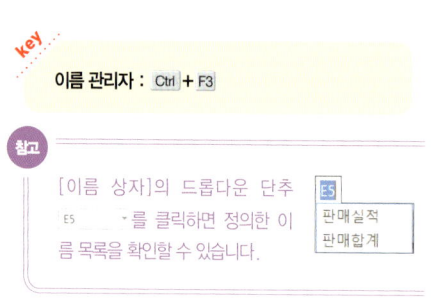 를 클릭하면 정의한 이름 목록을 확인할 수 있습니다.

02 [이름 관리자] 대화상자가 나타나면 현재 정의된 이름의 값과 참조 대상, 범위 등을 확인할 수 있습니다. ❶ 편집할 [이름]을 선택한 후 ❷ [편집] 단추를 클릭합니다.

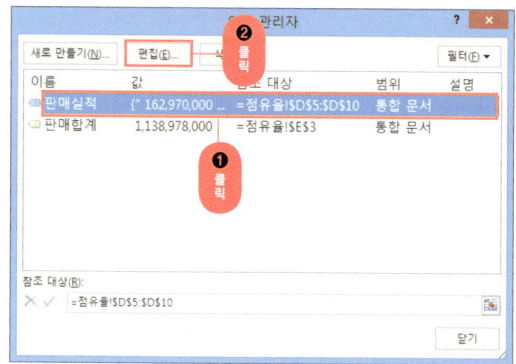

03 [이름 편집] 대화상자가 나타납니다. 여기에서 [이름]이나 [참조 대상]을 수정한 후 [확인] 단추를 클릭하면 이름이 편집됩니다.

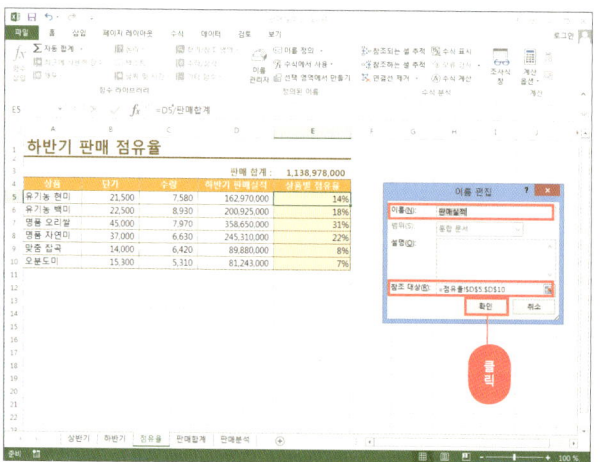

> **주의**
> 이름으로 작성한 수식이 있는 경우 이름이 삭제되면 참조한 이름을 찾을 수 없다는 '#NAME?' 오류가 나타납니다. 오류에 대한 내용은 35쪽을 참고하세요.

STEP 04 구조적 참조로 수식 작성하기

표 서식의 구조적 참조는 '이름'과 비슷하지만, 행이나 열 등을 추가할 경우 구조적 참조도 함께 확장되므로 쉽게 수식을 작성할 수 있습니다.

01 ❶ 표 범위 안의 셀을 선택한 후 [홈] 탭의 [스타일] 그룹에서 ❷ [표 서식]을 클릭하고 원하는 ❸ [표 스타일]을 클릭합니다. 그런 다음 [표 서식] 대화상자가 나타나면, ❹ 표로 사용할 셀 범위를 확인한 후 ❺ [확인] 단추를 클릭합니다.

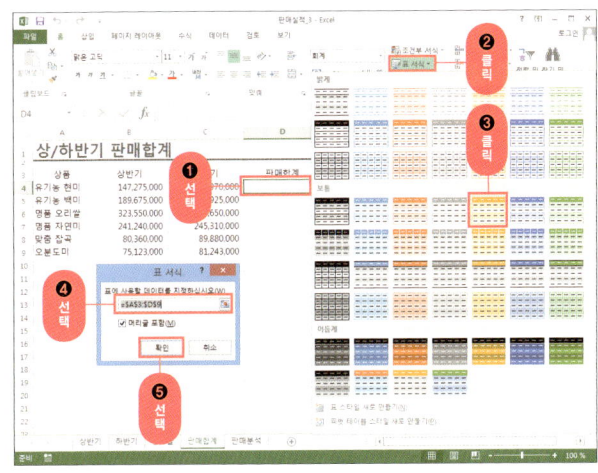

> 참고
> [삽입] 메뉴의 [표] 그룹에서 [표]를 클릭해도 됩니다.

02 D4셀에 '=[상반기]+[하반기]'라고 입력한 후 Enter 를 누릅니다.

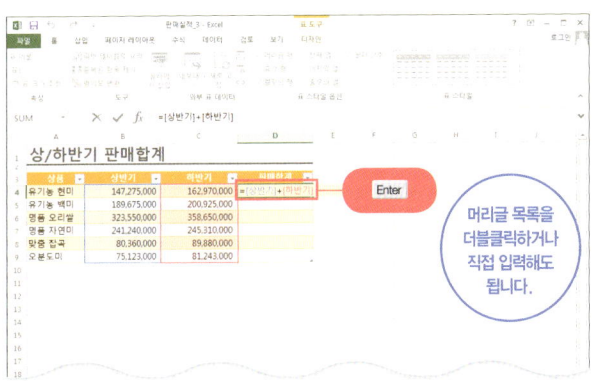

> 참고
> D4셀에 '=['를 입력하면 자동으로 열 머리글 목록이 나타납니다. 여기에서 방향키를 이용하여 [상반기]를 선택한 후 Tab 을 누르거나 더블클릭하면 자동으로 입력할 수 있습니다.

머리글 목록을 더블클릭하거나 직접 입력해도 됩니다.

03 D4셀에 상반기와 하반기의 덧셈 결과가 나타나면서 D5:D9 셀 범위도 자동으로 계산되어 표시됩니다.

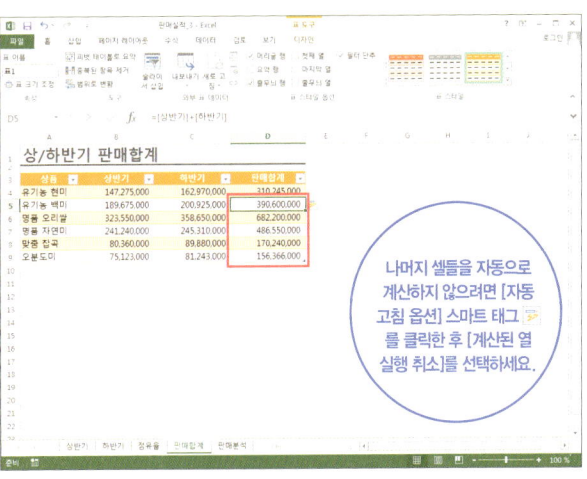

나머지 셀들을 자동으로 계산하지 않으려면 [자동 고침 옵션] 스마트 태그를 클릭한 후 [계산된 열 실행 취소]를 선택하세요.

예제_엑셀\Chapter4\판매실적_4.xlsx

자동 합계 단추로 계산하기

Lesson 4

엑셀에서는 합계를 가장 많이 구합니다. 따라서 합계를 구하는 SUM 함수도 간단하게 입력하여 계산할 수 있도록 [자동 합계]라는 단추를 만들어 놓았습니다. 또 [자동 합계] 단추의 드롭다운 단추를 클릭하면 합계 외에 평균, 최대값, 최소값, 개수도 구할 수 있습니다.

STEP 01 자동 합계 단추로 합계 구하기

[자동 합계] 단추를 클릭하면 '=SUM' 함수의 이름과 괄호 안에 계산될 셀 범위가 자동으로 입력되므로 간단하게 셀 범위만 지정하여 합계를 구할 수 있습니다.

01 ❶ 합계를 구하려는 B10셀을 선택한 후 [홈] 탭의 [편집] 그룹에서 ❷ [자동 합계] Σ를 클릭합니다.

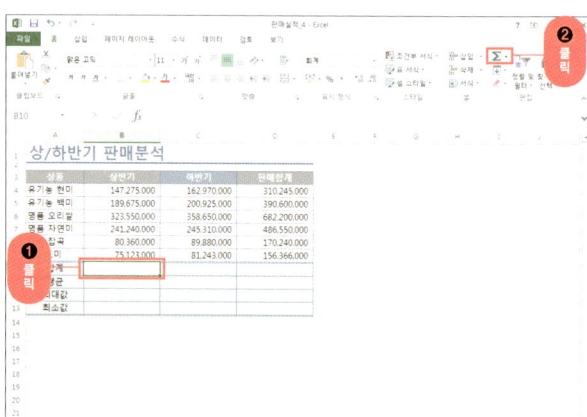

 SUM 함수에 대해서는 144쪽을 참고하세요.

02 자동으로 '=SUM(B4:B9)'가 입력되면서 참조된 셀 범위가 깜빡거립니다. ❶ Enter 를 누른 후 ❷ B10셀의 채우기 핸들을 D10셀까지 드래그하여 다른 셀의 합계도 구하세요.

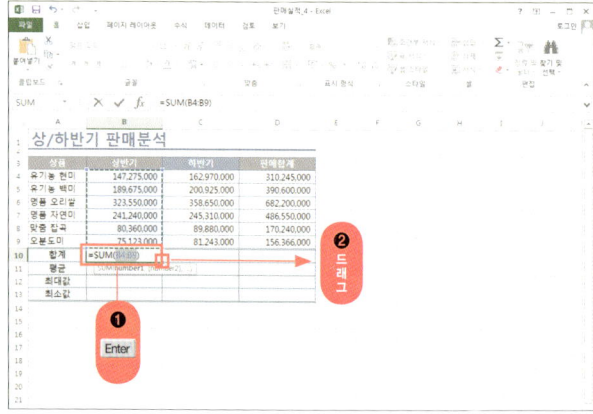

> **참고**
> 합계를 구하려는 셀 범위가 다른 경우에는 143쪽처럼 셀 주소를 클릭하거나 드래그하여 괄호 안의 셀 범위를 바꾸세요.

STEP 02 자동 합계 단추로 평균 구하기

[자동 합계]는 가장 많이 사용하는 SUM 함수가 대표적이지만, 드롭다운 단추를 클릭하면 평균이나 개수, 최대/최소값도 간단하게 구할 수 있습니다.

01 ❶ 평균을 구하려는 B11셀을 선택한 후 ❷[자동 합계]의 드롭다운 단추를 클릭하고 ❸[평균]을 클릭합니다.

02 B11셀에 자동으로 '=AVERAGE(B4:B10)'이 입력되면서 참조된 셀 범위가 깜빡거립니다. ❶ B4:B9 셀 범위를 드래그하여 참조된 셀 범위를 바꾼 후 ❷ Enter 를 누릅니다.

> AVERAGE 함수에 대해서는 150쪽을 참고하세요.

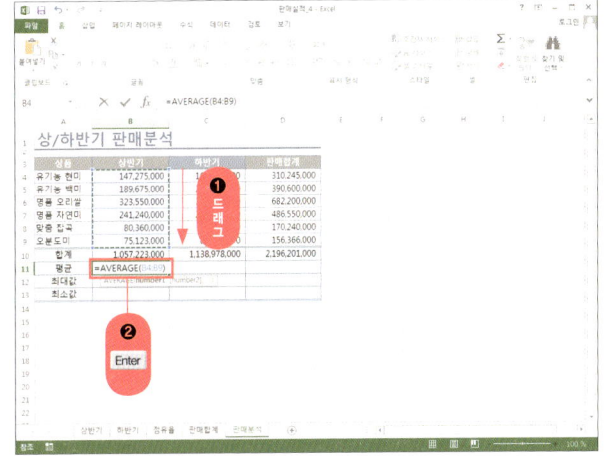

03 이와 같은 방법으로 B12셀과 B13셀에서 ❶[자동 합계]의 드롭다운 단추를 클릭한 후 ❷[최대값]과 [최소값]을 클릭하여 나머지 셀 범위의 계산도 구하세요.

> 최대값(MAX 함수)과 최소값(MIN 함수)에 대해서는 160쪽을 참고하세요.

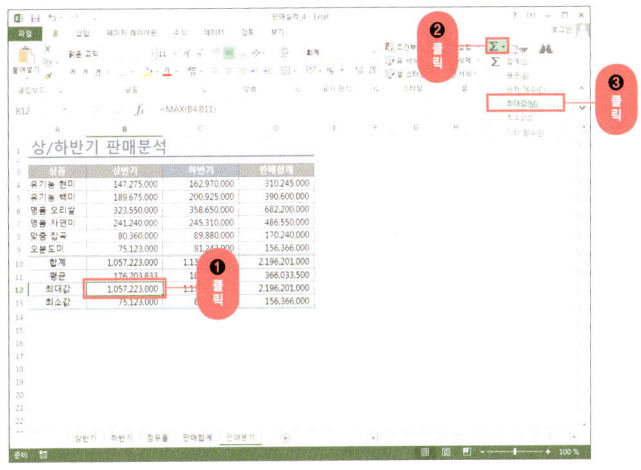

예제_엑셀\Chapter4\[필수 함수.xlsx]합계!

SUM으로 함수의 네 가지 사용 방법 익히기

Lesson 5

계산에 사용되는 값을 직접 입력하여 수식을 작성할 수도 있지만, 셀 주소로 수식을 작성하면 입력 오류를 줄일 수 있습니다. 이러한 경우 셀 주소에 입력한 값이 바뀌면 계산 결과도 자동으로 바뀌기 때문에 수식을 다시 작성할 필요가 없어서 편리합니다.

STEP 01 함수의 사용 방법

다음의 네 가지 방법 중에서 가장 편리한 방법을 선택하여 사용하세요.

01 엑셀에서 가장 많이 사용하는 함수인 SUM과 AVERAGE, COUNT 등의 함수는 [자동 합계] Σ에 [합계], [평균], [숫자 개수] 등의 이름으로 모여있으므로 단추만 클릭하여 쉽게 구할 수 있습니다.

> 참고
>
> [자동 합계]의 드롭다운 단추를 클릭하면 합계 외에 평균, 숫자 개수, 최대값, 최소값을 구할 수 있습니다. [자동 합계]의 드롭다운 단추를 이용하는 방법은 142쪽을 참고하세요.

02 리본 메뉴의 [수식] 탭을 클릭하면 [자동 합계] 외에도 다양한 함수들이 사전처럼 모여있습니다. 여기에서 사용하려는 함수의 종류와 이름을 클릭하면 됩니다.

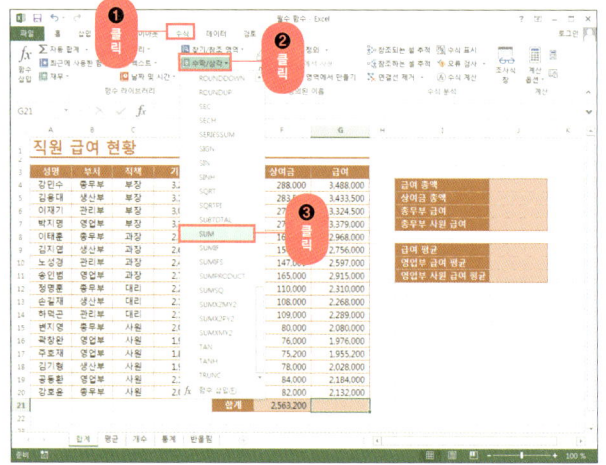

144

03 함수의 범주를 모른다면 리본 메뉴나 수식 입력줄의 [함수 삽입] fx 을 클릭한 후 [함수 마법사]에서 함수를 선택하여 입력할 수 있습니다.

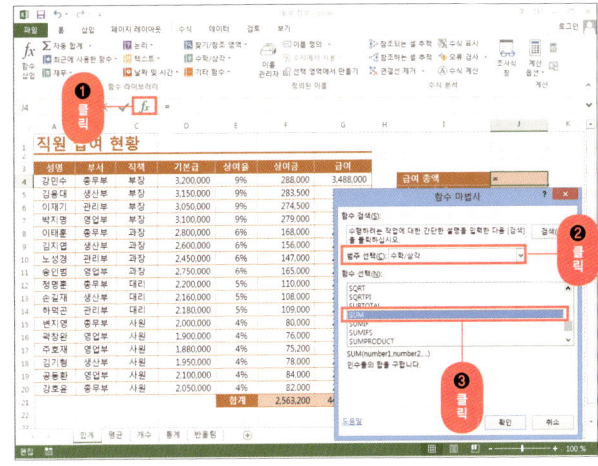

04 함수의 이름을 알고 있다면 등호(=)와 함께 함수식을 직접 입력하여 계산하면 됩니다. 이때 입력한 영문의 함수 목록이 자동으로 나타나고, 함수 인수도 풍선 도움말로 표시되기 때문에 쉽게 작성할 수 있습니다.

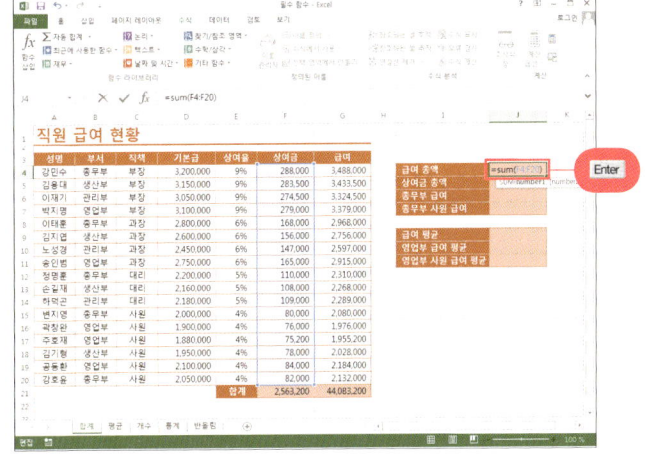

> **참고**
> '=s'를 입력하면 S로 시작하는 함수 목록이 너무 많이 나타납니다. 이러한 경우 계속 'u'를 입력하여 함수 목록의 개수를 줄여야 SUM 함수를 선택하기 쉽습니다.

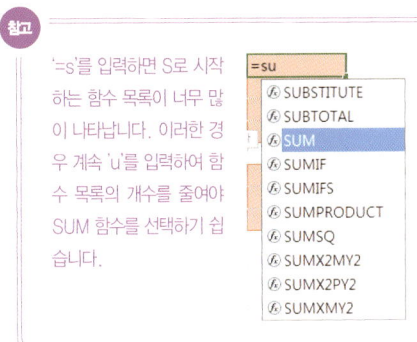

■ 함수 형식

SUM 함수

설명	참조한 셀이나 셀 범위에 있는 숫자의 합계를 구합니다.
형식	= SUM(number1, number2, …)
인수	• number : 평균을 구할 숫자나 셀 범위

SUM 계열 함수로 직원 급여 합계 구하기

Lesson 6

예제_엑셀\Chapter4\[필수 함수.xlsx]합계!

SUM 함수 외에도 수학/삼각 함수에는 합계를 구하는 다양한 함수가 있습니다. SUMPRODUCT 함수는 대응하는 값끼리 곱한 결과의 합계를 구하고, SUMIF와 SUMIFS 함수는 하나 또는 2개 이상의 조건에 맞는 합계를 구합니다.

■ 함수 형식

SUMPRODUCT 함수

설명	대응하는 배열의 값들을 곱한 후 그 합계를 구합니다.
형식	SUMPRODUCT(array1,[array2],[array3],…)
인수	array1, 2, 3 : 서로 대응하여 곱할 셀 범위

SUMIF 함수

설명	한 개의 조건에 맞는 데이터의 합계를 구합니다.
형식	SUMIF(range,criteria,[sum_range])
인수	• range : 조건을 찾을 셀 범위 • criteria : 합계를 구할 조건 • sum_range : 합계를 구할 셀 범위(생략하면 조건 셀 범위의 합계를 구함)

SUMIFS 함수

설명	여러 개의 조건에 맞는 데이터의 합계를 구합니다.
형식	SUMIFS(sum_range,criteria_range1,criteria1,…)
인수	• sum_range : 합계를 구할 셀 범위 • criteria_range : 조건에 찾을 셀 범위 • criteria : 합계를 구할 조건 • … : 계속해서 조건을 찾을 두 번째 범위와 조건 지정

STEP 01

SUMPRODUCT 함수로 대응하는 값끼리 곱한 후 합계 구하기

SUMPRODUCT 함수는 두 개의 배열에 있는 값을 서로 곱한 후 합계를 구할 때 사용합니다. 이번에는 기본급과 상여율을 곱한 후 상여금의 합계를 구하겠습니다.

■ **함수 형식** | =SUMPRODUCT(셀 범위, 셀 범위)

01 ❶ J5셀을 선택한 후 ❷ [수식] 탭의 [함수 라이브러리] 그룹에서 ❸ [수학/삼각]을 클릭하고 ❹ [SUMPRODUCT]를 클릭합니다.

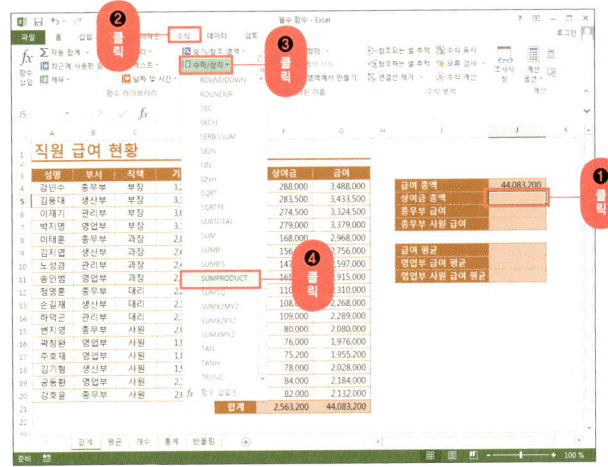

02 [함수 인수] 대화상자가 나타납니다. ❶ 오른쪽과 같이 인수를 지정한 후 ❷ [확인] 단추를 클릭합니다.

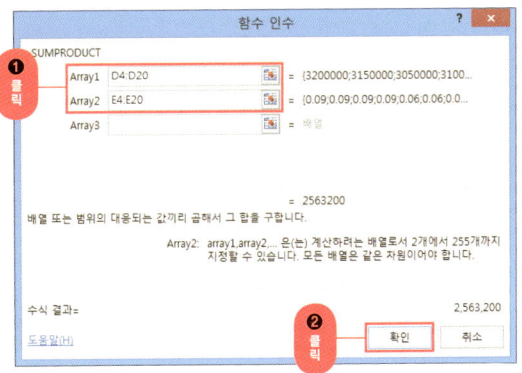

> **참고**
> 매출 합계는 단가와 수량을 곱해야 하므로 [Array1]에는 기본급의 셀 범위인 'D4:D20'을, [Array2]에는 상여율의 셀 범위인 'E4:E20'을 지정합니다.

03 J5셀에 D4:D20 셀 범위의 기본급과 E4:E20 셀 범위의 상여율이 각각 대응되는 값끼리 먼저 곱한 후 곱한 값들의 합계가 나타납니다.

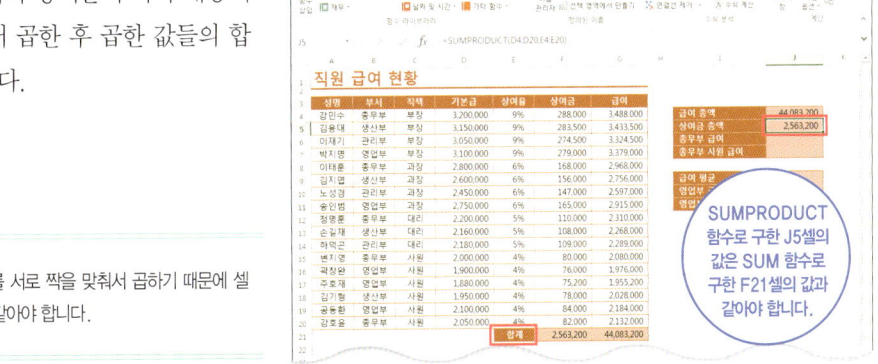

> **주의**
> 2개의 셀 범위를 서로 짝을 맞춰서 곱하기 때문에 셀 범위의 크기가 같아야 합니다.

> SUMPRODUCT 함수로 구한 J5셀의 값은 SUM 함수로 구한 F21셀의 값과 같아야 합니다.

SUMIF 함수로 조건에 맞는 데이터의 합계 구하기

SUMIF 함수는 SUM 함수와 IF 함수가 합쳐진 함수로, 조건에 맞는 데이터만 찾아서 합계를 구할 때 사용합니다. 이번에는 총무부 직원의 급여 합계를 구하겠습니다.

■ **함수 형식** | =SUMIF(조건 셀 범위,조건,합계 셀 범위)

01 ❶ J6셀을 선택한 후 [수식] 탭의 [함수 라이브러리] 그룹에서 ❷ [수학/삼각]을 클릭하고 ❸ [SUMIF]를 클릭합니다.

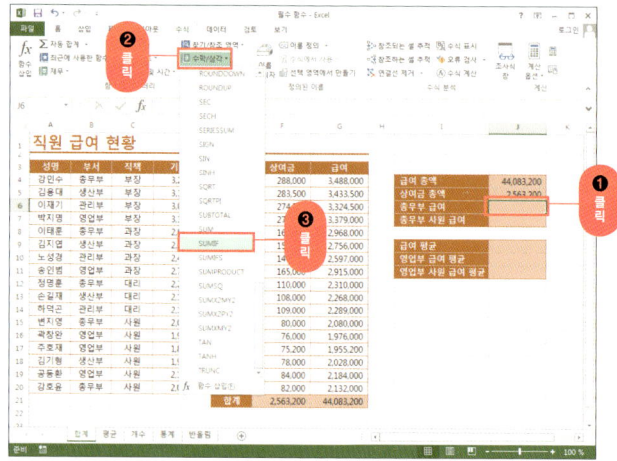

02 [함수 인수] 대화상자가 나타납니다. ❶ 오른쪽과 같이 인수를 지정한 후 ❷ [확인] 단추를 클릭합니다.

 참고

먼저 B4:B20 셀 범위에서 '총무부'를 찾아야 하므로 [Range]에는 'B4:B18'을, [Criteria]에는 "총무부"를 지정합니다. 그리고 조건에 맞는 값을 찾은 후 급여의 합계를 구하므로 [Sum_range]에 'G4:G20'을 지정합니다.

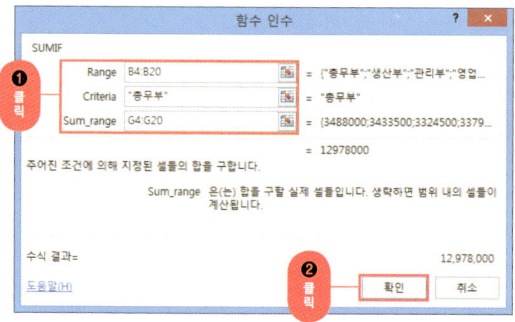

03 J6셀에 B4:B20 셀 범위에서 '총무부'를 찾은 후 B4:B20 셀 범위에 있는 해당 값들의 합계가 나타납니다.

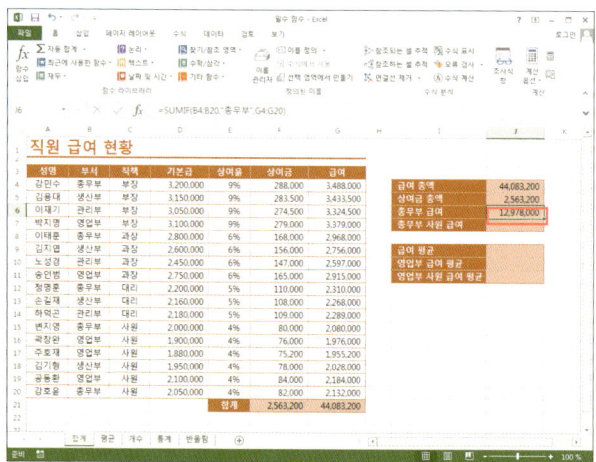

 주의

[Criteria] 인수로 텍스트를 지정하려면 큰따옴표로 묶어야 합니다. 물론 [함수 인수] 대화상자에 그냥 텍스트만 입력해도 자동으로 큰따옴표가 붙습니다.

SUMIFS 함수로 여러 조건에 맞는 데이터의 합계 구하기

SUMIFS 함수는 SUMIF 함수 뒤에 'S'가 붙은 함수로, 여러 개의 조건으로 합계를 구할 때 사용합니다. 이번에는 총무부 중에서 사원의 급여 합계를 구하겠습니다.

■ **함수 형식** | =SUMIFS(합계 셀 범위,조건 셀 범위1,조건1,조건 셀 범위2,조건2,…)

01 ❶ J7셀을 선택한 후 [수식] 탭의 [함수 라이브러리] 그룹에서 ❷ [수학/삼각]을 클릭하고 ❸ [SUMIFS]를 클릭합니다.

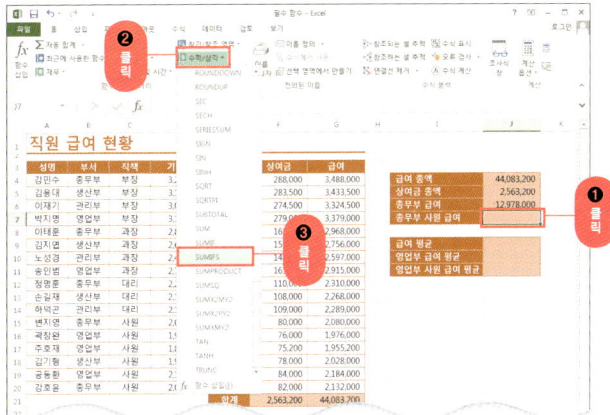

주의

SUMIFS 함수는 엑셀 2007에서 새롭게 추가된 함수입니다. 그러므로 엑셀 2003 이하 버전에서 SUMIFS 함수를 입력하면 #NAME? 오류가 발생합니다.

02 [함수 인수] 대화상자가 나타납니다. ❶ 오른쪽과 같이 인수를 지정한 후 ❷ [확인] 단추를 클릭합니다.

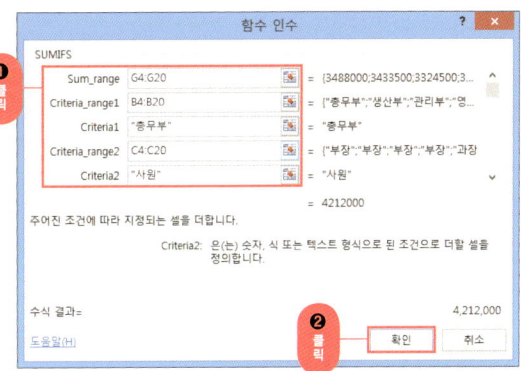

참고

SUMIFS 함수는 SUMIF 함수와 달리 합계를 구하려는 셀 범위를 먼저 지정한 후 조건을 찾을 범위와 조건을 지정합니다. 그러므로 먼저 [Sum_range]에 'G4:G20'을 지정하고, 'B4:B20', "총무부", 'C4:C20', "사원"과 같이 조건을 찾을 범위와 조건을 차례대로 지정합니다.

03 J7셀에 B4:B20 셀 범위에서 '총무부'를, C4:C20 셀 범위에서 '사원'을 찾은 후 G4:G20 셀 범위에서 해당 값들의 합계가 나타납니다.

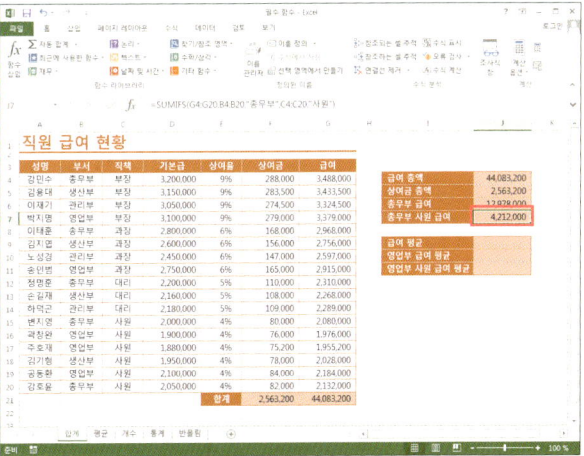

주의

엑셀 2003 이하 버전에서 여러 개의 조건에 맞는 데이터의 합계를 구하려면 '={(조건 범위1)*(조건1)*(조건 범위2)*(조건2)*(합계 범위)}'와 같이 배열 수식을 이용하세요.

149

AVERAGE 계열 함수로 직원 급여 평균 구하기

Lesson 7

예제_엑셀\Chapter4\[필수 함수.xlsx]평균!

SUM 함수처럼 평균을 구하는 함수도 AVERAGE 함수 외에 조건에 맞는 평균을 구하는 함수가 있습니다. AVERAGEIF 함수는 한 개의 조건에 맞는 평균을 구할 때, AVERAGEIFS 함수는 여러 개의 조건에 맞는 평균을 구할 때 사용합니다.

■ 함수 형식

AVERAGE 함수

설명	참조한 셀들의 평균을 구합니다.
형식	=AVERAGE(number1,[number2],…)
인수	• number : 평균을 구할 숫자나 셀 영역

AVERAGEIF 함수

설명	한 개의 조건에 맞는 데이터의 평균을 구합니다.
형식	=AVERAGEIF(range,criteria,[average_criteria])
인수	• range : 조건을 찾을 셀 범위 • criteria : 평균을 구할 조건 • average_criteria : 평균을 구할 셀 범위(생략하면 조건 셀 범위의 평균을 구함)

AVERAGEIFS 함수

설명	여러 개의 조건에 맞는 데이터의 평균을 구합니다.
형식	=AVERAGEIFS(average_range,criteria_range1,criteria1,…)
인수	• average_range : 평균을 구할 셀 범위 • criteria_range1 : 조건을 찾을 첫 번째 셀 범위 • criteria1 : 첫 번째 조건 • … : 계속해서 조건을 찾을 두 번째 범위와 조건 지정

AVERAGE 함수로 지정한 셀들의 평균 구하기

AVERAGE 함수는 셀 범위에 있는 값들의 평균을 구할 때 사용합니다. 이번에는 급여의 평균을 구하겠습니다.

■ **함수 형식** | **=AVERAGE(셀 범위)**

01 ❶ J9셀을 선택한 후 [수식] 탭의 [함수 라이브러리] 그룹에서 ❷ [자동 합계]의 드롭다운 단추를 클릭하고 ❸ [평균]을 클릭합니다.

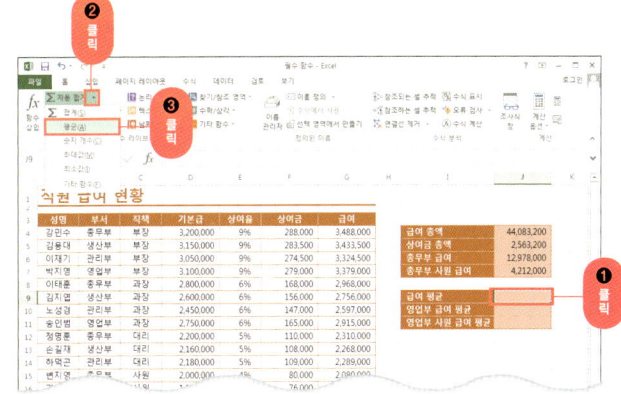

 참고

[수식] 탭의 [함수 라이브러리] 그룹에서 [함수 추가]를 클릭한 후 [통계]의 [AVERAGE]를 클릭합니다.

02 J9셀에 자동으로 '=AVERAGE' 함수가 입력됩니다. ❷ G4:G20 셀 범위를 드래그하여 인수로 지정한 후 ❷ Enter 를 누릅니다.

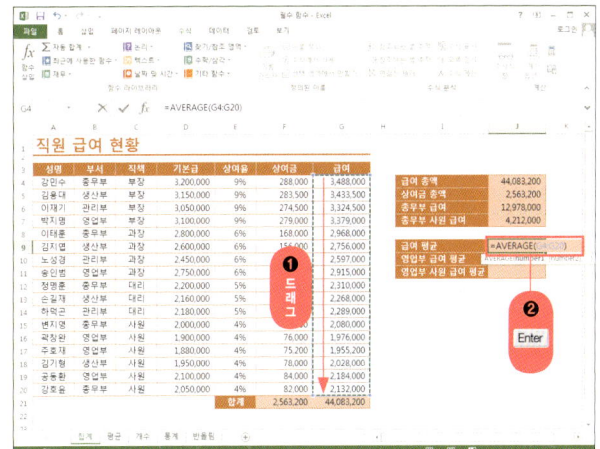

03 J9셀에 직원 급여의 평균이 나타납니다.

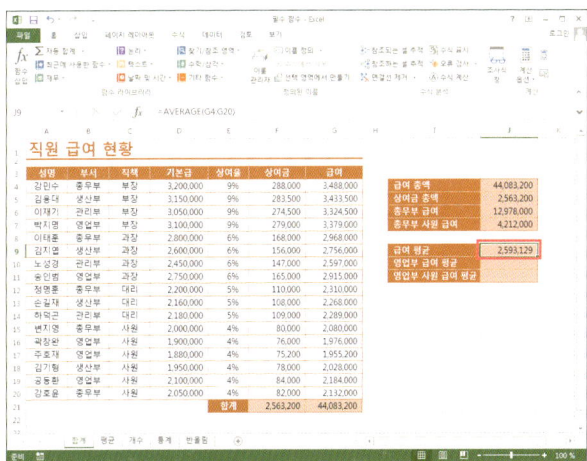

 주의

엑셀 2003 이하 버전에서 여러 개의 조건에 맞는 데이터의 합계를 구하려면 '={(조건 범위1)*(조건1)*(조건 범위2)*(조건2)*(합계 범위)}'와 같이 배열 수식을 이용하세요.

AVERAGEIF 함수로 조건에 맞는 데이터의 평균 구하기

AVERAGEIF 함수는 AVERAGE 함수와 IF 함수가 합쳐진 것으로, 조건에 맞는 데이터를 찾아서 평균을 구할 때 사용합니다. 이번에는 영업부 급여의 평균을 구하겠습니다.

■ **함수 형식** | SUMIF(조건 셀 범위,조건,평균 셀 범위)

01 ❶ J10셀을 선택한 후 [수식] 탭의 [함수 라이브러리] 그룹에서 ❷ [함수 추가]를 클릭하고 ❸ [통계]의 ❹ [AVERAGEIF]를 클릭합니다.

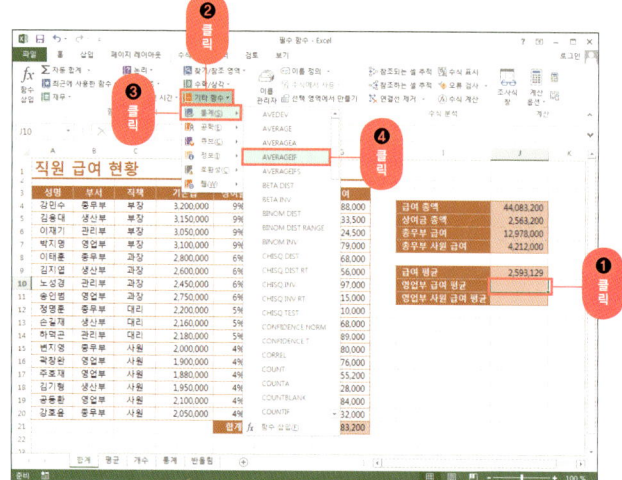

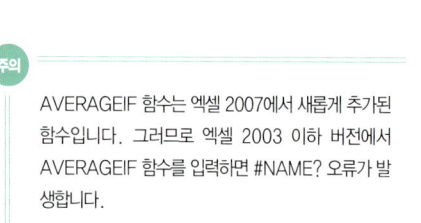

AVERAGEIF 함수는 엑셀 2007에서 새롭게 추가된 함수입니다. 그러므로 엑셀 2003 이하 버전에서 AVERAGEIF 함수를 입력하면 #NAME? 오류가 발생합니다.

02 [함수 인수] 대화상자가 나타납니다. ❶ 오른쪽과 같이 인수를 지정한 후 ❷ [확인] 단추를 클릭합니다.

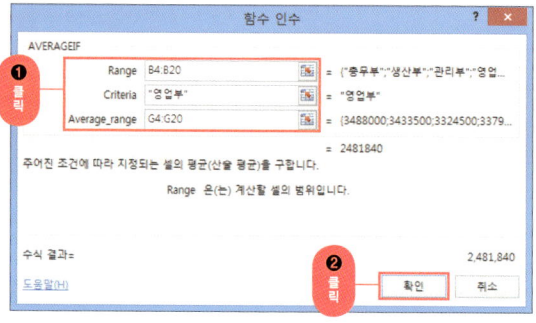

먼저 B4:B20 셀 범위에서 '영업부'를 찾아야 하므로, [Range]에는 'B4:B20'을, [Criteria]에는 "영업부"를 지정합니다. 그리고 조건에 맞는 값을 찾은 후 급여의 평균을 구하므로 [Average_range]에 'G4:G20'을 지정합니다.

03 J10셀에 B4:B20 셀 범위에서 '영업부'를 찾은 후 G4:G20 셀 범위에서 해당 값들의 평균이 나타납니다.

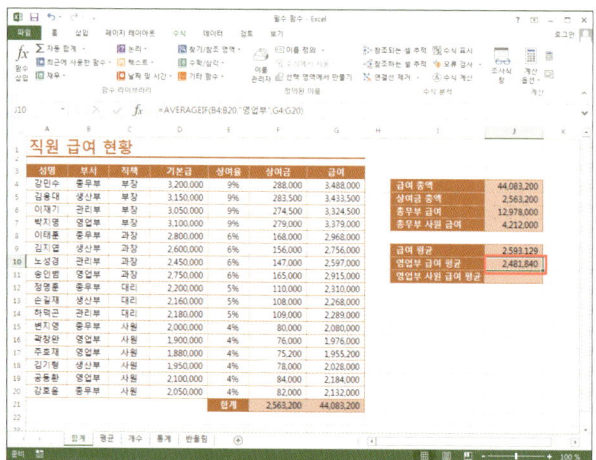

AVERAGEIFS 함수로 조건에 맞는 데이터의 평균 구하기

AVERAGEIFS 함수는 AVERAGEIF 함수 뒤에 복수의 'S'가 붙은 것으로, 여러 조건으로 평균을 구할 때 사용합니다. 이번에는 영업부 직원 중에서 사원의 급여 평균을 구하겠습니다.

■ **함수 형식** | AVERAGEIFS(평균 셀 범위, 조건 셀 범위1, 조건1, 조건 셀 범위2, 조건2, …)

01 ❶ J11셀을 선택한 후 [수식] 탭의 [함수 라이브러리] 그룹에서 ❷ [기타 함수]를 클릭하고 ❸ [통계]의 ❹ [AVERAGEIFS]를 클릭합니다.

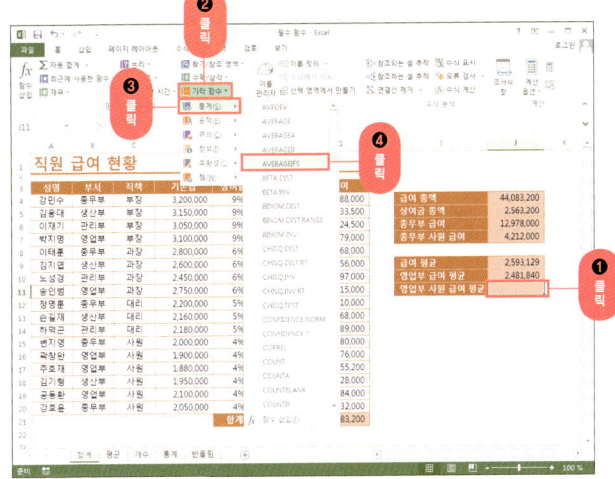

> **주의**
> AVERAGEIFS 함수는 엑셀 2007부터 새롭게 추가된 함수입니다. 그러므로 엑셀 2003 이하 버전에서 AVERAGEIFS 함수를 입력하면 #NAME? 오류가 발생합니다.

02 [함수 인수] 대화상자가 나타납니다. ❶ 오른쪽과 같이 인수를 지정한 후 ❷ [확인] 단추를 클릭합니다.

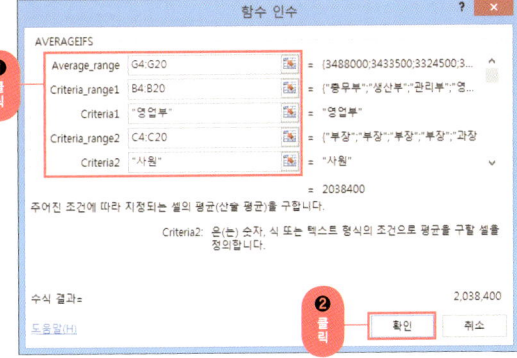

> **참고**
> AVERAGEIFS 함수는 AVEAGEIF 함수와 달리 평균을 구하려는 셀 범위를 먼저 지정한 후 조건을 찾을 범위와 조건을 지정합니다. 그러므로 먼저 [Average_range]에 'G4:G10'을 지정하고, 'B4:B20', "영업부", 'C4:C20', "사원"과 같이 조건을 찾을 범위와 조건을 차례대로 지정합니다.

03 J11셀의 B4:B20 셀 범위에서는 '영업부'를, C4:C20 셀 범위에서는 '사원'을 찾은 후 G4:G20 셀 범위에서 해당 값들의 합계가 나타납니다.

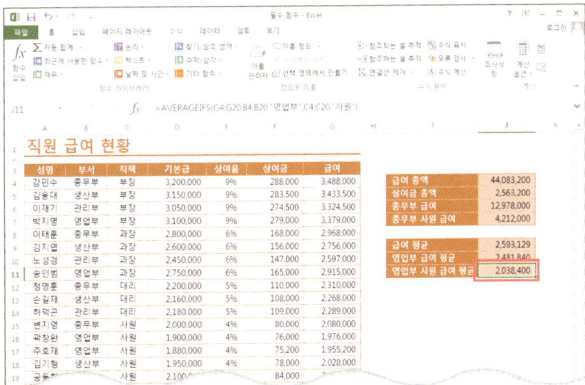

예제_엑셀\Chapter4\[필수 함수.xlsx]개수!

COUNT 계열 함수로 거래처 개수 구하기

Lesson 8

COUNT 함수를 이용하면 셀의 개수를 셀 수 있습니다. 이때 COUNTA 함수를 이용하면 셀 전체가 아니라 숫자가 있는 셀 개수만, COUNTBLANK 함수를 이용하면 빈 셀 개수만 구합니다. 그리고 COUNT 뒤에 IF 및 IFS를 붙여서 한 개 또는 여러 개의 조건에 맞는 개수를 구할 수도 있습니다.

■ 함수 형식

COUNT, COUNTA 함수

설명	COUNT 함수는 참조한 셀들의 숫자 개수를, COUNTA 함수는 비어 있지 않은 셀 개수를 구합니다.
형식	=COUNT(value1,[value2],…) =COUNTA(value1,[value2],…)
인수	• value : 개수를 구할 값이나 셀 범위

COUNTBLANK 함수

설명	참조한 셀들의 빈 셀의 개수를 구합니다.
형식	=COUNTBLANK(range)
인수	• ange : 개수를 구할 셀 범위

COUNTIF, COUNTIFS 함수

설명	COUNTIF 함수는 한 개의 조건, COUNTIFS 함수는 여러 개의 조건에 맞는 개수를 구합니다.
형식	=COUNTIF(range,criteria) =COUNTIFS(criteria_range1,criteria1,…)
인수	• range : 조건을 찾을 셀 범위 • criteria : 개수를 구할 조건 • criteria_range : 조건을 찾을 첫 번째 범위

STEP 01 COUNTA 함수로 비어 있지 않은 셀의 개수 구하기

COUNTA 함수는 셀 범위에서 숫자와 문자 등 비어 있지 않은 셀의 개수를 구할 때 사용합니다. 이번에는 전체 거래처의 개수를 구하겠습니다.

■ 함수 형식 | =COUNTA(셀 범위)

01 ❶ H4셀을 선택한 후 [수식] 탭의 [함수 라이브러리] 그룹에서 ❷ [기타 함수]를 클릭하고 ❸ [통계]의 ❹ [COUNTA]를 클릭합니다.

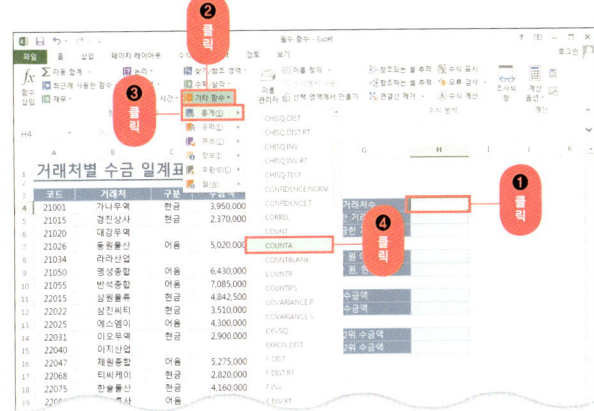

02 [함수 인수] 대화상자가 나타납니다. ❶ 오른쪽과 같이 인수를 지정한 후 ❷ [확인] 단추를 클릭합니다.

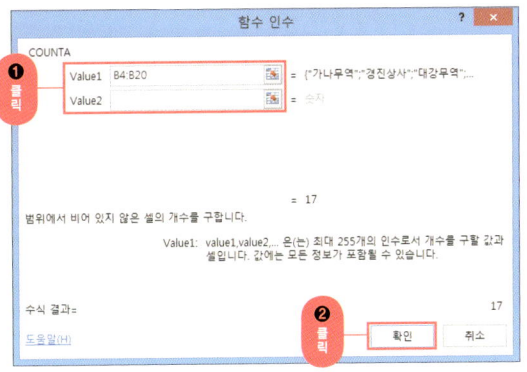

> 참고
> B4:B20 셀 범위에는 문자만 있지만 숫자나 수식 등이 포함되어 있어도 값이 있는 모든 셀의 개수가 나타납니다.

03 H4셀에 B4:B20 셀 범위에서 숫자나 문자가 입력되어 있는, 즉 비어 있지 않은 셀의 개수가 나타납니다.

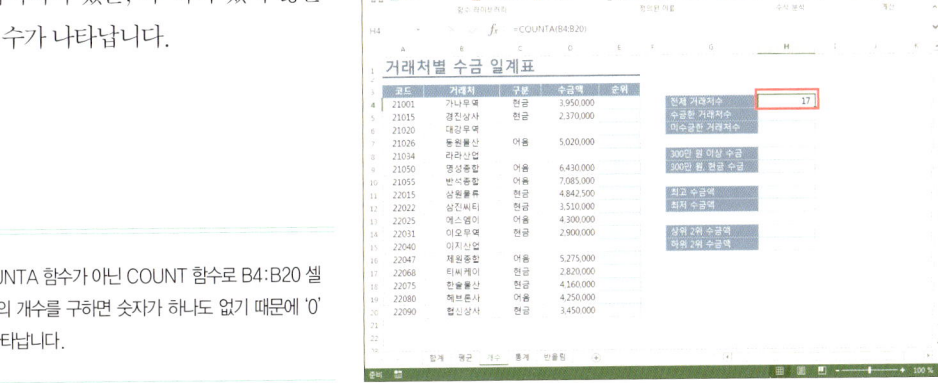

> 주의
> COUNTA 함수가 아닌 COUNT 함수로 B4:B20 셀 범위의 개수를 구하면 숫자가 하나도 없기 때문에 '0'이 나타납니다.

STEP 02 COUNT 함수로 숫자가 포함된 셀의 개수 구하기

COUNT 함수는 셀 범위에서 숫자가 포함된 셀의 개수를 구할 때 사용합니다. 이번에는 수금액이 있는 셀의 개수를 구하겠습니다.

■ 함수 형식 | =COUNT(셀 범위)

01 ❶ H5셀을 선택한 후 [수식] 탭의 [함수 라이브러리] 그룹에서 ❷ [자동 합계]의 드롭다운 단추를 클릭하고 ❸ [숫자 개수]를 클릭합니다.

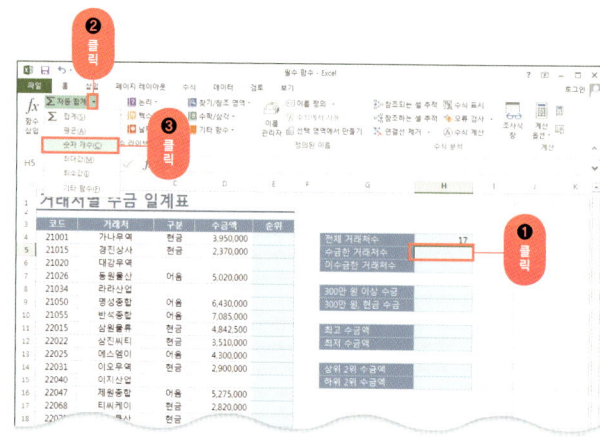

> 참고
> [수식] 탭의 [함수 라이브러리] 그룹에서 [함수 추가]를 클릭한 후 [통계]의 [COUNT]를 클릭합니다.

02 H5셀에 자동으로 '=COUNT' 함수가 입력됩니다. ❶ D4:D20 셀 범위를 드래그하여 인수로 지정한 후 ❷ Enter 를 누릅니다.

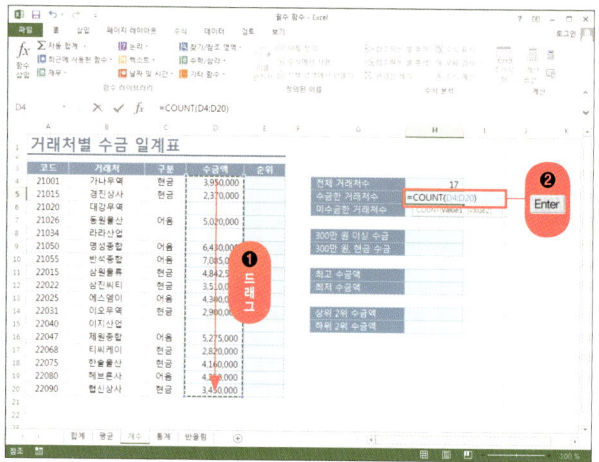

03 H5셀에 D4:D20 셀 범위에서 문자나 빈 셀은 제외한 숫자가 포함된 셀의 개수가 나타납니다.

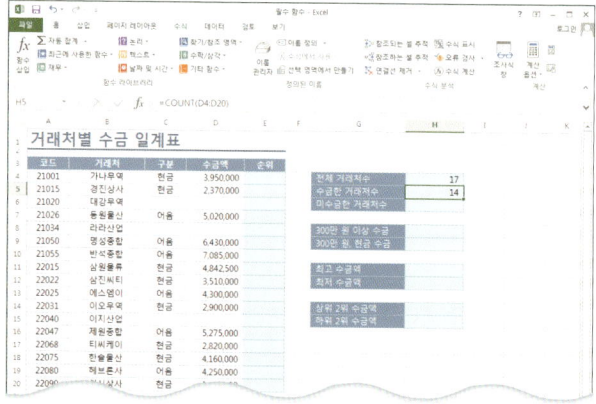

> 참고
> D4:D20 셀 범위의 개수는 모두 17개이지만, 이 중에서 숫자가 포함된 셀은 모두 14개입니다.

COUNTBLANK 함수로 비어 있는 셀의 개수 구하기

COUNT 함수 뒤에 'BLANK'가 붙은 COUNTBLANK 함수는 셀 범위에서 비어 있는 셀의 개수를 구할 때 사용합니다. 이번에는 수금액이 입력되지 않은 빈 셀의 개수를 구하겠습니다.

■ 함수 형식 | COUNTBLANK(셀 범위)

01 ❶ H6셀을 선택한 후 [수식] 탭의 [함수 라이브러리] 그룹에서 ❷ [기타 함수]를 클릭하고 ❸ [통계]의 ❹ [COUNTBLANK]를 클릭합니다.

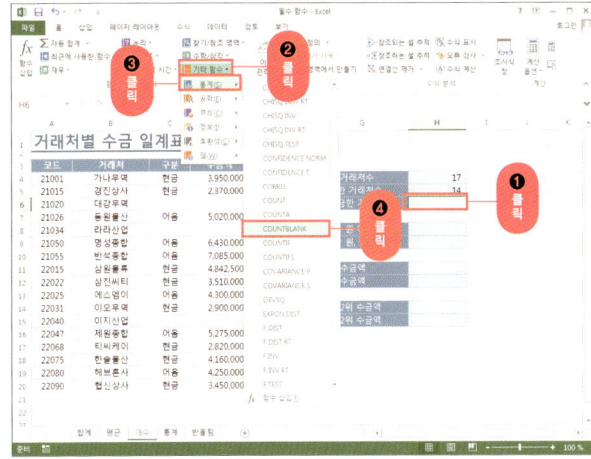

02 [함수 인수] 대화상자가 나타납니다. ❶ 오른쪽과 같이 인수를 지정한 후 ❷ [확인] 단추를 클릭합니다.

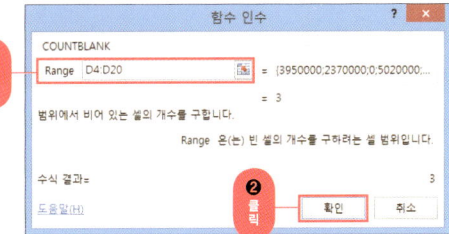

03 H6셀에 D4:D20 셀 범위에서 비어 있는 셀의 개수가 나타납니다.

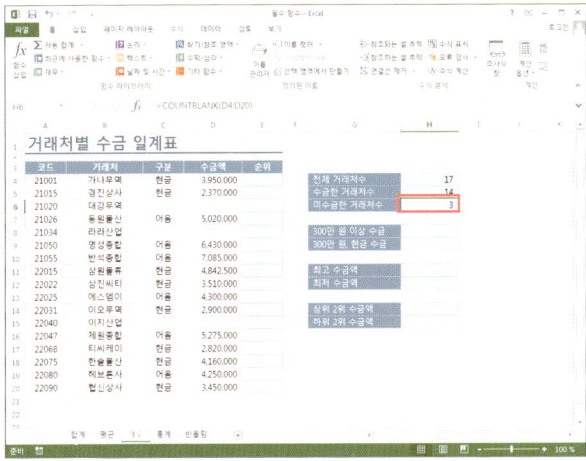

> **참고**
> D4:D20 셀 범위의 개수는 모두 17개이지만, 이 중에서 빈 셀은 모두 세 개입니다.

COUNTIF 함수로 한 개의 조건에 맞는 셀의 개수 구하기

COUNT 함수 뒤에 'IF'가 붙은 COUNTIF 함수는 셀 범위에서 한 개의 조건에 맞는 셀의 개수를 구할 때 사용합니다. 이번에는 수금액이 300만 원 이상인 개수를 구하겠습니다.

■ 함수 형식 | =COUNTIF(셀 범위,조건)

01 ❶ H8셀을 선택한 후 [수식] 탭의 [함수 라이브러리] 그룹에서 ❷ [기타 함수]를 클릭하고 ❸ [통계]의 ❹ [COUNTIF]를 클릭합니다.

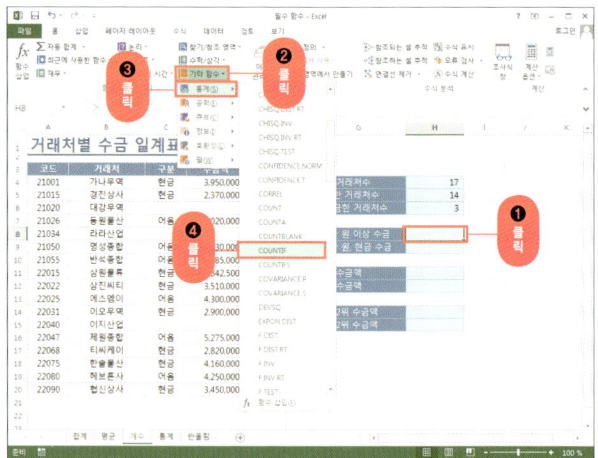

02 [함수 인수] 대화상자가 나타납니다. ❶ 오른쪽과 같이 인수를 지정한 후 ❷ [확인] 단추를 클릭합니다.

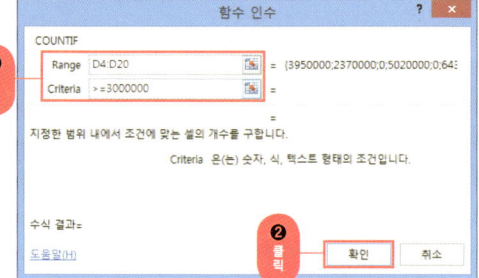

> 참고
> D4:D20 셀 범위에서 300만 원 이상을 찾아야 하므로 [Range]에는 D4:D20을, [Criteria]에는 ">=3000000"을 지정합니다.

03 H8셀에 D4:D20 셀 범위에서 300만 원 이상인 셀의 개수가 나타납니다.

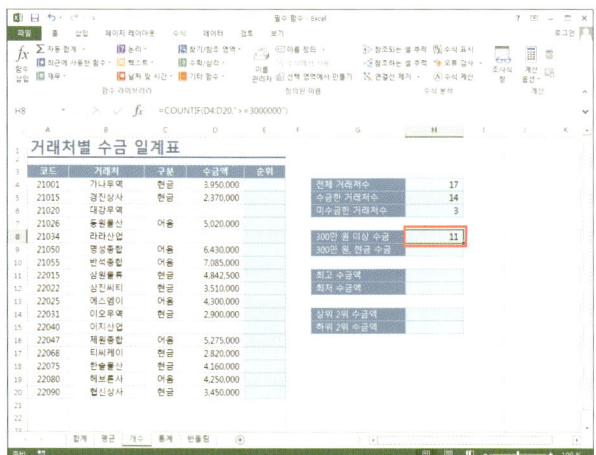

COUNTIFS 함수로 여러 개의 조건에 맞는 셀의 개수 구하기

COUNTIF 함수 뒤에 'S'가 붙은 COUNTIFS 함수는 셀 범위에서 여러 개의 조건에 맞는 셀의 개수를 구할 때 사용합니다. 이번에는 수금액이 300만 원 이상이며, 구분이 현금인 셀의 개수를 구하겠습니다.

■ 함수 형식 | =COUNTIFS(셀 범위1, 조건1, 셀 범위2, 조건2, …)

01 ❶H9셀을 선택한 후 [수식] 탭의 [함수 라이브러리] 그룹에서 ❷[함수 추가]를 클릭하고 ❸[통계]의 ❹[COUNTIFS]를 클릭합니다.

> **주의**
> COUNTIFS 함수는 엑셀 2007부터 새롭게 추가된 함수입니다. 그러므로 엑셀 2003 이하 버전에서 COUNTIFS 함수를 입력하면 #NAME? 오류가 발생합니다.

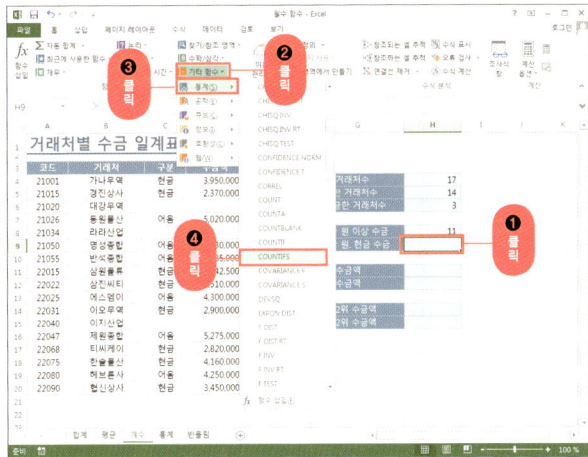

02 [함수 인수] 대화상자가 나타납니다. ❶오른쪽과 같이 인수를 지정한 후 ❷[확인] 단추를 클릭합니다.

> **참고**
> 먼저 D4:D20 셀 범위에서 300만 원 이상을 찾아야 하므로 [Criteria_range1]에는 'D4:D20'을, [Criteria1]에는 ">=3000000"을 지정합니다. 그리고 C4:C20 셀 범위에서 '현금'을 찾아야 하므로 [Criteria_range2]에는 'C4:C20'을, [Criteria2]에는 "현금"을 지정합니다.

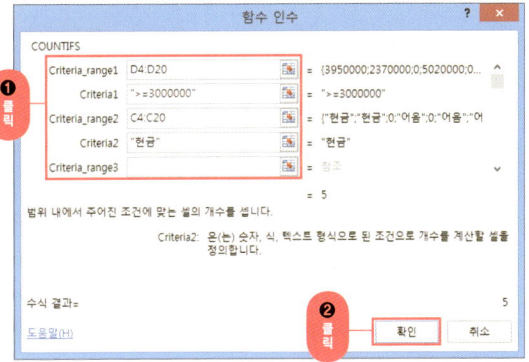

03 H9셀에 D4:D20 셀 범위에서 300만 원 이상이며, C4:C20 셀 범위에서 '현금'인 셀의 개수가 나타납니다.

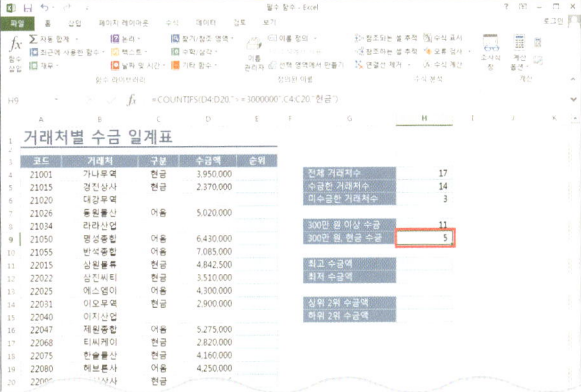

예제_엑셀\Chapter4\[필수 함수.xlsx]통계!

다양한 통계 함수로 순위와 최대/최소값 구하기

Lesson 9

통계 함수에는 평균이나 개수 외에도 다양한 함수들이 있습니다. 이 중에서 RANK 함수는 순위를, MAX 함수는 최대값을, MIN 함수는 최소값을 구할 때 사용합니다. 그리고 최대값과 최소값이 아닌 2위나 3위 등의 지정한 순서의 큰 값이나 작은 값은 LARGE와 SMALL 함수로 구할 수 있습니다.

■ 함수 형식

RANK 함수

설명	셀 범위에서 지정한 수의 순위를 구합니다.
형식	=RANK(number,ref,order)
인수	• number : 순위를 구할 수 • ref : 값을 비교할 셀 범위 • order : '0(또는 생략)'은 내림차순, '1'은 오름차순으로 순위를 지정

MAX, MIN 함수

설명	MAX 함수는 최대값을, MIN 함수는 최소값을 구합니다.
형식	=MAX(number1,number2,…) =MIN(number1,number2,…)
인수	• number : 최대값 또는 최소값을 구할 수

LARGE, SMALL 함수

설명	LARGE 함수는 k번째로 큰 값을, SMALL 함수는 k번째로 작은 값을 구합니다.
형식	=LARGE(array,k) =SMALL(array,k)
인수	• array : k번째 값을 구할 셀 범위 • k : 몇 번째 값을 구할 것인지 지정

RANK 함수로 지정한 값의 순위 구하기

RANK 함수는 셀 범위에서 지정한 수의 순위를 구할 때 사용합니다. 이번에는 수금액이 많은 것부터 적은 것까지의 순위를 구하겠습니다.

■ 함수 형식 | =RANK(값, 셀 범위, 순서)

01 E4셀을 선택한 후 [수식] 탭의 [함수 라이브러리] 그룹에서 ❶[기타 함수]를 클릭하고 ❷[호환성]의 ❸[RANK]를 클릭합니다.

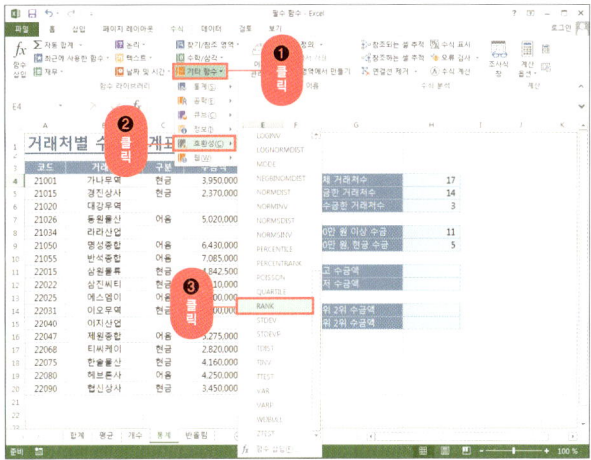

02 [함수 인수] 대화상자가 나타납니다. ❶오른쪽과 같이 인수를 지정한 후 ❷[확인] 단추를 클릭합니다.

먼저 D4셀의 값이 D4:D22 셀 범위에서 몇 위인지 구하는 것이므로 [Number]에는 'D4'를, [Ref]에는 'D4:D20'을 지정합니다. 이때 해당 수식을 다른 셀로 복사해도 D4:D20 셀 범위가 바뀌지 않도록 절대 참조 형식으로 입력합니다. 그리고 높은 수부터 낮은 수의 내림차순으로 순위를 정할 것이므로 [Order]를 생략합니다.

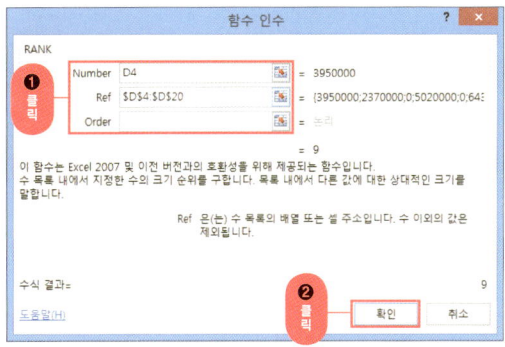

03 E4셀에 D4의 값은 D4:D20 셀 범위에서 9등이라는 순위가 나타납니다. E4셀의 채우기 핸들을 E20셀까지 드래그하여 E5:E20 셀 범위의 순위도 구합니다.

RANK 함수는 지정한 숫자의 순위를 구하는 것이므로 참조한 문자값은 순위에서 제외되며, E6셀과 E8셀, E15셀은 값을 참조할 수 없다는 #N/A 오류가 발생합니다.

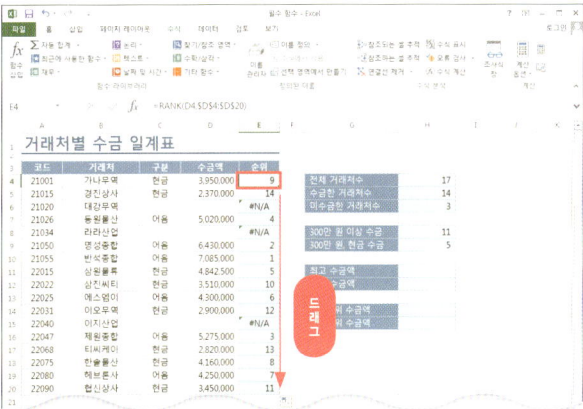

STEP 02

MAX와 MIN 함수로 최대값과 최소값 구하기

MAX 함수는 셀 범위에서 최대값을, MIN 함수는 최소값을 구할 때 사용합니다. 이번에는 최고 수금액과 최저 수금액을 구하겠습니다.

■ **함수 형식** | =MAX(셀 범위)
=MIN(셀 범위)

01 ❶H11셀을 선택한 후 [수식] 탭의 [함수 라이브러리] 그룹에서 ❷[자동 합계]의 드롭다운 단추를 클릭하고 ❸[최대값]을 클릭합니다.

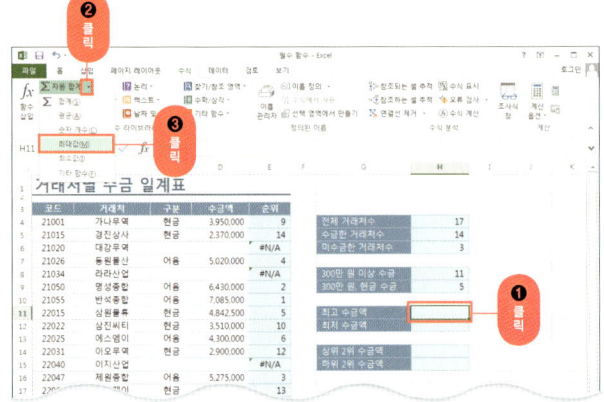

참고

[수식] 탭의 [함수 라이브러리] 그룹에서 [함수 추가]를 클릭한 후 [통계]의 [MAX]를 클릭해도 됩니다.

02 ❶D4:D20 셀 범위를 드래그하여 인수로 지정한 후 ❷ Enter 를 누르면 H11셀에 D4:D20 셀 범위의 최대값이 나타납니다.

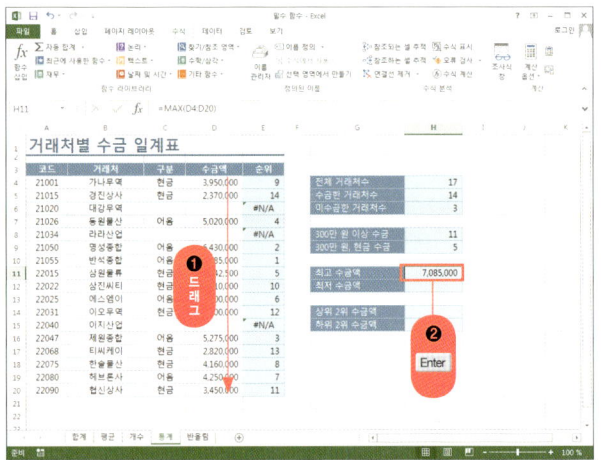

03 이와 같은 방법으로 H12셀에서 MIN 함수를 이용하면 D4:D20 셀 범위의 최소값을 구할 수 있습니다.

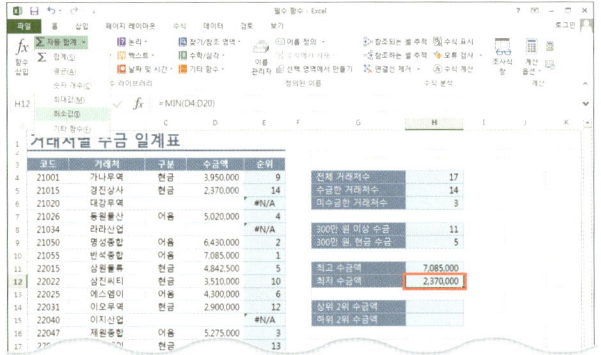

리본

[수식] 탭의 [함수 라이브러리] 그룹에서 [함수 추가]를 클릭한 후 [통계]의 [MIN]을 클릭해도 됩니다.

LARGE와 SMALL 함수로 k번째의 크거나 작은 값 구하기

LARGE 함수는 셀 범위에서 k번째로 큰 값을, SMALL 함수는 k번째로 작은 값을 구할 때 사용합니다. 이번에는 수금액 중에서 두 번째로 크거나 작은 값을 구하겠습니다.

■ 함수 형식 | =LARGE(셀 범위,몇 번째)
=SMALL(셀 범위,몇 번째)

01 ❶H14셀을 선택한 후 [수식] 탭의 [함수 라이브러리] 그룹에서 ❷[함수 추가]를 클릭하고 ❸[통계]의 ❹[LARGE]를 클릭합니다.

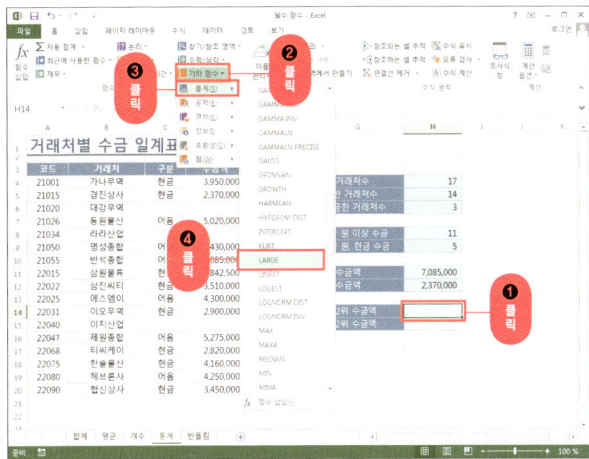

02 [함수 인수] 대화상자가 나타납니다. ❶오른쪽과 같이 인수를 지정한 후 ❷[확인] 단추를 클릭합니다.

D4:D20 셀 범위에서 두 번째로 큰 값을 구하는 것이므로 [Array]에 'D4:D20'을, [K]에 '2'를 지정합니다.

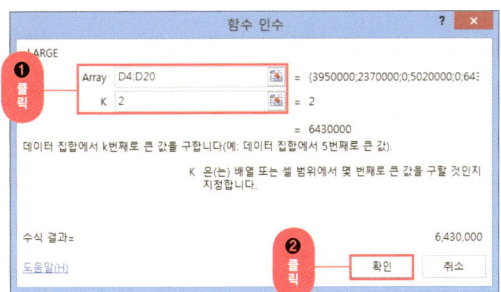

03 H14셀에 D4:D20 셀 범위에서 두 번째로 큰 값이 나타납니다. 이와 같은 방법으로 H15셀에서 SMALL 함수를 이용하면 D4:D20 셀 범위에서 두 번째로 작은 값을 구할 수 있습니다.

[수식] 탭의 [함수 라이브러리] 그룹에서 [함수 추가]를 클릭한 후 [통계]의 [MIN]을 클릭합니다.

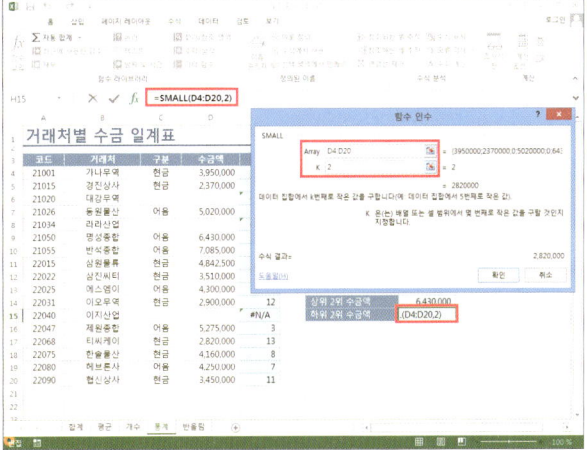

ROUND 계열 함수로 환산가의 반올림값 구하기

Lesson 10

예제_엑셀\Chapter4\[필수 함수.xlsx]반올림!

ROUND 함수를 이용하면 지정한 자릿수에서 반올림한 값을 구할 수 있습니다. 그리고 ROUNDUP 함수를 이용하면 지정한 자릿수에서 올림한 값, ROUNDDOWN 함수를 이용하면 지정한 자릿수에서 내림한 값을 구할 수 있습니다. 이때 인수로 양수를 지정하면 소수점 아래 자릿수의 숫자로 반환하므로 10이나 100 등의 정수 자릿수로 반환하려면 음수로 지정해야 한다는 점에 주의하세요.

■ 함수 형식

ROUND 함수

설명	지정한 자릿수로 반올림한 값을 구합니다.
형식	=ROUND(number,num_digits)
인수	• number : 반올림을 하려는 숫자 • num_digits : 소수점 아래의 자릿수(양수는 소수점, 음수는 정수 자릿수로 맞춤)

ROUNDUP 함수

설명	지정한 자릿수로 올림한 값을 구합니다.
형식	=ROUNDUP(number,num_digits)
인수	• number : 올림을 하려는 숫자 • num_digits : 소수점 아래의 자릿수(양수는 소수점, 음수는 정수 자릿수로 맞춤)

ROUNDDOWN 함수

설명	지정한 자릿수로 내림한 값을 구합니다.
형식	=ROUNDDOWN(number,num_digits)
인수	• number : 내림을 하려는 숫자 • num_digits : 소수점 아래의 자릿수(양수는 소수점, 음수는 정수 자릿수로 맞춤)

ROUND 함수로 반올림한 값 구하기

ROUND 함수는 지정한 자릿수가 되도록 반올림한 값을 구할 때 사용합니다. 이번에는 달러화를 원화로 환산한 값이 정수가 되도록 반올림하겠습니다.

■ 함수 형식 | =ROUND(숫자,자릿수)

01 ❶D4셀을 선택한 후 [수식] 탭의 [함수 라이브러리] 그룹에서 ❷[수학/삼각]을 클릭하고 ❸[ROUND]를 클릭합니다.

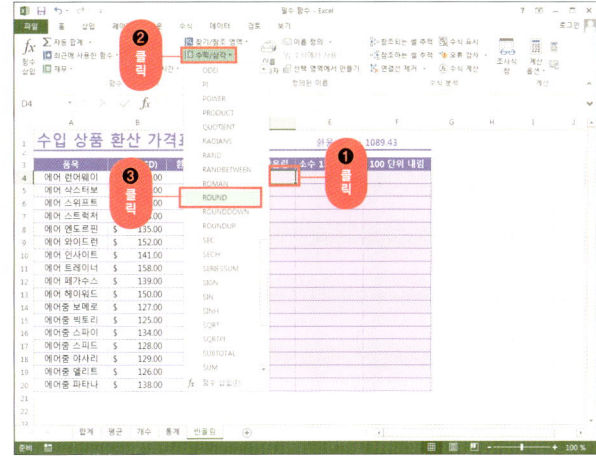

02 [함수 인수] 대화상자가 나타납니다. ❶오른쪽과 같이 인수를 지정한 후 ❷[확인] 단추를 클릭합니다.

D4셀의 값이 정수가 되도록 반올림하는 것이므로 [Number]에는 'C4'를, [Num_digits]에는 '0'을 지정합니다. 만약 [Num_digits]에서 '1'을 지정하면 소수점 아래 첫째 자리가 되도록, '-1'을 지정하면 10 단위의 값이 되도록 반올림합니다.

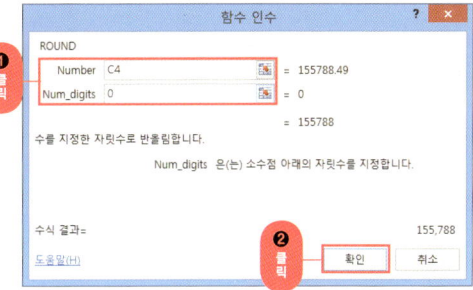

03 D4셀에 C4셀의 값이 정수가 되도록 반올림한 값이 나타납니다. D4셀의 채우기 핸들을 D20셀까지 드래그하여 D5:D20 셀 범위의 반올림 값도 구합니다.

D4셀에 '=ROUNDUP(B4*$F$1,0)'처럼 첫 번째 인수에 수식을 입력하여 계산한 값에서 반올림한 값을 구할 수도 있습니다.

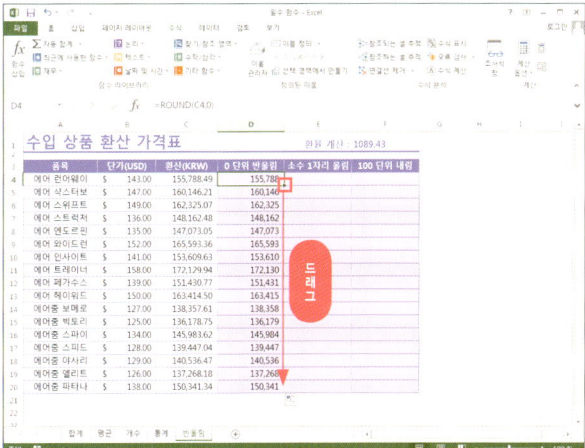

ROUNDUP 함수로 올림한 값 구하기

ROUNDUP 함수는 지정한 자릿수가 되도록 올림한 값을 구할 때 사용합니다. 이번에는 C4셀의 값을 소수점 첫 번째 자리로 올림한 값을 구하겠습니다.

■ 함수 형식 | =ROUNDUP(숫자,자릿수)

01 ❶ E4셀을 선택한 후 [수식] 탭의 [함수 라이브러리] 그룹에서 ❷ [수학/삼각]을 클릭하고 ❸ [ROUNDUP]를 클릭합니다.

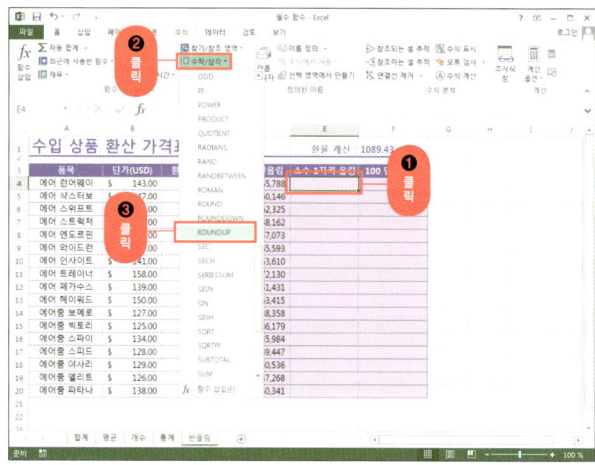

02 [함수 인수] 대화상자가 나타납니다. ❶ 오른쪽과 같이 인수를 지정한 후 ❷ [확인] 단추를 클릭합니다.

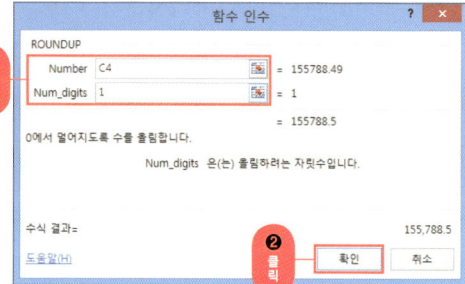

 C4셀의 값이 소수점 아래 첫 번째 자릿수가 되도록 올림하는 것이므로 [Number]에는 'C4'를, [Num_digits]에는 '1'을 지정합니다.

03 E4셀에 C4셀의 값이 소수점 아래 첫 번째 자릿수가 되도록 올림한 값이 나타납니다. E4셀의 채우기 핸들을 E20셀까지 드래그하여 E5:E20 셀 범위의 올림한 값도 구합니다.

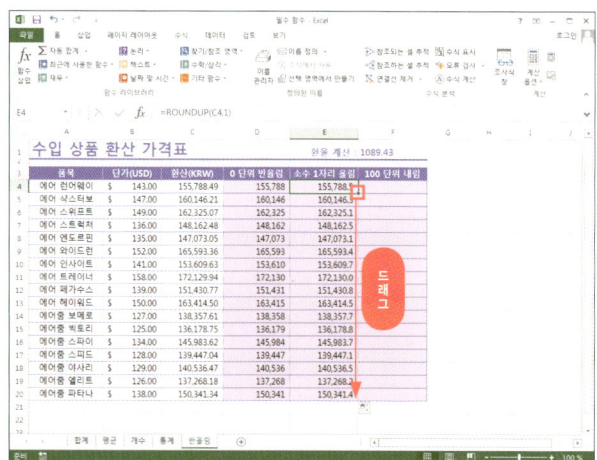

 C4셀의 값이 백 단위의 수가 되도록 내림하는 것이므로 [Number]에는 'C4'를, [Num_digits]에는 '-2'를 지정합니다.

ROUNDDOWN 함수로 내림한 값 구하기

ROUNDDOWN 함수는 지정한 자릿수가 되도록 내림한 값을 구할 때 사용합니다. 이번에는 C4셀의 값을 백 단위로 내림한 값을 구하겠습니다.

■ 함수 형식 | =ROUNDDOWN(숫자,자릿수)

01 ❶ F4셀을 선택한 후 [수식] 탭의 [함수 라이브러리] 그룹에서 ❷ [수학/삼각]을 클릭하고 ❸ [ROUNDDOWN]를 클릭합니다.

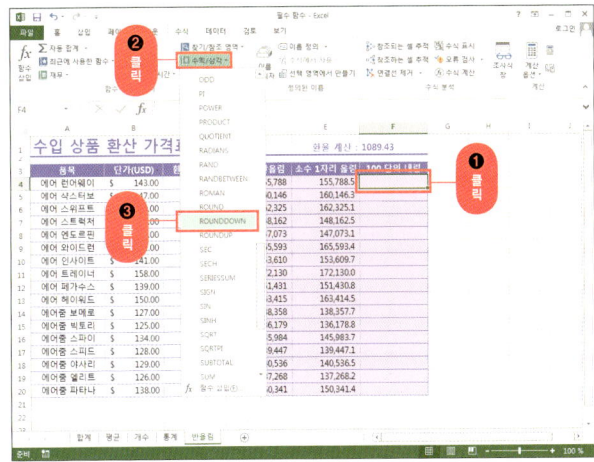

02 [함수 인수] 대화상자가 나타납니다. ❶ 오른쪽과 같이 인수를 지정한 후 ❷ [확인] 단추를 클릭합니다.

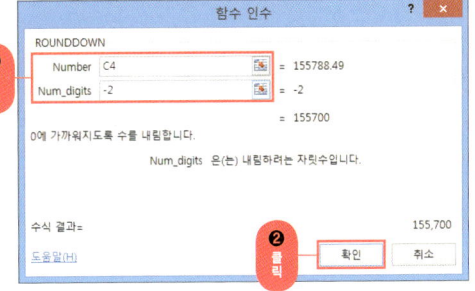

> 참고
> C4셀의 값이 백 단위의 수가 되도록 내림하는 것이므로 [Number]에는 'C4'를, [Num_digits]에는 '-2'를 지정합니다.

03 F4셀에 C4셀의 값이 백 단위가 되도록 내림한 값이 나타납니다. F4셀의 채우기 핸들을 F20셀까지 드래그하여 F5:F20 셀 범위의 내림한 값도 구합니다.

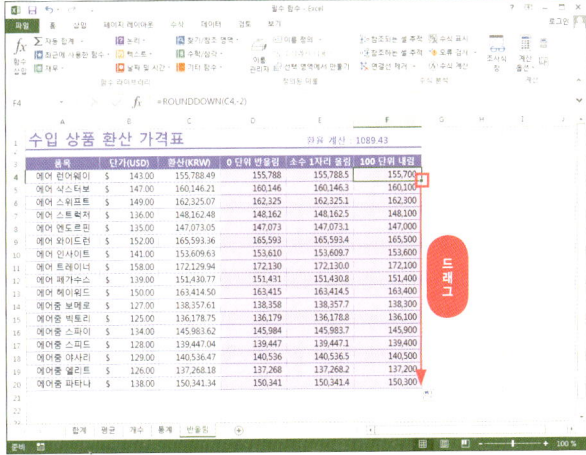

예제_엑셀\Chapter4\[실무 함수.xlsx]논리!

논리 함수로 매출 실적의 달성 여부 평가하기

Lesson 11

IF 함수를 이용하면 조건에 맞는 값과 맞지 않은 값을 구분하여 표시할 수 있습니다. IF 함수에 사용되는 조건은 연산자나 함수로 수식을 작성하면 되는데, 참(TRUE)나 거짓(FALSE)의 반환값에도 다른 함수나 수식을 중첩하여 여러 조건을 지정할 수 있습니다.

■ 함수 형식

IF 함수

설명	조건을 판단하여 참(TRUE)이나 거짓(FALSE)에 해당하는 값을 반환합니다.
형식	=IF(logical_test,value_if_true,value_if_false)
인수	• logical_test : 조건 • value_if_true : 참일 경우 반환할 값 • value_if_false : 거짓일 경우 반환할 값

AND 함수

설명	인수가 모두 참이면 참(TRUE)을, 하나라도 거짓이면 거짓(FALSE)을 반환합니다.
형식	=AND(logical1,logical2,…)
인수	• logical : 조건

OR 함수

설명	인수 중 하나라도 참이면 참(TRUE)을, 모두 거짓이면 거짓(FALSE)을 반환합니다.
형식	=OR(logical1,logical2,…)
인수	• logical : 조건

IF 함수로 조건에 따라 참과 거짓 값 표시하기

IF 함수는 지정한 조건에 따라 참인 값과 거짓 값을 구분하여 표시할 때 사용합니다. 이번에는 실적 합계에 따라 달성 여부와 등급, 수당 지급을 표시하겠습니다.

■ **함수 형식** | =IF(조건,참의 값,거짓의 값)

01 ❶ E4셀을 선택한 후 [수식] 탭의 [함수 라이브러리] 그룹에서 ❷ [논리]를 클릭하고 ❸ [IF]를 클릭합니다.

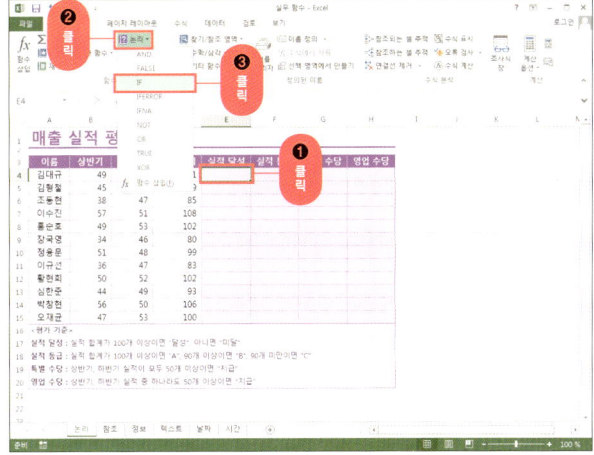

02 [함수 인수] 대화상자가 나타납니다. ❶ 오른쪽과 같이 인수를 지정한 후 ❷ [확인] 단추를 클릭합니다.

> **참고**
> IF 함수의 조건이 D4셀의 값이 100 이상이므로 [Logical_test]에 'D4>=100'을 지정합니다. 그리고 참일 경우와 거짓일 경우에 반환할 값인 "달성"과 "미달"을 [Value_if_true]와 [Value_if_false]에 각각 지정합니다.

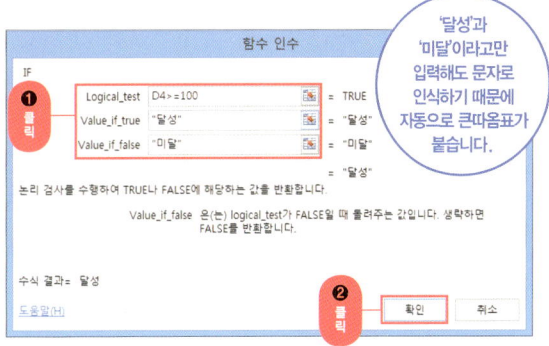

'달성'과 '미달'이라고만 입력해도 문자로 인식하기 때문에 자동으로 큰따옴표가 붙습니다.

03 E4셀에 D4셀의 값이 100 이상이므로 참(TRUE)의 값인 "달성"을 표시합니다. E4셀의 채우기 핸들을 E15셀까지 드래그하여 E5:E15 셀 범위의 달성 여부도 구합니다.

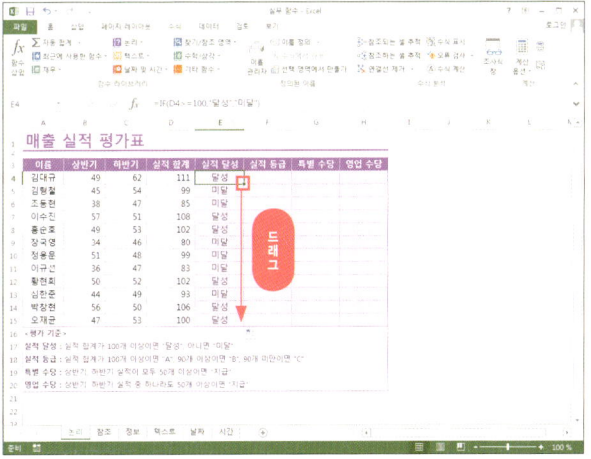

STEP 02 IF 함수를 중첩하여 여러 조건에 따라 참과 거짓을 표시하기

IF 함수의 첫 번째 조건이 거짓인 경우, 세 번째 인수에 다시 IF 함수를 중첩하여 새로운 조건을 추가할 수 있습니다. 이번에는 실적 합계가 100개 이상이면 "A", 90개 이상이면 "B", 90개 미만이면 "C"로 표시하겠습니다.

01 실적 등급을 구하기 위해 ❶ F4셀을 선택한 후 [수식] 탭의 [함수 라이브러리] 그룹에서 ❷ [논리]를 클릭하고 ❸ [IF]를 클릭합니다.

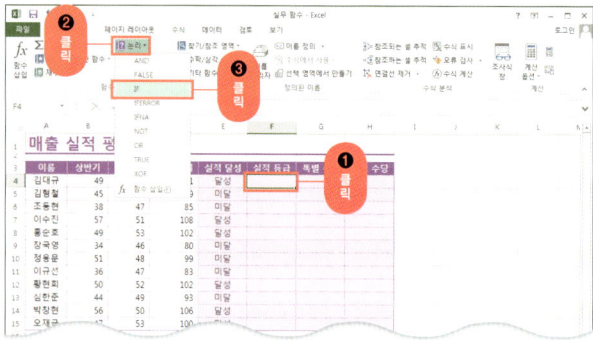

02 [함수 인수] 대화상자가 나타납니다. ❶ 오른쪽과 같이 인수를 지정한 후 이름 상자의 ❷ [IF]를 클릭합니다.

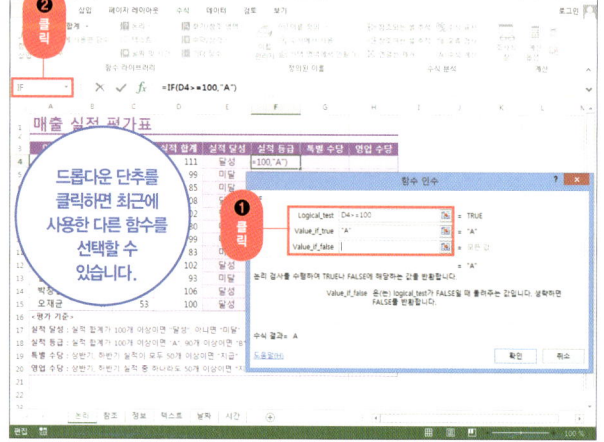

> 드롭다운 단추를 클릭하면 최근에 사용한 다른 함수를 선택할 수 있습니다.

주의 첫 번째 IF 함수의 조건에 맞지 않는 경우에 새로운 IF 함수를 중첩하는 것이므로 [Value_if_false]의 입력 상자를 선택한 상태에서 이름 상자의 [IF]를 클릭해야 합니다.

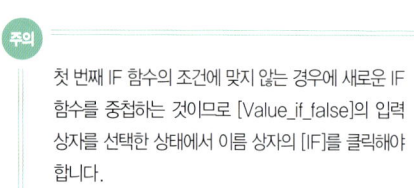

03 두 번째 조건의 [함수 인수] 대화상자가 나타납니다. ❶ 오른쪽과 같이 인수를 지정한 후 ❷ [확인] 단추를 클릭합니다.

참고 엑셀 2003 버전까지는 IF 함수를 7개까지 중첩할 수 있지만, 엑셀 2007 버전부터 최대 64개까지 중첩할 수 있습니다.

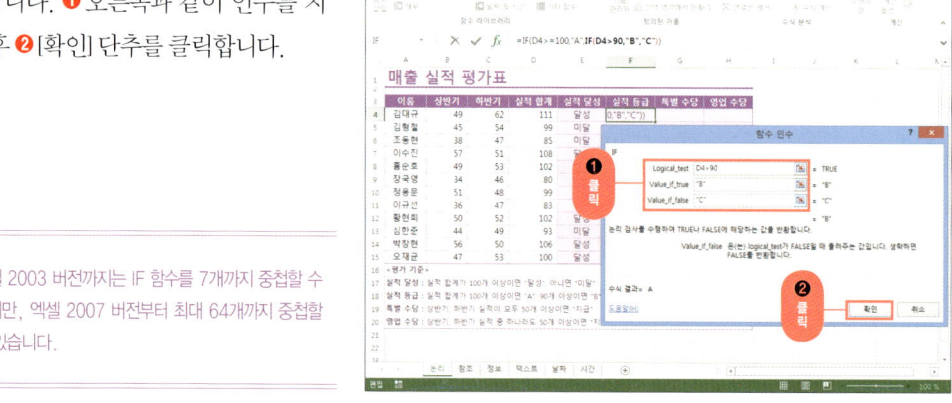

04 D4셀의 값이 100 이상이면 "A"를, 아니면 다시 90 이상인지 판정한 후 맞으면 "B"를, 아니면 "C"를 반환합니다. F4셀의 채우기 핸들을 F15셀까지 드래그하여 F5:F15 셀 범위의 실적 등급도 구합니다.

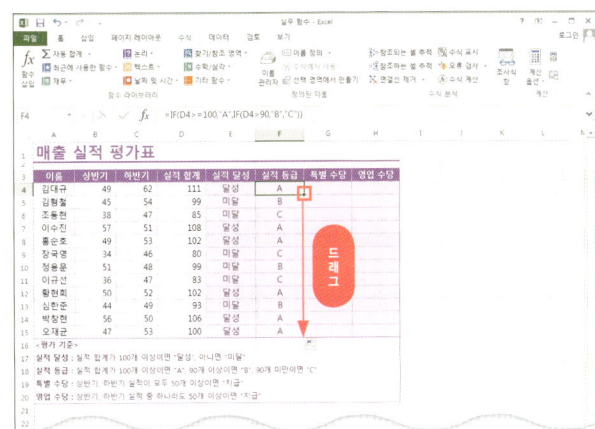

> **주의**
>
> IF 함수는 첫 번째 조건부터 차례대로 참과 거짓을 판정합니다. 그러므로 첫 번째 인수에 최상위 조건을 지정하고, 하위 조건을 차례대로 지정해야 원하는 결과를 얻을 수 있습니다.

STEP 03 AND 함수로 모든 조건을 만족하면 참(TRUE)을 표시하기

IF 함수의 조건으로 AND 함수를 사용하면 모든 조건을 만족할 경우에는 참(TRUE)을, 하나라도 만족하지 않을 경우에는 거짓(FALSE)을 반환합니다. 이번에는 상반기와 하반기의 실적이 모두 50 이상인 경우에만 특별 수당의 "지급"을 표시하겠습니다.

■ **함수 형식** | =AND(조건1,조건2,…)

01 ❶ G4셀을 선택한 후 [수식] 탭의 [함수 라이브러리] 그룹에서 ❷ [논리]를 클릭하고 ❸ [IF]를 클릭합니다.

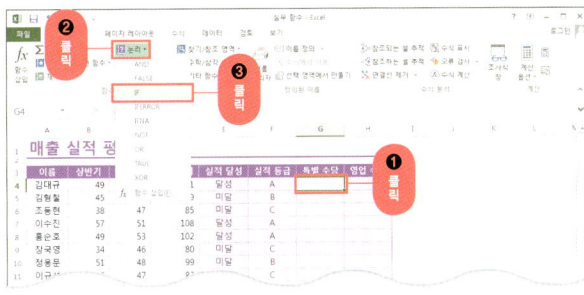

02 [함수 인수] 대화상자가 나타납니다. ❶ 오른쪽과 같이 인수를 지정하고, ❷ 이름 상자의 드롭다운 단추를 클릭한 후 ❸ [함수 추가]를 클릭합니다.

[Logical_test]를 선택한 상태에서 AND 함수를 중첩해야 합니다.

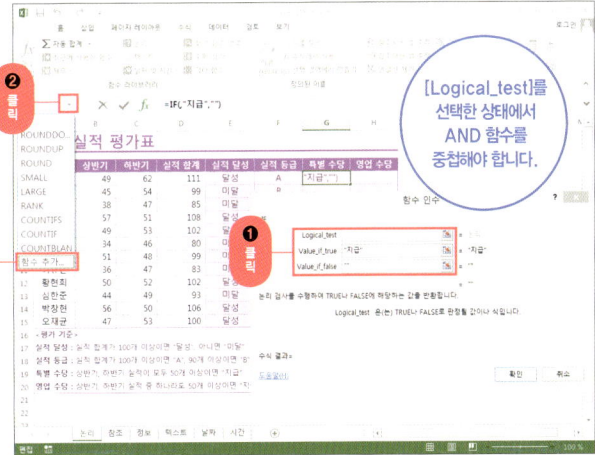

> **참고**
>
> 이름 상자에 AND 함수가 나타나면 [함수 추가]를 클릭하지 않고, 바로 [AND]를 클릭해도 됩니다.

171

03 [함수 마법사] 대화상자가 나타납니다. [범주 선택]에서 ❶ [논리]를 선택한 후 [함수 선택]에서 ❷ [AND]를 선택하고 ❸ [확인] 단추를 클릭합니다.

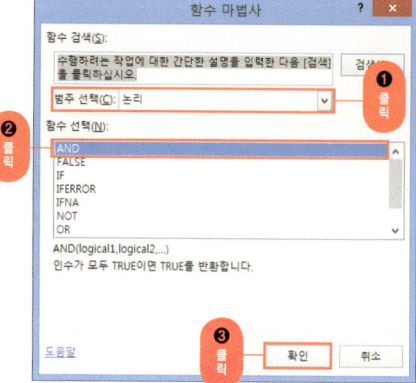

04 AND 함수의 [함수 인수] 대화상자가 나타납니다. ❶ 오른쪽과 같이 인수를 지정한 후 ❷ [확인] 단추를 클릭합니다.

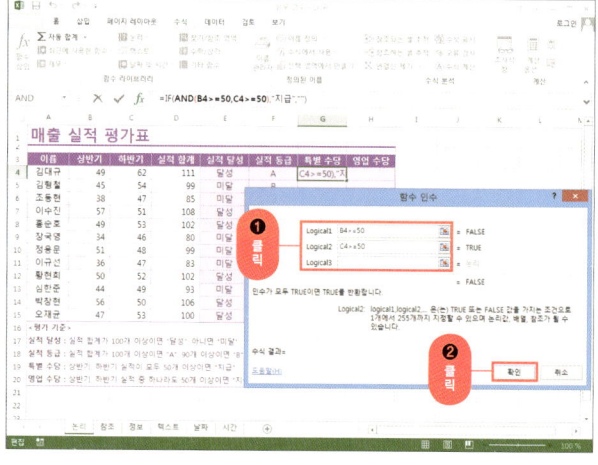

> 참고
> 수식 입력줄을 보면 '=IF(AND(B4)=50,C4)=50),"지급","")'과 같이 IF 함수의 첫 번째 인수에 AND 함수가 중첩된 것을 확인할 수 있습니다.

05 상반기와 하반기의 실적이 모두 50 이상인 경우에만 "지급"이라고 나타납니다. G4셀의 채우기 핸들을 G15셀까지 드래그하여 G5:G16 셀 범위의 특별 수당 지급 여부도 구합니다.

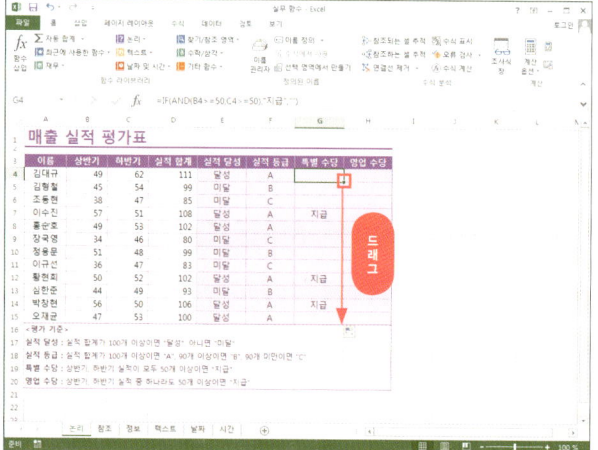

OR 함수로 한 개의 조건만 만족해도 참(TRUE)을 표시하기

IF 함수의 조건으로 OR 함수를 사용하면 여러 조건 중에서 한 개의 조건만 만족해도 참(TRUE)을, 모두 만족하지 않은 경우에만 거짓(FALSE)을 반환합니다. 이번에는 상반기와 하반기의 실적 중 하나라도 50 이상인 사람에게 영업 수당의 "지급"을 표시하겠습니다.

■ 함수 형식 | =OR(조건1,조건2,…)

01 ❶ H4셀을 선택한 후 [수식] 탭의 [함수 라이브러리] 그룹에서 ❷ [논리]를 클릭하고 [IF]를 클릭합니다. [함수 인수] 대화상자가 나타나면 ❸ 오른쪽과 같이 인수를 지정하고, ❹ 이름 상자의 드롭다운 단추를 클릭한 후 ❺ [함수 추가]를 클릭합니다.

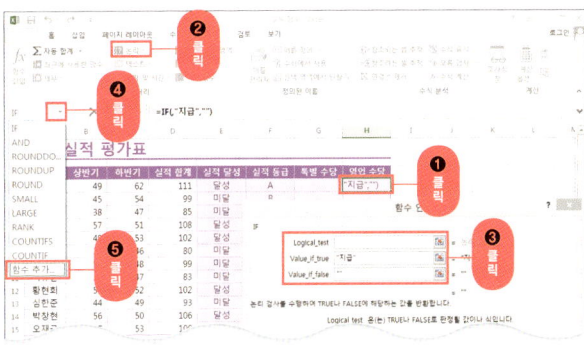

02 [함수 마법사] 대화상자가 나타납니다. [범주 선택]에서 ❶ [논리]를 선택한 후 [함수 선택]에서 ❷ [OR]를 선택하고 ❸ [확인] 단추를 클릭합니다.

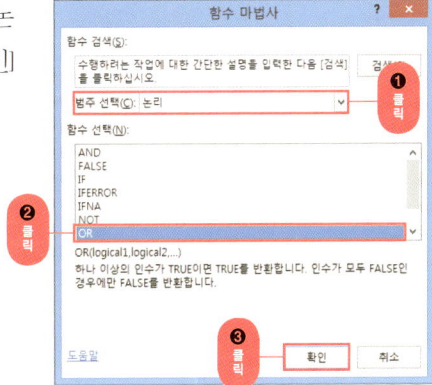

03 OR 함수의 [함수 인수] 대화상자가 나타납니다. ❶ 오른쪽과 같이 인수를 지정한 후 ❷ [확인] 단추를 클릭하면, 상반기나 하반기의 실적이 50 이상인 사람은 "지급"이라고 표시됩니다. ❸ H4셀의 채우기 핸들을 H15셀까지 드래그하여 H5:H16 셀 범위의 휴가 여부도 구합니다.

> 참고
> 수식 입력줄을 보면 '=IF(OR(B4)=50,C4)=50),"지급","")'과 같이 IF 함수의 첫 번째 인수에 OR 함수가 중첩된 것을 확인할 수 있습니다.

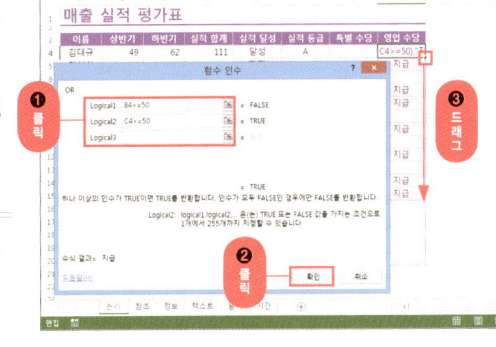

LOOKUP 계열 함수로 견적서 작성하기

Lesson 12

예제_엑셀\Chapter4\[실무 함수.xlsx]참조_견적!

견적서를 작성할 때 번호에 따라 품목 이름이나 단가 등을 자동으로 표시할 때가 있습니다. LOOKUP 함수는 참조하는 표에서 원하는 값을 찾을 때 사용하는데, 참조하는 표가 세로 방향(vertical)이면 VLOOKUP 함수, 가로 방향(horizontal)이면 HLOOKUP 함수로 구분합니다. 이때 마지막 인수의 사용 여부에 따라 비슷한 값을 찾을 것인지, 일치된 값을 찾을 것인지 결정할 수 있습니다.

■ 함수 형식

VLOOKUP 함수

설명	표의 첫 열에서 값을 찾아서 같은 행의 데이터를 반환합니다.
형식	=VLOOKUP(lookup_value,table_array,col_index_num,range_lookup)
인수	• lookup_value : 첫째 열에서 찾을 값 • table_array : 값을 찾을 표 • col_index_num : 같은 행에서 반환할 열 번호 • range_lookup : 찾는 방법(생략하거나 '1'이면 비슷한 값을, '0'이면 일치된 값을 반환)

HLOOKUP 함수

설명	표의 첫 행에서 값을 찾아서 같은 열의 데이터를 반환합니다.
형식	=HLOOKUP(lookup_value,table_array,row_index_num,range_lookup)
인수	• lookup_value : 첫째 행에서 찾을 값 • table_array : 값을 찾을 표 • row_index_num : 같은 열에서 반환할 행 번호 • range_lookup : 찾는 방법(생략하거나 '1'이면 비슷한 값을, '0'이면 일치된 값을 반환)

VLOOKUP(false) 함수로 첫 열에서 정확한 값 찾기

VLOOKUP 함수는 세로 방향으로 작성한 표의 첫 열에서 값을 찾아 같은 행의 데이터를 반환할 때 사용하는데, 마지막 인수에 'FALSE' 또는 '0'을 입력하면 정확히 일치하는 값만 찾습니다. 이번에는 품번에 따른 품목을 찾아서 표시하겠습니다.

■ 함수 형식 | =VLOOKUP(찾을 값,배열표,행 번호,찾는 방법)

01 ❶ B12셀을 선택한 후 [수식] 탭의 [함수 라이브러리] 그룹에서 ❷ [찾기/참조 영역]을 클릭하고 ❸ [VLOOKUP]을 클릭합니다.

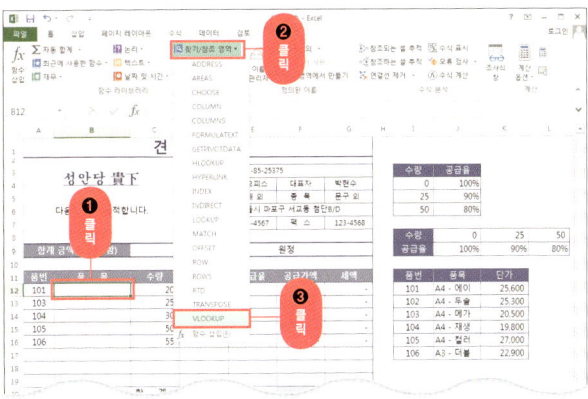

02 [함수 인수] 대화상자가 나타납니다. ❶ 오른쪽과 같이 인수를 지정한 후 ❷ [확인] 단추를 클릭합니다.

> 참고
> 품번을 배열표에서 찾아 두 번째 행의 값을 반환하므로 [Lookup_value]에 'A12'를, [Table_array]에 'I12:K17', [Col_index_num]에 '2'를 지정합니다. 이때 수식을 복사해도 배열표의 주소는 고정되도록 절대 참조 형식으로 바꾸고, 찾는 값과 정확히 일치하는 값만 찾아야 하므로 [Range_lookup]은 '0'으로 지정합니다.

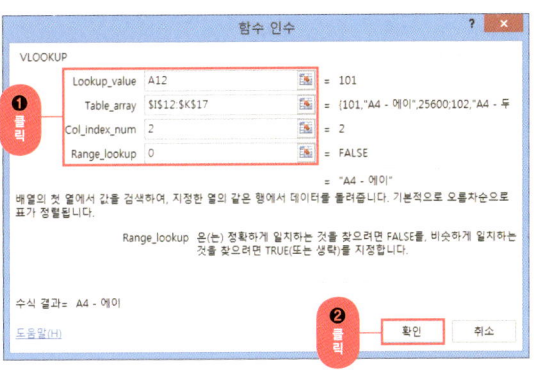

03 B12셀에 I12:K17 셀 범위에서 A12셀과 정확히 일치하는 값을 찾은 후 두 번째 열의 데이터를 반환합니다. B12셀의 채우기 핸들을 B16셀까지 드래그하여 B13:B16 셀 범위의 품목을 구합니다.

> 참고
> D12:D19 셀 범위의 단가는 품번을 찾아서 세 번째 열의 단가를 표시하는 것이므로 '=VLOOKUP(A12, $I$12:$K$17,3,FALSE)'을 입력하면 됩니다.

> B17:B19 셀 범위까지 드래그하면 #N/A 오류가 표시됩니다. 오류 표시를 숨기는 방법은 178쪽을 참고하세요.

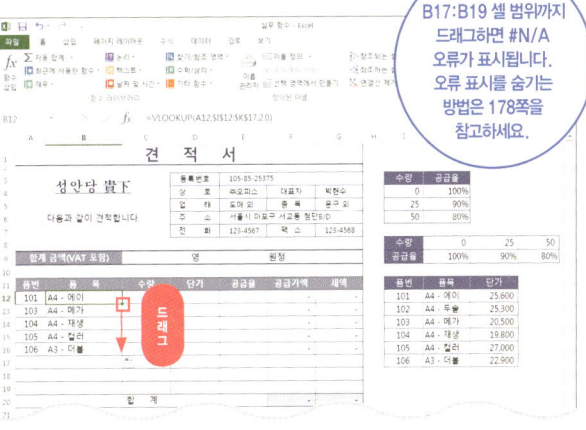

STEP 02 VLOOKUP(true) 함수로 첫 열에서 비슷한 값 찾기

품번이나 단가는 정확한 값을 찾아야 하지만, 수량은 비슷한 값을 표시해도 됩니다. VLOOKPUP 함수의 마지막 인수를 'TRUE 또는 1'로 설정하면 일치된 값이 없는 경우 그보다 작은 값을 찾아서 데이터를 반환합니다. 이번에는 수량에 따른 공급률을 찾아서 표시하겠습니다.

■ 함수 형식 | =VLOOKUP(찾을 값, 배열표, 행 번호, 찾는 방법)

01 ❶ E12셀을 선택한 후 [수식] 탭의 [함수 라이브러리] 그룹에서 ❷ [찾기/참조 영역]을 클릭하고 ❸ [VLOOKUP]을 클릭합니다.

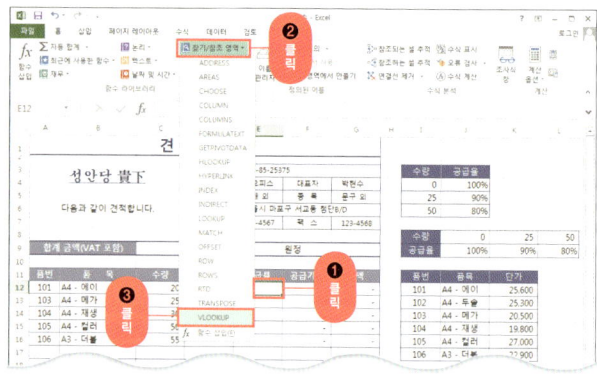

02 [함수 인수] 대화상자가 나타납니다. ❶ 오른쪽과 같이 인수를 지정한 후 ❷ [확인] 단추를 클릭합니다.

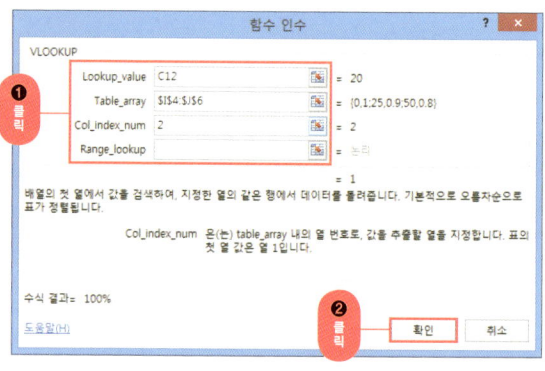

> **참고**
> 배열표에서 수량을 찾아 두 번째 행의 값을 반환하므로 [Lookup_value]에 'C12'를, [Table_array]에 'I4:J6'을, [Col_index_num]에 '2'를 지정합니다. 이때 수식을 복사해도 배열표의 주소는 고정되도록 절대 참조 형식으로 바꾸고, 찾는 값이 없으면 비슷한 값을 찾도록 [Range_lookup]은 생략하거나 'TRUE 또는 1'로 지정합니다.

03 E12셀에 I4:J67 셀 범위에서 C12셀과 같거나 그보다 작은 값을 찾은 후 두 번째 행의 데이터를 반환합니다. E12셀의 채우기 핸들을 E16셀까지 드래그하여 E13:E16 셀 범위의 공급률을 구합니다.

> **주의**
> VLOOKUP 함수의 마지막 인수를 생략했기 때문에 F10셀의 경우 찾는 값이 없어도 그보다 작은 값을 찾아 반환합니다. 만약 175쪽처럼 마지막 인수에 'FALSE 또는 0'을 입력하면 F10셀에 #N/A 오류가 발생합니다.

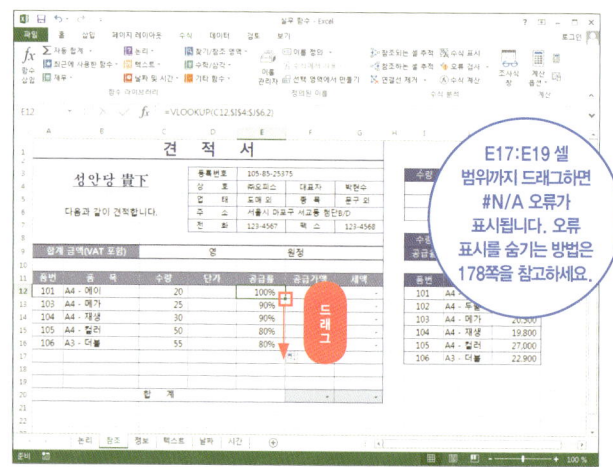

E17:E19 셀 범위까지 드래그하면 #N/A 오류가 표시됩니다. 오류 표시를 숨기는 방법은 178쪽을 참고하세요.

HLOOKUP(true) 함수로 첫 행에서 비슷한 값 찾기

HLOOKUP 함수는 가로 방향으로 작성한 표의 첫 행에서 값을 찾아서 같은 열의 데이터를 표시합니다. 이번에는 가로 방향으로 작성한 표에서 수량에 따른 공급률을 찾겠습니다.

■ 함수 형식 | =HLOOKUP(찾을 값, 배열표, 행 번호, 찾는 방법)

01 ❶ E12셀을 선택한 후 [수식] 탭의 [함수 라이브러리] 그룹에서 ❷ [찾기/참조 영역]을 클릭하고 ❸ [HLOOKUP]을 클릭합니다.

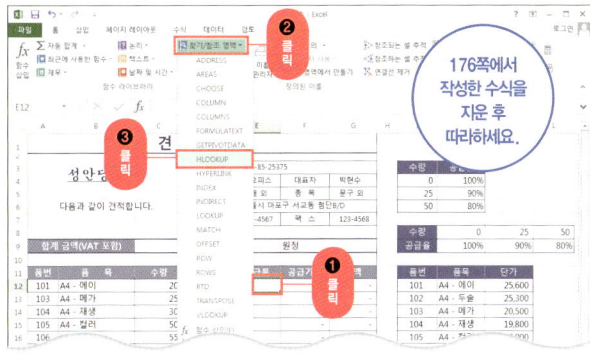

176쪽에서 작성한 수식을 지운 후 따라하세요.

02 [함수 인수] 대화상자가 나타납니다. ❶ 오른쪽과 같이 인수를 지정한 후 ❷ [확인] 단추를 클릭합니다.

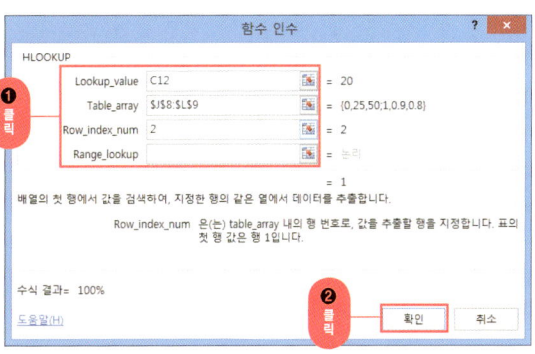

참고

수량을 배열표에서 찾아 두 번째 행의 값을 반환하므로 [Lookup_value]에 'C12'를, [Table_array]에 'J8:L9'를, [Col_index_num]에 '2'를 지정합니다. 이때 수식을 복사해도 배열표의 주소는 고정되도록 절대 참조 형식으로 바꾸고, 찾는 값이 없으면 비슷한 값을 찾도록 [Range_lookup]은 생략하거나 'TRUE 또는 1'로 지정합니다.

03 E12셀에 J8:L9 셀 범위에서 E9셀과 같거나 그보다 작은 값을 찾은 후 두 번째 행의 데이터를 반환합니다. F9셀의 채우기 핸들을 F15셀까지 드래그하여 F10:F15 셀 범위의 공급률을 구합니다.

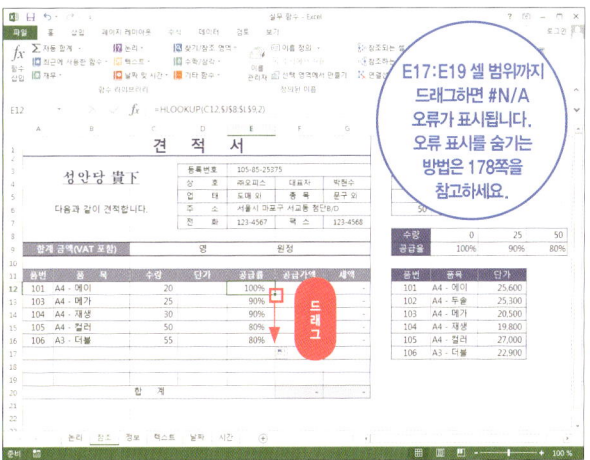

E17:E19 셀 범위까지 드래그하면 #N/A 오류가 표시됩니다. 오류 표시를 숨기는 방법은 178쪽을 참고하세요.

참조하는 표를 이름으로 정의하면 절대 참조 형식으로 바꿀 필요가 없습니다. 이름 정의에 대해서는 138쪽을 참고하세요.

정보 함수로 계산의 오류값 표시 감추기

Lesson 13

예제_엑셀\Chapter4\[실무 함수.xlsx]정보!

수식에 참조되는 셀이 비어 있으면 #N/A나 #VALUE! 등의 오류가 발생합니다. 이러한 경우 원래 있던 수식에 IF 함수와 함께 ISBLANK나 ISERROR, IFERROR 등의 정보 함수를 중첩하면 오류값을 빈 셀로 표시할 수 있습니다.

■ 함수 형식

ISBLANK 함수

설명	참조한 셀(수식)이 빈 셀이면 참(TRUE)을, 아니면 거짓(FALSE)을 반환합니다.
형식	=ISBLANK(value)
인수	• value : 빈 셀인지 검사하려는 값이나 셀, 수식

ISERROR 함수

설명	참조한 셀(수식)이 오류 값이면 참(TRUE)을, 아니면 거짓(FALSE)을 반환합니다.
형식	=ISERROR(value)
인수	• value : 오류 값인지 검사하려는 값이나 셀, 수식

IFERROR 함수

설명	참조한 셀(수식)이 오류 값이면 두 번째 인수의 값을 반환합니다.
형식	=IFERROR(value,value_if_error)
인수	• value : 오류 값인지 검사하려는 값이나 셀, 수식 • value_if_error : 오류이면 반환하려는 값

ISBLANK/ISERROR/IFERROR 함수로 오류값 감추기

ISBLANK 함수는 IF 함수와 중첩하여 빈 셀의 경우 계산하지 않고 공백으로 표시할 때 사용하고, ISERROR 함수는 IF 함수와 중첩하여 오류인 셀의 경우 계산하지 않고 공백으로 표시할 때 사용합니다. ISERROR 함수는 IF 함수와 중첩하여 오류인 셀의 경우 계산하지 않고 공백으로 표시할 때 사용합니다.

01 B12셀에 입력되어 있는 수식을 '=IF(ISBLANK(A12)," ", VLOOKUP(A12,$I$12:$K$17,2,0))'로 수정한 후 Enter 를 누릅니다. B12셀의 채우기 핸들을 B19셀까지 드래그하면, 빈 셀인 B17:B19 셀 범위의 값이 공백으로 표시됩니다.

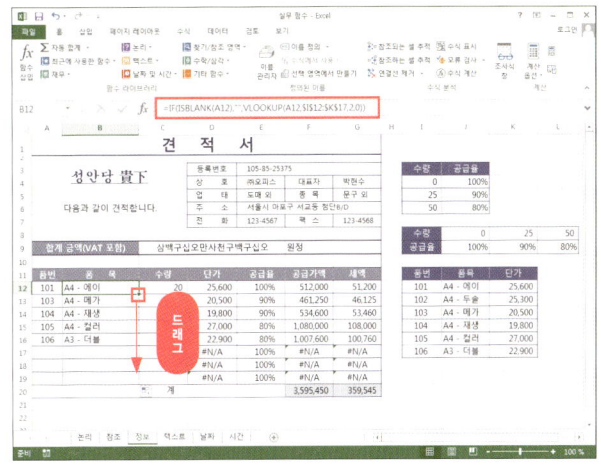

> 참고
> 기존 수식을 '=IF(ISBLANK(셀 주소),"",수식)'의 형식으로 바꾸는 것입니다. 같은 방법으로 D12셀은 '=IF(ISBLANK(A12),"",VLOOKUP(A12,$I$12:$K$17,3,FALSE))'로, E12셀은 '=IF(ISBLANK(C12),"",HLOOKUP(C12,$J$8:$L$9,2))'로 수정하세요.

02 F12셀에 입력되어 있는 수식을 '=IF(ISERROR(C12*D12*E12),"",C12*D12*E12)'로 수정한 후 Enter 를 누릅니다. F12셀의 수식은 오류가 아니므로 IF 함수의 세 번째 인수인 수식의 계산 결과가 나타납니다. F12셀의 채우기 핸들을 F19셀까지 드래그하면, 오류가 표시된 F17:F19 셀 범위의 값이 공백으로 표시됩니다.

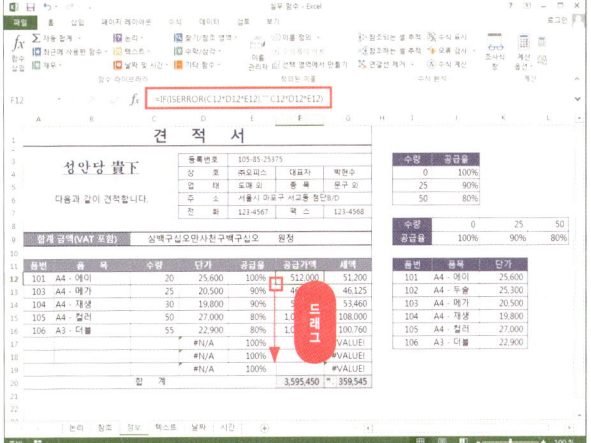

> 참고
> 기존 수식을 '=IF(ISERROR(수식),"",수식)'의 형식으로 바꾸는 것입니다.

03 G12셀에 입력되어 있는 수식을 '=IFERROR(F12*10%,"")'로 수정한 후 를 누릅니다. 'F12*10%'의 수식 결과가 오류 값이 아니므로 계산 결과가 나타납니다. G12셀의 채우기 핸들을 G19셀까지 드래그하면, 오류가 표시된 G17:G19 셀 범위의 값이 공백으로 표시됩니다.

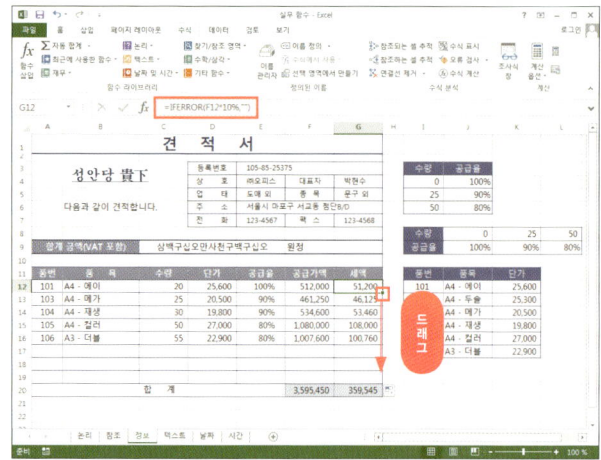

참고

기존 수식을 IFERROR(수식," ")의 형식으로 바꾸는 것입니다.

주의

IFERROR 함수는 엑셀 2007 버전부터 새롭게 추가된 함수입니다. 그러므로 엑셀 2003 이하 버전에서 IFERROR 함수를 입력하면 #NAME? 오류가 발생합니다.

텍스트 함수로 직원 명부의 직책과 성별 구하기

Lesson 14

텍스트 함수에는 LEFT, RIGHT, MID 등의 함수가 있는데, 셀에 입력된 문자 중에서 원하는 위치의 문자를 추출할 때 주로 사용합니다. 함수 이름처럼 LEFT 함수는 왼쪽, RIGHT 함수는 오른쪽, MID 함수는 중간부터 문자를 추출합니다. 또 MID 함수와 참조 함수인 CHOOSE 함수를 중첩하면 주민등록번호를 이용하여 성별을 표시할 수도 있습니다.

■ 함수 형식

LEFT 함수

설명	문자의 왼쪽에서 지정한 수만큼 추출합니다.
형식	=LEFT(text,num_chars)
인수	• text : 문자가 있는 셀 주소 • num_chars : 추출할 문자 수

RIGHT 함수

설명	문자의 오른쪽부터 지정한 수만큼 추출합니다.
형식	=RIGHT(text,num_chars)
인수	• text : 문자가 있는 셀 주소 • num_chars : 추출할 문자 수

MID 함수

설명	문자의 지정한 위치부터 지정한 수만큼 추출합니다.
형식	=MID(text,start_num,num_chars)
인수	• text : 문자가 있는 셀 주소 • start_num : 추출하기 시작할 문자의 위치 • num_chars : 추출할 문자 수

REPLACE 함수

설명	문자의 지정한 위치부터 몇 글자를 새 문자로 대체합니다.
형식	=REPLACE(old_text,start_num,num_chars,new_text)
인수	• old_text : 바꾸려는 문자가 있는 셀 • start_num : 문자를 바꾸기 시작할 위치 • num_chars : 바꾸려는 문자 수 • new_text : 바꾸려는 새 문자

STEP 01

LEFT, RIGHT 함수로 왼쪽과 오른쪽부터 문자 추출하기

LEFT 함수를 이용하면 왼쪽부터 문자를 추출하고, RIGHT 함수를 이용하면 오른쪽부터 문자를 추출합니다. 이번에는 직원 명부에서 이름과 직책을 따로 추출하겠습니다.

■ **함수 형식** | **=LEFT(셀 주소, 추출할 문자 수)**
　　　　　　　=RIGHT(셀 주소, 추출할 문자 수)

01 ❶ B4셀을 선택한 후 [수식] 탭의 [함수 라이브러리] 그룹에서 ❷ [텍스트]를 클릭하고 ❸ [LEFT]를 클릭합니다.

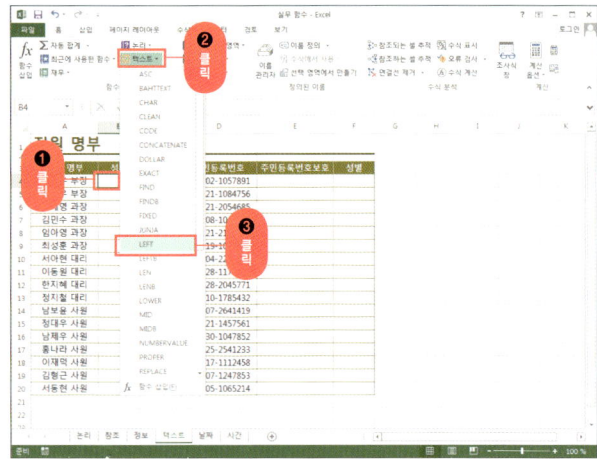

02 [함수 인수] 대화상자가 나타납니다. ❶ 오른쪽과 같이 인수를 지정한 후 ❷ [확인] 단추를 클릭합니다.

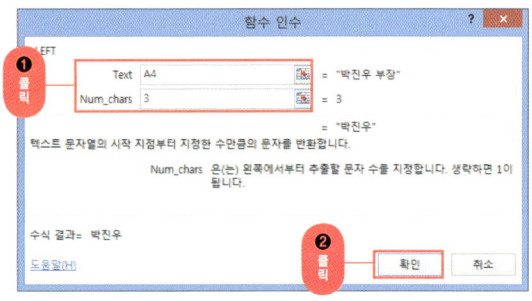

> **참고**
> A4셀의 왼쪽부터 3글자를 추출할 것이므로 [Text]에 'A4'를, [Num_chars]에 '3'을 지정합니다.

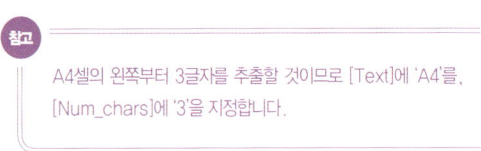

03 B4셀의 채우기 핸들을 B20셀까지 드래그하여 B4:B20 셀 범위의 이름을 추출합니다. 그리고 같은 방법으로 RIGHT 함수를 이용하여 C4:C20 셀 범위의 직책을 추출합니다.

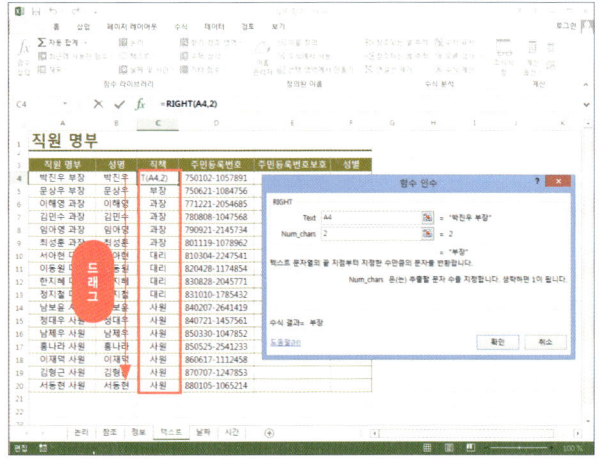

> **참고**
> A4셀의 오른쪽부터 2글자를 추출할 것이므로 [Text]에 'A4'를, [Num_chars]에 '3'을 지정합니다.

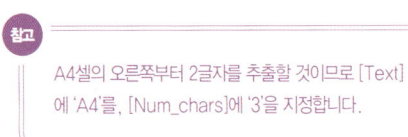

MID 함수로 중간부터 문자 추출하기

MID 함수는 문자의 중간부터 문자를 추출할 때 사용합니다. 이번에는 MID 함수로 주민등록번호의 여덟 번째 문자를 추출한 후 CHOOSE 함수와 중첩하여 성별을 표시하겠습니다.

■ 함수 형식 | =MID(셀 주소,추출할 문자 위치,추출할 문자 수)

01 ❶ F4셀을 선택한 후 [수식] 탭의 [함수 라이브러리] 그룹에서 ❷[찾기/참조 영역]을 클릭하고 ❸[CHOOSE]를 클릭합니다.

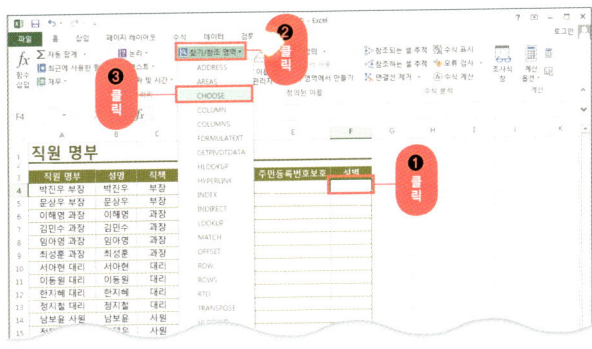

02 [함수 인수] 대화상자가 나타납니다. ❶[Value1], [Value2], [Value3], [Value4] 인수에 각각 "남", "여", "남", "여"를 입력하고, [Index_num] 인수를 선택한 상태에서 ❷이름 상자의 드롭다운 단추를 클릭한 후 ❸[함수 추가]를 클릭합니다.

> **참고**
> 주민등록번호의 일곱 번째 숫자는 1900년부터 1999년 사이에 출생한 경우 남자는 '1', 여자는 '2'로 표시됩니다. 그리고 2000년부터 출생한 경우 남자는 '3', 여자로 '4'로 표시됩니다. 이번에는 2000년 이후 출생한 경우도 적용할 수 있도록 CHOOSE 함수의 목록을 네 개로 작성하는 것입니다.

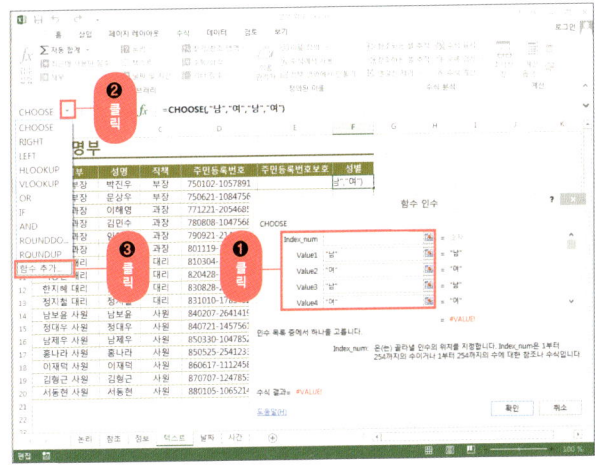

03 [함수 마법사] 대화상자가 나타납니다. [범주 선택]에서 ❶[텍스트]를 선택한 후 [함수 선택]에서 ❷[MID]를 선택하고 ❸[확인] 단추를 클릭합니다.

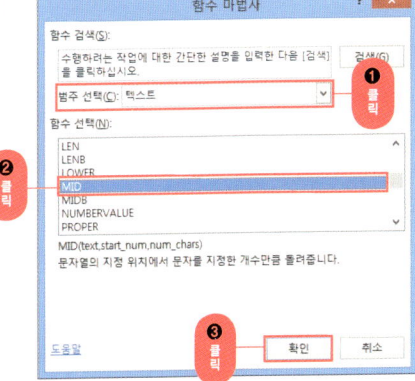

04 MID 함수의 [함수 인수] 대화상자가 나타납니다. ❶ 오른쪽과 같이 인수를 지정한 후 ❷ [확인] 단추를 클릭합니다.

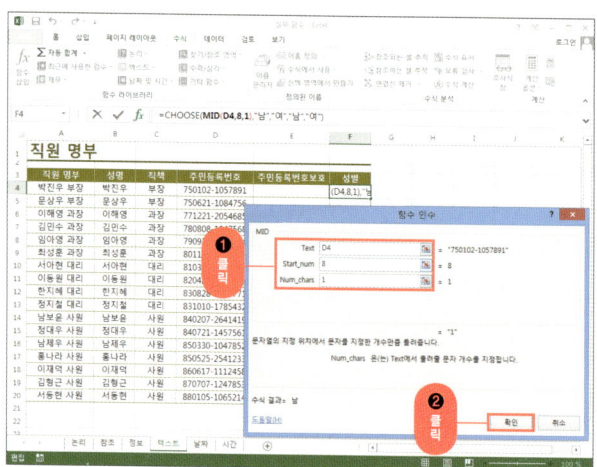

> **참고**
>
> 주민등록번호의 성별 구분은 일곱 번째 숫자이지만 중간에 '-'도 한 글자로 취급하므로 여덟 번째 문자를 추출해야 합니다. 즉 D4셀의 여덟 번째 문자부터 한 글자를 추출할 것이므로 [Text]에 'D4'를, [Start_num]에 '8'을, [Num_chars]에 '1'을 지정합니다.

05 D4셀에서 MID 함수로 추출한 문자가 '1' 이므로 F4셀에 "남"이 표시됩니다. F4셀의 채우기 핸들을 F20셀까지 드래그하여 나머지 셀 범위의 성별을 구합니다.

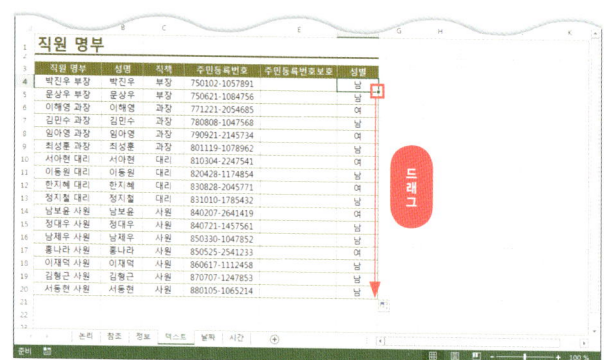

REPLACE 함수로 주민등록번호를 * 표시로 대체하기

REPLACE 함수는 문자열의 지정한 위치부터 몇 개의 문자를 새로운 문자로 바꿀 때 사용합니다. 이번에는 주민등록번호의 아홉 번째 문자부터 여섯 개의 문자를 별표로 바꾸겠습니다.

1 E4셀을 선택한 후 [수식] 탭의 [함수 라이브러리] 그룹에서 [텍스트]를 클릭하고 [LEFT]를 클릭합니다.

2 [함수 인수] 대화상자가 나타납니다. 오른쪽과 같이 인수를 지정한 후 [확인] 단추를 클릭하면, 주민등록번호의 뒷자리 여섯 개가 별표로 바뀝니다.

> E4셀의 채우기 핸들을 E20셀까지 드래그하여 E5:E20 셀 범위의 주민등록번호 뒷자리도 별표로 바꿉니다.

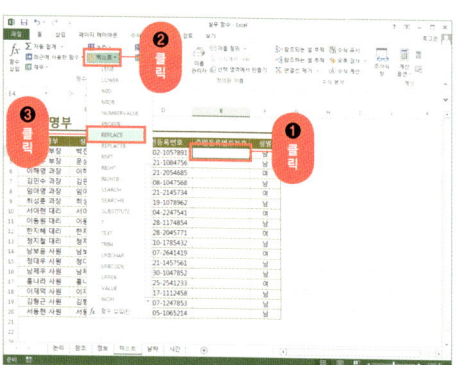

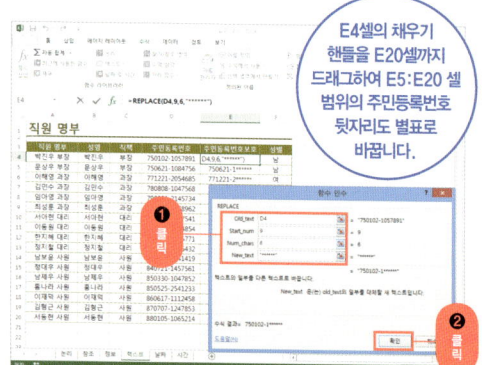

날짜 함수로 생년월일과 요일, 나이 구하기

Lesson 15

엑셀에서는 날짜도 일련번호로 인식하므로, 연도(YEAR)와 월(MONTH), 일(DAY), 요일(WEEKDAY) 등으로 계산할 수 있습니다. 그리고 DATEDIF 함수는 두 날짜 사이의 기간을 구할 수 있는데, 오늘 날짜를 구하는 TODAY 함수와 중첩하여 나이를 구할 수 있습니다.

■ 함수 형식

DATE 함수

설명	DATE 함수는 지정한 숫자의 연, 월, 일로 날짜를 구합니다. YEAR 함수는 지정한 날짜에서 연도를, MONTH 함수는 월을, DAY 함수는 일을 추출합니다.
형식	• =DATE(year,month,day)　　• =YEAR(serial_number) • =MONTH(serial_number)　　• =DAY(serial_number)
인수	• year,month,day : 연, 월, 일 • serial_number : 날짜

WEEKDAY 함수

설명	날짜에 해당하는 요일을 지정한 숫자로 반환합니다.
형식	=WEEKDAY(serial_number,[return_type])
인수	• serial_number : 날짜 • return_type : 생략하거나 '1'이면 일요일을 '1'로, '2'로 지정하면 월요일을 '1'로, '0'으로 지정하면 월요일을 '1'로 반환합니다.

DATEDIF 함수

설명	시작일과 종료일 사이의 연도, 월, 일 등을 구분하여 기간을 구합니다.
형식	=DATEDIF(start_date,end_date,interval)
인수	• start_date : 시작할 날짜 • end_date : 끝나는 날짜 • inteval : 기간의 종류 　- y, m, d : 연도, 월, 일 　- ym, yd, md : 같은 연도의 월, 일, 그리고 같은 달의 일

DATE, YEAR, MONTH, DAY 함수로 날짜 구하기

DATE 함수를 이용하면 지정한 연도와 월, 일로 날짜를 구합니다. 이번에는 텍스트 함수인 LEFT와 MID 함수로 주민등록번호의 연도와 월, 일을 추출하여 생년월일을 구하겠습니다.

■ 함수 형식 | =DATE(연도,월,일)
　　　　　　=YEAR(날짜), =MONTH(날짜), DAY(날짜)

01 ❶ C4셀을 선택한 후 [수식] 탭의 [함수 라이브러리] 그룹에서 ❷ [날짜 및 시간]을 클릭하고 ❸ [DATE]를 클릭합니다.

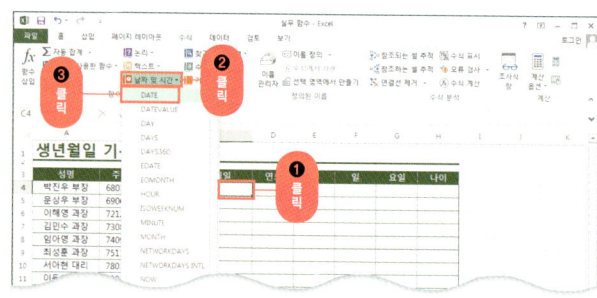

02 [함수 인수] 대화상자가 나타납니다. ❶ 오른쪽과 같이 인수를 지정한 후 ❷ [확인] 단추를 클릭합니다.

> **참고**
> 주민등록번호의 왼쪽부터 두 글자씩 연도와 월, 일을 사용하므로 [Year]에 'LEFT(B4,2)'를, [Month]에 'MID(B4,3,2)'를, [Day]에 'MID(B4,5,2)'를 지정합니다.

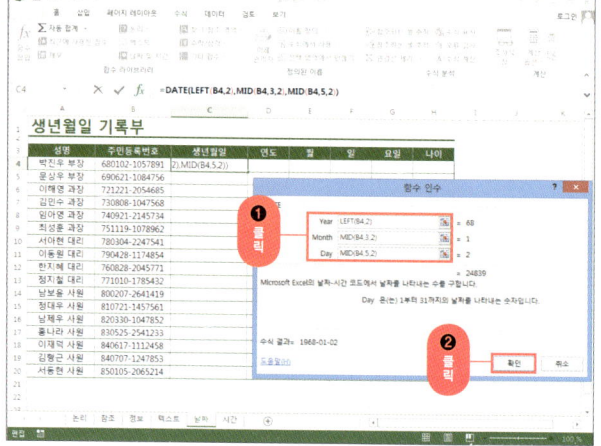

03 주민등록번호에서 추출한 생년월일이 나타납니다. D4셀은 YEAR 함수로 연도를, E4셀은 MONTH 함수로 월을, F4셀은 DAY 함수로 일을 추출합니다. 모두 완성되면 C4:F4 셀 범위의 채우기 핸들을 C20:F20 셀 범위까지 드래그합니다.

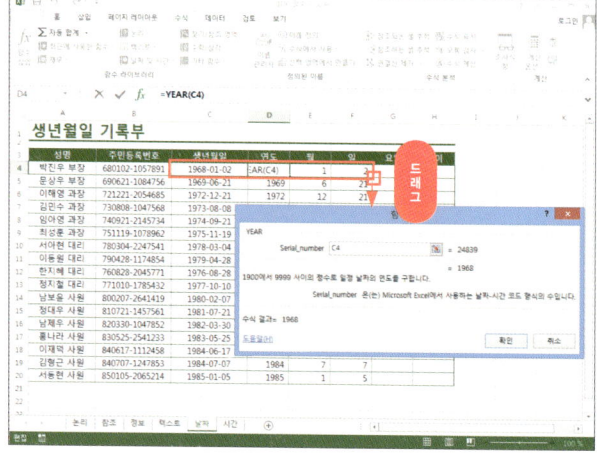

WEEKDAY 함수로 지정한 날짜의 요일 구하기

WEEKDAY 함수는 지정한 날짜의 요일을 구할 때 사용하는데, 요일을 직접 표시하지 않고 숫자로 반환합니다. 그러므로 CHOOSE 함수로 요일 목록을 작성한 후 반환한 숫자의 요일로 표시하면 됩니다.

■ 함수 형식 | =WEEKDAY(날짜,반환 방법)

01 ❶ G4셀을 선택한 후 [수식] 탭의 [함수 라이브러리] 그룹에서 ❷ [찾기/참조 영역]을 클릭하고 [CHOOSE]를 클릭합니다.

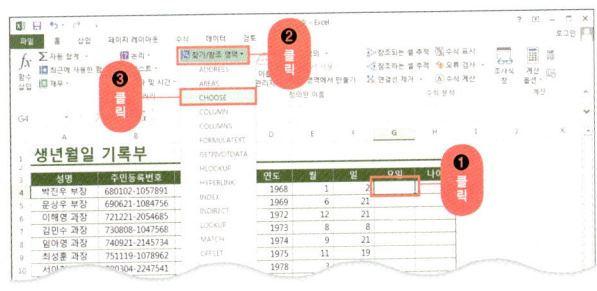

02 [함수 인수] 대화상자가 나타납니다. ❶ [Value1], [Value2], [Value3], [Value4], [Value5], [Value6], [Value7]에 각각 "일", "월", "화", "수", "목", "금", "토"를 지정하고, [Index_num] 인수를 선택한 상태에서 ❷ 이름 상자의 드롭다운 단추를 클릭한 후 ❸ [함수 추가]를 클릭합니다.

> **주의**
> 따라하기 04번의 WEEKDAY 함수에서 [return_type]의 반환 방법을 생략할 것이므로, CHOOSE 함수의 [Value1, 2, 3, …] 인수를 "일, 월, 화, ……" 순서대로 입력해야 합니다.

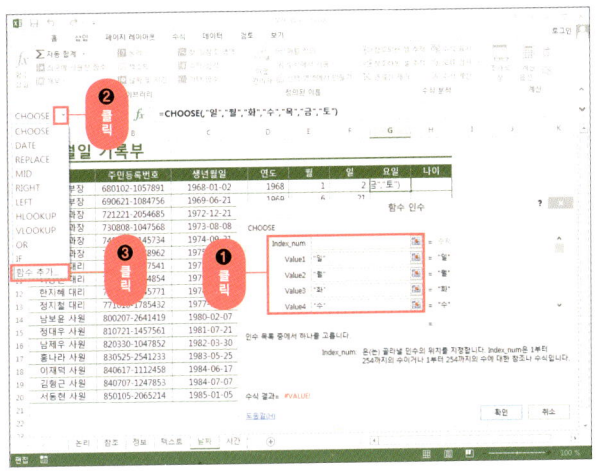

03 [함수 마법사] 대화상자가 나타납니다. [범주 선택]에서 ❶ [날짜/시간]을 선택한 후 [함수 선택]에서 ❷ [WEEKDAY]를 선택하고 ❸ [확인] 단추를 클릭합니다.

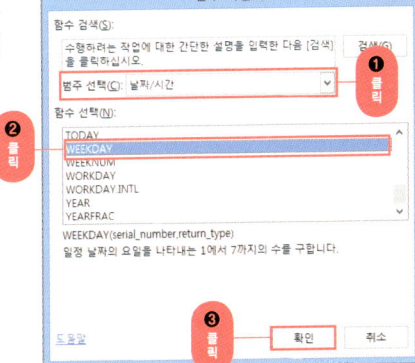

04 WEEKDAY 함수의 [함수 인수] 대화상자가 나타납니다. ❶ 오른쪽과 같이 인수를 지정한 후 ❷[확인] 단추를 클릭하면 G4셀에 C4셀 날짜의 요일이 표시됩니다. ❸ G4셀의 채우기 핸들을 G20 셀까지 드래그하여 G5:G20 셀 범위의 요일도 구합니다.

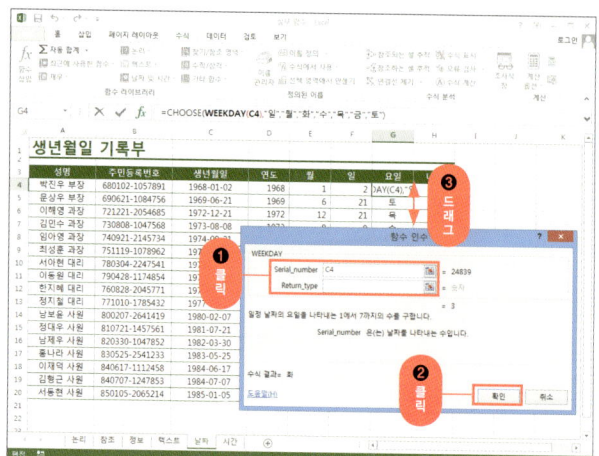

> **참고**
>
> WEEKDAY 함수의 두 번째 인수를 생략하면 일요일을 '1', 월요일을 '2', 화요일을 '3'의 순서대로 반환합니다. 예를 들어 '=WEEKDAY(C4)'는 1968년 1월 2일의 요일이 화요일이므로 '3'을 반환하는데, CHOOSE 함수의 네 번째 인수인 "화"를 반환합니다.

DATEDIF, TODAY 함수로 오늘 기준의 나이 구하기

DATEDIF 함수는 세 번째 인수에 따라 두 날짜 사이의 기간을 구분하여 구합니다. 세 번째 인수로 'y'를 지정하면 연도만 구할 수 있는데, TODAY 함수와 중첩하면 오늘 기준의 나이를 구할 수 있습니다.

■ 함수 형식 | **=DATEDIF(시작일,종료일,기간의 종류)**
　　　　　　 =TODAY()

01 H4셀에 '=DATEDIF(C4,TODAY(),"y")&"세"'를 입력한 후 Enter 를 누릅니다.

> **주의**
> DATEDIF 함수는 리본 메뉴에 없으므로 직접 입력해야 합니다.

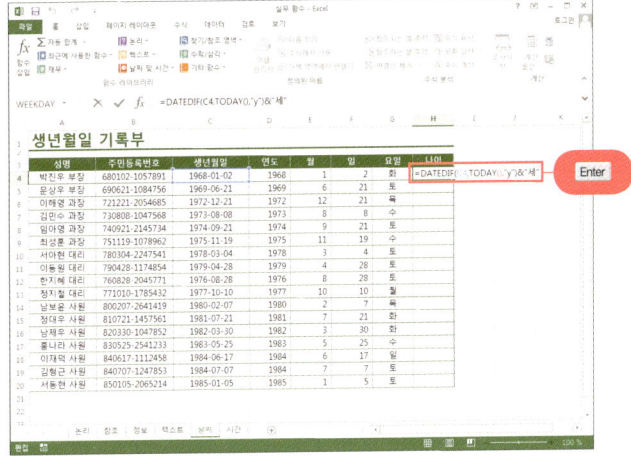

02 H4셀에 C4셀과 오늘 날짜의 연도 기간이 '세'라는 문자와 함께 표시됩니다. H4셀의 채우기 핸들을 H20셀까지 드래그하여 H5:H20 셀 범위의 나이도 구합니다.

> **참고**
> 이번에는 DATEDIF 함수로 구한 값과 '세'라는 문자를 & 연산자로 연결한 것입니다. 문자를 연결하는 함수는 CONCATENATE 함수가 따로 있지만, 함수 이름이 복잡하므로 그냥 & 연산자를 사용하는 것이 편합니다.

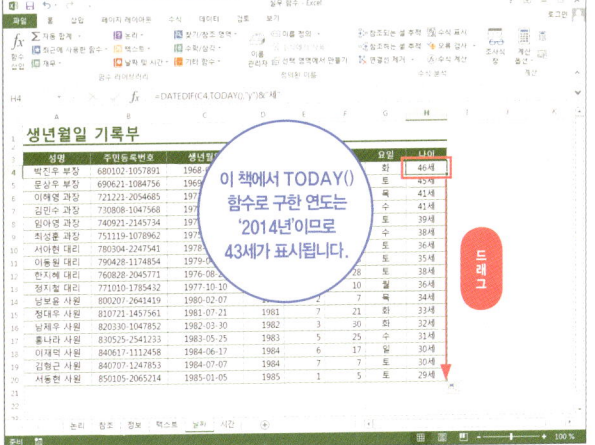

이 책에서 TODAY() 함수로 구한 연도는 '2014년'이므로 43세가 표시됩니다.

시간 함수로 출근기록부의 출근 시간 구하기

Lesson 16

185쪽의 날짜와 마찬가지로 엑셀에서는 시간도 '0.0'부터 '1.0' 사이의 소수로 인식하여 계산을 할 수 있습니다. TIME 함수는 지정한 숫자로 시, 분, 초의 시간을 구합니다. 그리고 HOUR, MINUTE, SECOND 함수는 시간에서 시(0~23)와 분(0~59), 초(0~59)를 구합니다.

■ 함수 형식

TIME 함수

설명	시, 분, 초로 지정한 숫자의 시간을 구합니다.
형식	TIME(hour,minute,second)
인수	• hour,minute,second : 시, 분, 초

HOUR, MINUTE, SECOND 함수

설명	시간에서 시, 분, 초를 추출합니다.
형식	HOUR(serial_number) MINUTE(serial_number) SECOND(serial_number)
인수	• serial_number : 시간

STEP 01

TIME 함수로 지정한 숫자의 시간 구하기

TIME 함수는 지정한 숫자의 시간을 구합니다. 이번에는 LEFT와 MID, RIGHT 함수로 숫자를 추출한 후 해당 숫자로 구성된 출근 시간과 퇴근 시간을 구하겠습니다. 그리고 HOUR 함수는 시를, MINUTE 함수는 분을, SECOND 함수는 초를 구합니다. 이번에는 전체 시간에서 시, 분, 초를 추출하여 구하겠습니다.

■ 함수 형식 | =TIME(시,분,초)
=HOUR(시간), =MINUTE(분), =SECOND(초)

01 ❶ C4셀을 선택한 후 [수식] 탭의 [함수 라이브러리] 그룹에서 ❷ [날짜 및 시간]을 클릭하고 ❸ [TIME]을 클릭합니다.

02 [함수 인수] 대화상자가 나타납니다. ❶ 오른쪽과 같이 인수를 지정한 후 ❷ [확인] 단추를 클릭합니다.

> **참고**
> C4셀의 문자에서 왼쪽부터 두 글자씩 시, 분, 초를 사용하므로 [Hour]에 'LEFT(B4,2)'를, [Minute]에 'MID(B4,3,2)'를, [Second]에 'RIGHT(B4,2)'를 지정합니다.

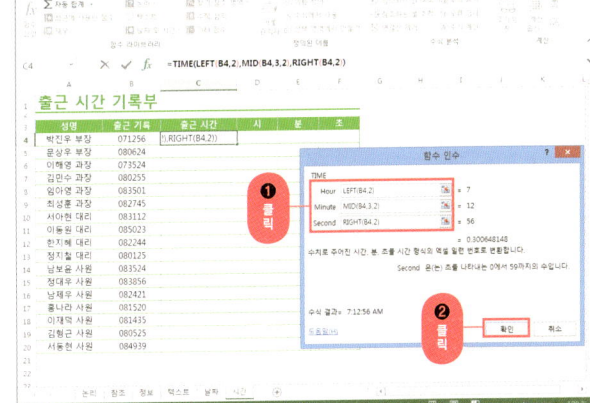

03 C4셀에 B4셀에서 추출한 숫자를 시간 표시 형식으로 표시했습니다. D4셀은 HOUR 함수로 시를, E4셀은 MINUTE 함수는 분을, F4셀은 SECOND 함수로 초를 추출합니다. 모두 완성했으면 C4:F4 셀 범위의 채우기 핸들을 C20:F20 셀 범위까지 드래그합니다.

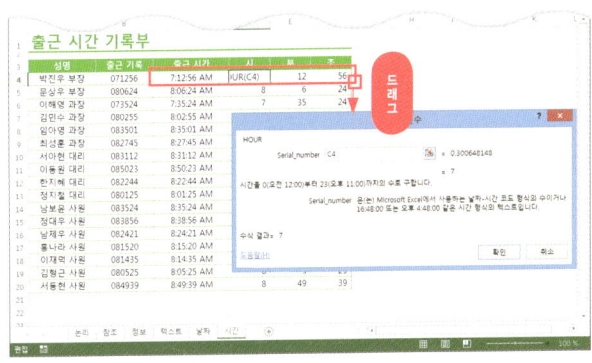

다양한 함수로 주문원장 만들기

연습파일 예제_엑셀\Chapter4\실무_주문원장.xlsx　　**완성파일** 예제_엑셀\Chapter4\실무_주문원장_결과.xlsx

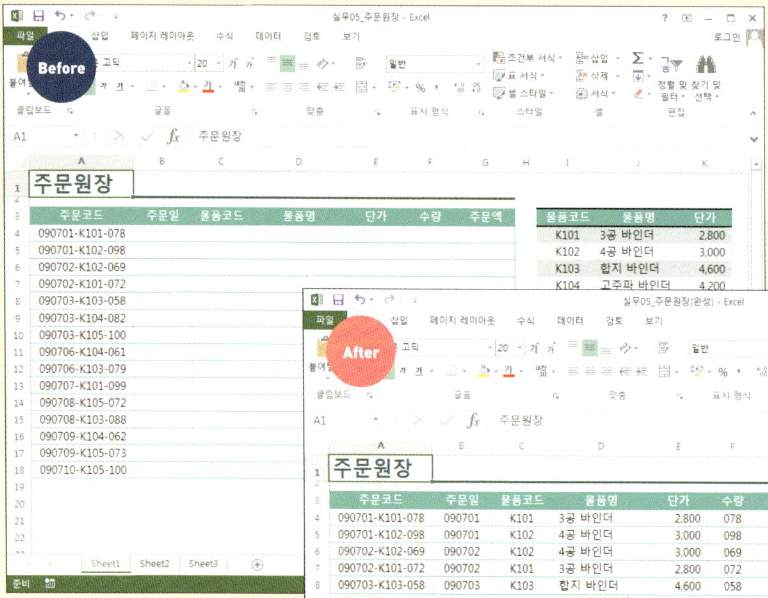

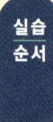

① A4:A18 셀 범위의 왼쪽 여섯 글자를 추출하여 B4:B18 셀 범위의 주문일을 구합니다.

② A4:A18 셀 범위의 중간 여덟 글자부터 네 글자를 C4:C18 셀 범위의 물품코드를 추출하여 구합니다.

③ A4:A18 셀 범위의 오른쪽 세 글자를 추출하여 F4:F18 셀 범위의 수량을 구합니다.

④ I3:K8 셀 범위의 표를 참조하여 E4:E18 셀 범위의 물품명을 구합니다.

⑤ I3:K8 셀 범위의 표를 참조하여 E4:E18 셀 범위의 단가를 구합니다.

⑥ '단가*수량'의 수식으로 G4:G18 셀 범위의 주문액을 구합니다.

CHAPTER 5

객관적인 분석! 데이터 분석하기

Lesson 01 | 다양한 기준으로 데이터 정렬하기

Lesson 02 | 조건에 맞는 데이터만 추출하는 필터 이용하기

Lesson 03 | 데이터를 그룹으로 묶는 부분합 작성하기

Lesson 04 | 필드를 마음대로 배치하는 피벗 테이블 이용하기

Lesson 05 | 다양한 데이터 도구로 데이터베이스 관리하기

Lesson 06 | 절대 참조와 상대 참조 매크로 기록하기

Lesson 07 | 매크로가 포함된 파일 저장하고 삭제하기

Lesson 08 | 매크로 실행 단추 만들기

Lesson 09 | 비주얼 베이직 편집기로 매크로 편집하기

실무 따라잡기 | 고급 필터 매크로 작성하기

EXCEL&POWERPOINT&WORD 2013

예제_엑셀\Chapter5\데이터베이스_1.xlsx

다양한 기준으로 데이터 정렬하기

Lesson 1

데이터베이스 목록에서 기준이 되는 필드를 설정하여 문자나 숫자, 날짜 등을 기준으로 데이터를 정렬할 수 있습니다. 특히 엑셀 2007부터는 셀이나 글꼴 색, 아이콘을 기준으로도 정렬할 수 있어 데이터를 더욱 일목요연하게 정리할 수 있습니다.

STEP 01 오름차순과 내림차순으로 정렬하기

오름차순은 'ㄱㄴㄷ……, ABC……, 0123……'과 같이 작은 수에서 큰 수로 정렬하고, 내림차순은 'ㅎㅍㅌ……, ZYX……, 987……'과 같이 큰 수에서 작은 수로 정렬합니다.

01 ❶ '거래처' 필드명인 B1셀을 선택한 후 ❷ [데이터] 탭의 [정렬 및 필터] 그룹에서 ❸ [텍스트 오름차순 정렬]을 클릭합니다.

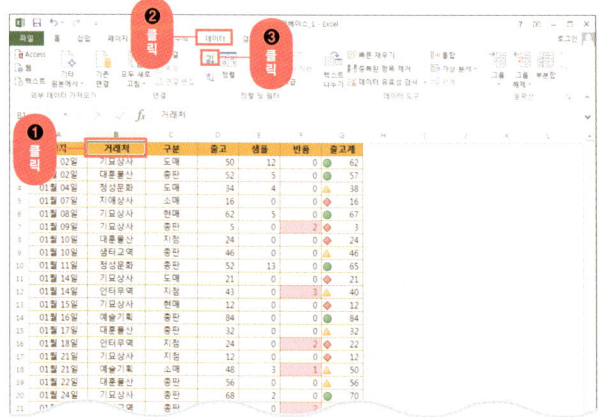

리본
[홈] 탭의 [편집] 그룹에서 [정렬 및 필터]를 클릭한 후 [텍스트 오름차순 정렬]이나 [텍스트 내림차순 정렬]을 클릭합니다.

02 거래처가 한글 자음 순서대로 정렬됩니다. 만약 반대로 정렬하려면 [텍스트 내림차순 정렬]을 클릭하면 됩니다.

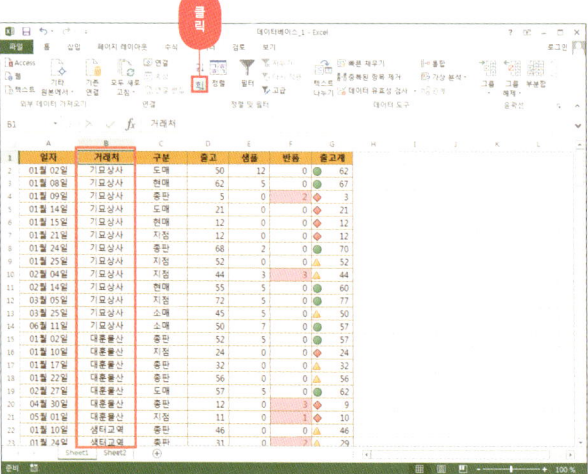

참고
필드를 기준으로 정렬하면 같은 행의 데이터(레코드) 순서도 함께 바뀝니다. 만약 다른 필드는 그대로 두고 선택 영역만 정렬하려면 먼저 셀 범위를 선택한 후 [정렬]을 클릭하세요. 그러면 [정렬 경고] 대화상자가 나타나는데, [현재 선택 영역으로 정렬]을 선택한 후 [정렬] 단추를 클릭하면 됩니다.

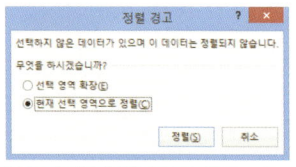

여러 기준으로 정렬하기

리본 메뉴의 단추를 이용하면 하나의 기준으로만 정렬이 되는데, [정렬] 대화상자를 이용하면 여러 기준으로 정렬할 수 있습니다. 이번에는 '거래처'와 '구분'의 순서대로 정렬하겠습니다.

01 ❶ 데이터베이스 범위 안의 셀을 선택한 후 [데이터] 탭의 [정렬 및 필터] 그룹에서 ❷ [정렬]을 클릭하면 [정렬] 대화상자가 나타납니다. ❸ [정렬 기준]에서 첫 번째 정렬 기준을 설정하고, ❹ [기준 추가] 단추를 클릭합니다.

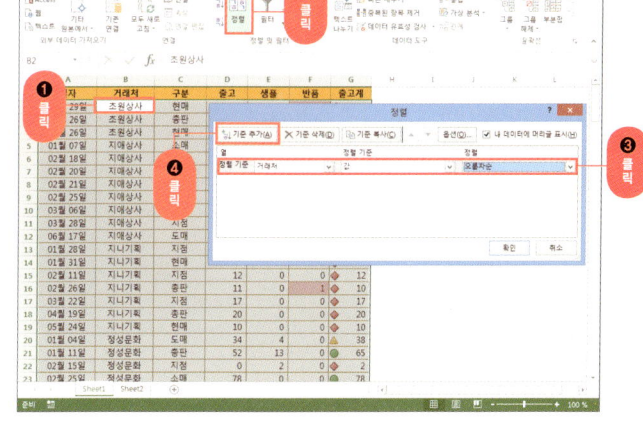

> **주의**
> 데이터베이스 작업을 할 때는 먼저 대상이 되는 데이터베이스 범위 안의 셀을 선택해야 합니다.

02 [정렬 기준] 아래에 ❶ [다음 기준]이 추가되면 두 번째 정렬 기준을 설정한 후 ❷ [확인] 단추를 클릭합니다.

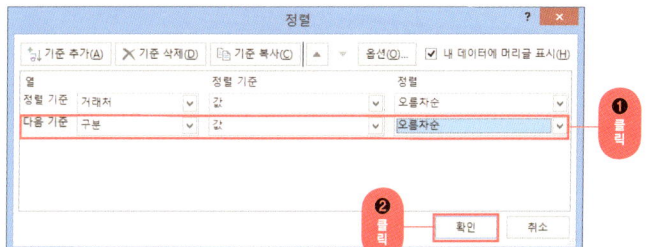

03 첫 번째 기준인 '거래처'의 순서대로 정렬되고, 두 번째 기준인 '구분'의 순서대로 정렬됩니다.

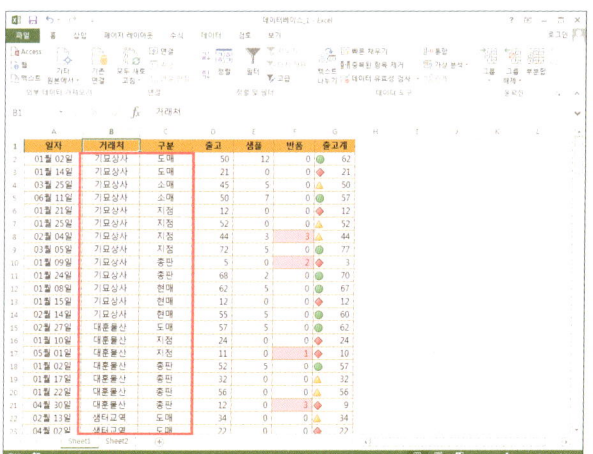

사용자 지정 목록으로 정렬하기

오름차순이나 내림차순 외에 사용자가 지정한 목록의 순서대로 정렬할 수 있습니다. 이러한 경우 먼저 [사용자 지정 목록]에서 정렬하려는 목록을 추가한 후 [정렬] 대화상자를 이용하면 됩니다.

01 [데이터] 탭의 [정렬 및 필터] 그룹에서 ❶[정렬]을 클릭하면 [정렬] 대화상자가 나타납니다. 두 번째 기준에서 ❷[정렬]의 드롭다운 단추를 클릭한 후 ❸[사용자 지정 목록]을 클릭합니다.

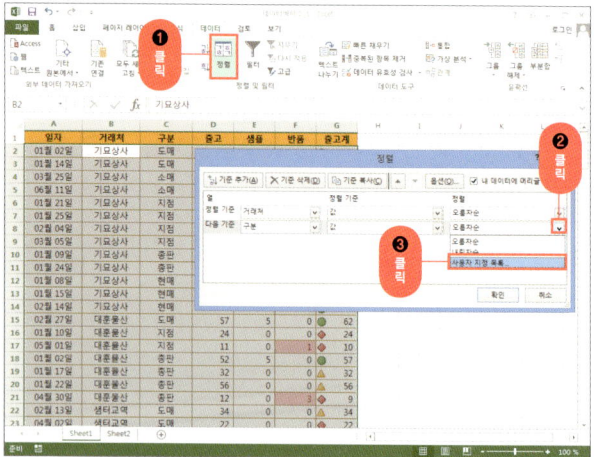

02 [사용자 지정 목록] 대화상자가 나타납니다. ❶[목록 항목]에서 정렬 기준을 입력한 후 ❷[추가] 단추를 클릭합니다. 그런 다음 ❸[사용자 지정 목록]에서 추가된 정렬 기준을 선택하고 ❹[확인] 단추를 클릭합니다.

> **참고**
> [목록 항목]에 새로운 기준을 입력한 후 [추가] 단추를 클릭하면 새로운 사용자 지정 목록이 등록됩니다. [사용자 지정 목록]에 대해서는 66쪽을 참고하세요.

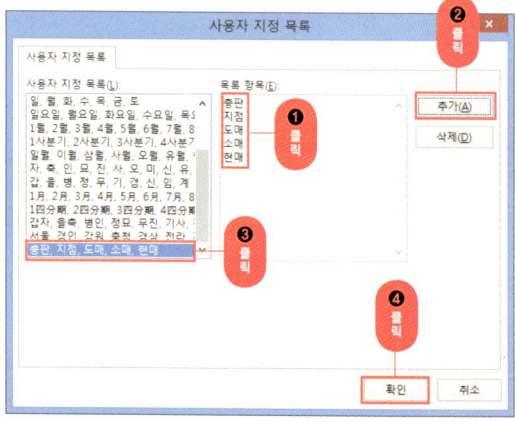

03 다시 따라하기 01번의 [정렬] 대화상자가 나타나면 [확인] 단추를 클릭합니다. 그러면 그림과 같이 '구분' 필드가 [사용자 지정 목록]의 순서대로 정렬된 것을 확인할 수 있습니다.

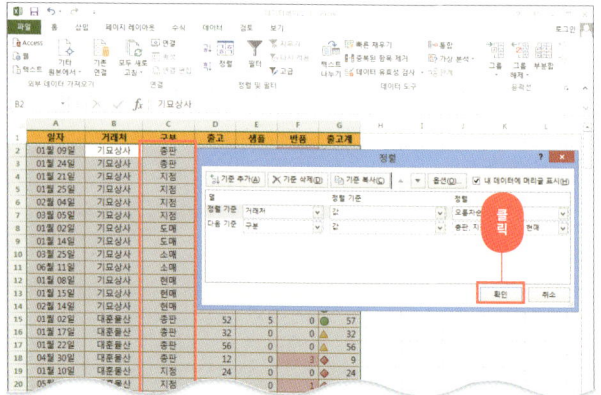

셀 색, 글꼴 색을 기준으로 정렬하기

특정 데이터를 강조하기 위해 셀 색이나 글꼴 색, 아이콘으로 서식을 지정한 경우, 해당 셀 서식을 기준으로 데이터를 정렬할 수 있습니다.

01 [데이터] 탭의 [정렬 및 필터] 그룹에서 ❶[정렬]을 클릭하면 [정렬] 대화상자가 나타납니다. ❷[다음 기준]에서 '반품'을 선택한 후 ❸ 드롭다운 단추를 클릭하고 ❹[셀 색]을 클릭합니다.

> 참고
> 정렬하려는 서식이 지정된 셀을 마우스 오른쪽 단추로 클릭한 후 [정렬]에서 해당 기준을 선택하여 정렬할 수도 있습니다.

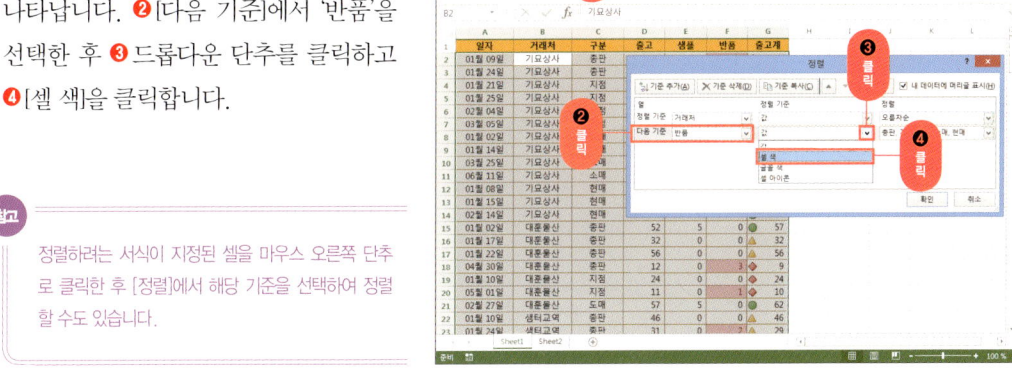

02 [정렬]에서 ❶[셀 색]과 [아래쪽에 표시]를 선택한 후 ❷[확인] 단추를 클릭합니다.

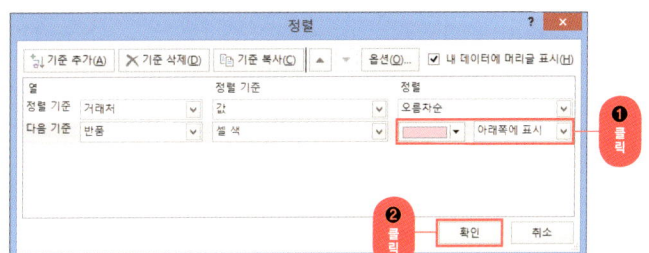

03 '거래처' 데이터 중에서 셀 색이 빨강인 셀들이 아래쪽에 정렬됩니다.

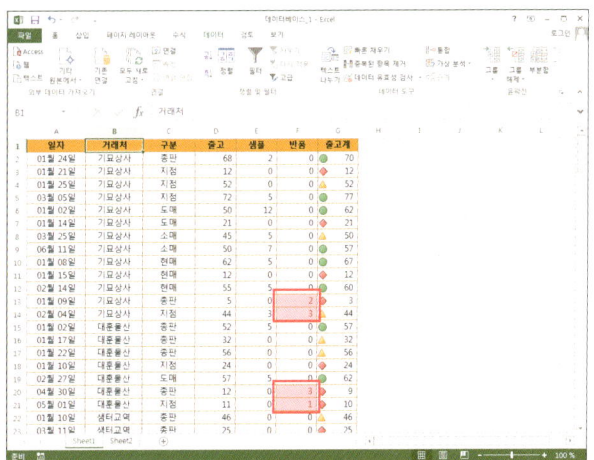

예제_엑셀\Chapter5\데이터베이스_2.xlsx

조건에 맞는 데이터만 추출하는 필터 이용하기

Lesson 2

필터를 이용하면 사용자가 지정한 조건의 데이터만 표시고 나머지 데이터는 숨길 수 있습니다. 특히 어려운 조건식을 이용하지 않고도 간단히 필터 단추만 클릭하면 많은 데이터 중에서 원하는 데이터만 추출할 수 있습니다.

STEP 01 자동 필터로 필터링하기

자동 필터는 필드에 필터 단추를 만든 후 원하는 데이터를 추출합니다. 이번에는 원하는 거래처의 데이터만 추출하겠습니다.

01 [데이터] 탭의 [정렬 및 필터] 그룹에서 ❶[필터를 클릭하면 필드명에 [필터] 단추가 추가됩니다. 텍스트를 필터링하려면 ❷[필터] 단추 ▼를 클릭하고, 추출할 거래처인 ❸'인터무역'을 선택한 후 ❹[확인] 단추를 클릭합니다.

> **참고**
> 모든 필드명이 아니라 원하는 필드명에만 [필터] 단추를 추가하려면 먼저 셀 범위를 선택한 후 [필터]를 클릭하세요.

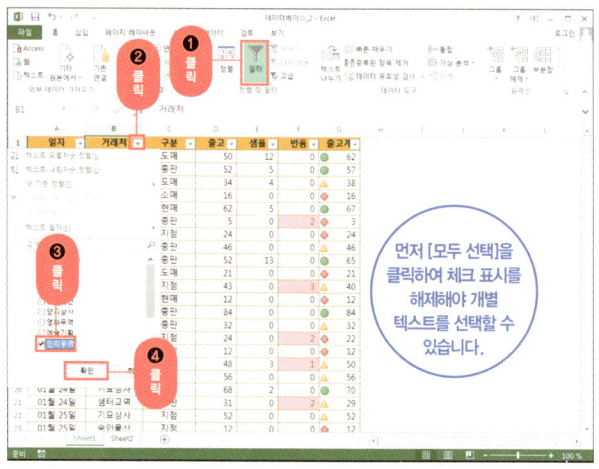

먼저 [모두 선택]을 클릭하여 체크 표시를 해제해야 개별 텍스트를 선택할 수 있습니다.

02 선택한 데이터만 추출됩니다. 다시 모든 데이터를 표시하려면 ❶[필터] 단추를 클릭한 후 ❷[(모두 선택)]을 클릭하고 ❸[확인] 단추를 클릭합니다.

> **주의**
> 모든 데이터를 표시해도 필드명의 [필터] 단추는 남아 있습니다. [필터] 단추를 지우려면 [정렬 및 필터] 그룹의 [필터]를 클릭하여 선택을 해제하세요.

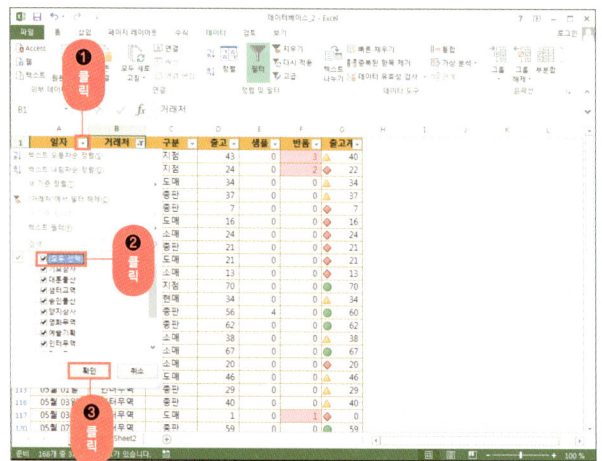

STEP 02 숫자나 날짜 데이터로 필터링하기

날짜나 숫자 데이터가 있는 필드의 [필터] 단추를 이용하면 데이터의 종류에 따라 필터 기준이 나타나는데, 여기에서 원하는 기준으로 데이터를 추출할 수 있습니다. 또 상위 또는 하위에서 지정한 숫자만큼의 항목이나 퍼센트로 추출할 수 있습니다.

01 날짜 데이터가 있는 '일자' 필드의 ❶[필터] 단추를 클릭하고, ❷원하는 날짜 기간을 선택한 후 ❸[확인] 단추를 클릭하면 해당 기간의 데이터가 추출됩니다.

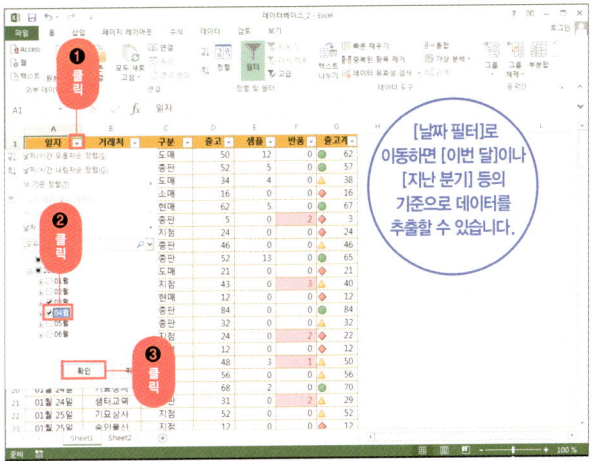

[날짜 필터]로 이동하면 [이번 달]이나 [지난 분기] 등의 기준으로 데이터를 추출할 수 있습니다.

02 숫자 데이터가 있는 '출고' 필드의 ❶[필터] 단추를 클릭한 후 ❷[숫자 필터]의 ❸[상위 10]을 클릭합니다.

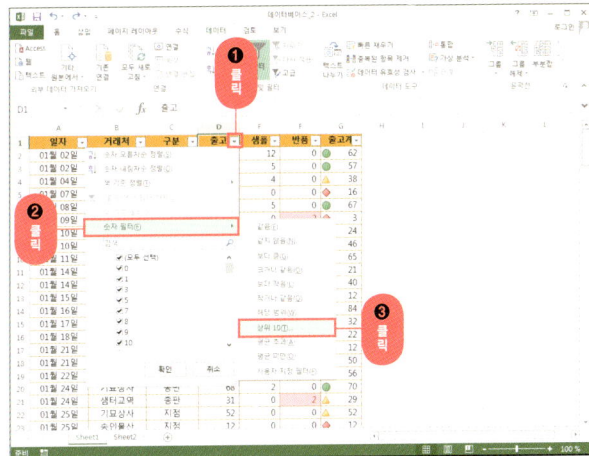

> **주의**
> 필드에 같은 값이 있으면 같은 순위로 인식하므로, [상위 10 자동 필터]로 추출해도 데이터는 10개가 아니라 같은 값의 개수만큼 추출됩니다.

03 [상위 10 자동 필터] 대화상자가 나타납니다. ❶[표시]에서 [상위], [10], [항목]을 선택한 후 ❷[확인] 단추를 클릭하면 '출고' 필드의 값 중에서 상위 10개의 데이터만 추출됩니다.

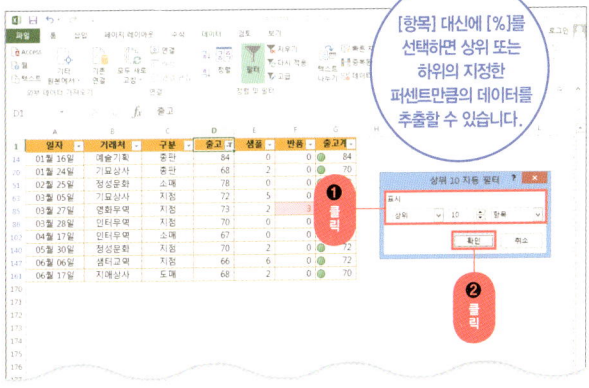

[항목] 대신에 [%]를 선택하면 상위 또는 하위의 지정한 퍼센트만큼의 데이터를 추출할 수 있습니다.

> **주의**
> 추출된 데이터는 1위부터 10위까지의 순서가 아니므로, 순위대로 데이터를 보려면 194쪽처럼 [오름차순 정렬]이나 [내림차순 정렬]을 이용해야 합니다.

사용자 지정으로 필터링하기

[사용자 지정 자동 필터]를 이용하면 두 가지의 조건으로 데이터를 추출할 수 있습니다. 이번에는 '샘플' 개수가 5개 미만이면서 '0'이 아닌 데이터를 추출하겠습니다.

01 '샘플' 필드의 ❶ 필터 단추를 클릭한 후 ❷[숫자 필터]의 ❸[사용자 지정 필터]를 클릭합니다.

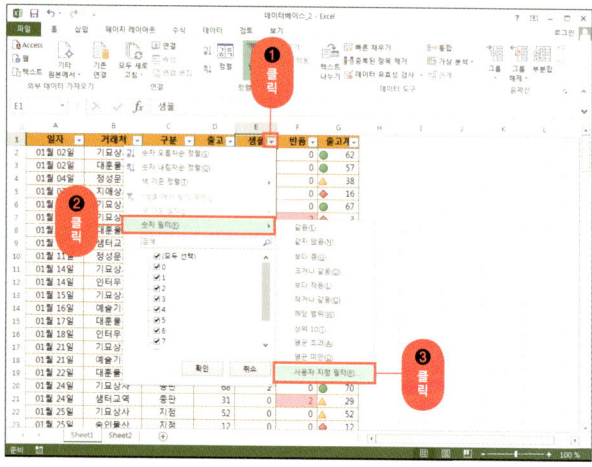

02 [사용자 지정 자동 필터] 대화상자가 나타납니다. ❶[찾을 조건]에 '<5'와 '그리고', '<>0'으로 설정한 후 ❷[확인] 단추를 클릭합니다.

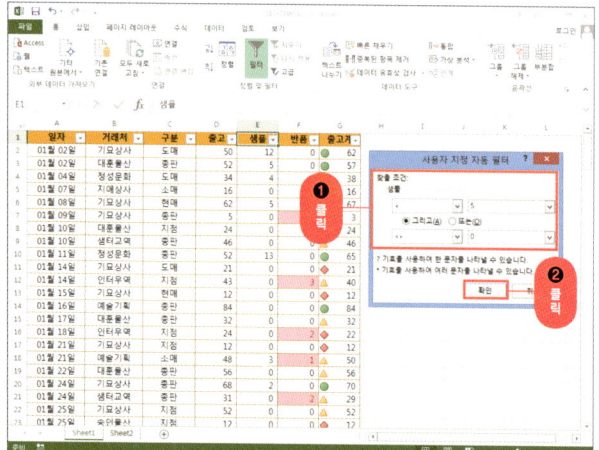

> 조건에 사용되는 비교 연산자에 대해서는 34쪽을 참고하세요.

03 '샘플' 중에서 5 미만이면서 0이 아닌 데이터만 추출됩니다.

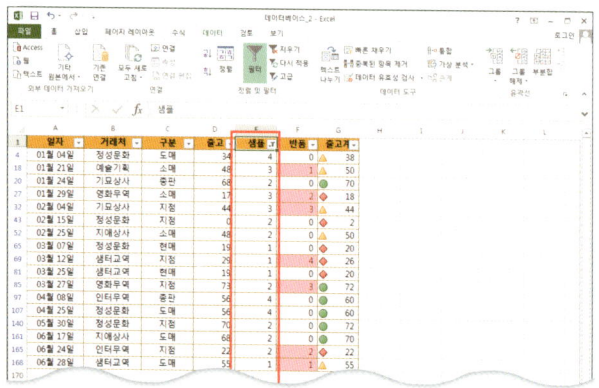

셀 색, 글꼴 색, 아이콘으로 필터링하기

197쪽의 정렬과 마찬가지로 자동 필터도 셀 색이나 글꼴 색, 아이콘을 기준으로 데이터를 추출할 수 있습니다. 이번에는 셀 아이콘으로 데이터를 추출하겠습니다.

01 '반품' 필드의 ❶ 필터 단추를 클릭한 후 ❷[색 기준 필터]에서 ❸[분홍]을 클릭합니다.

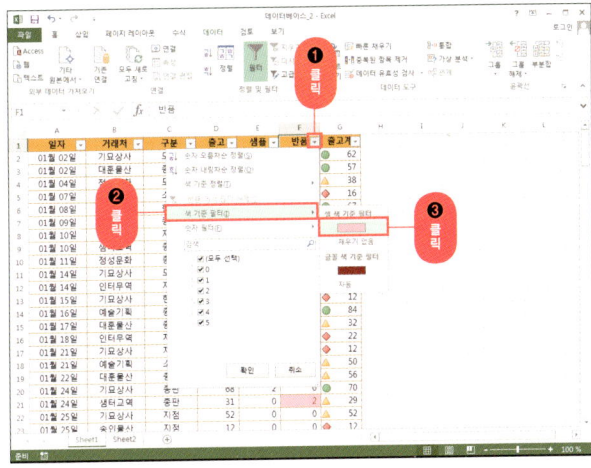

02 '반품' 중에서 셀 색이 '분홍'인 데이터만 추출됩니다. 이번에는 '출고계' 필드의 ❶ 필터 단추를 클릭한 후 ❷[색 기준 필터]에서 ❸[빨강 다이아몬드]를 클릭합니다.

> 조건부 서식을 이용하면 조건에 맞는 셀의 색이나 글꼴 색, 아이콘 등을 설정할 수 있습니다. 자세한 내용은 112쪽을 참고하세요.

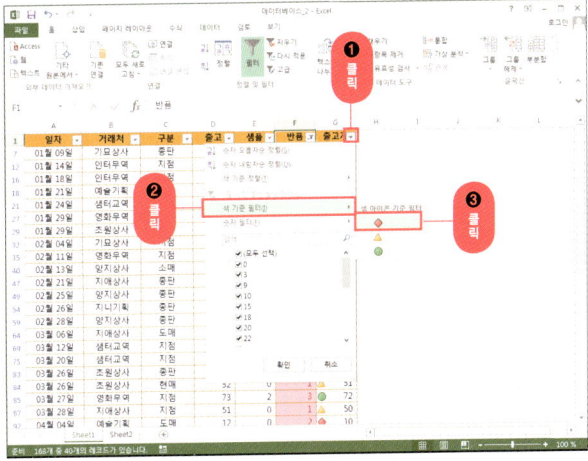

03 '출고계' 중에서 빨강 다이아몬드 아이콘의 데이터만 추출됩니다.

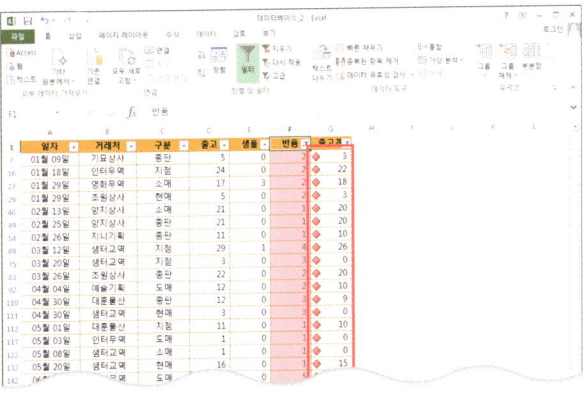

여러 조건의 고급 필터 이용하기

[고급 필터]를 이용하면 세 개 이상의 여러 조건으로 데이터를 추출할 수 있습니다. 또 추출한 데이터를 다른 장소에 복사하거나, 동일한 레코드는 하나만 표시할 수도 있습니다.

01 ❶[Sheet2] 워크시트에서 ❷A1:G3 셀 범위의 조건 테이블에 조건을 입력한 후 [데이터] 탭의 [정렬 및 필터] 그룹에서 ❸[고급]을 클릭합니다.

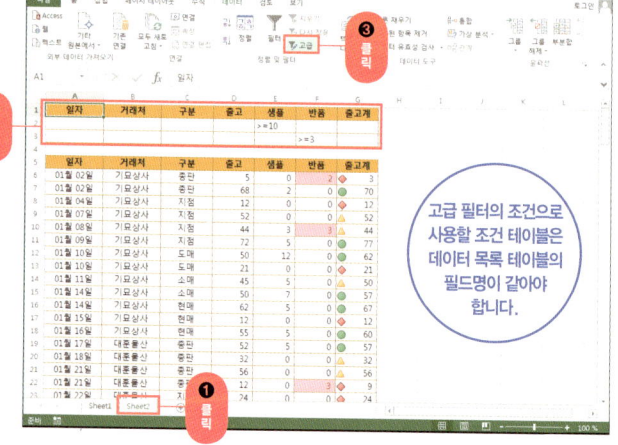

참고
조건을 입력할 때 같은 행에 입력하면 AND(그리고) 조건으로 추출하고, 다른 행에 입력하면 OR(또는) 조건으로 추출합니다.

02 [고급 필터] 대화상자가 나타납니다. ❶[결과]는 [다른 장소에 복사], [목록 범위]는 A1:G173, [조건 범위]는 A1:G3, [복사 위치]는 I1셀로 설정한 후 ❷[확인] 단추를 클릭합니다.

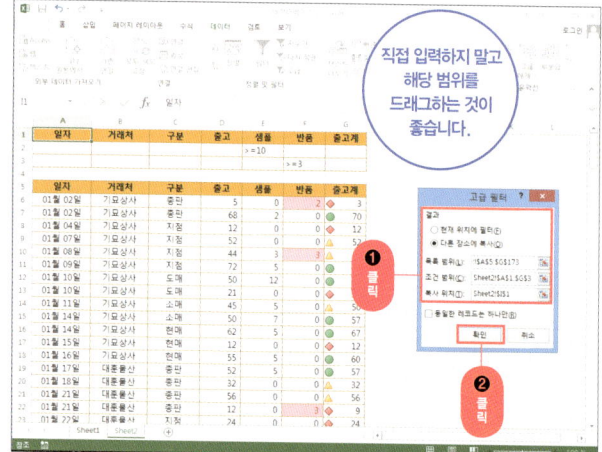

주의
[목록 범위]와 [조건 범위], [복사 범위]는 절대 참조 형식으로 입력됩니다.

03 '샘플'이 10 이하이거나 '반품'이 3 이하인 데이터만 추출하여 I1셀에 복사됩니다.

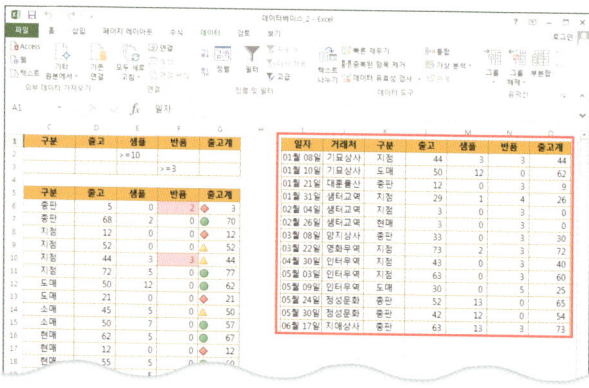

예제_엑셀\Chapter5\부분합.xlsx

데이터를 그룹으로 묶는 부분합 작성하기

Lesson 3

데이터베이스에서 그룹별로 레코드를 집계하여 필드마다 합계나 평균, 개수 등의 값을 구할 때가 많습니다. 이러한 경우 부분합을 이용하면 자동으로 그룹별 합계를 구할 수 있습니다. 물론 합계 대신에 평균, 개수 등의 다른 함수로 바꿀 수도 있습니다.

STEP 01 그룹을 이용한 부분합 작성하기

부분합을 이용하기 전에 반드시 필드 단위로 정렬되어 있어야 원하는 값을 구할 수 있습니다. 이번에는 '거래처'와 '구분'을 그룹으로 묶어 부분합을 구하겠습니다.

01 [데이터] 탭의 [정렬 및 필터] 그룹에서 ❶[정렬]을 클릭하고, ❷'거래처'와 '구분' 기준으로 정렬한 후 ❸[확인] 단추를 클릭합니다.

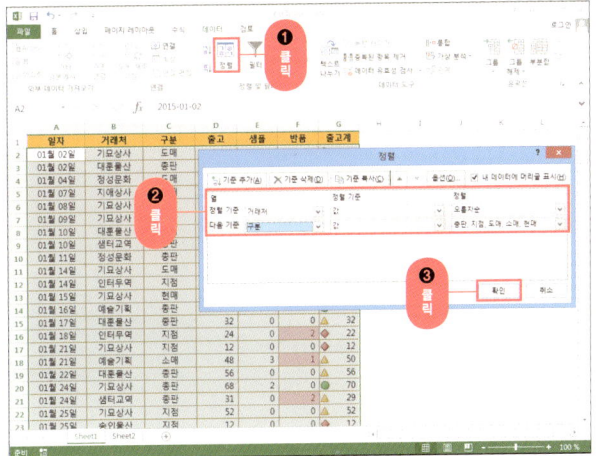

> Page
> 데이터를 정렬하는 방법은 194쪽을 참고하세요.

02 [데이터] 탭의 [윤곽선] 그룹에서 ❶[부분합]을 클릭하면 [부분합] 대화상자가 나타납니다. 다음과 같이 ❷[그룹화할 항목]과 [사용할 함수], [부분합 계산 항목]을 선택한 후 ❸[확인] 단추를 클릭합니다.

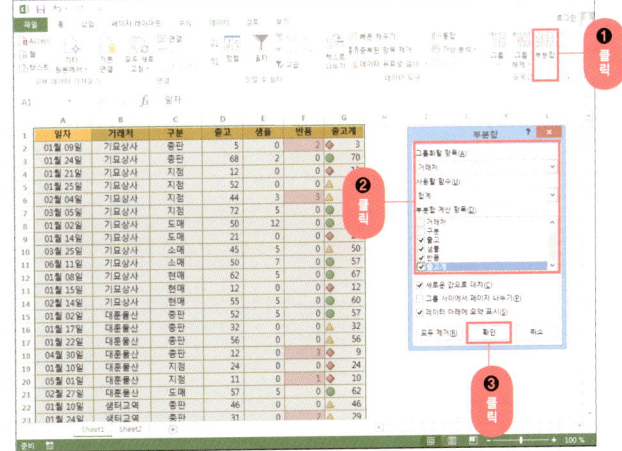

> 참고
> 부분합을 제거하려면 [부분합] 대화상자에서 [모두 제거] 단추를 클릭하세요.

203

03 데이터가 그룹으로 묶이고 계산된 결과가 표시됩니다. 단추를 하나의(전체) 그룹으로 묶는 것인데, 이번에는 두 번째 그룹으로 요약하기 위해 ② 단추를 클릭합니다.

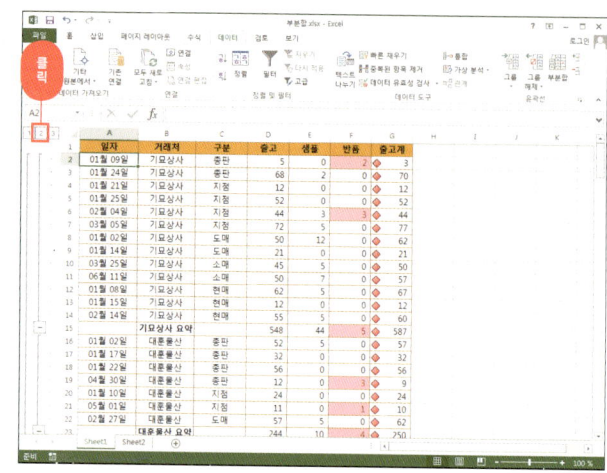

> **주의**
> 부분합을 이용하려면 먼저 데이터들이 차례대로 정렬되어 있어야 합니다. 만약 데이터가 여기저기 떨어져 있으면 하나로 묶이지 않고 여기저기 떨어져서 묶입니다.

04 '거래처' 데이터가 묶이면서 계산된 결과가 표시됩니다. + 나 - 단추를 클릭하면 원하는 그룹만 확장하거나 축소할 수 있습니다.

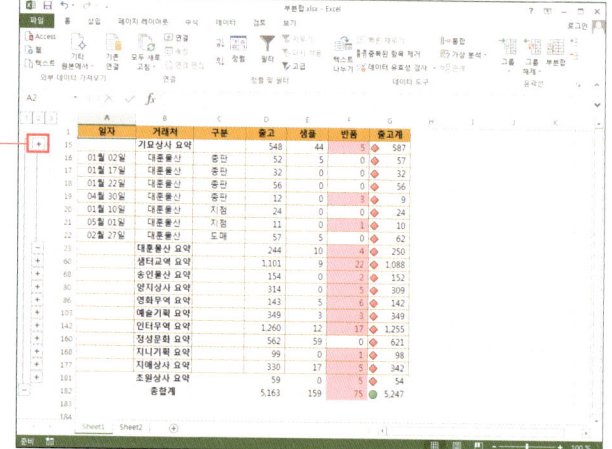

➕ PLUS 데이터만 그룹으로 묶기

[윤곽선] 그룹의 [그룹]을 이용하면 부분합 계산을 하지 않고 그냥 필드만 그룹으로 묶을 수 있습니다. 특히 [자동 윤곽]을 이용하면 계산에 참조된 필드가 자동으로 그룹으로 묶입니다.

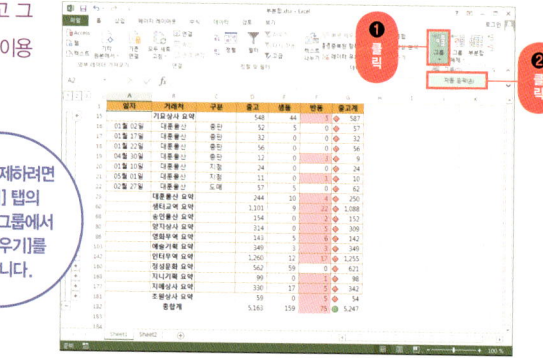

> 그룹을 해제하려면
> [데이터] 탭의
> [윤곽선] 그룹에서
> [윤곽 지우기]를
> 클릭합니다.

204

여러 그룹의 중복 부분합 작성하기

부분합을 작성할 때 [새로운 값으로 대치]의 체크 표시를 지우면 여러 그룹의 중복 부분합을 작성할 수 있습니다. 물론 두 가지 이상의 그룹으로 묶이기 때문에 기준이 되는 필드도 두 가지 이상으로 정렬되어 있어야 합니다.

01 [데이터] 탭의 [윤곽선] 그룹에서 ❶[부분합]을 클릭하면 [부분합] 대화상자가 나타납니다. 다음과 같이 ❷[그룹화할 항목]과 [사용할 함수], [부분합 계산 항목]을 선택한 후 ❸[새로운 값으로 대치]의 체크 표시를 지우고 ❹[확인] 단추를 클릭합니다.

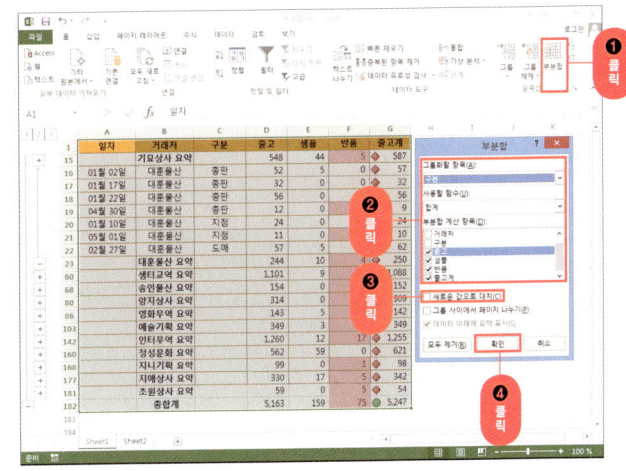

> 만일 [새로운 값으로 대치]의 체크 표시가 있는 상태에서 부분합을 작성하면 기존에 작성했던 부분합은 삭제되고, 새로운 부분합만 작성됩니다.

02 윤곽 기호가 추가되면서 '거래처'와 '구분'의 부분합이 작성됩니다. 물론 ⊞ 나 ⊟ 단추를 클릭하면 원하는 그룹만 확장하거나 축소할 수 있습니다.

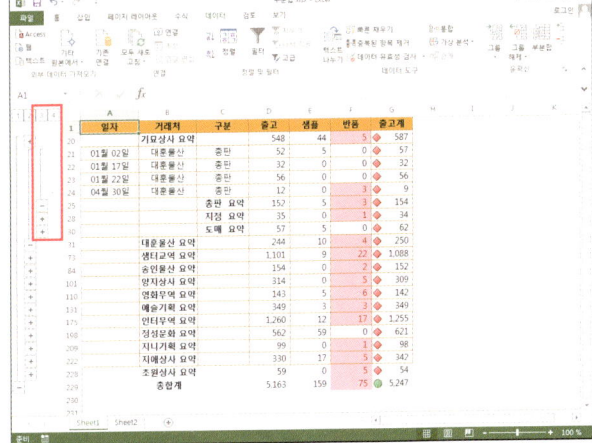

> 부분합을 제거하려면 따라하기 01번의 [부분합] 대화상자에서 [모두 제거]를 클릭하세요.

부분합 결과를 다른 곳에 복사하기

부분합 결과를 복사하여 다른 곳에 붙여넣기를 하면 숨겨진 행까지 모두 복사됩니다. 만일 표시된 데이터만 복사하려면 [화면에 보이는 셀만]으로 데이터를 복사한 후 붙여넣기를 해야 합니다.

01 복사하려는 ❶부분합 결과를 선택한 후 ❷[홈] 탭의 [편집] 그룹에서 ❸[찾기 및 선택]을 클릭하고 ❹[이동 옵션]을 클릭합니다.

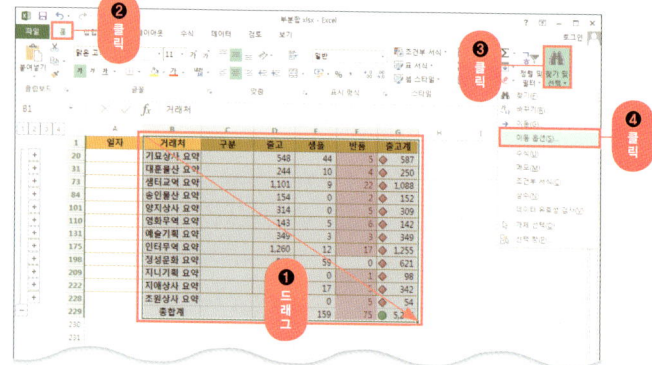

> key
> 이동 옵션 : F5

02 [이동 옵션] 대화상자가 나타납니다. ❶[화면에 보이는 셀만]을 선택한 후 ❷[확인] 단추를 클릭합니다.

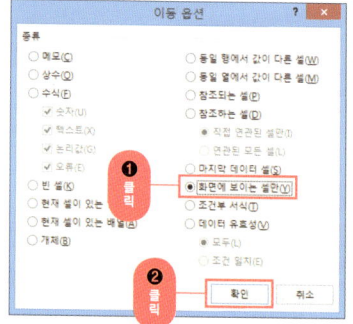

03 화면에 보이는 셀만 선택됩니다. [복사하기]의 단축키인 Ctrl + C 를 누릅니다.

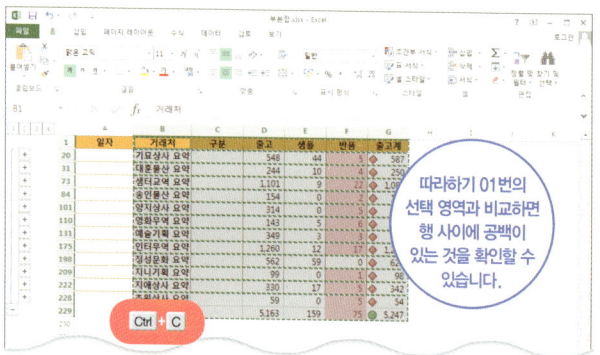

> 따라하기 01번의 선택 영역과 비교하면 행 사이에 공백이 있는 것을 확인할 수 있습니다.

> 주의
> 만일 [화면에 보이는 셀만]으로 데이터를 선택하지 않고 그냥 Ctrl + C 를 누르면 A1셀부터 A100셀까지의 모든 셀이 선택되어 복사됩니다.

04 화면에 보이는 셀만 복사됩니다. 이제 다른 곳에서 [붙여넣기]의 단축키인 Ctrl + V 를 누르면 선택한 데이터만 붙여집니다.

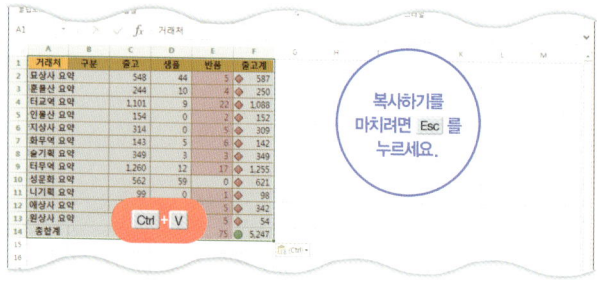

> 복사하기를 마치려면 Esc 를 누르세요.

예제_엑셀\Chapter5\피벗 테이블.xlsx

필드를 마음대로 배치하는 피벗 테이블 이용하기

Lesson 4

부분합은 원하는 필드만 그룹으로 묶어 계산을 할 수 있지만, 기존에 작성한 표의 형태를 벗어날 수 없습니다. 하지만 피벗 테이블은 필드의 구성이나 배치를 마음대로 바꿔서 데이터를 비교하거나 분석할 수 있습니다. 피벗 테이블을 이용하면 왜 엑셀이 데이터 분석의 귀재인지 느낄 수 있을 것입니다.

STEP 01 원하는 필드만으로 피벗 테이블 작성하기

피벗 테이블은 원본 데이터와 연결된 상태에서 원하는 필드만 골라서 새로운 표를 작성하는 것입니다. 이번에는 데이터베이스를 월별로 요약한 피벗 테이블을 작성하겠습니다.

01 [삽입] 탭의 [표] 그룹에서 ❶ [피벗 테이블]을 클릭하면 [피벗 테이블 만들기] 대화 상자가 나타납니다. ❷ [표 또는 범위 선택]에 자동으로 입력된 데이터베이스 범위를 확인한 후 ❸ [확인] 단추를 클릭합니다.

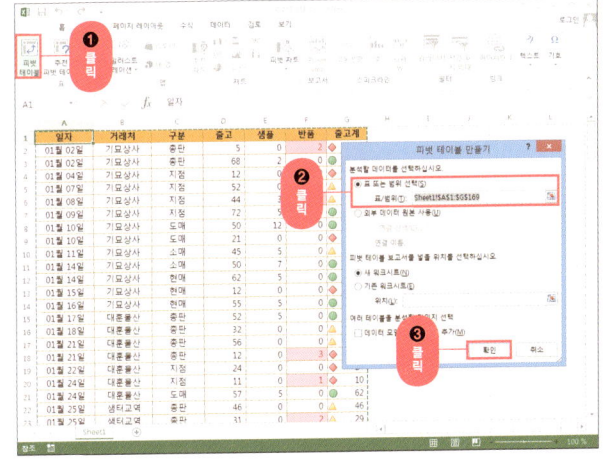

> **참고**
> 데이터베이스 범위 안의 셀을 선택하면 [표 또는 범위 선택]에 자동으로 데이터베이스의 셀 주소가 입력됩니다.

02 새로운 워크시트가 삽입되면서 [피벗 테이블 목록] 창이 나타납니다. '일자' 필드를 [행] 영역으로 드래그합니다.

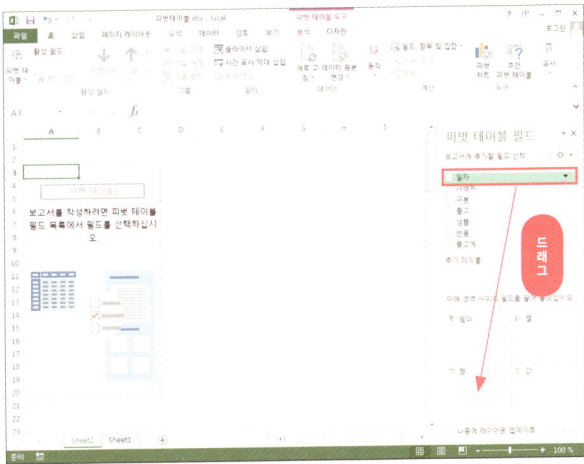

03 선택한 '일자'가 피벗 테이블의 행 레이블 영역에 배치됩니다. 계속해서 ❶ '출고', '샘플', '반품', '출고계'를 ❷ [값] 영역으로 드래그합니다.

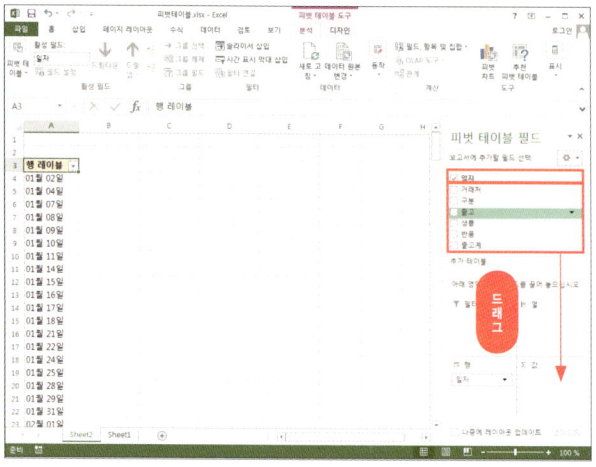

04 '거래처'를 [필터] 영역으로 드래그합니다.

> **참고**
> 배치된 필드를 제거하거나 다른 필드로 이동할 수도 있습니다.

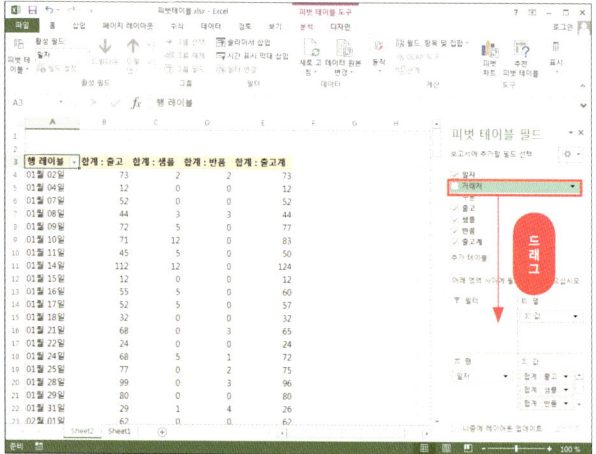

05 '거래처'가 [보고서 필터] 영역으로 이동됩니다. [보고서 필터]의 필터 단추를 클릭하면 원하는 거래처의 데이터만 표시할 수 있습니다.

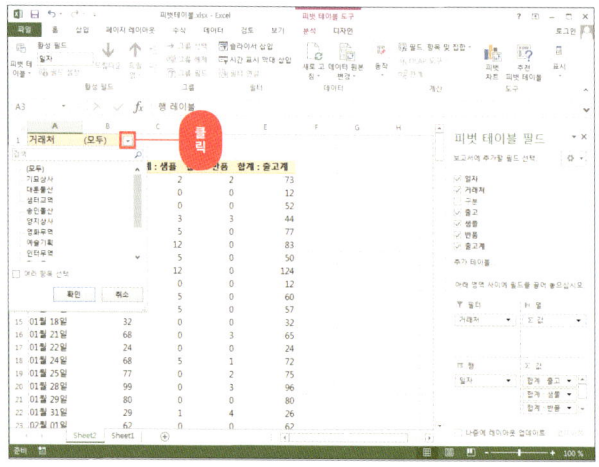

STEP 02 필드를 그룹으로 묶어서 보기

필드가 너무 많으면 데이터를 요약해서 보기가 어렵습니다. 이번에는 '일자' 필드를 월별로 묶어서 보겠습니다.

01 ❶ [행 레이블]의 날짜 데이터를 마우스 오른쪽 단추로 클릭하면 단축 메뉴가 나오는데, 여기에서 ❷ [그룹]을 클릭합니다.

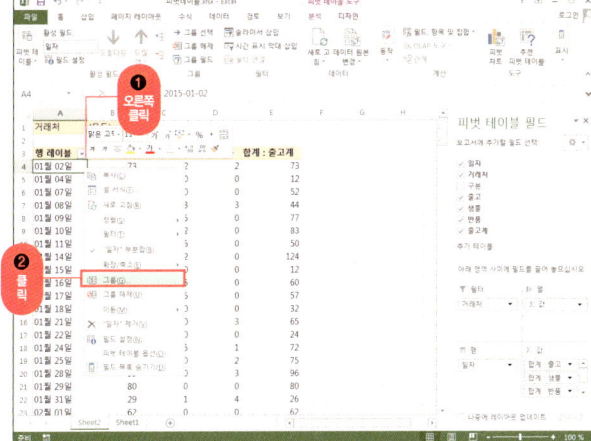

> **리본**
>
> **그룹 필드**
> [피벗 테이블 도구]의 [옵션] 탭에서 [그룹] 그룹의 [그룹 필드]를 클릭합니다.

02 [그룹화] 대화상자가 나타납니다. [단위]에서 ❶ [월]을 선택한 후 ❷ [확인] 단추를 클릭합니다.

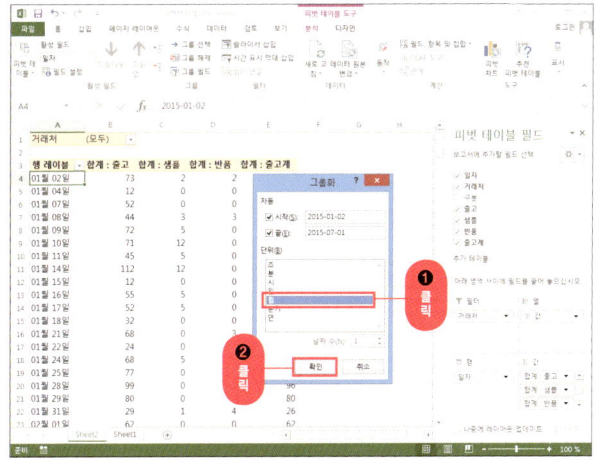

03 월별로 데이터를 요약하여 분석할 수 있습니다.

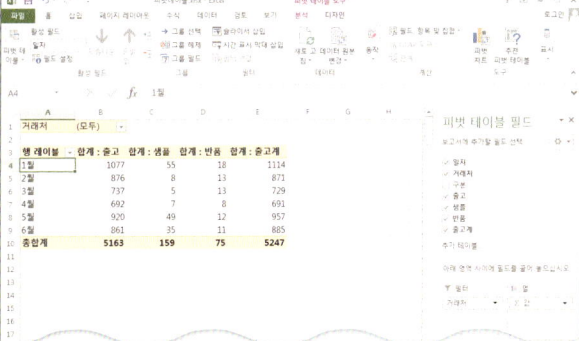

> **참고**
>
> 행 레이블의 필터 단추를 클릭하면 특정 월만 필터링할 수 있습니다. 필터에 대한 내용은 198쪽을 참고하세요.

STEP 03 데이터 요약 기준과 표시 형식 바꾸기

피벗 테이블은 기본적으로 숫자의 합계로 데이터를 요약하는데, 평균이나 개수 등의 계산 방법을 바꿀 수 있습니다. 또 숫자의 표시 형식도 원하는 표시 형식으로 바꿀 수 있습니다.

01 계산 방법을 바꾸려는 ❶[값 영역]의 셀을 마우스 오른쪽 단추로 클릭한 후 ❷[값 요약 기준]의 ❸[평균]을 클릭합니다.

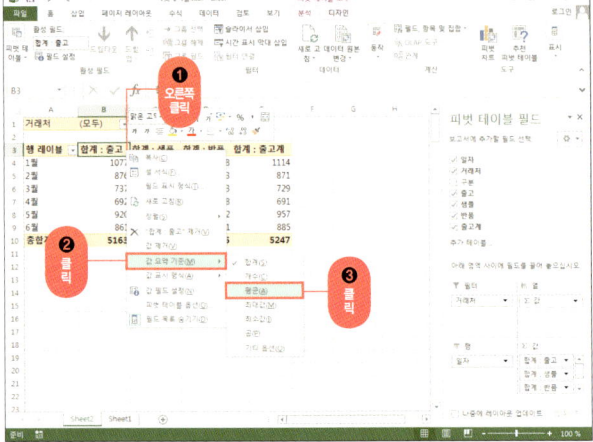

리본

필드 설정
[피벗 테이블 도구]의 [옵션] 탭에서 [활성 필드] 그룹의 [필드 설정]을 클릭합니다.

02 합계가 평균으로 바뀝니다. 이번에는 ❶[값 영역]의 셀을 마우스 오른쪽 단추로 클릭한 후 ❷[필드 표시 형식]을 클릭합니다.

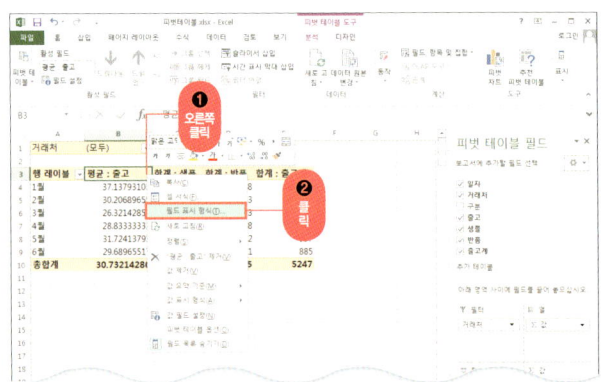

03 [셀 서식] 대화상자가 나타납니다. ❶[숫자] 범주에서 ❷[소수 자릿수]를 설정한 후 ❸[확인] 단추를 클릭하여 데이터의 표시 형식을 바꿉니다.

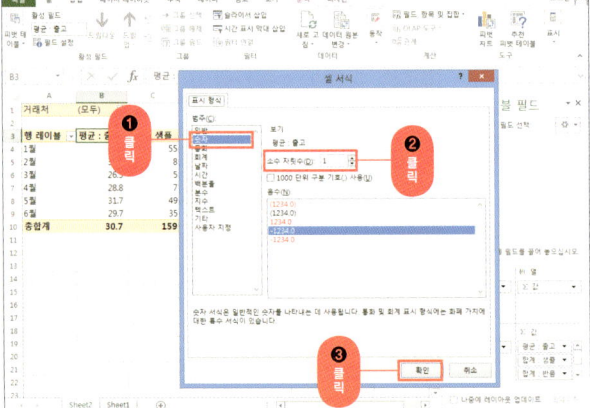

Page
셀 서식의 표시 형식에 대해서는 100쪽을 참고하세요.

STEP 04 피벗 테이블 보고서와 차트 만들기

피벗 테이블 보고서를 이용하면 예쁜 레이아웃으로 수정할 수 있습니다. 또 피벗 차트를 만들면 피벗 테이블처럼 필드를 재배치하면서 차트로 분석할 수 있습니다.

01 ❶ [디자인] 탭의 [레이아웃] 그룹에서 ❷ [보고서 레이아웃]의 ❸ [테이블 형식으로 표시]를 클릭하고, [피벗 테이블 스타일] 그룹에서 다양한 ❹ [스타일]을 선택합니다.

02 ❶ [분석] 탭의 [도구] 그룹에서 ❷ [피벗 차트]를 클릭하고, [차트 삽입] 대화상자에서 ❸ [세로 막대형]의 ❹ [누적 원통형]을 선택한 후 ❺ [확인] 단추를 클릭합니다.

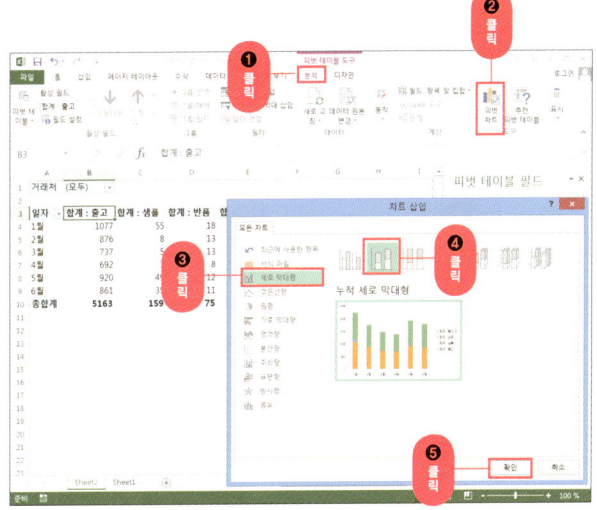

03 피벗 차트가 삽입되면, ❶ [차트 스타일]을 클릭한 후 원하는 ❷ [스타일]을 선택합니다. 이제 차트 영역에서 필드를 자유롭게 배치하면서 데이터를 분석할 수 있습니다.

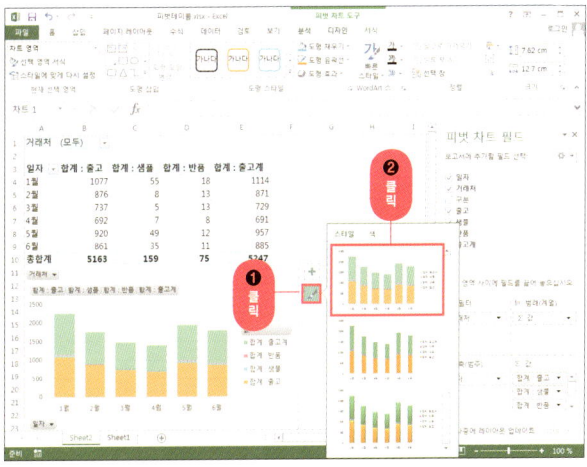

예제_엑셀\Chapter5\데이터 도구.xlsx

다양한 데이터 도구로 데이터베이스 만들기

Lesson 5

많은 양의 데이터를 하나씩 비교하고 분석하려면 시간이 많이 걸립니다. 이러한 경우 [데이터 도구] 그룹에 있는 기능들을 이용하면 데이터베이스의 형식에 맞게 텍스트를 나누거나 중복된 항목을 제거할 수 있으며, 유효성 검사로 입력 오류를 막거나 데이터를 통합할 수 있습니다.

STEP 01 하나의 셀에 있는 텍스트 나누기

메모장이나 다른 프로그램에서 변환한 텍스트 파일을 엑셀에 복사하면 각 항목이 필드로 구분되지 않고 하나의 셀에 쭉 입력된 경우가 있습니다. 이러한 경우 [텍스트 나누기]를 이용하면 텍스트를 여러 셀에 나눌 수 있습니다.

01 ❶A열을 선택하고 [데이터] 탭의 [데이터 도구] 그룹에서 ❷[텍스트 나누기]를 클릭하면 3단계 중 1단계의 [텍스트 마법사] 대화상자가 나타납니다. ❸[구분 기호로 분리됨]을 선택한 후 ❹[다음] 단추를 클릭합니다.

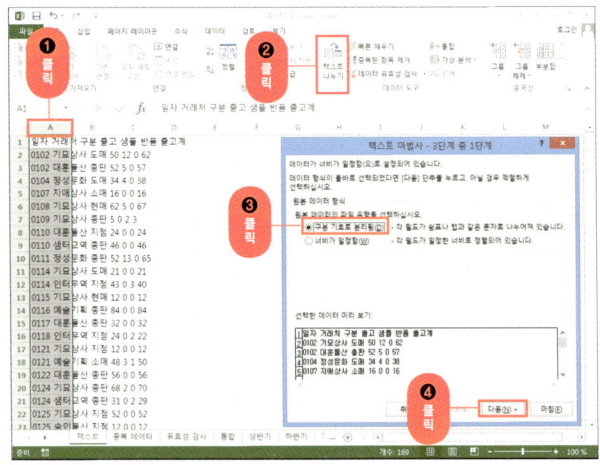

02 3단계 중 2단계의 [텍스트 마법사] 대화상자가 나타납니다. [구분 기호]에서 ❶[공백]에 체크 표시를 한 후 ❷[다음] 단추를 클릭합니다.

> **참고**
> 텍스트의 구분된 기준에 따라서 [탭], [세미콜론], [쉼표]를 선택하거나 [기타]를 선택한 후 구분할 텍스트를 입력할 수 있습니다.

03 3단계 중 3단계의 [텍스트 마법사] 대화상자가 나타납니다. 텍스트가 제대로 구분되어 있는지 확인한 후 [마침] 단추를 클릭합니다.

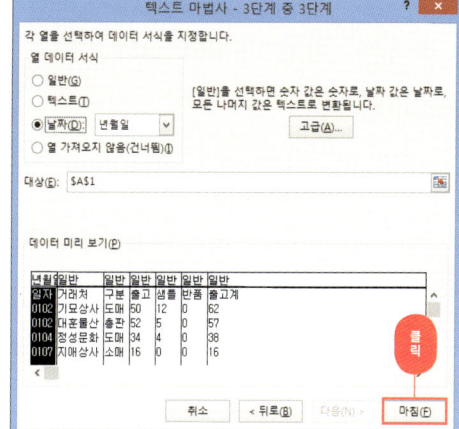

참고
[고급] 단추를 클릭하면 숫자 데이터의 표시 형식을 바꿀 수 있습니다.

04 텍스트가 공백을 기준으로 분리됩니다. 열 머리글을 드래그하여 텍스트가 제대로 분리되어 있는지 확인하세요.

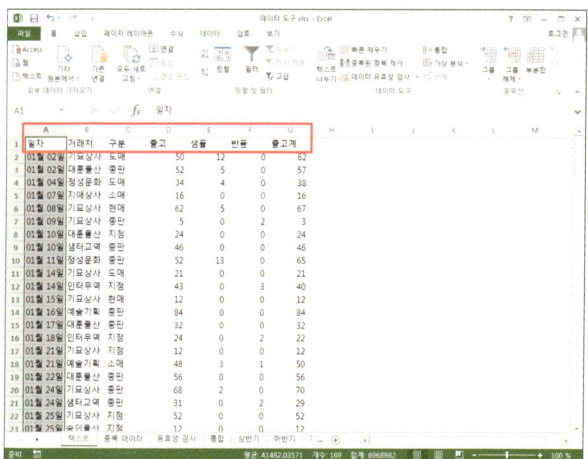

PLUS

열 너비를 기준으로 텍스트 나누기

탭이나 공백 등으로 텍스트가 구분되어 있으면 다행이지만, 아무 기준이 없이 붙어있다면 열 너비를 기준으로 텍스트를 나눌 수 있습니다. 이러한 경우 1단계에서 [너비가 일정함]을 선택한 후 2단계에서 열 머리글 부분을 클릭하여 텍스트를 나눌 곳을 지정하면 됩니다.

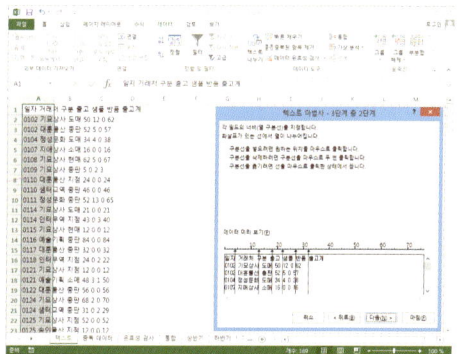

STEP 02 중복된 항목 제거하기

[중복된 항목 제거]를 이용하면 수많은 데이터에서 중복된 항목을 찾아서 지운 후 고유한 항목만 뽑아낼 수 있습니다.

01 ❶ 데이터베이스의 셀을 선택한 후 [데이터] 탭의 [데이터 도구] 그룹에서 ❷ [중복된 항목 제거]를 클릭합니다.

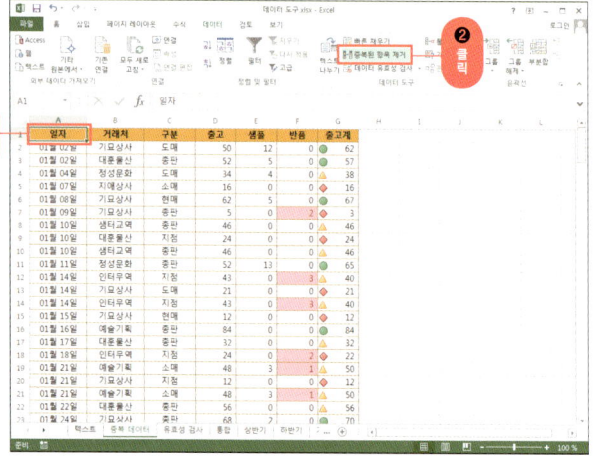

02 [중복된 항목 제거] 대화상자가 나타납니다. 중복된 값을 찾을 ❶ [열]에 체크 표시를 한 후 ❷ [확인] 단추를 클릭합니다.

> **주의**
> 선택 영역 옆에 데이터가 있는 경우 선택한 영역의 데이터만 지울 것인지, 확장하여 옆의 데이터까지 지울 것인지 선택하는 대화상자가 나타납니다.
>
>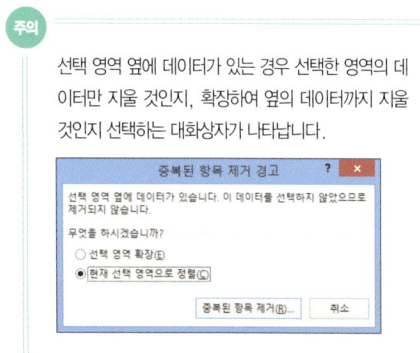

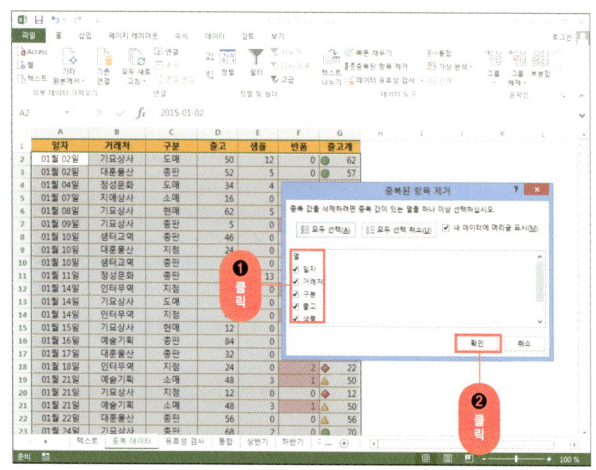

03 중복된 값을 찾아서 삭제했다는 대화상자가 나타납니다. [확인] 단추를 클릭합니다.

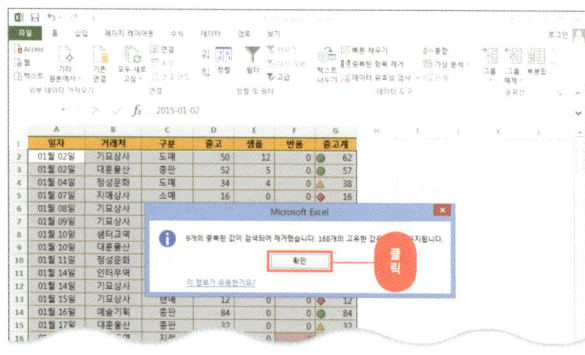

입력 오류를 줄이는 유효성 검사

[유효성 검사]에서 [제한 대상]을 [목록]으로 설정하면 데이터를 직접 입력하지 않고 드롭다운 목록에서 선택하여 입력할 수 있습니다.

01 ❶ 목록으로 입력할 셀 범위를 선택한 후 [데이터] 탭의 [데이터 도구] 그룹에서 ❷ [데이터 유효성 검사]를 클릭합니다.

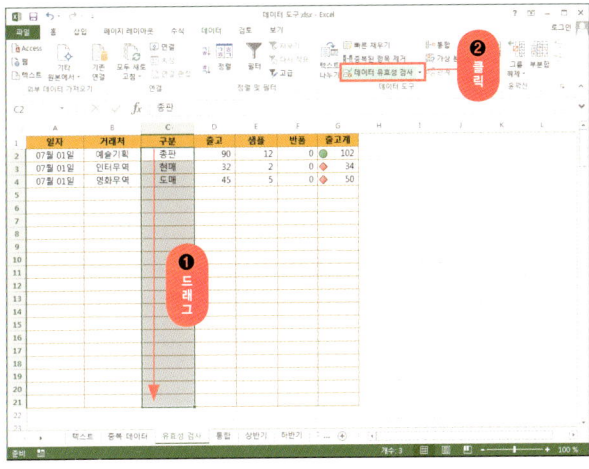

02 [데이터 유효성] 대화상자가 나타납니다. [설정] 탭의 ❶ [제한 대상]에서 [목록]을 선택한 후 ❷ [원본]에 입력할 목록을 입력합니다.

> 이미 목록이 입력되어 있으면 셀 범위나 셀 범위가 정의된 이름을 지정해도 됩니다.

참고
이번에는 [제한 대상]에서 [목록]을 선택했지만, [정수]나 [소수점], [날짜], [시간], [텍스트 길이] 등을 선택하여 지정한 값만 입력하도록 제한할 수 있습니다.

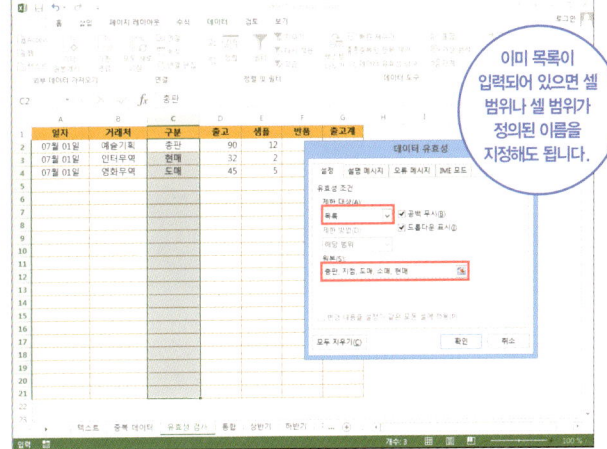

03 ❶ [오류 메시지] 탭에서 목록에 없는 데이터를 입력하면 표시하는 오류의 ❷ [스타일]과 [제목], [메시지]를 입력한 후 ❸ [확인] 단추를 클릭합니다.

> [스타일]에서 [경고]와 [정보]를 선택할 수 있습니다.

참고
[설명 메시지] 탭에서 셀을 선택했을 때 미리 오류를 방지하도록 풍선 도움말을 표시할 수 있습니다. 그리고 [IME 모드] 탭에서는 영문이나 한글 입력 모드를 미리 설정할 수 있습니다.

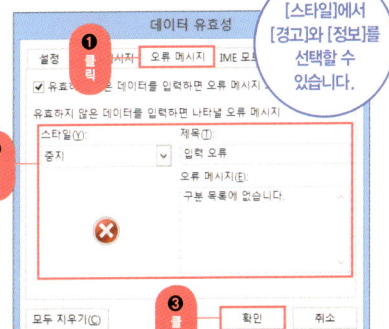

04 이제 지정한 셀 범위를 선택하면 드롭다운 단추 ▼가 생기는데, 이 목록을 이용해서 데이터를 쉽게 입력할 수 있습니다.

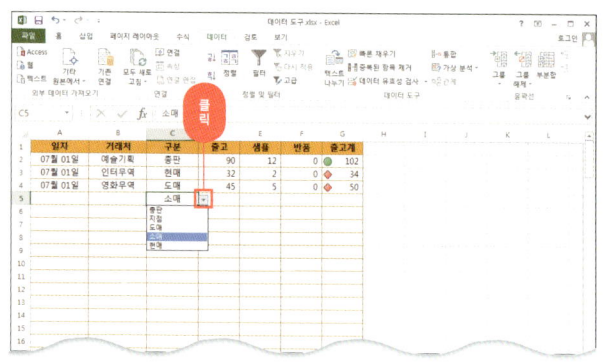

05 만약 드롭다운 단추를 이용하지 않고 목록에 없는 데이터를 직접 입력하면 다음과 같이 오류 메시지가 나타납니다. 이러한 경우 [취소] 단추를 클릭한 후 목록에 있는 데이터만 입력해야 합니다.

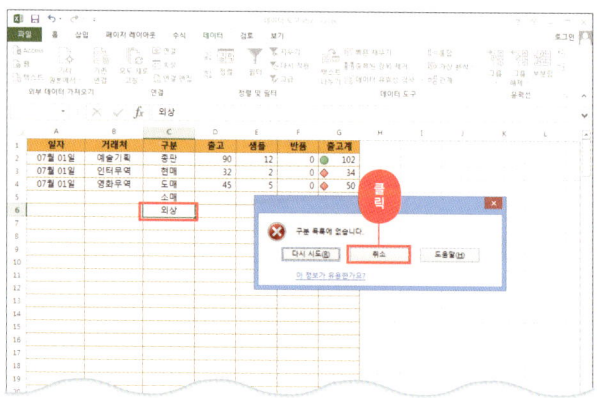

STEP 04 데이터 통합으로 흩어진 데이터 모으기

여러 담당자나 지점 등에서 작성한 데이터를 하나의 표로 취합하기가 어렵다고요? 이러한 경우 [통합]을 이용하면 첫 행이나 왼쪽 열의 레이블을 기준으로 하나의 표로 만들 수 있습니다.

01 [통합] 워크시트에서 [데이터] 탭의 [데이터 도구] 그룹에서 ❶[통합]을 클릭합니다. [통합] 대화상자가 나타나면 ❷[함수]는 [합계]를 선택한 후 ❸[참조] 입력란을 클릭합니다.

 참고

[통합]으로 계산할 함수는 [합계]와 [평균], [최대값], [최소값], [곱], [수치 개수], [편차], [분산] 등이 있습니다.

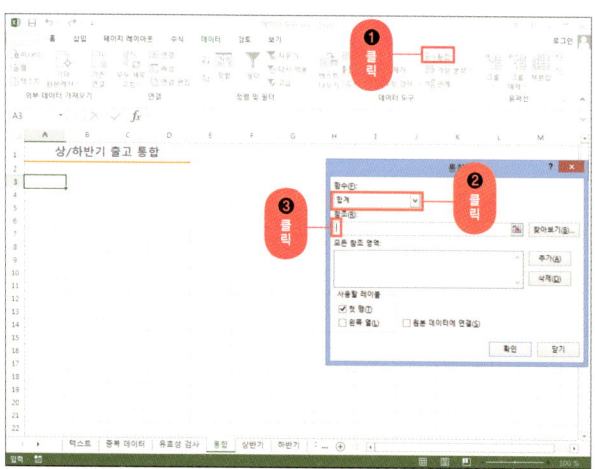

02 ❶ [상반기] 시트 탭을 클릭하고, 첫 번째로 취합할 ❷ C1:F169 셀 범위를 선택한 후 ❸ [추가] 단추를 클릭합니다.

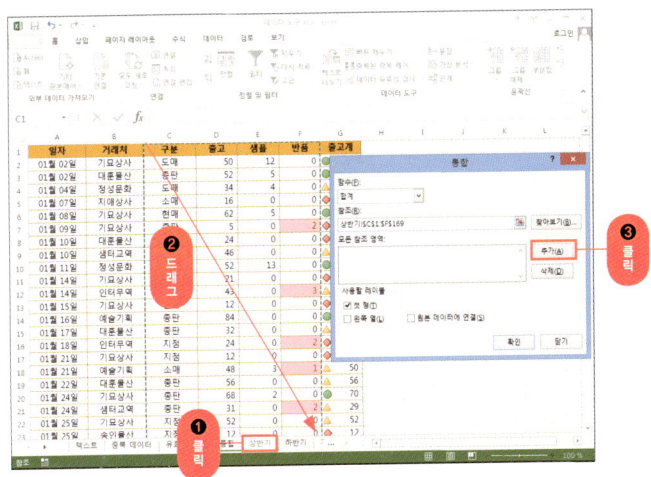

03 이번에는 ❶ [하반기] 시트 탭을 클릭하고, 두 번째로 취합할 ❷ C1:F169 셀 범위를 선택한 후 ❸ [추가] 단추를 클릭합니다. 그런 다음 [사용할 레이블]의 ❹ [첫 행]과 [왼쪽 열]의 체크 표시를 그대로 둔 채 ❺ [확인] 단추를 클릭합니다.

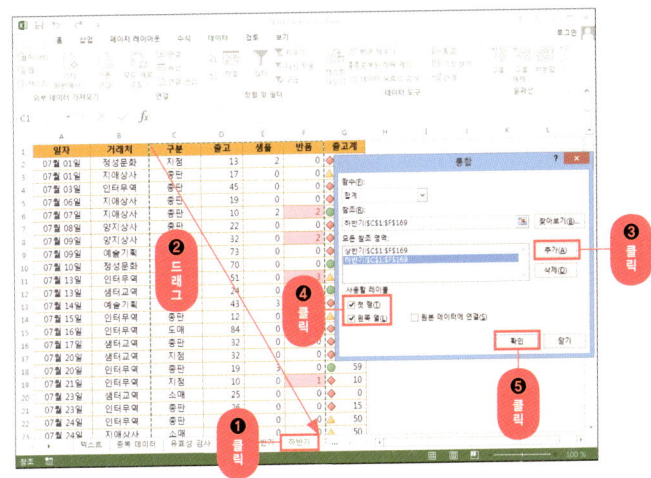

04 선택한 셀 범위의 첫 행과 왼쪽 열을 기준으로 통합된 데이터가 나타납니다. 이때 셀 서식은 통합되지 않으므로 셀 색과 테두리 등은 따로 지정해야 합니다.

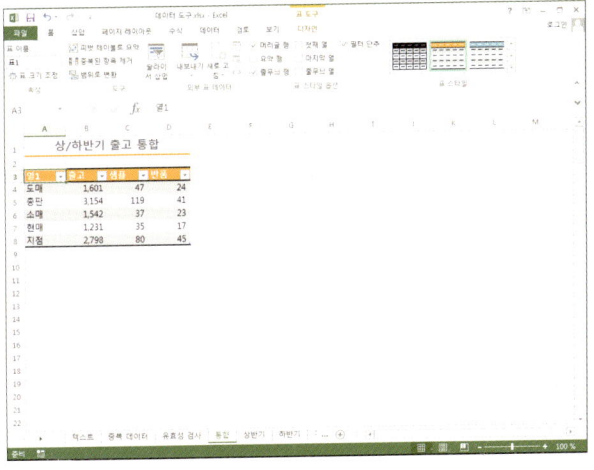

> **참고**
> 이번에는 모든 데이터를 통합할 것이므로 [첫 행]과 [왼쪽 열]에 체크 표시를 했지만, 원하는 기준만 선택하여 데이터를 통합할 수도 있습니다.

가상 분석을 이용한 목표값 찾기

목표값은 원하는 결과값을 구하기 위해 변수를 찾는 분석 방법입니다. 이번에는 내년도 마케팅 비용을 3천만 원으로 할 경우 각각의 비용을 구하겠습니다.

01 ❶ 수식이 있는 C9셀을 선택한 후 [데이터] 탭의 [데이터 도구] 그룹에서 ❷[가상 분석]을 클릭하고 ❸[목표값 찾기]를 클릭합니다.

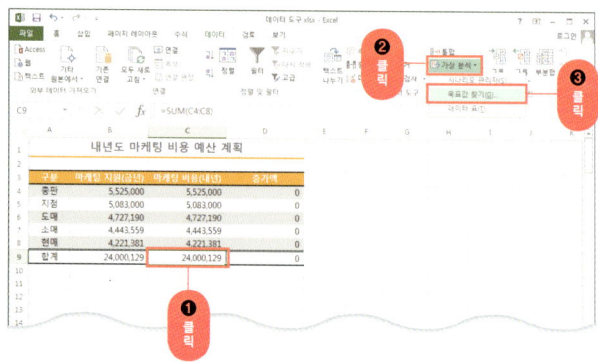

02 [목표값 찾기] 대화상자가 나타납니다. ❶[찾는 값]에 '30000000'을 입력하고, ❷[값을 바꿀 셀]에 구하려는 값이 있는 C4셀을 선택한 후 ❸[확인] 단추를 클릭합니다.

 참고

[수식 셀]에 목표값을 찾을 수식이 입력된 셀을 선택한 후 [찾는 값]에 수식의 목표값을 입력합니다. 그리고 목표값을 찾기 위해 구하는 값은 [값을 바꿀 셀]에 입력합니다.

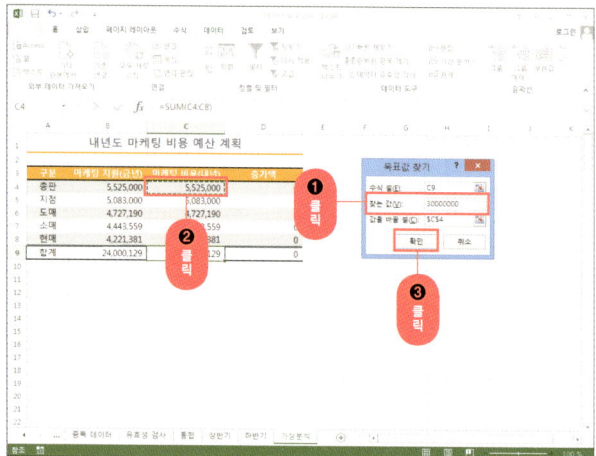

03 [목표값 찾기 상태] 대화상자가 나타나면서 3000만 원의 마케팅 비용을 맞추기 위한 C4셀의 목표값이 구해집니다. 각각의 마케팅 비용을 확인한 후 [확인] 단추를 클릭합니다.

 주의

여기에서 구한 목표값은 C4셀에만 적용된 것이고, C5:C8 셀 범위의 값은 C4셀에 따른 수식으로 자동 계산된 것입니다.

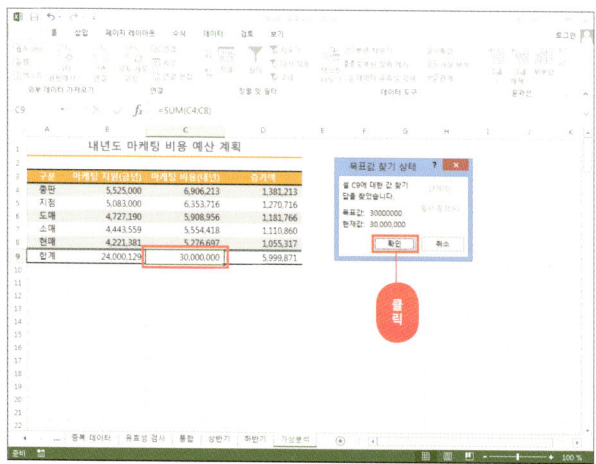

절대 참조와
상대 참조 매크로
기록하기 ······················· Lesson 6

수식에서 셀을 참조할 때 절대 참조와 상대 참조가 있듯이, 매크로를 기록할 때도 고정된 위치에서 실행하는 절대 참조 매크로와 현재 위치에서 실행하는 상대 참조 매크로가 있습니다. 이번에는 선택한 셀 범위의 채우기 색과 글꼴 색을 바꾸는 매크로를 만들겠습니다.

예제_엑셀\Chapter5\매크로_1.xlsx

STEP 01 리본 메뉴에 개발 도구 표시하기

엑셀의 기본 설정에는 매크로 기록을 위한 [개발 도구]가 표시되지 않으므로, 매크로를 기록하기 전에 먼저 리본 메뉴에 [개발 도구] 탭을 추가해야 합니다.

01 [파일] 탭의 [옵션]을 클릭하여 [Excel 옵션] 대화상자가 나타나면, ❶ [리본 사용자 지정] 범주의 ❷ [개발 도구]에 체크 표시를 한 후 ❸ [확인] 단추를 클릭합니다.

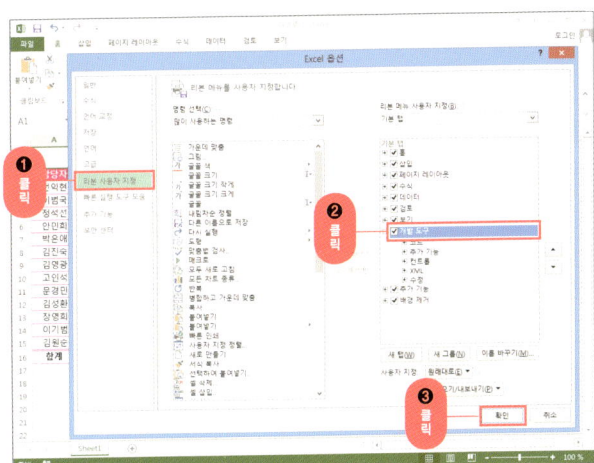

02 리본 메뉴에 [개발 도구] 탭이 추가되어, 매크로를 기록 및 편집할 수 있는 준비가 되었습니다.

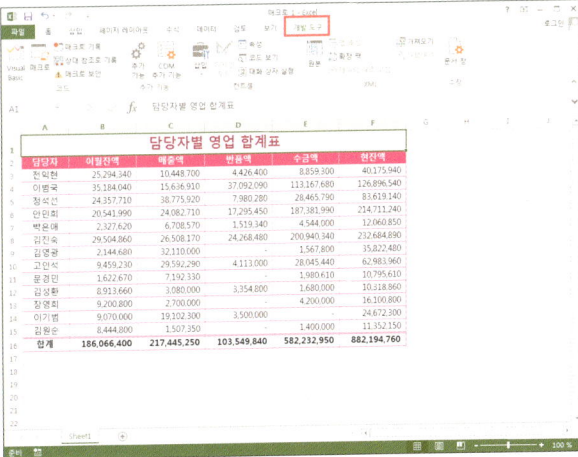

절대 참조 매크로 기록하기

절대 참조 매크로는 셀 주소나 셀 범위가 고정되므로, 어느 곳에서 실행하더라도 처음에 기록한 곳에서 매크로가 실행됩니다. 이번에는 A4:F4 셀 범위의 채우기 및 글꼴 색을 바꾸겠습니다.

01 ❶ [개발 도구] 탭의 [코드] 그룹에서 ❷ [매크로 기록]을 클릭하면 [매크로 기록] 대화상자가 나타납니다. [매크로 이름]과 [바로 가기 키], [매크로 저장 위치], [설명]을 입력한 후 ❸ [확인] 단추를 클릭합니다.

> 주의
> 매크로 이름의 첫 문자는 반드시 한글이나 영문 등의 문자로 실행해야 하며, 공백(띄어쓰기)이나 특수 문자 (!, @, $, %, & 등)를 사용할 수 없습니다.

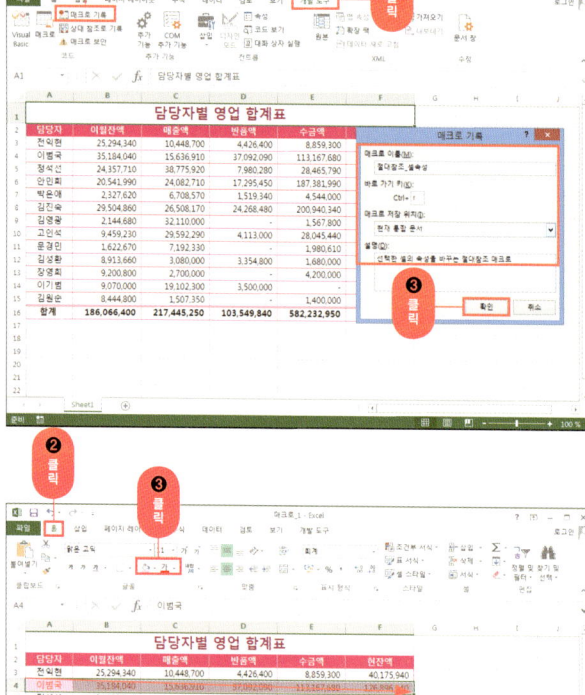

02 지금부터 하는 작업은 매크로로 기록됩니다. ❶ A4:F4 셀 범위를 선택한 후 ❷ [홈] 탭의 [글꼴] 그룹에서 ❸ [채우기 색]과 [글꼴 색]을 바꿉니다.

03 ❶ [개발 도구] 탭의 [코드] 그룹에서 ❷ [기록 중지]를 클릭합니다.

> 참고
> 상태 표시줄의 [기록 중지] ■를 클릭해도 됩니다.

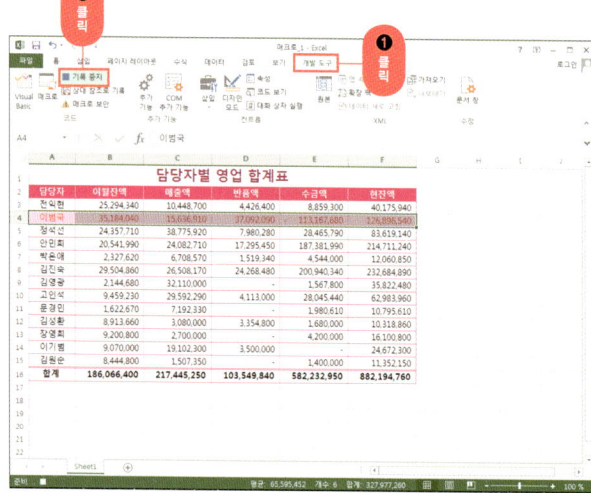

04 이제 기록된 매크로를 실행해 봅시다. 우선 ❶[실행 취소] 단추를 클릭하여 매크로를 기록하기 이전 상태로 되돌립니다. 그런 다음 [개발 도구] 탭의 [코드] 그룹에서 ❷[매크로]를 클릭합니다.

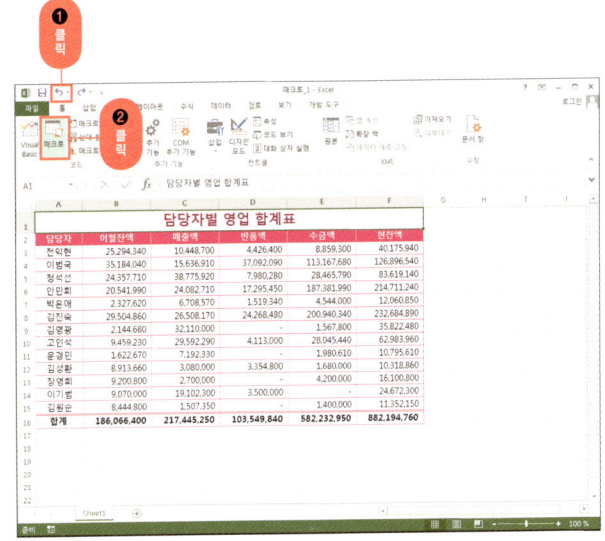

05 [매크로] 대화상자가 나타납니다. ❶ 실행할 매크로 이름을 선택한 후 ❷[실행] 단추를 클릭합니다.

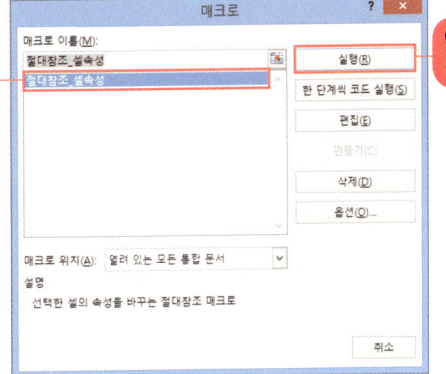

> **참고**
> 따라하기 01번의 [매크로 기록] 대화상자에서 [바로 가기 키]를 지정한 경우 해당 단축키(이번에는 Ctrl + R)를 눌러도 됩니다.

06 자동으로 A4:F4 셀 범위의 글꼴 및 셀 색이 바뀝니다.

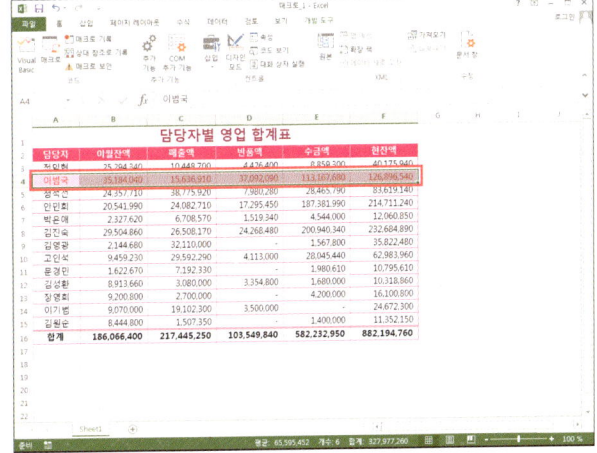

> **주의**
> 매크로로 실행된 작업은 [실행 취소] 단추를 이용하여 작업을 되돌릴 수 없습니다.

상대 참조 매크로 기록하기

절대 참조로 기록한 매크로는 A4:F4 셀 범위만 적용되는 절대 참조 매크로입니다. 이번에는 선택한 셀이 위치한 곳에서 셀 범위의 채우기 색과 글꼴 색이 바뀌는 상대 참조 매크로를 기록하겠습니다.

01 [개발 도구] 탭의 [코드] 그룹에서 ❶[상대 참조로 기록]을 클릭하여 선택한 후 ❷[매크로 기록]을 클릭하면, [매크로 기록] 대화상자가 나타납니다. [매크로 이름]과 [바로 가기 키], [매크로 저장 위치], [설명]을 입력한 후 ❸[확인] 단추를 클릭합니다.

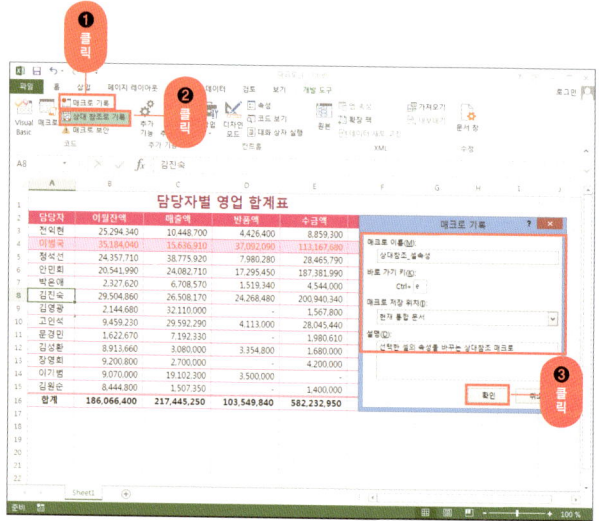

 주의

상대참조 매크로는 현재 위치를 기준으로 매크로가 기록되므로 셀 속성을 바꿀 셀을 선택한 상태에서 기록해야 합니다.

02 ❶A8:F8 셀 범위를 선택한 후 ❷[홈] 탭의 [글꼴] 그룹에서 ❸[채우기 색]과 [글꼴 색]을 바꾸고 상태 표시줄의 ❹[기록 중지]를 클릭합니다.

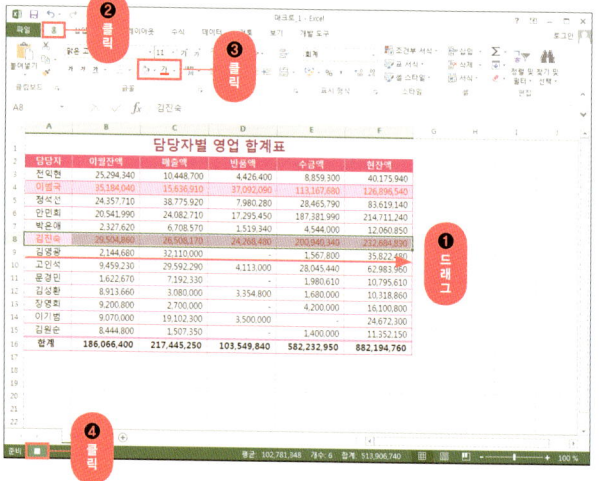

 주의

상대 참조 매크로는 현재 위치부터 기록됩니다. 만약 다른 위치에 있는 상태에서 A8:F8 셀 범위를 선택하면 해당 위치만큼 이동한 후 셀 범위를 선택하는 것으로 기록됩니다.

03 이번에는 단축키로 매크로를 실행해 볼까요? ❶A12셀을 선택한 후 따라하기 02번에서 매크로의 바로 가기 키로 지정한 ❷ Ctrl + E 를 누르면 A12:F12 셀 범위의 채우기 색과 글꼴 색이 바뀝니다.

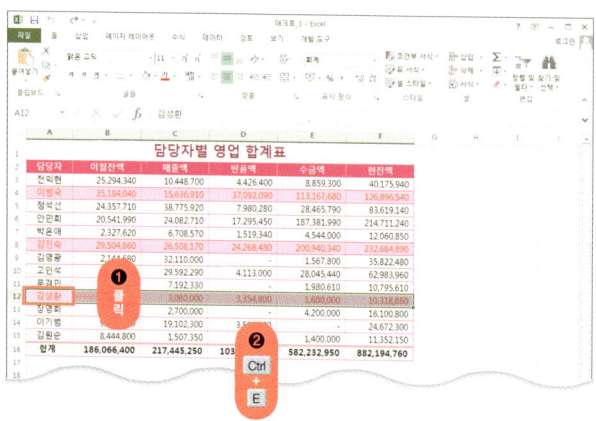

 Page

보안 설정이 높은 경우 매크로를 실행할 수 없습니다. 자세한 내용은 224쪽을 참고하세요.

예제_엑셀\Chapter5\매크로_2.xlsm

매크로가 포함된 파일을 저장하고 삭제하기

Lesson 7

매크로는 바이러스나 보안상 위험한 요소가 포함되어 있을 수 있으므로 엑셀 2013은 매크로가 포함된 문서와 포함되지 않은 문서를 따로 관리합니다. 또 보안 옵션을 설정하여 기본적으로는 매크로를 제외한 내용만 확인하도록 되어 있습니다. 이번에는 매크로 저장과 삭제에 대해 알아보겠습니다.

STEP 01 매크로가 포함된 파일 저장하기

엑셀 2013은 매크로가 포함된 문서를 일반적인 엑셀 문서인 *.xlsx 확장자의 파일이 아닌 *.xlsm 확장자의 파일로 관리합니다. 그러므로 문서를 저장할 때 [다른 이름으로 저장] 대화상자에서 파일 형식을 바꾼 후 저장해야 합니다.

01 매크로를 기록한 후 ❶[저장] 단추를 클릭하면 매크로 제외 통합 문서(*.xlsx)로 저장할 것인지 묻는 대화상자가 나타납니다. 매크로도 함께 저장하려면 ❷[아니오] 단추를 클릭합니다.

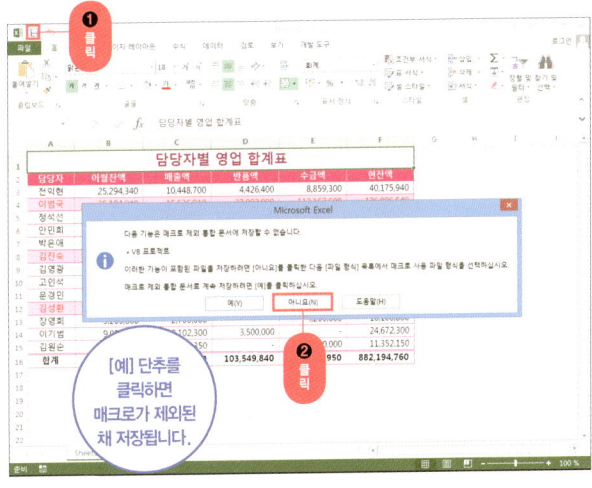

> **참고**
> 이번에는 Lesson06의 매크로가 포함되지 않은 문서(매크로_1.xlsx)에서 매크로를 기록한 후 저장하므로 대화상자가 나타나는 것입니다. 처음부터 매크로를 포함하여 저장하려면 [Office] 단추를 클릭한 후 [다른 이름으로 저장]의 [Excel 매크로 사용 통합 문서]를 클릭하세요.

02 [다른 이름으로 저장] 대화상자가 나타납니다. [파일 형식]에서 ❶[Excel 매크로 사용 통합 문서]를 선택한 후 ❷[저장] 단추를 클릭합니다.

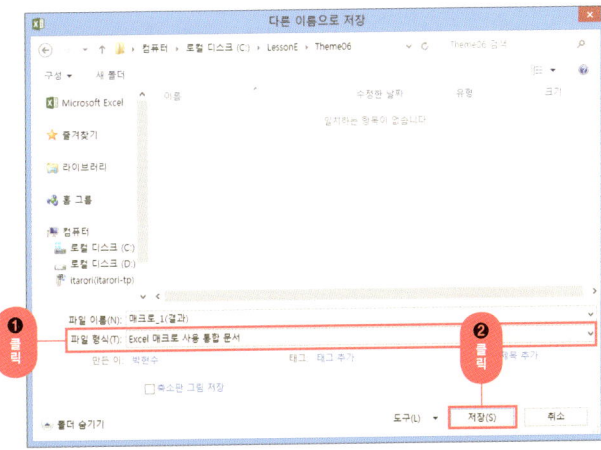

매크로가 포함된 파일 열기와 매크로 삭제하기

매크로가 포함된 파일을 열면 보안상 문제가 있을 수 있으므로 기본적으로는 매크로를 사용할 수 없도록 설정되는데, 신뢰할 수 있는 경우 매크로를 포함하여 열면 됩니다. 그리고 기록한 매크로는 [매크로] 대화상자에서 삭제할 수 있습니다.

01 매크로가 포함된 파일을 열면 [보안 경고]가 표시됩니다. [콘텐츠 사용] 단추를 클릭합니다.

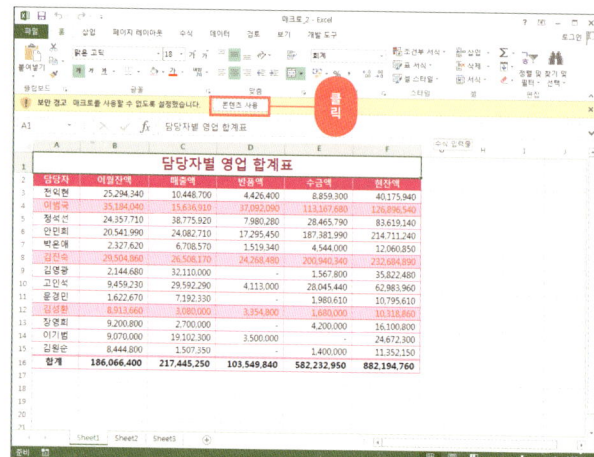

매크로가 포함된 파일이지만 [보안 경고]가 표시되지 않으면 [매크로 보안]에서 [모든 매크로 포함]이나 [모든 매크로 제외(알림 표시 없음)]으로 설정되어 있기 때문입니다.

02 ❶[개발 도구] 탭의 [코드] 그룹에서 ❷[매크로]를 클릭하면 [매크로] 대화상자가 나타납니다. 여기에서 ❸삭제할 매크로를 선택한 후 ❹[삭제] 단추를 클릭합니다.

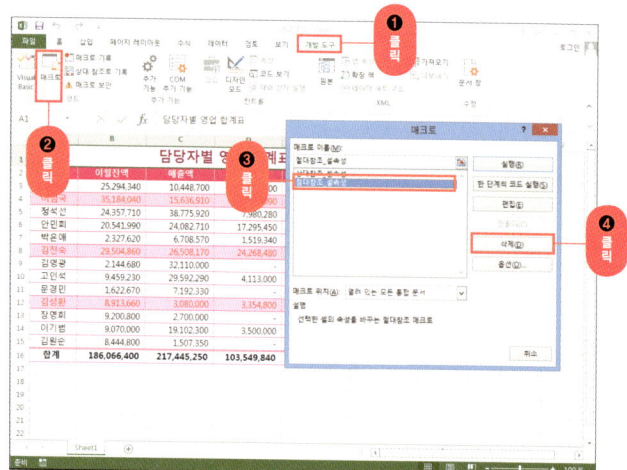

03 삭제를 확인하는 대화상자가 나타납니다. [예] 단추를 클릭하면 매크로가 삭제됩니다.

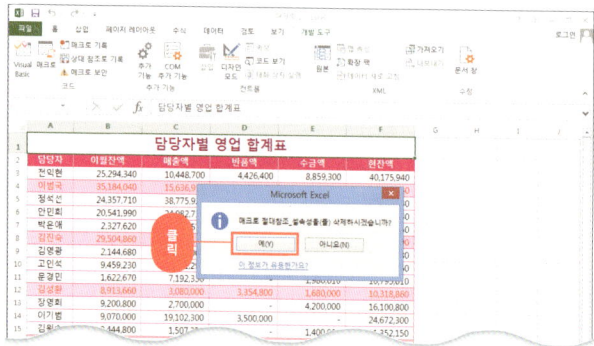

예제_엑셀\Chapter5\매크로_3.xlsm

매크로 실행 단추 만들기

Lesson 8

매크로를 실행할 때마다 [매크로] 대화상자를 이용하는 것이 너무 번거롭습니다. 물론 매크로의 바로 가기 키를 설정해도 되지만 통합 문서에 포함된 바로 가기 키를 기억하기가 힘듭니다. 이러한 경우 양식 컨트롤의 단추에 매크로를 연결하면 간단히 실행할 수 있습니다.

STEP 01 매크로 실행 단추 만들기

[개발 도구] 탭의 [컨트롤] 그룹에서 양식 컨트롤의 단추에 매크로를 연결하면 간단히 실행할 수 있습니다.

01 [개발 도구] 탭의 [컨트롤] 그룹에서 ❶[삽입]을 클릭한 후 ❷[단추(양식 컨트롤)]를 클릭합니다.

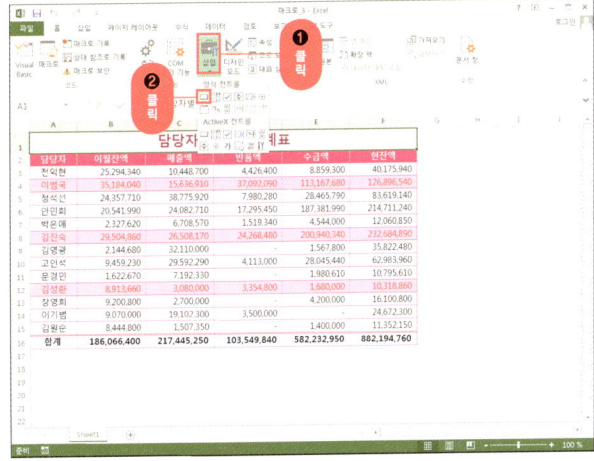

> 참고
> [양식 컨트롤]은 매크로를 연결할 때 사용하고, [ActiveX 컨트롤]은 VBA 코드와 연결할 때 사용합니다.

02 이제 단추를 그릴 준비가 되었습니다. 빈 곳을 드래그하여 단추를 삽입합니다.

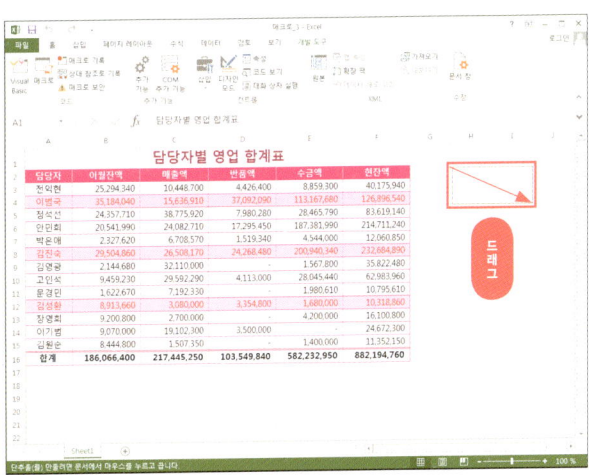

03 단추를 삽입하면 바로 [매크로 지정] 대화상자가 나타납니다. ❶ 연결할 매크로를 선택한 후 ❷ [확인] 단추를 클릭합니다.

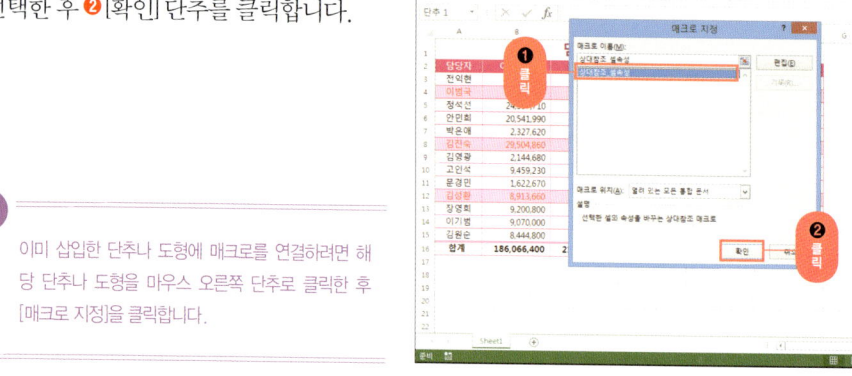

> **참고**
> 이미 삽입한 단추나 도형에 매크로를 연결하려면 해당 단추나 도형을 마우스 오른쪽 단추로 클릭한 후 [매크로 지정]을 클릭합니다.

04 단추의 글자를 수정하고, 글꼴 속성과 크기 등을 설정합니다.

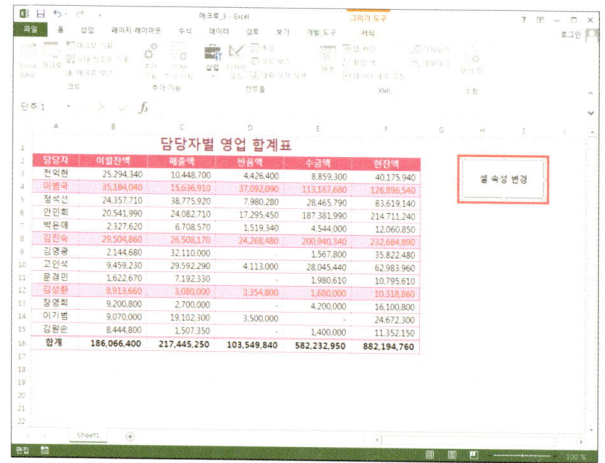

> **주의**
> 이미 매크로 단추로 연결되어 글자 수정이 안 되는 경우에는 단추를 마우스 오른쪽 단추로 클릭한 후 [텍스트 편집]을 클릭하세요.

05 매크로 단추 위에 마우스 포인터를 위치하면 손 모양으로 바뀝니다. ❶ A6셀을 선택한 후 ❷ 매크로 단추를 클릭하면 연결된 매크로가 바로 실행됩니다.

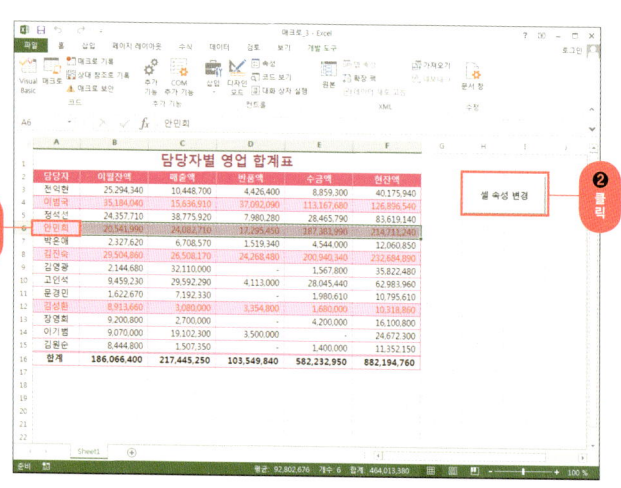

예제_엑셀\Chapter5\매크로_4.xlsm

비주얼 베이직 편집기로 매크로 편집하기

Lesson 9

매크로는 비주얼 베이직 언어로 기록되어 있으므로, 매크로로 구현하지 못하는 기능들은 직접 비주얼 베이직 편집기에서 코드로 작성하여 보완할 수 있습니다. 이번에는 비주얼 베이직 편집기의 기본적인 편집 방법을 살펴보도록 하겠습니다.

STEP 01 비주얼 베이직 편집기 실행하기

매크로로 기록된 비주얼 베이직 언어는 비주얼 베이직 편집기(Visual Basic Editor)를 이용하여 확인할 수 있습니다.

01 [개발 도구] 탭의 [코드] 그룹에서 [Visual Basic]을 클릭합니다.

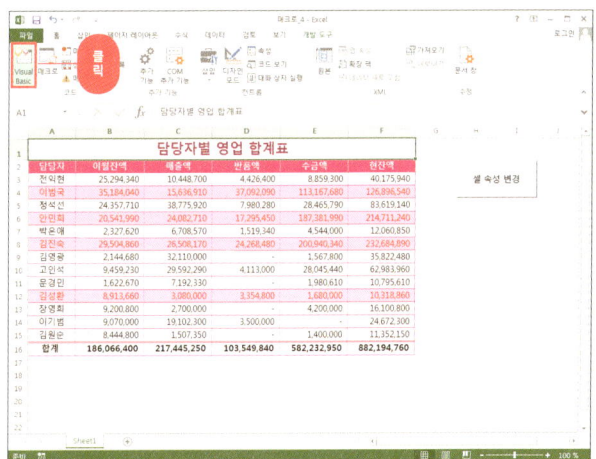

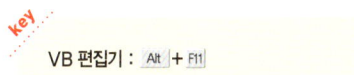

VB 편집기 : Alt + F11

02 비주얼 베이직 편집기가 실행됩니다. ❶[모듈] 앞의 을 클릭한 후 ❷[Module1]을 더블클릭하면, [Module1 (코드)] 창이 나타나면서 기록한 매크로의 비주얼 베이직 코드가 나타납니다.

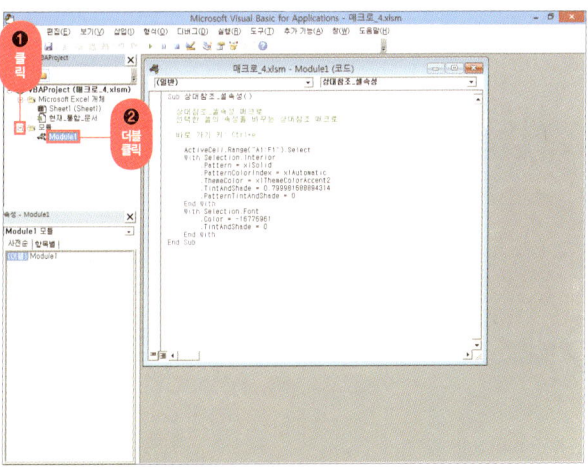

> **주의**
> 224쪽에서 '절대참조_셀속성' 매크로를 삭제했으므로 '상대참조_셀속성' 매크로만 표시됩니다. 만약 삭제하지 않은 상태에서 비주얼 베이직 편집기를 실행하면 2개의 매크로를 확인할 수 있습니다.

STEP 02 비주얼 베이직 편집기에서 수정하기

비주얼 베이직 편집기에서 직접 VBA를 작성하거나 수정할 수 있습니다. 이번에는 선택한 셀만 셀 속성이 바뀌도록 셀 범위를 수정하겠습니다.

01 ❶ 8행의 'Range("A1:F1")'을 'Range("A1")'으로 수정한 후 ❷ [보기 Microsoft Excel] ⊞을 클릭합니다.

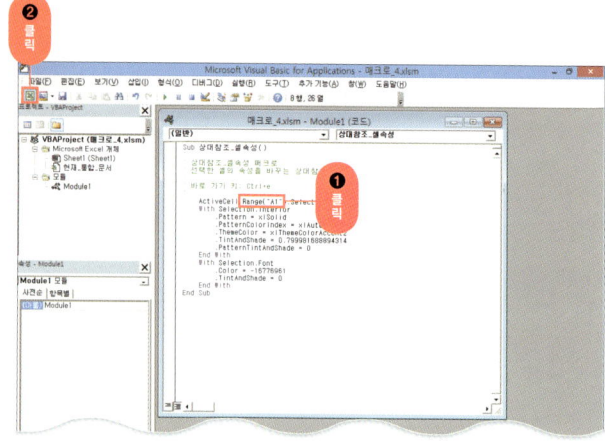

> **key**
> VB 편집기 : Alt + F11

02 다시 엑셀 창이 나타납니다. ❶ F16셀을 선택한 후 ❷ [매크로] 단추를 클릭합니다.

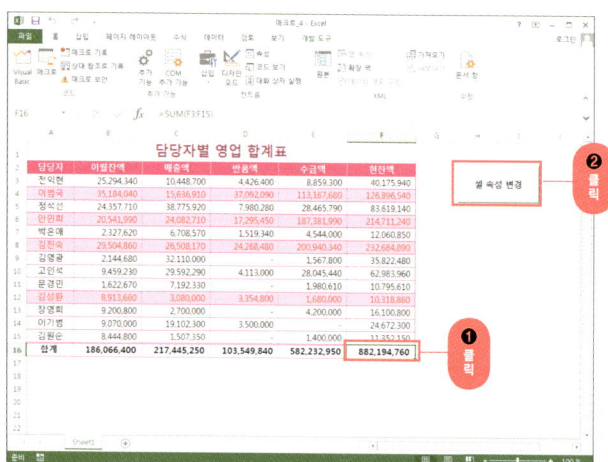

03 선택한 F16셀의 채우기 색과 글꼴 색만 바꾸었습니다. [저장] 단추를 클릭하여 매크로가 수정된 파일을 저장합니다.

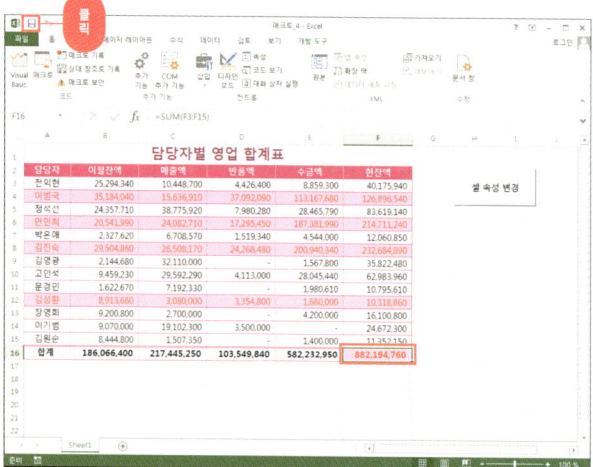

> **주의**
> 만약 따라하기 01번에서 매크로 코드를 수정하지 않으면 F16:K16 셀 범위의 채우기 색과 글꼴 색이 바뀝니다.

고급 필터 매크로 작성하기

연습파일 예제_엑셀\Chapter5\실무_매크로.xlsx   **완성파일** 예제_엑셀\Chapter5\실무_매크로_결과.xlsm

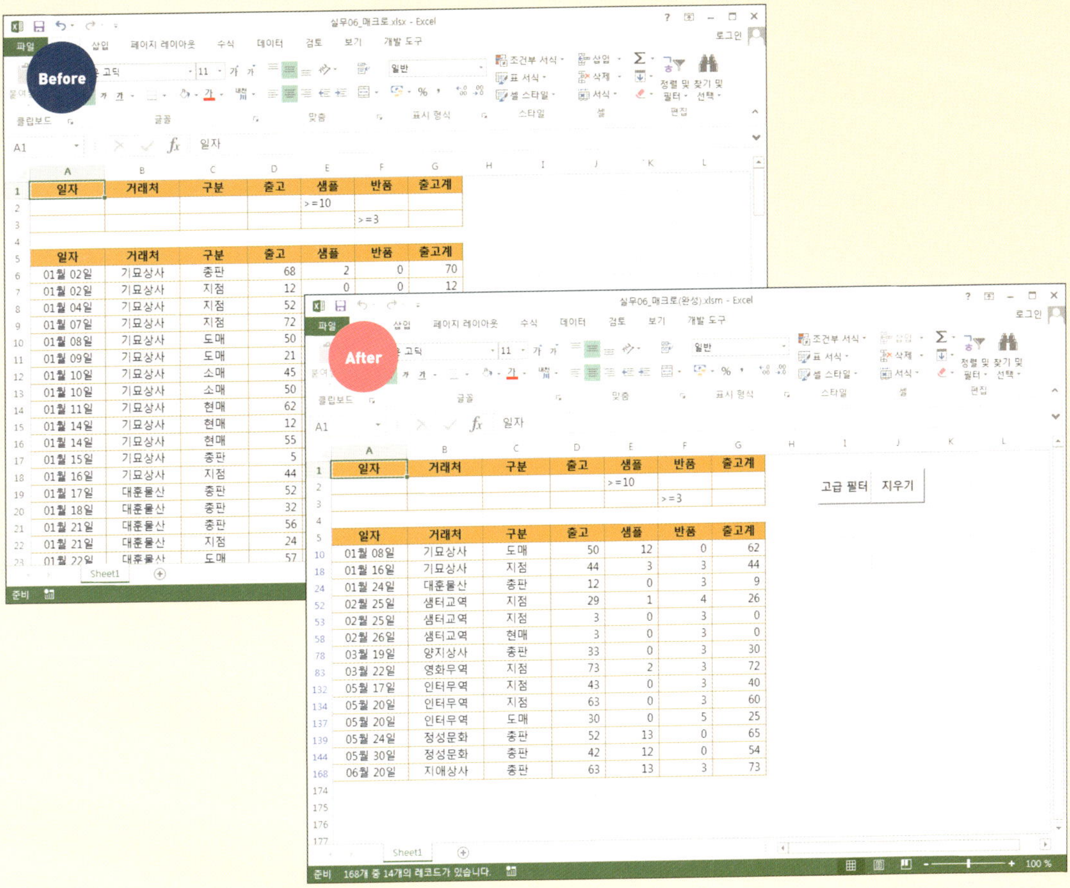

실습 순서

① [매크로 기록]을 클릭한 후 '고급필터'라는 매크로를 기록합니다.

② [고급 필터]로 A1:G3 셀 범위의 조건에 맞는 데이터를 추출한 후 매크로 기록을 중지합니다.

③ [매크로 기록]을 클릭한 후 '고급필터_지우기'라는 매크로를 기록합니다.

④ [지우기]를 클릭하여 [고급 필터]의 기능을 해제한 후 매크로 기록을 중지합니다.

⑤ [양식 컨트롤]을 이용하여 '고급필터' 단추를 추가한 후 '고급필터' 매크로를 지정합니다.

⑥ [양식 컨트롤]을 이용하여 '지우기' 단추를 추가한 후 '고급필터_지우기' 매크로를 지정합니다.

EXCEL & POWERPOINT & WORD 2013

PART 2 파워포인트 2013

Chapter 1 | 파워포인트의 시작! 새 프레젠테이션 만들기
Chapter 2 | 내용을 깔끔하게! 텍스트 슬라이드 만들기
Chapter 3 | 내용 전달을 시각적으로! 도형 삽입하기
Chapter 4 | 효과적인 내용 전달! 개체 삽입하기
Chapter 5 | 프레젠테이션의 꽃! 슬라이드 쇼 진행하기

파워포인트 학습을 위한 준비 운동

프레젠테이션 문서가 딱딱한 텍스트로만 가득하다면 청중들이 내용을 읽기는커녕 졸기만 할 것입니다. 그러므로 프레젠테이션 문서는 시각적인 효과가 매우 중요한데, 다양한 도형을 활용하면 훨씬 효과적인 문서를 만들 수 있습니다.

1 도형의 기본 다루기

슬라이드에 도형을 삽입하면 여러 개의 조절점이 나타나는데, 이 조절점을 이용하면 도형의 크기나 모양, 방향을 조절할 수 있습니다. 흰색 조절점은 도형의 크기를, 노랑 조절점은 도형의 세부 모양을, 녹색 조절점은 도형의 방향을 조절합니다. 이때 `Shift` 와 `Ctrl`, `Alt` 를 누른 상태에서 드래그하면 다양한 기능이 추가됩니다.

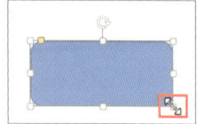

▲ 흰색 조절점 : 크기 조절

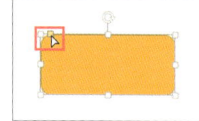
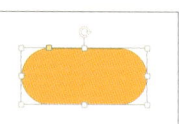
▲ 노랑 조절점 : 모양 조절

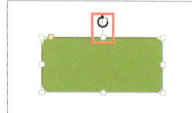

▲ 회전 조절점 : 방향 회전

2 `Shift` 와 `Ctrl`, `Alt` 의 역할

도형을 그리거나 이동 및 크기를 조절할 때 `Shift` 나 `Ctrl`, `Alt` 는 다양하게 사용되므로, 아래의 표를 보고 어떤 키를 눌러야 하는지 선택하세요.

단축키	도형 그리기	도형 이동	크기 조절
Shift	정형 도형(정사각형, 정원 등)	수직/수평으로 이동	가로/세로 비율 유지
Ctrl	중심부터 그리기	복사하여 삽입	중심부터 조절
Alt	세밀하게 그리기	세밀하게 이동	세밀하게 조절

CHAPTER 1

파워포인트의 시작!
새 프레젠테이션 만들기

Lesson 01 | 새롭게 향상된 파워포인트 2013 시작하기

Lesson 02 | 다양한 방법으로 새 프레젠테이션 만들기

Lesson 03 | 프레젠테이션 문서 열기와 저장하기

Lesson 04 | 프레젠테이션의 다양한 보기 방법 살펴보기

Lesson 05 | 다양한 레이아웃의 새 슬라이드 삽입하기

Lesson 06 | 슬라이드의 이동과 복사, 복제, 삭제하기

실무 따라잡기 | 레이아웃 바꾸기와 슬라이드 복사하기

EXCEL & POWERPOINT & WORD 2013

새롭게 향상된 파워포인트 2013 시작하기

Lesson 1

파워포인트 2013은 흰 도화지처럼 깨끗한 새 프레젠테이션 문서부터 시작할 수도 있고, 미리 디자인 서식이나 테마를 적용한 템플릿 문서부터 시작할 수도 있습니다. 물론 이전에 작성한 문서가 있다면 최근에 사용한 프레젠테이션 문서 목록부터 시작할 수도 있습니다. 우선 파워포인트 시작의 베이스캠프라고 할 수 있는 백스테이지(backstage)부터 살펴보겠습니다.

STEP 01 시작 화면에서 파워포인트 2013 시작하기

파워포인트 2013을 실행하면 빈 문서 또는 디자인 서식을 적용한 새 프레젠테이션 문서를 만들거나 최근에 사용한 문서를 열 수 있는 [시작 화면]이 나타납니다. 우선 시작 화면에서 새 프레젠테이션 문서를 열고 슬라이드 편집 화면부터 살펴보겠습니다.

01 파워포인트 2013을 실행하려면 [시작 화면]에 등록된 [PowerPoint 2013] 아이콘을 클릭합니다.

> **참고**
> 윈도우 7인 경우 [시작 메뉴]에 등록된 [PowerPoint 2013]을 클릭합니다.

02 파워포인트 2013을 실행하면 기본적으로 시작 화면이 나타납니다. 우선 [새 프레젠테이션]을 클릭합니다.

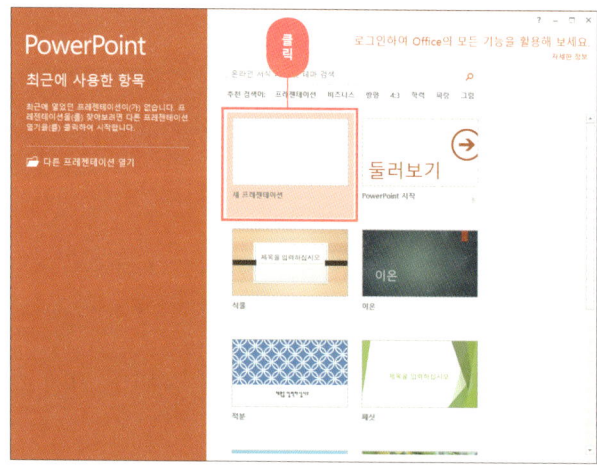

STEP 02 파워포인트 2013의 화면 구성 살펴보기

새 프레젠테이션 문서를 열면 흰 도화지처럼 깨끗하기 때문에 어디에서부터 시작해야 할지 막막합니다. 우선 파워포인트 2013의 화면 구성부터 살펴봅시다.

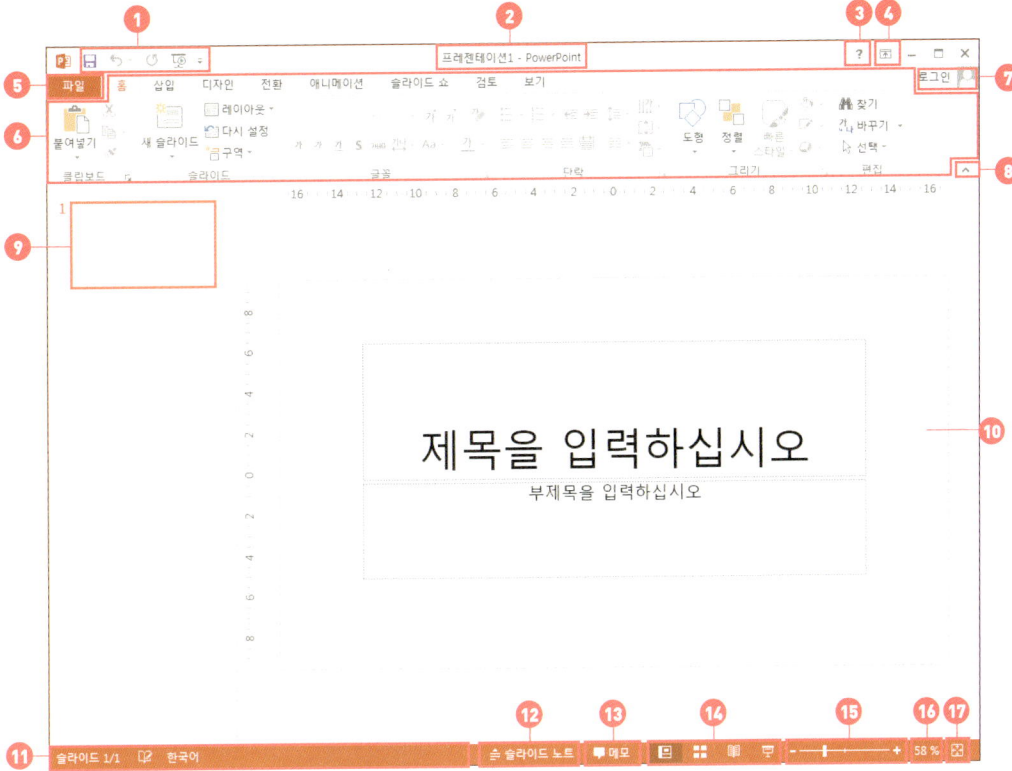

❶ **빠른 실행 도구 모음** : 자주 사용하는 명령을 등록하여 사용합니다.
❷ **제목 표시줄** : 프레젠테이션 문서의 제목을 표시합니다.
❸ **[도움말] 단추** : 파워포인트 2013의 도움말을 표시합니다.
❹ **리본 메뉴 표시 옵션** : 리본 메뉴를 자동으로 숨기거나 탭만 표시 또는 탭 및 명령 표시 등을 설정합니다.
❺ **[파일] 탭** : 파일을 새로 만들거나 열기, 저장, 인쇄, 공유, 내보내기 등을 할 수 있으며, 사용자 계정과 파워포인트 옵션 등을 설정할 수 있습니다.
❻ **리본 메뉴** : 작업의 종류에 따라 탭과 그룹, 명령 단추들을 모아놓은 것입니다.
❼ **사용자 계정** : 마이크로소프트 계정으로 로그온합니다.
❽ **리본 메뉴 축소** : ∧ 를 클릭하면 리본 메뉴를 숨기고 탭 이름만 표시합니다.
❾ **축소판 그림 창** : 현재 문서에 작성되어 있는 슬라이드를 축소해서 표시합니다.

❿ **슬라이드 창** : 프레젠테이션 문서의 본문이라고 할 수 있는 슬라이드를 편집하는 작업 공간입니다.
⓫ **상태 표시줄** : 현재 작성하고 있는 슬라이드의 번호와 맞춤법 검사, 테마, 언어 등을 표시합니다.
⓬ **슬라이드 노트** : 클릭하면 슬라이드의 부연 설명이나 발표 내용을 입력하는 슬라이드 노트 창이 표시됩니다.
⓭ **메모** : 문서에 작성자의 의견을 표시합니다.
⓮ **화면 보기** : 프레젠테이션 문서의 [기본] 보기와 [여러 슬라이드] 보기, [읽기용] 보기, [슬라이드 쇼] 보기를 선택합니다.
⓯ **확대/축소 슬라이더** : 슬라이더를 드래그하여 확대/축소하거나 확대/축소 비율을 설정합니다.
⓰ **확대/축소 비율** : 슬라이더 확대/축소 비율을 직접 설정합니다.
⓱ **창 크기 맞춤** : 슬라이드를 현재 창의 크기에 맞춥니다.

파워포인트 2013의 새 기능 살펴보기

파워포인트 2013은 새로운 시작 디자인과 테마, 스마트 가이드 등 다양한 새로운 기능이 추가되었습니다. 다른 오피스 프로그램과 동일하지만 파워포인트에서 주목해야 할 새 기능을 살펴보겠습니다.

1 | 다양한 테마와 테마 변형

파워포인트 2013은 표준 크기(4:3)의 디자인 테마와 함께 와이드스크린(16:9) 테마도 제공하며, 다양한 색상표 및 글꼴과 같은 변형 테마도 함께 제공하기 때문에 전문 디자이너처럼 프레젠테이션을 만들 수 있습니다.

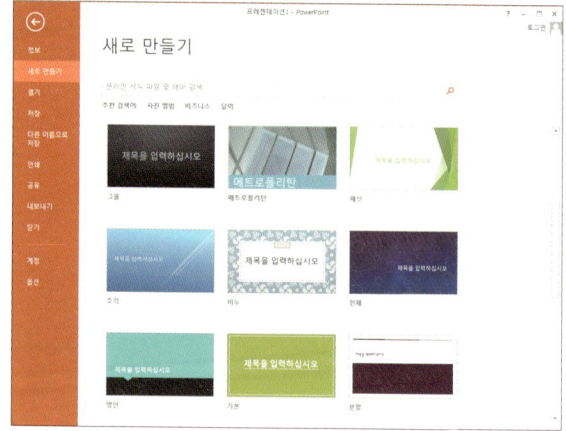

2 | 균등한 간격으로 개체 정렬

도형이나 그림, 차트 등의 개체를 배치할 때 스마트 가이드가 나타나기 때문에 가로, 세로 기준선에 맞게 배치할 수 있습니다. 또 가로, 세로로 균등한 간격으로 배치되면 자동으로 알려주므로 추가로 정렬할 필요가 없습니다.

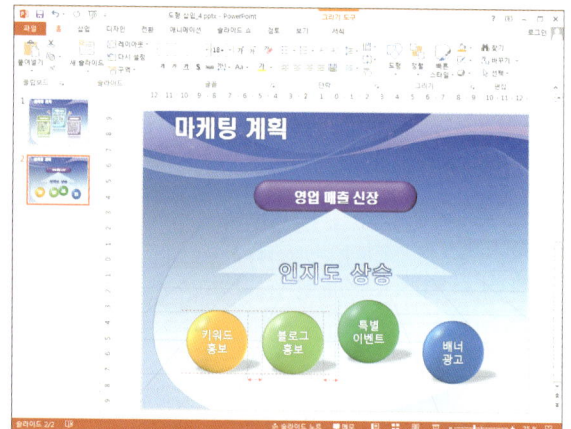

3 | 공통 도형 결합

기본으로 제공하는 도형 목록에 원하는 도형이 없는 경우가 있습니다. 이러한 경우 여러 개의 도형을 병합하여 새로운 도형을 만들고, 이를 새 그림으로 등록하여 사용할 수도 있습니다.

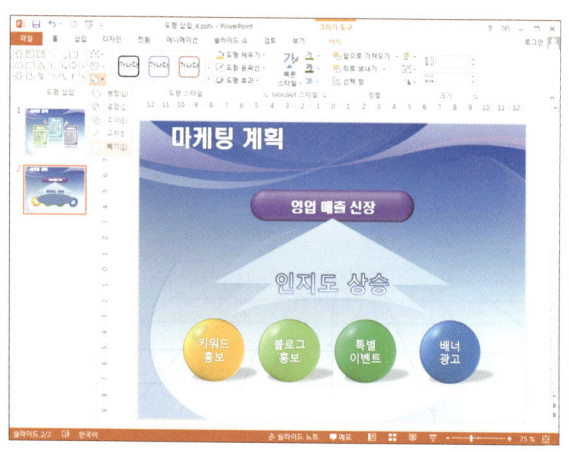

4 | 색 일치를 위한 스포이트

스포이트를 이용하면 현재 화면의 색 정보를 정확히 추출하여 채우기 색에 저장할 수 있으며, 이렇게 추출된 색을 다른 개체에 클릭하여 그대로 적용할 수도 있습니다.

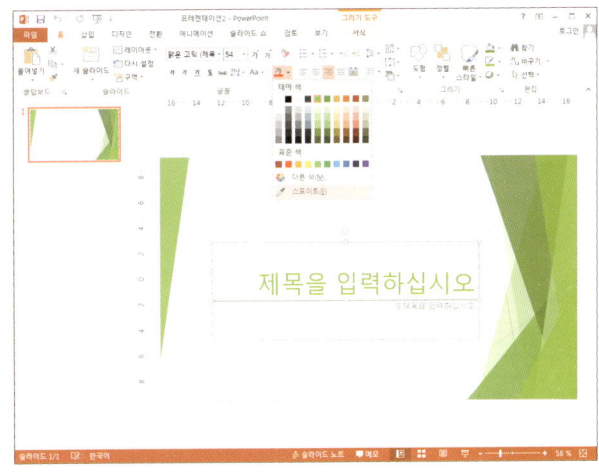

5 | 애니메이션의 향상된 이동 경로

애니메이션에서 개체의 이동 경로를 설정할 때 개체의 최종 위치가 표시됩니다. 원래 개체를 배치하면 고스트 이미지가 경로를 따라 최종 위치로 이동하므로 애니메이션의 처음과 끝점을 확인할 수 있습니다.

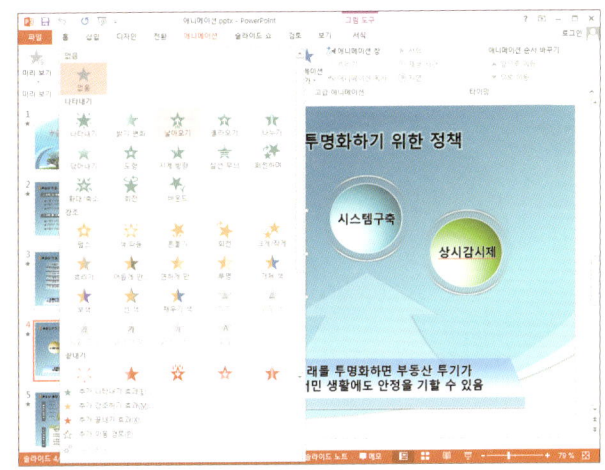

6 | 새롭게 향상된 발표자 도구

슬라이드 쇼를 실행하면 청중에게는 슬라이드, 발표자의 모니터에는 발표자 도구가 표시됩니다. 또 모니터 한 대에서도 발표자 도구로 예행 연습을 할 수 있습니다.

예제_파포\Chapter1\사업계획서.pptx

다양한 방법으로
새 프레젠테이션
만들기

Lesson 2

새 프레젠테이션 문서는 먼저 내용을 입력한 후 나중에 배경 그림이나 디자인 등을 적용할 수 있지만, 처음 시작할 때부터 서식 파일을 선택하여 시작할 수 있습니다. 물론 언제든지 슬라이드 디자인을 변경할 수 있으므로 여기에서는 기본으로 제공하는 디자인을 적용하는 방법만 살펴보겠습니다.

STEP 01 서식이 적용된 새 프레젠테이션 만들기

파워포인트가 실행된 상태에서 새로운 문서를 열거나 저장하려면 [파일] 탭을 클릭하여 백스테이지(backstage)에서 선택합니다.

01 파워포인트가 실행된 상태에서 백스테이지로 가기 위해 [파일] 탭을 클릭합니다.

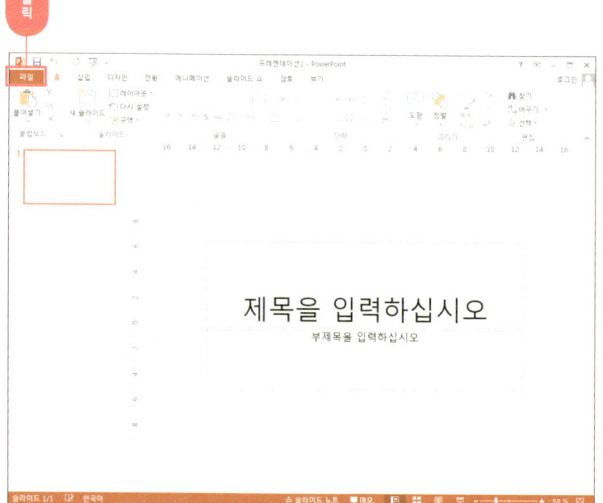

02 백스테이지에서 ❶[새로 만들기]를 클릭하면 새 프레젠테이션 및 디자인 서식을 선택할 수 있는데, 여기에서 ❷[이온]을 클릭합니다.

03 선택한 테마의 변형 갤러리가 나타납니다. ❶ 원하는 색상을 선택한 후 ❷ [만들기]를 클릭합니다.

> **주의**
> 다른 색상 등으로 변형할 갤러리가 없는 경우, 따라하기 04번처럼 바로 선택한 테마가 적용된 새 프레젠테이션 문서가 나타납니다.

04 선택한 색상과 글꼴 등의 디자인 테마가 적용된 새 프레젠테이션 문서가 만들어집니다.

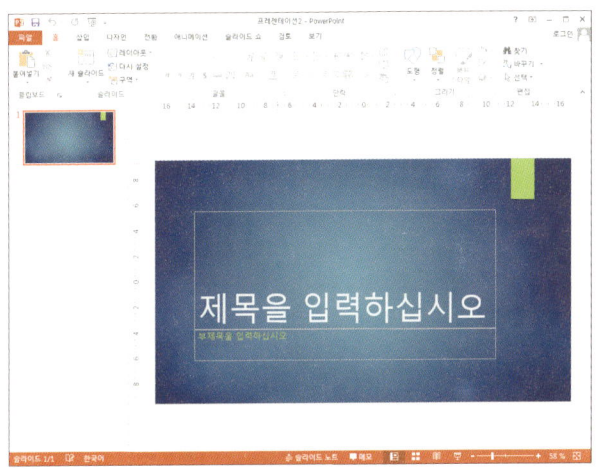

디자인 테마 변경하기

프레젠테이션 문서에 적용된 테마는 [디자인] 탭에서 변경할 수 있으며, 색이나 글꼴, 효과 등의 일부만 변경할 수 있습니다.

❶ [디자인] 탭의 [테마] 그룹에서 [자세히] ▼를 클릭하면 다른 테마를 선택하여 변경할 수 있습니다.

❷ [디자인] 탭의 [적용] 그룹에서 [자세히] ▼를 클릭하면 [색]이나 [글꼴], [효과] 등의 일부만 변경할 수 있습니다.

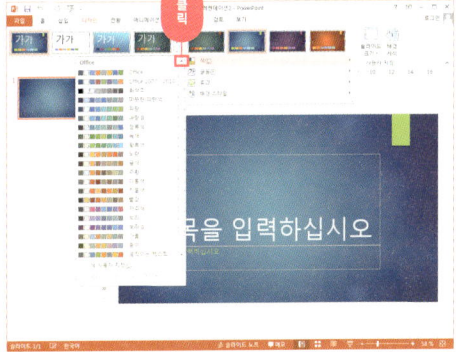

예제_파포\Chapter1\회사소개서.pptx

프레젠테이션 문서 열기와 저장하기

Lesson 3

파워포인트 2003 버전 이하까지는 *.ppt 파일 확장자로 저장됐지만, 파워포인트 2007부터는 XML(eXtensible Markup Language) 파일 포맷으로 바뀌어 *.pptx 파일 확장자로 저장됩니다. 여기에서는 파워포인트 2013 파일을 열고 저장하는 방법과 하위 버전에 호환되도록 저장하는 방법에 대해 알아보겠습니다.

STEP 01 프레젠테이션 문서 열기

파워포인트가 실행된 상태에서 새로운 문서를 열거나 저장하려면 [파일] 탭을 클릭하여 백스테이지(backstage)에서 선택합니다.

01 [파일] 탭을 클릭하면 백스테이지가 나오는데, ❶[열기]를 클릭하면 ❷ 최근에 사용한 프레젠테이션 문서를 선택하여 열 수 있습니다.

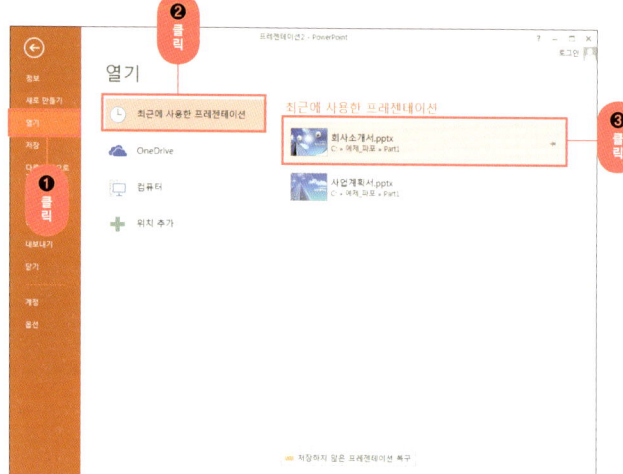

key
[열기] : Ctrl + O

02 ❶[컴퓨터]를 클릭하면 현재 폴더 및 최근 폴더 목록이 나타납니다. 만약 다른 폴더를 찾으려면 ❷[찾아보기]를 클릭합니다.

문서가 있는 폴더가 표시되면 바로 폴더를 선택하세요.

03 [열기] 대화상자가 나타나면 ❶ 문서가 있는 폴더로 이동한 후 ❷ 파일을 선택하고 ❸ [열기] 단추를 클릭합니다.

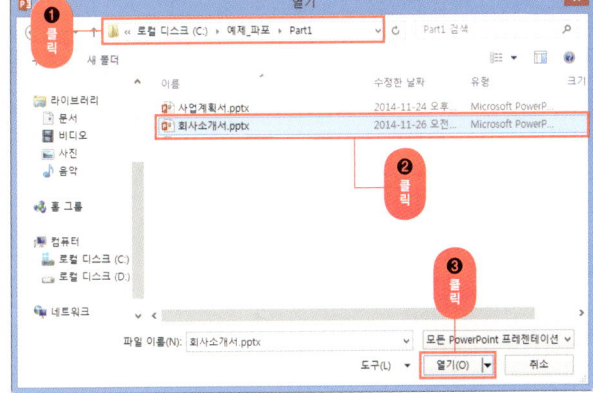

[열기] 대화상자 : Ctrl + F12

04 선택한 문서가 열립니다.

➕ 자주 사용하는 문서 및 폴더 고정하기

최근에 사용한 프레젠테이션 문서나 자주 여는 폴더 위치 등은 해당 항목을 목록에 고정하여 사용할 수 있습니다.

❶ 백스테이지의 [열기]에서 [최근에 사용한 프레젠테이션]에 표시된 문서 목록 오른쪽 끝의 [이 항목을 목록에 고정]을 클릭합니다.

❷ 백스테이지의 [열기]에서 [컴퓨터]에 표시된 폴더 목록 오른쪽 끝의 [이 항목을 목록에 고정]을 클릭합니다.

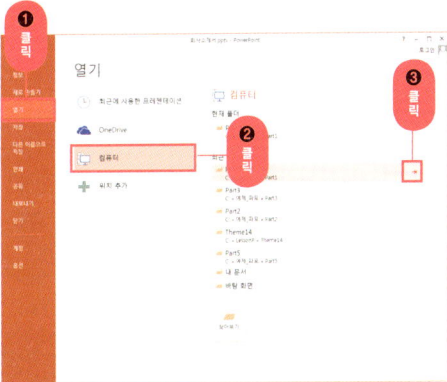

프레젠테이션 문서 저장하기

새 문서에서 내용을 작성한 후 처음 저장하거나 이전 문서를 불러와서 수정한 후 원본 이름 그대로 저장하려면 [저장]을 이용합니다.

01 [파일] 탭을 클릭하면 백스테이지가 나오는데, ❶ [다른 이름으로 저장]을 클릭한 후 ❷ [컴퓨터]를 클릭하면 현재 폴더 및 최근 폴더 목록이 나타납니다. ❸ [현재 폴더]를 클릭합니다.

key [저장] : Ctrl + S

02 [다른 이름으로 저장] 대화상자가 나타나면 ❶ 문서가 있는 폴더로 이동한 후 ❷ 파일을 선택하고 ❸ [저장] 단추를 클릭합니다.

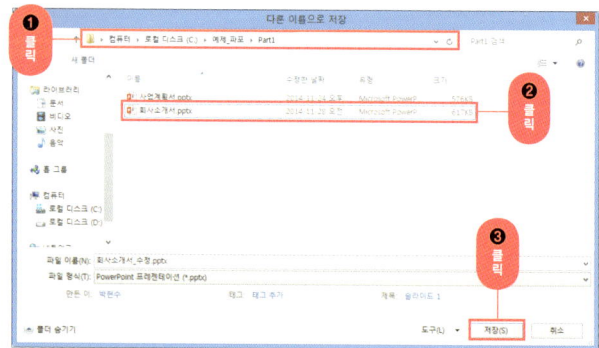

key [다른 이름으로 저장] 대화상자 : F12

파워포인트 2013의 파일 확장자 살펴보기

[다른 이름으로 저장] 대화상자의 [파일 형식]에서 저장 방법을 선택할 수 있는데, 자주 사용하는 파일 형식과 확장자는 다음과 같습니다.

파일 형식	파일 확장자	설명
PowerPoint 프레젠테이션	*.pptx	파워포인트 2013 문서의 기본 저장 형식입니다(x=xml).
PowerPoint 매크로 사용 프레젠테이션	*.pptm	매크로를 포함한 문서로 저장합니다(m=macro).
PowerPoint 서식 파일	*.potx	파워포인트의 서식 파일을 저장합니다(t=templet).
PowerPoint 쇼	*.ppsx	슬라이드 쇼 보기 형식으로 저장합니다.
PowerPoint 매크로 사용 서식 파일	*.potm	매크로를 사용한 파워포인트의 서식 파일을 저장합니다.
PowerPoint 추가 기능	*.ppam	파워포인트 2013의 추가 기능을 저장합니다(a=add-in).
PowerPoint 97 – 2003 프레젠테이션	*.ppt	파워포인트 97~2003 버전의 형식으로 저장합니다.
PowerPoint 97 – 2003 서식 파일	*.pot	파워포인트 97~2003 버전의 서식 파일을 저장합니다.
PowerPoint 97 – 2003 쇼	*.pps	파워포인트 97~2003 버전의 슬라이드 쇼로 저장합니다.
PowerPoint 97 – 2003 추가 기능	*.ppa	파워포인트 97~2003 버전의 추가 기능을 저장합니다.

S T E P 03

이전 버전과 호환하도록 저장하기

파워포인트 2013에서 저장한 *.pptx 파일 형식의 문서는 파워포인트 2003 이하 버전에서는 열리지 않습니다. 이러한 경우 [다른 이름으로 저장]을 이용하여 이전 버전의 문서로 저장해야 합니다.

01 [파일] 탭을 클릭하면 백스테이지가 나오는데, ❶[내보내기]를 클릭한 후 ❷[파일 형식 변경]을 클릭하면 파일 형식 변경 목록이 나타납니다. ❸[PowerPoint 97-2003 프레젠테이션(*.ppt)]을 클릭한 후 ❹[다른 이름으로 저장] 단추를 클릭합니다.

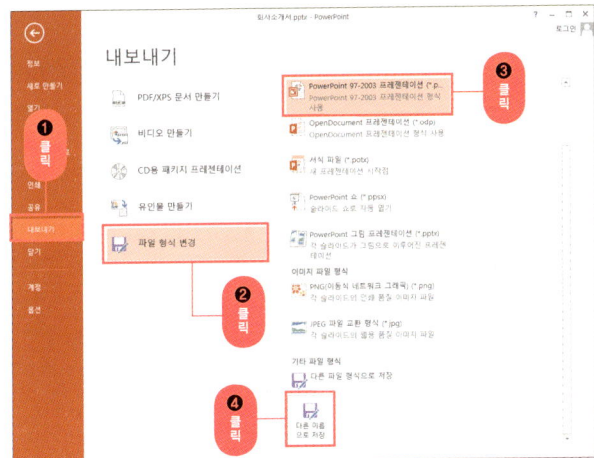

02 [다른 이름으로 저장] 대화상자가 나타나면 ❶문서를 저장하려는 폴더로 이동한 후 ❷[파일 이름]을 입력하고 ❸[저장] 단추를 클릭합니다.

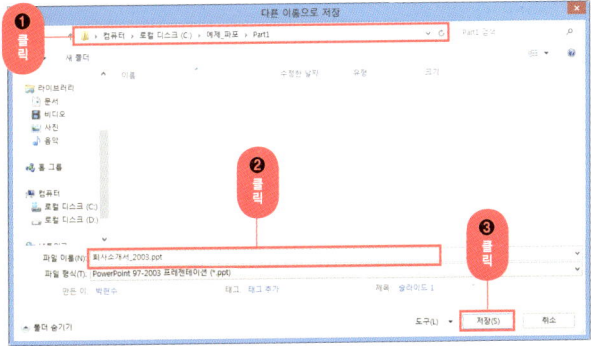

03 이전 버전에서 지원하지 않는 기능이 포함된 경우에는 [호환성 검사] 대화상자가 나타납니다. [계속] 단추를 클릭하면 이전 버전에서 호환되도록 해당 기능을 제외하고 저장됩니다.

예제_파포\Chapter1\회사소개서.pptx

프레젠테이션의 다양한 보기 방법 살펴보기

Lesson 4

사업 설명회나 제품 발표회에 참석해 보면 슬라이드를 한 장씩 넘겨 가면서 발표하는 것을 본 적이 있을 것입니다. 이처럼 프레젠테이션 문서는 결국 여러 장의 슬라이드를 만드는 것인데, 여기에서는 프레젠테이션의 다양한 보기 방법부터 살펴보겠습니다.

STEP 01 프레젠테이션 보기 방법 선택하기

파워포인트를 실행하면 기본적으로 [기본] 보기로 슬라이드 축소판 그림과 슬라이드 창이 표시되는데, 필요에 따라 [여러 슬라이드] 보기와 [읽기용 보기], [슬라이드 쇼] 보기를 선택할 수 있습니다.

1 | 기본 보기

[보기] 탭의 [프레젠테이션 보기] 그룹에서 ❷[기본]을 클릭하거나 상태 표시줄의 ❸[기본]을 클릭하면 슬라이드 축소판 그림과 슬라이드 창이 표시됩니다.

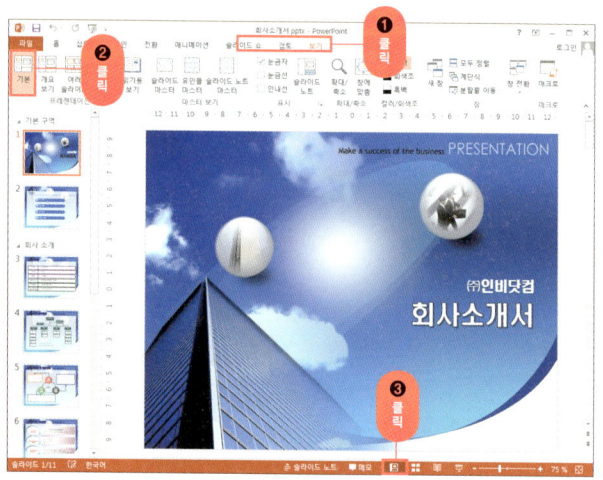

참고
슬라이드 축소판 그림에 슬라이드 내용별로 구역을 추가할 수 있습니다.

2 | 여러 슬라이드 보기

[보기] 탭의 [프레젠테이션 보기] 그룹에서 ❷[여러 슬라이드]를 클릭하면 전체 슬라이드의 구성과 흐름 등을 파악할 수 있습니다. 슬라이드의 순서를 이동할 때 주로 사용합니다.

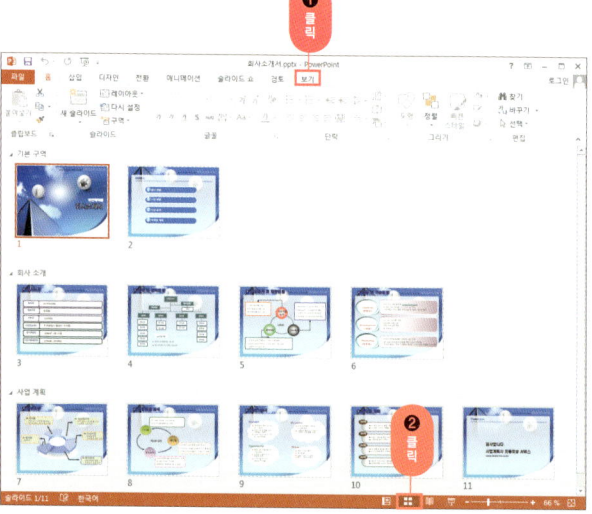

주의
여기에서는 슬라이드 구역이 설정되어 있기 때문에 슬라이드가 구분되어 표시되지만, 구역이 없는 경우에는 구분 없이 계속 표시됩니다.

3 | 슬라이드 노트 보기

❶ [보기] 탭의 [프레젠테이션 보기] 그룹에서 ❷ [슬라이드 노트]를 클릭하면 슬라이드 화면과 함께 아래쪽에서 입력한 슬라이드 설명을 볼 수 있습니다.

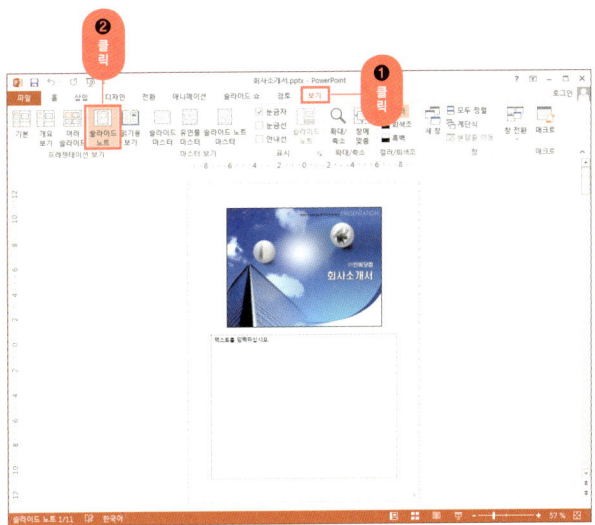

> **참고**
>
> 프레젠테이션 문서를 열면 무조건 [기본] 보기로 나타나는 것이 아니라 파일을 저장할 때의 보기 방법으로 나타납니다. 이는 [PowerPoint 옵션] 대화상자의 [고급] – [표시] 범주에 [이 보기를 사용하여 모든 문서 열기]가 [파일에 저장되어 있는 보기]로 설정되어 있기 때문입니다.

4 | 읽기용 보기

작업 표시줄에서 [읽기용 보기]를 클릭하면 창의 형태로 전체 슬라이드의 구성과 흐름 등을 파악할 수 있습니다. 발표자 없이 슬라이드 쇼를 확인할 때 주로 사용합니다.

> **참고**
>
> [읽기용 보기]는 창으로 표시되므로 두 개 이상의 프레젠테이션 문서를 전체 화면으로 확인하기가 좋습니다.

5 | 슬라이드 쇼 보기

[슬라이드 쇼] 탭의 [슬라이드 쇼 시작] 그룹에서 [처음부터] 또는 [현재 슬라이드부터]를 클릭하면 슬라이드가 전체 화면으로 나타납니다. 슬라이드 쇼를 마치려면 `Esc`를 누르세요.

> **key**
>
> 슬라이드 쇼 : `F5`
> 현재부터 슬라이드 쇼 : `Shift` + `F5`

예제_파포\Chapter1\사업계획서.pptx

다양한 레이아웃의 새 슬라이드 삽입하기

Lesson 5

새 프레젠테이션 문서를 만들면 제목 슬라이드만 나타나는데, 내용을 추가하기 위해 여러 장의 슬라이드를 삽입할 수 있습니다. 이때 아무 것도 없는 빈 슬라이드보다는 제목이나 내용에 맞는 레이아웃을 골라서 삽입하는 것이 좋습니다.

STEP 01 새 슬라이드 삽입하기

슬라이드는 제목 슬라이드와 내용 슬라이드로 구분되는데, 새 슬라이드를 추가하면 기본적으로 내용을 추가할 것이므로 내용 슬라이드가 추가됩니다.

01 ❶ 삽입하려는 위치의 앞쪽 슬라이드를 선택한 후 ❷[홈] 탭의 [슬라이드] 그룹에서 ❸[새 슬라이드]의 위쪽 단추 를 클릭합니다.

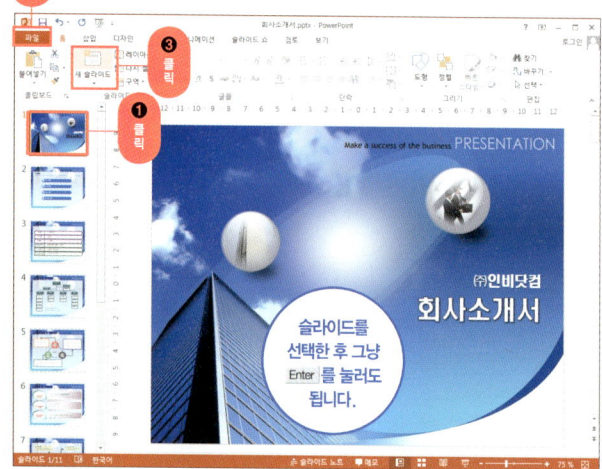

> **key**
> 새 슬라이드 삽입 : Ctrl + M

02 1번 슬라이드 뒤에 [제목 및 내용] 레이아웃의 슬라이드가 삽입됩니다.

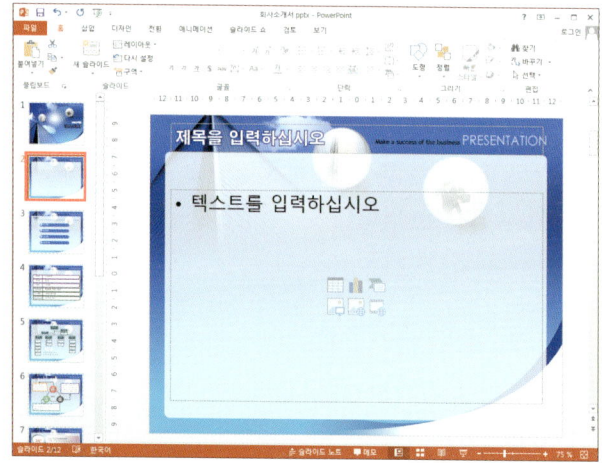

슬라이드의 레이아웃 삽입하기

미리 레이아웃을 선택하여 슬라이드를 추가할 수 있습니다. 이때 슬라이드에 기본적으로 삽입된 텍스트 개체는 글자를 입력해야 슬라이드에 반영됩니다.

01 ❶[새 슬라이드]의 아래쪽 단추를 클릭하면 레이아웃 목록이 나타나는데, 여기에서 ❷[콘텐츠 2개]를 클릭합니다.

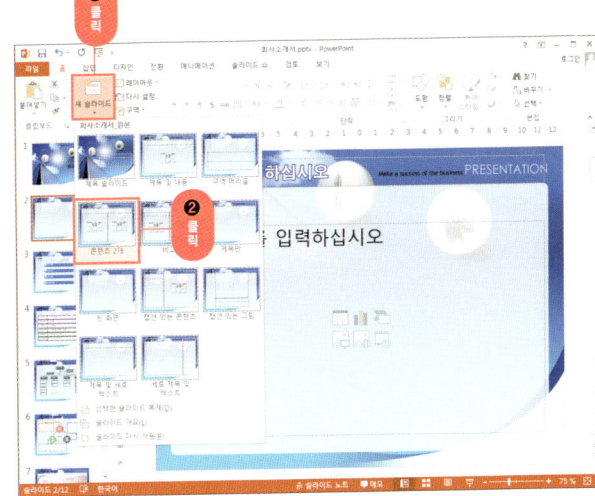

> 참고
> 1번 슬라이드는 [제목 개체 틀]과 [부제목 개체 틀]로 구성된 [제목 슬라이드] 레이아웃이고, 2번 슬라이드는 [제목 개체 틀]과 [내용 개체 틀]이 구성된 [제목 및 내용] 레이아웃입니다.

02 제목과 콘텐츠가 2개인 슬라이드가 삽입됩니다. '제목을 입력하십시오'라고 입력된 [제목 개체 틀]을 클릭합니다.

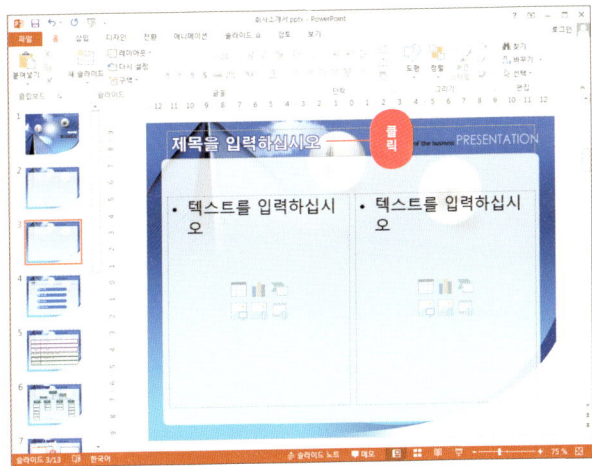

> 참고
> 슬라이드 편집 창에는 '제목을 입력하십시오', '텍스트를 입력하십시오' 등의 텍스트가 표시되지만, 슬라이드 미리 보기 탭을 보면 표시되지 않는 것을 확인할 수 있습니다.

03 '제목을 입력하십시오'라는 텍스트가 사라집니다. 즉, 레이아웃에 삽입된 개체 틀은 그냥 안내문일 뿐이죠. 실제로 텍스트를 입력해야 슬라이드에 반영되는 것입니다.

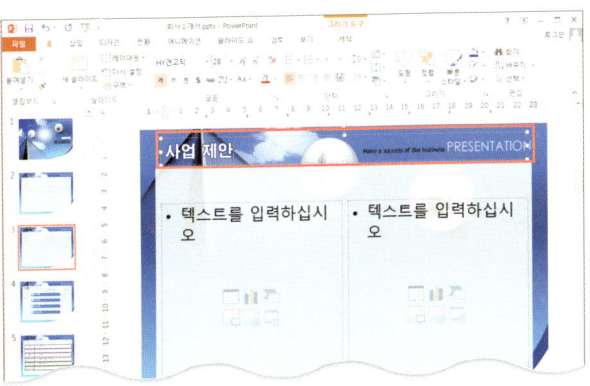

슬라이드의 레이아웃 변경하기

이미 적용된 레이아웃도 언제든지 바꿀 수 있습니다. 단, 제목과 내용 등의 개체도 레이아웃에 따라 위치나 글꼴 등이 바뀌는 것에 주의하세요.

01 ❶[새 슬라이드]의 '사업 제안'이라고 입력한 3번 슬라이드를 선택한 후 [홈] 탭의 [슬라이드] 그룹에서 ❷[레이아웃]을 클릭하고 ❸[제목 슬라이드] 레이아웃을 클릭합니다.

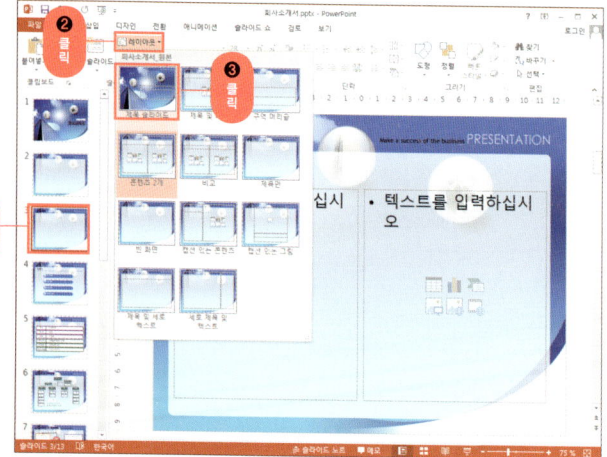

02 [제목 및 내용] 레이아웃이 [제목 슬라이드] 레이아웃으로 바뀝니다. 부제목은 필요 없으므로 [부제목 개체 틀]을 선택한 후 Delete 를 누릅니다.

> **참고**
> 247쪽의 따라하기 03번에서 [제목 개체 틀]에 텍스트를 입력했으므로 레이아웃을 [제목 슬라이드]로 바꿔도 레이아웃에 맞게 위치와 글꼴이 바뀝니다.

03 [부제목 개체 틀]이 사라졌습니다. 이와 같이 슬라이드를 추가한 후에는 내용에 맞게 레이아웃을 바꾸는 것이 좋습니다.

> **주의**
> 레이아웃은 문서의 통일된 제목과 개체 틀을 유지할 때 좋습니다. 만약 레이아웃의 [제목 개체 틀]을 이용하지 않고 텍스트 상자를 삽입하여 제목을 입력하면, 모든 슬라이드의 제목 스타일을 일일이 수정해야 합니다.

슬라이드의 레이아웃 원래대로

슬라이드 개체 틀의 위치나 크기, 서식 등이 바뀐 경우 다시 원래대로 되돌릴 수 있습니다.

01 ❶ 레이아웃을 되돌리려는 슬라이드를 선택한 후 [홈] 탭의 [슬라이드] 그룹에서 ❷[다시 설정]을 클릭합니다.

> 참고
> 슬라이드를 마우스 오른쪽 단추로 클릭한 후 [슬라이드 원래대로]를 클릭해도 됩니다.

02 [제목 슬라이드] 레이아웃의 기본 서식으로 되돌아갑니다.

> 참고
> 248쪽의 따라하기 02번에서 삭제한 [부제목 개체 틀]이 다시 나타납니다.

슬라이드의 이동과 복사, 복제, 삭제하기

Lesson 6

예제_파포\Chapter1\사업계획서.pptx

[슬라이드] 탭에서 슬라이드를 드래그하면 다른 곳으로 이동할 수 있습니다. 그리고 비슷한 내용의 슬라이드를 만들 때는 기존 슬라이드를 복사 및 복제하여 사용할 수 있으며, 필요 없는 슬라이드를 삭제할 수 있습니다.

STEP 01 슬라이드 이동하기

슬라이드 이동은 [잘라내기]와 [붙여넣기]를 이용해도 되지만, 그냥 [슬라이드] 탭에서 드래그하는 것이 편합니다.

01 슬라이드를 이동하려면 슬라이드 축소판 그림에서 슬라이드를 원하는 위치로 드래그합니다.

> **참고**
> 슬라이드가 많은 경우에는 [여러 슬라이드] 보기 상태에서 슬라이드를 이동하거나 복사하는 것이 좋습니다.

02 선택한 슬라이드가 원하는 위치로 이동됩니다.

> **key**
> 잘라내기 : Ctrl + X
> 붙여넣기 : Ctrl + V

슬라이드 복사하기

비슷한 내용의 슬라이드를 만들 때는 새 슬라이드를 삽입하는 것보다 복사하여 사용하는 것이 편할 때가 있습니다. 여기에서는 여러 가지 복사 방법 중에서 리본 메뉴를 이동하겠습니다.

01 ❶ 복사할 슬라이드를 선택한 후 [홈] 탭의 [클립보드] 그룹에서 ❷ 복사를 클릭합니다.

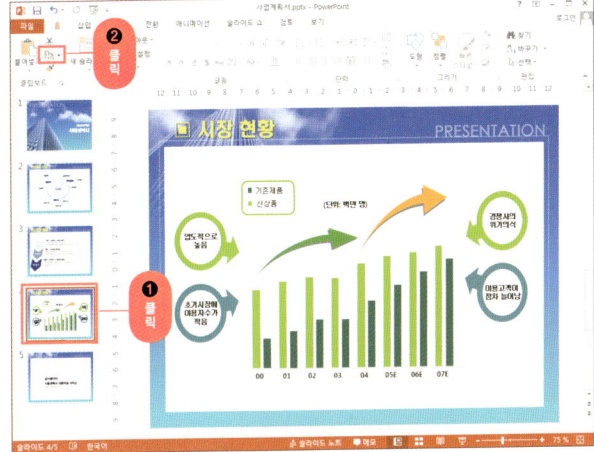

> **참고**
> [슬라이드] 탭에서 슬라이드를 이동하는 것처럼 Ctrl을 누른 상태에서 슬라이드를 드래그하면 선택한 슬라이드가 복사되어 나타납니다.

02 ❶ [슬라이드] 탭에서 복사할 위치를 클릭한 후 [홈] 탭의 [클립보드] 그룹에서 ❷ [붙여넣기]의 위쪽 단추를 클릭합니다.

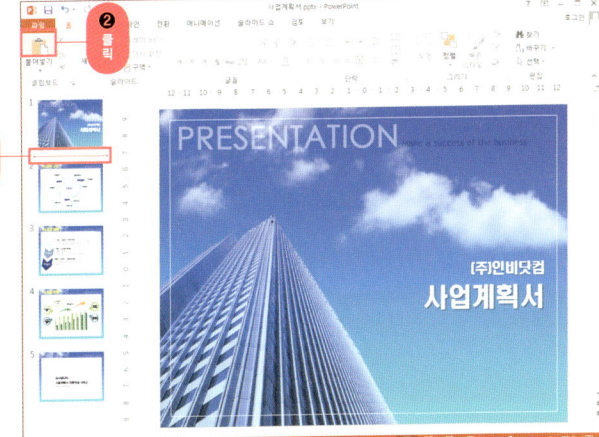

key
복사 : Ctrl + C
붙여넣기 : Ctrl + V

03 복사한 슬라이드가 나타납니다.

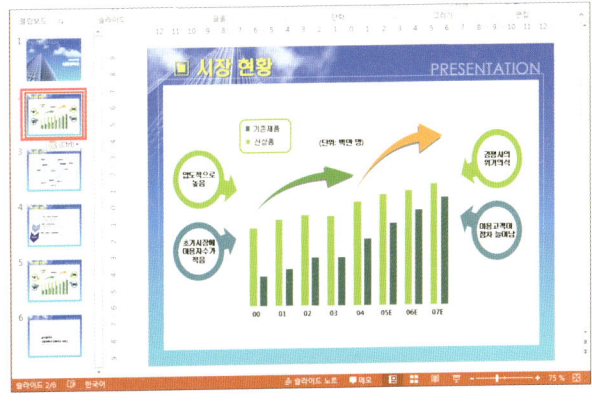

슬라이드 복제하기

다른 위치가 아니라 바로 다음 위치에 복사하여 붙여넣을 때는 [복제]를 이용하면 됩니다. 즉, 복제는 [복사]와 [붙여넣기]를 한 단계로 줄인 것입니다.

01 ❶4번 슬라이드를 마우스 오른쪽 단추로 클릭한 후 ❷[중복 슬라이드]를 클릭합니다.

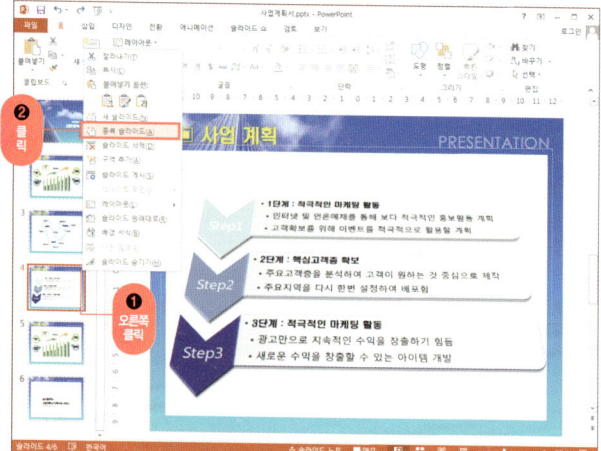

key
복제 : Ctrl + D
붙여넣기 : Ctrl + V

02 4번 슬라이드가 복제되어 5번 슬라이드에 나타납니다. 슬라이드를 삭제하려면 슬라이드를 ❶마우스 오른쪽 단추로 클릭한 후 [슬라이드 삭제]를 클릭합니다.

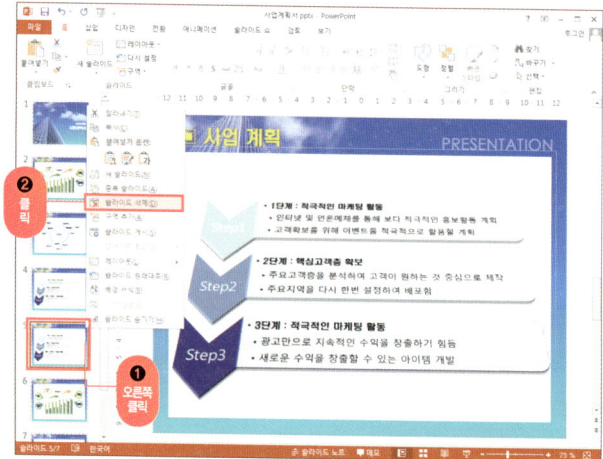

참고
슬라이드뿐만 아니라 도형이나 다른 개체에서도 복제 기능을 많이 사용합니다.

03 선택한 슬라이드가 삭제됩니다.

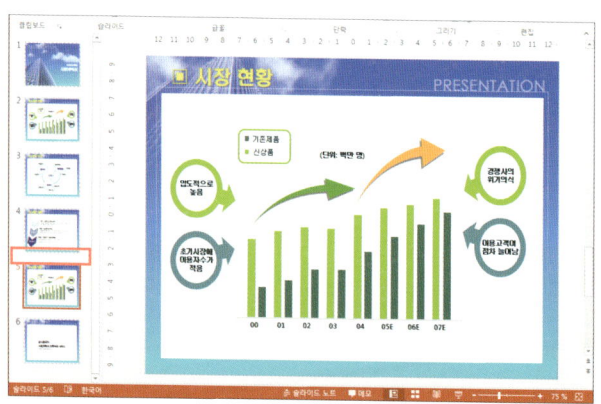

다른 파일의 슬라이드 복사하기

다른 파일에 있는 슬라이드도 복사하여 삽입할 수 있습니다. 이때 [붙여넣기 옵션] 스마트 태그를 이용하면 원본 슬라이드의 서식을 적용할 수 있습니다.

01 [마케팅 계획.pptx] 문서를 불러옵니다. ❶ 복사할 슬라이드를 선택한 후 [홈] 탭의 [클립보드] 그룹에서 ❷[복사]를 클릭합니다.

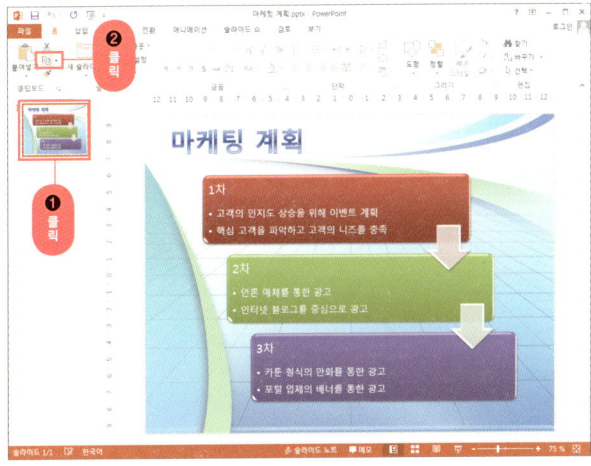

02 [사업계획서.pptx] 문서에서 ❶[붙여넣기]의 위쪽 단추를 클릭하면 선택한 슬라이드가 나타납니다. 슬라이드의 서식을 바꾸기 위해 ❷[붙여넣기 옵션] 스마트 태그를 클릭한 후 ❸[원본 서식 사용]을 클릭합니다.

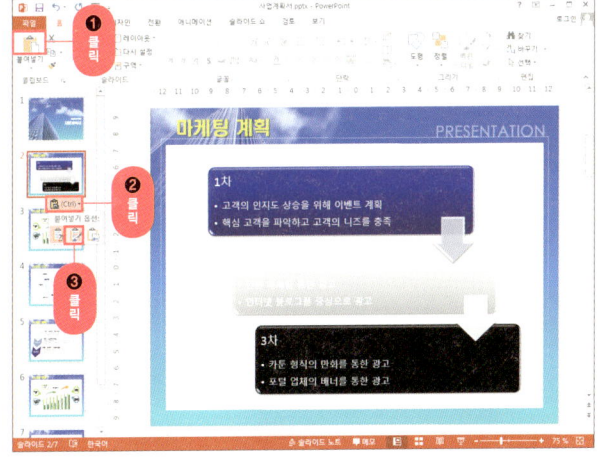

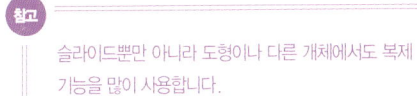

슬라이드뿐만 아니라 도형이나 다른 개체에서도 복제 기능을 많이 사용합니다.

03 원본 문서의 배경과 테마, 색 등의 서식이 적용됩니다.

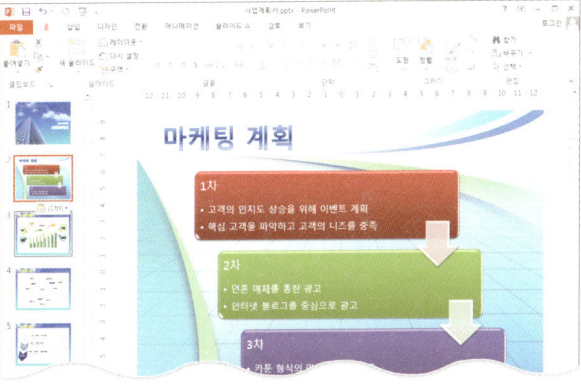

레이아웃 바꾸기와 슬라이드 복사하기

연습파일 예제_파포\Chapter1\실무_슬라이드.pptx   **완성파일** 예제_파포\Chapter1\실무_슬라이드_결과.pptx

① [실무01_테마.pptx] 문서를 불러옵니다.

② 1번 슬라이드의 레이아웃을 [제목 레이아웃]으로 변경합니다.

③ [실무01_기본.pptx] 문서를 불러옵니다.

④ [슬라이드] 탭에서 1번 슬라이드를 복사합니다.

⑤ 복사한 슬라이드를 [실무01_테마.pptx] 파일의 1번 슬라이드 아래에 붙여넣습니다.

⑥ 2번 슬라이드를 3번 슬라이드 아래로 드래그하여 순서를 변경합니다.

CHAPTER 2

내용을 깔끔하게! 텍스트 슬라이드 만들기

Lesson 01 | 슬라이드와 도형에 텍스트 입력하기

Lesson 02 | 텍스트 서식과 줄/단락/문자 간격 설정하기

Lesson 03 | 목록 수준 늘림/줄임과 글머리 기호 삽입하기

Lesson 04 | 워드아트 삽입과 다양한 텍스트 효과 주기

실무 따라잡기 | 워드아트와 글머리 기호 지정하기

EXCEL & POWERPOINT & WORD 2013

슬라이드와 도형에 텍스트 입력하기

Lesson 1

예제_파포\Chapter2\매니페스토_1.pptx

파워포인트 텍스트는 기본적으로 제목과 내용 영역으로 나눌 수 있는데, 대부분 제목 개체 틀과 본문 개체 틀이 있으므로 해당 틀을 클릭하여 텍스트를 입력할 수 있습니다. 그리고 [텍스트 상자]를 이용하면, 원하는 위치에 텍스트를 입력할 수 있고, 도형에도 텍스트를 입력할 수 있습니다.

STEP 01 개체 틀에 텍스트 입력하기

[제목 및 내용] 슬라이드 레이아웃을 적용한 문서에는 제목 개체 틀과 본문 개체 틀이 있으므로 해당 개체 틀을 클릭하여 텍스트를 입력할 수 있습니다.

01 ❶ '제목을 입력하십시오'라고 적혀 있는 곳을 클릭한 후 ❷ '매니페스토란?'이라는 제목을 입력하고 ❸ 를 누릅니다.

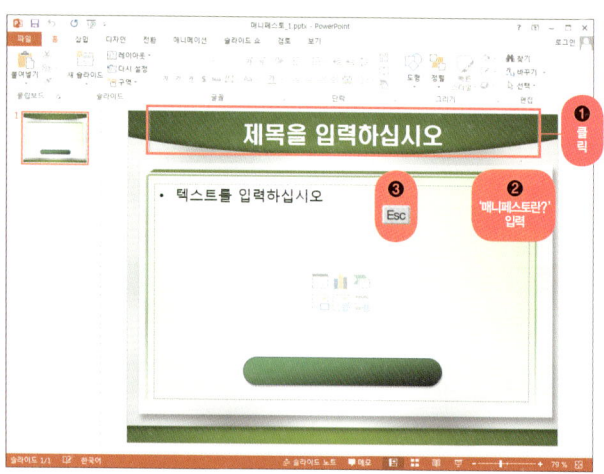

> **참고**
> 텍스트 개체 틀에 텍스트를 입력한 후 Esc 를 누르면 텍스트 편집 상태가 닫히고 개체 틀이 선택됩니다. 그리고 개체가 선택된 상태에서 Tab 을 누르면 다음 순서의 개체가 선택되고, Shift + Tab 을 누르면 이전 순서의 개체가 선택됩니다.

02 제목 개체 틀과 본문 개체 틀의 텍스트는 슬라이드 마스터 서식에 있는 글꼴 서식이 적용됩니다. 계속 본문 개체 틀을 클릭한 후 그림과 같이 텍스트를 입력합니다.

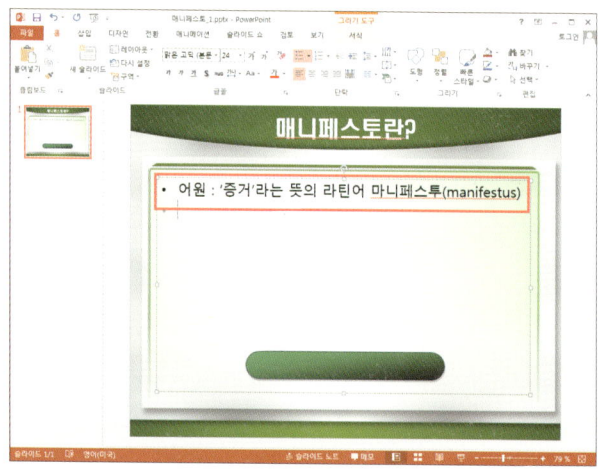

STEP 02 텍스트 상자에 텍스트 입력하기

본문 텍스트 개체 틀과 다른 위치에 텍스트를 입력할 때는 텍스트 상자를 이용합니다. 텍스트 상자는 가로와 세로가 있으므로 텍스트의 방향에 맞게 선택하세요.

01 ❶[삽입] 탭의 [텍스트] 범주에서 ❷[텍스트]의 위쪽 단추를 클릭한 후 ❸슬라이드에서 입력할 텍스트의 너비만큼 드래그합니다.

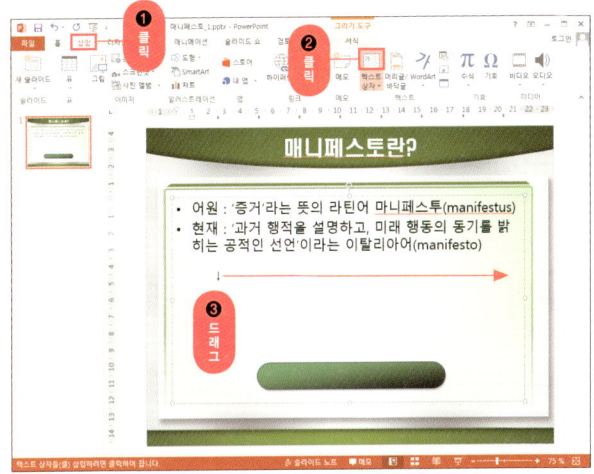

> 참고
> [텍스트]의 아래쪽 단추를 클릭하면 [가로 텍스트 상자]와 [세로 텍스트 상자]를 선택할 수 있습니다.

02 [가로 텍스트 상자]가 삽입되면서 텍스트 상자 안에 커서가 깜빡입니다. 이곳에 텍스트를 입력합니다.

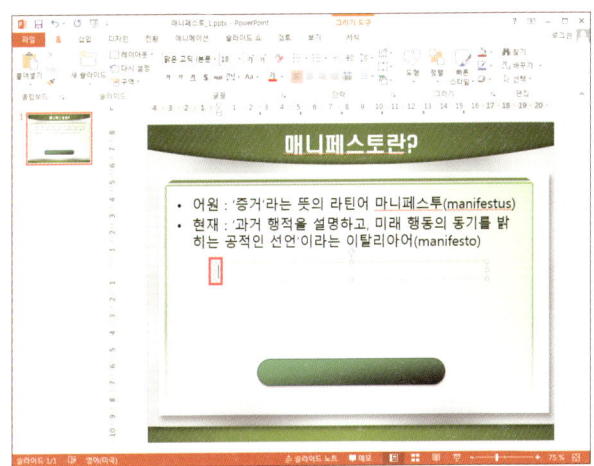

03 텍스트 입력이 끝나면 Esc 를 누릅니다.

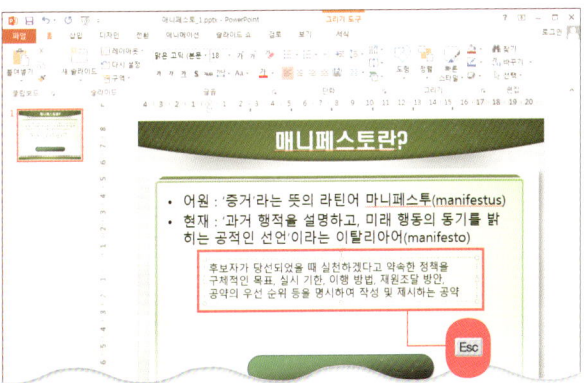

도형에 텍스트 입력하기

간단한 텍스트는 도형을 클릭한 후 곧바로 텍스트를 입력할 수 있습니다. 물론 도형 위에 257쪽처럼 [텍스트 상자]를 삽입한 후 텍스트를 입력해도 됩니다.

01 텍스트를 삽입하려는 도형을 클릭합니다.

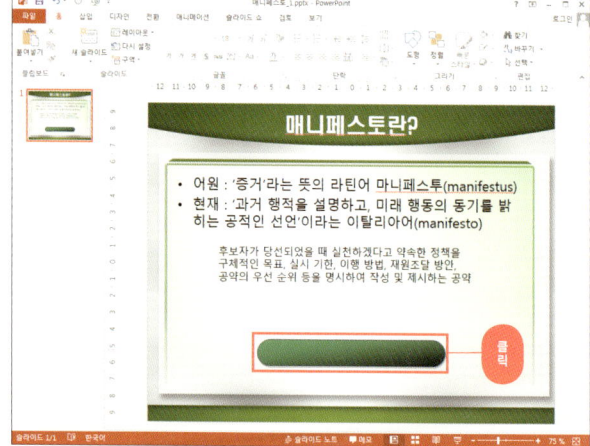

> 참고
> [홈] 탭의 [그리기] 그룹에서 [도형]을 클릭하면 다양한 종류의 도형을 삽입할 수 있습니다. 도형에 대해서는 274쪽을 참고하세요.

02 도형을 선택한 상태에서 곧바로 텍스트를 입력하면 도형 안에 텍스트가 입력됩니다.

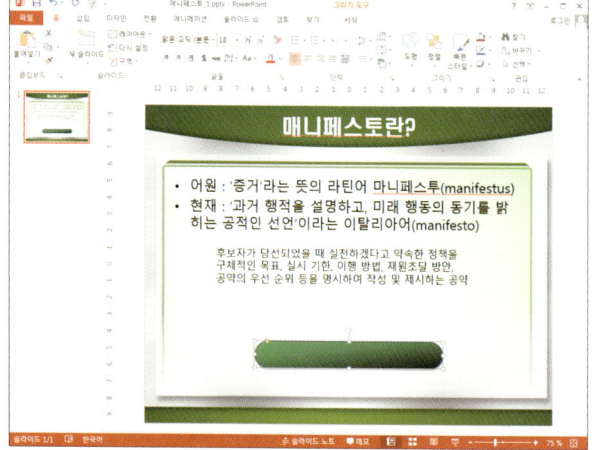

> 참고
> 도형을 선택한 후 Enter 를 누르거나 마우스 오른쪽 단추를 클릭한 후 [텍스트 편집]을 클릭해도 됩니다.

03 텍스트 입력이 끝나면 Esc 를 누릅니다.

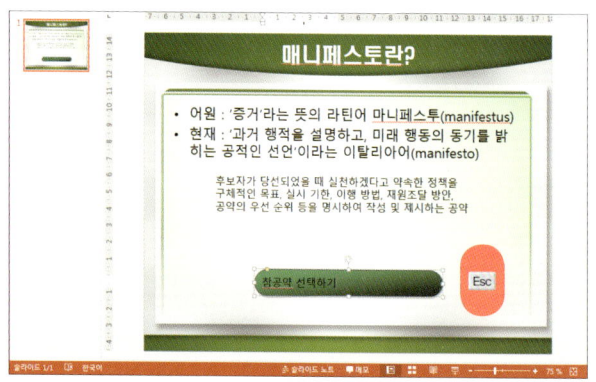

텍스트 아래의 빨간색 밑줄 지우기

파워포인트 2013에 텍스트를 입력하면 자동으로 맞춤법 검사가 실행됩니다. 사전에 등록되지 않은 단어에는 빨강 밑줄이 표시되므로 조금 지저분하게 보이는데, 맞춤법 오류를 숨기면 빨간색 밑줄이 표시되지 않습니다.

01 [파일] 탭을 클릭한 후 백스테이지가 나타나면 [옵션]을 클릭합니다.

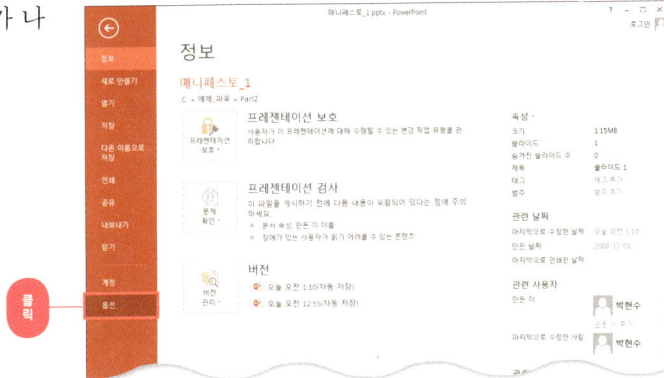

02 [PowerPoint 옵션] 대화상자의 ❶[언어 교정] 범주에서 ❷[맞춤법 및 오류 숨기기]에 체크 표시한 후 ❸[확인] 단추를 클릭합니다.

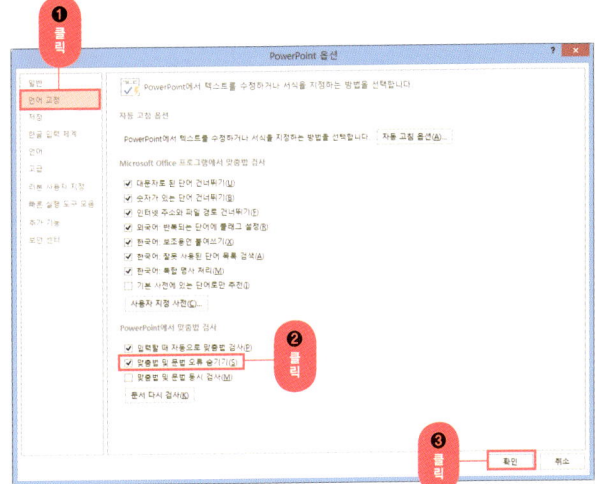

03 등록되지 않은 맞춤법의 빨간색 밑줄이 사라집니다.

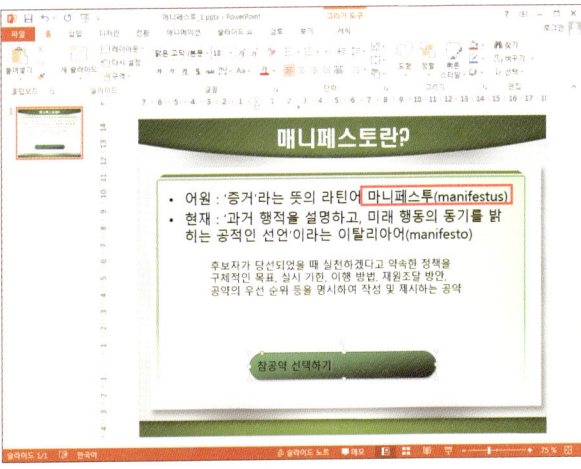

예제_파포\Chapter2\매니페스토_2.pptx

텍스트 서식과 줄/단락/문자 간격 설정하기

Lesson 2

파워포인트 문서의 텍스트는 청중들에게 간결하면서도 확실하게 읽혀야 하므로 글꼴이나 글꼴 크기, 글꼴 색 등을 적절히 바꾸는 것이 좋습니다. 또 가독성을 높이기 위해 문자 간격이나 줄 간격 등을 조절할 수도 있습니다.

STEP 01 글꼴과 크기, 색 변경하기

텍스트의 글꼴은 [홈] 탭의 [글꼴] 그룹이나 단축 메뉴, 미니 도구 모음, [글꼴] 대화상자 등에서 바꿀 수 있습니다. 여기에서는 간단히 리본 메뉴와 미니 도구 모음을 이용하겠습니다.

01 개체 틀에 입력한 텍스트는 개체 틀을 선택한 후 글꼴을 바꿀 수 있습니다. ❶ 본문 개체 틀을 선택한 후 ❷ [홈] 탭의 [글꼴] 그룹에서 ❸ [글꼴]과 [글꼴 크기]를 설정합니다.

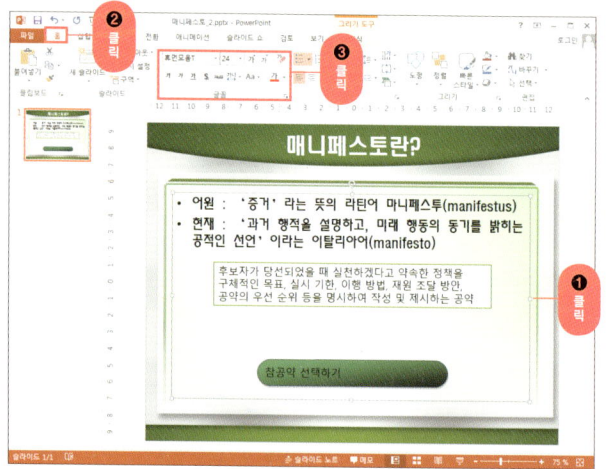

02 도형에 입력한 텍스트 서식도 바꿀 수 있습니다. ❶ 도형을 선택한 후 ❷ [글꼴 크기]와 [굵게], [텍스트 그림자], [글꼴 색] 등을 설정합니다.

 참고

[글꼴 크기 크게]나 단축키인 Ctrl + Shift + > 를 이용하면 선택한 개체의 글꼴 크기가 한 단계씩 커지고, [글꼴 크기 작게]나 단축키인 Ctrl + Shift + < 를 이용하면 글꼴 크기가 한 단계씩 작아집니다.

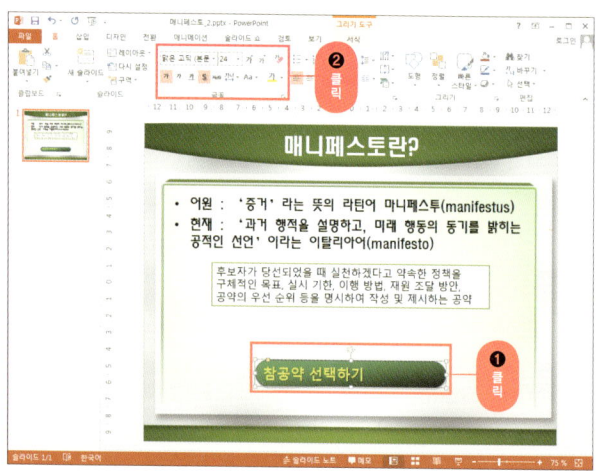

텍스트 맞춤과 문자 간격 조절하기

[텍스트 맞춤]을 이용하면 텍스트 상자나 도형 안에 입력한 텍스트를 왼쪽이나 가운데, 오른쪽으로 맞출 수 있습니다. 그리고 [문자 간격]을 이용하면 가독성이나 배치를 위해 문자의 간격을 조절할 수 있습니다.

01 ❶ 도형을 선택한 후 [홈] 탭의 [단락] 그룹에서 ❷ [가운데 맞춤]을 클릭합니다.

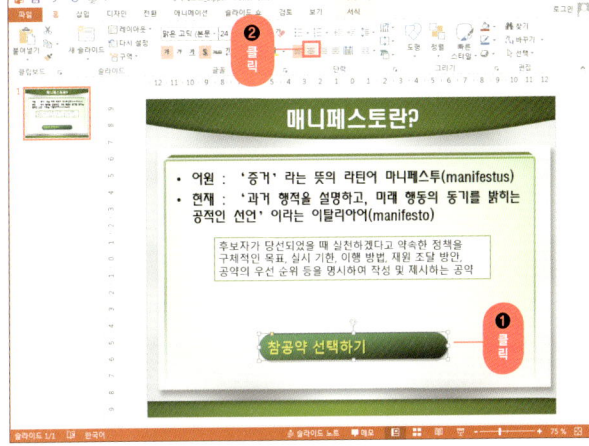

> **key**
> 왼쪽 맞춤 : Ctrl + L
> 가운데 맞춤 : Ctrl + E
> 오른쪽 맞춤 : Ctrl + R

02 도형 안의 글자를 가운데로 정렬했습니다. ❶ [문자 간격]을 클릭한 후 ❷ [매우 넓게]를 클릭합니다.

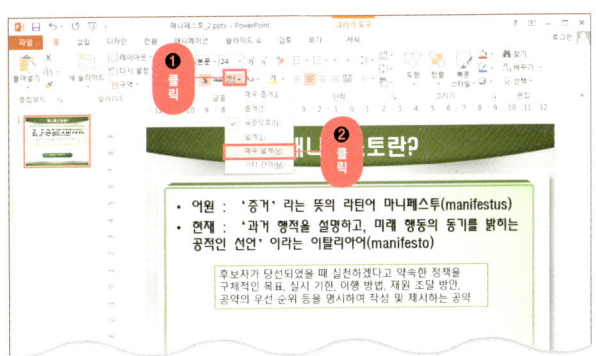

03 텍스트의 간격이 넓어집니다.

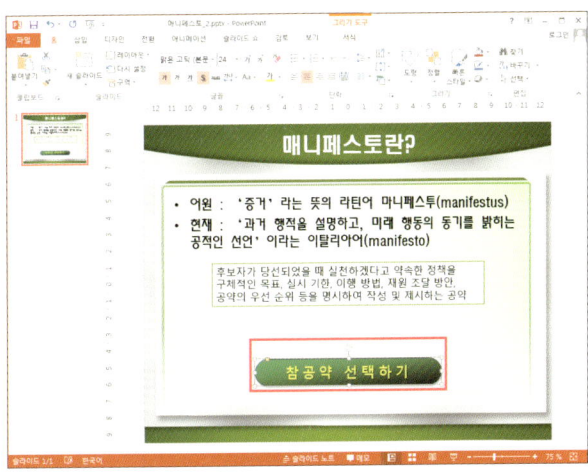

> **참고**
> 여기에서는 도형 안의 글자를 보기 좋게 배치하기 위해 문자 간격을 넓혔지만, 장문의 경우에는 가독성을 높이기 위해 문자 간격을 좁히는 것이 좋습니다.

STEP 03 줄 간격과 단락 간격 조절하기

텍스트 상자 안의 줄 간격이 너무 좁으면 답답하게 보이므로 줄 간격을 조절하는 것이 좋습니다. 그리고 여러 단락의 텍스트일 경우 같은 내용의 간격은 좁히고, 다른 내용의 간격은 넓히는 것이 좋습니다.

01 ❶ 텍스트 상자를 선택한 후 [홈] 탭의 [단락] 그룹에서 ❷ [줄 간격]을 클릭하고 ❸ [1.5]를 클릭합니다.

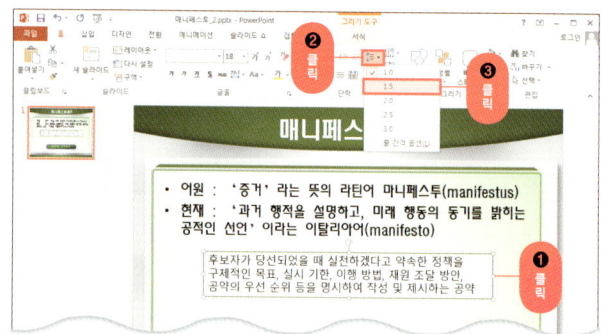

> 참고
> 문장 중간에서 Enter 를 누르면 단락이 나뉘면서 줄 간격이 넓어집니다. 단락을 유지한 채 줄만 바꿀 때는 Shift + Enter 를 누르면 됩니다.

02 1.5줄의 줄 간격으로 넓어집니다. ❶ 본문 개체 틀을 선택한 후 ❷ [단락] 단추를 클릭하면 [단락] 대화상자가 나타납니다. [간격]의 ❸ [단락 앞]을 [18pt]로 설정한 후 ❹ [확인] 단추를 클릭합니다.

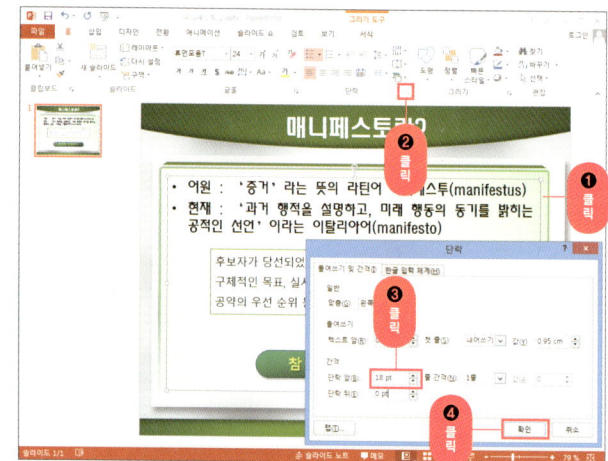

03 앞 단락과 뒷 단락의 간격이 넓어집니다.

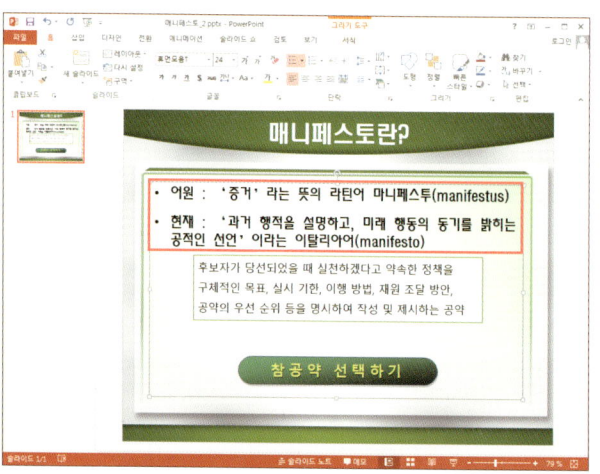

> 참고
> [홈] 탭의 [단락] 그룹에서 [텍스트 맞춤]을 클릭하면 텍스트의 위쪽이나 중간, 아래쪽 맞춤을 설정할 수 있습니다. 그리고 [기타 옵션]을 클릭하면 [텍스트 효과 서식]에서 [자동 맞춤]이나 [안쪽 여백] 등을 설정할 수 있습니다.

STEP 04 균등 분할 이용하기

[균등 분할]을 이용하면 선택한 텍스트 개체 틀이나 텍스트 상자의 영역에 맞게 텍스트를 균등하게 배열합니다. 특히 제목 텍스트의 경우 띄어쓰기를 하는 것보다 균등 분할을 이용하는 것이 보기 좋습니다.

01 ❶텍스트 상자를 선택한 후 [홈] 탭의 [단락] 그룹에서 ❷[균등 분할]을 클릭합니다.

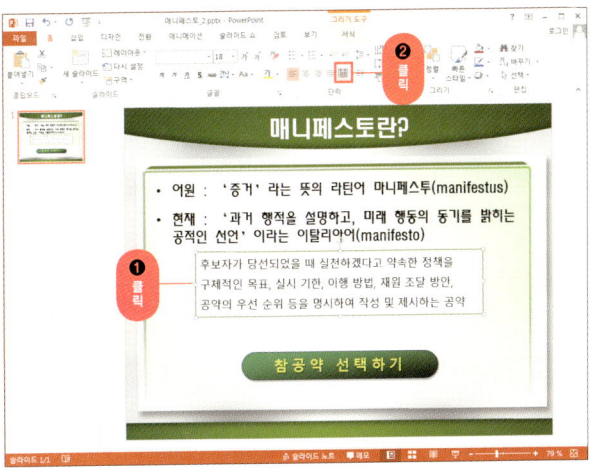

02 텍스트가 균등하게 분할됩니다. 균등 분할은 제목 텍스트의 간격을 조절할 때도 유용합니다. Ctrl 을 누른 상태에서 제목 개체 틀의 너비를 작게 조절합니다.

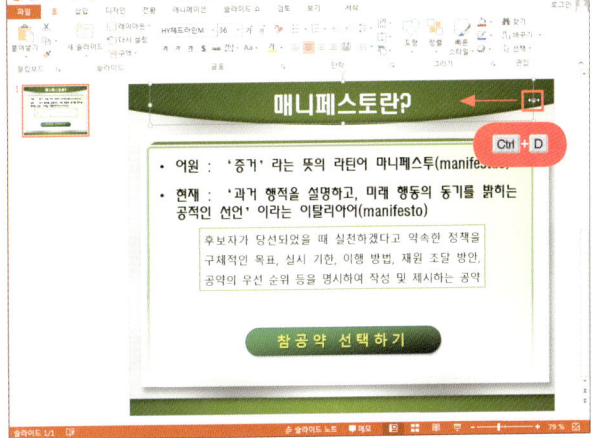

> 참고
> Ctrl + Shift 를 누른 상태에서 테두리를 드래그하면 개체의 중심을 기준으로 크기를 조절할 수 있습니다.

03 [홈] 탭의 [단락] 그룹에서 [균등 분할]을 클릭하면, 제목 개체 틀의 너비에 맞게 텍스트 글자의 간격이 균등하게 분할됩니다.

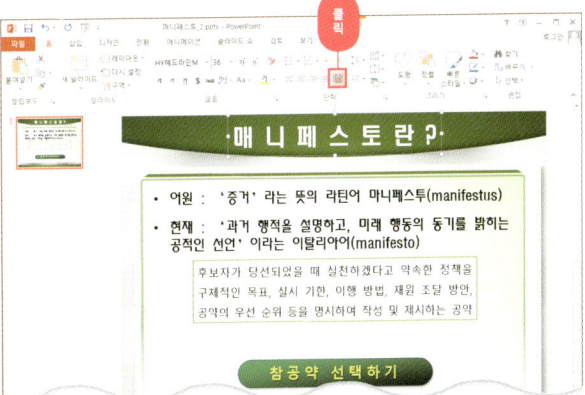

예제_파포\Chapter2\매니페스토_2.pptx

목록 수준 늘림/줄임과 글머리 기호 삽입하기

Lesson 3

파워포인트 문서는 긴 문장보다는 짧은 요약글이 많으므로 글머리 기호를 삽입하는 일이 많습니다. 여기에서는 [목록 수준 늘림]과 [목록 수준 줄임]으로 단계의 들여쓰기와 내여쓰기를 조절한 후 여기에 맞는 글머리 기호를 설정하는 방법에 대해 알아보겠습니다.

STEP 01 목록 수준 늘림과 줄임 이용하기

[목록 수준 늘림]을 클릭하면 들여쓰기 수준이 높아지고, [목록 수준 줄임]을 클릭하면 들여쓰기 수준이 낮아집니다.

01 ❶ 3행을 클릭한 후 [홈] 탭의 [단락] 그룹에서 ❷ [목록 수준 늘림]을 설정합니다.

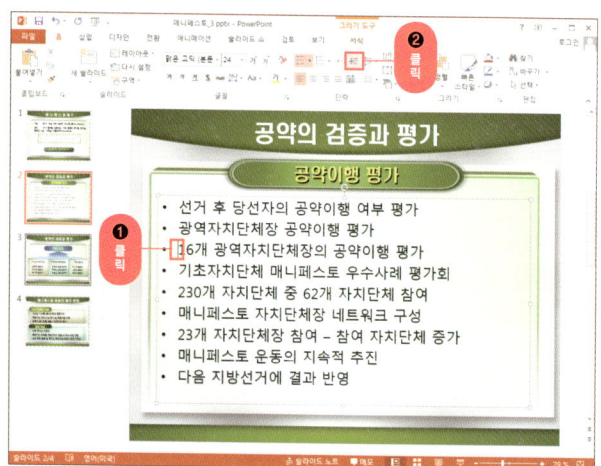

02 목록의 단계가 한 단계 작아지면서 오른쪽으로 들여쓰기가 됩니다. 이번에는 ❶ 5~8행의 텍스트를 드래그하여 선택한 후 [홈] 탭의 [단락] 그룹에서 ❷ [목록 수준 늘림]을 클릭합니다.

 참고

[목록 수준 늘림]을 클릭할 때마다 한 단계씩 들여쓰기가 되고, [목록 수준 줄임]을 클릭할 때마다 한 단계씩 내여쓰기가 됩니다. 단, [목록 수준 줄임]은 들여쓰기가 된 텍스트에서만 선택할 수 있습니다.

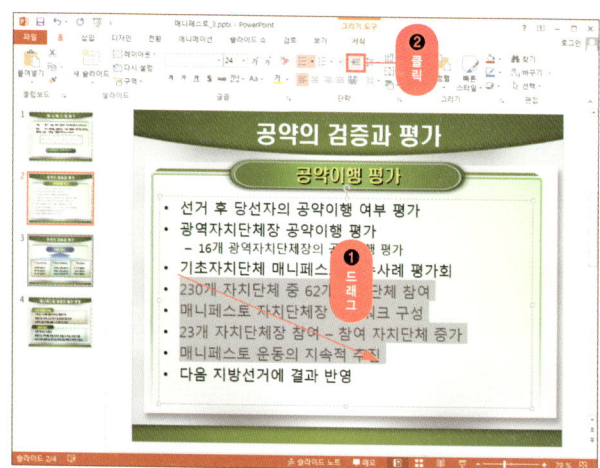

264

03 선택한 텍스트가 모두 들여쓰기됩니다. 이번에는 ❶6행의 텍스트를 드래그하여 선택한 후 [홈] 탭의 [단락] 그룹에서 ❷[목록 수준 줄임]을 클릭합니다.

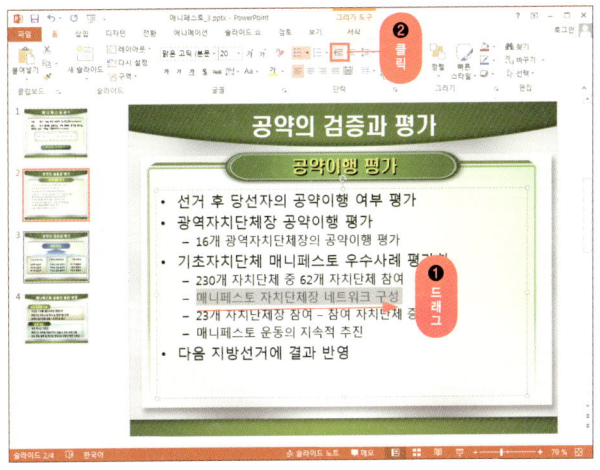

04 선택한 텍스트가 내어쓰기됩니다. 텍스트의 목록 수준을 설정한 후에는 ❶[줄 간격]의 ❷[1.5]를 클릭하여 줄 간격을 보기 좋게 조절하는 것이 좋습니다.

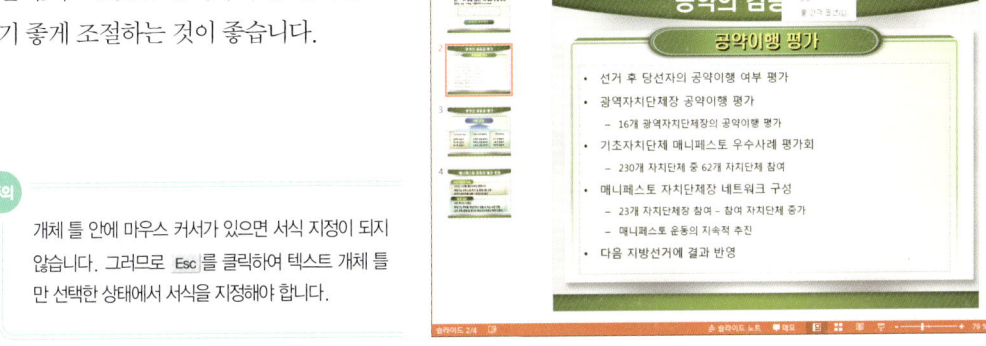

 개체 틀 안에 마우스 커서가 있으면 서식 지정이 되지 않습니다. 그러므로 Esc 를 클릭하여 텍스트 개체 틀만 선택한 상태에서 서식을 지정해야 합니다.

눈금자에서 들여쓰기 위치 조절하기

글머리 기호와 텍스트의 들여쓰기 및 내어쓰기 위치는 눈금자를 표시한 후 들여쓰기 표식을 드래그하여 조절할 수 있습니다.

1 [보기] 탭의 [표시/숨기기] 그룹에 체크 표시합니다. 그런 다음 눈금자의 [텍스트 들여쓰기] 표식을 드래그하여 목록 텍스트의 시작 위치를 조절합니다.

2 [첫째 줄 들여쓰기] 표식을 드래그하면 글머리 기호의 위치가 조절되고, [왼쪽 들여쓰기] 표식을 드래그하면 들여쓰기의 간격을 유지한 상태에서 왼쪽 들여쓰기 위치가 조절됩니다.

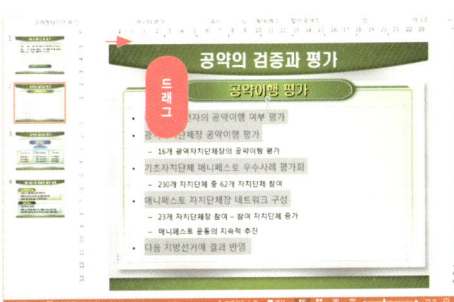
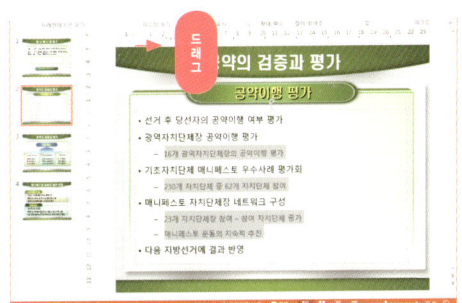

글머리 기호의 모양과 서식 바꾸기

글머리 기호는 준비된 기호 외에 다른 기호로 바꿀 수 있으며, 크기와 색도 직접 지정할 수 있습니다.

01 ❶텍스트 상자를 선택한 후 [홈] 탭의 [단락] 그룹에서 ❷[글머리 기호]의 드롭다운 단추를 클릭하고 ❸[글머리 기호 및 번호 매기기]를 클릭합니다.

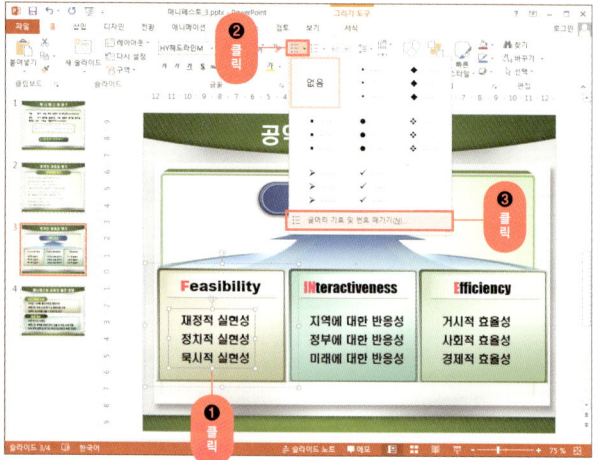

02 [글머리 기호 및 번호 매기기] 대화상자가 나타납니다. 원하는 ❶[글머리 기호]와 ❷[색]을 선택한 후 ❸[확인] 단추를 클릭합니다.

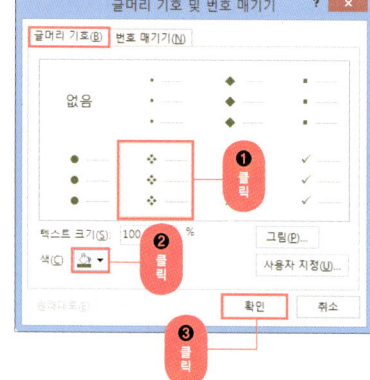

> 참고
> [그림] 단추를 클릭하면 글머리 기호로 그림을 사용할 수 있으며, [사용자 지정]을 클릭하면 특수 문자를 사용할 수 있습니다.

03 선택한 색의 글머리 기호가 나타납니다. 이와 같은 방법으로 다양한 글머리 기호를 선택해 보세요.

> 참고
> [글머리 기호 및 번호 매기기] 대화상자의 [글머리 기호] 탭에서 [사용자 지정] 단추를 클릭하면 [글꼴] 대화상자가 나타나는데, 여기에서 다른 기호를 선택할 수 있습니다.

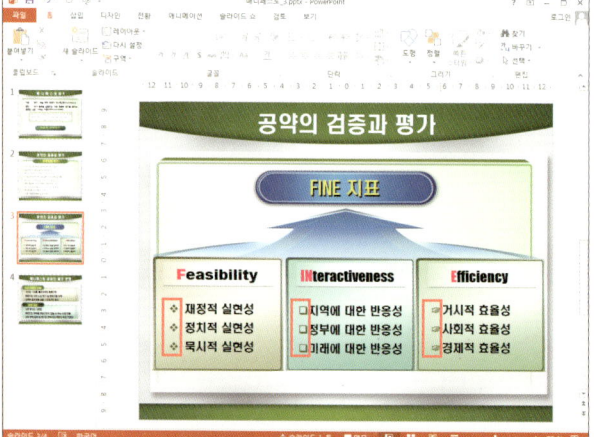

글머리 기호로 번호 매기기

글머리 기호는 특수 문자나 기호뿐만 아니라 순서대로 번호를 매길 수 있습니다.

01 ① Ctrl 을 이용하여 두 개의 텍스트 상자를 선택한 후 [홈] 탭의 [단락] 그룹에서 ②[번호 매기기]의 드롭다운 단추를 클릭한 후 ③[글머리 기호 및 번호 매기기]를 클릭합니다.

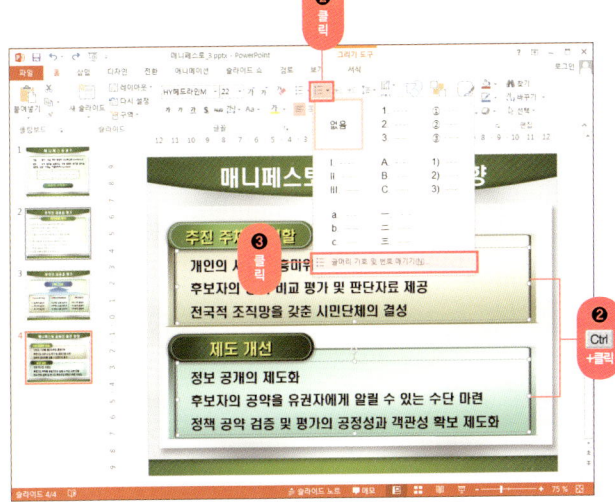

02 [글머리 기호 및 번호 매기기] 대화상자가 나타납니다. 원하는 ①[번호]와 ②[색]을 선택한 후 ③[확인] 단추를 클릭합니다.

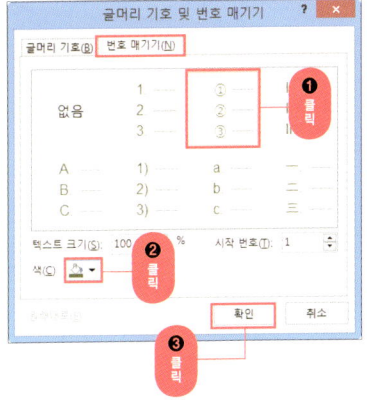

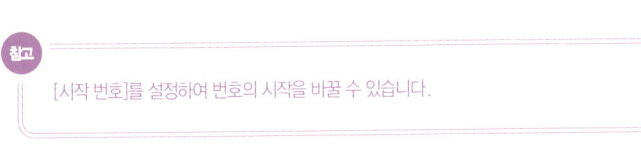

[시작 번호]를 설정하여 번호의 시작을 바꿀 수 있습니다.

03 선택한 종류로 번호가 매겨집니다. 이와 같은 방법으로 다양한 글머리 기호를 선택해 보세요.

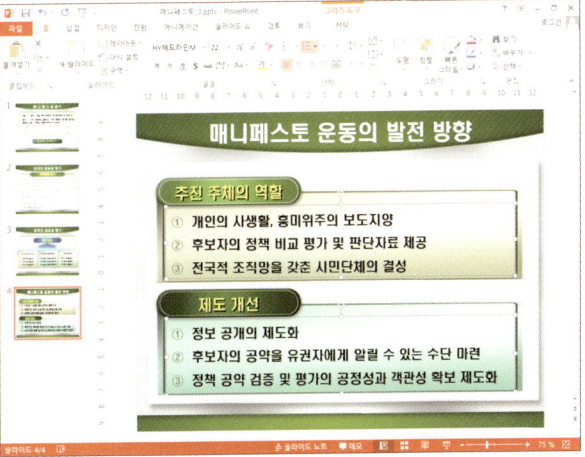

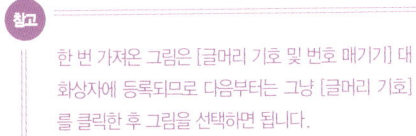

한 번 가져온 그림은 [글머리 기호 및 번호 매기기] 대화상자에 등록되므로 다음부터는 그냥 [글머리 기호]를 클릭한 후 그림을 선택하면 됩니다.

예제_파포\Chapter2\매니페스토_4.pptx

워드아트 삽입과 다양한 텍스트 효과 주기

Lesson 4

텍스트를 작성할 때 워드아트 기능을 이용하면 좀 더 멋지고 세련된 텍스트 효과를 연출할 수 있습니다. 특히 파워포인트 2013에서는 이미 작성한 텍스트를 워드아트로 곧바로 변경할 수 있어서 더욱 편하게 워드아트를 사용할 수 있게 되었습니다.

STEP 01 워드아트 삽입하기

워드아트는 텍스트를 개체 형식으로 삽입하기 때문에 단순히 글꼴 색을 바꾸는 것을 화려하고 세련되게 꾸밀 수 있습니다.

01 ❶ [삽입] 탭의 [텍스트] 그룹에서 ❷ [WordArt]를 클릭하면 다양한 워드아트 갤러리가 나타는데, ❸ 삽입하려는 워드아트 스타일을 클릭합니다.

02 '필요한 내용을 적으십시오'라고 입력된 워드아트가 삽입됩니다. ❶ '매니페스토'라고 제목을 입력한 후 ❷ 적당한 위치로 드래그합니다.

> **주의**
> 해상도가 높으면 워드아트가 갤러리 형태로 표시되는데, 이러한 경우 [자세히] 단추를 클릭하여 워드아트를 선택하면 됩니다.

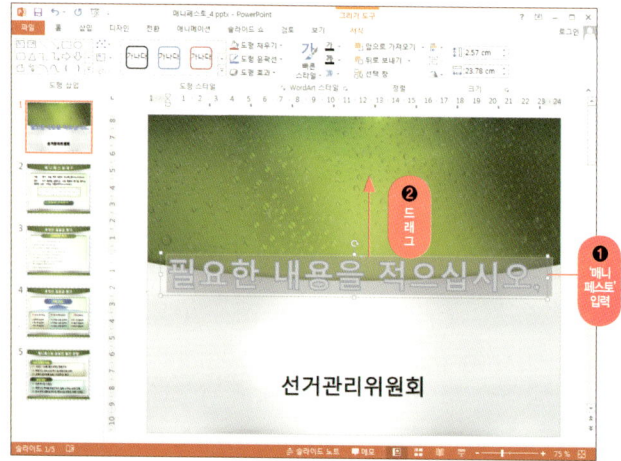

03 ❶ 텍스트 상자를 선택한 후 [홈] 탭의 [글꼴] 그룹에서 ❷ [글꼴]과 [글꼴 크기] 등을 선택합니다.

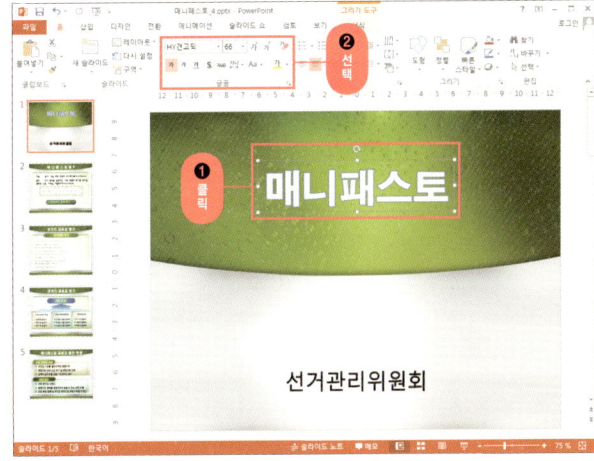

> **참고**
> 삽입한 워드아트의 모양은 [서식] 탭의 [WordArt 스타일] 그룹에서 [빠른 스타일]을 클릭한 후 다른 모양으로 바꿀 수 있습니다.

04 ❶ [그리기 도구] - [서식] 탭의 [WordArt 스타일] 그룹에서 ❷ [텍스트 윤곽선]의 드롭다운 단추를 클릭한 후 원하는 ❸ [색]을 선택합니다.

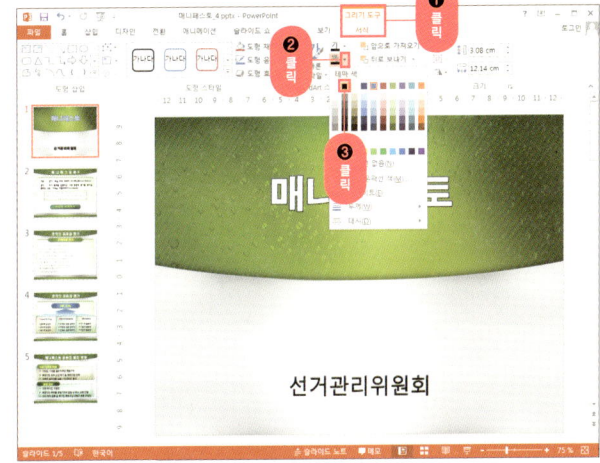

> **주의**
> [도형 윤곽선] 그룹의 윤곽선을 선택하면, 워드아트 텍스트의 윤곽선이 아니라 텍스트 상자의 윤곽선이 설정됩니다.

05 ❶ [그리기 도구] - [서식] 탭의 [WordArt 스타일] 그룹에서 ❷ [텍스트 효과]를 클릭한 후 ❸ [반사]의 ❹ [근접 반사, 터치]를 클릭합니다.

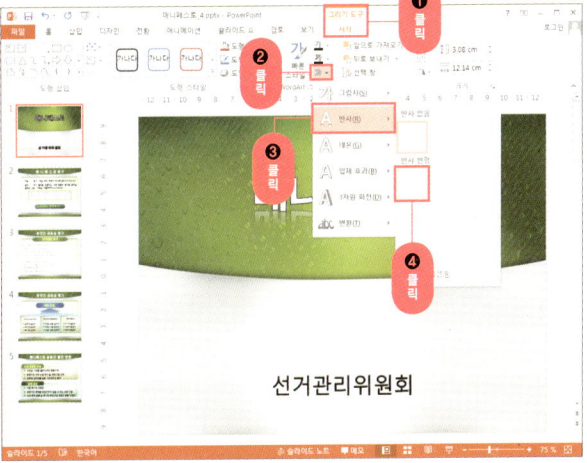

텍스트를 워드아트로 변경하기

입력한 텍스트를 워드아트로 곧바로 변경할 수 있습니다. 여기에서는 텍스트 상자의 부제목을 워드아트로 바꾸겠습니다.

01 ❶ 텍스트 상자를 선택한 후 [그리기 도구] - [서식] 탭의 [WordArt 스타일] 그룹에서 ❷ [빠른 스타일]을 클릭하고 ❸ 변환하려는 [워드아트]를 클릭합니다.

> **참고**
> [WordArt 스타일] 갤러리의 맨 아래에 있는 [WordArt 서식 지우기]를 클릭하면, 워드아트에 적용한 서식이 지워지고 텍스트만 남습니다.

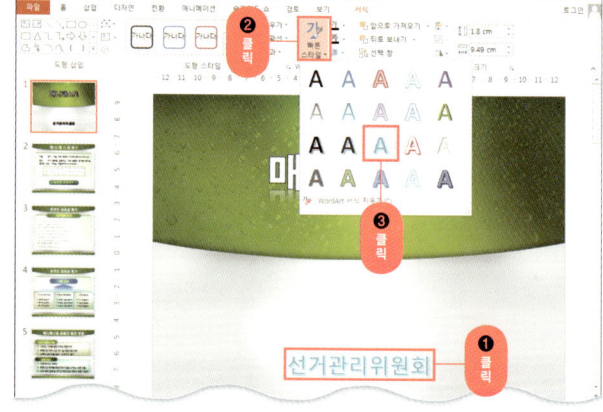

02 입력한 텍스트가 워드아트 스타일로 바뀝니다. ❶ [텍스트 채우기]의 드롭다운 단추를 클릭한 후 워드아트의 ❷ [채우기 색]을 선택합니다.

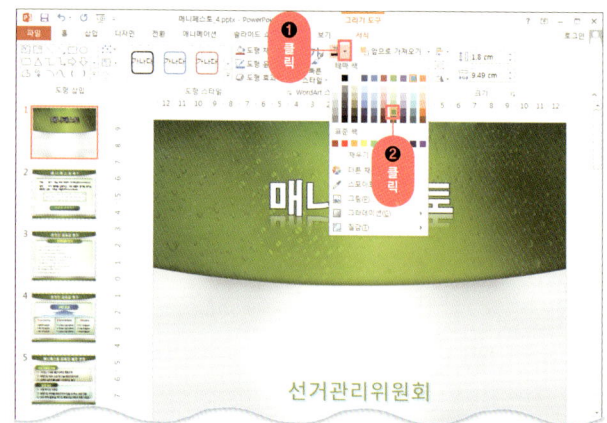

03 워드아트 텍스트의 채우기 색을 바꿉니다. ❶ [텍스트 윤곽선]의 드롭다운 단추를 클릭한 후 워드아트의 ❷ [채우기 색]을 선택하여 테두리 색을 바꿉니다.

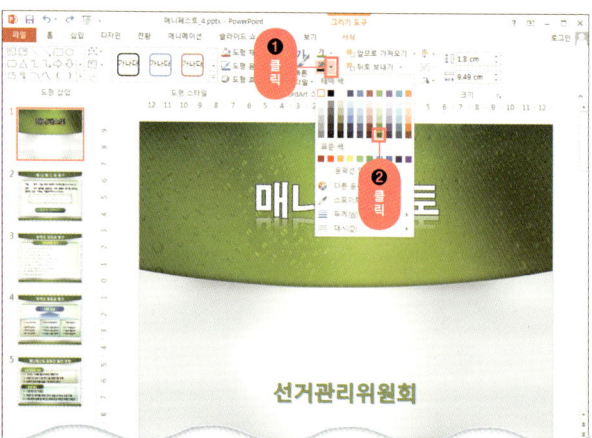

워드아트 텍스트의 효과 지정하기

워드아트에 그림자나 반사, 네온, 입체 효과 등 다양한 효과를 줄 수 있습니다. 특히 각각의 효과를 서로 혼합해서 사용하면 자신만의 독특한 스타일의 워드아트를 만들 수 있습니다.

01 ❶텍스트 상자를 선택한 후 [그리기 도구] - [서식] 탭의 [WordArt 스타일] 그룹에서 ❷[텍스트 효과]를 클릭하고 ❸변환하려는 [그림자의 ❹[오프셋 아래쪽]을 클릭합니다.

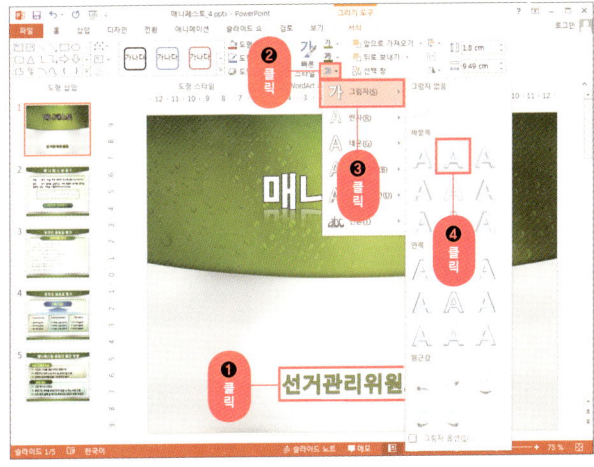

02 [그리기 도구] - [서식] 탭의 [WordArt 스타일] 그룹에서 ❶[텍스트 효과]를 클릭한 후 변환하려는 ❷[네온]의 ❸[강조색]을 클릭합니다.

03 [그리기 도구] - [서식] 탭의 [WordArt 스타일] 그룹에서 ❶[텍스트 효과]를 클릭한 후 ❷[변환]의 ❸[원통 위]를 클릭합니다.

> **참고**
> 워드아트에 변환 효과를 지정하면 워드아트 텍스트 상자 안에 분홍색의 [조절 핸들]이 생기는데, 이 핸들을 드래그하여 워드아트의 세부적인 모양을 조절할 수 있습니다.

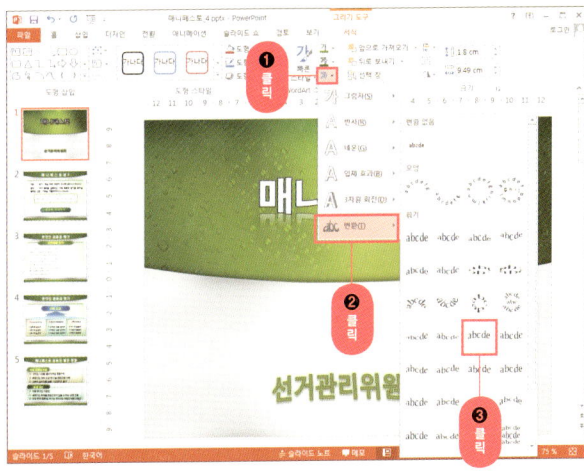

워드아트와 글머리 기호 지정하기

연습파일 예제_파포\Chapter2\실무_텍스트.pptx **완성파일** 예제_파포\Chapter2\실무_텍스트_결과.pptx

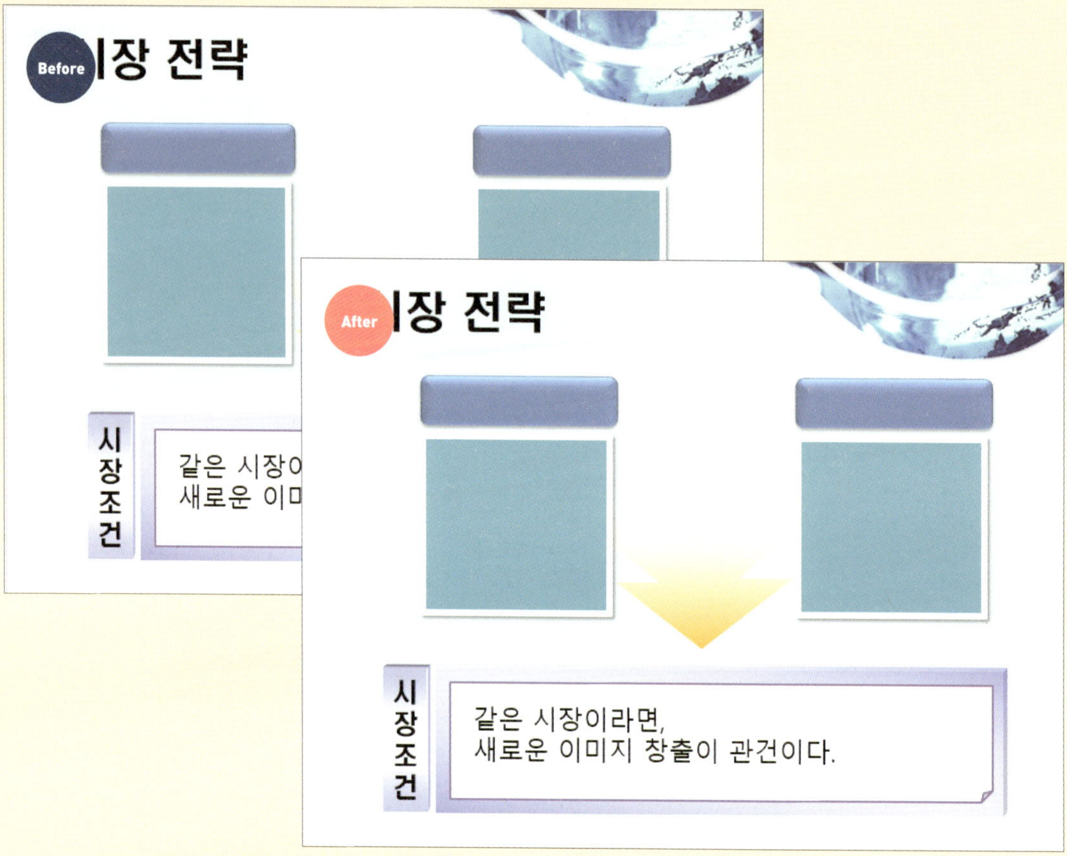

① 제목 텍스트 개체의 [WordArt 스타일]을 [그라데이션 채우기 – 강조 4, 반사]로 지정합니다.

② 제목 텍스트 개체의 [텍스트 채우기]를 [표준 색 – 진한 파랑]으로 지정합니다.

③ 위쪽의 모서리가 둥근 직사각형에 텍스트를 입력한 후 [글꼴]은 'HY헤드라인M, 24pt, 텍스트 그림자'로, [맞춤]은 '가운데 맞춤'으로 지정합니다.

④ 중간의 직사각형에 텍스트 상자를 삽입한 후 텍스트를 입력하고 [글꼴]은 '맑은 고딕, 24pt'로 지정합니다.

⑤ 텍스트 상자에 [글머리 기호]를 지정한 후 글머리 기호의 종류를 바꾸고 [줄 간격]을 '1.5'로 지정합니다.

⑥ 아래쪽의 모서리가 접힌 직사각형에 입력된 텍스트의 [글꼴]을 'HY견고딕, 24pt, 텍스트 그림자, 표준 색 – 자주'로 지정한 후 아랫줄의 [글꼴 크기]만 '32pt'로 지정합니다.

CHAPTER

3

내용 전달을 시각적으로! 도형 삽입하기

Lesson 01 | 도형 삽입과 점 편집으로 도형 바꾸기

Lesson 02 | 도형을 복제하여 삽입하기

Lesson 03 | 그라데이션과 3차원 입체 효과 지정하기

Lesson 04 | 도형을 그룹으로 묶고 맞춤 정렬하기

실무 따라잡기 | 도형의 3차원 서식 지정과 정렬하기

EXCEL & POWERPOINT & WORD 2013

예제_파포\Chapter3\도형 삽입_1.pptx

도형 삽입과 점 편집으로 도형 바꾸기

Lesson 1

파워포인트 텍스트는 기본적으로 제목과 내용 영역으로 나눌 수 있는데, 대부분 제목 개체 틀과 본문 개체 틀이 있으므로 해당 틀을 클릭하여 텍스트를 입력할 수 있습니다. 그리고 원하는 위치에 텍스트를 입력할 때는 [텍스트 상자]를 이용하며, 도형에도 텍스트를 입력할 수 있습니다.

STEP 01 도형 삽입과 크기 조절하기

도형 갤러리에서 도형을 선택하고 그냥 드래그하면 자유로운 크기의 도형이 삽입되고, Shift 를 누른 상태로 드래그하면 정사각형이나 정원 등의 정형 도형으로 삽입됩니다.

01 ❶ [삽입] 탭의 [일러스트레이션] 그룹에서 ❷ [도형]을 클릭하면 다양한 도형 갤러리가 나타나는데, 여기에서 ❸ [직사각형]을 클릭합니다.

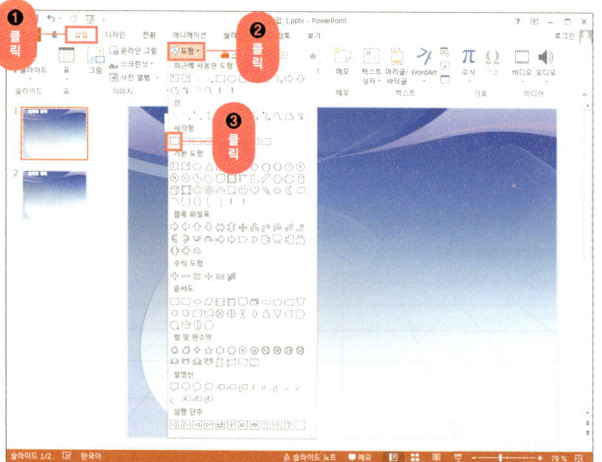

> **참고**
> 도형 갤러리에서 삽입할 도형을 더블클릭하면 기본 크기의 도형이 삽입됩니다.

02 마우스 포인터가 + 모양으로 바뀌면 삽입할 도형의 크기만큼 드래그합니다.

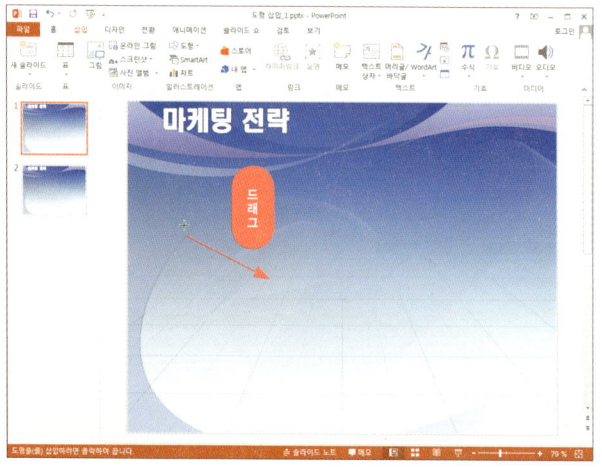

03 직사각형을 삽입했습니다. 같은 방법으로 ① 도형의 [직사각형]을 클릭한 후 ② 슬라이드에서 Shift 를 누른 상태로 드래그합니다.

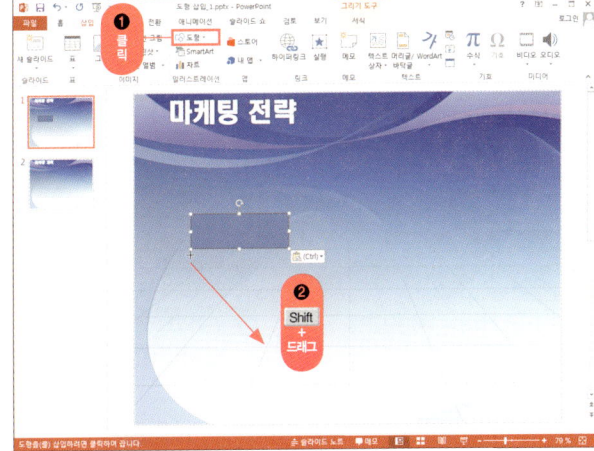

> **key**
> 정형으로 그리기 : Shift +드래그
> 중심부터 그리기 : Ctrl +드래그

04 정사각형을 삽입했습니다. 이번에는 ① [도형]의 [이등변 삼각형]을 클릭한 후 ② 슬라이드에서 삽입할 크기만큼 드래그합니다.

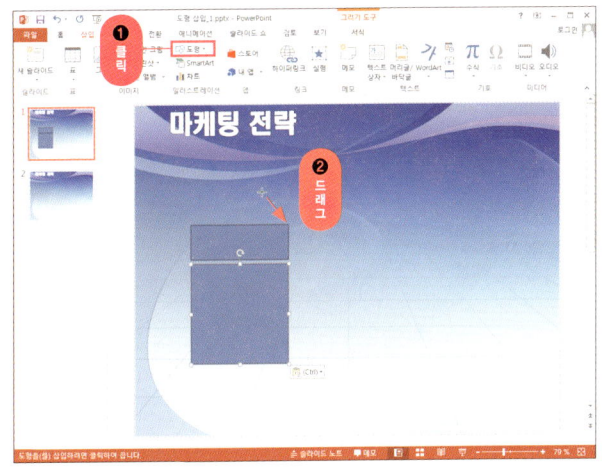

05 삼각형을 삽입했습니다. 삼각형의 흰색 조절점을 드래그하면 크기를 조절할 수 있습니다.

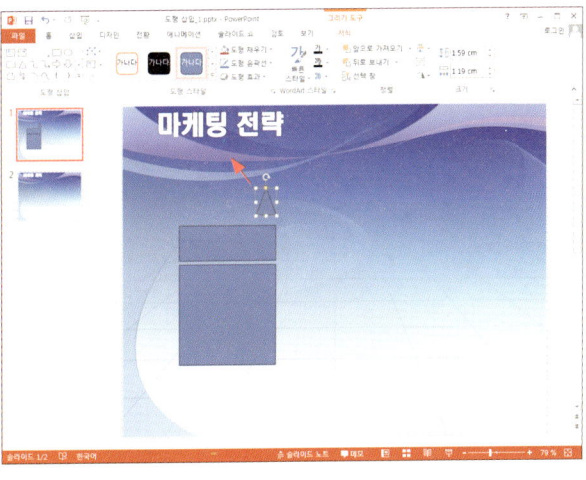

> **참고**
> 도형을 선택한 후 [서식] 탭의 [크기] 그룹에서 도형의 높이와 너비를 직접 입력하여 조절할 수 있습니다.

도형의 방향과 세부 모양 조절하기

도형을 삽입하면 기본적으로 흰색과 녹색 조절점이 나타나는데, 흰색 조절점은 크기를 조절할 때, 녹색 조절점은 방향을 조절할 때 사용합니다. 그리고 도형에 따라 노랑 조절점이 나타나기도 하는데, 이것은 도형 고유의 세부 모양을 조절할 때 사용합니다.

01 삼각형 도형을 선택하면 위쪽에 녹색 조절점이 나타나는데, 이것을 시계 방향으로 드래그합니다.

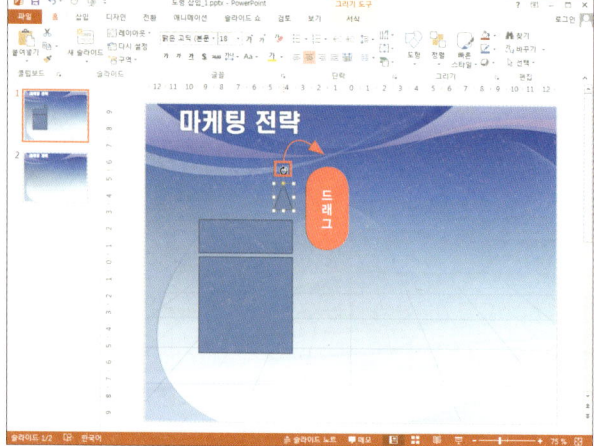

> 참고
> Shift 를 누른 상태로 녹색 조절점을 드래그하면 15도씩 단계별로 회전합니다.

02 도형 위에 다른 도형을 겹칠 수도 있습니다. [홈] 탭의 [그리기] 그룹에서 ❶[도형]의 ❷[모서리가 접힌 직사각형]을 선택한 후 ❸ 슬라이드에서 삽입할 크기만큼 드래그합니다.

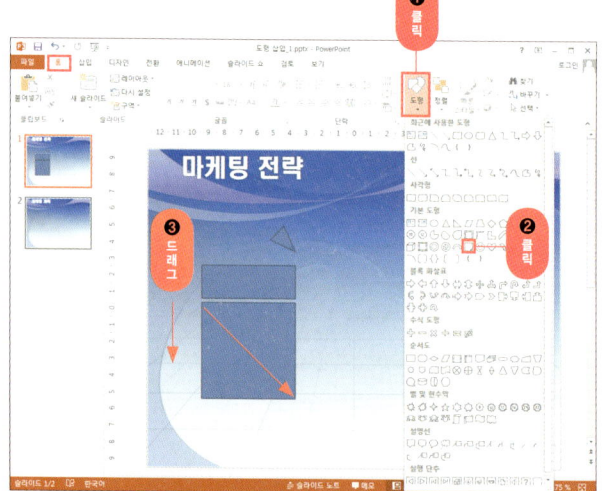

03 모서리가 접힌 직사각형을 삽입했습니다. 이 직사각형에도 노랑 조절점이 나타나는데, 이것을 드래그하면 모서리의 크기를 조절할 수 있습니다.

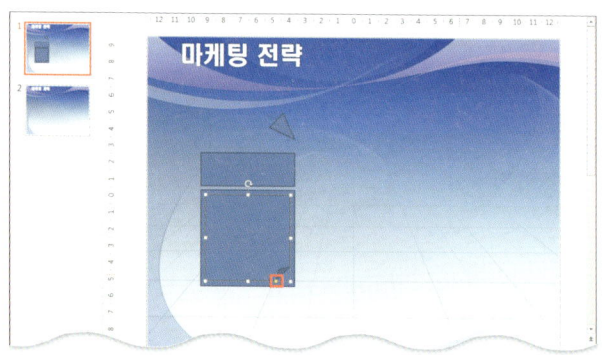

04 이번에는 바 형태의 도형을 삽입해 봅시다. ❶ 2번 슬라이드를 선택한 후 [홈] 탭의 [그리기] 그룹에서 ❷ [도형]의 ❸ [모서리가 둥근 직사각형]을 선택한 후 ❹ 슬라이드에서 삽입할 크기만큼 드래그합니다.

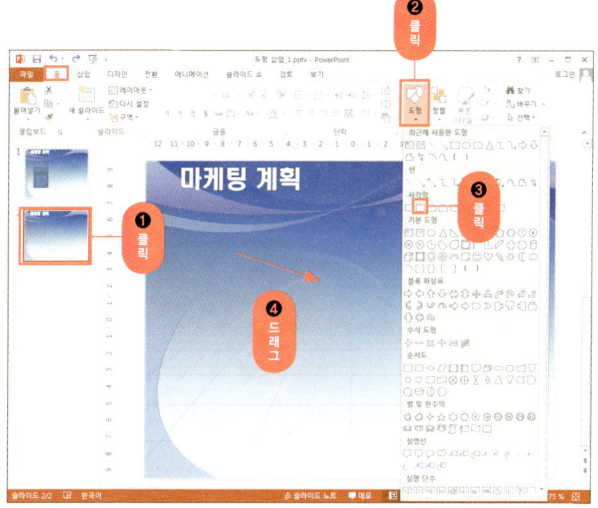

05 모서리가 둥근 직사각형을 삽입했습니다. 노랑 조절점을 오른쪽으로 드래그합니다.

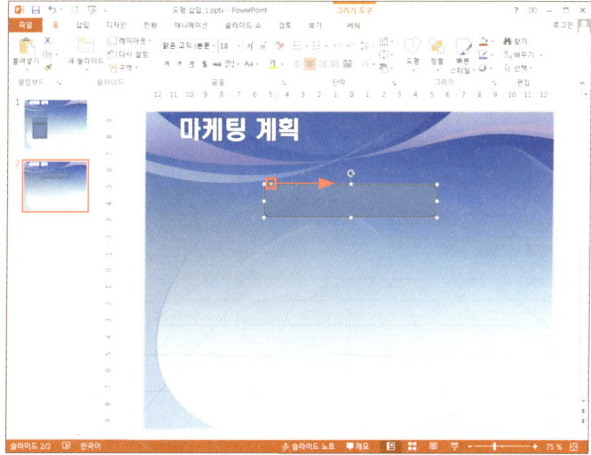

> **주의**
> 모서리가 둥근 직사각형의 노랑 조절점을 직사각형의 좌우 모서리가 둥글게 바뀔 때까지만 조절됩니다.

06 모서리가 둥근 직사각형의 모서리를 바 형태처럼 둥글게 조절했습니다. [홈] 탭의 [그리기] 그룹에서 ❶ [도형]의 ❷ [타원]을 선택한 후 ❸ 슬라이드에서 Shift 를 누른 상태로 드래그하여 정원을 그립니다.

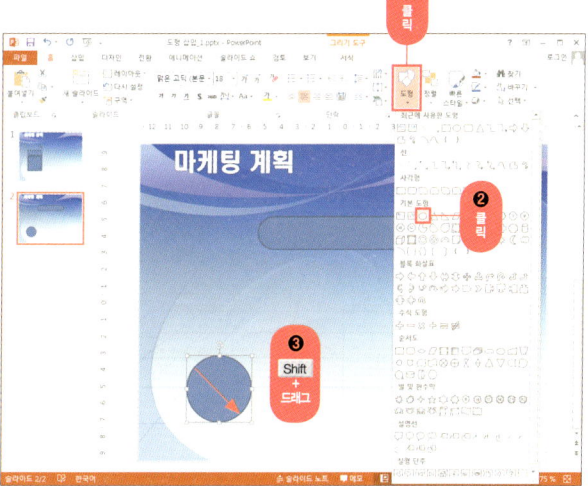

도형을 마음대로 바꾸는 점 편집하기

갤러리에 등록되어 있는 도형은 기본적인 형태로 삽입되는데, [점 편집]을 이용하면 도형의 일부를 마음대로 바꿀 수 있습니다. 여기에서는 화살표 도형을 삽입한 후 밑면이 넓게 바꾸겠습니다.

01 [홈] 탭의 [그리기] 그룹에서 ❶[도형]의 ❷[위쪽 화살표]를 클릭한 후 ❸슬라이드에서 삽입할 크기만큼 드래그합니다.

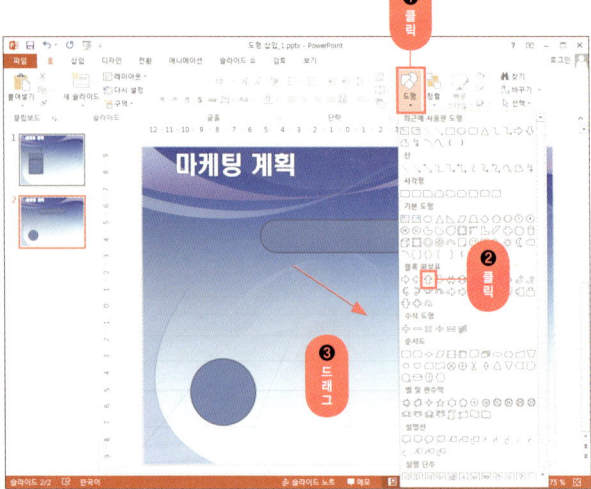

02 화살표 도형을 삽입했습니다. ❶[그리기 도구]-[서식] 탭의 [도형 삽입] 그룹에서 ❷[도형 편집]을 클릭한 후 ❸[점 편집]을 클릭합니다.

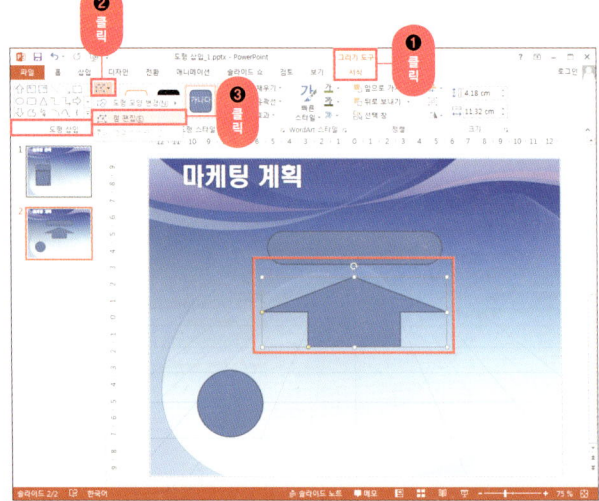

> **참고**
> 도형을 선택한 후 [서식] 탭의 [도형 삽입] 그룹에서 [도형 편집]의 [도형 모양 변경]을 클릭하면 선택한 도형이 다른 도형으로 바뀝니다.

03 검정 조절점이 나타납니다. 왼쪽 아래의 조절점을 왼쪽으로 좀 더 길게 드래그합니다.

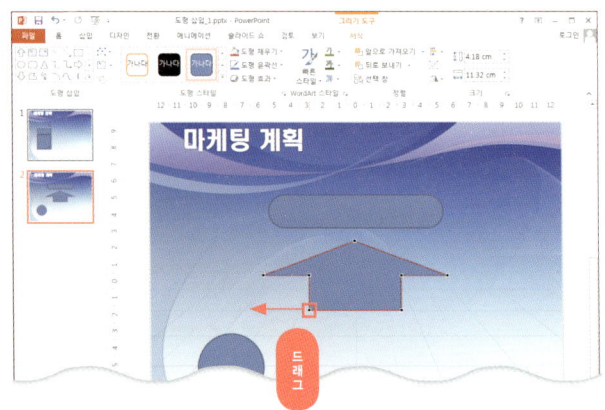

04 화살표 도형의 왼쪽 모서리가 길게 바뀌었습니다. 마찬가지로 화살표의 오른쪽 조절점도 오른쪽으로 좀 더 길게 드래그합니다.

> **참고**
>
> 도형의 검정 조절점을 선택하면 검정 조절점의 양쪽에 흰색 조절점이 나타나는데, 흰색 조절점을 드래그하면 곡선을 그릴 수 있습니다. 그리고 Ctrl 을 누른 상태에서 검정 조절점을 클릭하면 조절점이 삭제됩니다.

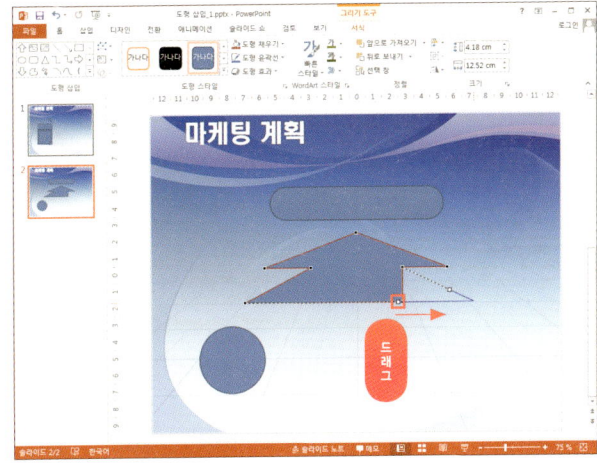

05 화살표 도형의 밑면 양쪽의 길이가 길어집니다. 도형 편집이 끝나면 Esc 를 누릅니다.

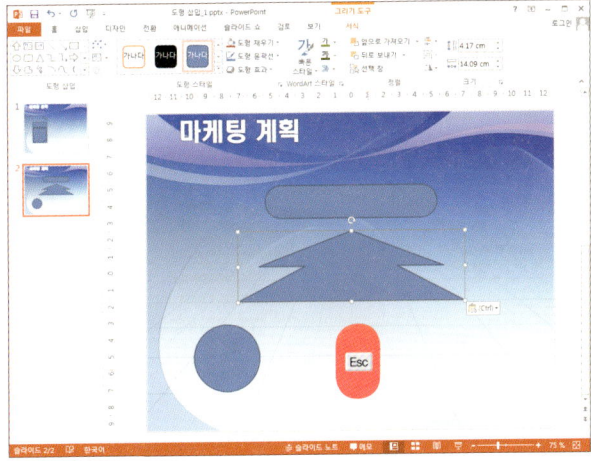

도형을 복제하여 삽입하기

Lesson 2

예제_파포\Chapter3\도형 삽입_2.pptx

같은 모양이나 서식을 지정한 도형은 복제한 후 수정하는 것이 작업 속도가 빠릅니다. 특히 도형 간의 간격을 먼저 배치한 후 복제한 후 도형뿐만 아니라 간격까지도 복제되므로 여러 개의 도형을 쉽게 삽입할 수 있습니다.

STEP 01 도형 복제하기

도형의 복제는 복사한 후 붙여넣기를 해야 하는 두 단계의 작업을 한 단계로 빨리 할 수 있습니다. 작업 속도가 중요한 만큼 단축키인 Ctrl + D 를 꼭 기억하세요.

01 ❶ 도형의 바깥쪽에서 도형이 모두 포함되도록 드래그하여 선택한 후 ❷ 복제의 단축키인 Ctrl + D 를 누릅니다.

key
복제하기 : Ctrl + D

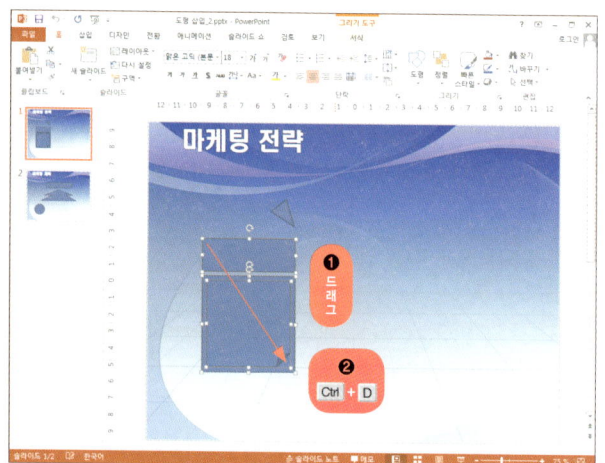

02 선택한 도형이 복제되어 나타납니다. 도형을 선택한 상태에서 원본 도형의 오른쪽으로 드래그하여 위치를 이동합니다.

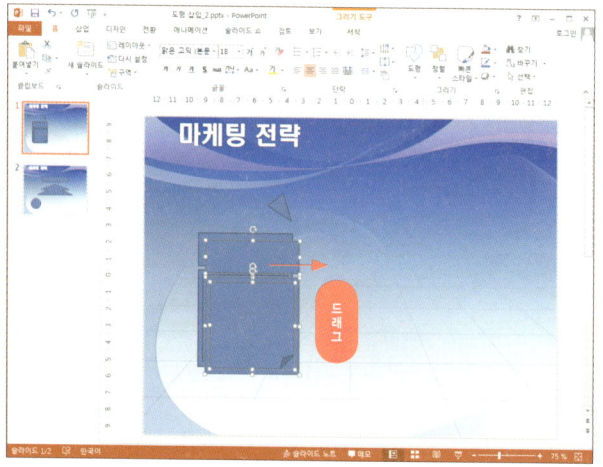

03 원본 도형과의 위치를 설정한 상태에서 그대로 다시 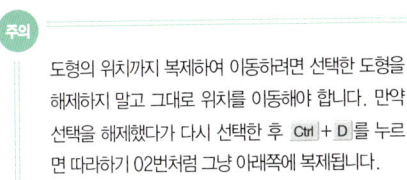를 누릅니다.

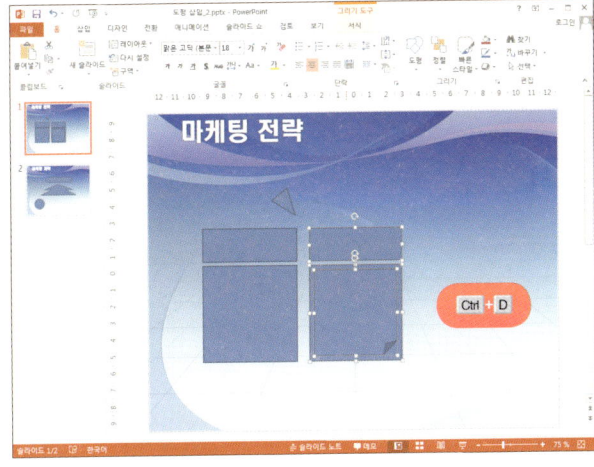

> **주의**
> 도형의 위치까지 복제하여 이동하려면 선택한 도형을 해제하지 말고 그대로 위치를 이동해야 합니다. 만약 선택을 해제했다가 다시 선택한 후 Ctrl + D를 누르면 따라하기 02번처럼 그냥 아래쪽에 복제됩니다.

04 원본 도형과 두 번째 도형의 간격만큼 떨어진 위치에 세 번째 도형이 복제되어 나타납니다. ❶ 가운데 도형을 선택하고 ❷ Shift 를 누른 상태에서 위쪽으로 드래그합니다.

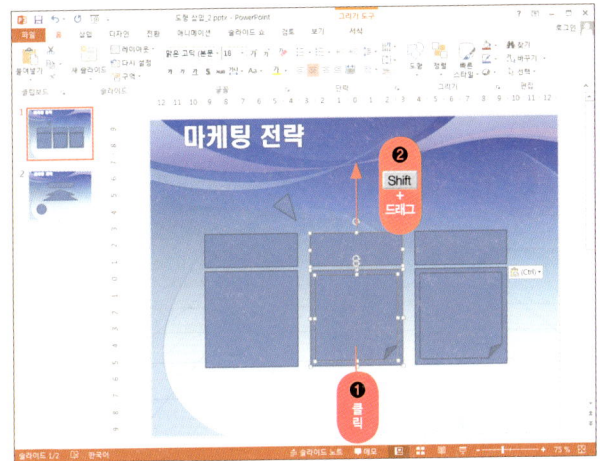

05 도형을 수직으로 이동했습니다. 이와 같은 방법으로 삼각형 도형도 복제한 후 오른쪽으로 이동하세요.

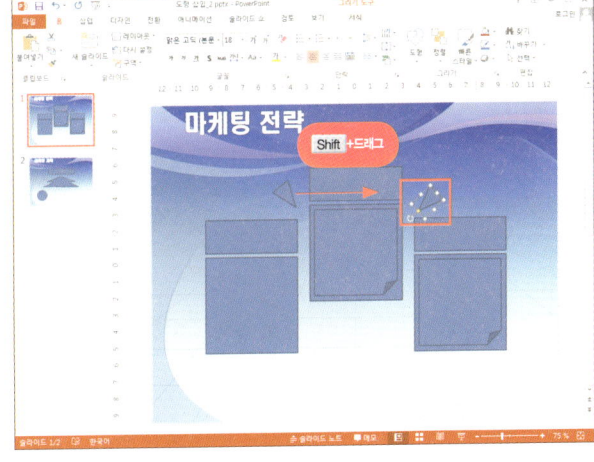

> **참고**
> 여러 개의 도형들을 복제할 때는 먼저 그룹으로 묶은 후 복제하는 것이 좋습니다. 그룹에 대해서는 289쪽을 참고하세요.

예제_파포\Chapter3\도형 삽입_3.pptx

그라데이션과 3차원 입체 효과 지정하기

Lesson 3

도형에 그라데이션과 3차원 입체 효과를 지정하면 평면적인 프레젠테이션 문서가 세련되게 바뀝니다. 특히 파워포인트 2013에서는 빠른 스타일 갤러리를 제공하고 있으므로 도형을 선택한 후 간단하게 그라데이션과 입체 효과를 줄 수 있습니다.

STEP 01 도형의 빠른 스타일 적용하기

빠른 스타일 갤러리에는 자주 사용하는 테두리와 그라데이션, 입체 효과의 서식들이 있으므로 간단히 선택하여 지정할 수 있습니다.

01 ❶ Ctrl 을 이용하여 두 개의 직사각형을 선택한 후 [홈] 탭의 [그리기] 그룹에서 ❷[빠른 스타일]을 클릭하고 ❸[밝은색 1 윤곽선, 색 채우기 - 강조 3]을 클릭합니다.

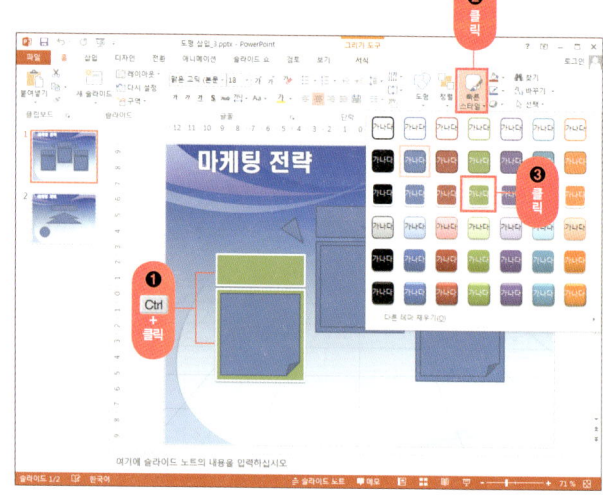

02 ❶[모서리가 접힌 직사각형]을 선택한 후 ❷[빠른 스타일]을 클릭하고 ❸[미세 효과 - 강조 3]을 클릭합니다. 이와 같은 방법으로 다른 도형들의 도형 스타일도 바꿔보세요.

> **참고**
> 도형을 선택한 후 [그리기 도구] – [서식] 탭의 [도형 스타일] 그룹에서 [자세히] 단추를 클릭하고 도형 스타일을 선택해도 됩니다.

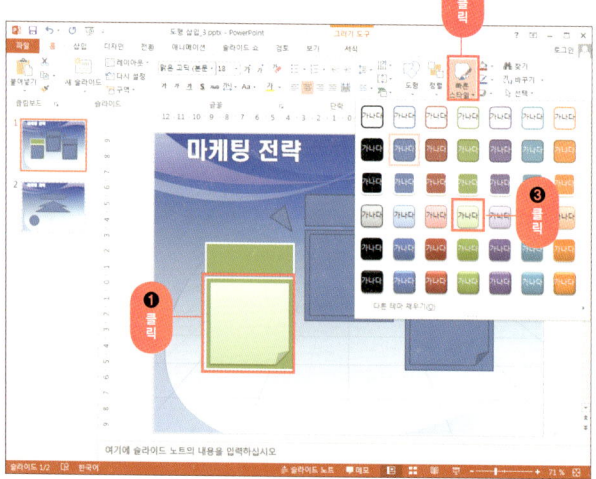

3차원 서식으로 입체 바 만들기

3차원 서식에서 너비와 높이를 설정하면 도형에 입체 효과를 줄 수 있습니다. 여기에서는 제목으로 많이 사용하는 입체 바를 만들겠습니다.

01 ❶[모서리가 둥근 직사각형]을 선택한 후 ❷[도형 윤곽선]을 클릭하고 ❸[윤곽선 없음]을 클릭합니다.

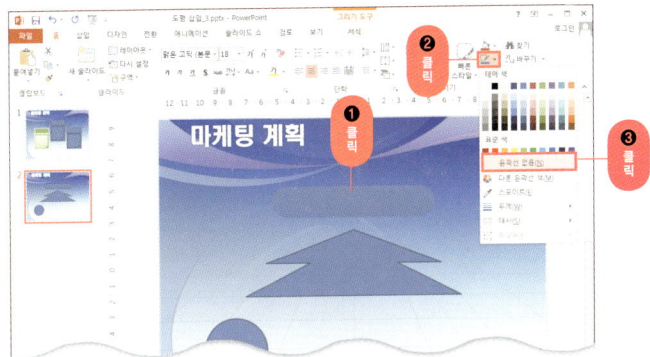

02 계속해서 ❶[도형 채우기]를 클릭한 후 원하는 ❷[색]을 선택합니다. 여기에서는 [자주]를 클릭하겠습니다.

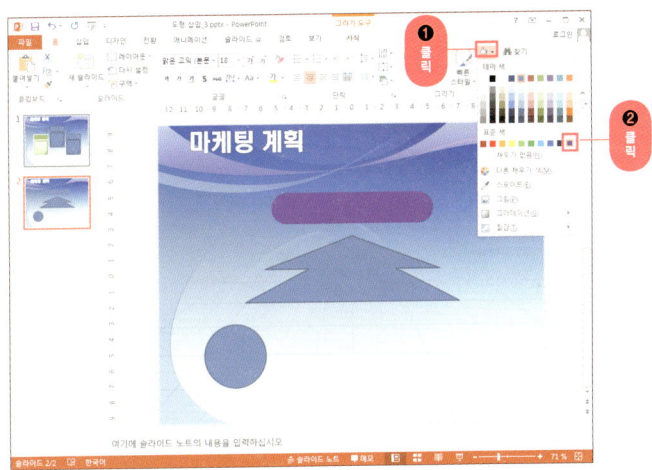

03 다시 ❶[도형 채우기]를 클릭한 후 ❷[그라데이션]으로 이동하면 선택한 색의 그라데이션을 선택할 수 있습니다. 그런데 입체적으로 보이지는 않는군요. ❸[기타 그라데이션]을 클릭합니다.

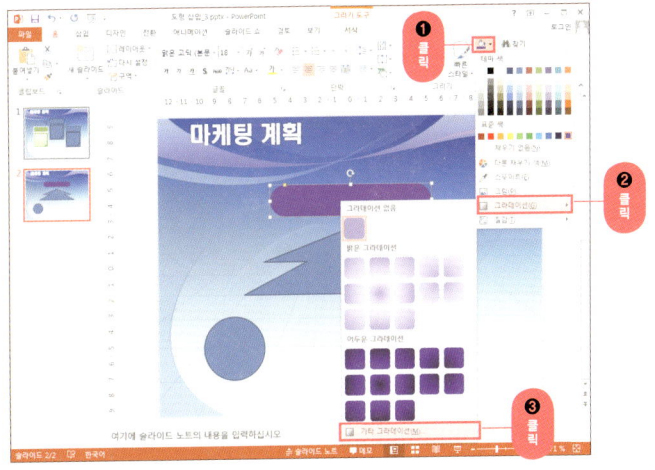

04 [도형 서식] 작업 창이 나타나면, ❶ [3차원 서식] 범주에서 [위쪽]의 [너비]는 [30pt], [높이]는 [10pt]로 설정한 후 ❷ [닫기] 단추를 클릭합니다.

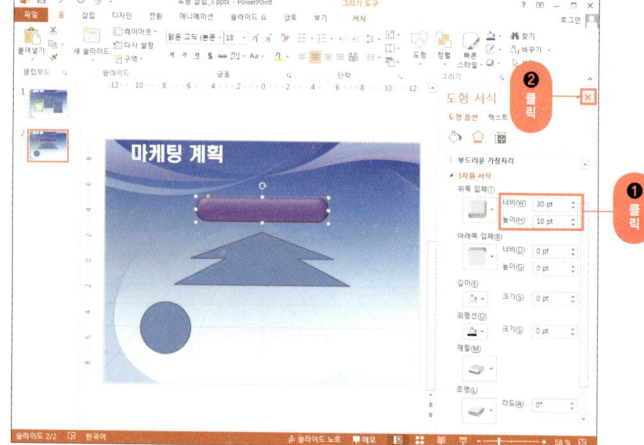

> **참고**
> [표면]의 [조명]을 설정하면 [균형있게]나 [거칠게], [부드럽게] 등을 선택할 수 있습니다.

05 선택한 도형을 입체적으로 바꾸었습니다. 텍스트를 입력하기 위해 [도형]을 선택한 후 Enter 를 누릅니다.

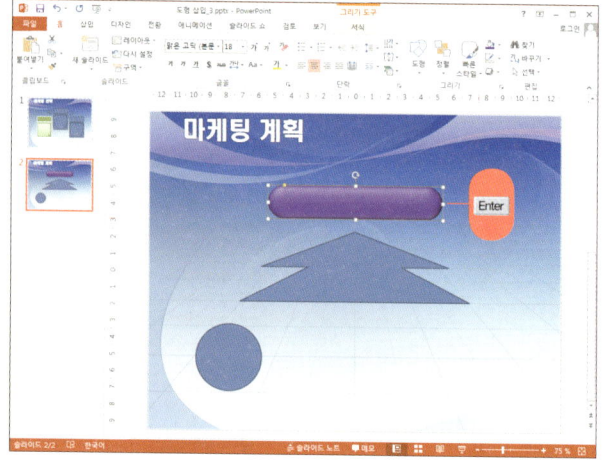

> **주의**
> 도형의 크기에 따라 입체 표현이 달라지므로 다른 도형에서 3차원 서식을 지정할 때는 [너비]와 [높이]를 조금씩 늘리면서 가장 입체적으로 표현되는 값을 찾으세요.

06 텍스트를 입력한 후 [글꼴] 그룹에서 [글꼴]과 [글꼴 크기] 등을 설정합니다.

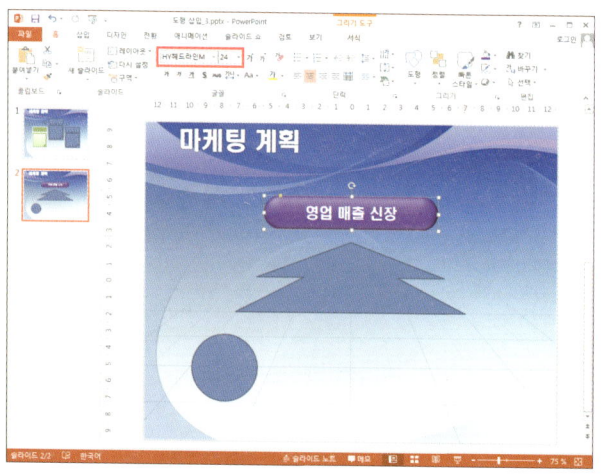

도형에 투명 그라데이션 지정하기

그라데이션의 투명도를 조절하면 점차 증가하거나 변화하는 모양으로 바꿀 수 있습니다.

01 ❶[위쪽 화살표]를 선택한 후 [홈] 탭의 [단락] 그룹에서 ❷[도형 윤곽선]을 클릭하고 ❸[윤곽선 없음]을 클릭합니다.

02 [홈] 탭의 [그리기] 그룹에서 ❶[도형 서식] 단추를 클릭하면 [도형 서식] 작업 창이 나타납니다. ❷[채우기] 범주에서 [그라데이션 채우기]를 선택한 후 ❸두 번째와 세 번째의 [그라데이션 중지점]을 선택하고 ❹[그라데이션 중지점 제거] 단추를 클릭합니다.

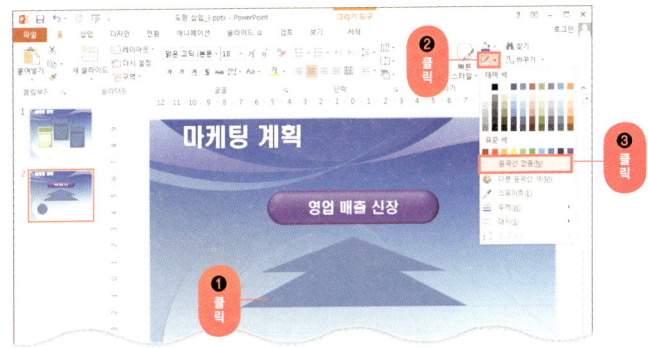

> **참고**
>
> [중지점]을 설정하면 그라데이션의 시작과 중간, 끝지점 등의 변화를 조절할 수 있습니다. 여기에서는 [색]에서 [흰색]을 선택한 후 [중지점 1]의 투명도는 0%, [중지점 2]의 투명도는 100%로 설정했습니다.

03 화살표 도형의 아래쪽은 투명하고 위쪽으로 올라가면서 흰색으로 표시되는 그라데이션이 나타납니다. [닫기] 단추를 클릭합니다.

STEP 04 3차원 서식으로 컬러볼 만들기

프레젠테이션 문서에서 중요한 항목을 표시할 때는 입체적인 컬러볼을 주로 사용합니다. 여기에서는 파워포인트의 [빠른 스타일]과 투명 그라데이션 도형을 이용하여 더욱 입체적인 컬러볼을 만들겠습니다.

01 ❶ [원형]을 선택한 후 [홈] 탭의 [그리기] 그룹에서 ❷ [도형 윤곽선]을 클릭하고 ❸ [윤곽선 없음]을 클릭합니다.

02 ❶ 계속해서 [도형 채우기]를 클릭한 후 ❷ 원하는 [색]을 선택합니다. 여기에서는 [주황]을 클릭하겠습니다.

03 [홈] 탭의 [그리기] 그룹에서 ❶ [도형 서식] 단추를 클릭하면 [도형 서식] 작업 창이 나타납니다. ❷ [3차원 서식] 범주에서 [위쪽]의 [너비]는 '60pt', [높이]는 '8pt'로 설정합니다.

 주의

도형의 크기에 따라 입체 표현이 달라지므로 다른 도형에서 3차원 서식을 지정할 때는 [너비]와 [높이]를 조금씩 증가하면서 가장 입체적으로 표현되는 값을 찾으세요.

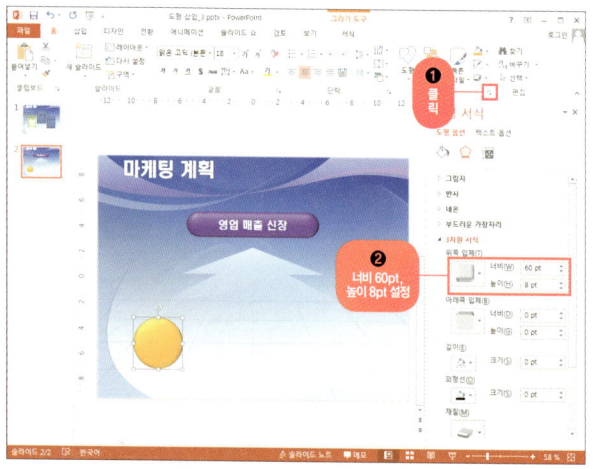

04 [표면]에서 ❶[조명]의 [균형있게]를 클릭한 후 ❷[각도]를 90도로 설정하고 ❸[닫기] 단추를 클릭합니다.

05 입체적으로는 보이지만 하이라이트 부분이 약해서 조금 어색하군요. ❶[도형]의 ❷[타원]을 클릭한 후 ❸ 컬러볼 위에 밝은 빛의 크기만큼 드래그합니다.

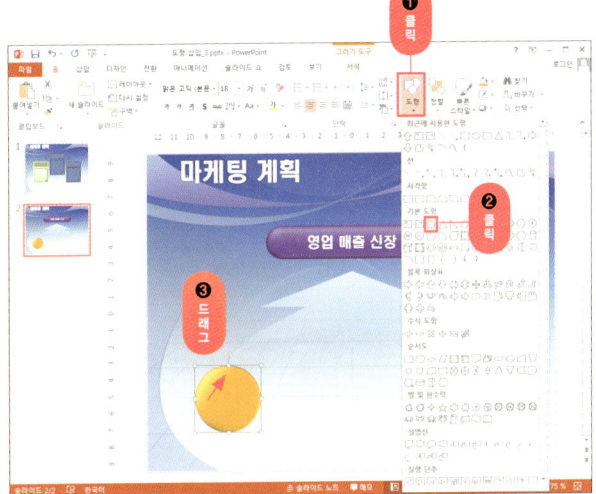

06 ❶[타원]의 녹색 조절점을 드래그하여 회전한 후 [홈] 탭의 [그리기] 그룹에서 ❷[도형 윤곽선]을 클릭하고 ❸[윤곽선 없음]을 클릭합니다.

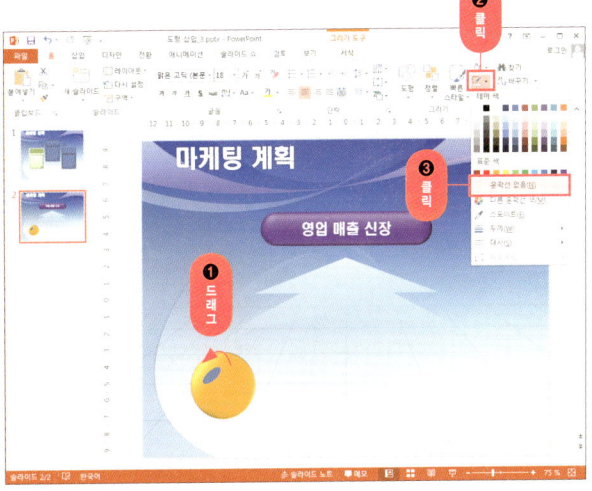

07 ❶ [홈] 탭의 [그리기] 그룹에서 [도형 서식] 단추를 클릭하면 [도형 서식] 대화상자가 나타납니다. ❷ [채우기]에서 [그라데이션 채우기]를 선택한 후 ❸ [그라데이션 중지점]을 설정하고 ❹ [닫기] 단추를 클릭합니다.

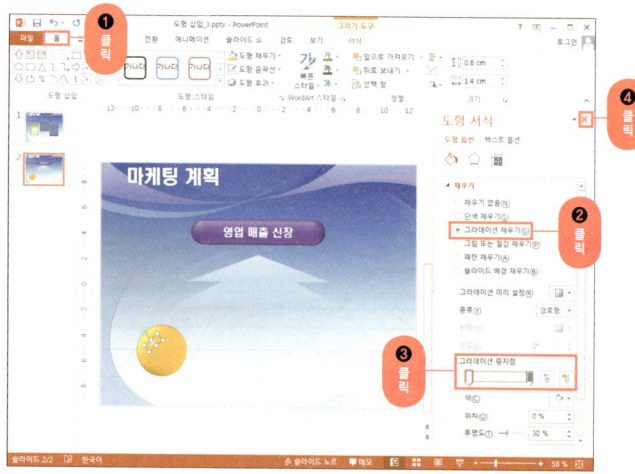

08 타원을 컬러볼의 하이라이트 부분으로 드래그합니다.

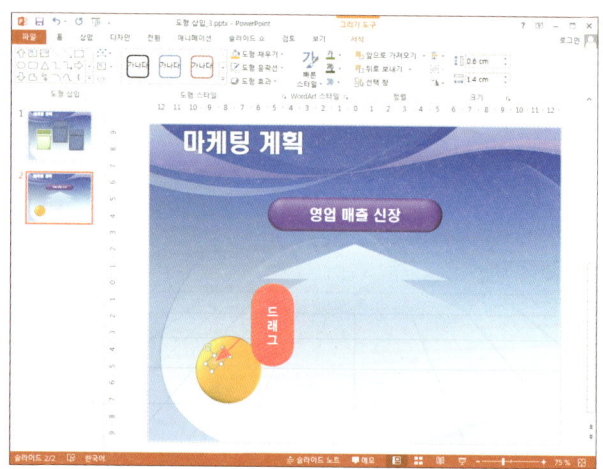

09 ❶ [컬러볼]을 선택한 후 [홈] 탭의 [그리기] 그룹에서 ❷ [도형 효과]를 클릭하고 ❸ [그림자]의 ❹ [원근감 대각선 오른쪽 위]를 클릭하여 완성합니다.

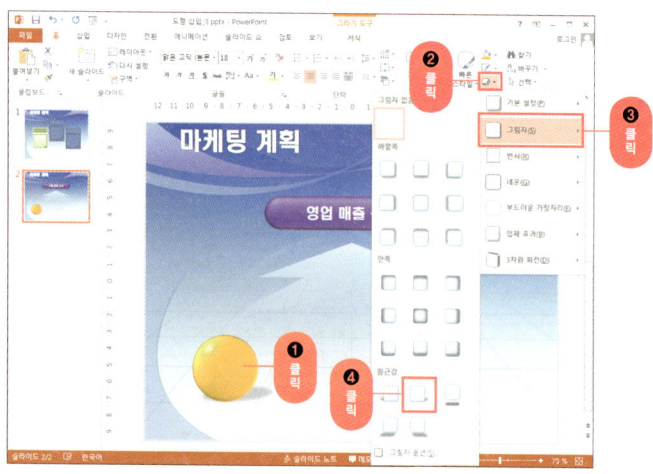

예제_파포\Chapter3\도형 삽입_4.pptx

도형을 그룹으로 묶고 맞춤 정렬하기

Lesson 4

도형을 삽입했으면 여러 개로 구성된 도형들을 하나의 그룹으로 묶어놓아야 관리하기 편합니다. 그리고 슬라이드의 전체적인 배치에 맞게 이동할 때는 정렬 기능을 이용하여 기준선에 맞게 위치를 수정하거나 동일한 간격으로 정렬할 수 있습니다.

STEP 01 그룹으로 묶기

여러 개의 도형들을 간단히 그룹으로 묶거나 그룹을 해제할 수 있으며, 그룹을 해제하지 않더라도 안에 묶여있는 개별적인 도형의 서식을 바꿀 수 있습니다.

01 ❶ 컬러볼과 하이라이트의 타원 도형을 드래그하여 선택한 후 [홈] 탭의 [그리기] 그룹에서 ❷ [정렬]을 클릭하고 ❸ [그룹]을 클릭합니다.

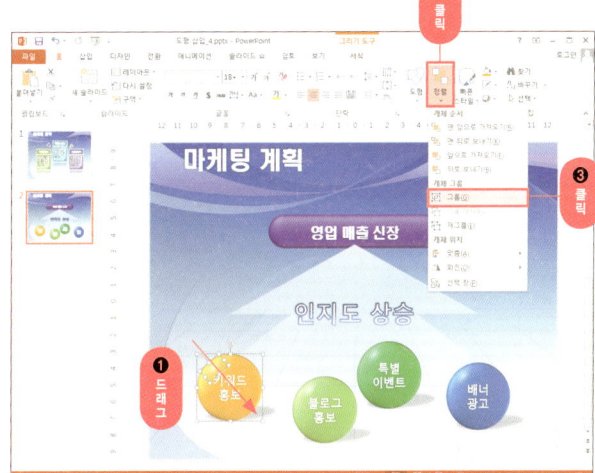

> 참고
> [그리기 도구] - [서식] 탭의 [정렬] 그룹에서 [개체 그룹화]의 [그룹]을 클릭해도 됩니다.

02 두 개의 도형을 하나의 그룹으로 묶었습니다. 물론 ❶ [정렬]을 클릭한 후 ❷ [그룹 해제]를 클릭하면 그룹을 해제할 수 있습니다.

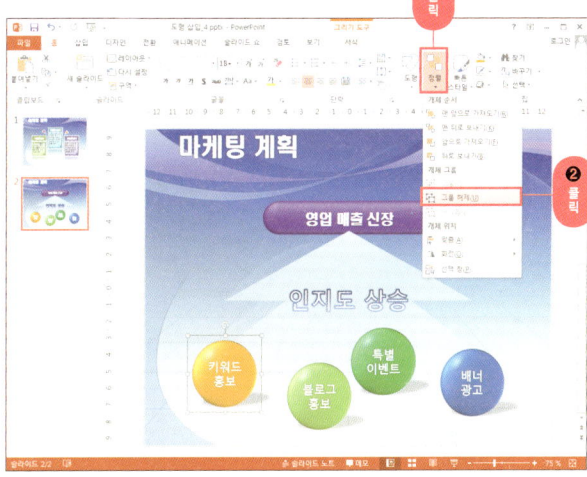

> key
> 그룹 묶기 : Ctrl + G
> 그룹 해제 : Ctrl + Shift + G

STEP 02 도형의 개체 배치하기

파워포인트 2013에서는 개체의 가로세로의 기준선뿐만 아니라 간격을 스마트 가이드로 표시되기 때문에 마우스 드래그만으로도 개체를 질서정연하게 배치할 수 있습니다.

01 두번째 컬러볼을 첫 번째 컬러볼과 같은 높이가 되도록 위쪽으로 드래그합니다.

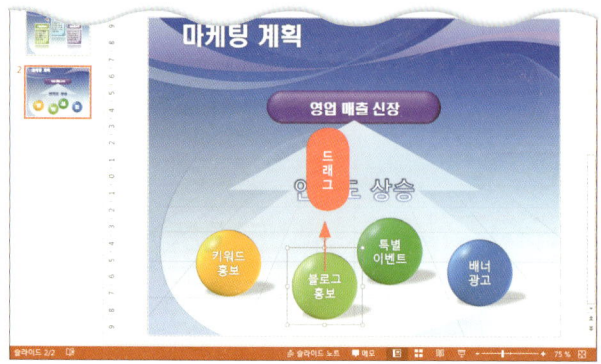

02 첫 번째 컬러볼과 같은 위치가 되면 스마트 가이드 점선이 표시됩니다. 이번에는 첫 번째와 세 번째 컬러볼의 중간 위치가 되도록 왼쪽으로 드래그합니다.

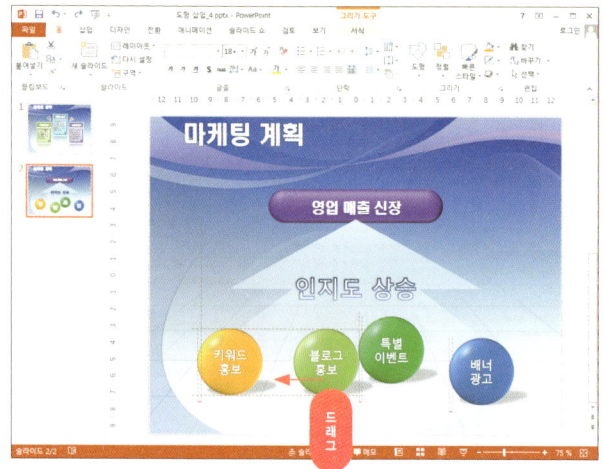

03 개체 사이의 간격이 균등하다는 스마트 가이드가 표시되면 마우스 단추에서 손을 뗍니다.

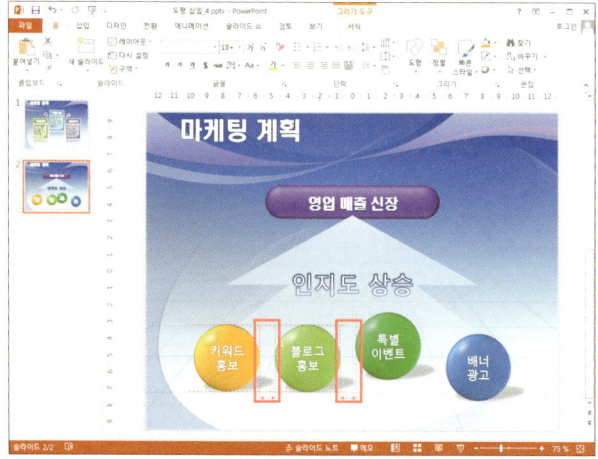

도형의 개체 정렬하기

[정렬]을 이용하면 여러 개의 도형들의 높이나 너비 등을 맞추기 위해서 세로나 가로 방향을 기준으로 간단히 위치를 맞출 수 있습니다.

01 ❶네 개의 컬러볼들을 선택한 후 [홈] 탭의 [그리기] 그룹에서 ❷[정렬]을 클릭하고 ❸[맞춤]의 ❹[중간 맞춤]을 클릭합니다.

> **참고**
> 여러 개의 도형들을 선택한 후 [정렬]의 [맞춤]을 보면 [선택한 개체 맞춤]에 체크 표시되어 있기 때문에 해당 도형들을 기준으로 맞춰집니다. 만약 슬라이드 전체를 기준으로 맞출 때는 [슬라이드에 맞춤]을 선택하세요.

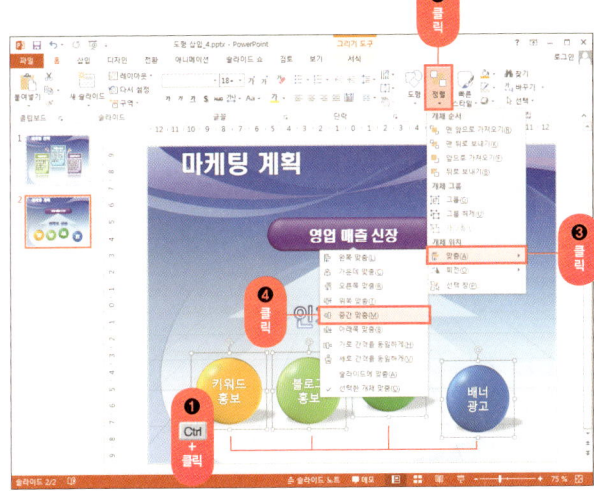

02 네 개 도형들을 가운데를 기준으로 중간 맞춤했습니다. 이번에는 ❶[정렬]을 클릭한 후 ❷[맞춤]의 ❸[가로 간격을 동일하게]를 클릭합니다.

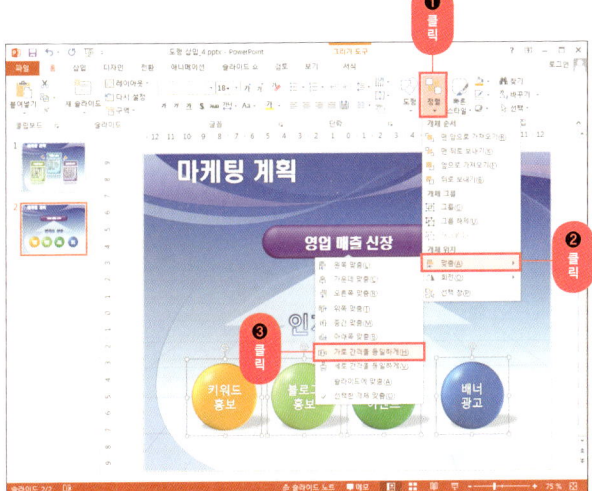

03 네 개의 도형들의 세로 간격을 똑같이 맞추었습니다.

STEP 04 도형 결합하여 사용자 도형 만들기

기본으로 제공하는 도형 목록에 원하는 도형이 없는 경우가 있습니다. 이러한 경우 여러 개의 도형을 병합하여 새로운 도형을 만들고, 이를 새 그림으로 등록하여 사용할 수 있습니다.

01 화살표 위에 [도형]의 [타원]을 추가한 후 화살표 도형과 타원을 선택합니다.

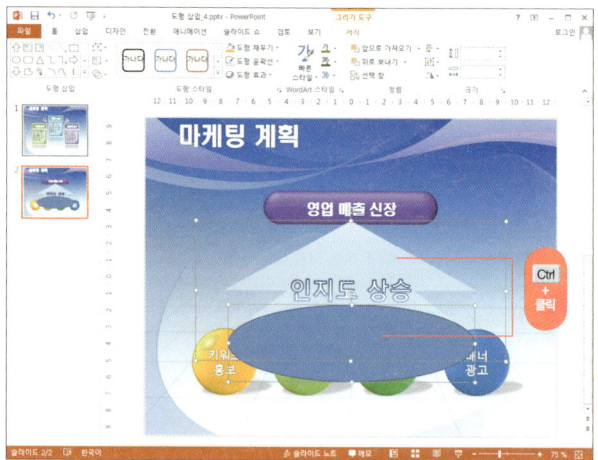

02 [그리기 도구] - ❶[서식] 탭의 [도형 삽입] 그룹에서 ❷[도형 병합]의 ❸[빼기]를 클릭합니다.

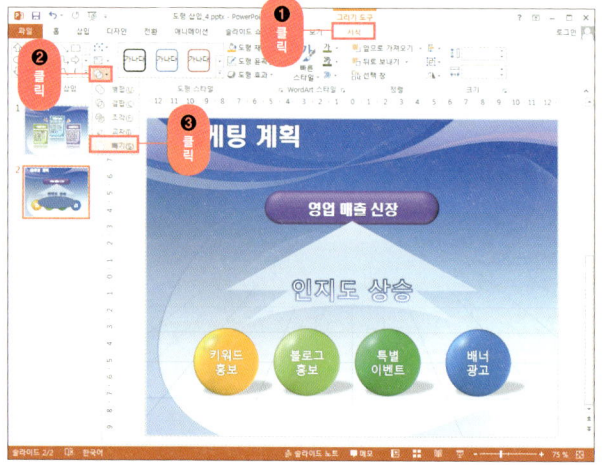

03 화살표에서 타원이 빠진 도형이 만들어졌습니다.

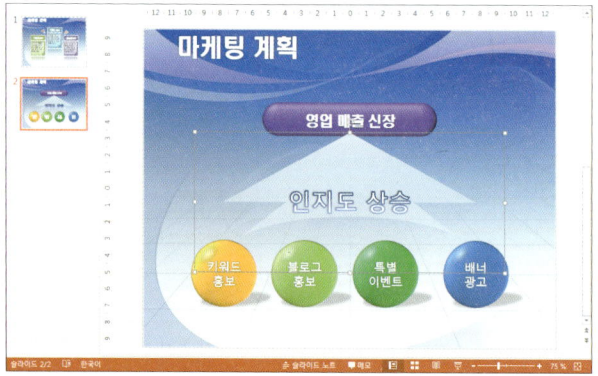

도형의 개체 순서 바꾸기

슬라이드의 도형은 삽입한 순서대로 위쪽에 위치하는데, [정렬]에서 순서를 바꿀 수 있습니다.

01 ❶[모서리가 둥근 직사각형] 도형을 선택한 후 ❷[그리기 도구] - [서식] 탭의 [정렬] 그룹에서 ❸[앞으로 가져오기]를 클릭하고 ❹[맨 앞으로 가져오기]를 클릭합니다.

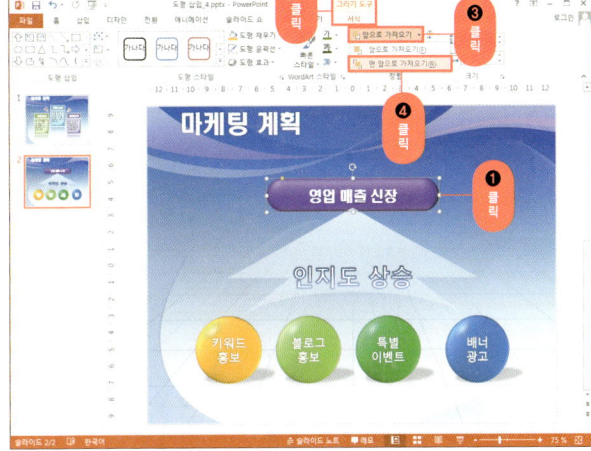

> 참고
> 여기에서는 278쪽에서 모서리가 둥근 도형을 먼저 삽입한 후 화살표 도형을 삽입했기 때문에 화살표 도형이 위쪽에 위치하는 것입니다.

02 이번에는 [그리기 도구] - [서식] 탭의 [정렬] 그룹에서 ❶[뒤로 보내기]를 클릭한 후 ❷[맨 뒤로 보내기]를 클릭합니다.

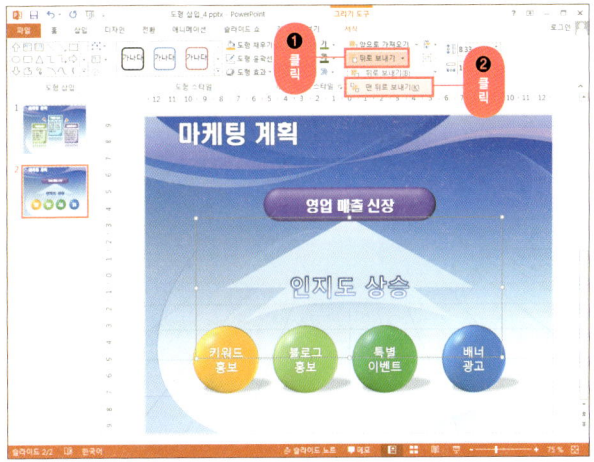

03 화살표 도형을 맨 뒤로 보냈기 때문에 모서리가 둥근 타원형 도형보다 아래쪽에 위치합니다.

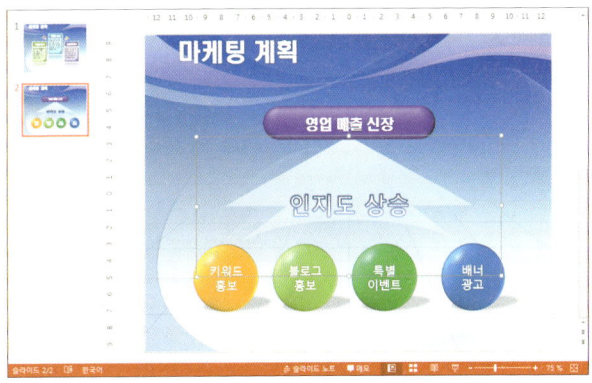

도형의 3차원 서식 지정과 정렬하기

연습파일　예제_파포\Chapter3\실무_텍스트.pptx　　　완성파일　예제_파포\Chapter3\실무_텍스트_결과.pptx

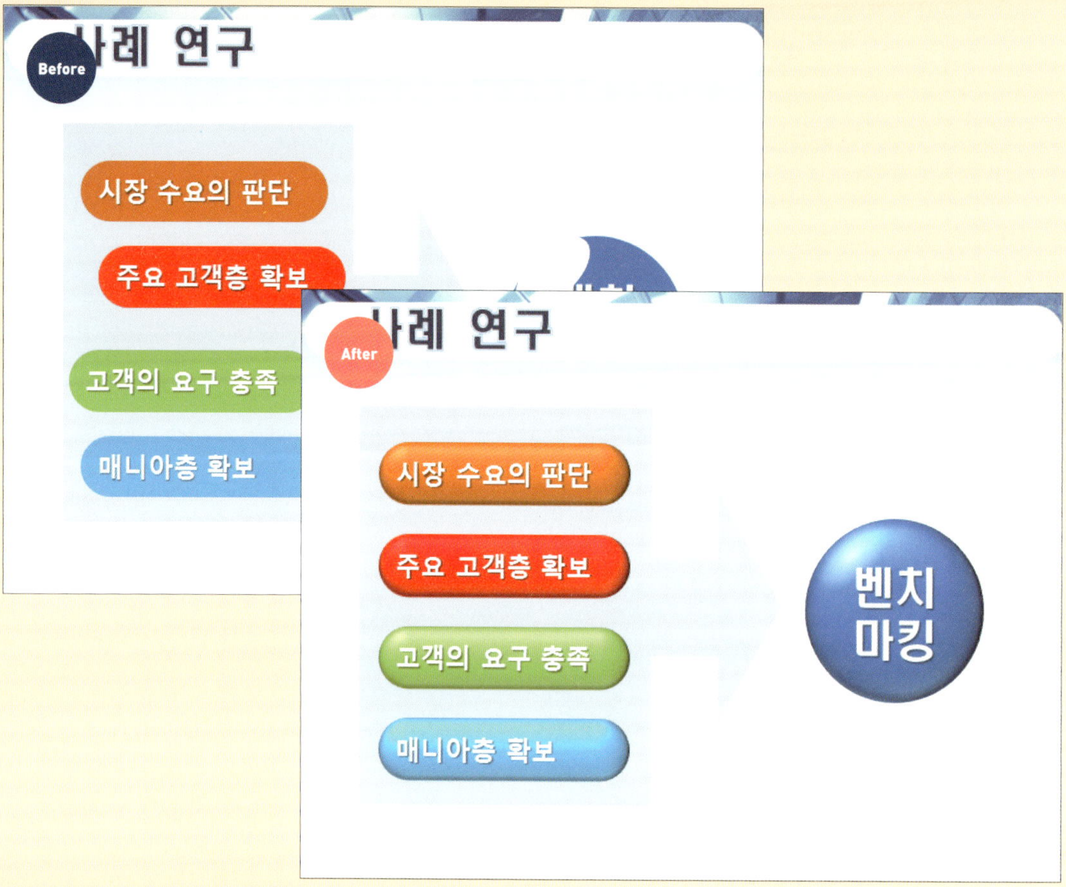

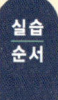

① 모서리가 둥근 직사각형의 3차원 서식을 위쪽 [너비]는 '30pt', [높이]는 '10'로 지정합니다.

② 원형의 3차원 서식을 위쪽 [너비]는 '60pt', [높이]는 '20pt'로 지정합니다.

③ 하이라이트 원형을 '흰색'의 [그라데이션]으로 채우고, 종류는 '경로형'을 선택합니다.

④ 하이라이트 원형의 그라데이션 [중지점 1]의 [위치]는 0%, [투명도]는 20%로 지정합니다.

⑤ 하이라이트 원형의 그라데이션 [중지점 2]의 [위치]는 100%, [투명도]는 100%로 지정합니다.

⑥ 4개의 도형을 모두 선택한 후 [가운데 맞춤]과 [세로 간격을 동일하게]로 정렬합니다.

CHAPTER 4

효과적인
내용 전달!
개체 삽입하기

Lesson 01 | 그림 삽입과 다양한 효과 적용하기
Lesson 02 | 클립아트와 스크린샷, 배경 그림 삽입하기
Lesson 03 | 데이터를 깔끔하게 보여주는 표 삽입하기
Lesson 04 | 데이터를 한눈에 파악하는 차트 삽입하기
Lesson 05 | 파워포인트에 엑셀의 표와 차트 삽입하기

Lesson 06 | 소리 파일 삽입과 재생하기
Lesson 07 | 동영상 파일 삽입과 재생하기
Lesson 08 | 플래시 파일 삽입과 재생하기
Lesson 09 | 하이퍼링크로 연결하여 이동하기
실무 따라잡기 | 차트 삽입하기

EXCEL & POWERPOINT & WORD 2013

예제_파포\Chapter4\그림 삽입.pptx

그림 삽입과 다양한 효과 적용하기

Lesson 1

파워포인트에서는 그림을 삽입한 후 원하는 부분만 표시하도록 그림을 자를 수 있고, 그림자나 네온, 반사 등의 다양한 효과를 줄 수도 있습니다. 또 빠른 그림 스타일 갤러리가 있어서 원하는 그림 스타일로 간단히 바꿀 수도 있습니다.

STEP 01 그림 삽입과 크기 조절 및 자르기

그림을 삽입하면 [그림 도구] – [서식] 탭이 나타나는데, 여기에서 그림을 원하는 크기만큼 자를 수 있습니다.

01 ❶ [삽입] 탭의 [이미지] 그룹에서 ❷ [그림]을 클릭합니다.

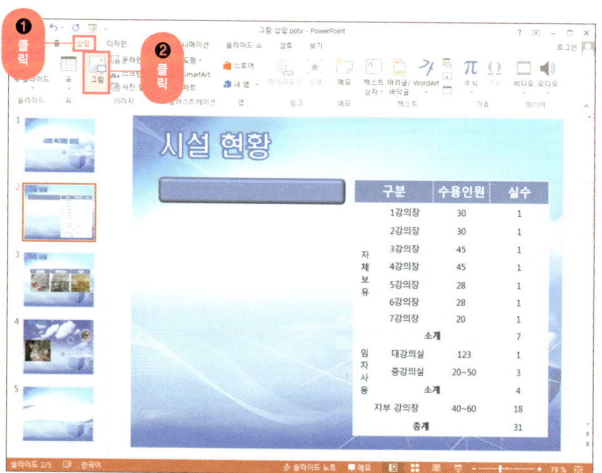

02 [그림 삽입] 대화상자가 나타나면 ❶ 그림이 있는 폴더로 이동하여 ❷ 그림을 선택한 후 ❸ [삽입] 단추를 클릭합니다.

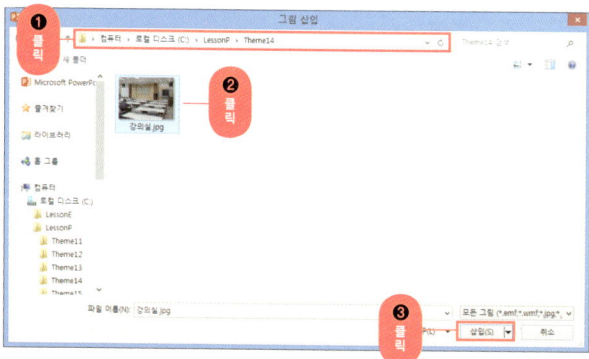

03 그림을 삽입했습니다. 그림을 선택하면 테두리에 조절점이 나타나는데, 조절점을 드래그하여 적당한 크기로 조절합니다.

04 ❶ [서식] 탭의 [크기] 그룹에서 ❷ [자르기]를 클릭하면 테두리에 자르기 도구가 나타나는데, 불필요한 부분이 표시되지 않도록 ❸ [자르기 도구]를 드래그합니다.

> **참고**
> 자르기 상태에서 사진의 중심을 드래그하여 자르는 위치를 조절할 수 있습니다.

05 Esc 를 누르면 자르기 상태가 해제됩니다. 그림을 드래그하여 적당한 크기와 위치로 조정합니다.

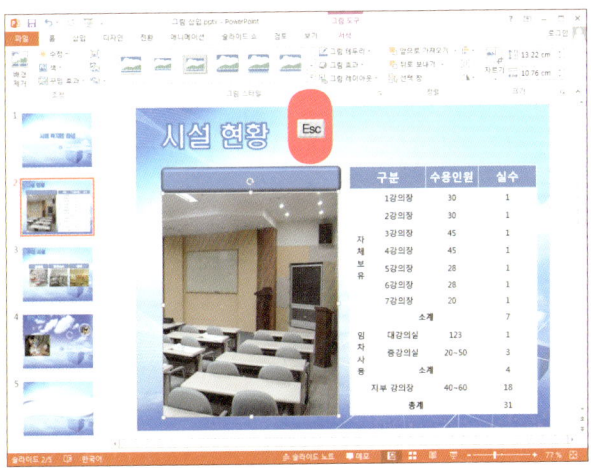

STEP 02 그림 테두리와 효과 지정하기

삽입한 그림은 원하는 색과 두께의 테두리를 지정할 수 있으며, [그림 스타일]을 이용하면 그림의 도형과 그림자, 반사 등의 효과를 쉽고 간단하게 지정할 수 있습니다.

01 ❶ 그림을 선택한 후 [서식] 탭의 ❷ [그림 테두리]를 클릭한 후 ❸ [테두리 색]을 클릭합니다.

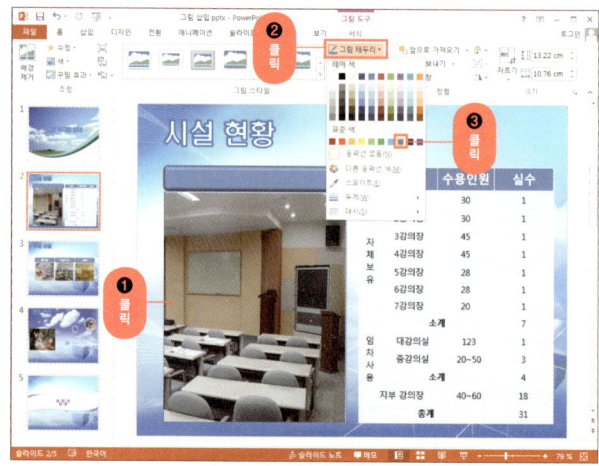

02 다시 ❶ [그림 테두리]를 클릭한 후 ❷ [두께]에서 ❸ 원하는 [두께]를 선택할 수 있습니다.

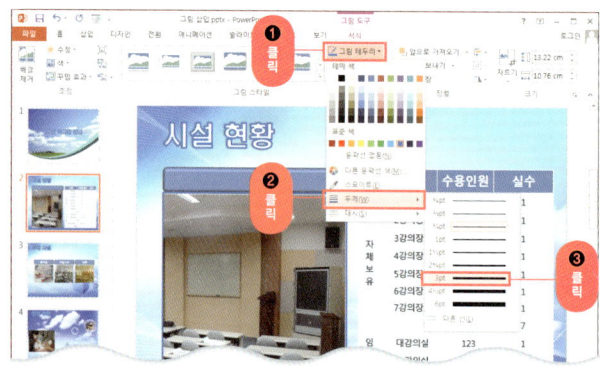

03 ❶ Ctrl 을 이용하여 세 개의 그림을 선택한 후 [서식] 탭의 [그림 스타일] 그룹에서 ❷ [자세히] 단추를 클릭합니다.

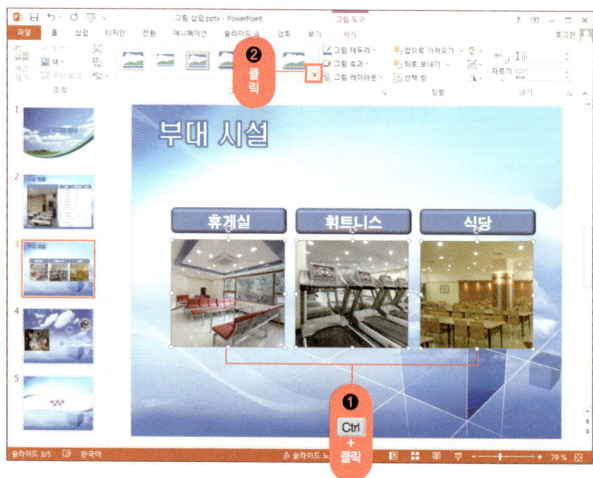

04 다양한 그림 스타일 갤러리가 나타납니다. [반사형 입체, 흰색]을 클릭하면 선택한 그림에 흰색 테두리와 반사 효과가 적용됩니다.

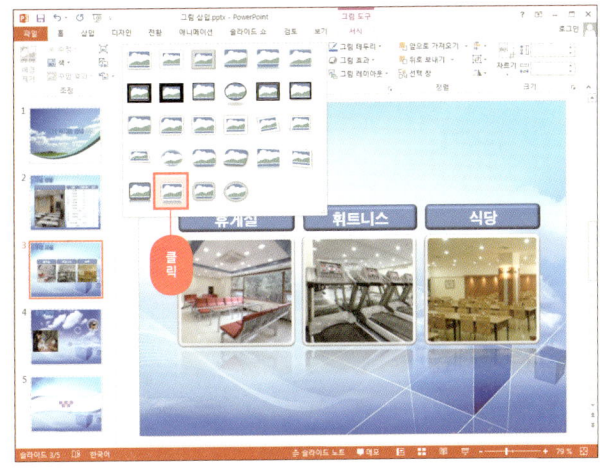

05 ❶ 이번에는 그림을 선택한 후 [서식] 탭의 ❷ [그림 효과]를 클릭하고 ❸ [부드러운 가장자리]의 ❹ [50 포인트]를 클릭합니다.

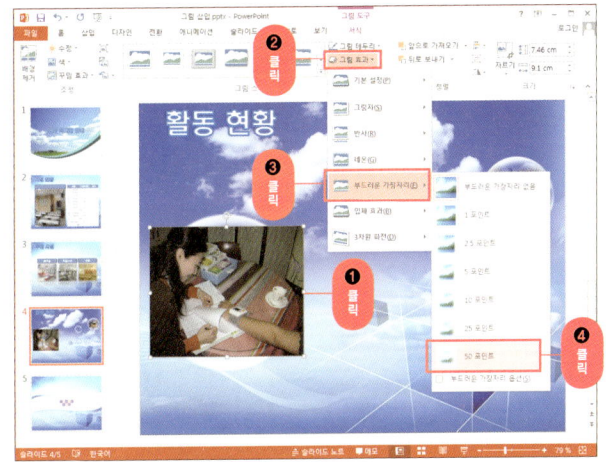

06 그림의 가장자리를 부드럽게 바꾸었습니다.

> **참고**
> 문서에 고해상도의 그림을 삽입하면 파일의 크기가 커지는데, [조정] 그룹에서 [그림 압축]을 클릭하면 그림을 압축하여 용량을 줄일 수 있습니다.

예제_파포\Chapter4\그림 삽입.pptx

클립아트와 스크린샷, 배경 그림 삽입하기

Lesson 2

삽입할 그림을 준비하지 못했다면 마이크로소프트 오피스 온라인이나, 현재 화면을 캡처하여 삽입할 수 있습니다. 여기에서는 클립아트와 스크린샷, 배경 그림을 삽입하는 방법에 대해 알아보겠습니다.

STEP 01 클립아트 삽입하기

온라인 그림에서 클립아트를 검색하여 삽입할 수 있으며, 기본적으로 제공하는 모양 외에 문서에 어울리도록 변경해서 사용할 수 있습니다. 여기에서는 두 줄로 된 글자 도형을 한 줄로 바꾸겠습니다.

01 ❶ [삽입] 탭의 [이미지] 그룹에서 ❷ [온라인 그림]을 클릭하면 [그림 삽입] 창이 나타납니다. ❸ 검색란에 검색어를 입력한 후 ❹ Enter 를 누릅니다.

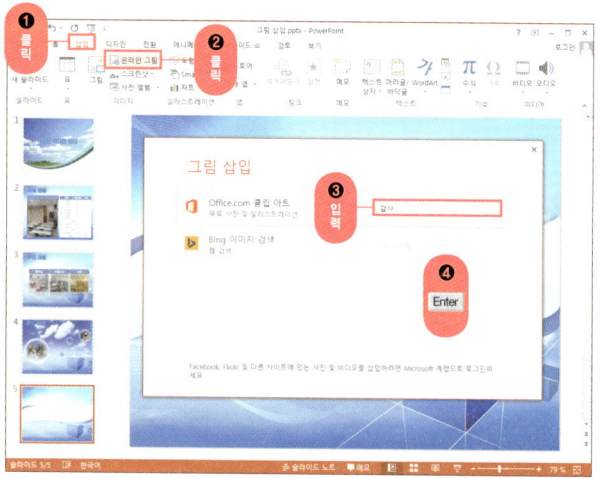

참고
[Bing 이미지 검색]을 이용하면 인터넷에서 그림을 찾을 수 있습니다.

02 검색어와 연관된 그림 목록이 나타납니다. ❶ 삽입하려는 그림을 선택한 후 ❷ [삽입] 단추를 클릭합니다.

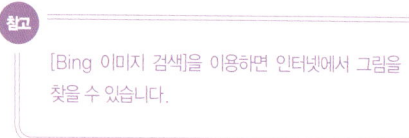
Ctrl 을 함께 눌러 여러 개의 그림을 선택하여 삽입할 수 있습니다.

03 ❶ 그림을 마우스 오른쪽 단추로 클릭한 후 ❷ [그림 편집]을 클릭하면 그리기 개체로 변환할 것인지 묻는 대화상자가 나타납니다. ❸ [예] 단추를 클릭합니다.

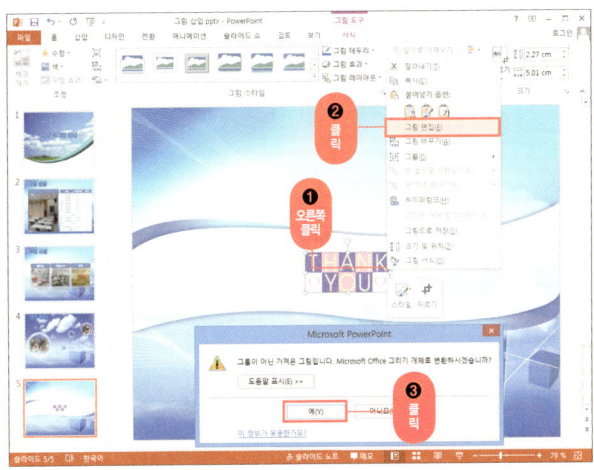

04 ❶ 클립아트를 마우스 오른쪽 단추로 클릭한 후 ❷ [그룹]의 ❸ [그룹 해제]를 클릭합니다.

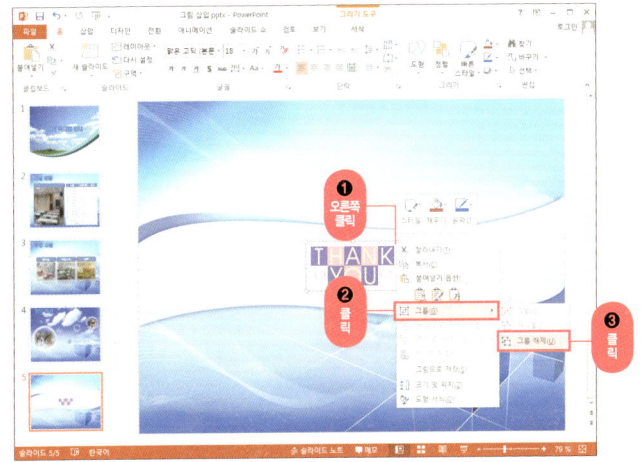

05 그림의 그룹이 모두 해제되면 원하는 위치로 재배치합니다. 다시 변형된 클립아트를 드래그하여 선택한 후 ❶ 마우스 오른쪽 단추로 클릭하고 ❷ [그룹]의 ❸ [재그룹]을 클릭합니다.

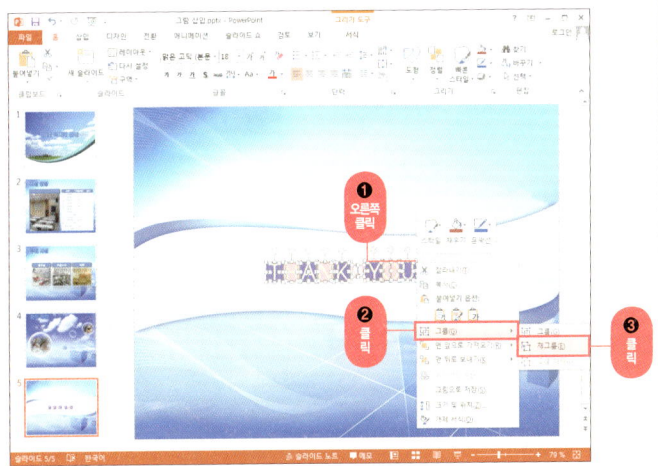

스크린샷 삽입하기

파워포인트 2010 버전부터 [스크린샷] 기능이 추가되어, 현재 실행된 인터넷이나 기타 화면을 캡처하여 삽입할 수 있습니다.

01 먼저 캡처할 화면 창을 실행한 후 ❶[삽입] 탭에서 ❷[스크린샷]을 클릭하고 화면의 일부만 삽입하기 위해 ❸[화면 캡처]를 클릭합니다.

주의

[사용할 수 있는 창]에는 백그라운드에서 실행 중인 창의 목록이 표시됩니다.

02 백그라운드에서 실행 중인 창이 불투명하게 나타납니다. 삽입할 영역을 드래그합니다.

03 선택한 영역이 그림으로 삽입되면 적당한 크기와 위치로 드래그합니다.

슬라이드의 배경 그림 삽입하기

[배경 그림]을 삽입하면 슬라이드의 맨 아래쪽에 위치하므로 슬라이드에 삽입한 도형이나 텍스트 상자를 다룰 때 함께 선택되지 않습니다.

01 ❶ 슬라이드를 마우스 오른쪽 단추로 클릭한 후 ❷ [배경 서식]을 클릭합니다.

> **참고**
> [디자인] 탭의 [사용자 지정] 그룹에서 [배경 서식]을 클릭해도 됩니다.

02 [배경 서식] 작업 창이 나타나면, ❶ [그림 또는 질감 채우기]를 선택한 후 ❷ [파일] 단추를 클릭합니다. [그림 삽입] 대화상자가 나타나면 ❸ 배경 그림을 선택한 후 ❹ [삽입] 단추를 클릭합니다.

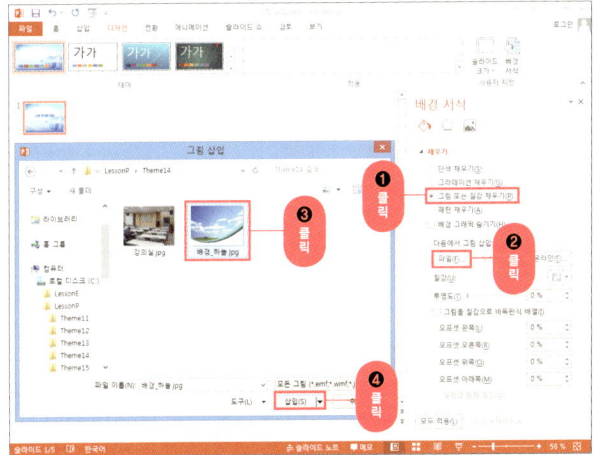

03 배경 그림이 삽입되면 작업 창의 [닫기] 단추를 클릭합니다.

예제_파포\Chapter4\스마트아트_1.pptx

데이터를 깔끔하게 보여주는 표 삽입하기

Lesson 3

숫자 데이터를 표로 정리하면 파워포인트 문서를 훨씬 깔끔하고 세련되게 표현할 수 있습니다. 특히 파워포인트의 특성에 맞게 갤러리를 이용하여 셀에 입체 효과를 줄 수 있고, 그림으로 변형하면 원근감이 생기도록 3차원 회전할 수 있습니다.

STEP 01 표 삽입하고 텍스트 입력하기

파워포인트의 표도 워드프로세서처럼 표의 행과 열의 개수를 입력하여 쉽게 만들 수 있습니다.

01 ❶[삽입] 탭의 ❷[표]를 클릭한 후 ❸[표 삽입]을 클릭하면 [표 삽입] 대화상자가 나타나는데, ❹[열 개수]와 [행 개수]를 입력한 후 ❺[확인] 단추를 클릭합니다.

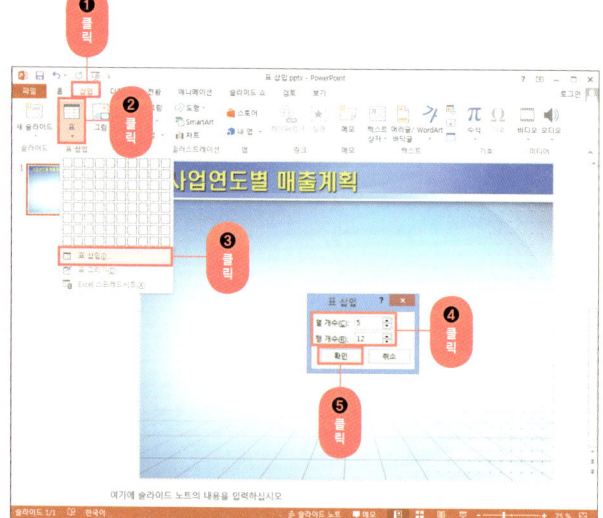

02 ❶표의 테두리를 클릭하여 표를 선택한 후 [홈] 탭의 [단락] 그룹에서 ❷[가운데 맞춤] 단추를 클릭합니다. 그런 다음, ❸행의 왼쪽 가장자리를 클릭하여 첫 행을 선택한 후 ❹[굵게]를 클릭합니다.

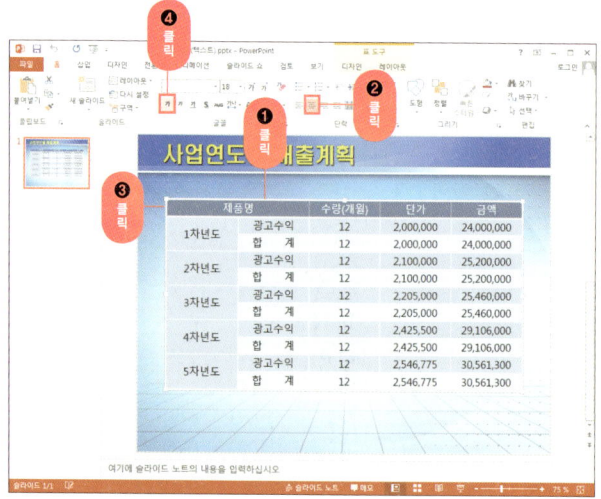

STEP 02 행 및 열과 셀 편집하기

표를 작성하다 보면 셀들을 하나로 합치거나 여러 개로 나눌 때가 있는데, [셀 병합]과 [셀 분할]을 이용하여 간단하게 작업할 수 있습니다.

01 ❶ 필요 없는 행이나 열을 선택한 후 ❷ [표 도구] - [레이아웃] 탭의 [행 및 열] 그룹에서 ❸ [삭제]를 클릭한 후 ❹ [행 삭제]를 클릭합니다.

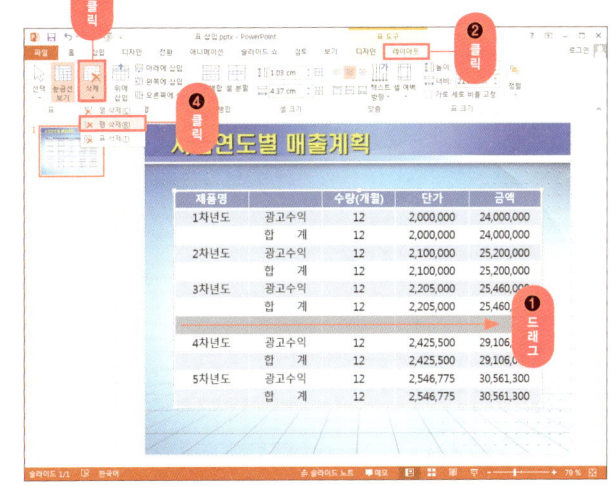

> 참고
> 셀을 선택한 후 [위에 삽입]이나 [아래에 삽입] 등을 클릭하여 행과 열을 추가할 수 있습니다.

02 ❶ 하나로 합치려는 셀들을 드래그하여 선택한 후 [레이아웃] 탭의 [병합] 그룹에서 ❷ [셀 병합]을 클릭합니다.

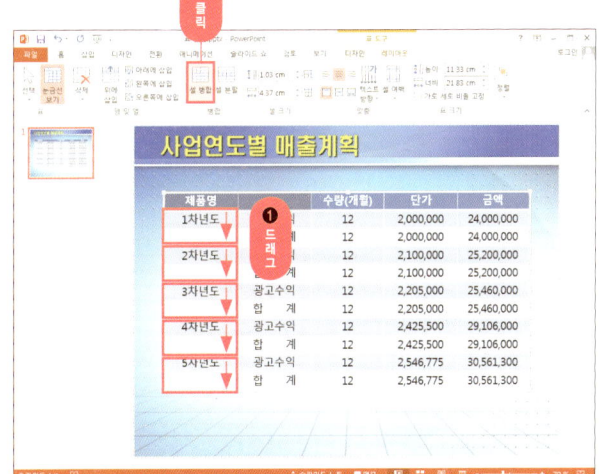

> 참고
> 셀을 선택한 후 [병합] 그룹에서 [셀 분할]을 클릭하면 [셀 분할] 대화상자가 나타나는데, 여기에서 열과 행 개수를 입력하여 하나의 셀을 여러 개로 나눌 수 있습니다.

03 세로의 셀들을 병합하면 텍스트가 위쪽에 맞춰지는데, ❶ 셀들을 선택한 후 [레이아웃] 탭의 [맞춤] 그룹에서 ❷ [셀 가운데 맞춤]을 클릭합니다.

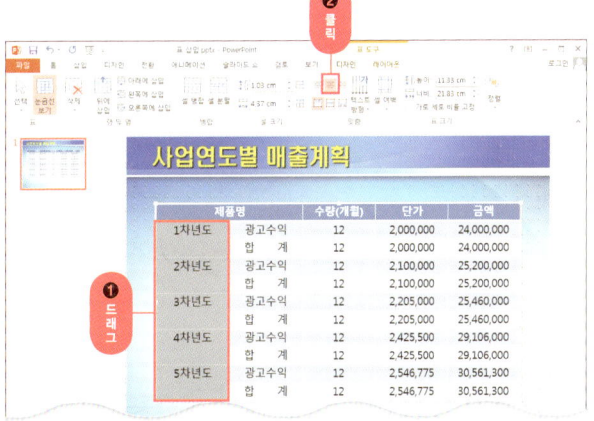

표 스타일 선택하기

[디자인] 탭의 [표 스타일] 그룹에서 다양한 디자인의 표 스타일과 셀의 채우기 색, 테두리, 효과 등을 설정할 수 있습니다.

01 ❶[디자인] 탭의 [표 스타일 옵션] 그룹에서 ❷[첫째 열]에 체크 표시한 후 [표 스타일] 그룹의 ❸[자세히] 단추를 클릭합니다.

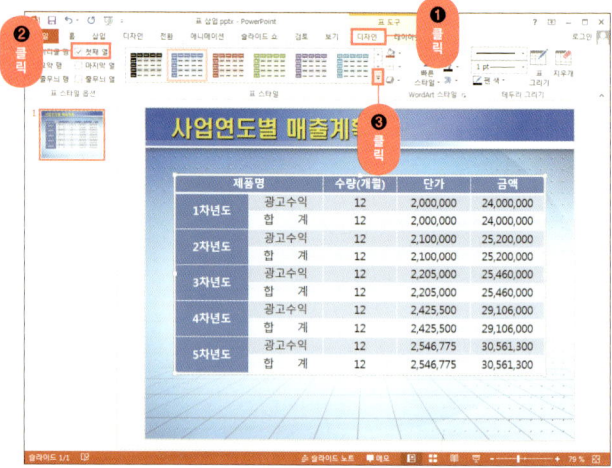

02 디자인 갤러리 목록이 나타나면 원하는 표 스타일을 클릭합니다.

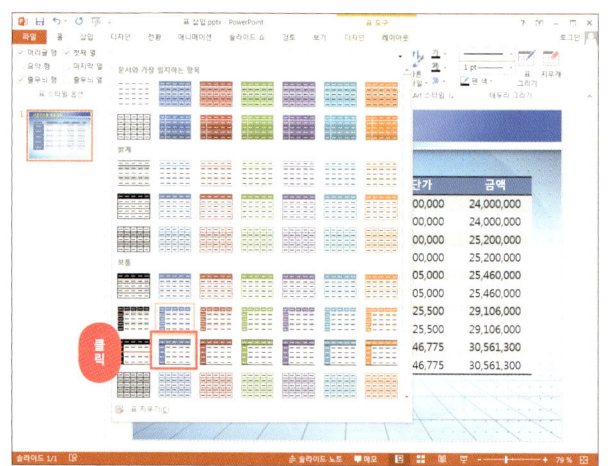

03 ❶[효과]를 클릭한 후 ❷[셀 입체 효과]의 ❸[둥글게]를 클릭합니다.

> **참고**
>
> [테두리 그리기]에서 [펜 스타일]과 [펜 두께], [펜 색] 등을 선택하여 테두리의 색을 바꿀 수 있습니다. 이때 표를 선택한 후 [펜 색]을 클릭하면 테두리의 색이 바뀌지만, 표를 선택하지 않은 상태에서 [펜 색]을 클릭하면 표가 추가로 삽입됩니다.

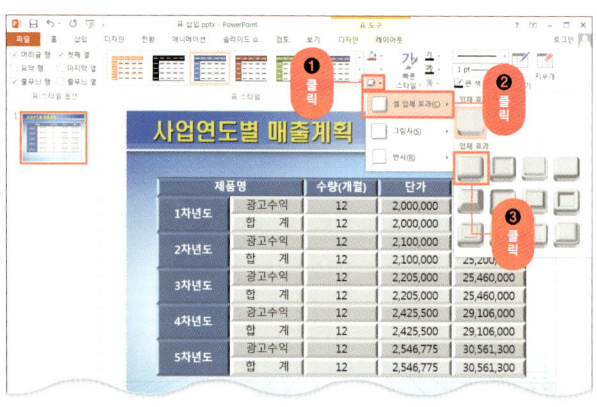

STEP 04

3차원 입체 효과 주기

표를 선택한 후 [효과]를 클릭하면 [셀 입체 효과]와 [그림자], [반사]만 설정할 수 있지만, 표를 그림으로 저장한 후 삽입하면 [3차원 효과]도 설정할 수 있습니다.

01 ❶ 표를 마우스 오른쪽 단추로 클릭한 후 ❷ [그림으로 저장]을 클릭합니다.

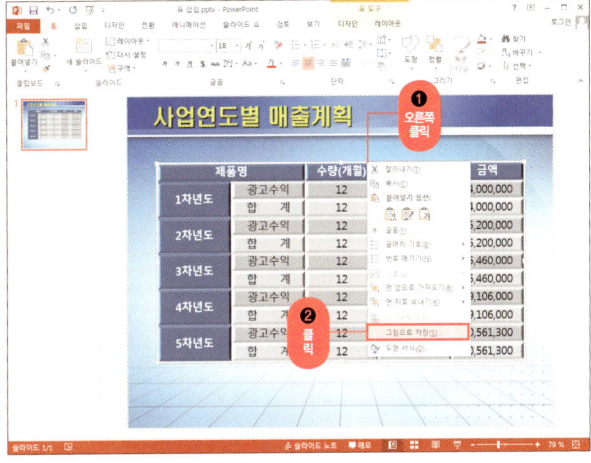

02 [그림으로 저장] 대화상자가 나타나면 ❶ 저장할 [폴더]를 선택한 후 ❷ [파일 이름]에 이름을 입력하고 ❸ [저장] 단추를 클릭합니다.

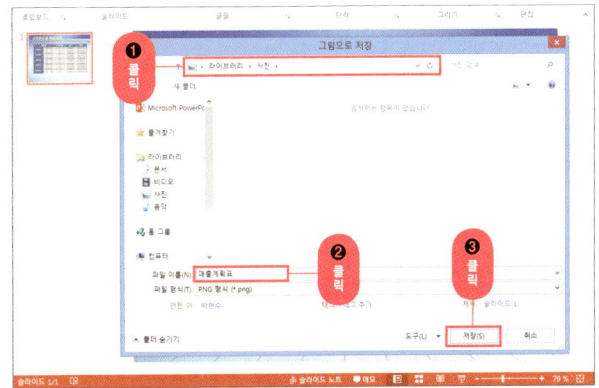

03 ❶ 새 슬라이드를 삽입한 후 ❷ [삽입] 탭의 ❸ [그림]을 클릭합니다. [그림 삽입] 대화상자가 나타나면 ❹ 삽입할 그림을 선택한 후 ❺ [삽입] 단추를 클릭합니다.

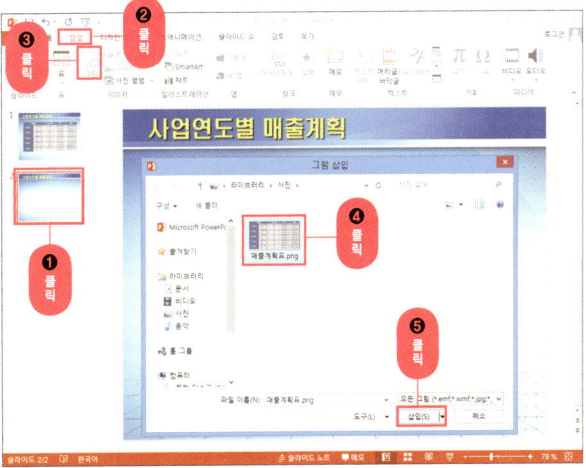

04 표를 그림 형태로 삽입했습니다. [그림 도구 - ❶[서식] 탭의 [그림 스타일] 그룹에서 ❷[그림 효과]를 클릭한 후 ❸[반사]의 ❹[근접 반사, 터치]를 클릭합니다.

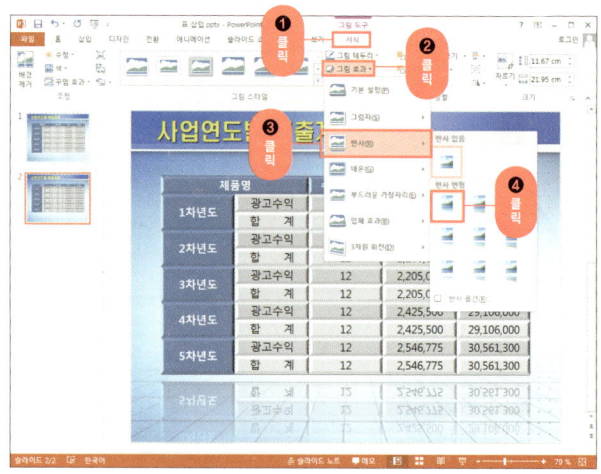

05 이번에는 ❶[그림 효과]를 클릭한 후 ❷[3차원 회전]의 ❸[원근감(왼쪽)]을 클릭합니다.

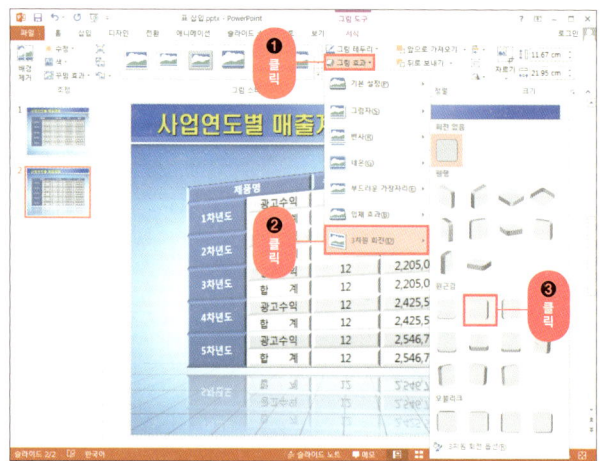

06 표에 그림 효과를 적용했습니다.

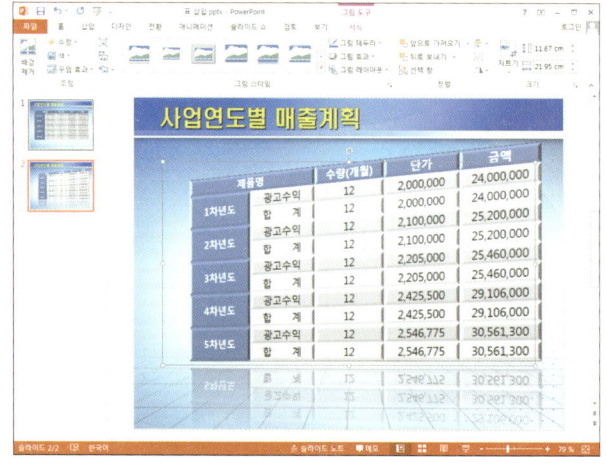

> **참고**
>
> 표를 그림으로 저장하면 표 안의 텍스트가 그림 형식이므로 글꼴이 흐리거나 깨져 보일 수 있습니다. 가독성이 높도록 적당한 밝기와 대비, 크기로 조절하세요.

예제_파포\Chapter4\차트 삽입.pptx

데이터를 한눈에 파악하는 차트 삽입하기

Lesson 4

차트를 삽입하면 데이터의 변화나 추세 등을 한눈에 파악할 수 있습니다. 파워포인트도 엑셀과 마찬가지로 여러 종류의 차트를 제공하므로 원하는 차트를 선택한 후 작성하면 됩니다. 여기에서는 원통형 묶은 원통형 차트를 삽입하겠습니다.

STEP 01 차트 삽입하고 데이터 입력하기

파워포인트에서 차트를 삽입하면 엑셀 창이 실행되는데, 여기에 데이터를 입력하면 자동으로 파워포인트에 연결됩니다.

01 ❶[삽입] 탭에서 ❷[차트]를 클릭하면 [차트 삽입] 대화상자가 나타납니다. ❸[세로 막대형] 범주에서 ❹[묶은 세로 막대형]을 선택한 후 ❺[확인] 단추를 클릭합니다.

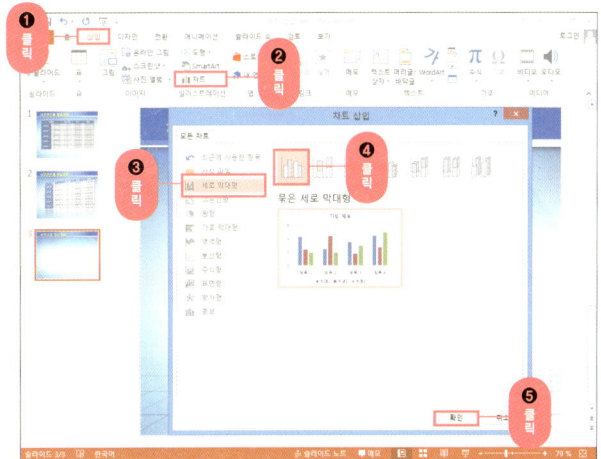

02 엑셀 창이 나타나면서 기본적인 계열과 항목이 입력되어 있는데, ❶이곳에 작성할 차트의 데이터를 입력합니다. 여기에서는 A1:D4 셀 범위의 데이터만 필요하므로 ❷파란색 조절점을 D4셀까지 드래그한 후 ❸엑셀 창의 [닫기] 단추를 클릭합니다.

> **주의**
> 데이터의 표시 형식을 쉼표(,) 형식으로 입력해야 파워포인트의 데이터 레이블에도 천 단위마다 쉼표가 추가됩니다.

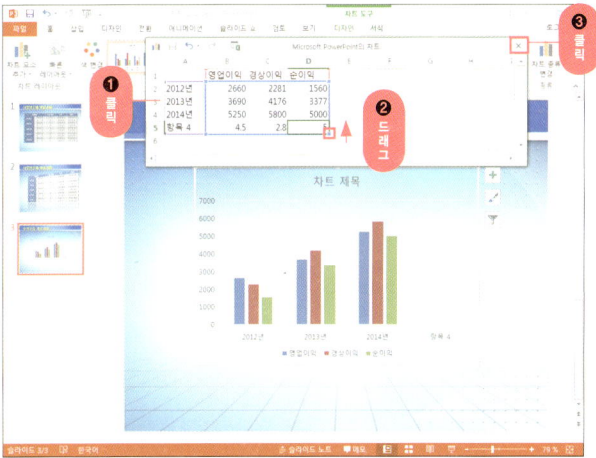

03 엑셀 창에 입력한 데이터가 차트에 반영됩니다. 만약 데이터를 수정하려면 ❶ 차트 영역을 마우스 오른쪽 단추로 클릭한 후 ❷[데이터 편집]을 클릭합니다.

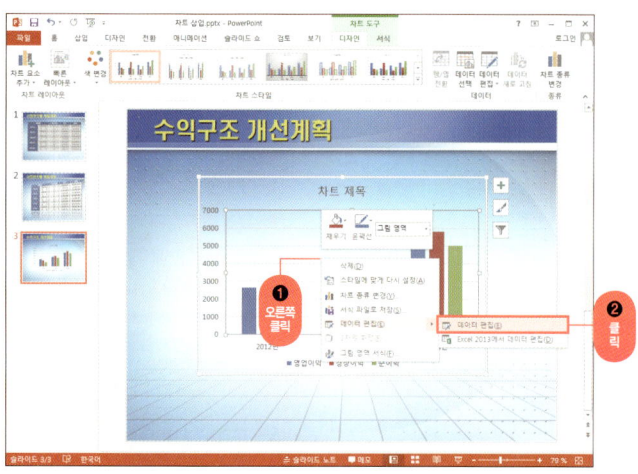

STEP 02 차트의 종류와 레이아웃 변경하기

이미 삽입한 차트의 종류를 바꿀 수 있으며, 필요한 차트의 구성 요소만 표시할 수 있습니다. 여기에서는 3차원 묶은 세로 원통형 차트로 변경하겠습니다.

01 [차트 도구] - ❶[디자인] 탭의 ❷[차트 종류 변경]을 클릭하면 [차트 종류 변경] 대화상자가 나타나는데, ❸[세로 막대형] 범주에서 ❹[3차원 묶은 세로 막대형]을 선택한 후 [확인] 단추를 클릭합니다.

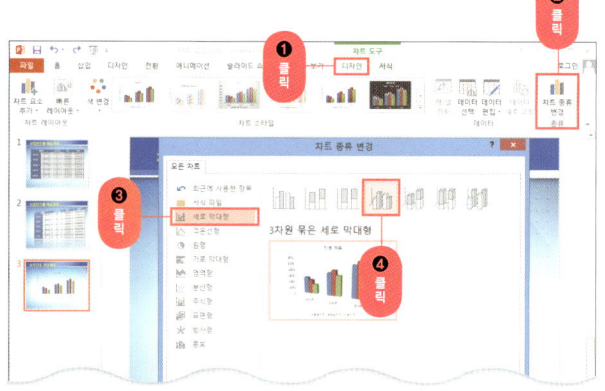

02 차트 종류가 바뀝니다. ❶데이터 계열을 마우스 오른쪽 단추로 클릭한 후 ❷[데이터 계열 서식]을 클릭합니다.

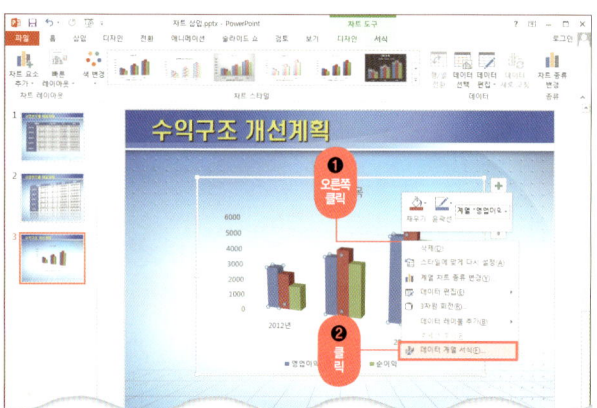

03 [데이터 계열 서식] 작업 창이 표시되면 [계열 옵션]에서 ❶[원통형]을 클릭합니다. 같은 방법으로 두 번째와 세 번째 데이터 계열도 [원통형]을 선택한 후 작업 창의 ❷[닫기] 단추를 클릭합니다.

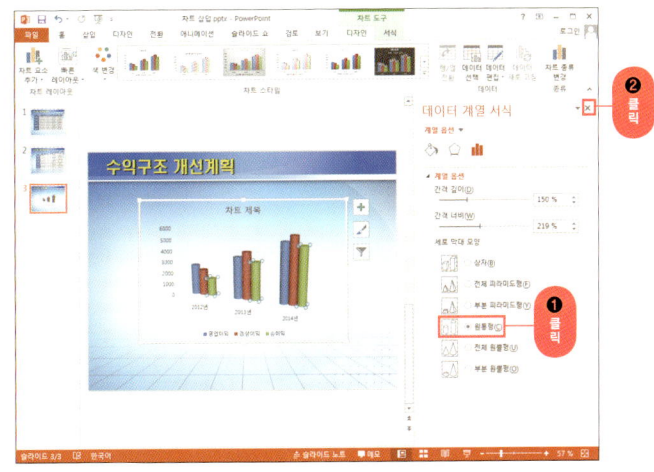

04 ❶[차트 요소]를 클릭한 후 ❷[차트 제목]의 체크 표시는 지우고, [데이터 레이블]은 체크 표시합니다.

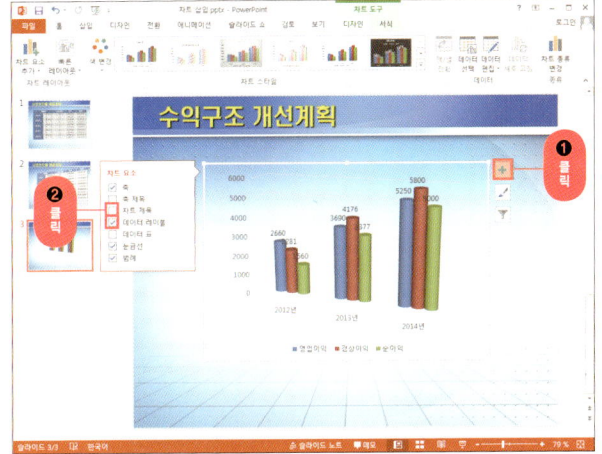

> 참고
> 차트의 여러 구성 요소 중에서 꼭 필요한 것만 표시하는 것이 좋습니다.

05 ❶[디자인] 탭의 [차트 스타일]에서 ❷[차트 스타일]을 선택합니다.

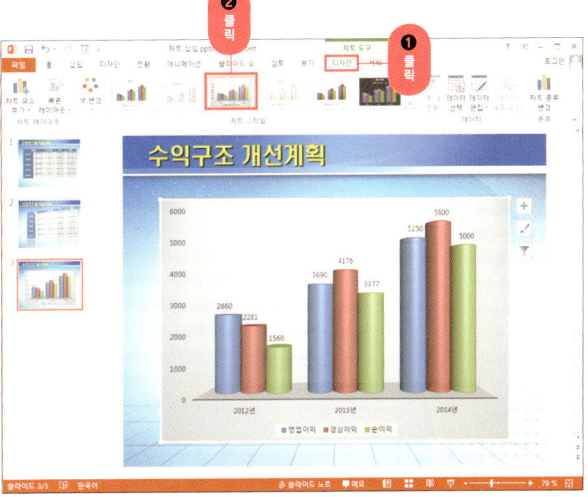

> 참고
> 차트의 테두리를 드래그하면 차트 영역의 크기가 조절되고, 차트 부분을 드래그하면 그림 영역의 크기가 조절됩니다.

예제_파포\Chapter4\엑셀 호환.pptx, 엑셀 호환.xlsx

파워포인트에 엑셀의 표와 차트 삽입하기

Lesson 5

엑셀에서 수식이나 함수로 작성한 표나 차트를 파워포인트에 복사하여 붙여넣을 수 있습니다. 이때 엑셀의 원본 파일과 연결할 수도 있고, 독립된 그림 형식으로 붙여넣을 수도 있습니다.

STEP 01 엑셀 표를 복사하여 붙여넣기

파워포인트에 엑셀의 표를 복사하여 붙여넣을 수 있습니다.

01 엑셀을 실행한 후 [엑셀 호환.xlsx] 파일을 열고, ❶ A3:G14 셀 범위를 드래그하여 선택한 후 [홈] 탭에서 ❷ [복사]를 클릭합니다.

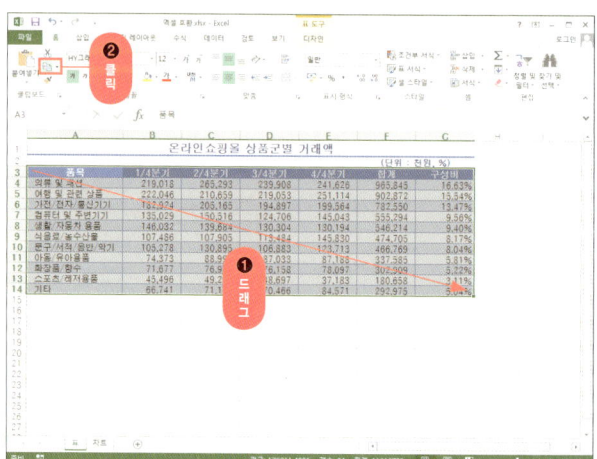

02 파워포인트를 실행한 후 [엑셀 호환.pptx] 파일을 엽니다. 그런 다음, [홈] 탭에서 ❶ [붙여넣기]의 드롭다운 단추를 클릭한 후 ❷ [원본 서식 유지]를 클릭합니다.

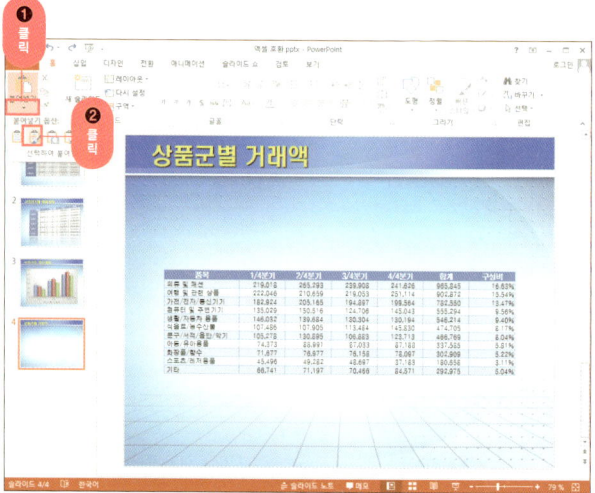

STEP 02 엑셀 차트를 복사하여 붙여넣기

엑셀의 표와 마찬가지로 차트도 파워포인트 문서에 복사하여 붙여넣을 수 있습니다. 파워포인트 문서에 붙여넣기한 차트의 스마트 태그를 클릭하면 엑셀의 원본 파일과 연결할 것인지를 선택할 수 있습니다.

01 [엑셀 호환.xlsx] 파일의 ❶[차트] 시트에서 차트를 선택한 후 [홈] 탭에서 ❷[복사]를 클릭합니다.

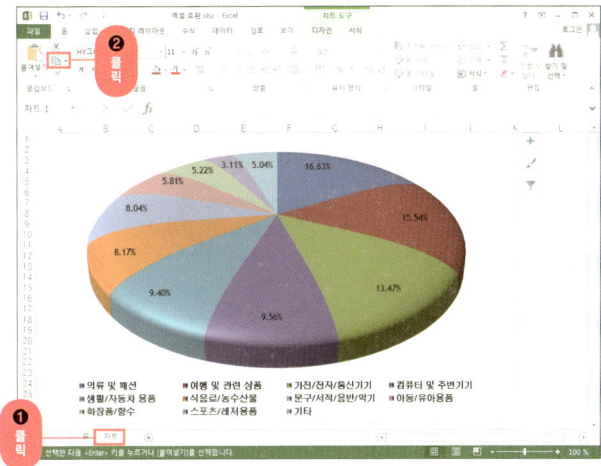

02 [엑셀 호환.pptx] 파일을 연 후 [홈] 탭에서 ❶[붙여넣기]의 드롭다운 단추를 클릭하고 ❷[대상 테마 사용]을 클릭합니다.

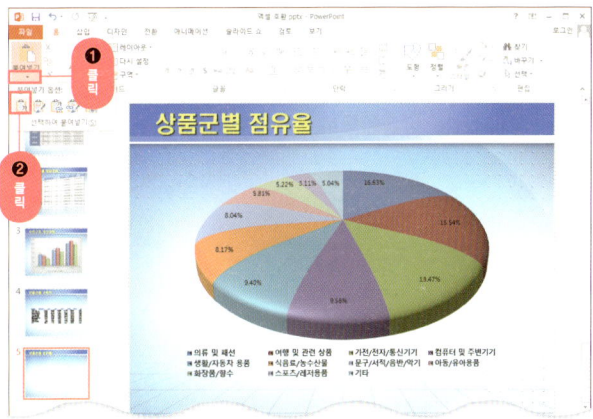

03 데이터를 수정하려면 ❶ 차트 영역을 마우스 오른쪽 단추로 클릭한 후 ❷[데이터 편집]의 ❸[데이터 편집]을 클릭하고 엑셀 창에서 데이터를 수정하면 됩니다.

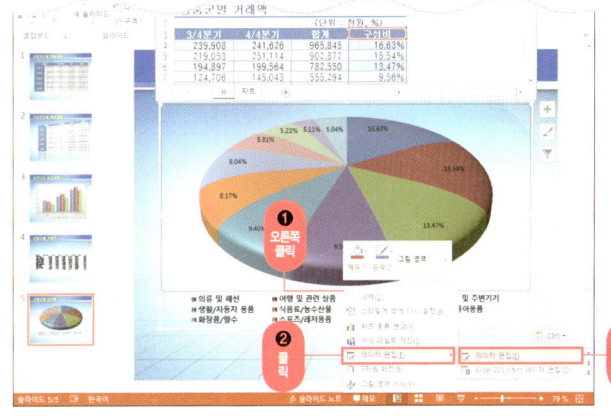

예제_파포\Chapter4\제안서_소리.pptx

소리 파일 삽입과 재생하기

Lesson 6

프레젠테이션에 필요한 소리 파일을 삽입하면 슬라이드 쇼를 진행하면서 소리가 재생되도록 설정할 수 있습니다. 그리고 소리 옵션을 설정하면 프레젠테이션 문서의 배경 음악이 흐르도록 만들 수도 있습니다.

STEP 01 소리 파일 삽입하기

소리 파일을 삽입하면 지루해 하는 청중들의 주위를 환기시킬 수 있습니다. 물론 청중들이 짜증나지 않도록 꼭 필요할 때만 소리 파일을 삽입하는 것이 좋습니다.

01 ❶[삽입] 탭에서 ❷[오디오]를 클릭한 후 ❸[내 PC의 오디오]를 클릭하면 [오디오 삽입] 대화상자가 나타납니다. ❹ 소리 파일을 선택한 후 ❺[삽입] 단추를 클릭합니다.

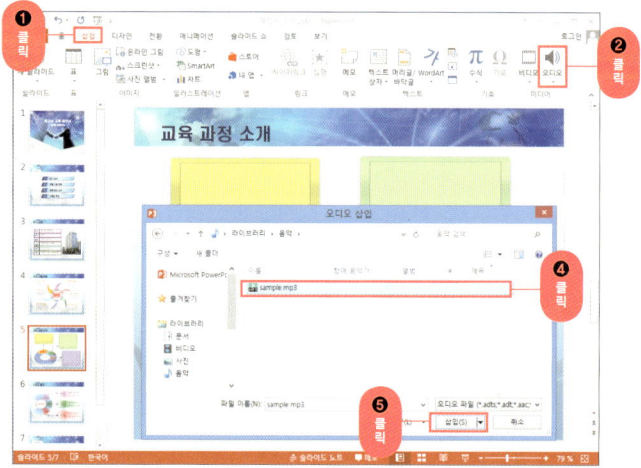

02 소리 파일이 삽입되었다는 표시로 스피커 아이콘이 삽입됩니다. ❶[스피커] 아이콘을 원하는 위치로 이동한 후 [오디오 도구] - ❷[재생] 탭에서 ❸[시작 : 클릭할 때]를 선택합니다.

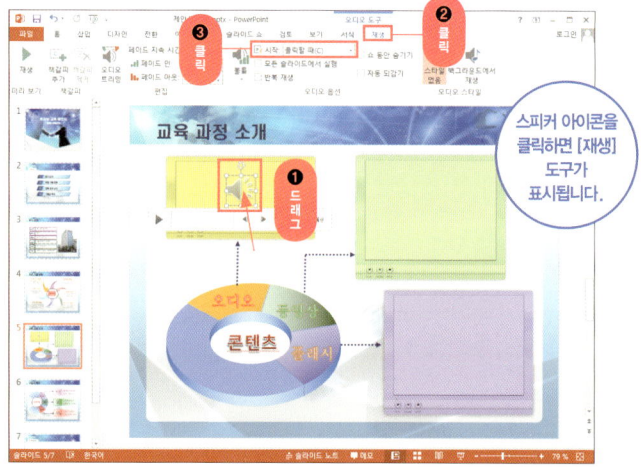

> 스피커 아이콘을 클릭하면 [재생] 도구가 표시됩니다.

> 참고
>
> [시작 : 클릭할 때]를 클릭하면 해당 아이콘을 클릭해야 소리가 재생되고, [자동 실행]을 클릭하면 슬라이드 쇼 진행 시 자동으로 소리 파일이 재생됩니다.

03 ❶ [슬라이드 쇼] 보기를 클릭하거나 Shift + F5 를 눌러 슬라이드 쇼 보기로 전환한 후 ❷ [스피커] 아이콘을 클릭하여 소리가 재생되는지 확인합니다.

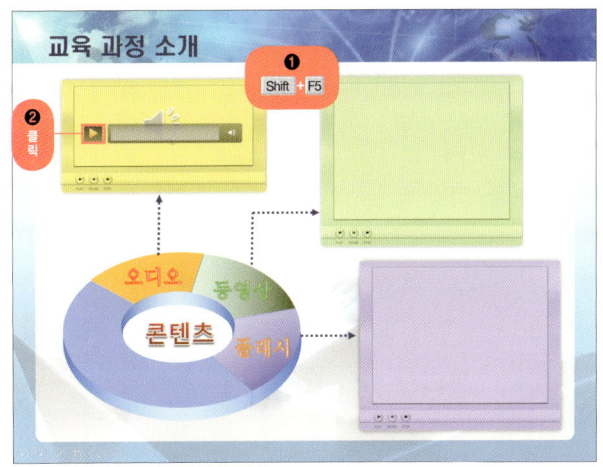

04 ❶ [재생] 탭에서 ❷ [오디오 트리밍]을 클릭하면 [오디오 맞추기] 대화상자가 나타나는데, 여기에서 소리의 ❸ [시작 시간]과 [종료 시간]을 설정한 후 ❹ [확인] 단추를 클릭합니다.

> **참고**
> [페이드 인]과 [페이드 아웃]을 설정하면 소리가 자연스럽게 시작하고 끝나도록 설정할 수 있습니다.

05 프레젠테이션의 배경 문서로 설정하려면 [재생] 탭에서 [백그라운드에서 재생]을 클릭하세요.

> **참고**
> [백그라운드에서 재생]을 클릭하면 자동으로 [오디오 옵션]의 [시작 : 자동 실행], [모든 슬라이드에서 실행], [반복 재생], [쇼 동안 숨기기]가 선택됩니다.

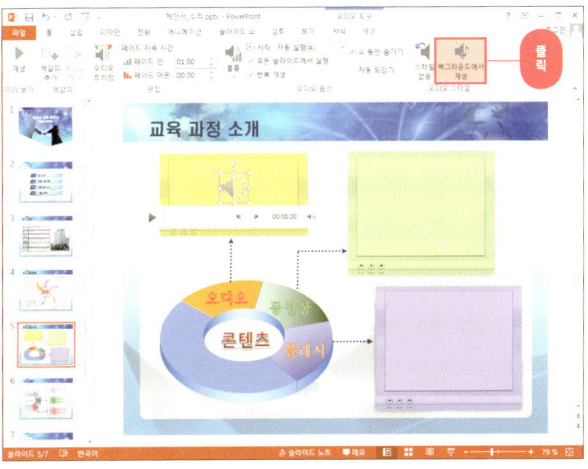

예제_파포\Chapter4\제안서_동영상.pptx

동영상 파일 삽입과 재생하기

Lesson 7

프레젠테이션 문서에 동영상 파일을 삽입하면 다른 어떤 개체의 삽입보다 더욱 효과적으로 정보를 전달할 수 있습니다.

STEP 01 동영상 파일 삽입하기

동영상 파일도 314쪽의 소리 파일과 마찬가지로 개체를 삽입한 후 [자동 실행]과 [클릭하여 실행]을 선택하여 재생할 수 있습니다.

01 ❶ [삽입] 탭에서 ❷ [비디오]의 [내 PC의 비디오]를 클릭하면 [비디오 삽입] 대화상자가 나타납니다. ❸ 비디오 파일을 선택한 후 ❹ [삽입] 단추를 클릭합니다.

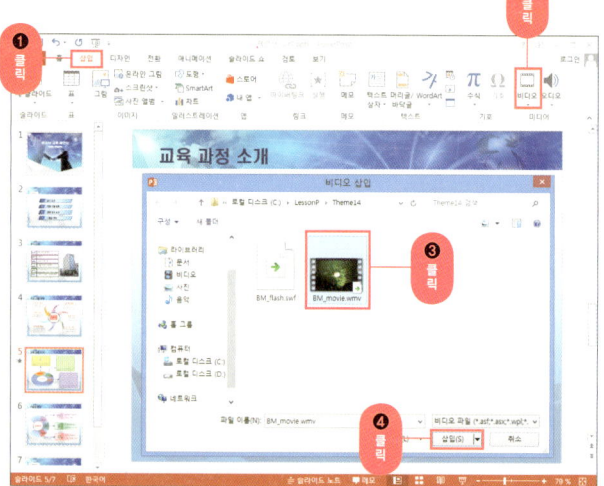

02 ❶ 비디오 클립을 적당한 위치로 드래그한 후 크기를 조절합니다. ❷ [재생] 단추를 클릭한 후 비디오 클립의 그림으로 사용할 위치에서 일시 정지하고 ❸ [서식] 탭의 ❹ [포스터 틀]의 ❺ [현재 틀]을 클릭합니다.

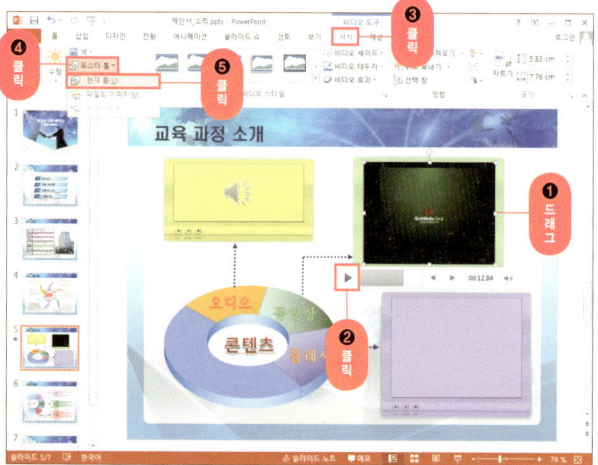

03 ❶[재생] 탭에서 ❷[전체 화면 재생]에 체크 표시합니다.

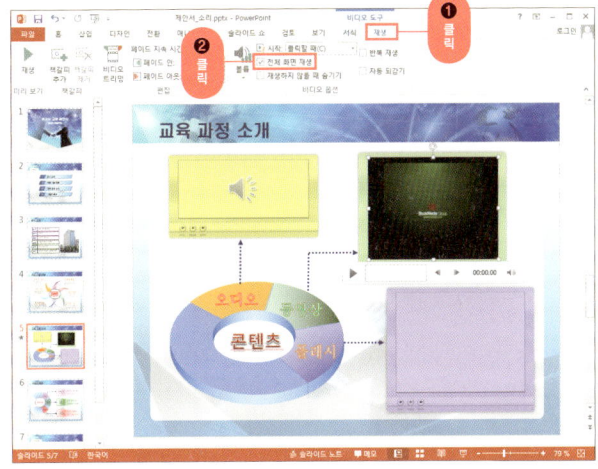

04 ❶[슬라이드 쇼] 보기를 클릭하거나 Shift + F5 를 눌러 슬라이드 쇼 보기로 전환한 후 비디오 클립의 ❷[재생] 아이콘을 클릭합니다.

> **주의**
> 따라하기 03번에서 [전체 화면 재생]에 체크 표시하지 않았다면 슬라이드 쇼에 상태에서 바로 재생됩니다.

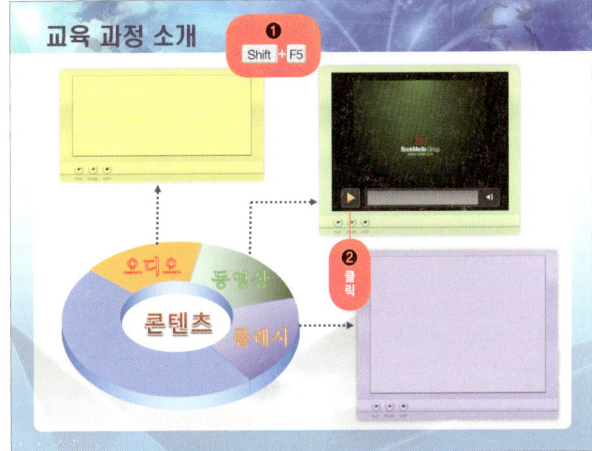

05 삽입한 비디오 클립이 전체 화면으로 재생됩니다.

예제_파포\Chapter4\제안서_플래시.pptx

플래시 파일 삽입과 재생하기

Lesson 8

프레젠테이션 문서에 동영상 파일 외에 플래시 파일도 삽입할 수 있습니다. 플래시 파일은 [개발 도구]의 [컨트롤]의 [Shockwave Flash Object]를 추가하여 삽입할 수 있습니다.

STEP 01 플래시 파일 삽입하기

플래시 파일을 삽입하려면 먼저 리본 메뉴에 [개발 도구]가 표시되도록 설정한 후 [Shockwave Flash Object]를 추가해야 합니다.

01 ❶ [파일] 탭의 [옵션]을 클릭한 후 [PowerPoint 옵션] 대화상자의 ❷ [리본 사용자 지정] 범주에서 ❸ [개발 도구]에 체크 표시하고 ❹ [확인] 단추를 클릭합니다.

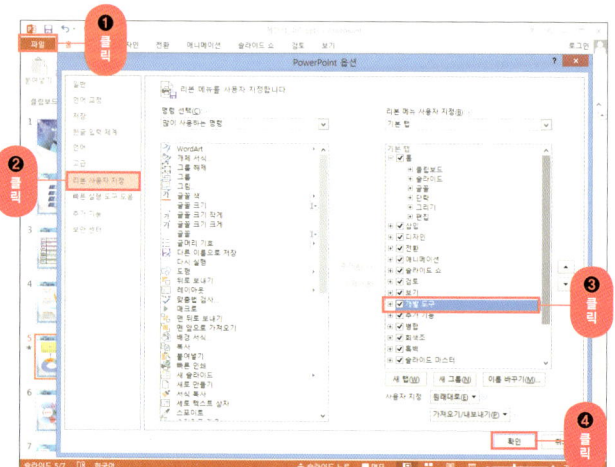

02 추가로 표시된 ❶ [개발 도구] 탭에서 ❷ [기타 컨트롤]을 클릭한 후 ❸ [Shockwave Flash Object]를 선택하고 ❹ [확인] 단추를 클릭합니다.

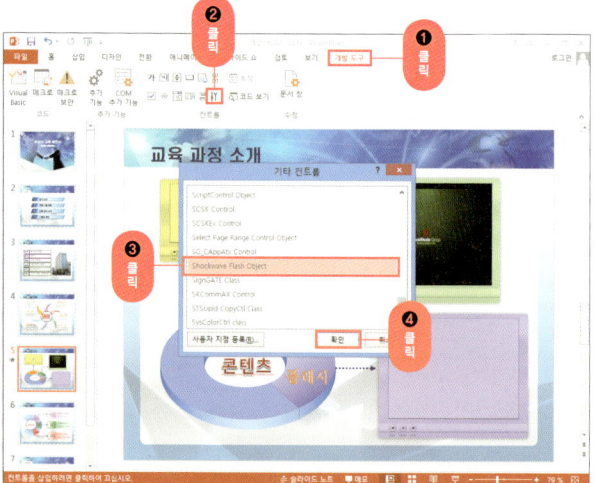

03 ❶ 플래시를 삽입할 영역을 드래그한 후 [개발 도구] 탭의 ❷ [속성]을 클릭합니다.

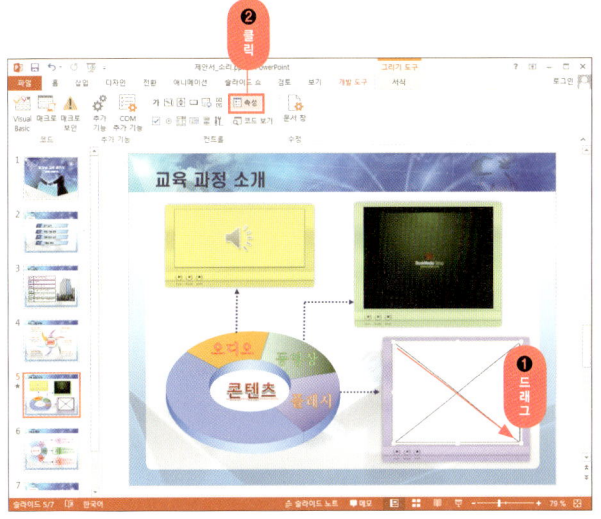

04 [속성] 창이 나타나면 ❶ [Movie]에 삽입할 플래시 파일인 [BM_flash.swf]를 입력한 후 ❷ [닫기] 단추를 클릭합니다.

> **참고**
>
> [속성] 창의 [Playing]을 [False]로 설정하면 슬라이드 쇼를 실행할 때 플래시가 자동으로 재생되지 않습니다. 이러한 경우 삽입할 플래시를 마우스 오른쪽 단추로 클릭한 후 [재생]을 클릭하세요.

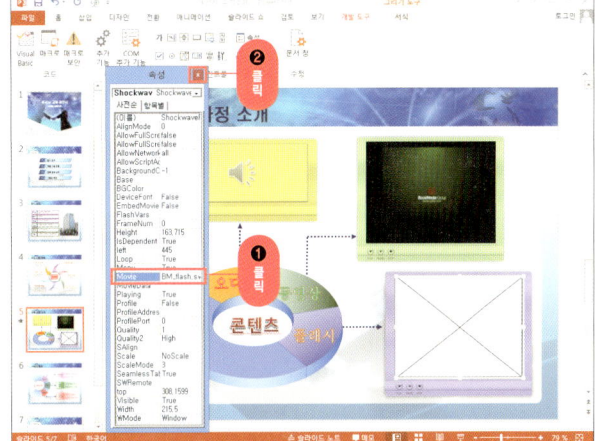

05 [슬라이드 쇼] 보기를 클릭하거나 Shift + F5 를 눌러 슬라이드 쇼를 실행한 후 플래시 파일이 제대로 재생되는지 확인합니다.

> **주의**
>
> 여기에서는 작업하는 문서 파일과 플래시 파일이 같은 폴더에 있으므로 파일 이름만 입력하는 것입니다. 만약 플래시 파일이 다른 폴더에 있다면 [C:\폴더명\파일명]과 같이 모든 경로를 입력해야 합니다.

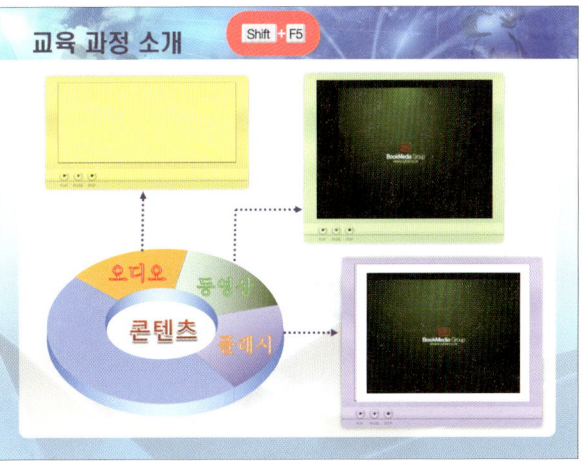

예제_파포\Chapter4\제안서_하이퍼링크.pptx

하이퍼링크로 연결하여 이동하기

Lesson 9

하이퍼링크(hyperlink)는 다른 위치와 연결하여 이동하는 것을 말합니다. 프레젠테이션 문서에서 하이퍼링크를 이용하면 인터넷 사이트나 이메일 또는 다른 슬라이드 문서를 현재 작업 중인 슬라이드에 연결할 수 있습니다.

STEP 01 다른 슬라이드로 연결하기

일반 도형이나 그림, 텍스트 등에 하이퍼링크를 연결할 수 있습니다. 여기에서는 목차 도형을 클릭하면 해당 슬라이드로 이동하도록 연결하겠습니다.

01 ❶ [주요 사업 현황] 도형을 선택한 후 ❷ [삽입] 탭에서 ❸ [하이퍼링크]를 클릭합니다.

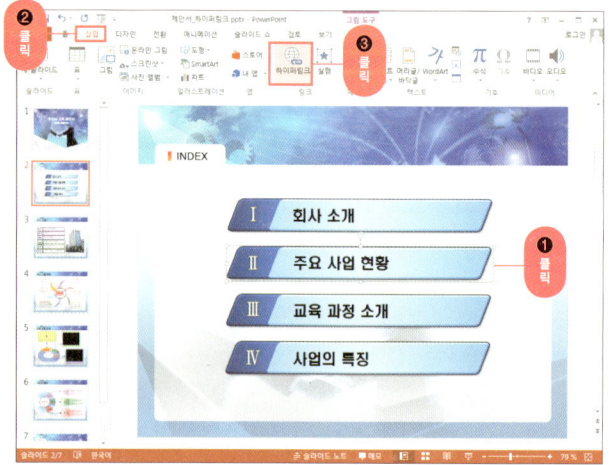

> **주의**
> 그룹으로 묶은 개체는 하이퍼링크로 연결할 수 없으므로, 이러한 경우 그룹을 해제한 후 도형이나 텍스트 등에 하이퍼링크를 각각 연결해야 합니다.

02 [하이퍼링크 삽입] 대화상자가 나타납니다. ❶ [현재 문서]에서 ❷ 이동하려는 슬라이드를 선택한 후 ❸ [확인] 단추를 클릭합니다.

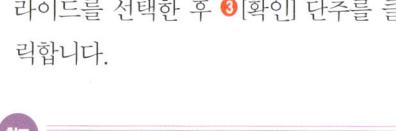

> **참고**
> [기존 파일/웹 페이지]를 선택하면 다른 파일의 슬라이드를 연결할 수 있습니다.

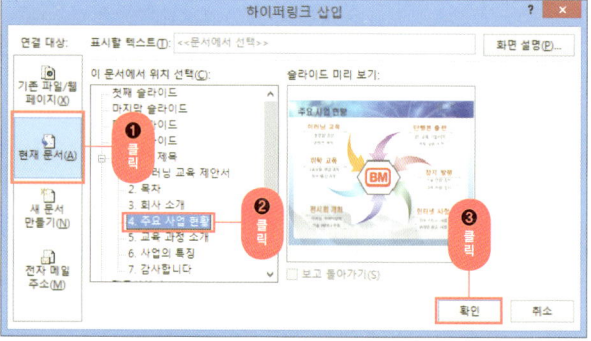

03 선택한 도형에 하이퍼링크를 연결했습니다. 하이퍼링크를 확인하기 위해 [슬라이드 쇼 보기]를 클릭하거나 Shift + F5 를 누릅니다.

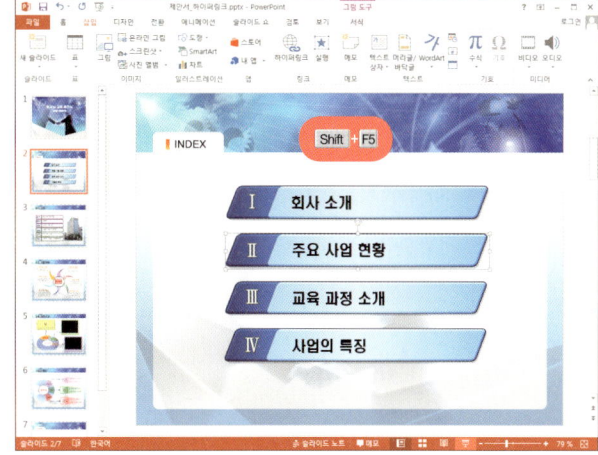

> **참고**
> 하이퍼링크가 연결된 도형을 마우스 오른쪽 단추로 클릭하면 [하이퍼링크 편집]이나 [하이퍼링크 열기], [하이퍼링크 제거] 등을 클릭할 수 있습니다.

04 하이퍼링크로 연결한 도형 위에 마우스 포인터를 위치하면 마우스 포인터가 손 모양으로 바뀝니다. 두 번째 도형을 클릭합니다.

> **주의**
> 여기에서는 도형에만 하이퍼링크를 연결했으므로 텍스트 부분을 클릭하면 하이퍼링크로 연결되지 않습니다.

05 두 번째 도형과 연결된 '주요 사업 현황' 슬라이드가 연결됩니다.

> **key** 하이퍼링크 삽입 : Ctrl + K

STEP 02 실행 설정으로 다른 슬라이드 연결하기

일반 도형이나 그림, 텍스트 등에 하이퍼링크를 연결할 수 있습니다. 여기에서는 목차 도형을 클릭하면 해당 슬라이드로 이동하도록 연결하겠습니다.

01 ❶ [주요 사업 현황] 도형을 선택한 후 ❷ [삽입] 탭에서 ❸ [하이퍼링크]를 클릭합니다.

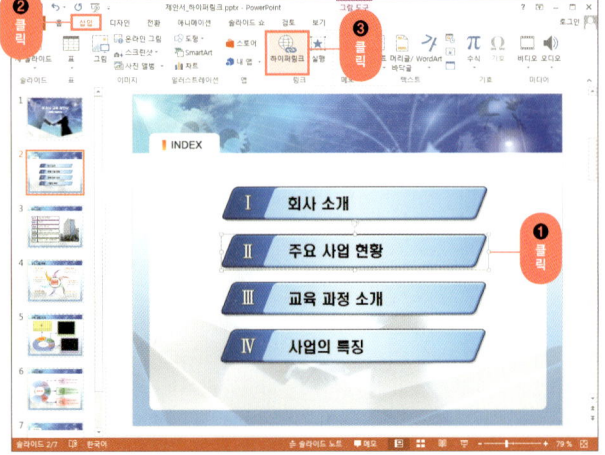

> **주의**
> 그룹으로 묶은 개체는 하이퍼링크로 연결할 수 없으므로 이러한 경우 그룹을 해제한 후 도형이나 텍스트 등에 하이퍼링크를 각각 연결해야 합니다.

02 [실행 설정] 대화상자가 나타납니다. ❶ [하이퍼링크]의 [첫째 슬라이드]를 선택한 후 ❷ [확인] 단추를 클릭합니다.

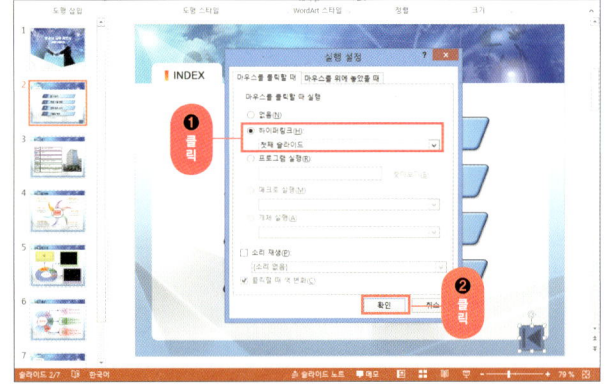

> **참고**
> [하이퍼링크]의 드롭다운 단추를 클릭한 후 [슬라이드]를 클릭하면 다른 슬라이드를 선택할 수 있습니다.

03 ❶ [슬라이드 쇼] 보기를 클릭하거나 Shift + F5 를 눌러 슬라이드 쇼를 실행한 후 ❷ 하이퍼링크가 설정된 [실행] 단추를 클릭하면 첫째 슬라이드로 이동합니다.

인터넷 사이트로 연결하기

하이퍼링크로 인터넷 사이트에 연결하는 것은 기본입니다. 여기에서는 텍스트에 인터넷 사이트를 연결하겠습니다.

01 ❶ 인터넷 주소를 드래그하여 선택한 후 ❷ [삽입] 탭에서 ❸ [하이퍼링크]를 클릭합니다.

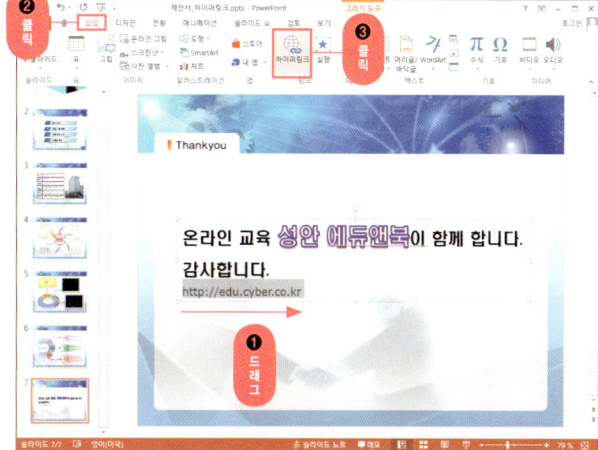

> 참고
> 텍스트를 드래그하여 선택한 후 마우스 오른쪽 단추로 클릭하고 [하이퍼링크]를 클릭해도 됩니다.

02 [하이퍼링크 삽입] 대화상자가 나타납니다. ❶ [기존 파일/웹 페이지]에서 ❷ [주소]에 이동하려는 인터넷 사이트의 주소를 입력한 후 ❸ [확인] 단추를 클릭합니다.

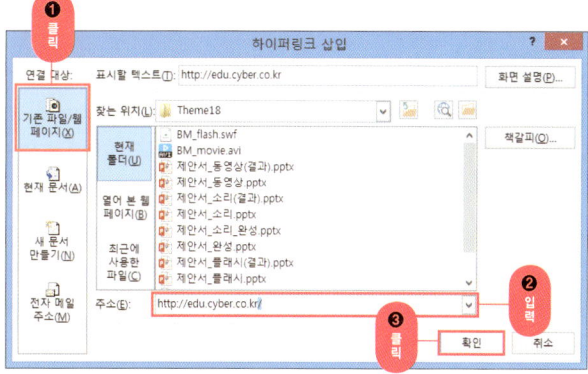

> 참고
> [전자 메일 주소]를 선택한 후 메일 주소를 입력하면 이메일을 연결할 수 있습니다.

03 ❶ [슬라이드 쇼] 보기를 클릭하거나 Shift + F5를 눌러 슬라이드 쇼를 실행한 후 ❷ 하이퍼링크가 설정된 [텍스트]를 클릭하면 연결된 인터넷 사이트가 나타납니다.

차트 삽입하기

연습파일 예제_파포\Chapter4\실무_표와 차트.pptx   완성파일 예제_파포\Chapter4\실무_표와 차트_결과.pptx

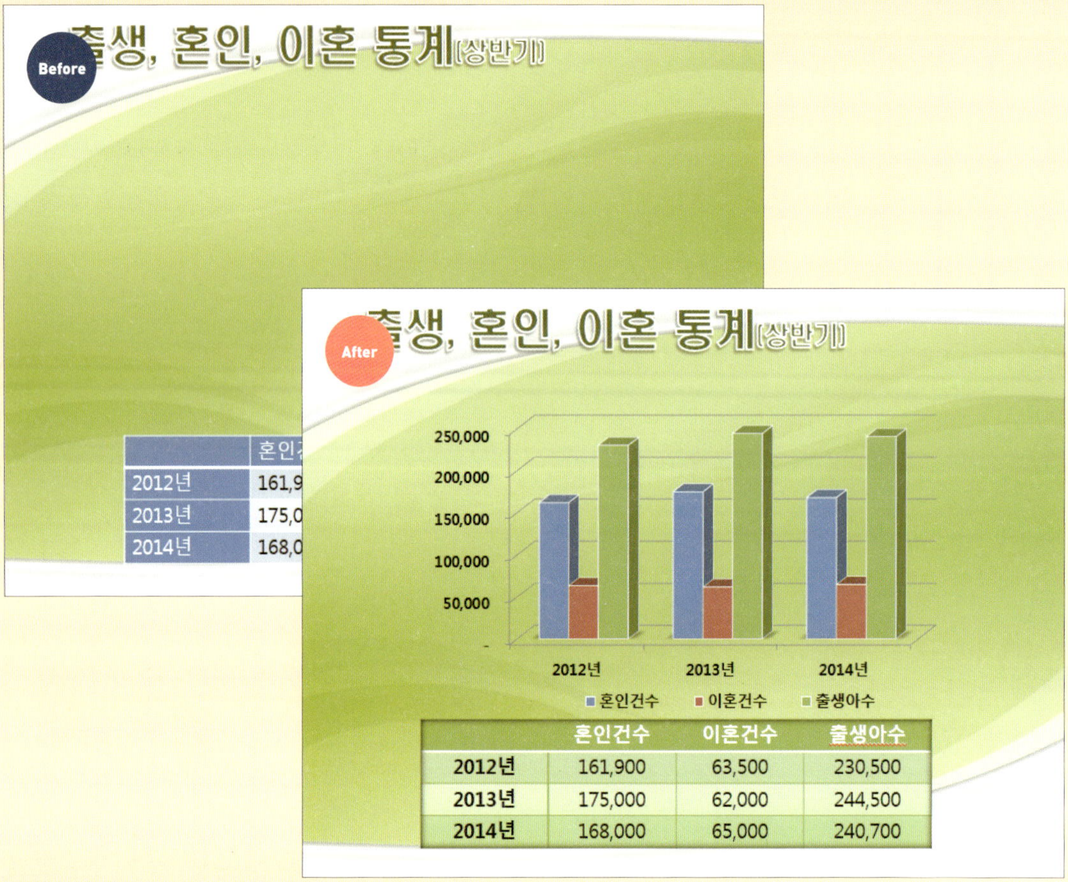

① 표의 첫째 열과 첫째 행의 [글꼴]을 '굵게'로, [맞춤]을 '가운데 맞춤'으로 지정합니다.

② [표 스타일]을 '테마 스타일 1 – 강조 3'으로, [효과]를 '그림자 – 안쪽 가운데'로 지정합니다.

③ 표 데이터를 기반으로 [세로 막대형]의 [3차원 묶은 세로 막대형]의 차트를 삽입합니다.

④ [차트 스타일]을 '스타일 10'으로 지정한 후 [레이아웃] 탭에서 [범례]의 위치를 아래쪽으로 이동합니다.

⑤ 차트의 [3차원 회전]에서 '직각으로 축 고정'으로 지정합니다.

⑥ 차트의 [글꼴]을 '맑은 고딕, 14pt, 굵게'로 지정한 후 그림 영역과 범례의 위치를 보기 좋게 이동합니다.

CHAPTER 5

프레젠테이션의 꽃!
슬라이드 쇼
진행하기

Lesson 01 ｜ 슬라이드에 화면 전환 효과 적용하기	Lesson 04 ｜ 슬라이드를 다양한 형식으로 저장하기
Lesson 02 ｜ 다양한 사용자 지정 애니메이션 적용하기	Lesson 05 ｜ 슬라이드와 유인물, 슬라이드 노트 인쇄하기
Lesson 03 ｜ 멋진 발표를 위한 슬라이드 쇼 진행하기	실무 따라잡기 ｜ 목차가 순서대로 나오는 애니메이션 지정하기

EXCEL & POWERPOINT & WORD 2013

예제_파포\Chapter5\화면 전환.pptx

슬라이드에 화면 전환 효과 적용하기

Lesson 1

슬라이드 쇼를 진행하면서 다음 슬라이드로 넘어갈 때 화면 전환 효과를 적용하면, 청중들이 슬라이드에 집중하도록 만들 수 있습니다. 화면 전환 효과는 일부 슬라이드만 적용하거나 전체 슬라이드에 적용할 수 있습니다.

STEP 01 화면 전환하기

화면 전환 효과는 복잡한 애니메이션을 설정하지 않고도 간단하게 애니메이션 효과를 줄 수 있습니다.

01 ❶ [전환] 탭에서 ❷ [자세히] 단추 ▼ 를 클릭합니다.

> **참고**
> 슬라이드의 [기본] 보기에 화면 전환 효과를 선택하면 해당 효과를 곧바로 확인할 수 있습니다. 하지만 슬라이드의 전체 구성을 보면서 화면 전환 효과를 적용하려면 [여러 슬라이드] 보기에서 설정하는 것이 좋습니다.

02 화면 전환 갤러리가 나타나면 각각의 화면 전환을 선택하면서 효과를 확인해 보세요. 여기에서는 [페이지 말아 넘기기]를 선택합니다.

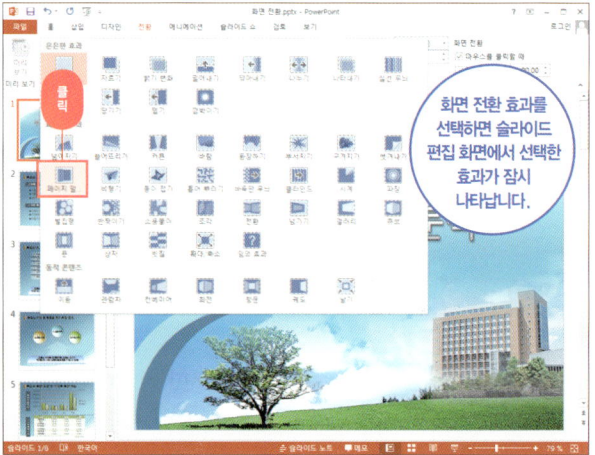

화면 전환 효과를 선택하면 슬라이드 편집 화면에서 선택한 효과가 잠시 나타납니다.

03 슬라이드에 화면 전환 효과를 적용하면 별 모양이 표시됩니다. ❶[효과 옵션]을 클릭한 후 ❷[단일 왼쪽]을 클릭합니다.

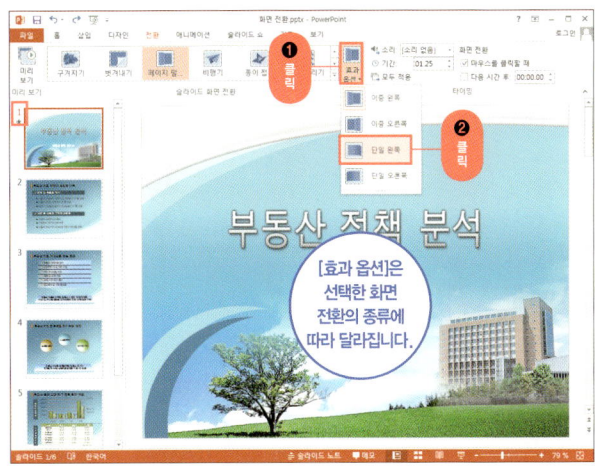

[효과 옵션]은 선택한 화면 전환의 종류에 따라 달라집니다.

04 모든 슬라이드에 적용하려면 [모두 적용]을 클릭합니다.

05 ❶[화면 전환 소리]의 드롭다운 단추를 클릭한 후 ❷[소리]를 클릭하면 화면 전환할 때 들리는 소리를 추가할 수 있습니다. ❸ F5 를 눌러 슬라이드 쇼를 진행하면서 화면 전환 효과를 확인해 보세요.

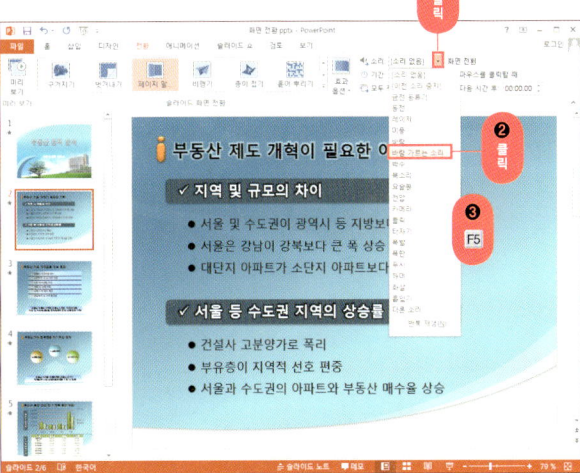

주의 화면 전환의 소리는 청중들에게 짜증을 유발할 수 있으므로, 주위를 환기시킬 수 있는 특정 슬라이드에만 적용하는 것이 좋습니다.

STEP 02 화면을 자동 전환하기

화면 전환 효과에서 자동 전환 시간을 설정하면, 마우스를 클릭하지 않고도 일정한 시간이 흐른 후 자동으로 다음 슬라이드로 넘어갑니다.

01 [전환] 탭의 [타이밍] 그룹에서 ❶[다음 시간 후]에 시간을 입력한 후 ❷[모두 적용]을 클릭합니다.

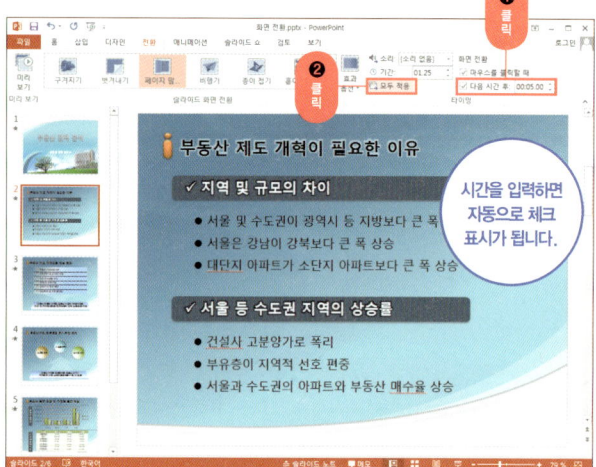

시간을 입력하면 자동으로 체크 표시가 됩니다.

02 [여러 슬라이드] 보기를 클릭하면 슬라이드 쇼의 진행 시간을 확인할 수 있습니다.

> 참고
> 슬라이드 쇼의 진행 시간은 341쪽의 [예행 연습]을 통해 측정하는 것이 좋습니다.

03 F5를 눌러 슬라이드 쇼를 진행합니다. 이때 자동으로 화면 전환 효과를 적용했기 때문에 지정한 시간이 흐른 후 곧바로 다음 슬라이드로 넘어가는 것을 볼 수 있습니다.

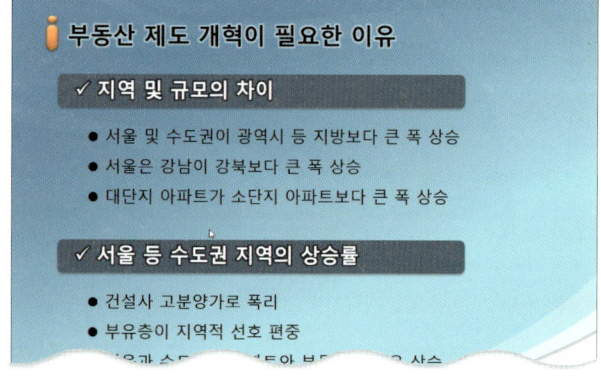

예제_파포\Chapter5\애니메이션.pptx

다양한 사용자 지정 애니메이션 적용하기

Lesson 2

사용자 지정 애니메이션은 사용자가 직접 원하는 애니메이션을 적용하는 것입니다. 애니메이션의 종류에는 개체의 나타내기와 강조, 끝내기, 원하는 방향에서 이동하는 것이 있습니다. 이번에는 개체와 텍스트, 차트, 표에 애니메이션을 적용하는 방법에 대해 알아보겠습니다.

STEP 01 여러 개체에 애니메이션 적용하기

각각의 개체에 다양한 애니메이션을 적용할 수 있으며, [애니메이션 복사]를 이용하면 다른 개체에도 같은 애니메이션을 적용할 수 있습니다.

01 ❶ '신고의무화' 개체를 선택한 후 ❷ [애니메이션] 탭에서 [애니메이션 그룹의 ❸ [자세히] ▼를 클릭합니다.

> **주의**
> 여러 개로 구성된 개체는 하나의 그룹으로 묶은 후 애니메이션을 적용하는 것이 좋습니다. 예제의 개체도 그림과 텍스트 상자를 하나의 그룹으로 묶었습니다. 그룹에 대해서는 289쪽을 참고하세요.

02 [애니메이션] 갤러리가 나타납니다. [나타내기]의 [날아오기]를 클릭합니다.

> **참고**
> 애니메이션의 목록은 최근에 사용한 애니메이션 효과가 표시됩니다. [추가 나타내기 효과]를 클릭하면 목록에 표시되지 않은 다른 애니메이션 효과를 선택할 수 있습니다.

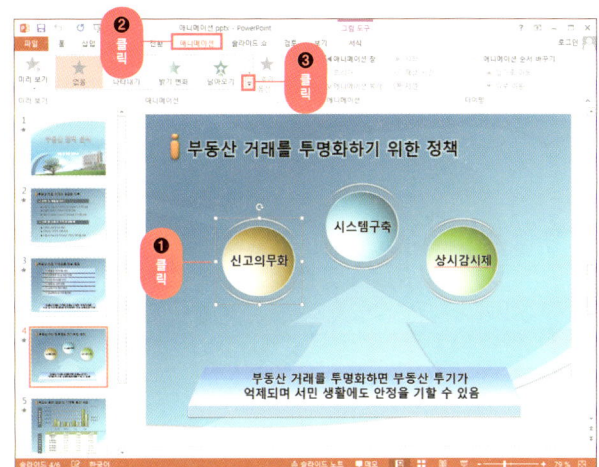

03 선택한 애니메이션을 다른 개체에도 적용하기 위해 ❶ '신고의무화' 개체를 선택한 후 ❷ [애니메이션 복사]를 더블클릭하고 ❸ '시스템구축'을 클릭합니다.

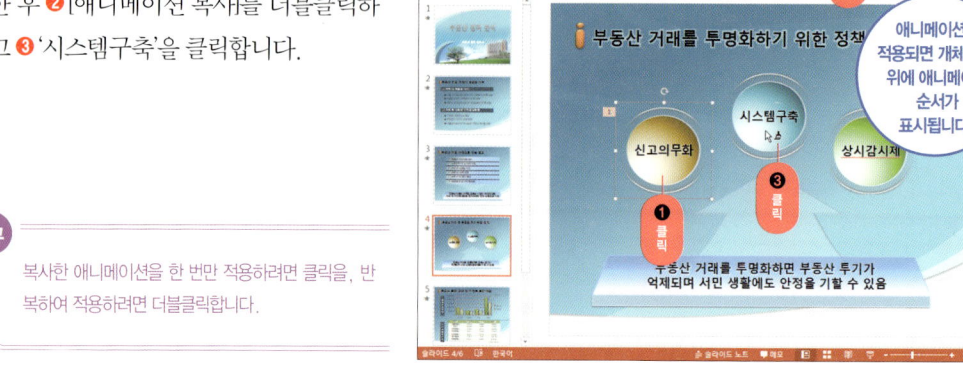

> **참고**
> 복사한 애니메이션을 한 번만 적용하려면 클릭을, 반복하여 적용하려면 더블클릭합니다.

04 '시스템구축' 개체에 애니메이션이 적용됩니다. 계속해서 '상시감시제' 개체를 클릭합니다.

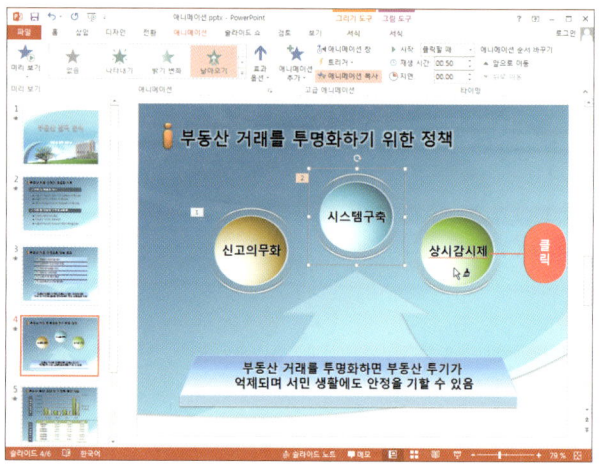

> **주의**
> 따라하기 03번에서 [애니메이션 복사]를 더블클릭이 아니라 한 번만 클릭했다면, 다시 한번 [애니메이션 복사]를 클릭해야 합니다.

05 '상시감시제' 개체에도 선택한 애니메이션이 적용됩니다. ❶ 애니메이션 복사를 중지하기 위해 Esc 를 누른 후 ❷ [미리 보기]를 클릭하여 적용한 애니메이션을 확인합니다.

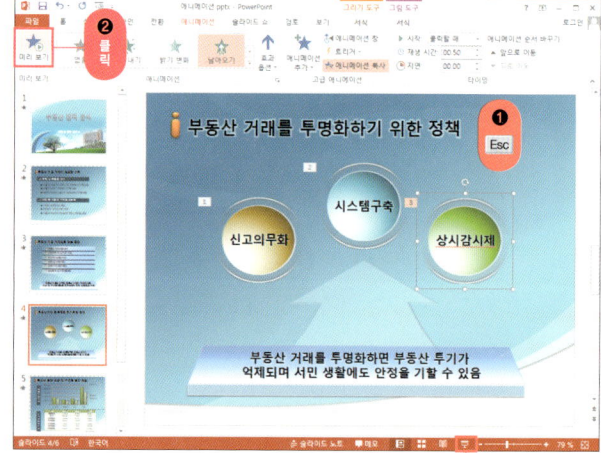

> **참고**
> 애니메이션을 확인하려면 [애니메이션] 탭의 [미리 보기] 그룹에서 [미리 보기]를 클릭하거나, [사용자 지정 애니메이션] 작업 창에서 [재생] 단추를 클릭합니다.

텍스트에 애니메이션 적용하기

텍스트에 애니메이션을 적용하면 글자 단위로 애니메이션 효과를 줄 수 있습니다. 여기에서는 텍스트에 [휘돌아 나타내기] 애니메이션을 적용하겠습니다.

01 ❶ [텍스트 상자]를 선택한 후 [애니메이션] 그룹의 [자세히] 단추를 클릭하고 ❷ [추가 나타내기 효과]를 클릭합니다.

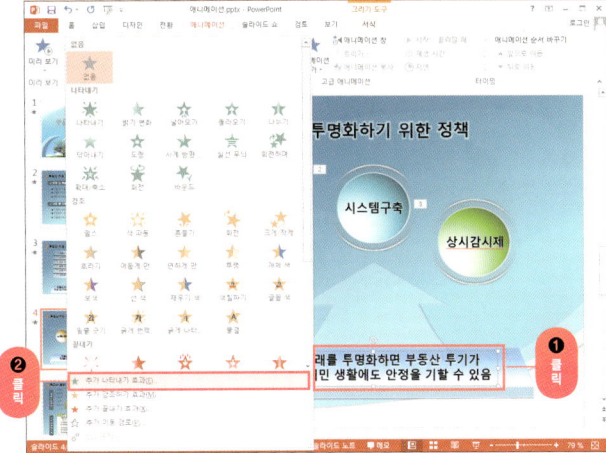

02 [나타내기 효과 변경] 대화상자가 나타나면 [화려한 효과]의 ❶ [휘돌아 나타내기]를 선택한 후 ❷ [확인] 단추를 클릭합니다.

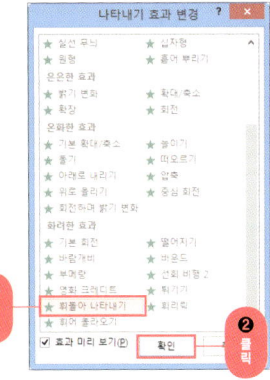

03 [미리 보기]를 클릭하여 사용자 지정 애니메이션이 제대로 적용되는지 확인합니다.

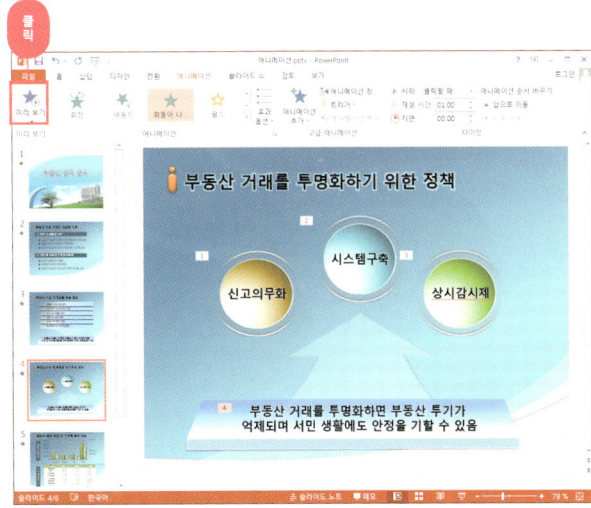

> **참고**
> [미리 보기]를 클릭하면 모든 애니메이션이 순서대로 진행됩니다. 애니메이션의 시작도 함께 확인하려면 Shift + F5를 누른 후 슬라이드 쇼에서 실행하는 것이 좋습니다.

331

애니메이션의 속도와 시작 변경하기

애니메이션을 적용하면 기본적으로 마우스를 클릭했을 때 실행되도록 설정됩니다. 여기에서는 애니메이션이 이전 효과와 함께 및 다음에 시작되도록 순서를 변경하겠습니다.

01 ❶ [애니메이션 창]을 클릭하면 오른쪽에 [애니메이션 창]이 표시됩니다. ❷ Ctrl 을 이용하여 두 번째와 세 번째 애니메이션을 선택한 후 ❸ 드롭다운 단추를 클릭하고 ❹ [이전 효과와 함께 시작]을 클릭합니다.

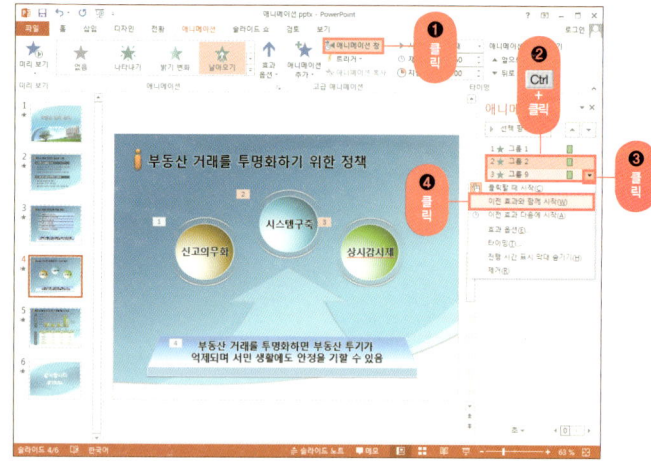

02 ❶ 두 번째 애니메이션의 드롭다운 단추를 클릭한 후 ❷ [이전 효과 다음에 시작]을 클릭합니다.

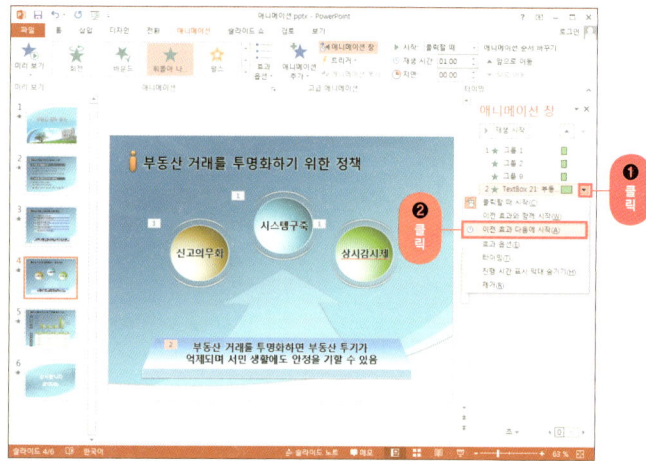

> **참고**
> 두 번째와 세 번째 애니메이션이 첫 번째 애니메이션과 함께 시작되므로 [1]번으로 바뀌고, 네 번째 애니메이션의 순서 번호는 [4]번에서 [2]번로 바뀝니다.

03 ❶ [지연]을 [01:00]으로 설정하여 첫 번째 애니메이션이 끝난 후 1초 이후에 시작되도록 설정합니다. 애니메이션 설정이 끝나면 ❷ [미리 보기]를 클릭하여 확인합니다.

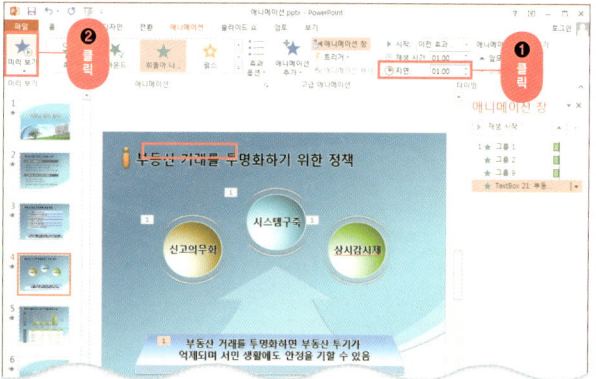

차트에 애니메이션 적용하기

차트에 애니메이션을 적용하면 차트의 계열이나 항목별로 애니메이션 효과를 줄 수 있습니다. 여기에서는 차트의 항목별로 [닦아내기] 애니메이션을 적용하겠습니다.

01 ❶ 차트를 클릭한 후 [애니메이션] 탭에서 [애니메이션]의 [자세히] 단추를 클릭하고 ❷ [닦아내기]를 클릭합니다.

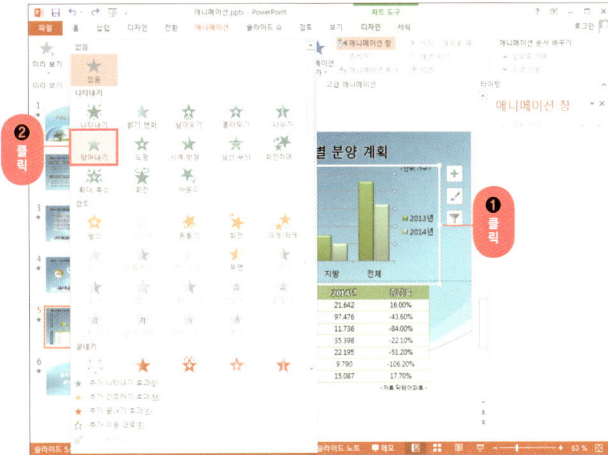

02 ❶ [효과 옵션]을 클릭한 후 ❷ [항목별로]를 클릭합니다.

> **참고**
>
> [항목별로]를 선택하면 '수도권, 광역시, 지방, 전체'의 순서대로 애니메이션이 실행되고, [계열별로]를 선택하면 '2013년, 2014년'의 순서대로 애니메이션이 실행됩니다.

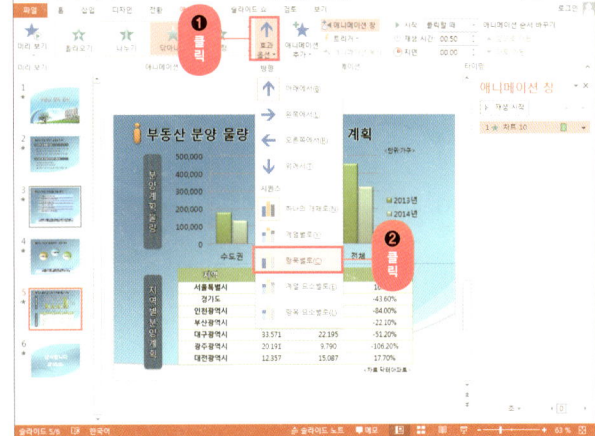

03 ❶ 차트 항목들을 선택한 후 ❷ [시작]은 [이전 효과 다음에]로 설정합니다.

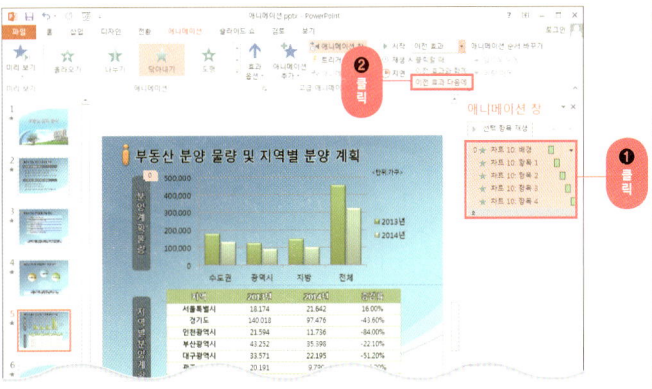

STEP 05 표에 애니메이션 적용하기

슬라이드에 삽입한 표에도 일반 개체처럼 애니메이션 효과를 적용할 수 있습니다. 여기에서는 표에 [블라인드] 애니메이션을 적용하겠습니다.

01 ❶ 표를 선택한 후 [애니메이션] 탭에서 [애니메이션]의 [자세히] 단추를 클릭하고 ❷ [추가 나타내기 효과]를 클릭합니다.

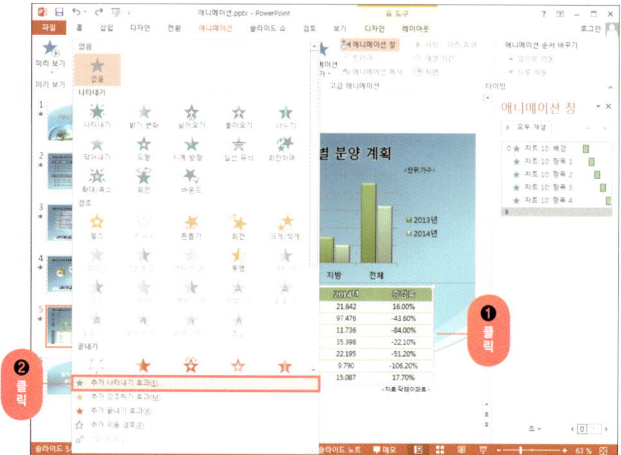

02 [나타내기 효과 변경] 대화상자가 나타나면 [기본 효과]의 ❶ [블라인드]를 선택한 후 ❷ [확인] 단추를 클릭합니다.

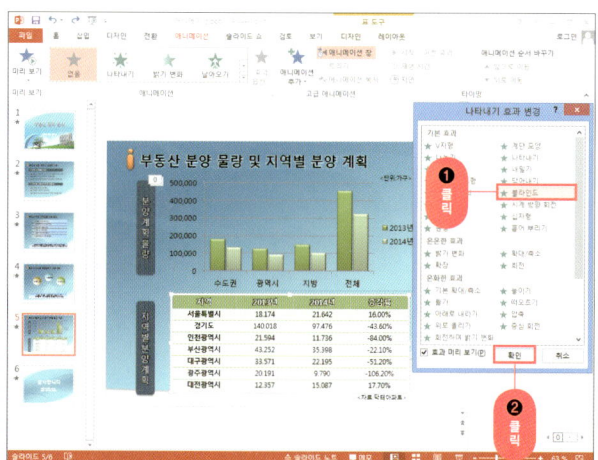

03 [미리 보기]를 클릭하여 사용자 지정 애니메이션을 제대로 적용했는지 확인합니다.

> **참고**
> 이미 적용된 애니메이션을 선택하면 [사용자 지정 애니메이션] 작업창의 [효과 적용] 단추가 [변경] 단추로 바뀌는데, 여기에서 애니메이션을 다른 것으로 변경할 수 있습니다. 또 [제거] 단추를 클릭하면 애니메이션을 삭제할 수 있습니다.

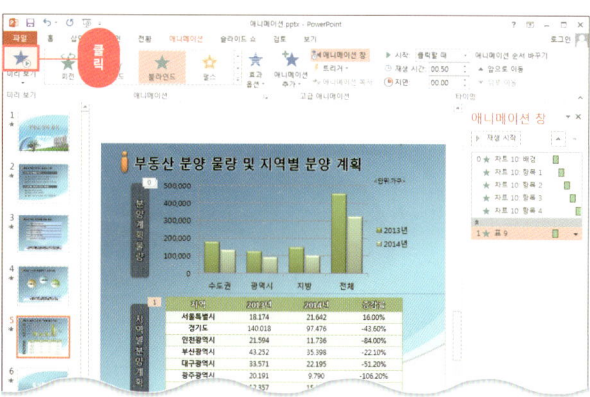

예제_파포\Chapter5\슬라이드 쇼.pptx

멋진 발표를 위한 슬라이드 쇼 진행하기

Lesson 3

슬라이드 쇼를 진행할 때는 발표자의 의도에 맞게 슬라이드를 자유롭게 이동할 수 있어야 합니다. 파워포인트 2010 버전부터 추가된 [발표자 도구]를 이용하면 청중들이 보는 화면과 달리 다음 슬라이드나 슬라이드 요약, 슬라이드 도구 등을 볼 수 있어 편리합니다.

STEP 01 슬라이드 쇼와 발표자 도구 이용하기

일반적으로 프레젠테이션은 발표자의 노트북에 프로젝터를 연결하여 발표합니다. 그래서 슬라이드 쇼를 시작하면 발표자의 화면에는 [발표자 도구]가 연결된 화면에는 슬라이드 쇼가 표시됩니다.

01 ❶[슬라이드 쇼] 탭에서 ❷[처음부터]를 클릭하면 슬라이드 쇼가 시작됩니다. 하지만 일반적으로 단축키인 F5 를 누르는 것이 훨씬 편합니다.

> **key**
> 슬라이드 쇼 보기 : F5
> 슬라이드 쇼 마침 : Esc
> 현재 슬라이드부터 슬라이드 쇼 : Shift + F5

02 슬라이드 쇼가 시작됩니다. 만약 연결된 모니터가 없는 경우에는 ❶화면 도구 아이콘을 클릭한 후 ❷[발표자 도구 표시]를 클릭합니다.

> 이미 표시된 경우 [발표자 도구 숨기기]로 표시됩니다.

> **참고**
> 화면을 클릭하면 다음 슬라이드로 넘어가고, Esc 를 누르면 슬라이드 쇼를 마칩니다.

03 발표자 도구에는 현재 슬라이드와 다음 슬라이드가 표시됩니다. 다른 슬라이드로 이동하기 위해 [모든 슬라이드 보기]를 클릭합니다.

04 [발표자 도구] 화면이 [모든 슬라이드 보기]로 표시됩니다. 다른 슬라이드로 이동하려는 슬라이드를 클릭합니다.

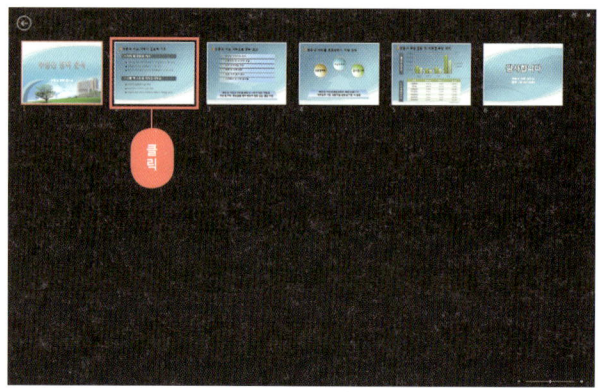

[발표자 도구]의 화면은 청중에게 보이는 슬라이드 쇼에는 적용되지 않습니다.

05 [슬라이드 확대] 아이콘을 클릭하면 슬라이드의 일부분을 크게 확대하여 청중들에게 보여줄 수 있습니다.

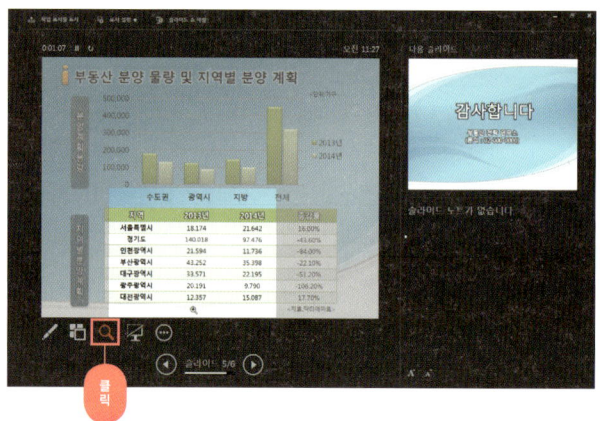

[슬라이드를 검정/흰색으로 보기]를 클릭하면 쉬는 시간에 슬라이드 쇼를 잠시 꺼둘 수 있습니다.

STEP 02 슬라이드 쇼에 레이저 포인터와 펜 이용하기

슬라이드 쇼를 진행할 때 마우스 포인터 대신 레이저 포인터로 표시되도록 설정할 수 있으며, 강조하거나 보충 설명을 적을 경우, 슬라이드에 가상 펜으로 표시할 수 있습니다.

01 ❶[레이저 포인터 및 펜] 도구를 클릭한 후 ❷[레이저 포인터]를 클릭하면 ❸마우스 포인터가 레이저 포인터로 표시되어 슬라이드 쇼를 진행할 수 있습니다.

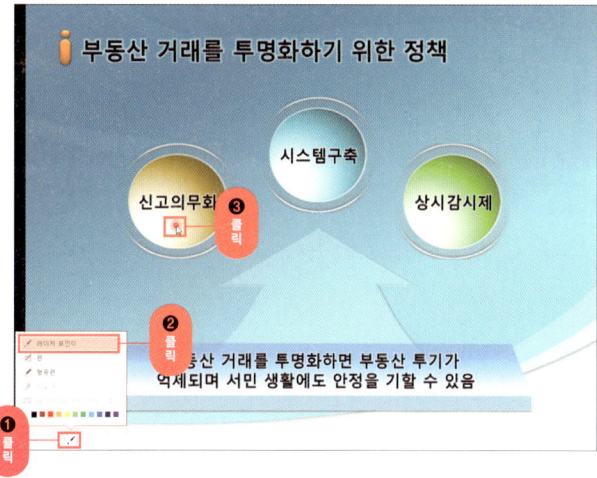

02 ❶[레이저 포인터 및 펜] 도구를 클릭한 후 ❷[펜 색]을 선택하고 ❸[레이저 포인터]를 클릭하면 마우스 포인터가 펜으로 표시되어 슬라이드 쇼 화면에 기록을 할 수 있습니다.

> **key**
> 펜 표시 : Ctrl + P
> 지우개 표시 : Ctrl + E
> 잉크 표시/숨기기 : Ctrl + M
> 잉크 지우기 : E
> 포인터 표시 : Ctrl + A
> 포인터 숨기기 : Ctrl + H
> 검정 화면 표시 : B
> 흰색 화면 표시 : W

03 ❶슬라이드 쇼 화면을 드래그하여 주석을 표시합니다. ❷ Esc 를 누르면 표시한 잉크 주석을 유지할 것인지 묻는 대화상자가 나타나는데, ❸[예] 단추를 클릭하면 편집 화면에 저장할 수 있습니다.

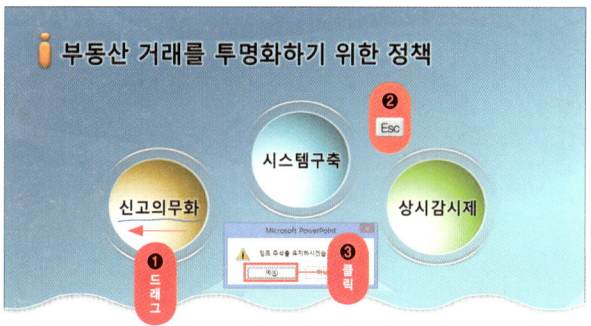

STEP 03 슬라이드 쇼 재구성하기

프레젠테이션을 진행하다 보면 발표 시간이나 갑자기 변경된 일정 때문에 슬라이드를 재구성할 때가 있습니다. 이러한 경우 발표할 핵심 슬라이드만 따로 재구성할 수 있습니다.

01 ❶[슬라이드 쇼 재구성]의 ❷[쇼 재구성]을 클릭합니다.

02 [쇼 재구성] 대화상자가 나타나면 [새로 만들기] 단추를 클릭합니다.

03 [쇼 재구성하기] 대화상자가 나타납니다. ❶[슬라이드 쇼 이름]에 재구성의 이름을 입력한 후 ❷ 재구성할 슬라이드에 체크 표시하고 ❸[추가] 단추를 클릭합니다. 재구성이 끝나면 ❹[확인] 단추를 클릭합니다.

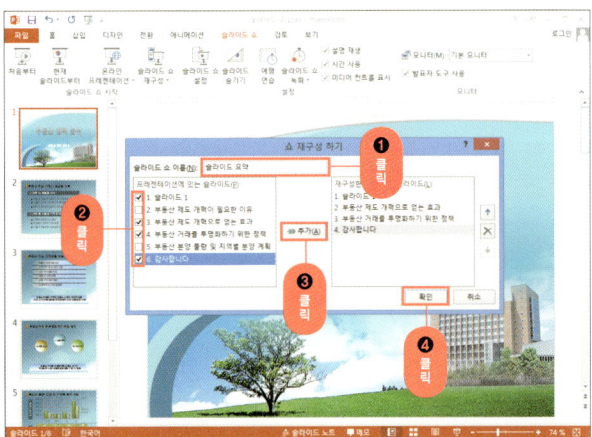

04 다시 [쇼 재구성] 대화상자가 나타나면 [닫기] 단추를 클릭합니다.

> **주의**
> [쇼 재구성] 대화상자에서 [새로 만들기] 단추를 클릭하여 새로운 재구성을 추가하거나 [편집] 단추를 클릭하여 슬라이드 쇼의 구성을 편집할 수 있습니다.

05 ❶ [슬라이드 쇼 재구성]을 클릭하면 재구성한 슬라이드 쇼 목록이 표시됩니다. 재구성한 슬라이드 쇼를 보려면 ❷ [슬라이드 요약]을 클릭합니다.

> **참고**
> 재구성한 슬라이드를 편집하려면 [슬라이드 쇼 재구성]의 [쇼 재구성]을 클릭합니다.

06 슬라이드 쇼의 [발표자 도구]를 보면 슬라이드 쇼가 재구성한 네 개만 표시되는 것을 확인할 수 있습니다.

> **참고**
> 슬라이드를 인쇄할 때 재구성한 슬라이드만 인쇄하도록 설정할 수 있습니다. 슬라이드 인쇄에 대해서는 350쪽을 참고하세요.

STEP 04 슬라이드 숨기기

슬라이드 쇼를 진행하다 보면 몇몇 슬라이드는 청중에게 보여주지 말아야 할 경우가 있는데, 이러한 경우 슬라이드가 표시되지 않도록 슬라이드를 숨길 수 있습니다.

01 ❶ 숨기려는 슬라이드를 선택한 후 [슬라이드 쇼] 탭에서 ❷ [슬라이드 숨기기]를 클릭합니다.

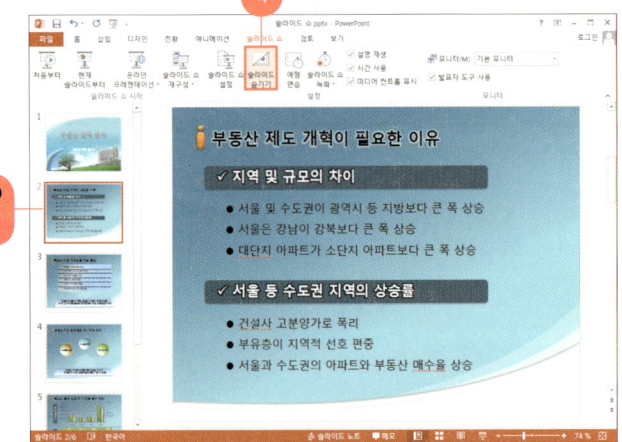

02 [슬라이드] 탭에서 숨겨진 슬라이드는 연한 색상으로 표시되고, 슬라이드 번호에 숨김 표시가 나타납니다. [처음부터]를 클릭하여 슬라이드가 제외되는 것을 확인하세요.

> **참고**
> 숨겨진 슬라이드는 슬라이드 편집 화면에서는 보이지만, 슬라이드 쇼를 진행하면 표시되지 않습니다.

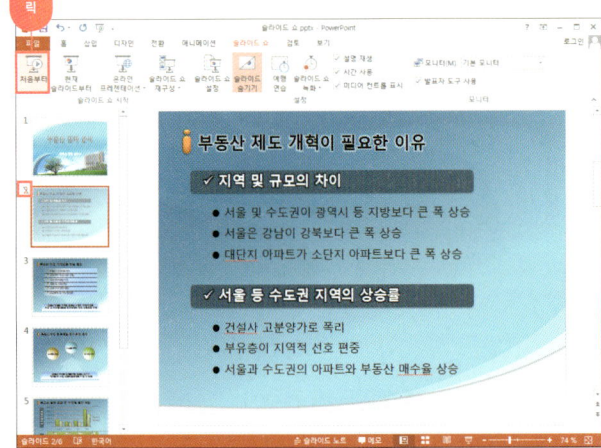

03 슬라이드 쇼의 [발표자 도구]를 보면 다음 슬라이드에서 두 번째 슬라이드가 숨겨진 것을 확인할 수 있습니다.

> **주의**
> 슬라이드 숨기기를 해제하려면 숨겨진 슬라이드를 선택한 후 다시 [슬라이드 숨기기]를 클릭하면 됩니다.

예행 연습하기

프레젠테이션을 진행하기 전에 예행 연습을 하면 부족한 부분을 보완할 수 있고, 프레젠테이션을 진행할 때 얼마의 시간이 소요되는지도 파악할 수 있습니다.

01 [슬라이드 쇼] 탭에서 [예행 연습]을 클릭합니다.

02 [예행 연습] 도구 모음이 나타나면서 슬라이드 쇼가 진행됩니다. ❶ 슬라이드 쇼를 끝내기 위해 Esc 를 누르면 슬라이드 쇼의 총 소요 시간을 알려줍니다. ❷ [예] 단추를 클릭합니다.

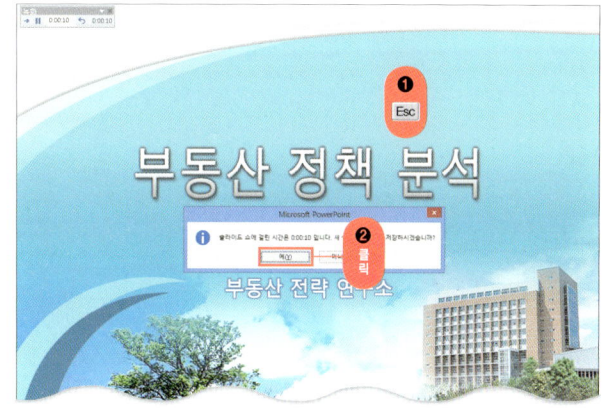

03 예행 연습으로 측정된 시간이 표시됩니다. 표시된 시간을 지우려면 ❶ [슬라이드 쇼 녹화]를 클릭한 후 ❷ [지우기]의 ❸ [모든 슬라이드의 타이밍 지우기]를 클릭합니다.

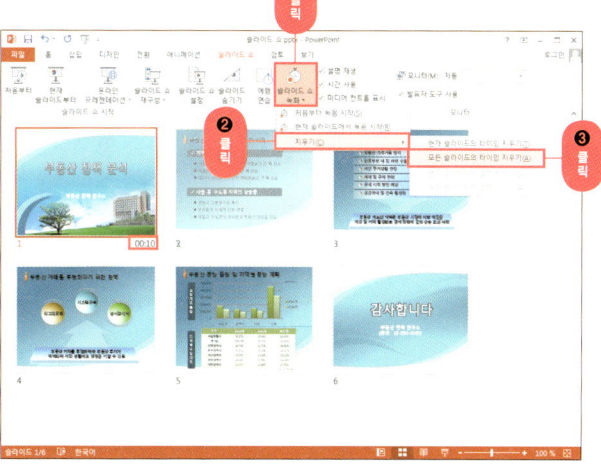

예제_파포\Part04\문서 내보내기.pptx

슬라이드를 다양한 형식으로 저장하기

Lesson 4

파워포인트 문서를 PDF/XPS 파일이나 슬라이드 그림 등으로 저장하여 전달하면 내용을 편집할 수 없습니다. 그리고 CD나 비디오 파일 등으로 저장하여 전달할 수도 있습니다.

STEP 01 파워포인트 문서를 PDF/XPS 파일로 저장하기

파워포인트 문서를 PDF나 XPS 파일로 저장하면 문서의 내용을 편집할 수 없도록 하여 다른 사람에게 전달할 수 있습니다.

01 [파일] 탭을 클릭합니다.

02 ❶ [내보내기]를 클릭한 후 ❷ [PDF/XPS 문서 만들기]의 ❸ [PDF/XPS 문서 만들기]를 클릭합니다.

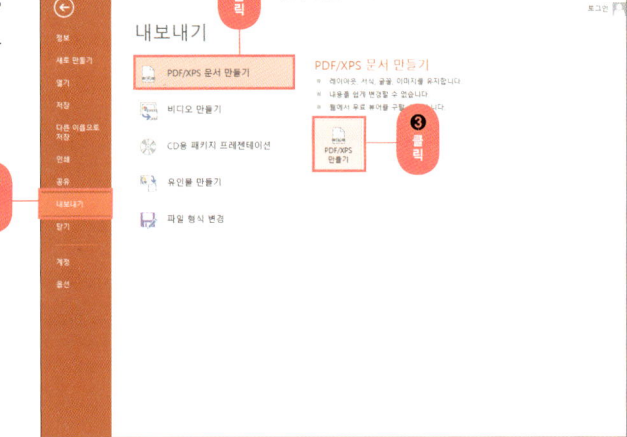

03 [PDF 또는 XPS로 게시] 대화상자가 나타나면 ❶[파일 이름]을 입력한 후 ❷[파일 형식]을 확인하고 ❸[게시] 단추를 클릭합니다.

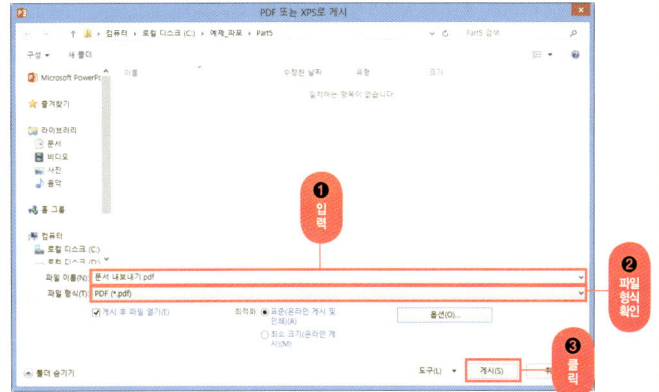

04 PDF 게시가 완료되면 Adobe Acrobat 프로그램이 실행되면서 변환된 프레젠테이션 문서를 확인할 수 있습니다.

05 따라하기 **03**번에서 [파일 형식]을 [XPS 문서]로 선택한 경우, 변환된 문서를 인터넷 익스플로러에서 확인할 수 있습니다.

> 참고
>
> XPS 파일은 [XPS 뷰어] 프로그램이나 인터넷 익스플로러에서 확인할 수 있습니다.

STEP 02 파워포인트 문서를 비디오 파일로 저장하기

파워포인트 문서를 MP4나 WMA 확장자의 비디오 파일로 저장할 수 있습니다. 이때 미리 슬라이드 쇼를 미리 녹화한 경우 기록된 시간으로 비디오 파일을 저장할 수 있습니다.

01 ❶[슬라이드 쇼] 탭에서 ❷[슬라이드 쇼 녹화]의 ❸[처음부터 녹음 시작]을 클릭합니다.

02 [슬라이드 쇼 녹화] 대화상자가 나타나면 ❶[슬라이드 및 애니메이션 시간]에 체크 표시한 후 ❷[녹화 시작] 단추를 클릭합니다.

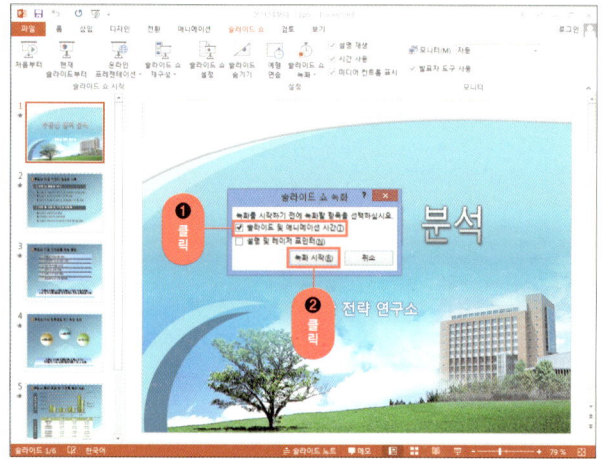

03 슬라이드가 녹화가 시작됩니다. 녹화가 끝나면 시간을 저장할 것인지 묻는 대화상자가 나타나는데, [예] 단추를 클릭합니다.

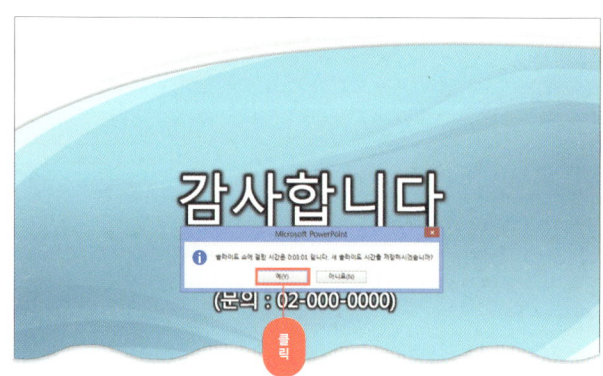

04 [파일] 탭의 ❶[내보내기]를 클릭한 후 ❷[비디오 만들기]의 ❸[인터넷 및 DVD] 와 [기록된 시간 및 설명 사용]을 선택하고 ❹[비디오 만들기]를 클릭합니다.

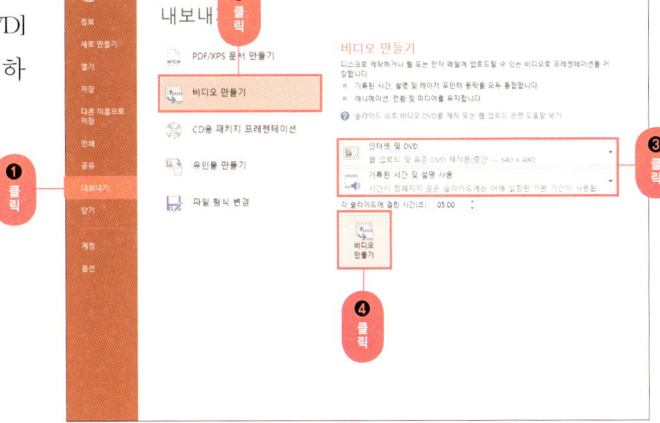

05 [다른 이름으로 저장] 대화상자가 나타나면 ❶[파일 이름]을 입력한 후 ❷[파일 형식]을 확인하고 ❸[저장] 단추를 클릭합니다.

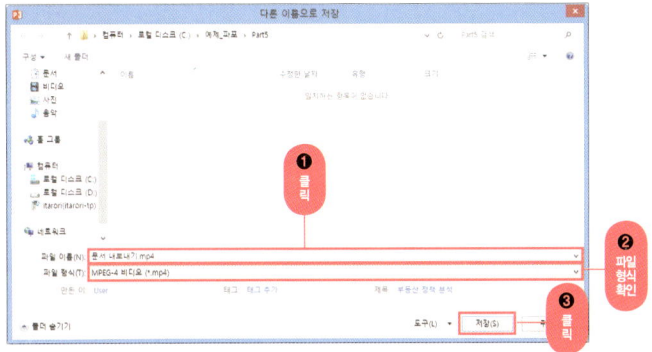

06 프레젠테이션 문서가 비디오 파일로 저장되면, 윈도우 미디어 플레이어 등에서 문서가 자동으로 재생되는 것을 확인할 수 있습니다.

파워포인트 문서를 CD용 패키지로 저장하기

파워포인트 문서를 MP4나 WMA 확장자의 비디오 파일로 저장할 수 있습니다. 이때 미리 슬라이드 쇼를 미리 녹화한 경우 기록된 시간으로 비디오 파일을 저장할 수 있습니다.

01 [파일] 탭의 ❶[내보내기]를 클릭한 후 ❷[CD용 패키지 프레젠테이션]의 ❸[CD용 패키지]를 클릭합니다.

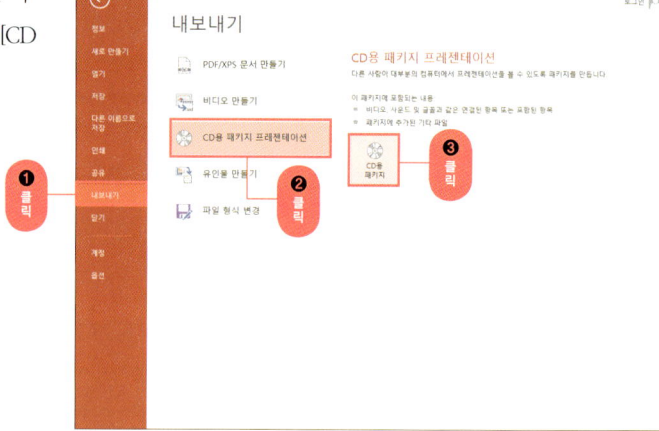

02 [CD용 패키지] 대화상자가 나타나면 ❶[CD 이름]을 입력한 후 ❷[복사할 파일]을 선택하고 ❸[옵션] 단추를 클릭합니다.

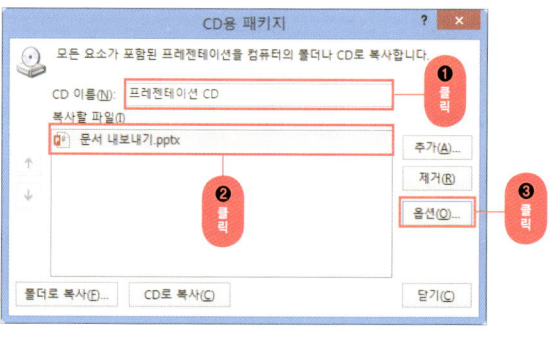

참고
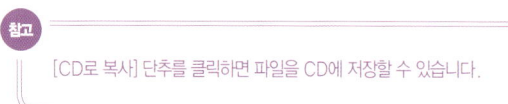
[CD로 복사] 단추를 클릭하면 파일을 CD에 저장할 수 있습니다.

03 [옵션] 대화상자가 나타나면 ❶[연결된 파일]과 [포함된 트루타입 글꼴]에 체크 표시한 후 ❷[확인] 단추를 클릭합니다.

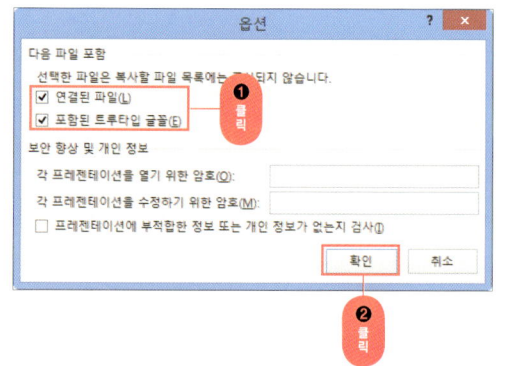

04 다시 [CD용 패키지] 대화상자가 나타나면 [폴더로 복사] 단추를 클릭합니다.

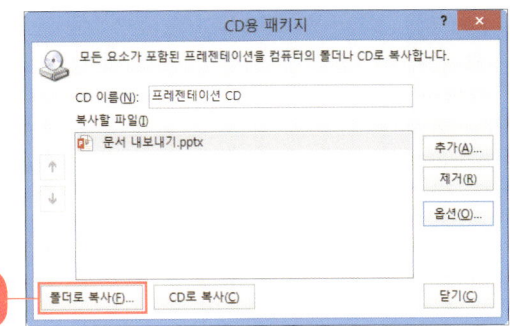

05 [폴더에 복사] 대화상자가 나타나면 ❶ [폴더 이름]과 [위치]를 확인한 후 ❷ [확인] 단추를 클릭합니다.

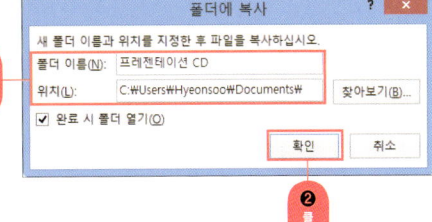

06 연결된 파일을 패키지에 포함할 것인지 묻는 대화상자가 나타나면 [예] 단추를 클릭합니다.

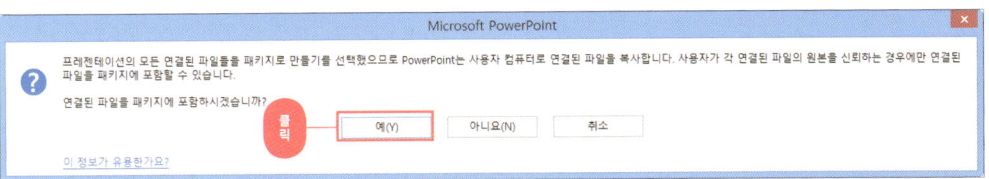

07 프레젠테이션 문서와 관련 파일이 한 폴더에 저장되면 해당 패키지를 USB나 CD 등에 저장합니다.

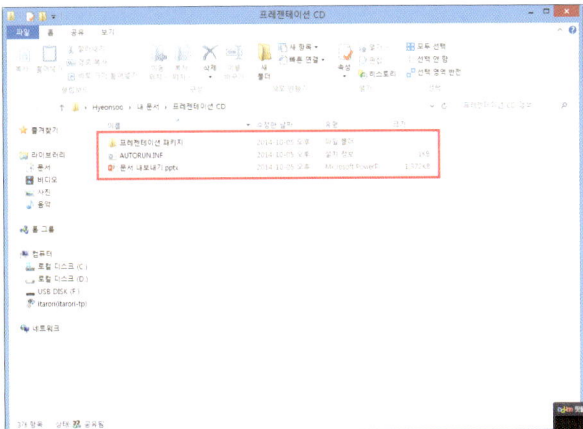

파워포인트 문서를 슬라이드 쇼로 저장하기

파워포인트 문서를 슬라이드 쇼로 저장하면 문서를 바로 슬라이드 쇼로 볼 수 있습니다.

01 [파일] 탭의 ❶[내보내기]를 클릭한 후 ❷[파일 형식 변경]의 ❸[PowerPoint 쇼]를 선택하고 ❹[다른 이름으로 저장]을 클릭합니다.

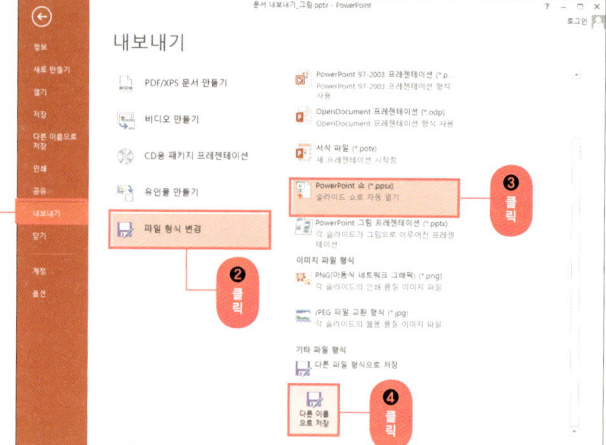

02 [다른 이름으로 저장] 대화상자가 나타나면 ❶[파일 이름]을 입력한 후 ❷[파일 형식]을 확인하고 ❸[저장] 단추를 클릭합니다.

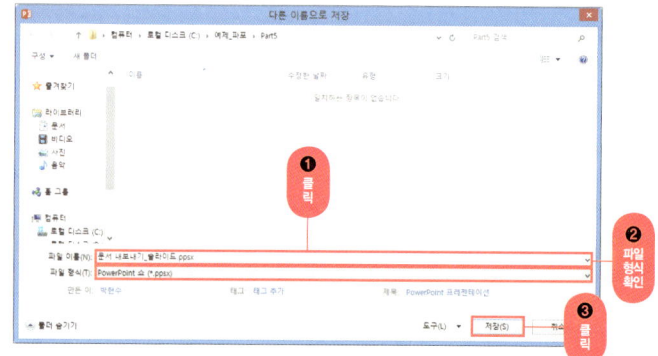

03 저장된 파일을 더블클릭하면 파워포인트가 실행되지 않고 바로 슬라이드 쇼가 진행됩니다.

파워포인트 문서를 슬라이드 쇼로 저장하기

파워포인트 문서를 슬라이드 쇼로 저장하면 문서를 바로 슬라이드 쇼로 볼 수 있습니다.

01 [파일] 탭의 ❶[내보내기]를 클릭한 후 ❷[파일 형식 변경]의 ❸[PowerPoint 그림 프레젠테이션]을 선택하고 ❹[다른 이름으로 저장]을 클릭합니다.

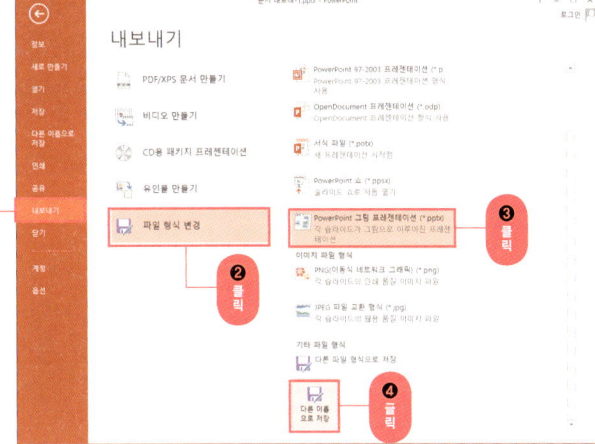

02 [다른 이름으로 저장] 대화상자가 나타나면 ❶[파일 이름]을 입력한 후 ❷[파일 형식]을 확인하고 ❸[저장] 단추를 클릭합니다.

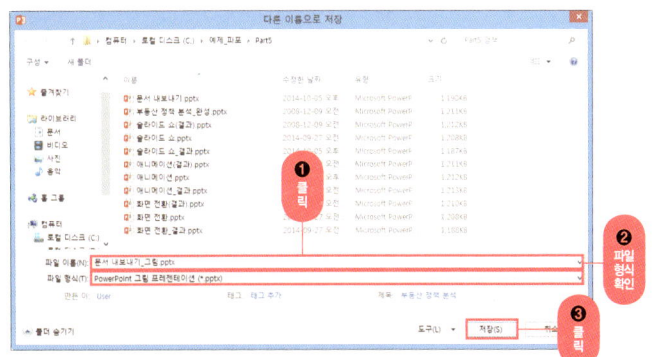

03 저장된 파일을 더블클릭하면 파워포인트가 실행되지만, 내용은 모두 그림으로 저장된 것을 확인할 수 있습니다.

> **주의**
> 그림으로 저장된 프레젠테이션은 텍스트나 도형, 배경 그림이 모두 하나의 그림으로 저장되어 있으므로 내용을 수정할 수 없습니다.

예제_파포\Chapter5\슬라이드_인쇄.pptx

슬라이드와 유인물, 슬라이드 노트 인쇄하기

Lesson 5

프레젠테이션 문서 작성이 끝났으면 슬라이드를 인쇄하여 확인해 보세요. 파워포인트는 슬라이드 한 장만 인쇄할 수도 있고, 청중에게 나눠주기 위해 한 장에 여러 개의 슬라이드가 담긴 유인물을 인쇄할 수도 있습니다. 또한 발표자가 참고할 내용을 입력한 슬라이드 노트를 인쇄할 수도 있습니다.

STEP 01 인쇄 미리 보기와 슬라이드 인쇄하기

인쇄하기 전에 어떻게 인쇄될 것인지 미리 보기에서 확인한 후 인쇄하는 것이 좋습니다. 인쇄 미리 보기는 [파일] 탭이나 빠른 실행 도구 모음을 이용하여 확인할 수 있습니다.

01 ❶ [빠른 실행 도구 모음 사용자 지정] 클릭한 후 ❷ [인쇄 미리 보기/인쇄]를 클릭하거나 [파일] 탭의 [인쇄]를 클릭합니다.

02 인쇄 미리 보기 화면이 나타납니다. ❶ [복사본], [설정] 등을 설정한 후 ❷ [인쇄] 단추를 클릭합니다.

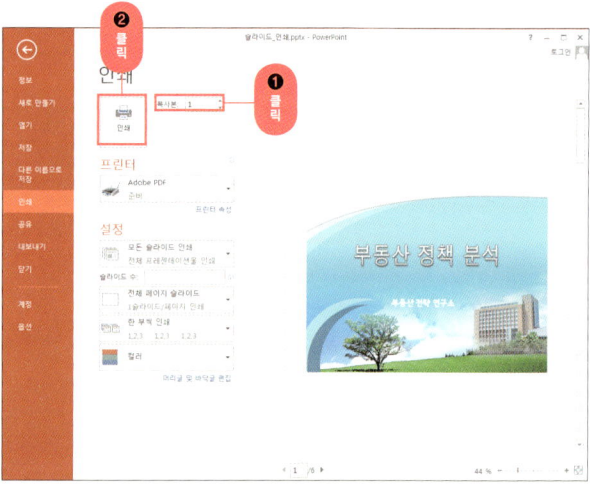

> **참고**
> 인쇄 옵션은 인쇄 미리 보기 화면에서 설정한 후 [인쇄] 대화상자에서 최종 확인하는 것이 좋습니다.

여러 슬라이드의 회색조 유인물 인쇄하기

한 페이지에 한 개의 슬라이드만 인쇄한다면 프린터의 토너나 용지의 낭비가 심합니다. 그러므로 유인물을 인쇄할 때는 한 페이지에 2개나 4개의 슬라이드가 함께 인쇄되도록 설정하는 것이 좋습니다.

01 ❶[인쇄]에서 ❷[전체 페이지 슬라이드]를 클릭한 후 [유인물]의 ❸[2슬라이드]와 ❹[용지에 맞게 크기 조절]을 클릭합니다.

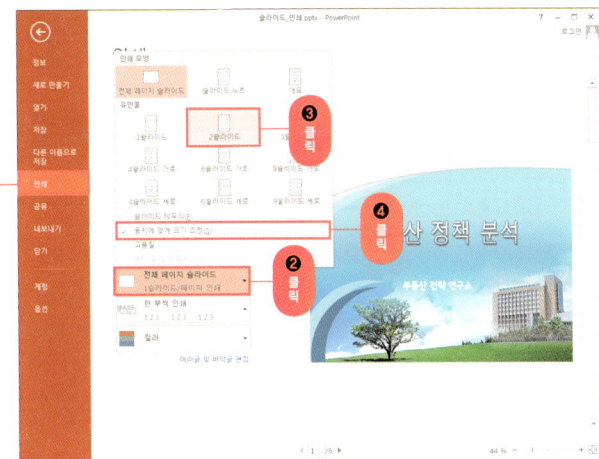

> 참고
> 한 페이지에 2개의 슬라이드를 인쇄할 때는 [세로] 방향이, 4개의 슬라이드를 인쇄할 때는 [가로] 방향이 보기 좋습니다.

02 다시 ❶[2슬라이드]를 클릭한 후 ❷[슬라이드 테두리]를 클릭합니다.

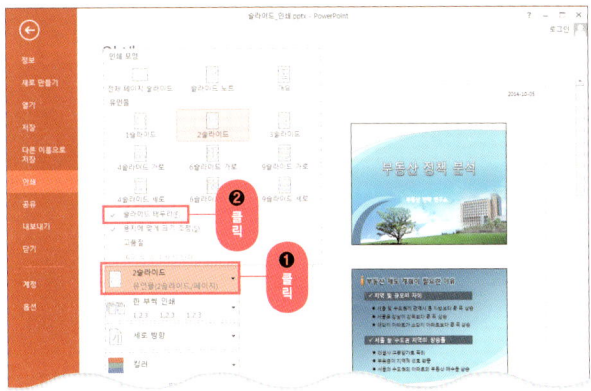

03 ❶[컬러]를 클릭한 후 ❷[회색조]를 클릭하고 ❸[인쇄]를 클릭하면 한 페이지에 2개의 슬라이드가 회색조로 인쇄되는 유인물이 인쇄됩니다.

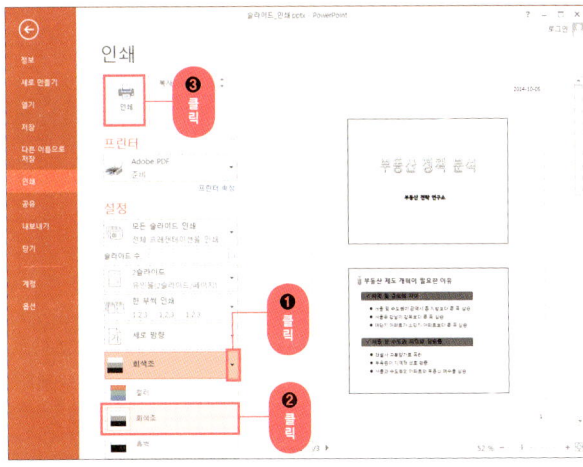

> 참고
> [회색조]는 검정과 흰색 사이의 농도에 따라 인쇄되고, [흑백]은 검정과 흰색만으로 인쇄됩니다.

STEP 03 흑백의 슬라이드 노트 인쇄하기

발표할 때 참조하기 위해 슬라이드 노트 창에 내용을 입력한 경우, [슬라이드 노트]로 인쇄할 수 있습니다.

01 ❶[슬라이드 노트]를 클릭하면 창 아래에 슬라이드 노트 창이 나타나는데, ❷ 여기에 발표 노트를 입력한 후 ❸[파일] 탭을 클릭합니다.

02 ❶[인쇄]에서 ❷[전체 페이지 슬라이드]를 클릭한 후 ❸[슬라이드 노트]를 클릭합니다.

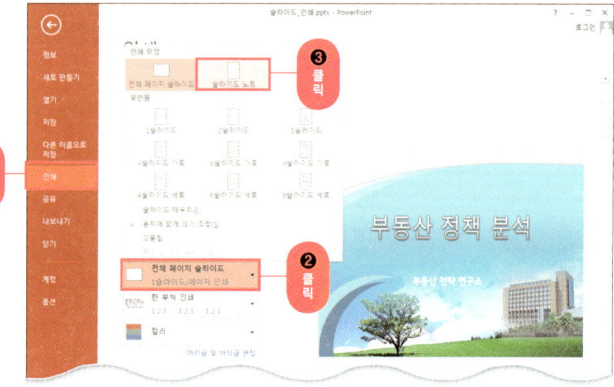

03 ❶[컬러]를 클릭한 후 ❷[회색조]를 클릭하고 ❸[인쇄]를 클릭하면 한 페이지에 슬라이드와 슬라이드 노트가 흑백으로 회색조로 인쇄되는 유인물이 인쇄됩니다.

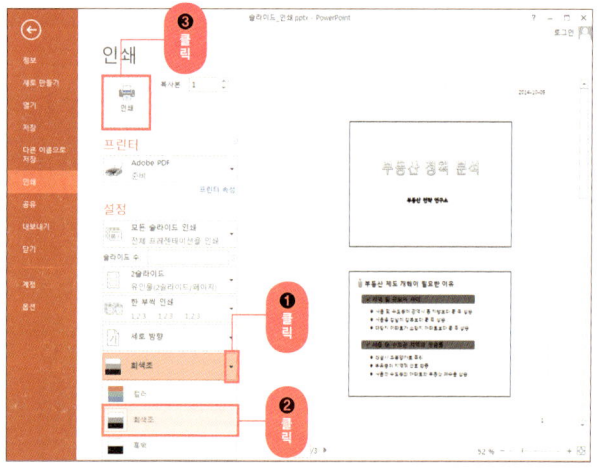

> **참고**
> 슬라이드 노트의 인쇄 방향도 [가로]와 [세로]를 선택할 수 있습니다.

워드의 슬라이드 유인물로 내보내기

[유인물 만들기]를 이용하면 워드 문서에 슬라이드 그림과 내용을 입력할 수 있는 노트를 넣을 수 있습니다. 또한 파일을 만들 수 있습니다.

01 [파일] 탭을 클릭한 후 ❶[내보내기]의 ❷[유인물 만들기]를 클릭하고 ❸[유인물 만들기]를 클릭합니다.

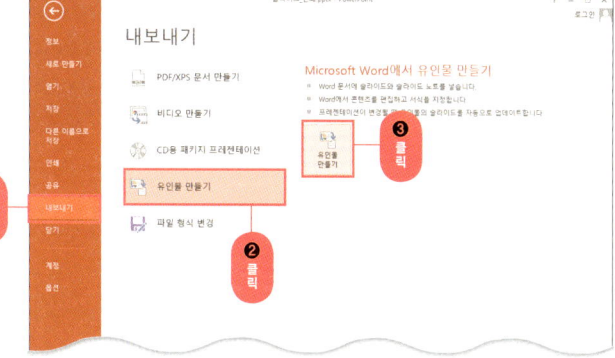

02 [Microsoft Word로 보내기]를 대화상자가 나타나면, ❶[슬라이드 옆에 여백]과 ❷[붙여넣기]를 클릭한 후 ❸[확인] 단추를 클릭합니다.

> 주의
> [슬라이드 옆에 설명문]을 선택하면 슬라이드 노트에 입력한 내용도 함께 표시되며, [연결하여 붙여넣기]를 선택하면 원본 슬라이드가 변경될 경우 슬라이드 유인물의 슬라이드도 업데이트됩니다.

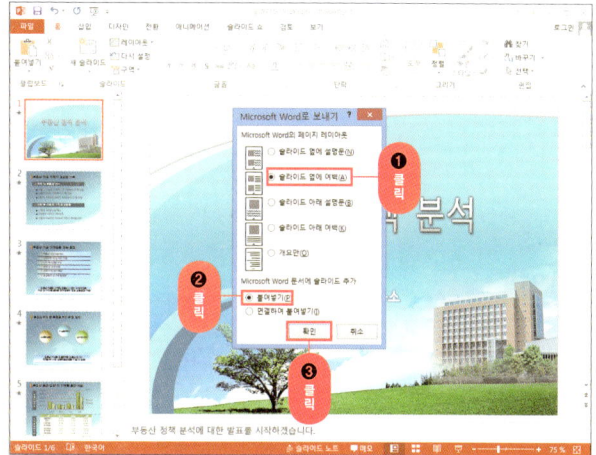

03 워드 문서가 나타나면서 슬라이드 그림이 포함된 슬라이드 노트가 나타납니다.

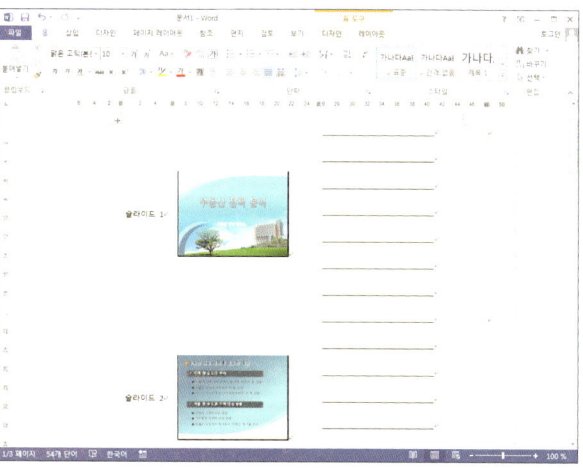

예제_워드\Chapter5\슬라이드마스터.pptx

문서 통일을 위한 슬라이드 마스터 만들기

Lesson 6

슬라이드 마스터와 제목 레이아웃을 이용하면 여러 장의 슬라이드에서 제목의 서식이나 위치를 통일되게 만들 수 있습니다. 물론 제목 슬라이드의 제목이나 배경 그림을 따로 지정할 수도 있습니다. 여기에서는 슬라이드 마스터와 머리글/바닥글을 삽입하는 방법에 대해 알아보겠습니다.

STEP 01 슬라이드 마스터의 배경 지정하기

슬라이드에서 배경을 삽입할 수도 있지만 슬라이드 마스터에서 배경을 삽입하면 레이아웃에 따라 배경 그림을 다르게 설정할 수 있습니다.

01 ❶[보기] 탭의 [마스터 보기] 그룹에서 ❷[슬라이드 마스터]를 클릭합니다.

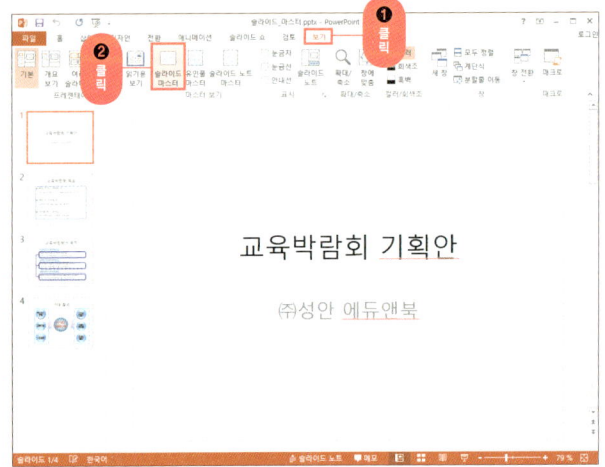

02 [슬라이드 마스터] 탭이 표시되면 [배경] 그룹에서 ❶[배경 스타일]의 ❷[배경 서식]을 클릭합니다.

> **참고**
> 배경을 마우스 오른쪽 단추로 클릭한 후 [배경 서식]을 클릭해도 됩니다.

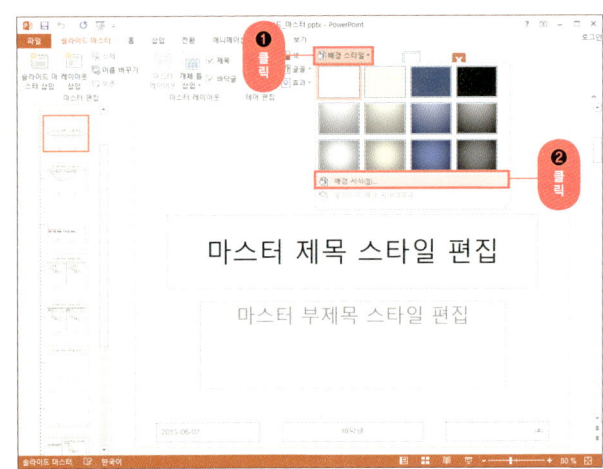

03 [배경 서식] 작업 창이 표시됩니다. ❶ 맨 위쪽의 [슬라이드 마스터]를 선택하고, [채우기]에서 ❷ [그림 또는 질감 채우기]를 선택한 후 ❸ [파일] 단추를 클릭합니다.

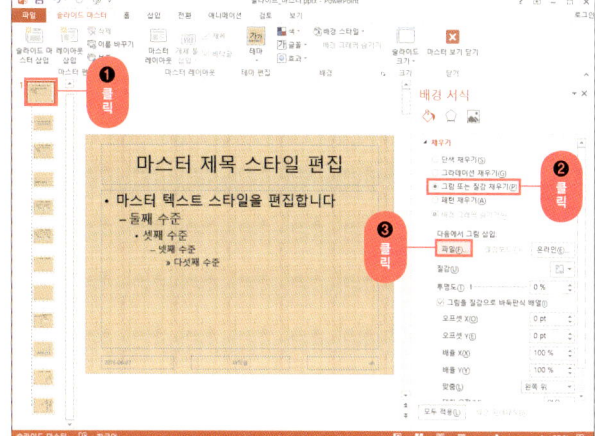

> **참고**
> 그림이 없는 경우 그라데이션이나 질감, 패턴 등을 선택하여 배경을 설정할 수 있습니다.

04 [그림 삽입] 대화상자가 나타납니다. [채우기]에서 ❶ 그림이 있는 폴더로 이동하여 ❷ 그림 파일을 선택한 후 ❸ [삽입] 단추를 클릭합니다.

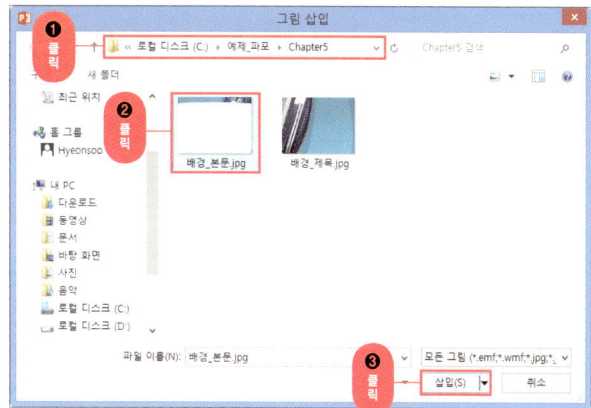

05 슬라이드의 배경이 선택한 그림으로 모두 바뀝니다.

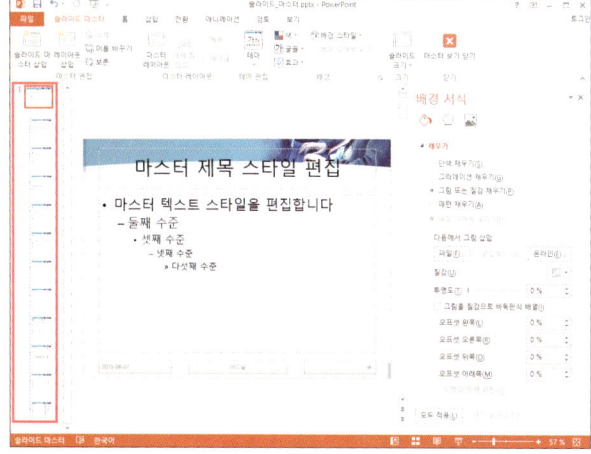

> **주의**
> 여기에서는 맨 위쪽의 [슬라이드 마스터]의 배경을 바꾸었기 때문에 모든 슬라이드의 배경이 바뀝니다. 아래쪽에 속해 있는 슬라이드 마스터의 배경을 바꾸면 해당 슬라이드에만 적용할 수 있습니다.

STEP 02

제목 슬라이드 레이아웃의 배경 지정하기

모든 슬라이드 배경을 바꿨으므로 이번에는 제목 슬라이드의 배경을 지정해보겠습니다.

01 ❶ [제목 슬라이드 레이아웃]을 선택한 후 [배경 서식] 작업 창의 [채우기]에서 ❷ [그림 또는 질감 채우기]를 선택하고 ❸ [파일] 단추를 클릭합니다.

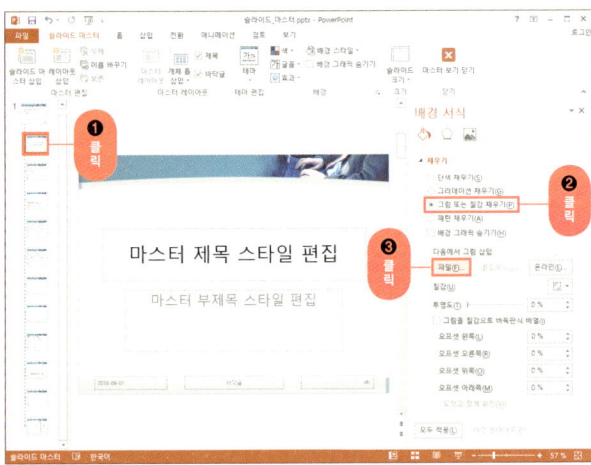

02 [그림 삽입] 대화상자가 나타납니다. [채우기]에서 ❶ 그림이 있는 폴더로 이동하여 ❷ 그림 파일을 선택한 후 ❸ [삽입] 단추를 클릭합니다.

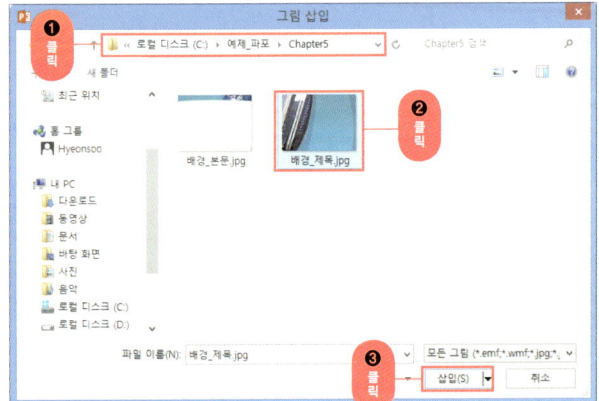

03 제목 슬라이드의 배경 그림만 바뀝니다. [배경 서식] 작업 창의 [닫기] 단추를 클릭합니다.

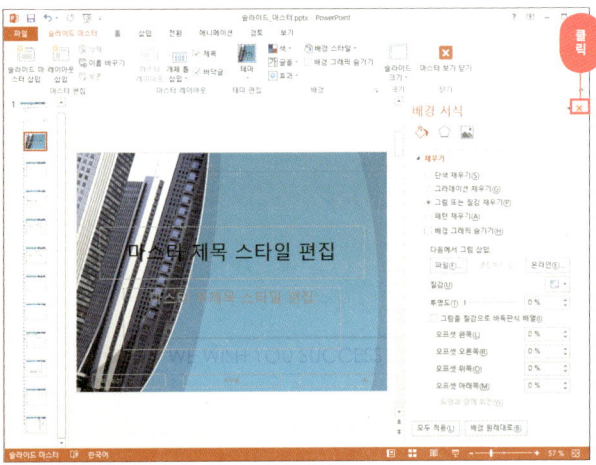

슬라이드 마스터의 서식 지정하기

슬라이드 마스터를 이용하면 글머리 기호나 그림 삽입 등 공통된 작업을 할 수 있습니다. 여기에서는 간단히 제목의 서식만 통일되도록 바꾸겠습니다.

01 ❶[슬라이드 마스터]를 선택한 후 ❷[마스터 제목 스타일 편집]을 선택하고 ❸[홈] 탭에서 ❹[글꼴]과 ❺[글꼴 색], ❻[왼쪽 맞춤]을 설정합니다.

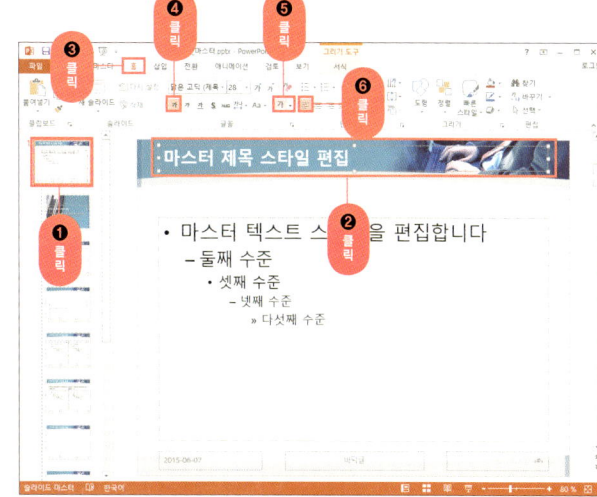

02 ❶[제목 슬라이드 레이아웃]을 선택한 후 ❷[마스터 제목 스타일 편집]을 선택하고 ❸[홈] 탭에서 ❹[글꼴]과 ❺[글꼴 색], ❻[오른쪽 맞춤]을 설정합니다.

03 같은 방법으로 ❶[마스터 부제목 스타일 편집]을 선택한 후 ❷[홈] 탭에서 [글꼴]과 [글꼴 색], [오른쪽 맞춤]을 설정하고 ❸[마스터 보기 닫기]를 클릭합니다.

04 1번 슬라이드를 클릭하여 제목 슬라이드의 배경과 제목 스타일이 변경된 것을 확인합니다.

05 2~4번 슬라이드를 클릭하여 본문 슬라이드의 배경과 제목 스타일이 변경된 것을 확인합니다.

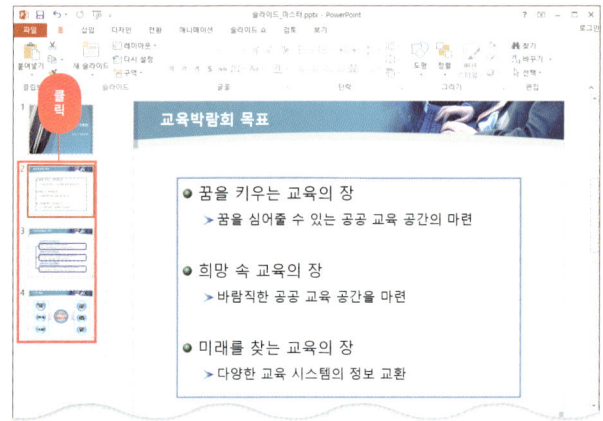

슬라이드 번호 삽입하기

슬라이드 마스터에서 슬라이드 번호를 삽입하면 모든 슬라이드에 공통된 위치에 적용할 수 있습니다.

1 슬라이드 마스터 [삽입] 탭의 [텍스트] 그룹에서 [머리글/바닥글]을 클릭한 후 [슬라이드 번호]와 [제목 슬라이드에는 표시 안 함]을 선택하고 [모두 적용] 단추를 클릭합니다.

2 슬라이드를 보면 슬라이드 번호가 삽입된 것을 확인할 수 있습니다.

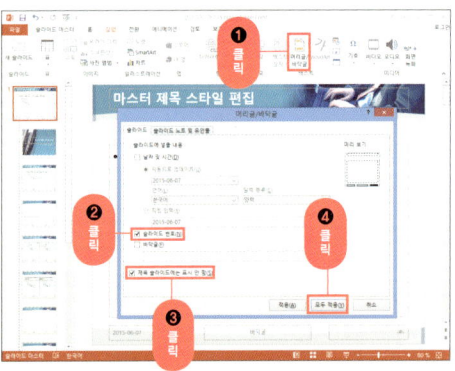
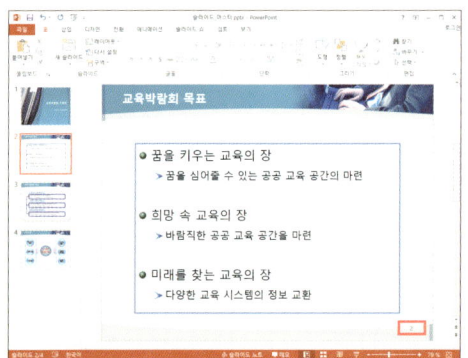

목차가 순서대로 나오는 애니메이션 지정하기

연습파일 예제_파포\Chapter5\실무_애니메이션.pptx **완성파일** 예제_파포\Chapter5\실무_애니메이션_결과.pptx

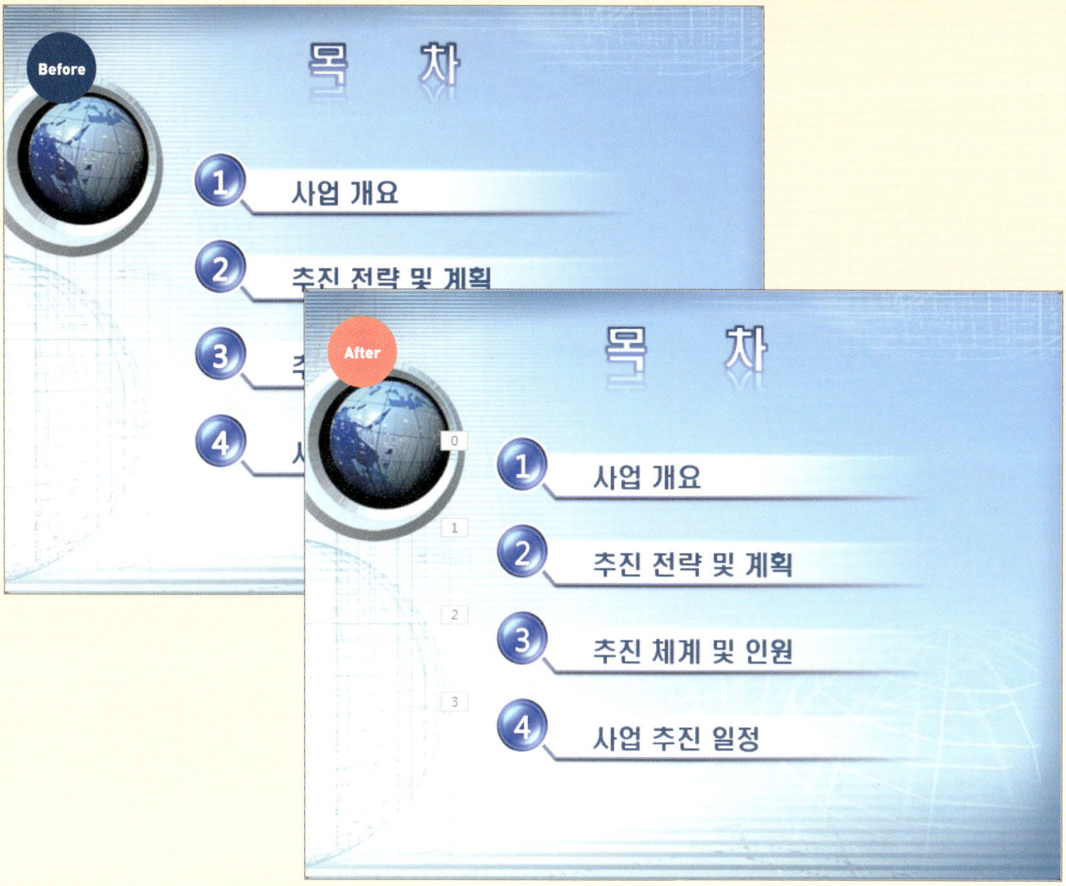

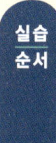

① 1~4번의 목차 도형을 선택한 후 [효과 적용]의 [나타내기 – 날아오기]를 적용합니다.

② 1번 목차 도형을 선택한 후 애니메이션의 [시작]을 [이전 효과 다음에]로 수정합니다.

③ 2~4번의 목차 도형을 선택한 후 애니메이션의 [시작]을 [클릭할 때]로 수정합니다.

④ 1~4번의 목차 도형을 선택한 후 애니메이션의 [방향]을 [오른쪽에서]로 수정합니다.

⑤ 1~4번의 목차 도형을 선택한 후 애니메이션의 [속도]를 [빠르게]로 수정합니다.

⑥ 슬라이드 쇼를 진행하여 애니메이션을 확인합니다.

EXCEL & POWERPOINT & WORD 2013

PART 3

워드 2013

Chapter 1 | 워드의 시작! 새 문서 만들기
Chapter 2 | 문서에 다양한 개체 삽입하기

워드 학습을 위한 준비운동

워드는 기본적으로 문서를 작성한 후 인쇄하는 것이 목적이므로 페이지 레이아웃에 맞게 설정하는 것이 필요합니다. 우선 들여쓰기, 줄 간격 등의 단락과 문서 크기, 용지 방향, 여백 등의 페이지를 설정하는 방법에 대해 알아보겠습니다.

1 단락 설정하기

단락을 선택한 후 [홈] 탭의 [단락] 그룹에서 [단락 설정] 을 클릭하면 단락의 들여쓰기와 줄 간격 등을 설정할 수 있습니다.

■ 줄 간격 옵션

줄 간격	값
1/1.5/2줄	줄에서 가장 큰 글꼴 크기에 맞춰 1줄, 1.5줄, 2줄 크기의 줄 간격을 설정합니다.
최소	줄에서 가장 작은 글꼴 크기에 맞춰 최소 줄 간격을 설정합니다.
고정	고정된 텍스트 크기(포인트)에 맞게 줄 간격을 설정합니다.
배수	줄 간격의 배수에 맞게 설정합니다(1.08=8% 간격, 1.15=15% 간격).

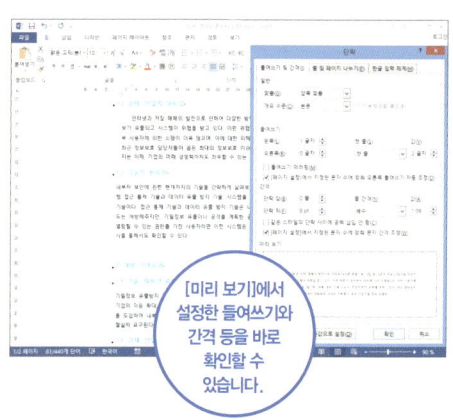

[미리 보기]에서 설정한 들여쓰기와 간격 등을 바로 확인할 수 있습니다.

2 페이지 설정하기

❶ 워드를 실행한 후 [페이지 레이아웃] 탭에서 여백(기본, 좁게, 넓게 등)과 용지 방향(가로, 세로), 용지 크기(A3, A4, B4, B5 등)를 설정할 수 있습니다.

❷ [파일] 탭을 클릭한 후 백스테이지(backstage)에서 [인쇄]를 클릭하면 문서를 인쇄하기 전에 용지 방향과 용지 크기, 여백 등을 설정할 수 있습니다.

[페이지 설정] 그룹에서 [페이지 설정] 을 클릭하면 대화상자에서 세부 설정을 할 수 있습니다.

[페이지 확대/축소] 를 클릭하면 인쇄 화면에 맞게 페이지가 자동으로 확대/축소됩니다.

CHAPTER 1

워드의 시작! 새 문서 만들기

Lesson 01 | 새롭게 향상된 워드 2013 시작하기

Lesson 02 | 다양한 방법으로 새 문서 만들기

Lesson 03 | 워드의 다양한 보기 방법 살펴보기

Lesson 04 | 다양한 형식의 텍스트 입력하기

Lesson 05 | 텍스트 범위 선택과 서식 바꾸기

Lesson 06 | 스타일 적용하여 서식 통일하기

실무 따라잡기 | 텍스트 스타일 변경하기

EXCEL & POWERPOINT & WORD 2013

새롭게 향상된 워드 2013 시작하기

Lesson 1

워드 2013은 깨끗한 새 문서부터 시작할 수도 있고, 미리 디자인 서식이 적용한 템플릿 문서에서 시작할 수도 있습니다. 물론 이전에 작성한 문서가 있다면 최근에 사용한 문서 목록에서 시작할 수도 있습니다. 우선 워드 시작의 베이스캠프라 할 수 있는 백스테이지(backstage)부터 살펴보겠습니다.

STEP 01 시작 화면에서 워드 2013 시작하기

워드 2013을 실행하면 새 문서 또는 디자인 서식을 적용한 새 문서를 만들거나 최근에 사용한 문서를 열 수 있는 [시작 화면]이 나타납니다. 우선 시작 화면에서 새 문서를 열고 편집 화면부터 살펴보겠습니다.

01 워드 2013을 실행하려면 [시작 화면]에 등록된 [Word 2013] 아이콘을 클릭합니다.

참고 : 윈도우 7인 경우 [시작 메뉴]에 등록된 [Word 2013]을 클릭합니다.

02 워드 2013을 실행하면 기본적으로 시작 화면이 나타납니다. 우선 [새 문서]를 클릭합니다.

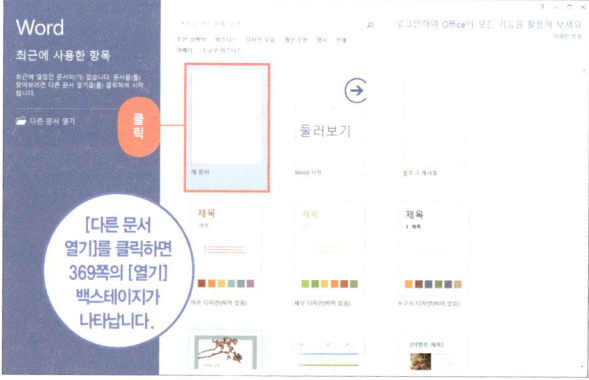

[다른 문서 열기]를 클릭하면 369쪽의 [열기] 백스테이지가 나타납니다.

참고 : 최근에 열었던 문서가 있으면 목록에 표시되는데, 해당 목록을 클릭하여 문서를 빠르게 열 수 있습니다.

STEP 02 워드 2013의 화면 구성 살펴보기

새 문서를 열면 문서를 작성할 수 있는 다양한 도구가 준비되어 있습니다. 우선 워드 2013의 화면 구성부터 살펴봅시다.

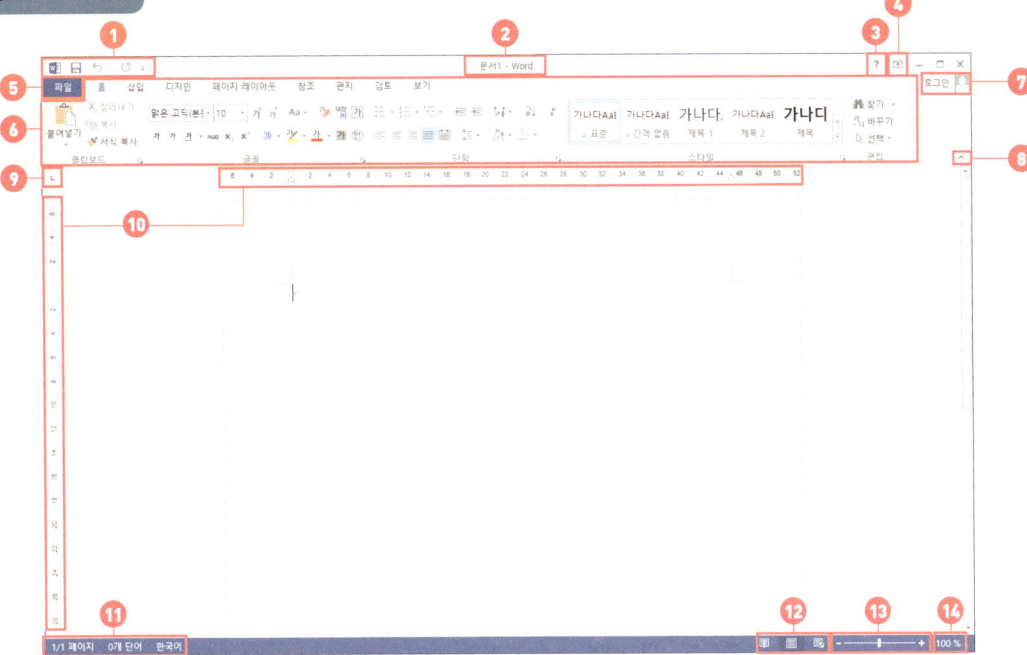

① **빠른 실행 도구 모음** : 자주 사용하는 명령을 등록하여 사용합니다.
② **제목 표시줄** : 워드 문서의 제목을 표시합니다.
③ **[도움말] 단추** : 워드 2013의 도움말을 표시합니다.
④ **리본 메뉴 표시 옵션** : 리본 메뉴를 자동으로 숨기거나 탭만 표시 또는 탭 및 명령 표시 등을 설정합니다.
⑤ **[파일] 탭** : 파일을 새로 만들거나 열기, 저장, 인쇄, 공유, 내보내기 등을 할 수 있으며, 사용자 계정과 워드 옵션 등을 설정할 수 있습니다.
⑥ **리본 메뉴** : 작업의 종류에 따라 탭과 그룹, 명령 단추들을 모아놓은 것입니다.
⑦ **사용자 계정** : 마이크로소프트 계정으로 로그인합니다.
⑧ **리본 메뉴 축소** : ⌃ 단추를 클릭하면 리본 메뉴를 숨기고 탭 이름만 표시합니다.
⑨ **탭 선택** : 현재 선택된 탭 종류를 표시하며, 클릭할 때마다 왼쪽 탭, 가운데 탭, 오른쪽 탭, 소수점 탭, 줄 탭, 첫 줄 들여쓰기, 내어쓰기 탭으로 종류가 변경됩니다.

⑩ **눈금자** : 가로와 세로의 눈금자를 표시하며, 탭과 들여쓰기, 내어쓰기 등을 설정할 수 있습니다. 눈금자가 표시되지 않으면 [보기] 탭의 [표시] 그룹에서 [눈금자]에 체크 표시를 합니다.
⑪ **상태 표시줄** : 현재 작성하고 있는 문서의 페이지 번호와 단어 수, 언어 등을 표시합니다. [페이지 번호]를 클릭하면 왼쪽에 [탐색] 창이 나타나 다른 페이지를 쉽게 탐색할 수 있습니다.
⑫ **화면 보기** : 문서의 [읽기 모드] 📖 와 [인쇄 모양] 📄, [웹 모양] 🌐 보기를 선택합니다.
⑬ **확대/축소 슬라이더** : 슬라이더를 드래그하여 확대/축소합니다.
⑭ **확대/축소 비율** : 비율을 클릭하면 [확대/축소] 대화상자에서 배율과 페이지에 맞게 맞출 수 있습니다.

STEP 03 워드 2013의 새 기능 살펴보기

워드 2013은 새로운 시작 디자인과 읽기 모드, 그림/비디오 삽입 등 다양한 새로운 기능이 추가되었습니다. 다른 오피스 프로그램과 동일하지만 워드에서 주목해야 할 새 기능을 살펴보겠습니다.

1 | 새로운 읽기 모드

[읽기 모드]를 클릭하면 편집 메뉴와 단추, 도구 등이 숨겨져 시선이 분산되지 않으며 읽기에 집중할 수 있습니다.

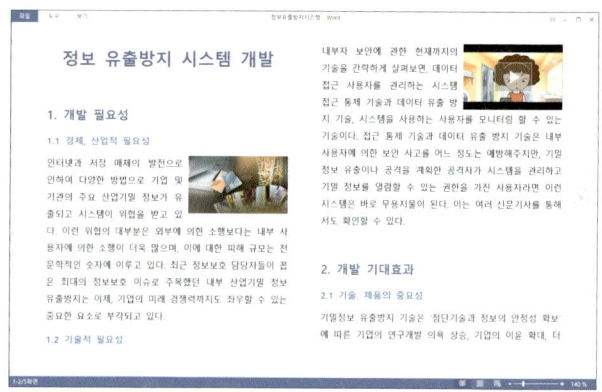

2 | 개체 확대/축소

문서를 읽다가 표나 차트, 그림 등을 더블클릭하면 확대되어 표시되고, 해당 개체의 바깥쪽을 클릭하면 개체가 축소되어 계속해서 읽을 수 있습니다.

3 | 읽기 다시 시작

예전에 읽다가 닫았던 문서를 다시 열면 마지막으로 읽은 위치가 표시되어 해당 부분부터 계속해서 읽을 수 있습니다.

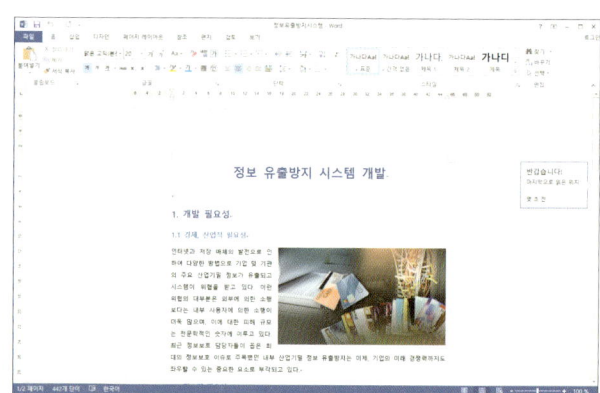

4 | PDF 문서 편집

PDF 문서를 워드 문서로 변환하여 내용을 편집할 수 있습니다. 단, 일부 표나 페이지 나누기 등은 재배치 과정에서 원본과 일치하지 않을 수 있습니다.

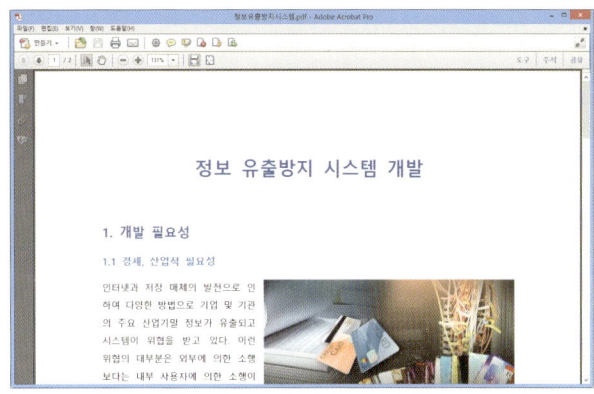

5 | 라이브 레이아웃 및 맞춤 안내선

실시간 미리 보기를 확인하면서 문서의 사진과 도형의 이동 및 크기를 조절할 수 있으며, 맞춤 안내선을 이용하여 텍스트와 개체를 손쉽게 맞출 수 있습니다.

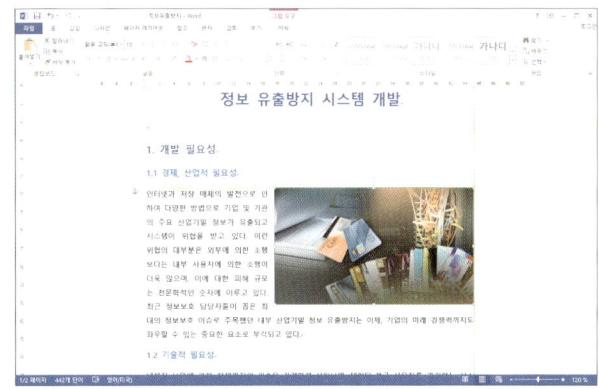

6 | 온라인 비디오

YouTube 등과 같은 온라인 비디오를 삽입하고 워드에서 바로 재생할 수 있습니다.

예제_워드\Chapter1\정보유출방지시스템.docx

다양한 방법으로 새 문서 만들기

Lesson 2

워드 2003 버전 이하까지는 *.doc 파일 확장자로 저장됐지만, 워드 2007부터는 XML(eXtensible Markup Language) 파일 포맷으로 바뀌어 *.docx 파일 확장자로 저장됩니다. 여기에서는 워드 2013 파일을 열고 저장하는 방법과 하위 버전에 호환되도록 저장하는 방법 및 *.pdf 파일로 저장하고 여는 방법에 대해 알아보겠습니다.

STEP 01 새 문서 만들기

워드가 실행된 상태에서 새로운 문서를 열거나 저장하려면 [파일] 탭을 클릭하여 백스테이지(backstage)에서 선택합니다.

01 워드가 실행된 상태에서 백스테이지로 가기 위해 [파일] 탭을 클릭합니다.

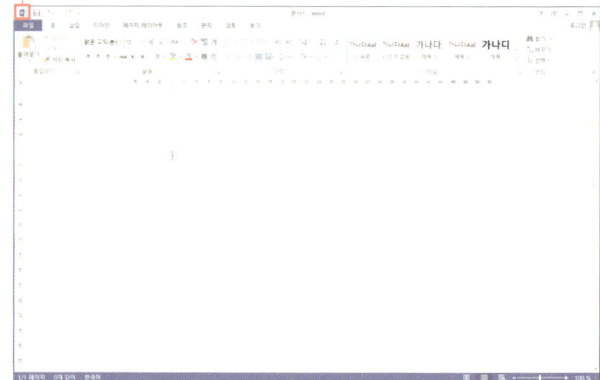

02 백스테이지에서 ❶[새로 만들기]를 클릭하면 빈 서식의 ❷[새 문서]나 디자인 서식이 적용된 새 문서를 만들 수 있습니다.

STEP 02 워드 문서 열기

워드가 실행된 상태에서 새로운 문서를 열거나 저장하려면 [파일] 탭을 클릭하여 백스테이지(backstage)에서 선택합니다.

01 [파일] 탭을 클릭하면 백스테이지가 나오는데, ❶[열기]를 클릭한 후 ❷[최근에 사용한 문서]에서 ❸원하는 문서를 선택하여 열 수 있습니다.

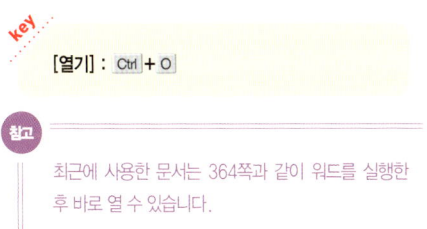

[열기] : Ctrl + O

참고: 최근에 사용한 문서는 364쪽과 같이 워드를 실행한 후 바로 열 수 있습니다.

02 ❶[열기]의 ❷[컴퓨터]를 클릭하면 현재 폴더 및 최근 폴더 목록이 나타납니다. 만약 다른 폴더를 찾으려면 ❸[찾아보기]를 클릭합니다.

문서가 있는 폴더가 표시되면 바로 폴더를 선택하세요.

 **PLUS 자주 사용하는 문서 및 폴더 고정하기**

최근에 사용한 프레젠테이션 문서나 자주 여는 폴더 위치 등은 해당 항목을 목록에 고정하여 사용할 수 있습니다.

1 백스테이지의 [열기]에서 [최근에 사용한 문서]에 표시된 문서 목록 오른쪽 끝의 [이 항목을 목록에 고정]을 클릭합니다.

문서 목록에 고정되면 고정되지 않은 문서 목록과 밑줄로 구분됩니다.

2 백스테이지의 [열기]에서 [컴퓨터]에 표시된 폴더 목록 오른쪽 끝의 [이 항목을 목록에 고정]을 클릭합니다.

폴더 목록이 고정되면 고정되지 않은 폴더와 밑줄로 구분됩니다.

03 [열기] 대화상자가 나타나면 ❶ 문서가 있는 폴더로 이동한 후 ❷ 파일을 선택하고 ❸ [열기] 단추를 클릭합니다.

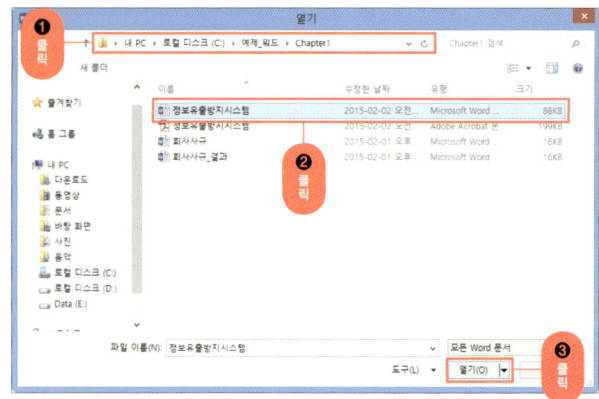

[열기] 대화상자 : Ctrl + F12

04 선택한 문서가 열립니다.

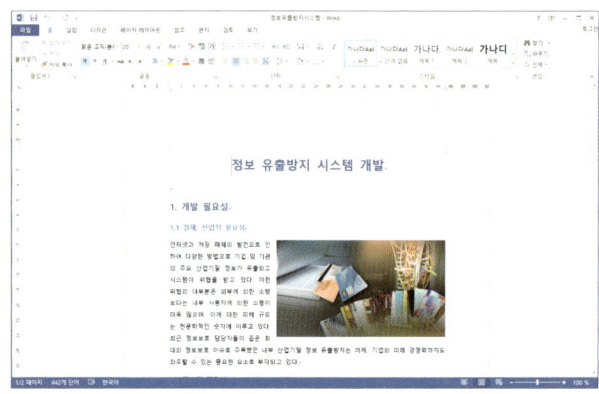

 PLUS

읽기 다시 시작하기

문서를 편집하다가 닫은 문서를 다시 열면 마지막으로 편집했던 위치가 책갈피 형태로 표시되므로 바로 이동할 수 있습니다.

❶ 문서를 열면 첫 페이지와 함께 마지막으로 읽었던 위치가 풍선 도움말로 표시되는데, 이를 클릭하여 바로 이동할 수 있습니다.

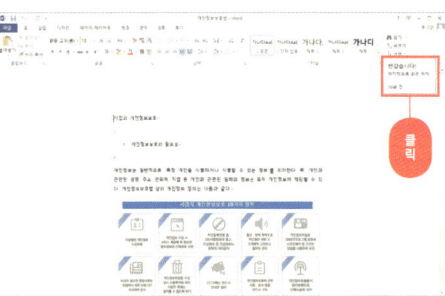

❷ 마지막 위치의 풍선 도움말을 클릭하지 않고 그대로 두면 작은 풍선 도움말로 변경되어 표시되며, 다른 곳을 클릭하면 사라집니다.

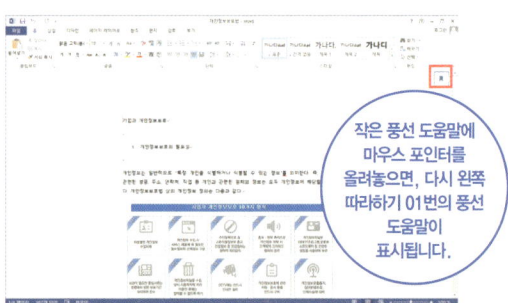

작은 풍선 도움말에 마우스 포인터를 올려놓으면, 다시 왼쪽 따라하기 01번의 풍선 도움말이 표시됩니다.

새 문서 저장하기

새 문서에서 내용을 작성한 후 처음 저장하거나 이전 문서를 불러와서 수정한 후 원본 이름 그대로 저장하려면 [저장]을 이용합니다.

01 [파일] 탭을 클릭하면 백스테이지가 나오는데, ❶[다른 이름으로 저장]을 클릭한 후 ❷[컴퓨터]를 클릭하면 현재 폴더 및 최근 폴더 목록이 나타납니다. ❸[현재 폴더]를 클릭합니다.

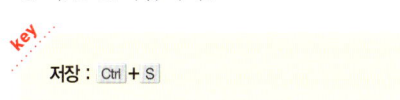

> **key** 저장 : Ctrl + S

02 [다른 이름으로 저장] 대화상자가 나타나면 ❶ 문서가 있는 폴더로 이동한 후 ❷ 파일 이름을 입력하고 ❸[저장] 단추를 클릭합니다.

> **key** 다른 이름으로 저장 : F12

워드 2013의 파일 확장자 살펴보기

[다른 이름으로 저장] 대화상자의 [파일 형식]에서 저장 방법을 선택할 수 있는데, 자주 사용하는 파일 형식과 확장자는 다음과 같습니다.

파일 형식	파일 확장자	설명
Word 문서	*.docx	워드 2013 문서의 기본 저장 형식입니다(x=xml).
Word 매크로 사용 문서	*.docm	매크로를 포함한 문서로 저장합니다(m=macro).
Word 서식 파일	*.dotx	새 문서를 만들기 위한 기준 서식 파일로 저장합니다(t=templet).
Word 매크로 사용 서식 문서	*.dotm	매크로를 포함한 서식 문서로 저장합니다.
웹 보관 파일	*.mht	웹 페이지를 단일 파일로 저장합니다.
웹 페이지	*.htm	웹 페이지 형식으로 문서를 저장합니다.
서식 있는 텍스트	*.rtf	텍스트 서식 정보가 유지되는 텍스트 파일로 저장합니다.
일반 텍스트	*.txt	메모장 등으로 열 수 있는 일반 텍스트 문서로 저장합니다.
Word 97-2003 문서	*.doc	워드 97-2003 버전의 형식으로 저장합니다.
Word 97-2003 서식 파일	*.dot	워드 97-2003 버전의 서식 파일을 저장합니다.

STEP 04 이전 버전과 호환하도록 저장하기

워드 2013에서 저장한 *.docx 파일 형식의 문서는 워드 2003 이하 버전에서는 열리지 않습니다. 이러한 경우 [다른 이름으로 저장]을 이용하여 이전 버전의 문서로 저장해야 합니다.

01 [파일] 탭을 클릭하면 백스테이지가 나오는데, ❶[내보내기]를 클릭한 후 ❷[파일 형식 변경]을 클릭하면 파일 형식 변경 목록이 나타납니다. ❸[Word 97-2003 문서]를 클릭한 후 ❹[다른 이름으로 저장] 단추를 클릭합니다.

02 [다른 이름으로 저장] 대화상자가 나타나면 문서를 저장하려는 폴더로 이동한 후 ❶[파일 이름]을 입력하고 ❷[저장] 단추를 클릭합니다.

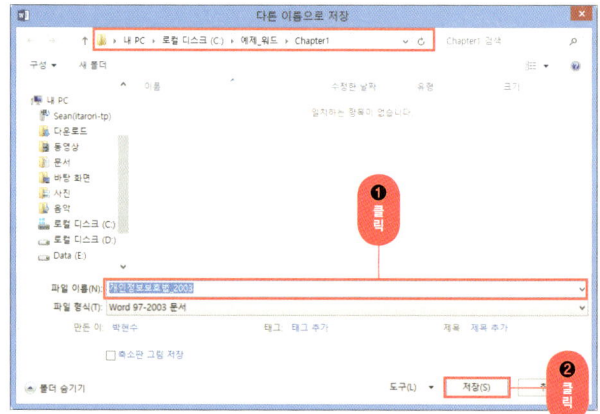

03 이전 버전과 호환되는 문서로 저장됩니다.

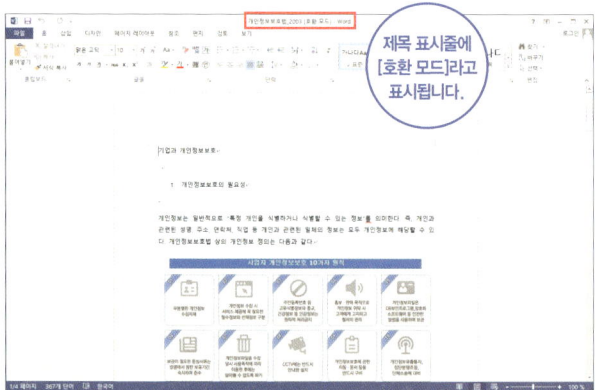

제목 표시줄에 [호환 모드]라고 표시됩니다.

PDF 문서로 저장하기

PDF(Portable Document Format) 파일 형식으로 저장하면 PC 운영체제의 종류나 버전과 상관없이 현재 문서 형태 그대로 열어볼 수 있습니다.

01 [파일] 탭을 클릭하면 백스테이지가 나오는데, ❶ [내보내기]를 클릭한 후 ❷ [PDF/XPS 문서 만들기]의 ❸ [PDF/XPS 만들기]를 클릭합니다.

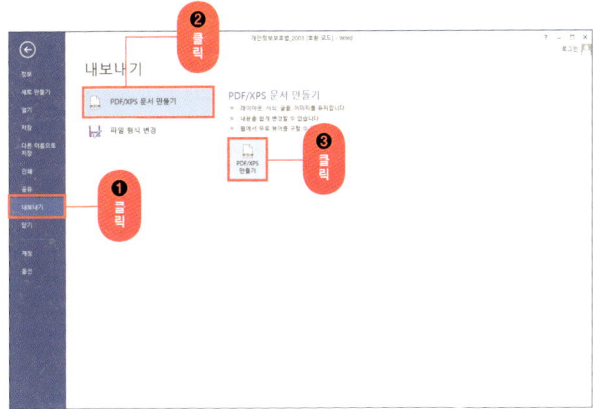

02 [다른 이름으로 저장] 대화상자가 나타나면 문서를 저장하려는 폴더로 이동한 후 ❶ [파일 이름]을 입력하고 ❷ [게시] 단추를 클릭합니다.

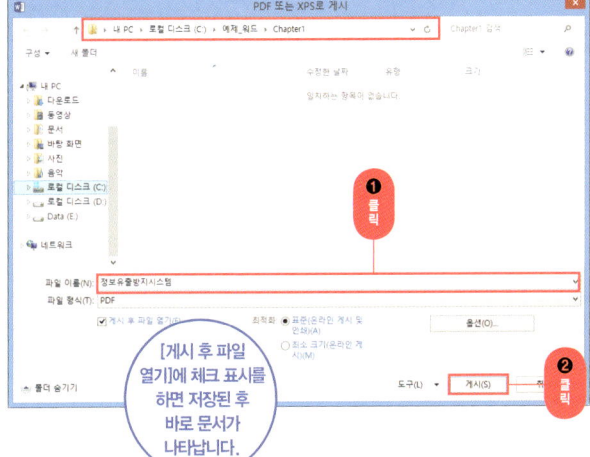

[게시 후 파일 열기]에 체크 표시를 하면 저장된 후 바로 문서가 나타납니다.

03 어도비 아크로뱃 프로나 리더 등의 PDF 뷰어 프로그램을 통해 저장된 PDF 문서를 확인할 수 있습니다.

PDF 문서 열고 편집하기

워드 2013에는 PDF 재배치 기능이 새로 추가되어 PDF 문서를 워드 문서로 변환하여 편집할 수 있습니다. 워드에서 PDF 문서를 열면 복사본 형태로 열기 때문에 원본 PDF는 보존됩니다.

01 [파일] 탭을 클릭하여 백스테이지로 이동한 후 ❶[열기]를 클릭하고 ❷[컴퓨터]의 현재 폴더에서 PDF 파일을 저장한 ❸[폴더]를 클릭합니다.

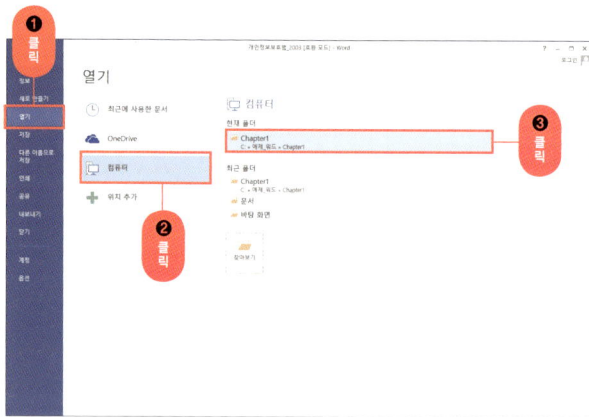

02 원본 PDF 문서를 편집 가능한 워드 문서로 변환한다는 메시지 상자가 나타납니다. ❶[이 메시지를 다시 표시 안 함]에 체크 표시를 한 후 ❷[확인] 단추를 클릭합니다.

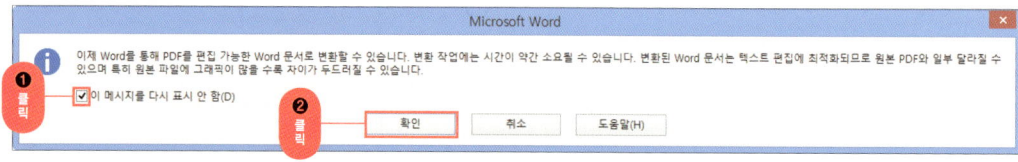

03 워드 문서로 변환된 PDF 문서가 열립니다. 문서를 편집한 후 빠른 실행 도구 모음의 [저장]을 클릭합니다.

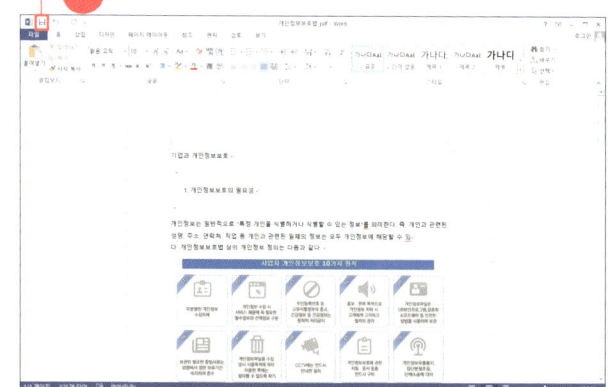

> **주의**
> 워드 요소를 감지하지 못하는 경우 원본 PDF 문서와 일치하지 않을 수 있습니다.

예제_워드\Chapter1\정보유출방지시스템.docx

워드의 다양한 보기 방법 살펴보기

Lesson 3

워드를 처음 실행하면 문서를 작성하거나 편집할 수 있는 인쇄 모양 화면으로 표시되는데, 편집 중간이나 완료한 후에는 읽기 모드로 보는 것이 문서의 내용을 확인하기 좋습니다. 특히 워드 2013에서는 읽기 환경이 깔끔하고 편안해져 화면에서 문서를 읽을 때 내용에 집중하기 좋아졌습니다.

STEP 01 문서 보기 방법 선택하기

워드 2013은 다양한 보기 방법을 제공하므로 상황에 맞는 읽기 모드를 선택하는 것이 좋습니다.

1 | 인쇄 모양

❶ [보기] 탭의 [보기] 그룹에서 ❷ [인쇄 모양]이 선택되면서 문서를 작성할 수 있습니다. [표시] 그룹의 ❸ [눈금자]에 체크 표시하면 가로와 세로에 눈금자가 표시됩니다.

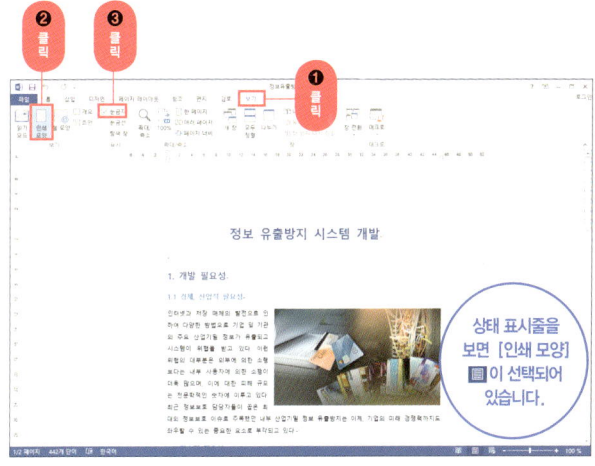

> **참고**
> 페이지 사이의 공백에 마우스 포인터를 위치하면 화살표 모양으로 표시되는데, 이 상태에서 더블클릭하면 여백 없이 이어서 볼 수 있습니다.

2 | 읽기 모드

[보기] 탭의 [보기] 그룹에서 [읽기 모드]를 클릭하거나 상태 표시줄의 [읽기 모드] 를 클릭하면 편집 도구가 제거되어 읽기 방해를 최소화합니다.

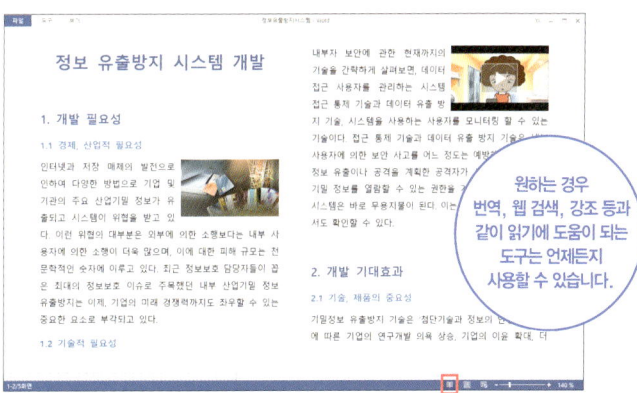

> **참고**
> 읽기 모드에서 그림이나 표, 차트 등의 개체를 더블클릭하면 366쪽과 같이 해당 개체를 확대해서 볼 수 있습니다.

3 | 웹 모양

❶ [보기] 탭의 [보기] 그룹에서 ❷ [웹 모양]을 클릭하거나 상태 표시줄의 ❸ [웹 모양] 을 클릭하면 문서를 웹 페이지에 나타나는 대로 표시합니다.

4 | 개요 보기

[보기] 탭의 [보기] 그룹에서 [개요]를 클릭하면 문서를 글머리 기호로 표시되는 개요 형식으로 표시합니다.

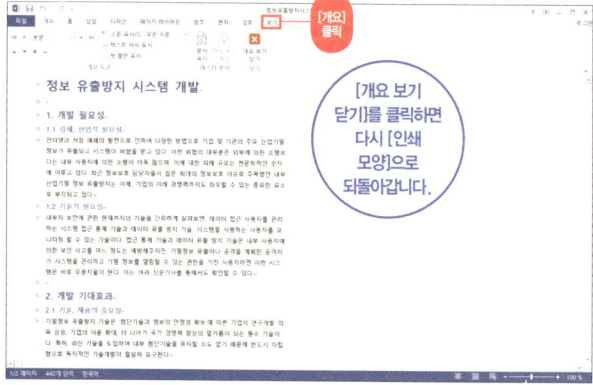

> 참고
> [개요 보기]는 문서의 단락을 이동하거나 제목을 정리할 때 유용합니다.

5 | 초안 보기

❶ [보기] 탭의 [보기] 그룹에서 ❷ [초안]을 클릭하면 머리글과 바닥글 등의 개체가 표시되지 않아 텍스트에만 집중할 수 있습니다.

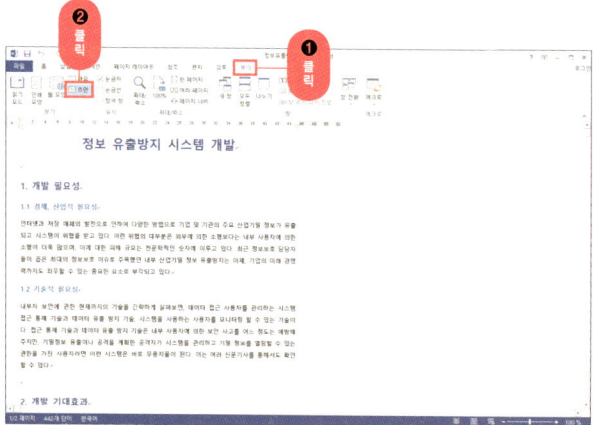

STEP 02 문서의 확대/축소 보기 방법 선택하기

워드 2013은 다양한 보기 방법을 제공하므로 상황에 맞는 읽기 모드를 선택하는 것이 좋습니다.

1 | 확대/축소

❶ [보기] 탭의 [확대/축소] 그룹에서 ❷ [확대/축소]를 클릭하거나 상태 표시줄에서 ❸ [확대/축소 비율]을 클릭하면 [확대/축소] 대화상자 대화상자에서 배율을 선택할 수 있습니다.

> 참고
>
> 을 누른 상태에서 마우스의 휠을 위아래로 움직여서 문서를 확대하거나 축소할 수 있습니다.

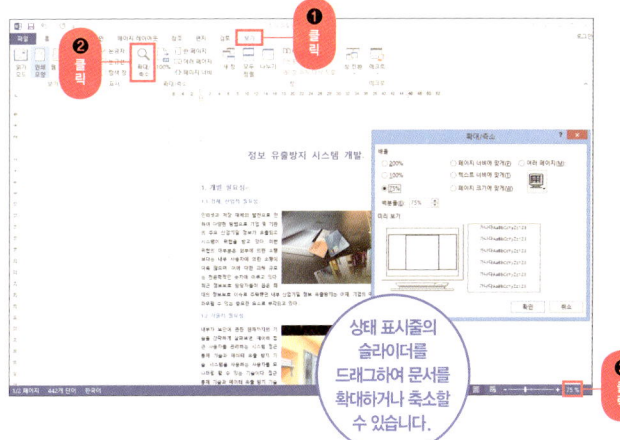

상태 표시줄의 슬라이더를 드래그하여 문서를 확대하거나 축소할 수 있습니다.

2 | 한 페이지 보기

❶ [보기] 탭의 [확대/축소] 그룹에서 ❷ [한 페이지]를 클릭하면 창에 한 페이지가 표시되도록 문서를 확대/축소합니다.

[페이지 너비]를 클릭하면 창 너비에 페이지 너비가 맞도록 문서를 확대/축소합니다.

3 | 여러 페이지 보기

❶ [보기] 탭의 [확대/축소] 그룹에서 ❷ [여러 페이지]를 클릭하면 창에 여러 페이지가 표시되도록 문서를 축소합니다.

> 참고
>
> 을 누른 상태에서 마우스의 휠을 위아래로 움직여서 창에 여러 페이지가 표시되도록 확대하거나 축소할 수 있습니다.

예제_워드\Chapter1\회사사규.docx

다양한 형식의 텍스트 입력하기

Lesson 4

문서 편집에 앞서 한자나 특수 기호 등을 입력하는 방법부터 살펴보겠습니다. 그리고 텍스트 목록을 작성할 때는 글머리 기호나 번호를 매겨서 정리하는 것이 깔끔합니다.

STEP 01 한자 입력하기

문서를 작성하다 보면 한자를 입력할 경우가 있는데, 이러한 경우 한자 를 이용해서 간단하게 한글에서 한자로 변환할 수 있습니다.

01 문자를 입력하다가 한자로 변환하려는 단어를 입력한 후 ❶ 한자 를 누르면 [한글/한자 변환] 대화상자가 나타납니다. ❷ 한자를 선택한 후 ❸ [변환] 단추를 클릭합니다.

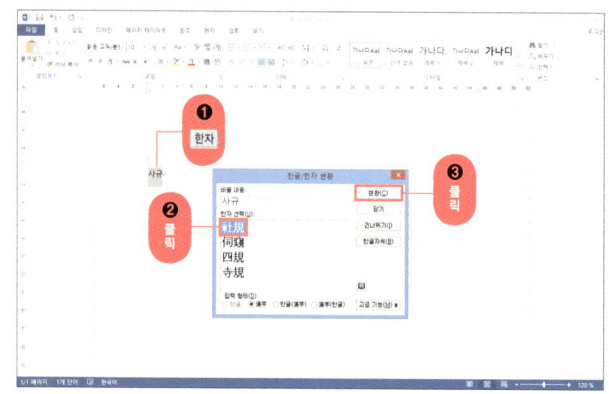

> 참고
> 단어가 아니라 한 글자씩 변환하려면 [한글자씩] 단추를 클릭하세요.

key
한자 변환 : 한자

02 입력한 단어가 한자로 변환됩니다. 입력한 한자를 다시 한글로 변환하려면 해당 한자 뒤에서 한자 를 누릅니다.

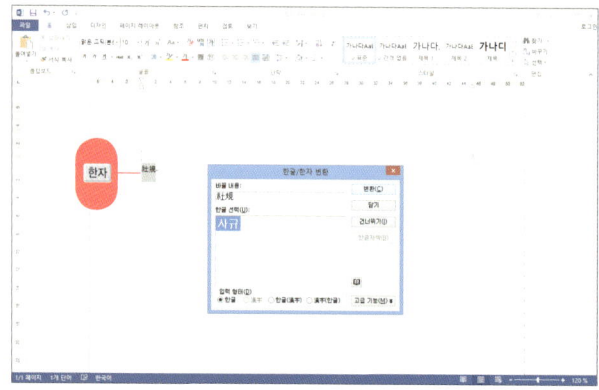

STEP 02 특수 기호 삽입하기

키보드에 없는 특수 기호는 [기호] 대화상자에서 선택하여 삽입할 수 있습니다. 이때 선택한 글꼴에 따라 삽입할 수 있는 기호 목록이 달라집니다.

01 ❶ 기호를 입력하려는 위치에 마우스 커서를 올려놓은 후 ❷ [삽입] 탭의 [기호] 범주에서 ❸ [기호]를 클릭하고 ❹ [다른 기호]를 클릭합니다.

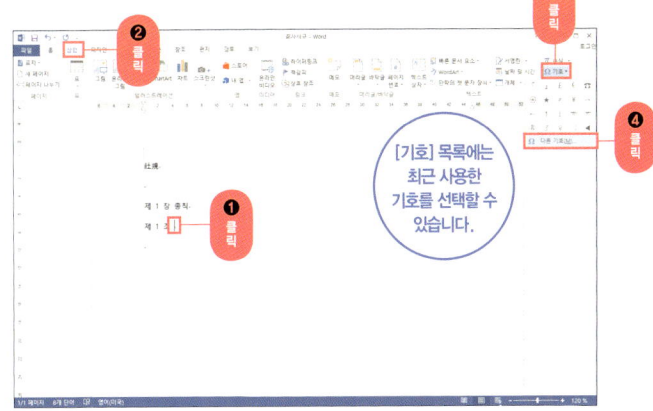

[기호] 목록에는 최근 사용한 기호를 선택할 수 있습니다.

02 [기호] 대화상자가 나타나면 ❶ 원하는 기호를 선택한 후 ❷ [삽입] 단추를 클릭하고 기호가 삽입되면 ❸ [닫기] 단추를 클릭합니다.

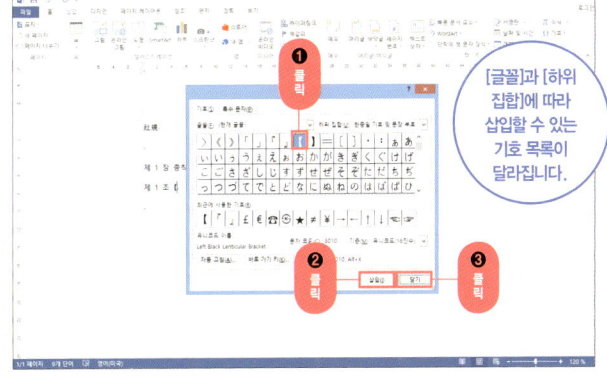

[글꼴]과 [하위 집합]에 따라 삽입할 수 있는 기호 목록이 달라집니다.

 참고

기호를 삽입해도 [기호] 대화상자는 닫히지 않으므로 계속해서 기호를 삽입할 수 있습니다.

➕ PLUS 상용구 입력하기

여기에서는 마침표 두 개(..)를 입력하면 가운뎃점(·)으로 바뀌도록 상용구를 추가하겠습니다.

1 [파일] 탭의 [옵션]을 클릭한 후 [Word 옵션] 대화상자의 [언어 교정] 범주에서 [자동 고침 옵션] 단추를 클릭합니다.

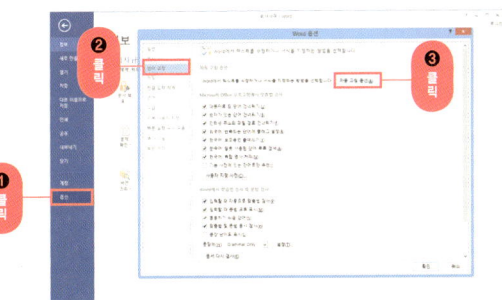

2 [자동 고침] 대화상자의 [다음 목록에 있는 내용대로 자동으로 바꾸기]에 체크 표시한 후 [입력]과 [결과]를 입력하고 [확인] 단추를 클릭합니다.

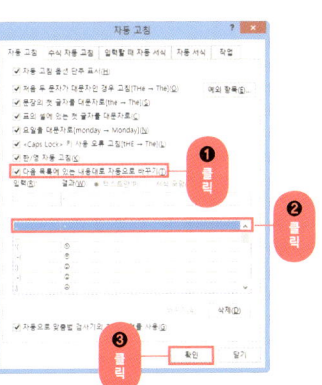

글머리 기호 삽입하기

글머리 기호를 이용하면 단락 앞에 기호를 붙여서 깔끔하게 정리할 수 있습니다.

01 ❶ 글머리 기호를 삽입할 단락을 선택한 후 ❷ [홈] 탭의 [단락] 그룹에서 ❸ [글머리 기호]의 드롭다운 단추를 클릭하고 ❹ [새 글머리 기호 정의]를 클릭합니다.

글머리 기호 라이브러리에 삽입할 기호가 있으면 해당 기호를 클릭합니다.

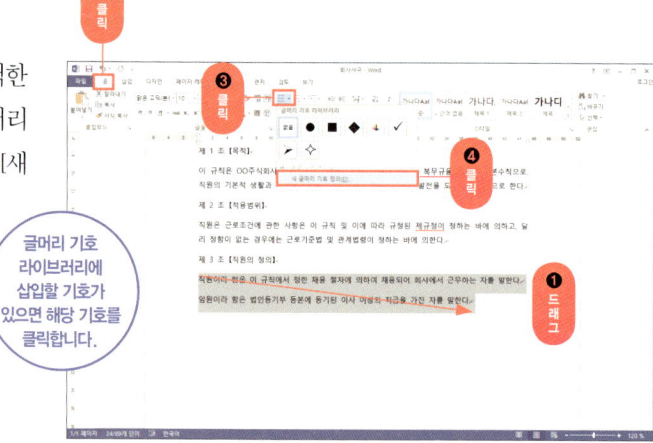

02 [새 글머리 기호 정의] 대화상자가 나타납니다. ❶ [기호] 단추를 클릭한 후 [기호] 대화상자에서 ❷ 기호로 삽입할 기호를 선택하고 ❸ [확인] 단추를 클릭합니다.

 참고

[그림] 단추를 클릭하면 글머리 기호로 그림을 선택할 수 있으며, [글꼴] 단추를 클릭하면 기호의 글꼴을 선택할 수 있습니다.

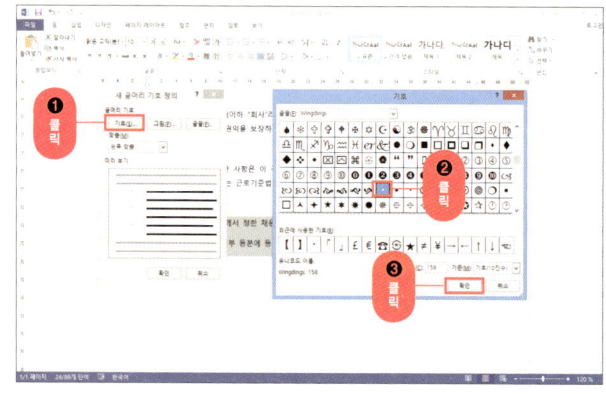

03 다시 나타나는 [새 글머리 기호 정의] 대화상자에서 [확인] 단추를 클릭한 후 삽입한 글머리 기호를 확인합니다.

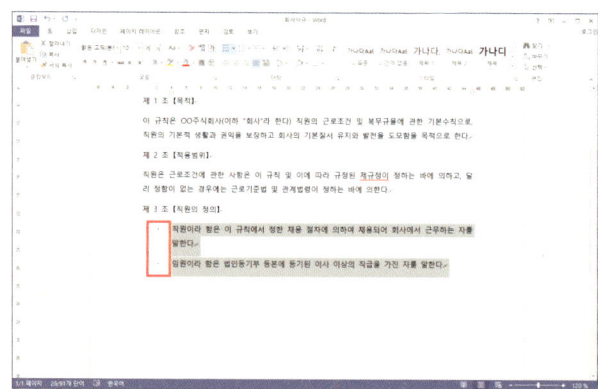

STEP 04 번호 매기기

번호 매기기를 이용하면 내용의 순서에 따라 목록을 정리할 수 있습니다.

01 ❶ 숫자 번호를 매기려는 문단에 커서를 위치한 후 ❷ [홈] 탭의 [단락] 그룹에서 ❸ [번호 매기기]를 클릭하면 숫자 번호가 매겨집니다.

> **주의**
> 글머리 기호나 번호가 매겨진 목록에서 Enter 를 누르면 다음 단락에서도 해당 기호나 번호가 이어지는데, 이를 중단하려면 텍스트를 입력하지 않고 그냥 Enter 를 누릅니다.

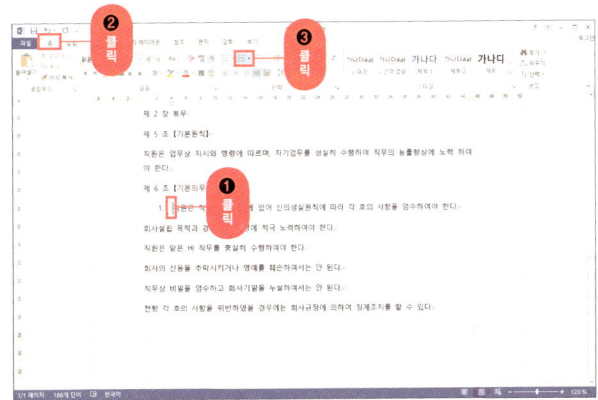

02 ❶ 이번에는 원번호를 매기려는 문단을 선택한 후 [홈] 탭의 [단락] 그룹에서 ❷ [번호 매기기]의 드롭다운 단추를 클릭하고 ❸ 원번호를 클릭합니다.

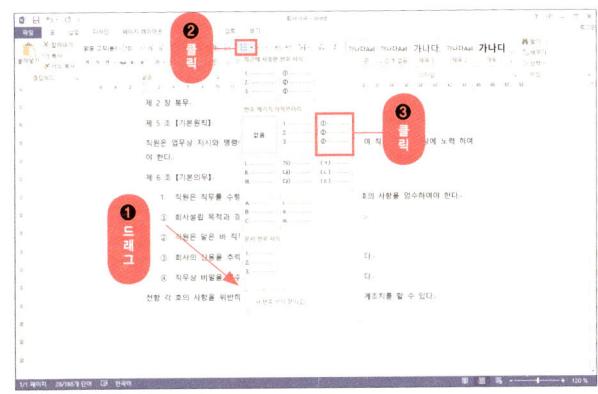

03 ❶ 다시 숫자 번호를 매기려는 문단에 커서를 위치한 후 [홈] 탭의 [단락] 그룹에서 ❷ [번호 매기기]의 드롭다운 단추를 클릭하고 ❸ 숫자 번호를 클릭하면 번호가 이어져서 매겨집니다.

> **참고**
> [자동 고침 옵션]을 클릭한 후 [번호 새로 매기기]를 클릭하면 1번부터 번호가 새로 매겨집니다.

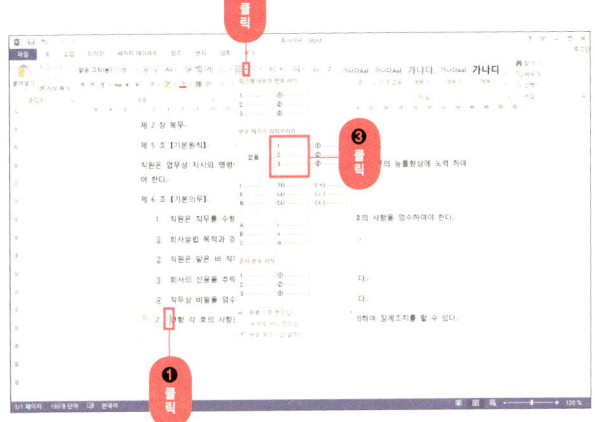

예제_워드\Chapter1\회사사규.docx

텍스트 범위 선택과 서식 바꾸기

Lesson 5

문서의 텍스트 서식을 변경하려면 먼저 텍스트를 선택해야 합니다. 일반적으로 텍스트는 드래그하여 선택하지만 많은 양의 텍스트를 선택하려면 다양한 방법으로 선택하는 것이 좋습니다. 여기에서는 텍스트를 선택하는 다양한 방법과 서식을 변경하는 방법에 대해 알아보겠습니다.

STEP 01 텍스트 범위 선택하기

우선 텍스트 일부와 문장, 단락을 선택하는 방법에 대해 알아보겠습니다.

01 텍스트의 일부를 선택하려면 해당 부분을 드래그합니다.

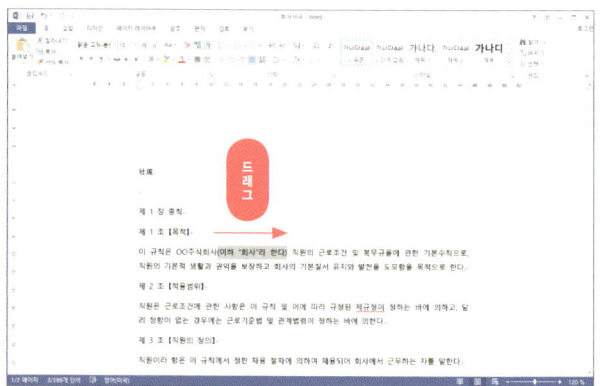

02 문장의 한 줄만 선택하려면 해당 줄의 왼쪽 여백 부분을 클릭합니다.

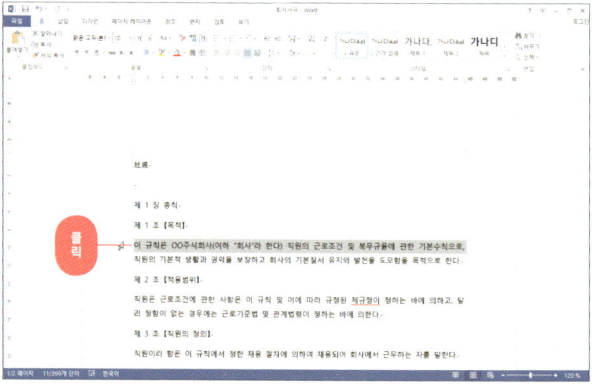

03 한 문장을 선택하려면 해당 문장 중간을 Ctrl 을 누른 상태에서 클릭합니다.

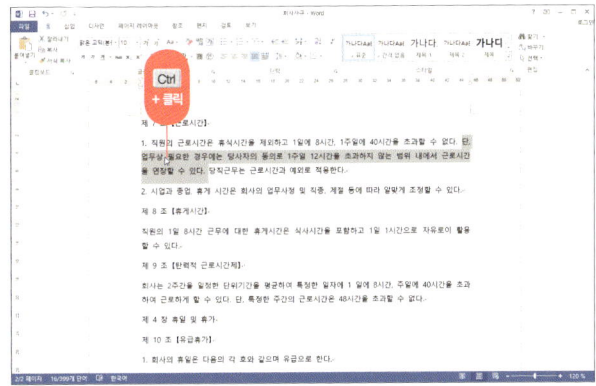

04 한 문단을 선택하려면 해당 문단 왼쪽 여백 부분을 더블클릭합니다.

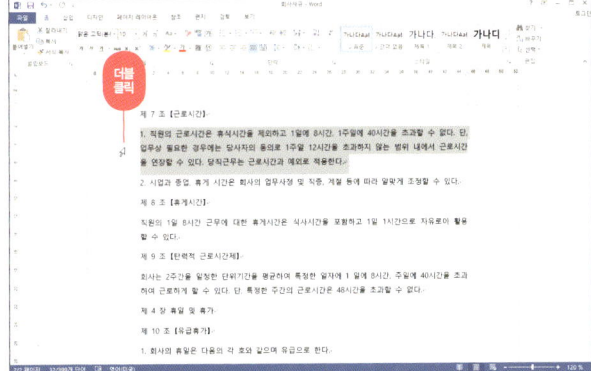

> **참고**
>
> 문단 왼쪽 여백 부분을 세 번 클릭하면 문서 전체가 선택됩니다.

05 문장의 여러 부분을 선택하려면 ❶ 첫 번째 부분을 선택한 상태에서 ❷ Ctrl 을 누른 채 두 번째 부분을 선택합니다.

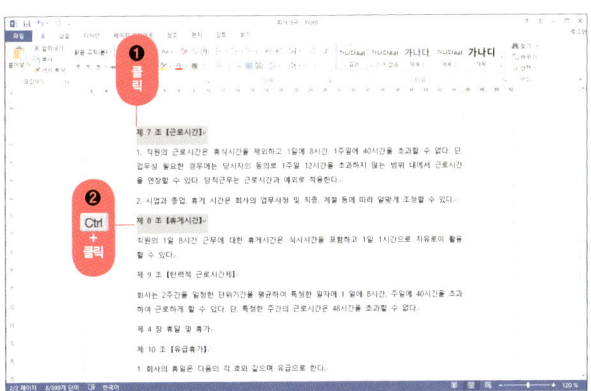

텍스트 서식 변경하기

텍스트 서식의 변경은 바꾸려는 범위를 먼저 선택한 후 서식을 적용하면 됩니다. 이때 같은 서식을 적용하는 부분은 미리 함께 선택하여 적용하는 것이 좋습니다.

01 ❶ 먼저 문서 제목 부분을 선택한 후 [홈] 탭의 ❷[글꼴]과 ❸[글꼴 색]에서 원하는 서식을 적용합니다.

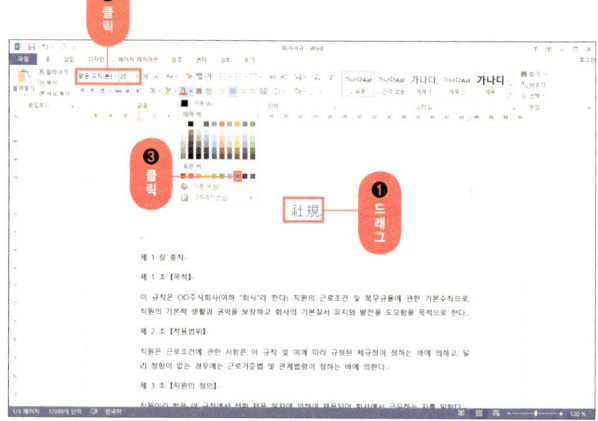

02 여러 부분을 적용하기 위해 ❶ 첫 번째 문장을 선택한 후 ❷ Ctrl 을 누른 상태에서 두 번째 문장을 선택합니다.

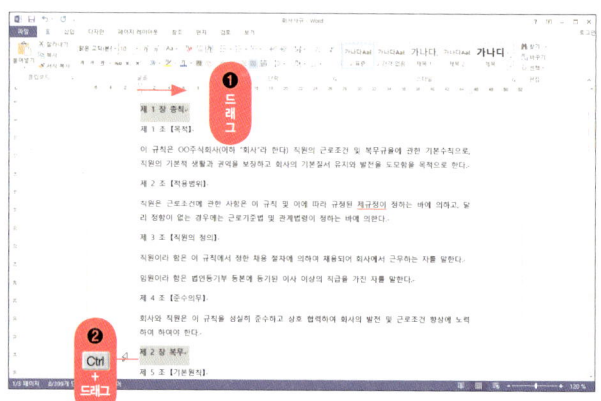

03 [홈] 탭의 [글꼴]과 [글꼴 색]에서 원하는 서식을 적용합니다.

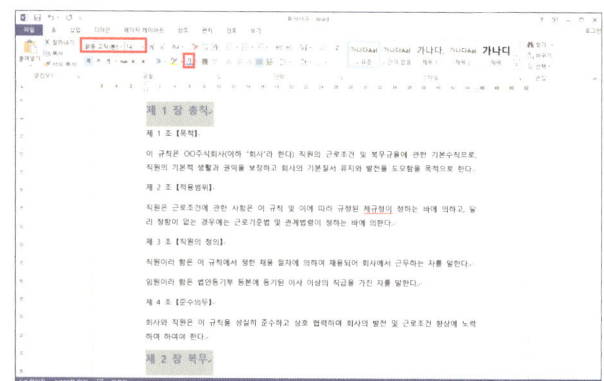

텍스트 서식 복사하여 적용하기

여러 부분의 서식을 처음부터 선택하여 지정하는 것이 좋지만, 그렇지 않은 경우 기존에 적용된 서식을 복사하여 다른 부분에 적용할 수 있습니다.

01 ❶ 서식이 적용된 문장을 선택한 후 [홈] 탭의 [클립보드] 그룹에서 ❷ [서식 복사]를 더블클릭합니다.

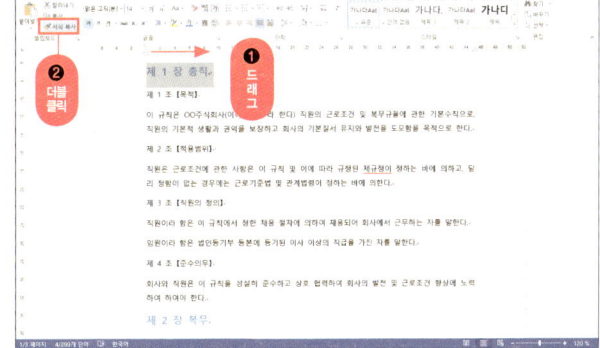

> **참고**
> 서식을 복사하여 한 곳에만 적용하려면 [서식 복사]를 한 번만 클릭합니다.

02 서식이 복사되면 적용할 문장을 선택합니다. 선택한 부분에 복사된 서식이 적용됩니다.

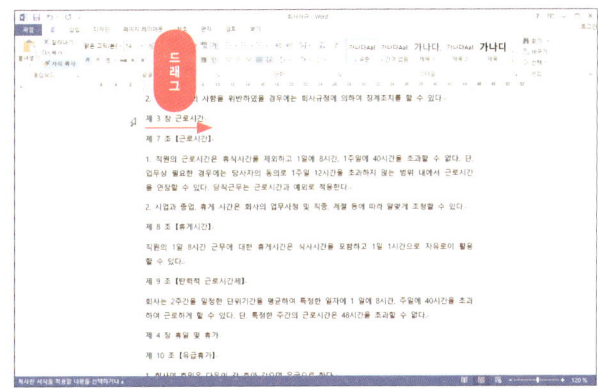

03 ❶ 계속해서 다른 곳을 선택하면 서식을 복사되고, ❷ 서식 복사를 마치려면 Esc 를 누릅니다.

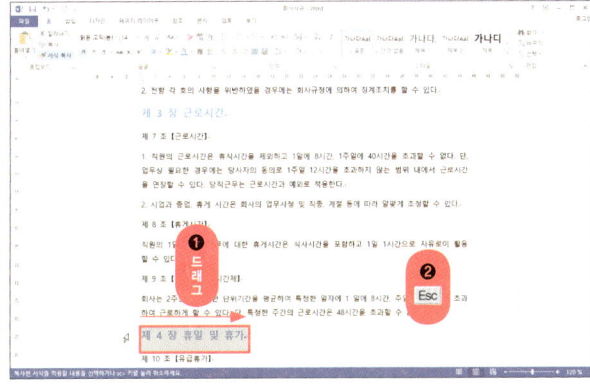

> **주의**
> 따라하기 01번에서 [서식 복사]를 한 번만 클릭하면 다른 곳에서는 서식이 복사되지 않습니다.

스타일 적용하여 서식 통일하기

Lesson 6

예제_워드\Chapter1\회사사규.docx

문서의 일관성을 유지하려면 소제목이나 단락 등의 서식을 통일하는 것이 좋습니다. 이때 서식을 스타일로 저장한 후 단락에 스타일을 지정하면 해당 서식이 공통적으로 적용됩니다.

STEP 01 새 스타일 저장하기

여기에서는 [소제목]의 글꼴 색과 글꼴 크기, 단락 간격을 설정하여 스타일로 저장한 후 다른 단락에도 스타일을 적용하겠습니다.

01 ❶ 스타일로 저장할 글꼴 속성을 설정한 후 ❷ [단락] 그룹의 [자세히] 단추를 클릭합니다.

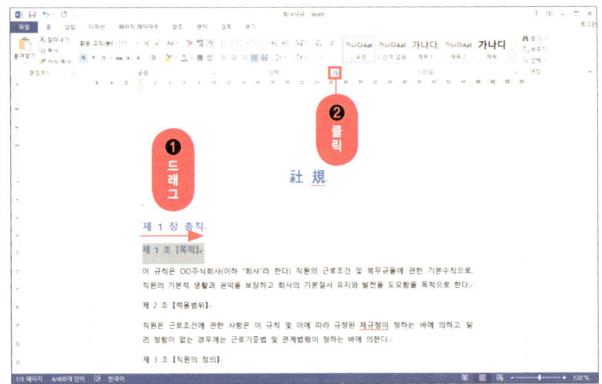

02 [단락] 대화상자가 나타나면 [간격]의 ❶ [단락 앞]을 설정한 후 ❷ [확인] 단추를 클릭합니다.

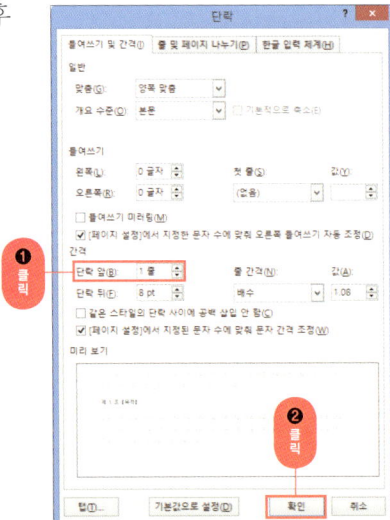

03 [홈] 탭의 [스타일] 그룹에서 ❶ [자세히] 단추를 클릭한 후 ❷ [스타일 만들기]를 클릭합니다.

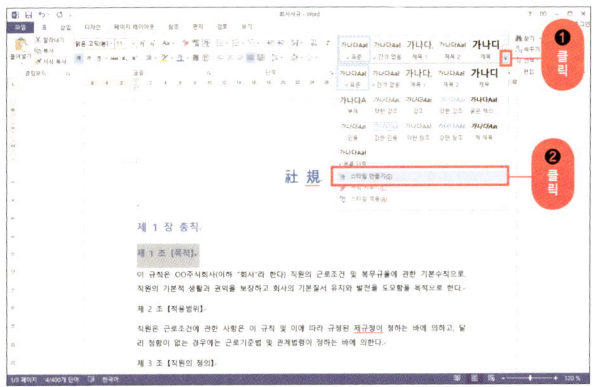

04 [서식에서 새 스타일 만들기] 대화상자가 나타나면 ❶ [이름]을 입력한 후 ❷ [확인] 단추를 클릭합니다.

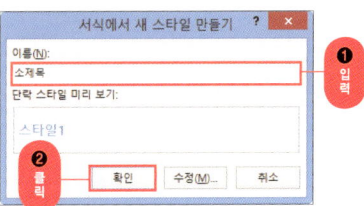

05 방금 저장한 [소제목] 스타일이 추가됩니다. ❶ 스타일을 적용할 문단을 선택한 후 ❷ 추가된 [소제목] 스타일을 클릭합니다.

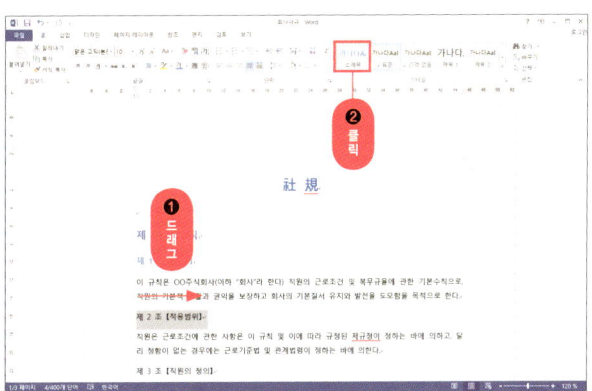

06 선택한 문단에 [소제목] 스타일이 적용됩니다. 같은 방법으로 다른 소제목 단락에도 스타일을 적용합니다.

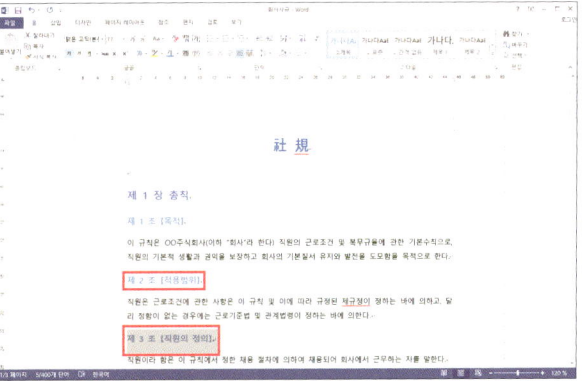

스타일 수정하기

여기에서는 [소제목] 스타일을 수정하여 글꼴에 [밑줄] 속성을 추가하겠습니다.

01 ❶ 수정할 스타일을 마우스 오른쪽 단추로 클릭한 후 ❷ [수정]을 클릭합니다.

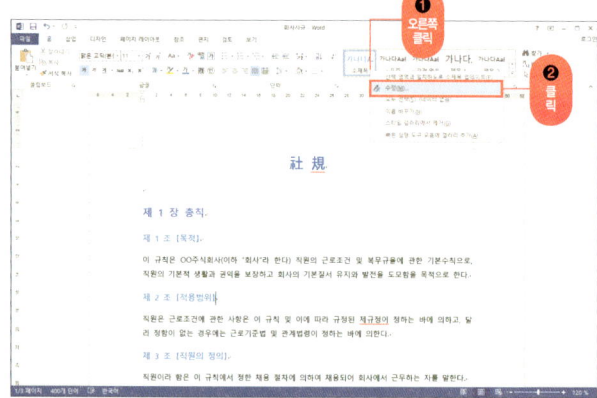

02 [스타일 수정] 대화상자가 나타납니다. ❶ 스타일을 수정한 후 ❷ [확인] 단추를 클릭합니다.

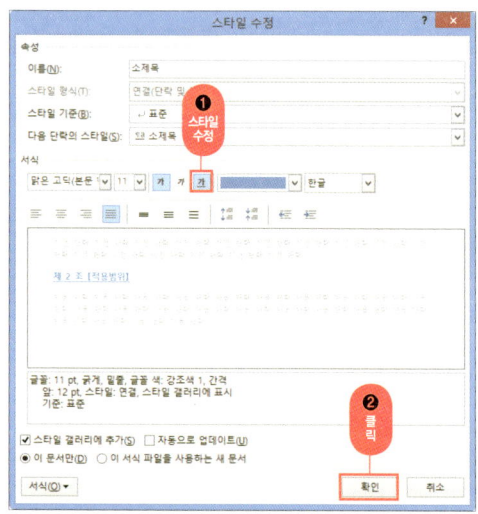

> **참고**
> 여기에서는 대표적인 서식만 표시되지만, [서식] 단추를 클릭하면 다양한 글꼴이나 단락 설정을 할 수 있습니다.

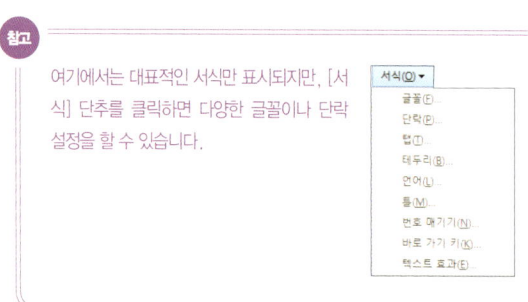

03 스타일이 적용된 다른 문단에도 스타일이 수정되어 표시됩니다.

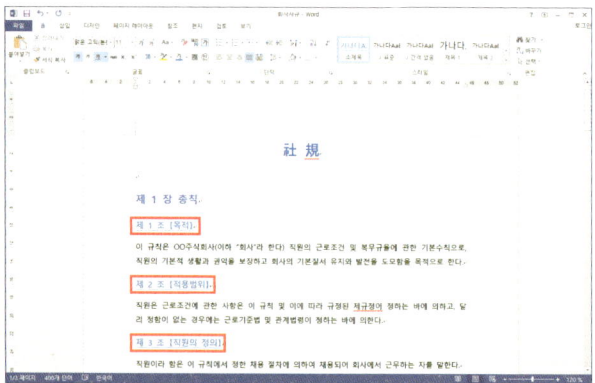

스타일 업데이트하기

스타일이 적용된 문단을 먼저 수정한 경우, 따로 스타일을 수정하지 않고 해당 선택 영역을 업데이트하여 적용할 수 있습니다. 여기에서는 [소제목] 스타일의 글꼴 기울임꼴과 색을 변경하겠습니다.

01 ❶ 소제목 문단을 선택한 후 ❷ [기울임꼴]과 ❸ [글꼴 색]을 설정합니다.

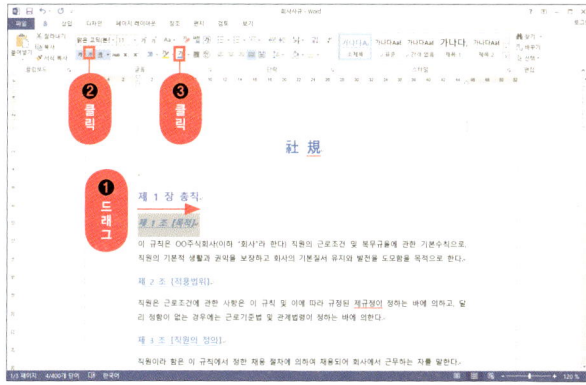

02 ❶ 수정한 설정을 선택한 후 ❷ 스타일을 마우스 오른쪽 단추로 클릭하고 ❸ [선택 영역과 일치하도록 소제목 업데이트]를 클릭합니다.

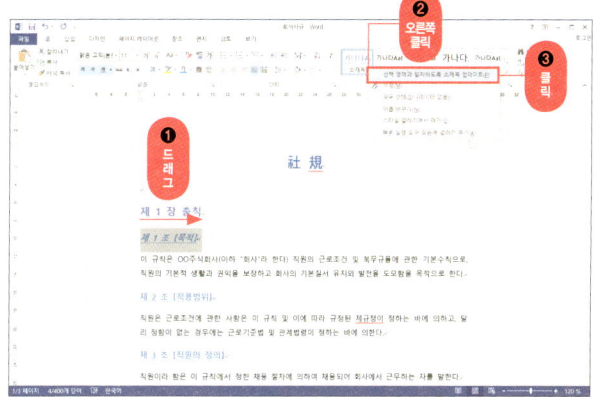

03 스타일이 적용된 다른 문단에도 스타일이 수정되어 표시됩니다.

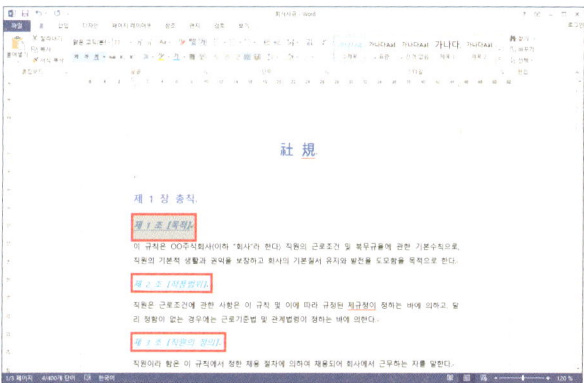

텍스트 스타일 변경하기

연습파일 예제_워드\Chapter1\실무_정보유출방지.docx   **완성파일** 예제_워드\Chapter1\실무_정보유출방지_결과.docx

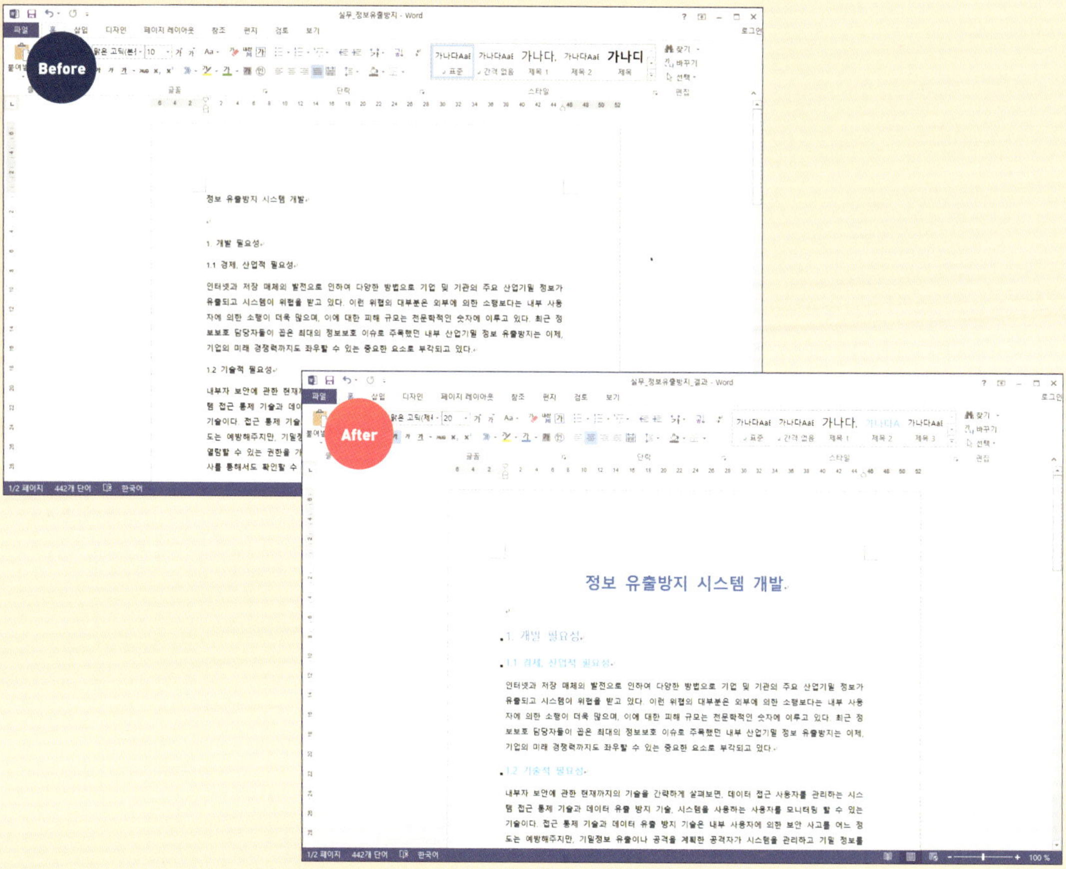

Before

After

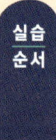

실습 순서

① 문서 제목에 [제목] 스타일을 적용한 후 [글꼴 크기] – [20pt], [글꼴 색] – [파랑]을 적용합니다.

② [1. 개발 필요성]에 [제목 1] 스타일을 적용한 후 [글꼴 크기] – [14pt], [글꼴 색] – [파랑, 강조 1]을 적용합니다.

③ [1. 개발 필요성]의 서식을 복사한 후 같은 수준의 제목에 붙여넣습니다.

④ [1.1 경제, 산업적 필요성]과 같은 수준의 제목에 [제목 2] 스타일을 적용합니다.

⑤ [1.1 경제, 산업적 필요성]에 [글꼴 크기] – [12pt], [글꼴 색] – [연한 파랑]을 적용합니다.

⑥ [1.1 경제, 산업적 필요성]을 선택한 후 선택한 영역과 일치하도록 [제목 2]의 스타일을 업데이트합니다.

CHAPTER
2

문서에 다양한 개체 삽입하기

Lesson 01 | 표 삽입하고 스타일 변경하기
Lesson 02 | 차트 삽입하고 차트 요소 변경하기
Lesson 03 | 온라인 그림과 비디오 삽입하기
Lesson 04 | 엑셀 데이터로 편지 병합하기
실무 따라잡기 | 표와 차트 삽입하기

EXCEL & POWERPOINT & WORD 2013

예제_워드\Chapter2\개인정보 침해건수.docx

표 삽입하고
스타일 변경하기 .... Lesson 1

문서에 데이터를 정리할 때는 표를 삽입하는 것이 보기 좋습니다. 워드에 삽입한 표는 필요에 따라 행과 열을 자유롭게 삽입할 수 있으며, 표 전체의 디자인 스타일이나 선택한 셀 영역의 음영 및 테두리 등으로 꾸밀 수도 있습니다.

STEP 01 표 삽입하고 행/열 추가하기

여기에서는 8행 7열의 표를 작성할 것인데, 우선 7행 6열의 표를 삽입한 후 행과 열을 각각 추가하겠습니다.

01 ❶ [삽입] 탭의 [표] 그룹에서 ❷ [표]를 클릭한 후 ❸ 원하는 표의 행과 열 크기만큼 드래그합니다.

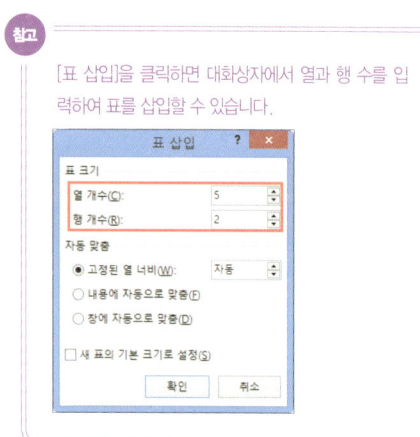

> **참고**
> [표 삽입]을 클릭하면 대화상자에서 열과 행 수를 입력하여 표를 삽입할 수 있습니다.

02 표가 삽입되면 데이터를 입력합니다. 행이나 열을 추가하려면 ❶ 삽입하려는 셀에 커서를 위치한 후 ❷ [표 도구] - [레이아웃] 탭의 [행 및 열] 그룹에서 ❸ [오른쪽에 삽입]을 클릭합니다.

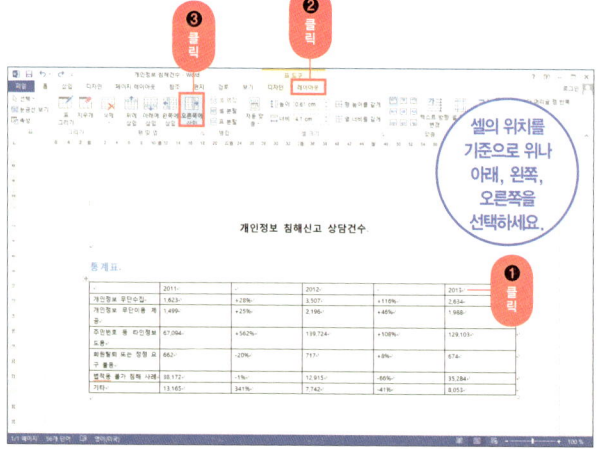

셀의 위치를 기준으로 위나 아래, 왼쪽, 오른쪽을 선택하세요.

03 표의 경계선에서도 행이나 열을 삽입할 수 있습니다. 마지막 행의 경계선에 마우스 포인터를 위치한 후 ⊕를 클릭합니다.

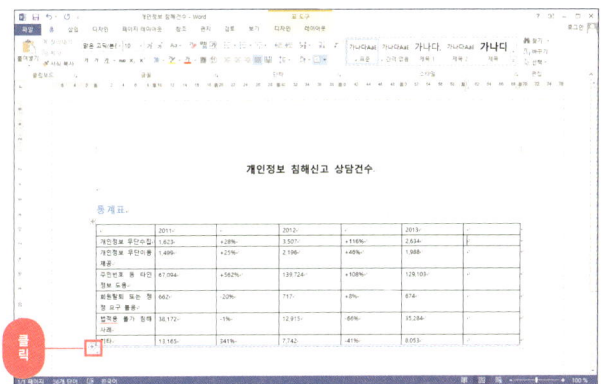

04 표의 경계선을 드래그하여 열 너비나 행 높이를 조절할 수 있습니다. 1열의 오른쪽 경계선을 오른쪽으로 드래그합니다.

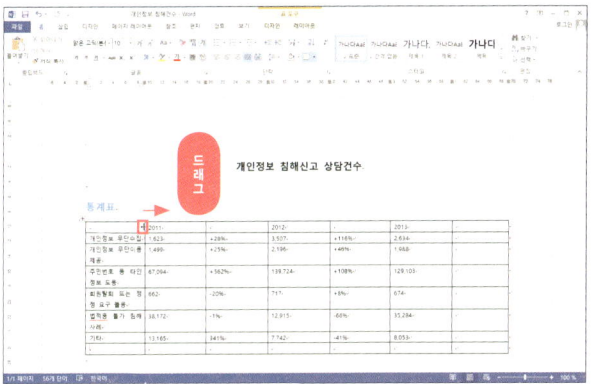

05 나머지 열은 같은 너비로 맞추기 위해 ❶ 셀을 선택한 후 [셀 크기] 그룹에서 ❷ [열 너비를 같게]를 클릭합니다.

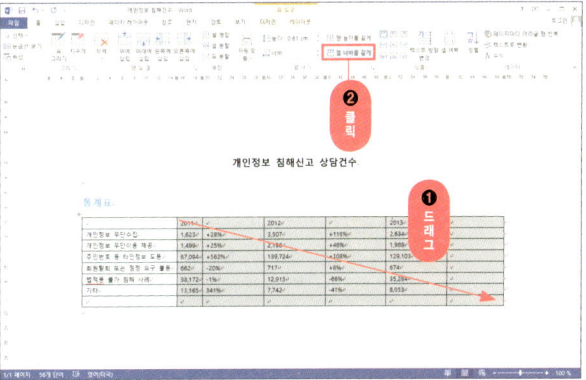

셀 합계 필드 삽입하기

워드에서도 엑셀과 같이 셀에 입력된 값을 자동으로 계산하는 필드를 삽입할 수 있습니다.

01 ❶ 합계를 구하려는 셀에 커서를 위치한 후 ❷ [삽입] 탭의 [텍스트] 그룹에서 ❸ [빠른 문서 요소]의 ❹ [필드]를 클릭합니다.

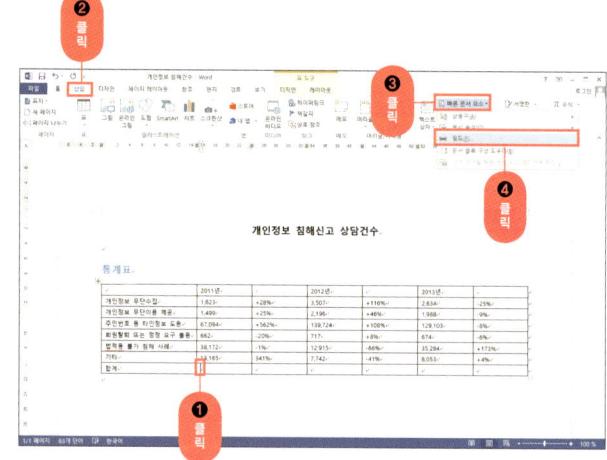

02 [필드] 대화상자가 나타나면 [필드 선택]의 [범주]에서 ❶ [수식]을 선택한 후 ❷ [수식] 단추를 클릭합니다.

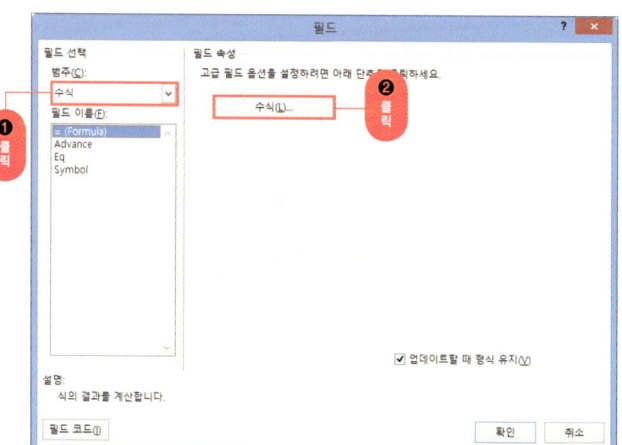

03 [수식] 대화상자가 나타나면 ❶ [수식] 항목에 [=SUM(ABOVE)]를 입력한 후 ❷ [숫자 형식] 항목에서 [#,##0]을 선택하고 ❸ [확인] 단추를 클릭합니다.

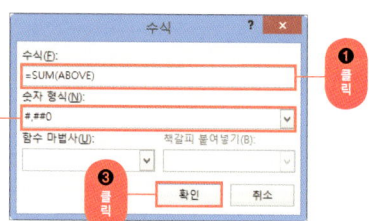

04 2011년 데이터 값의 합계 필드가 삽입됩니다. 이번에는 ❶ 삽입된 필드를 드래그하여 선택한 후 ❷ Ctrl + C 를 눌러 복사하고 2012년 셀에서 ❸ Ctrl + V 를 누릅니다. [수식]을 선택한 후 [수식]을 클릭합니다.

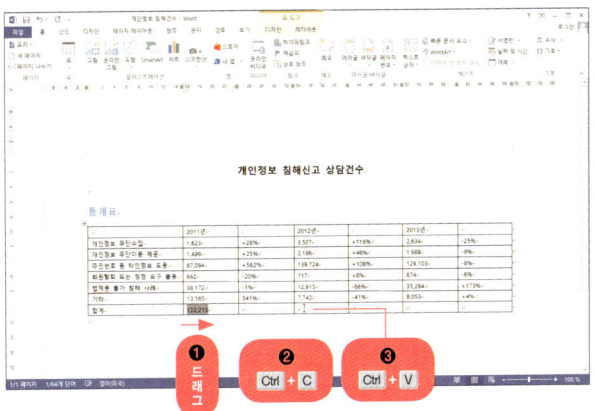

05 2012년 데이터 값을 재계산하기 위해 ❶ 삽입된 필드를 마우스 오른쪽 단추로 클릭한 후 ❷ [필드 업데이트]를 클릭합니다.

> **주의**
> 필드를 업데이트하기 전까지는 이전에 계산된 값이 그대로 복사됩니다.

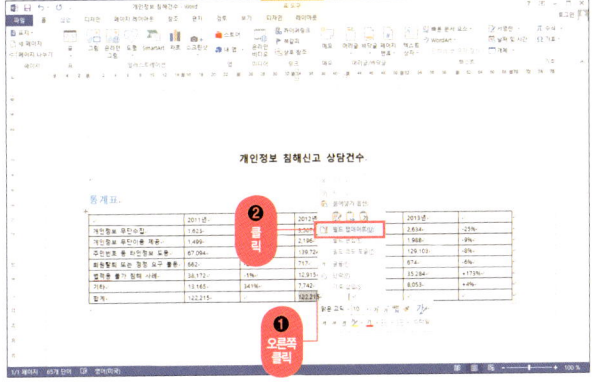

06 2012년 데이터 값이 변경됩니다. 같은 방법으로 2013년 데이터 값의 합계 필드도 삽입해 보세요.

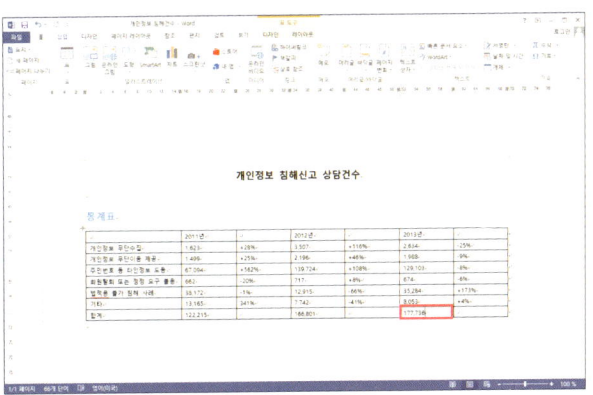

셀 병합하고 데이터 맞추기

여러 개의 셀을 선택하여 하나로 병합하거나 하나의 셀을 두 개로 분할할 수 있습니다. 또 셀을 기준으로 데이터를 왼쪽이나 가운데, 오른쪽으로 맞출 수 있습니다.

01 ❶ 합치려는 2011년 두 개의 셀을 드래그하여 선택한 후 [표 도구] - ❷ [레이아웃] 탭의 [병합] 그룹에서 ❸ [셀 병합]을 클릭합니다.

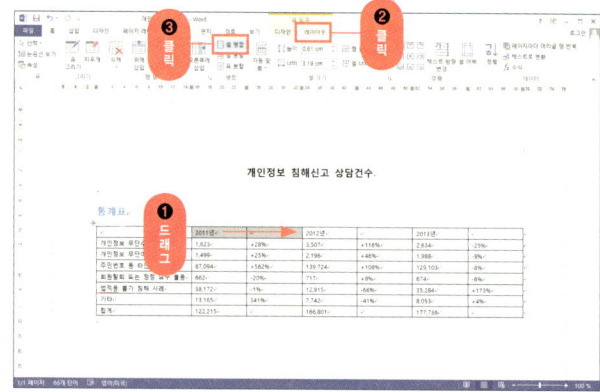

02 선택한 셀이 병합되면 같은 방법으로 2012년과 2013년 셀도 병합합니다. ❶ 병합된 셀들을 드래그하여 선택한 후 ❷ [홈] 탭의 [단락] 그룹에서 ❸ [가운데 맞춤]을 클릭합니다.

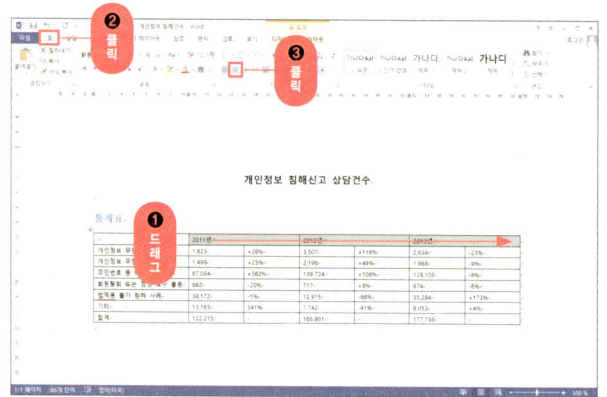

03 이번에는 ❶ 데이터 값의 셀들을 드래그하여 선택한 후 [홈] 탭의 [단락] 그룹에서 ❷ [오른쪽 맞춤]을 클릭합니다.

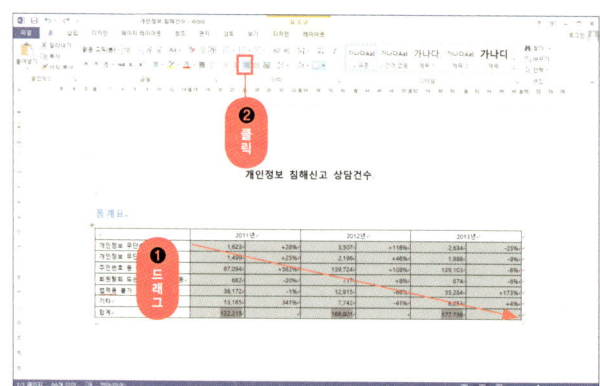

여러 셀 값의 서식 변경하기

여러 개의 셀을 선택하여 하나로 병합하거나 하나의 셀을 두 개로 분할할 수 있습니다. 또 셀을 기준으로 데이터를 왼쪽이나 가운데, 오른쪽으로 맞출 수 있습니다.

01 Ctrl 을 누른 상태에서 증감률의 양수 값을 선택합니다.

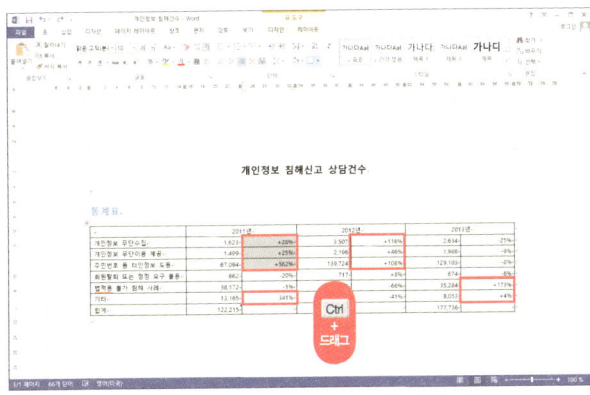

02 ❶ [홈] 탭의 [글꼴] 그룹에서 ❷ [글꼴 색] - [빨강]을 클릭합니다.

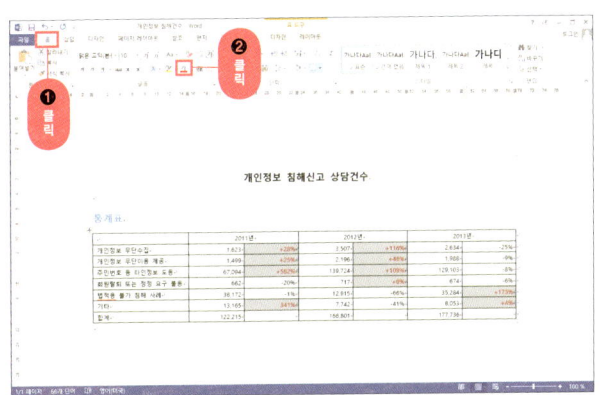

03 ❶ 같은 방법으로 증감률의 음수 값을 선택한 후 [홈] 탭의 [글꼴] 그룹에서 ❷ [글꼴 색] - [파랑]을 클릭합니다.

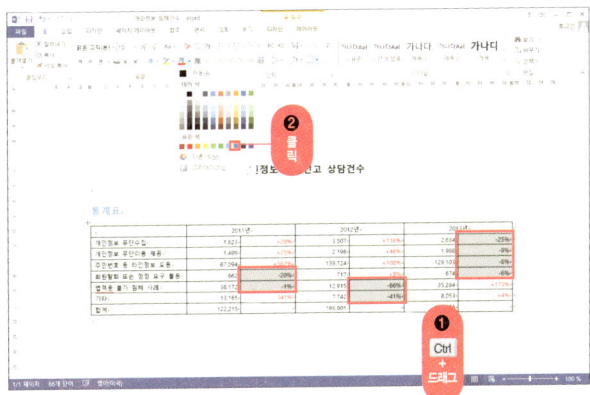

표 스타일과 음영 색, 테두리 변경하기

표 스타일을 이용하면 셀의 음영이나 테두리를 손쉽게 변경할 수 있습니다.

01 ❶ 표를 선택한 후 [표 도구] - ❷ [디자인] 탭의 [표 스타일] 그룹에서 ❸ [자세히] 단추를 클릭합니다.

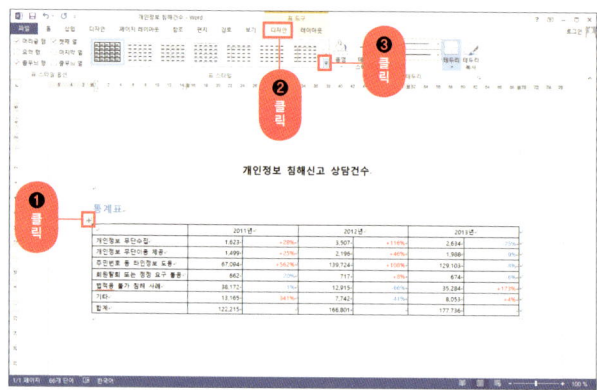

02 표 스타일 갤러리가 나타나면 [눈금 표 5 어둡게 - 강조색 1]을 클릭합니다.

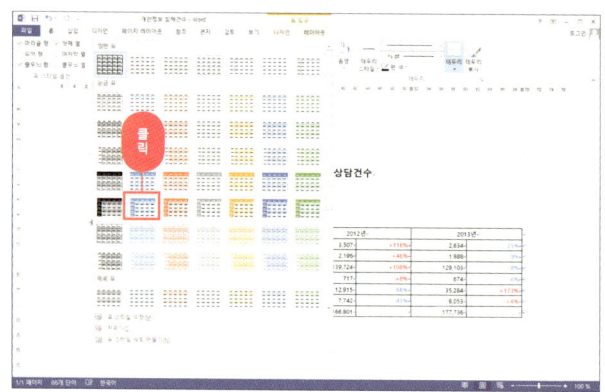

03 선택한 표 스타일이 적용됩니다. ❶ 마지막 행을 선택한 후 ❷ [표 도구] - [디자인] 탭의 [표 스타일] 그룹에서 ❸ [음영]의 ❹ [흰색, 배경 1, 50% 어둡게]를 클릭합니다.

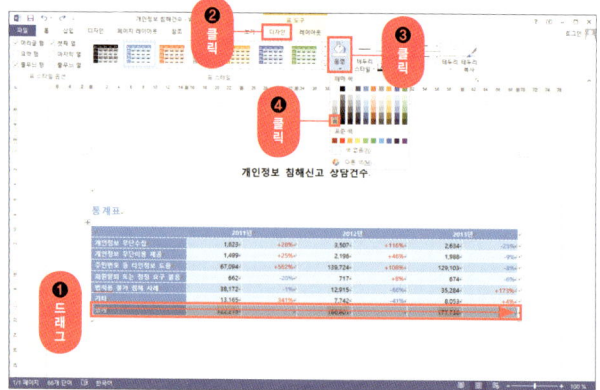

04 이번에는 테두리를 변경하기 위해 [표 도구] - ❶[디자인] 탭의 [테두리] 그룹에서 ❷[테두리] 스타일을 선택한 후 ❸[이중 실선, 1/2pt, 강조색 1]을 클릭합니다.

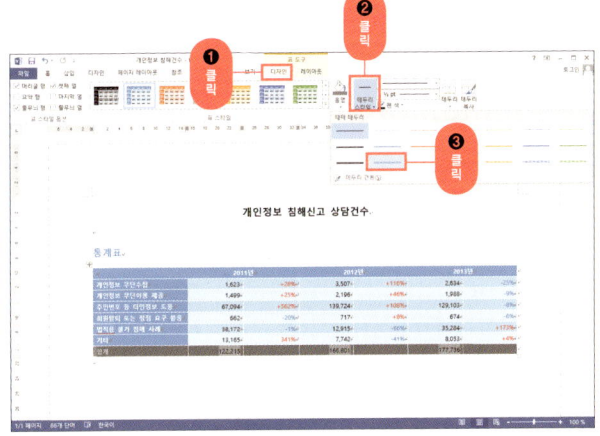

05 ❶[펜 두께]에서 [1 1/2pt]를 선택한 후 ❷ 마우스 커서가 🖉로 표시되면 데이터 값과 합계의 구분선을 드래그합니다.

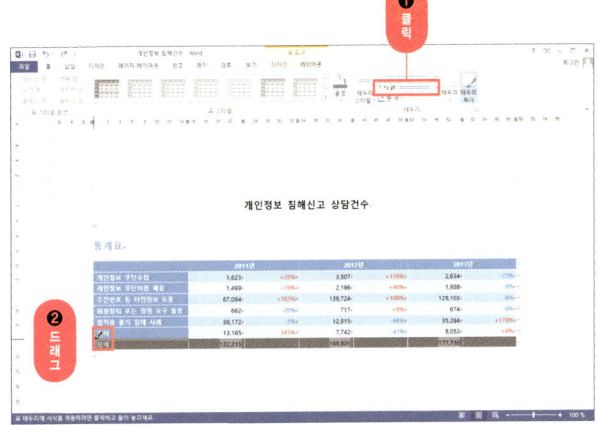

06 데이터 값과 합계의 구분선이 선택한 이중선으로 변경됩니다.

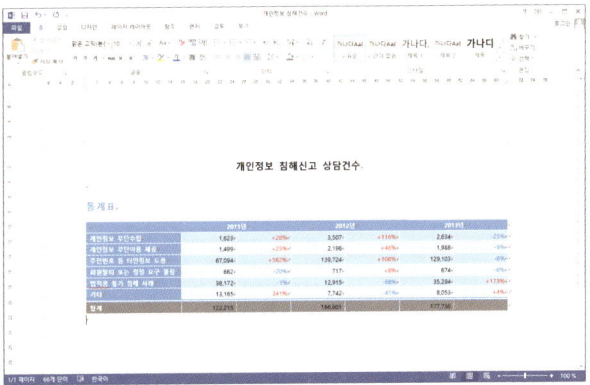

예제_워드\Chapter2\개인정보 침해건수_차트.docx

차트 삽입하고 차트 요소 변경하기

Lesson 2

데이터 값을 비교할 때는 차트를 삽입하는 것이 보기 좋습니다. 여기에서는 워드에 삽입한 표 데이터를 이용하여 차트를 만들고, 차트 요소를 변경하여 차트를 보기 좋게 만들겠습니다.

STEP 01 차트 삽입하고 행/열 전환하기

워드에서도 엑셀과 같은 방법으로 차트를 삽입할 수 있습니다. 여기에서는 묶은 세로 막대형 차트를 삽입한 후 행/열을 전환하겠습니다.

01 ❶ [삽입] 탭의 [일러스트레이션] 그룹에서 ❷ [차트]를 클릭하면 [차트 삽입] 대화상자가 나타납니다. ❸ [세로 막대형] 범주에서 ❹ [묶은 세로 막대형]을 클릭합니다.

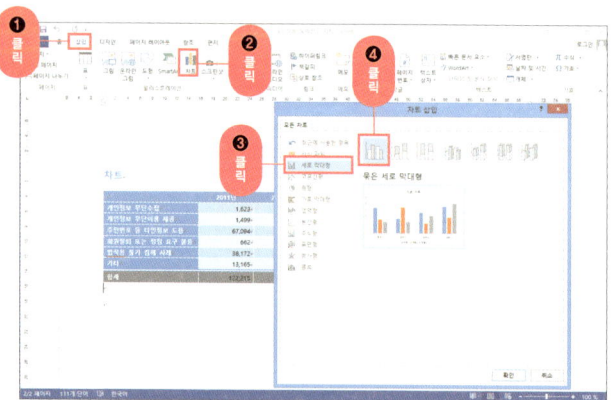

02 [Microsoft word의 차트] 창이 나타납니다. ❶ 워드의 표를 드래그하여 선택한 후 ❷ Ctrl + C 를 눌러 복사합니다.

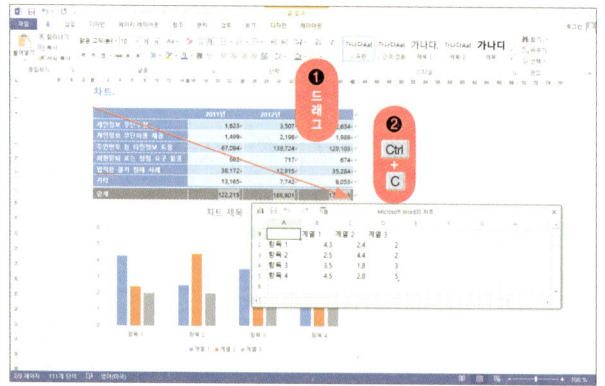

400

03 [Microsoft word의 차트] 창의 ❶A1셀에서 Ctrl + V 를 누르면 워드 차트에 적용됩니다. ❷[Microsoft word의 차트] 창의 [닫기] 단추를 클릭합니다.

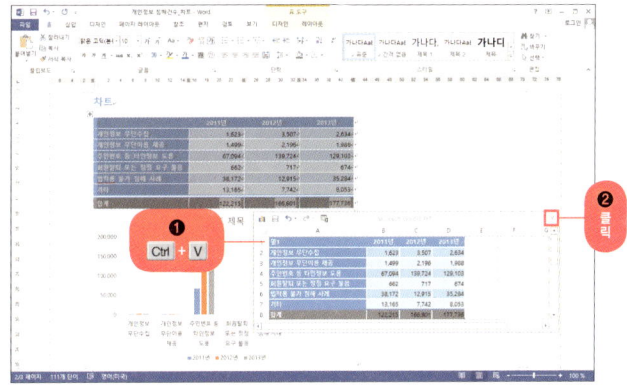

04 ❶차트를 선택한 후 [차트 도구] - ❷[디자인] 탭의 [데이터] 그룹에서 ❸[데이터 선택]을 클릭하면 [데이터 원본 선택] 대화상자가 나타납니다. ❹[행/열 전환] 단추를 클릭한 후 ❺[확인] 단추를 클릭합니다.

> 주의
> 차트를 선택하지 않으면 [차트 도구]가 표시되지 않습니다.

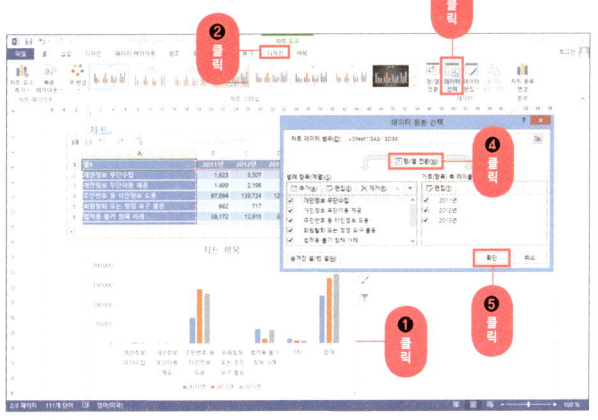

05 차트의 행과 열이 전환되어 가로 축이 연도로 표시됩니다. [Microsoft word의 차트] 창의 [닫기] 단추를 클릭합니다.

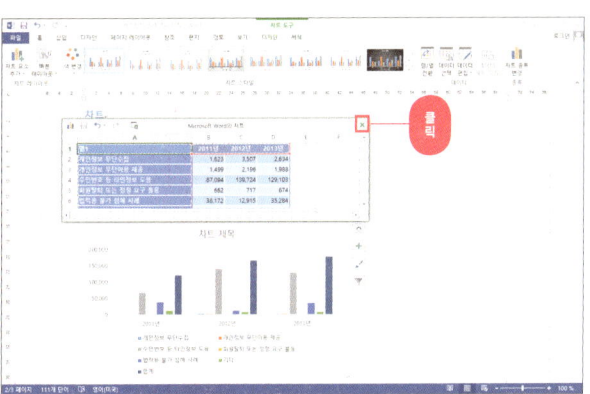

묶은 세로 막대형과 꺾은선형의 콤보 차트 만들기

여기에서는 앞서 삽입한 묶은 세로 막대형 차트에서 합계 계열을 꺾은선형으로 변경한 콤보 차트를 만들겠습니다.

01 ❶ 차트 영역을 마우스 오른쪽 단추로 클릭한 후 ❷ [차트 종류 변경]을 클릭합니다.

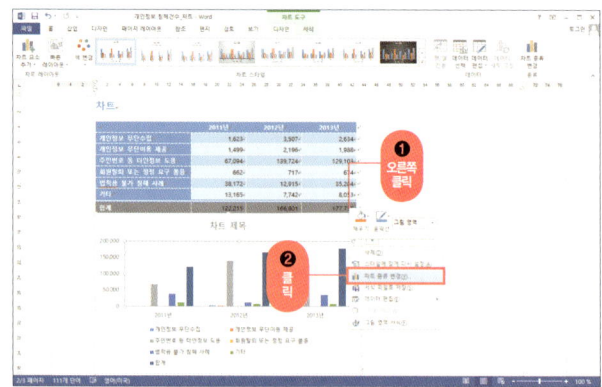

02 ❶ [콤보] 범주를 선택한 후 ❷ 데이터 계열에서 다른 계열은 [묶은 세로 막대형]을 선택하고 [합계] 계열은 [꺾은선형]과 [보조 축]을 선택한 후 ❸ [확인] 단추를 클릭합니다.

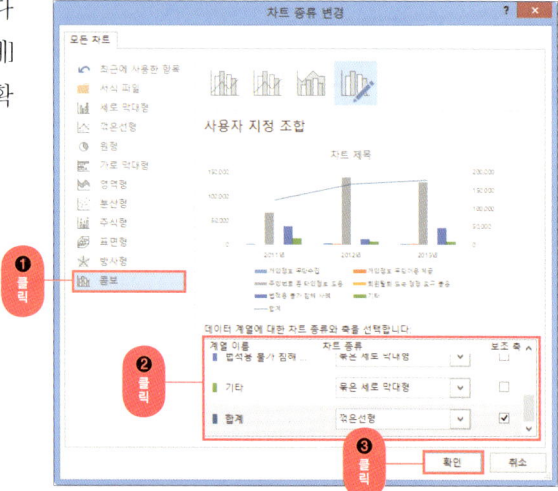

03 묶은 세로 막대형 차트와 꺾은선형 차트의 콤보 차트가 완성됩니다.

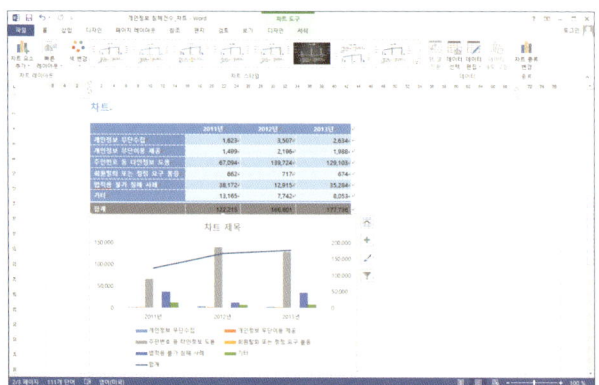

차트 요소 변경하기

삽입한 차트의 구성 요소는 보기 좋게 재배치할 수 있습니다. 여기에서는 차트 제목을 삭제하고 그림 영역과 범례 영역의 크기를 조절하겠습니다.

01 ❶ 차트를 선택하면 컨트롤 단추가 표시되는데, ❷ [차트 요소]를 클릭한 후 ❸ [차트 제목]을 클릭하여 체크 표시를 해제하여 차트 제목을 지웁니다.

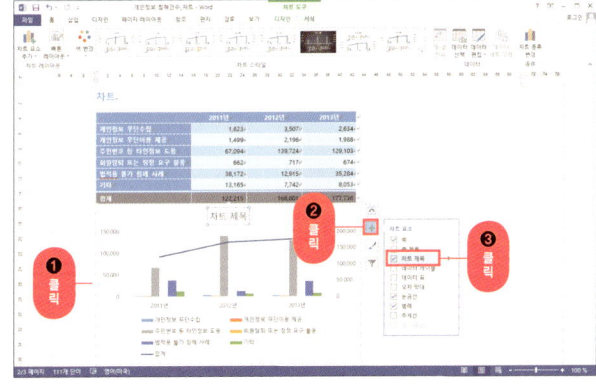

02 ❶ [차트 범례]를 선택한 후 ❷ [홈] 탭의 [글꼴] 그룹에서 ❸ [글꼴 크기 작게]를 클릭하여 범례 글꼴을 줄입니다.

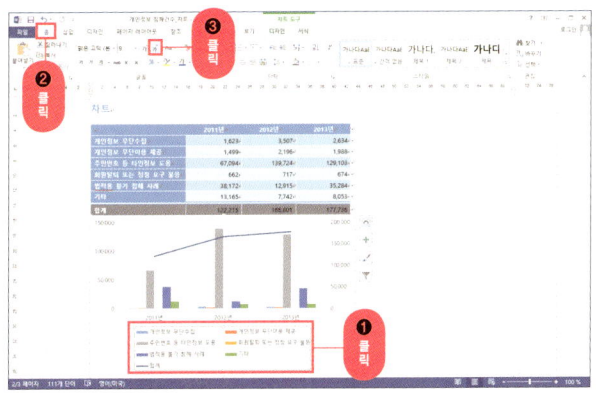

03 [그림 영역]과 [범례]의 테두리를 드래그하여 차트 서식을 적당한 크기로 재배치합니다.

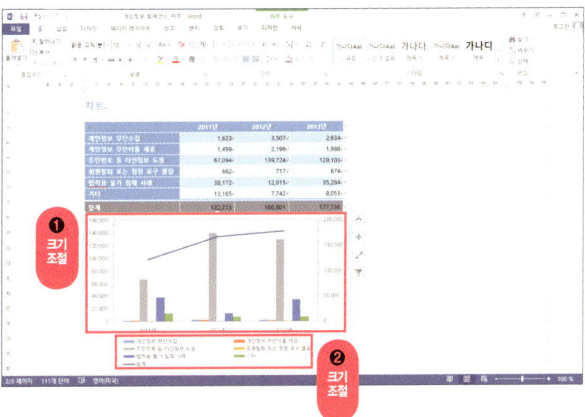

예제_워드\Chapter2\정보유출방지.docx

온라인 그림과 비디오 삽입하기

Lesson 3

문서에 삽입할 그림이나 비디오를 준비하지 못한 경우 인터넷에서 바로 검색하여 삽입할 수 있습니다. 삽입한 그림이나 비디오는 읽기 모드에서 확대하여 볼 수 있습니다.

STEP 01 온라인 그림 삽입하기

온라인에서 검색한 그림을 문서에 삽입한 후 안내선에 맞춰 텍스트와 어울리게 배치할 수 있습니다.

01 ❶ [삽입] 탭의 [일러스트레이션] 그룹에서 ❷ [온라인 비디오]를 클릭한 후 [그림 삽입] 창의 ❸ [Bing 이미지 검색] 항목에 검색어를 입력하고 ❹ Enter 를 누릅니다.

> **참고**
> 내 컴퓨터에 그림이 있는 경우 [그림]을 클릭하면 [그림 삽입] 대화상자가 나타나면서 파일을 삽입할 수 있고, 웹 브라우저에서 찾은 그림은 스크린샷을 이용하여 그림을 삽입할 수 있습니다.

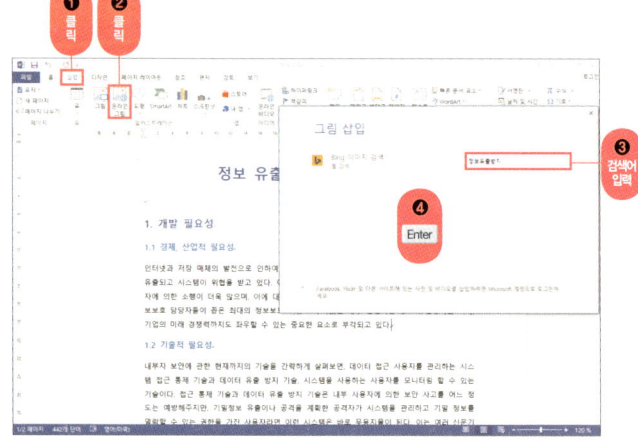

02 [Bing 이미지 검색] 항목결과가 나타나면 ❶ 원하는 그림을 선택한 후 ❷ [삽입] 단추를 클릭합니다.

> **주의**
> [모든 웹 결과 보기]를 클릭하면 Creative Commons 라이선스가 적용되지 않은 모든 검색 결과가 나타납니다.

03 선택한 그림이 삽입됩니다. ❶ 삽입한 그림의 크기를 조절한 후 오른쪽 위에 나타나는 ❷[레이아웃 옵션] 단추를 클릭하고 [텍스트 배치] - ❸[정사각형]을 클릭합니다.

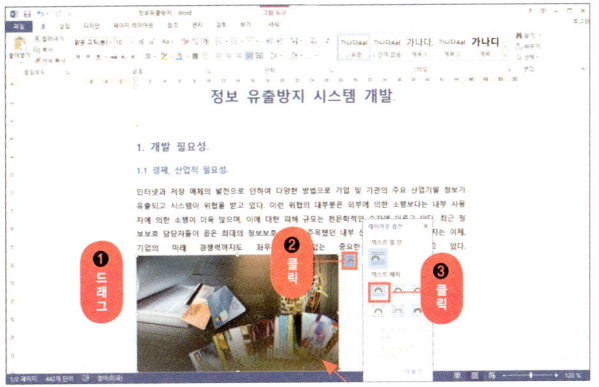

04 선택한 그림이 텍스트 사이에 정사각형 형태로 배치됩니다. 그림을 문서 경계선으로 드래그하면 녹색 맞춤 안내선이 나타납니다.

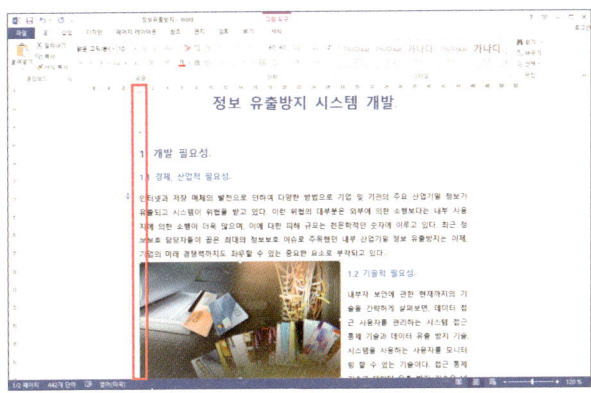

05 텍스트나 문서의 녹색 맞춤 기준선에 맞게 드래그하여 그림을 배치합니다.

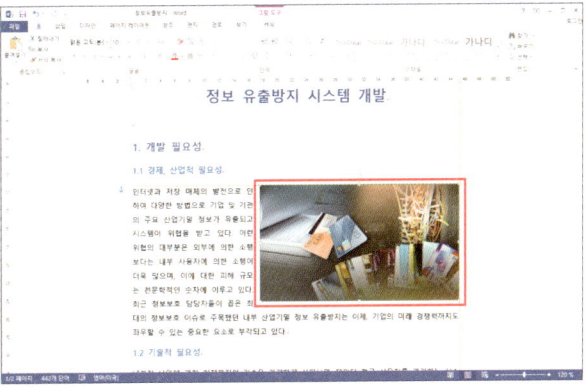

STEP 02 온라인 비디오 삽입하기

온라인에서 검색한 비디오를 문서에 삽입한 후 안내선에 맞추어 텍스트와 어울리게 배치할 수 있습니다.

01 ❶ [삽입] 탭의 [미디어] 그룹에서 ❷ [온라인 비디오]를 클릭한 후 ❸ [비디오 삽입] 창의 [YouTube] 항목에 검색어를 입력하고 ❹ Enter 를 누릅니다.

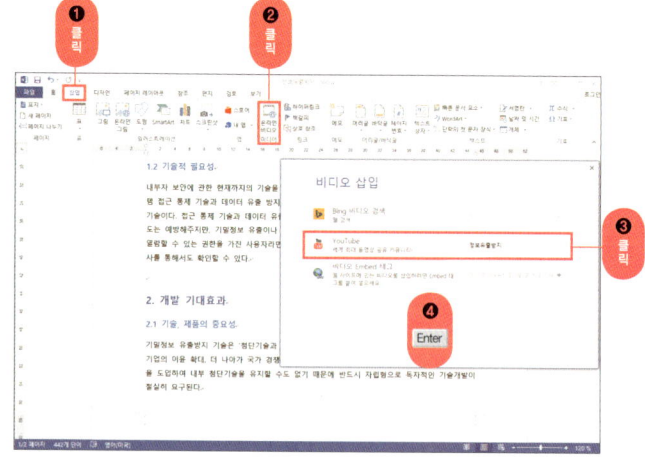

02 [YouTube] 항목 결과가 나타나면 ❶ 원하는 비디오를 선택한 후 ❷ [삽입] 단추를 클릭합니다.

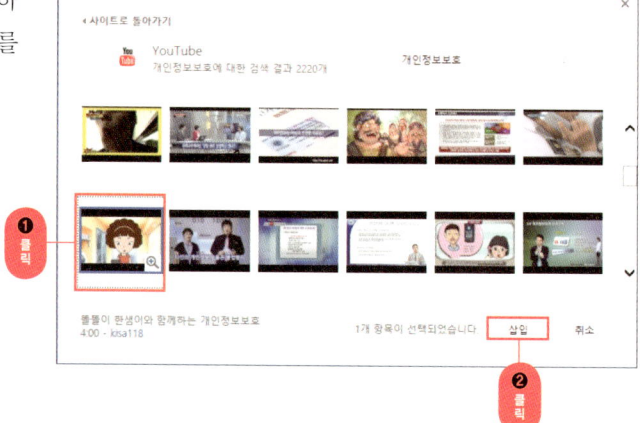

03 선택한 비디오가 삽입됩니다. ❶ 삽입한 비디오의 크기를 조절한 후 오른쪽 위에 나타나는 ❷ [레이아웃 옵션] 단추를 클릭하고 [텍스트 배치] - ❸ [정사각형]을 클릭합니다.

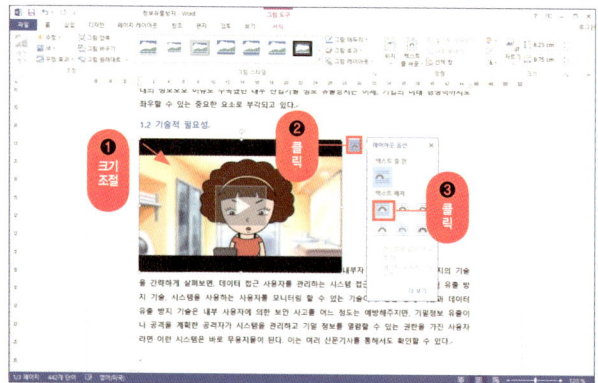

04 그림을 문서나 단락 경계선으로 드래그하면 녹색 맞춤 안내선이 나타납니다.
❶ 원하는 위치로 드래그하여 배치한 후
❷ [재생]을 클릭합니다.

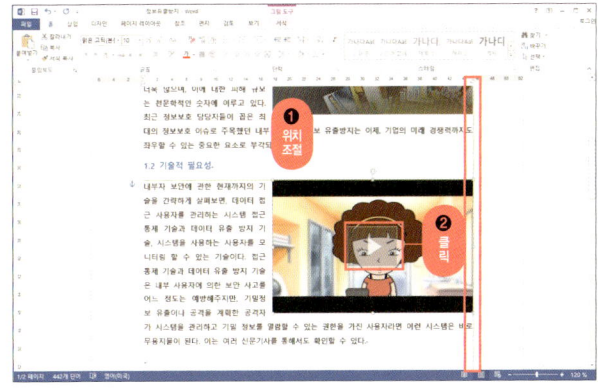

05 비디오가 확대되면서 비디오를 재생할 수 있습니다. 다시 문서로 돌아가려면 비디오의 바깥쪽을 클릭합니다.

읽기 모드에서 개체 확대하여 보기

워드 2013의 읽기 모드에서는 삽입한 그림이나 비디오 등의 개체를 확대하여 볼 수 있습니다.

❶ 상태 표시줄의 [읽기 모드 📖]를 클릭한 후 그림을 더블클릭합니다.

❷ 그림이 확대되어 표시됩니다. 다시 문서로 돌아가려면 그림의 바깥쪽을 클릭합니다.

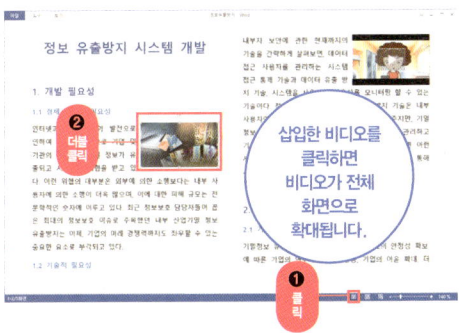

예제_워드\Chapter2\영화초대장.docx

엑셀 데이터로 편지 병합하기

Lesson 4

워드의 편지 병합 필드를 이용하면 엑셀 주소록의 이름이나 주소 등의 데이터 필드의 값을 삽입할 수 있습니다. 여기에서는 영화초대장 워드 문서에 엑셀 주소록의 이름을 삽입하여 개별적인 문서를 만들겠습니다.

STEP 01 병합 필드 데이터 선택하기

편지 병합을 하려면 우선 필드로 삽입될 데이터를 선택해야 하는데, 여기에서는 엑셀 데이터를 선택하겠습니다.

01 ❶[편지] 탭의 [편지 병합 시작] 그룹에서 ❷[편지 병합 시작]의 ❸[편지]를 클릭합니다.

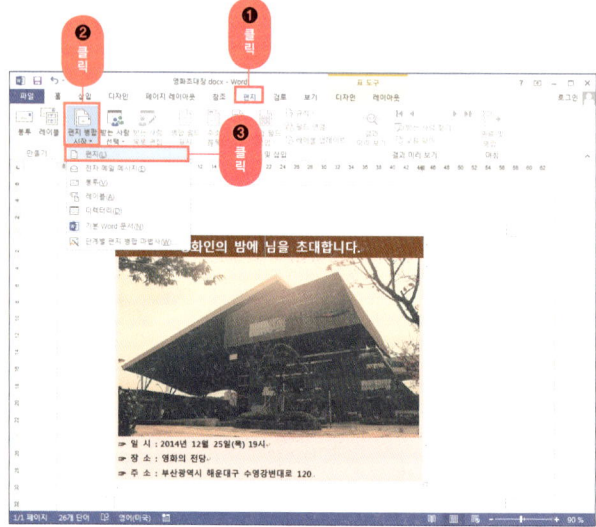

02 [편지] 탭의 [편지 병합 시작] 그룹에서 ❶[받는 사람 선택]의 ❷[기존 목록 사용]을 클릭합니다.

408

03 [데이터 원본 선택] 대화상자가 나타납니다. [C:\예제_워드\Chapter2] 폴더에서 ❶[주소록.xlsx] 파일을 선택한 후 ❷[열기] 단추를 클릭합니다.

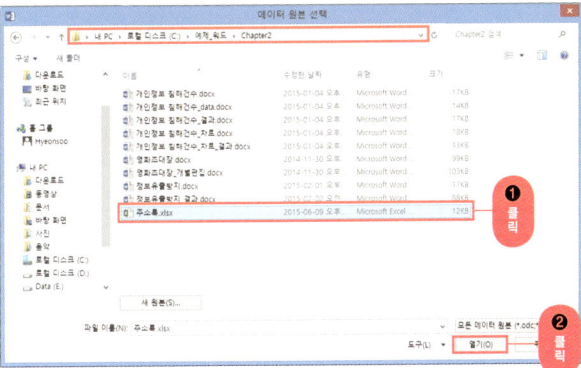

04 [테이블 선택] 대화상자가 나타납니다. ❶[주소록$]을 선택한 후 ❷[확인] 단추를 클릭합니다.

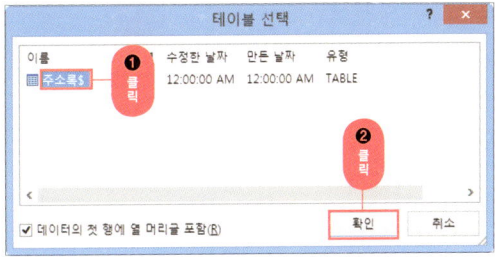

05 [편지 병합 받는 사람] 대화상자가 나타납니다. 데이터를 확인한 후 [확인] 단추를 클릭합니다.

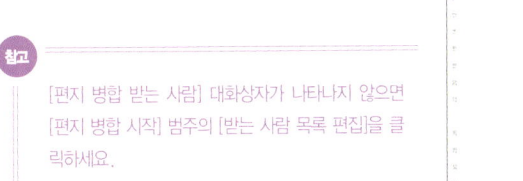

[편지 병합 받는 사람] 대화상자가 나타나지 않으면 [편지 병합 시작] 범주의 [받는 사람 목록 편집]을 클릭하세요.

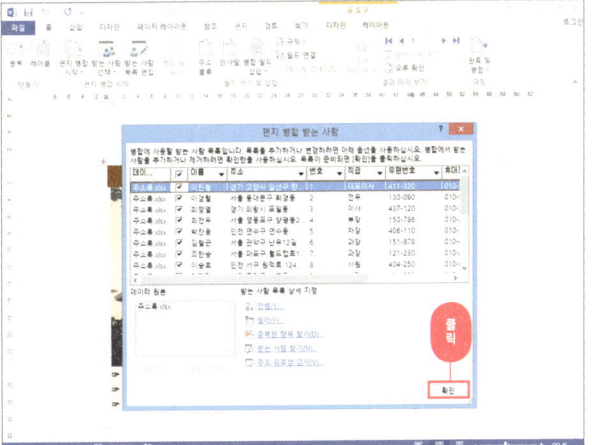

병합 필드를 삽입하여 개별 문서 만들기

편지 병합 기능으로 데이터 필드를 추가한 워드 문서는 개별 문서로 저장한 후 인쇄할 수 있습니다.

01 이름을 입력하려는 곳에 커서를 위치한 후 ❶[편지] 탭의 [필드 쓰기 및 삽입] 그룹에서 ❷[병합 필드 삽입]의 ❸[이름]을 클릭합니다.

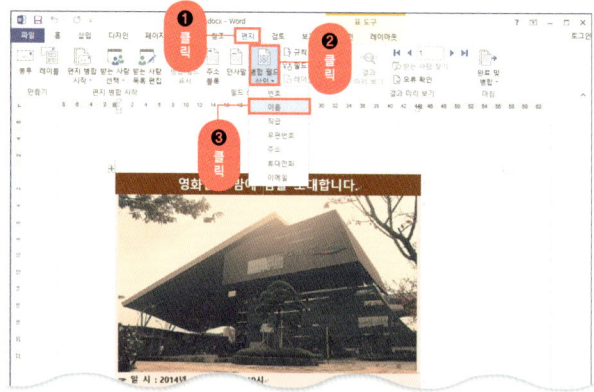

02 [편지] 탭의 [결과 미리 보기] 그룹에서 [결과 미리 보기]를 클릭합니다.

03 이름이 입력되면 ❶[편지] 탭의 [마침] 그룹에서 ❷[완료 및 병합]의 ❸[개별 문서 편집]을 클릭합니다.

04 [새 문서로 병합] 대화상자가 나타나면 ❶[모두]를 선택한 후 ❷[확인] 단추를 클릭합니다.

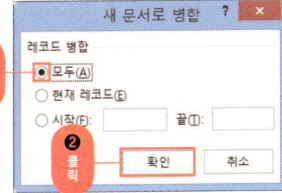

05 ❶[보기] 탭의 [보기] 그룹에서 ❷[인쇄 모양]과 ❸[여러 페이지]를 클릭하면 모든 이름이 삽입된 개별 문서를 확인할 수 있습니다.

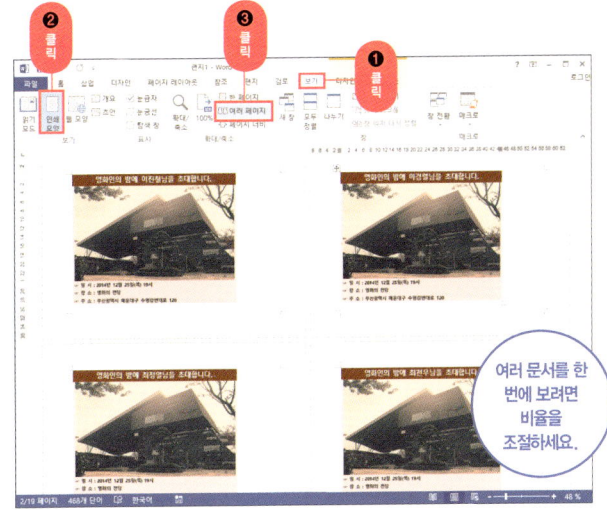

> 여러 문서를 한 번에 보려면 비율을 조절하세요.

06 [파일] 탭의 ❶[다른 이름으로 저장]을 클릭한 후 ❷[컴퓨터]의 ❸[최근 폴더]를 클릭합니다. [다른 이름으로 저장] 대화상자가 나타나면 [파일 이름]을 입력한 후 [저장] 단추를 클릭합니다.

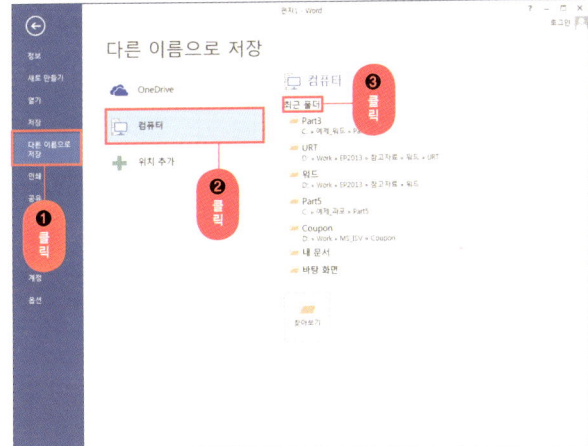

표와 차트 삽입하기

연습파일 예제_워드\Chapter2\실무_성별 고용률.docx　　**완성파일** 예제_워드\Chapter2\실무_성별 고용률_결과.docx

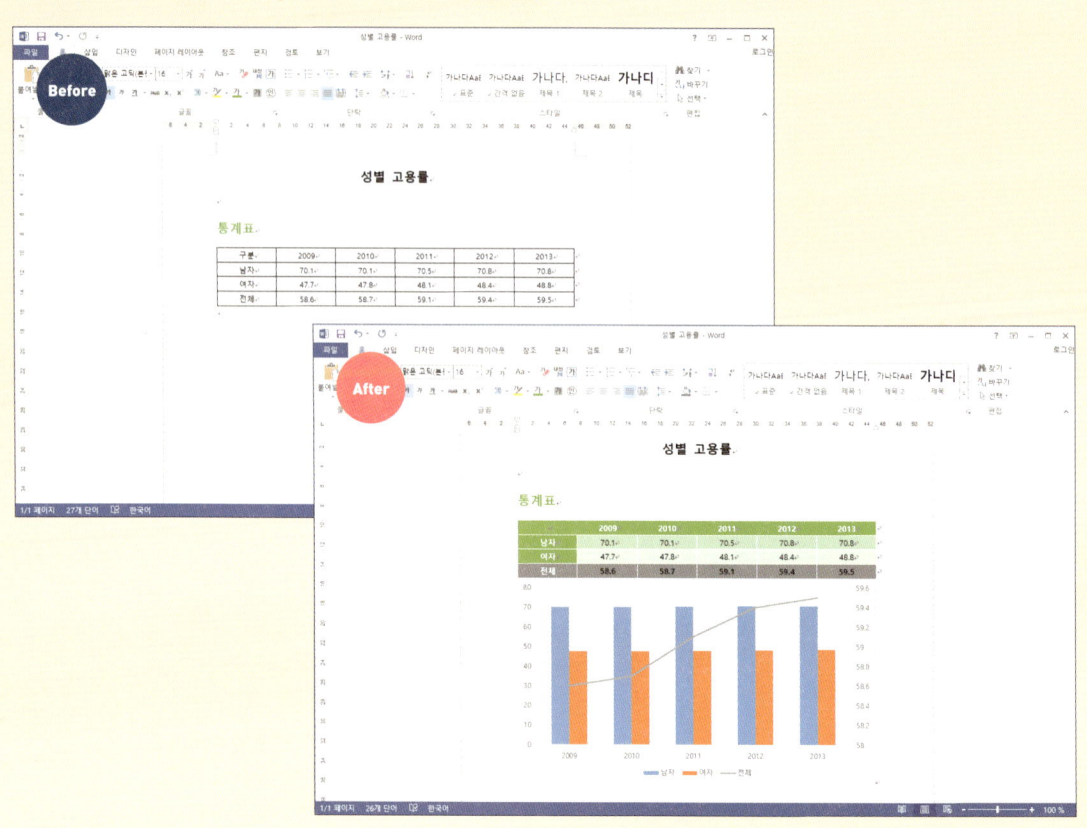

① 표를 선택한 후 [디자인]의 [눈금 표 5 어둡게 – 강조색 6]을 선택합니다.

② 표의 [전체] 행의 [글꼴]은 [굵게], [음영]은 [흰색, 배경 1, 50% 더 어둡게]를 선택합니다.

③ [꺾은선형] 차트를 삽입한 후 표의 데이터를 복사하여 차트 데이터로 붙여넣습니다.

④ 차트의 [레이아웃 옵션]에서 [차트 제목]은 체크 표시를 해제합니다.

⑤ 차트를 선택하고 [디자인] 탭에서 [데이터 선택]을 클릭한 후 [데이터 원본 선택] 대화상자에서 [행/열 전환]을 클릭합니다.

⑥ 차트 종류를 [콤보]로 변경한 후 [남자]와 [여자] 계열은 [묶은 세로 막대형]으로, [전체] 계열은 [꺾은선형]과 [보조축]을 선택합니다.

영문

A~C

AND	168
AVERAGE	150
AVERAGEIF	150
AVERAGEIFS	150
COUNT	154
COUNTA	154
COUNTBLANK	154
COUNTIF	154
COUNTIFS	154

D

DATE	186
DATEDIF	185
DAY	185

H~I

HLOOKUP	174
IF	168
IFERROR	178
ISBLANK	178
ISERROR	178

L~N

LARGE	160
LEFT	181
MAX	160
MID	181
MIN	162
MONTH	185
OR	173

P~R

PDF	342
RANK	160
REPLACE	181
RIGHT	181
ROUND	165
ROUNDDOWN	164
ROUNDUP	164

S~T

SMALL	160
SUM	144
SUMIF	146
SUMIFS	148
SUMPRODUCT	147
TIME	191
TODAY	189

V~Y

VLOOKUP	175
WEEKDAY	187
XPS	342
YEAR	106

한글

ㄱ

개발 도구	219
고급 필터	202
구조적 참조	141
균등 분할	263
그라데이션	285
그룹	289
그림 삽입	296
글꼴	62
글머리 기호	264
기호	60

ㄴ

나란히 보기	128
날짜 표시 형식	106
날짜	57
내림차순	194
논리 함수	168
눈금자	265

ㄷ

다시 실행	52
단락 간격	262
데이터 범위	108
데이터 통합	216
데이터베이스	212
도형	256
동영상 파일	316
들여쓰기	95

ㄹ~ㅁ

레이아웃	246
매크로	219
머리글	126
메모	61
모두 지우기	83
목록 수준	264
목표값 찾기	218
문자 간격	260
미니 도구 모음	97

ㅂ

바닥글 삽입	126
반올림	164
발표자 도구	335
백분율 표시 형식	55
번호 매기기	267
병합 필드	408
복사한 셀 삽입	76
복제	250
부분합	205
비주얼 베이직	227

ㅅ

사용자 지정 목록	66
사용자 지정 표시 형식	105
상대 참조	134
상용구	379
상태 표시줄	39
새 슬라이드 삽입	246
서식 복사	385
서식 지우기	82
선택하여 붙여넣기	78
셀 병합하고 가운데 맞춤	92
셀 복사	74
셀 서식	91
셀 스타일	110
셀 참조	134

셀	70	읽기 모드	407
소리 파일 삽입	314		
소수 자릿수	100	**ㅈ**	
수식 복사	133	자동 고침	51
수식	56	자동 필터	198
순위	160	자동 합계	142
쉼표 스타일	53	잘라낸 셀 삽입	77
스마트 태그	79	절대 참조	135
스마트아트	118	점 편집	274
스크린샷	300	정렬	291
스타일	110	정보 함수	178
슬라이드 노트	350	조건부 서식	112
슬라이드 마스터	354	줄 간격	262
슬라이드 쇼	348	중복된 항목 제거	214
시간 표시 형식	58		
시간 함수	190	**ㅊ**	
시트 탭	85	차트	211
실행 취소	52	채우기 핸들	63
		최대값	162
ㅇ		최소값	162
애니메이션	329		
연속 데이터	63	**ㅋ**	
열	70	클립아트	120, 300
열 너비	40		
예행 연습	341	**ㅌ**	
오류 표시	104	테두리 설정	98
오름차순	194	텍스트 나누기	212
온라인 그림	404	텍스트 맞춤	261
온라인 비디오	406	통합 문서	43
워드아트	118	통화 표시 형식	54
워크시트	128	특수 문자	59
유인물	350	특수 기호	379
유효성 검사	215	틀 고정	128
이름 정의	138		
인쇄 미리 보기	122		

ㅍ

페이지 나누기	125
페이지 설정	123
편지 병합	408
평균	150
폴더 고정	241
표 서식	108
표 스타일	306
플래시 파일 삽입	318
피벗 차트	211
피벗 테이블	207

필드	207
필터	229

ㅎ

한자	59
행 높이	40
행/열 숨기기	88
혼합 참조	136
화면 전환	326
회계 표시 형식	101